常德市房地产志

（1949—2013）

常德市地方志编纂委员会
常 德 市 房 地 产 管 理 局　编

方志出版社
Publishing House of Local Records

图书在版编目（CIP）数据

常德市房地产志：1949—2013 / 常德市地方志编纂委员会，常德市房地产管理局编. ——北京：方志出版社，2015.9
ISBN 978-7-5144-1700-5

Ⅰ. ①常… Ⅱ. ①常… ②常… Ⅲ. ①房地产业-概况-常德市-1949~2013 Ⅳ. ①F299.276.43

中国版本图书馆 CIP 数据核字（2015）第 225493 号

常德市房地产志（1949—2013）

编　　者：常德市地方志编纂委员会　常德市房地产管理局
责任编辑：罗　滔

出 版 人：冀祥德
出 版 者：方志出版社
地址　北京市朝阳区潘家园东里 9 号（国家方志馆 4 层）
邮编　100061
网址　http://www.fzph.org
发　　行：方志出版社发行中心
（010）67110500
经　　销：各地新华书店
印　　刷：武陵区宏垣彩色印刷厂

开　　本：787×1092　1/16
印　　张：37
字　　数：789 千字
版　　次：2015 年 9 月第 1 版　2015 年 9 月第 1 版印刷
印　　数：0001~2000 册

ISBN 978-7-5144-1700-5　**定价**：398.00 元

常德市地方志编纂委员会

《常德市房地产志》编纂委员会

《常德市房地产志》编纂办公室

主　　编	张圣友
副 主 编	胡振宇　雷志钦
总　　纂	彭培南
总　　审	雷志钦
编　　辑	黎爱平
征　　集	黎正丰
资　　料	张晓龙　黎　峰　刘　畅　姚　静　姚　壹 杨　杰　徐辉华　黄德明　杜致颜　罗　臣 叶　冰　熊先道　肖　勇　孟　辉　邓新权 张建平　张国龙　周文军　甄志平　徐　建 王　波
摄　　影	杨　毅
英文翻译	谭　烁

《常德市房地产志》审查验收专家组

刘李波　周华辉　邢　祁　应国斌　李大年　周　波
程　关　翦　甜　张家安　黎体纯　商叔华　匡兆国
何红勇　彭德文　朱东红

常德市澧县城头山新石器时代居住遗址

常德市桃源县星德山明代道观星子宫

常德市清末广德医院（市第一人民医院）

常德市石门县清代泰和合茶号

常德市临澧县林伯渠故居“林家大屋”

20世纪50年代常德市城区大河街风貌

2014年7月5日，湖南省委书记徐守盛考察常德市城区棚户区改造工地
（前排右二为省委书记徐守盛、左二为常德市委书记王群、左一为市长周德睿）

2014年5月7日，常德市委书记王群督导市城区棚户区改造工程
（前排中为市委书记王群）

2012年7月31日，国务院督察组检查常德房地产市场管理
（左二为督查组组长、中纪委纠风室主任许传智）

2003年10月17日，建设部领导考察常德市住房建设
（前排中为建设部总经济师谢家瑾）

2004年7月27日，湖南省政府“八件实事”督察组检查常德住房保障工作

2009年5月31日，常德市委市政府督察房地产建设重点项目
（前左一为市委书记卿渐伟、左二为市长陈文浩，后右一为市委副书记宋冬春）

2005年8月13日，常德市城区德政园廉租住房开工
（前排右二为现任市人大常委会主任刘明、右一为市人大常委会副主任张启祥、左二为副市长徐超文）

2012年10月12日，常德市委领导现场研究葫芦口棚户区改造
（左二为市委书记卿渐伟，左三为市委常委、副市长卢武福）

2012年3月7日，常德市召开全市房地产业发展大会

2007年8月15日，全省房地产和住房保障工作座谈会在常德召开

20世纪70年代常德市城区房屋俯瞰

21世纪初常德市城区房屋俯瞰

21世纪初常德市城区房屋建设掠影

2005年10月21日，省人大常委会副主任庞道沐参加常德市第七届房交会
（中为省人大常委会副主任庞道沐，左四为省政府经济顾问陈德铨，
左二为市委常委、副市长欧运崇）

2009年11月27日，常德市举办第十届房地产展示交易会

常德市房地产管理局政务窗口

2008年3月，常德市武陵区楠竹山廉租房住户搬进新居

2013年常德市房地产管理局领导班子

2011年1月6日，常德市召开全市房地产管理局局长座谈会

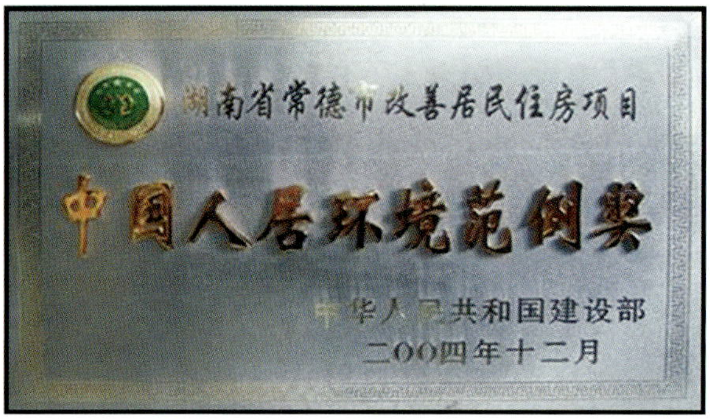

常德市2004年获得
“中国人居环境范例奖”

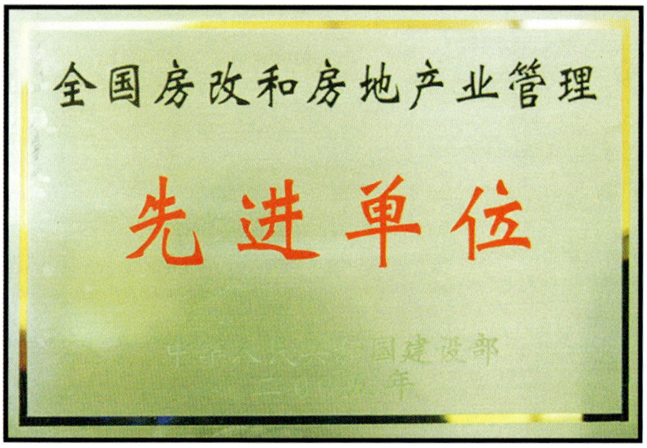

常德市房管局2005年
获得“全国房改和房地产
管理先进单位”奖励

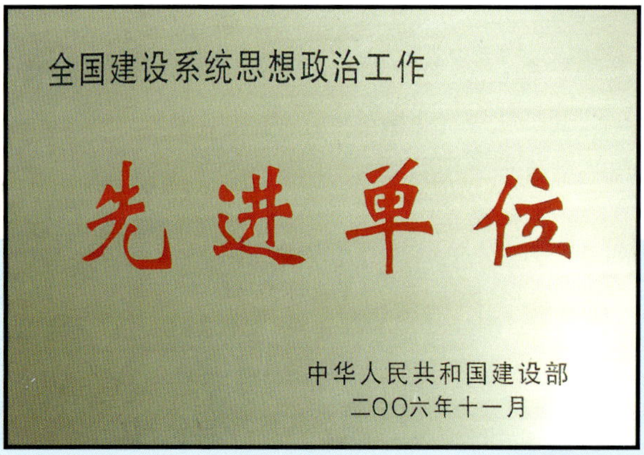

常德市房管局2006年
获得“全国建设系统思想
政治工作先进单位”奖励

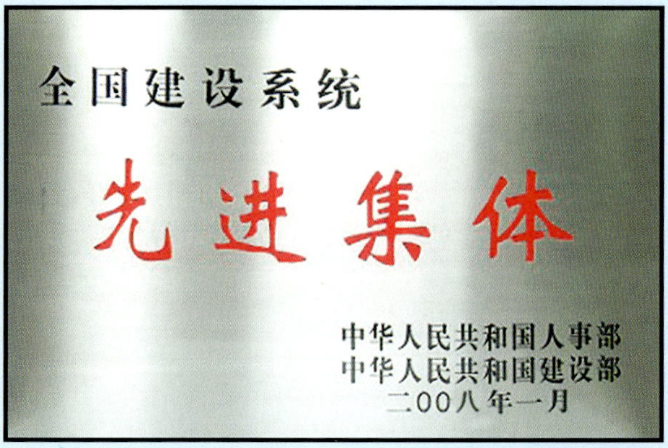

常德市房管局2008年
获得“全国建设系统先进
集体”奖励

序一

卢武福

房地产业开发、建设、管理过程就是城市发展变迁历程。回顾新中国成立以来常德市房地产业所取得的成就，能够让我们更加清晰地看到常德城市面貌所发生的巨大变化。《常德市房地产志》不仅对常德居民住房建设历史脉络进行了梳理，更客观记录了常德房地产业60多年的发展轨迹，为我们了解常德市房地产业的发展提供了全面翔实的资料，也从一个侧面折射出全市人民近年来建设现代常德、宜居常德、幸福常德所取得的巨大成就。

常德是一座拥有2000多年历史文化底蕴的古城，其城头山古文化遗址更是可追溯到6500多年前。常德也是一个具有独特文化品位和精神气质的城市。近年来，全市上下紧紧围绕建设幸福常德、现代家园的目标，大力度、大规模地推进城市建设，城市道路更加顺畅，生态环境明显改善，空气质量大幅度提升，基础设施进一步完善，常德的城市面貌发生了前所未有的巨大变化。伴随城市化进程和城市现代化建设步伐的不断加快，房地产业得到迅猛发展，已经成为拉动经济快速增长的重要因素和扩大内需的重要产业。全市房地产开发投资从2003年的14.7亿元到2013年已突破120亿元；商品房销售额从2003年的9.6亿元到2013年超过120亿元。房地产行业的快速发展不仅带动了建筑业、装饰装修业、交通运输业及其他相关行业的发展，而且解决了一大批城镇、农村劳动力就业问题，推动了经济和社会发展。伴随居民生活水平的不断提高，房地产开发已成为塑造城市景观和提升城市形象的重要支撑。在科学规划的指导下，全市房地产逐步从分散的、零星的中低档次开发向成规模、大片区、高中低档整体深度改造开发发展，并适应人们不断提高的生活品质需求，把居住环境、生活配套、物业服务、小区文化作为开发建设的立足点，一大批环境优美、功能完善的住房小区拔地而起。伴随以人为本、住有所居理念的牢固确立和保障性住房政策的完善，房地产业更成为保障民生的重要一环，市民的居住条件得到了极大改善，人均居住面积不断增长，全市城镇居民人均住房建筑面积从1992年的7平方米增长到2012年的42.6平方米。同时伴随城镇住房制度改革的不断深化，房地产业管理也已步入规范化的轨道，房地产部门不断创新房地产管理工作，进一步加强房地产宏观调控，不断规范房地产市场监管，有力促进了房地产市场的平稳健康发展。

下一个五年，是市委、市政府推进“新常德新创业”战略的关键时期，是加快经济发展方式转变的重要战略机遇期，也是房地产业大繁荣大发展的新阶段。未来几年，低碳、节能、绿色、环保的理念将更多地被引入房地产开发，满足人们居住需求的保障性住房供应进一步增大，功能完善、配套齐全、品质优良的小区将日益增多，促进房地产业平稳健康发展的措施将更加完善。面向未来，房地产部门要肩负起传承城市文化、打造城市特色、建设现代宜居城市、服务新常德新创业的重任，进一步加强和改善房地产市场调控，增加保障性住房和普通商品住房有效供给，合理引导住房消费，加强风险防范和市场监管，建设更多更好更实惠的房屋，不断改善居住环境，提高居住质量，提供更具体更周到更人性化的服务，逐步实现规划布局合理、文化特色突出、配套设施现代、居住条件舒适安全、居住环境优美便利的产业发展目标，让改革发展的成果惠及全体市民，让新常德彰显更加独特的魅力！

（作者系中共常德市委常委、市人民政府副市长）

序二

张圣友

远古时期，原始人类“穴居野处，构木为巢”。传说是中华民族的始祖黄帝教会人们“伐木购材，筑作宫室，上栋下宇，以避风雨”。可见，房屋最初的功能，是避风霜雨雪，防虫蛇猛兽。

岁月荏苒，时光流转。随着人类文明的进步，从原始的洞穴树屋到现代的摩天大楼，与人类生活息息相关的庇护所，在绵延数千年的历史长河中不断演变发展。如今的房屋，承载功能逐渐多样，房屋从最初的庇护之所，成为一种生活方式的载体，从一个生活必需品，上升为一种对心灵和精神的追求。

在房屋功能演变的过程中，房屋建造也逐渐发展成为一个重要的产业。据考证，我国最早的房屋建筑产生于旧石器晚期，距今已有漫长的一万多年历史，但房地产真正发展成为国民经济一个重要的基础性产业和导向性产业，则只用了短短二三十年。

自20世纪90年代以来，房地产业发展日益蓬勃，在国民经济中的重要地位越来越突出。房地产业的发展与进步，不仅关系着人民群众生活品质的提高，而且关系着整个城市形象和城市品质的提升，关系着城市个性和特色的塑造，成为城市现代化发展进程的重要标志。

常德拥有两千多年历史，历经朝代更迭变换，发展至今已经成为一个充满活力的现代新城。鸟瞰全景常德，高楼林立，小区棋布，一派现代化都市气象，常德正以崭新的姿态成为全国中等城市建设的典范，成为泛湘西北区域中心城市。这一切，都离不开房地产业的巨大贡献。

房地产业不仅关系国计，是国民经济发展的“晴雨表”，同时涉及民生，是人民幸福指数的“温度计”。本人自2010年履职市房管局以来，深感责任重大。经过认真调研，我们确立了“市场繁荣、秩序规范、品质优良”的行业发展目标，力求在培育市场、规范秩序方面想实招、下实劲、见实效。设定了明晰的工作路径，通过认真调研定目标、完善制度立规矩、强化执行抓落实，房地产管理逐步走上法制化、规范化管理轨道，产品品质从低到高，逐渐稳步提升。房地产业在改善居民居住条件、引导居民生活方式的转变、拉动经济增长、扩大就业、加快城市建设、完善社会治理等方面发挥了重要作用。

盛世修志，彰往昭来。我国编史修志历史悠久，但房地产部门志在我市还属首编，过去常德志等有关房地产方面记载寥寥，因而给搜集历史资料带来诸多困难，只能从各个方面查找摘录，然后予以分类，再行编写。

新编的《常德市房地产志》，历时两年，编志办的同志本着严肃、认真、实事求是的原则，广泛采集资料，多方求教考证，细心编选，数易其稿，终成此册。《常德市房地产志》采用述、记、志、图、表、录等体裁，以概述为“纲”，勾勒梗概；以大事记为“经”，纵述历史；以行业志为“纬”，横陈全貌。本志坚持历史唯物主义和辩证唯物主义观点，详今略古，立足当代，承前启后，继往开来，重点记述了最近十年来我市房地产事业改革和发展取得的成绩，填补了我市房地产专志的历史空白。

“治天下者以史为鉴，治郡国者以志为鉴。”《常德市房地产志》的编辑出版，对于研究我市房地产事业的发展历史，总结房地产事业发展的经验教训，探讨房地产事业深入发展的途径，指导今后工作的开展，都具有十分重要的意义。

这本房地产志的修编过程中，编志办的同志走访有关单位人员，求教专家指点，得到了各有关方面的帮助，对此，我向为编写房地产志提供帮助、做出贡献的有关领导、有关部门和有关同志表示诚挚的谢意！

《常德市房地产志》通古鉴今，纵横交错，因无前例可循，加之时间仓促，错误疏漏之处在所难免，但仍不失为我市房地产工作不可多得的资料书、工具书。愿所有从事房地产理论研究工作和实践工作的同志，能从中了解我市房地产发展的历史，掌握其发展的规律，汲取有益的经验，进一步推动我市房地产业的发展，谱写我市房地产事业新的篇章。

（作者系常德市房地产管理局局长）

凡　例

一、本志以马克思列宁主义、毛泽东思想、邓小平理论和“三个代表”重要思想、科学发展观为指导，运用辩证唯物主义、历史唯物主义的基本原理和科学理论、方法，坚持存真求实，全面记述常德市房地产建设管理历史发展与现状。

二、本志记事以新中国成立后常德市房地产建设管理事业开端为始，上至公元1949年，下讫公元2013年。为保持历史连续性，对房屋建设管理重大事件，上溯至常德古代文明发端之时。

三、本志采用述、记、志、表、录等体裁，以文为主，辅以图表。大事记采用编年体与记事本末体相结合记述方法。

四、本志遵循房地产建设管理工作常规分类，设篇、章、节、目；目以下仍有分层者，第一层次用（一）（二）（三），第二层用1、2、3，第三层用（1）（2）（3）。

五、本志史料源于《明清常德府志》《常德市志》《常德年鉴》《常德城市建设志》《常德地区建设志》《常德地区文物志》及常德市房地产管理局、常德市房地产产权管理处工作档案及资料。所引用史料均经核实，不再注明出处。

六、本志采用各类统计数字以常德市统计局和常德市房地产管理局公布数字为准。计量单位名称或符号，采用国务院规定的国际单位制。

七、本志纪年、地名、称谓等名称，一般采用当时称呼。为保持历史原貌，志书对武陵区记叙，1988年撤区建市前仍一律称常德市。

八、志中机构领导成员名录，以该单位党政正职任期为一个时间区段，班子其他成员任职在先者排名在前。

目　录

第二篇　房地产建设

第三篇 房地产管理

第四篇　区县市房地产工作

附　录

Contents

Chapter I Organizational structure and team building

Chapter II　Real Estate Construction

Chapter III Real Estate Administration

Chapter IV Real estate administration in districts, counties and cities

Appendixes

概 述

概　　述

常德房屋建造起源与文明起源同步。距今至少18000年旧石器晚期临澧官亭竹马村遗址，系椭圆形台式居住建筑基址，为人工夯筑而成，高50厘米，面积约25平方米，内为方形居住面，筑有灰沟通过门道直达居住面内。此类居住建筑遗址迄今为止在中国尚属首例。

距今约8000年新石器早期常德南坪炮楼山遗址、东郊谢家屋场遗址、德山遗址等地，澧县大坪彭头山、梦溪三元宫、安乡县汤家岗、石门县皂市等地，常德原始先民聚族而居，建造房屋。房屋墙壁采用芦苇和编竹夹泥，用火焙烤而成。安乡县划成岗两处住房建筑遗址表明，这个时期常德已经出现干阑式建筑，横直成行成列竖立木柱，其上搭构木板，木板上构建住房。居住方式和住房建筑方式显示，这个时期常德已经有比较发达的原始农业和制陶、手工纺织、渔猎、家畜圈养业，常德先民开始形成村落或部落定居。沅水流域常德、桃源、汉寿，澧水流域安乡、澧县、津市、石门、临澧，新石器时代村落遗址有400余处。

距今约6500年新石器中期，澧县车溪乡南岳村城头山原始居民开始建造城池，城内建造大型分间式住宅建筑。城头山古城住宅遗址中，有三座规模较大屈家岭文化时期房址，集中分布在城址中心附近。它们均垒筑有四面坡下黄土台基，台基面上开挖基槽，修整居住面，其上起建住宅。住宅平面为方形和长方形。三座房址中，一是小型排房，中间为走廊，两边对称分布小房间，单个居室面积为3—5平方米，表明这个时期城头山人已经开始分室而居；一是套房，前为餐厅，后为有四个连体灶的厨房；另一座是大型殿堂式建筑，室内面积达到63平方米。分间式大型建筑因使用功能不同而出现结构分化，且开始用白灰抹地、土坯筑墙，代表了屈家岭文化时期住宅建筑特点。同期，澧县垱市镇宋家台原始居民也开始建造适应氏族组织居住的住宅建筑。宋家台房屋遗址东西长27.7米，南北宽11.8米，分南北两栋相向而建，中间留有公共通道，通道两侧设有水沟和通往房内分道。南北二栋规模相等，各为四间，外墙用木柱编竹作为墙骨，再抹泥烘烤而成。

商周秦汉时期，常德境内人丁兴旺，经济繁荣。全市600余处商周时期遗址显示，常德先民居住方式进一步发展变化。公元前524年左右，楚平王在今桃源县青林乡黄楚、金鸡两村一带修筑采菱城。城池遗址南北长30米，东西宽600米，总面积近50万平方米。城垣为黄褐色黏土夯筑，残存城垣总长1425米，墙残宽7—9米，高3—7米。城中心有一高台，南北长100米，东西宽85米，考古界疑为宫殿遗址。是为常德最早的宫殿类房屋建筑。汉高祖五年（公元前202），改黔中郡为武陵郡，在今常德城东30千米处断港头乡城址村建索县城，为武陵郡治所。[一说周显王三十年（公元前339）左右，楚威王建索县城，为洞庭郡治所]。汉顺帝阳嘉三年（134）改名为汉寿，移荆州刺史治所于此，治今湖南、湖北全境及河南、贵州、四川、广东、广西部分地区。索县古城分大小二城，坐北朝南，东为大城，西为小城，中间有城垣相隔。大城南北宽600米，东西长600米，小城南北600米，东西300米，两城总面积为54万平方米。城垣有东、西、南、北四门，城四角建有瞭望台，残高7—8米。城东是崆珑观，观宇虽毁，遗址尚存，规制宏伟。其瞭望台、崆珑观，均为常德最早的同类房屋建筑。

常德房屋建设历朝居同期先进水平。公元前277年，秦昭襄王遣蜀郡守张若率秦军夺取楚国黔中郡地区，屯军于沅水北岸渔村，垒土筑城，以拒楚军。其后楚军复夺江南失地，这座城池由此成为两千多年来历代统治者取天下治天下的军事要地和经济文化重镇。汉建武二十六年（公元50年），梁松加修张若土城，并将武陵郡治从义陵（今沅陵）迁移至临沅（今常德），常德城自此成为湘西北经济、文化、军事、行政中心（一说西汉时常德即为武陵郡治，王莽新朝迁往义陵，东汉梁松则将郡治迁回常德）。常德城区东江乡新安村出土一座汉代陶制楼房模型，陶瓦屋顶，四角八字翘檐，窗户镂空雕花，反映出当时常德房屋建筑规模、制式、用材、工艺诸方面同步于中原地区先进水平。汉代起，常德成为历代郡、州、路、府治所之地。张若古城经过历代、特别是明清两代增修，城池规模逐渐形成。至明嘉靖年间，常德城池形制已臻完备，规模宏伟。城东有宣化坊（今人民东路），西有庆丰坊（今人民西路），南有珠履坊（今沿安路），北有绣衣坊（今朗州路）。全城主轴线为东西走向大街和城中心十字街。大街东起朝阳门（今东门城门口），西出清平门（今人民路、朝阳路相交处），府衙、府馆、布政分司、按察分司、县衙等地方政府机构列布于南北两侧。十字街与大街相交，北出拱辰门（今北正街小学大门处），南抵河街（今沿安路）。县街位于府西近城，马路街位于西门外，后街位于府北，北门街抵七里桥。至清同治年间，常德府城内大小街道70条，主街宽5—8米，小巷宽2—3米，街面多用青石板铺砌。主街皆为“商贾辐辏之所”。城内经济发达，文化先进，市井繁荣。

清代以前，常德城市民居均依自然环境、习俗、经济条件就地取材修建，故不同地域民居形制各异。明洪武年间，常德府县两级设置管理房屋建设的专门机构“工房”，建设管理逐步规范，住房建筑用材、样式、工艺也更加讲究、更加多样化。明清时期，常德城内普通居民住宅多为木结构或砖木结构，临江临湖居民住宅则利用河坡陡峭地形因势架设吊脚木楼。城内普通市民择址背街巷间建造居屋。商贾住宅则通常临街而建，前堂作店、后房住家，用料多系杉、松，土砖墙或石墙，拼板门，木条窗。高官富豪住宅，高墙深院，占地面积大，梁柱多采用樟、梓、柏、楠等名贵木料，墙壁多系官窑青砖砌筑，其装修既有内墙粉饰，亦有方砖铺地，门窗施以彩绘朱饰。常德民居的经典样式窨子屋，即在这一时期开始建造，并逐步成熟，且迅速在常德城区形成规模。明洪武三年（1370），道教大师张道会在桃源星德山始建星子宫。星子宫为全石材结构，建有3重大殿，6间偏殿，两厢建有火工殿、寝宿殿、救卜殿、问事殿、观星坛、重月楼、玉霄殿、三生殿等。全部建筑采丹霞石（红色砂岩）砌构建成，石墙、石阶、石门、石柱、石梁珠联璧合，瓦为生铁所铸，结构谨严，工艺精湛。现存星子宫、寝宿殿、火工殿、王爷殿、百子堂、南天门等珍贵建筑，具有极高艺术观赏和考古研究价值，为湖南乃至国内罕见古代石材建筑珍贵标本。星子宫现为全国重点文物保护单位。

常德房屋建筑迭经战乱毁损。自公元前278年，秦将白起出兵征伐楚国开始，常德城两千多年来频遭战乱。其中若干大型战事，给常德房屋建筑造成毁灭性破坏：五代时后周显德十年（963），宋军讨伐周行逢割据政权，周行逢守军纵火焚烧常德城，城内官私房屋焚毁殆尽。明崇祯十六年（1643），李自成军进逼常德，守城明将周晋“统兵烧毁城郭庐舍，火至半月不息。常德以此残毁”。是年冬，张献忠攻陷常德，荣王府及其他郡王王府尽数被张部充公没收，败退时毁损惨重。清顺治五年（1648），李自成余部马进忠等占取常德，清军合围前夕，马进忠纵火“尽焚庐舍”，“弃空城”溃败沿途烧杀掳掠，“辰州以下至龙阳数百里人烟俱绝”。清康熙十三年（1674），吴三桂反清攻占常德，据此抗拒清廷数年，败退时放火烧毁全城。

1943年11月爆发的中日常德会战，是常德房屋建筑有史以来空前浩劫。此前，日寇在1938至1942数年间连续发动大规模空袭，1943年围攻常德。中国军队八千虎贲将士与敌军展开惊天地泣鬼神的浴血奋战。古城军民死伤惨重，九成以上房屋建筑毁于战火。战后，常德地方政府全力复建。1949年7月常德解放时，城区住宅面积31.32万平方米，人均居住面积3.15平方米。

新中国成立后，常德市人民政府立即着手修建居民住宅。1952年，常德市政府在城区小西门兴建住宅新村，建木板平房96间。1955年，市政府在城东贺八巷、城南经历司湾、城南杨家牌坊、城北建民巷4地各修建居民住宅1栋20套，每栋1000平方米。1958年至1959年，常德市扩建东、西人民大街，先后在小西门至骡马甸（今朝阳路建设路口至洞庭大道路口）、西围墙（今青年南路人民路口至建设路口）至东门、下南门至莫公桥（今大西门梅尼广场地段）沿街两侧原拆原建住房584间。至60年代，常德市城市住宅仍多为砖木结构，但层次加多，构造形式由内廊式向外廊式发展。70年代初，常德市住宅总面积为71万平方米。是时，常德市仿大庆油田建房经验，在城北北堤巷修建“干打垒”（即墙体用黄土、石灰夯压成形）二层住宅5栋，后因墙身易开裂，墙皮易剥落，遂相继拆除。其间，还曾兴建竹筋现浇板、竹筋预制板民房，随即因竹筋强度不够，停止使用、停止建造。此后，常德市城市住宅向砖混结构发展，开始出现独厕独厨和短外廊形式。70年代中期，常德市兴建砖拱结构薄壳顶楼，广泛使用水泥预制件；居室开始由长外廊式向短外廊式演变。1977年年底，常德市住宅总面积77.61万平方米，人均居住面积为3.27平方米。

“文化大革命”结束后，常德市住宅建设焕发生机。1979 年 1 月，常德市政府成立住宅统建办公室，开始大规模建设居民住宅。住宅建造由砖木结构向混合结构发展，大量采用钢筋水泥预制件，现浇楼梯，预制空心板加防水层楼面。住宅户型由混居、通廊、公厨、公厕逐步向独门、独厨、独厕、独阳台的单元住宅发展。墙体由斗墙改为眠墙，水电设施配套，均按抗震烈度 7 度设防。1979—1983 年，常德市投资 1378 万元，新建居民住宅 100 栋，建筑面积 14.9 万平方米，安排居住 3141 户。与之配套的农贸市场、商店、粮店、煤店、学校、幼儿园等公共设施，均与住房同步建设，同步交付使用。1983 年，市政府鼓励市属单位自筹资金修建职工住宅，同时采取民建公助方式鼓励居民建房。1984 年，常德市采用民建公助建房形式，即住户投资、投料、投工，国家提供建房地基和“三通一平”（通电、通水、通路、平整土地）条件，单位酌情给予适当资助。当年 3 月，常德市民建公助住宅办公室在东郊乡三闾村征地 1.5 公顷，安排私人建房 138 户，建筑面积 11303 平方米，翌年 10 月全部竣工，均为独门独户二层住宅，砖混结构，坡屋面，底层为一室一厅，旁设楼梯间，兼设厨房、厕所，楼上为卧室和阳台。1986 年，常德市采取“统建统分、民建公助、商品房出售、危房翻修”四种形式，多渠道修建供应城市住宅，共集中资金 965 万元，开工建造住宅 127 栋、建筑面积 4.7 万平方米，其中统建住宅 2500 平方米、民建公助住宅 9950 平方米、销售商品房住宅 2.82 万平方米、翻修危房 6380 平方米。1985 至 1987 年，常德市政府从城市建设资金中，共投资 288 万元用于国有直管公房翻修改造（1985 年投资 73 万元，1986 年投资 75 万元，1987 年投资 140 万元），常德城区居民住宅情况明显好转。1988 年底，全市城镇人均居住面积达 8.4 平方米，市城区人均居住面积达 8.7 平方米。

改革开放以后，常德房地产业形成了从自发到政府主管主导、从弱小到形成支柱产业的发展轨迹。常德商品房开发建设始于 1985 年。是年，常德第一家房地产综合开发企业常德市城市建设综合开发公司成立。至 1988 年全市（含各区县市）房地产开发公司已有 8 家，1997 年发展到 73 家。1988 年至 1997 年城区共完成房地产开发投资 8.23 亿元，竣工房屋面积 87.4 万平方米，为 1983 年至 1987 年建房总量的 10 倍。在提高市民住宅水平同时，还解决全市人均 4 平方米以下住房特困户 4000 多户住房困难，城区居民住宅成套率也由 1990 年的 35% 提高到 1995 年的 52.6%。1997 年年底，常德市住房建设在全省居于领先水平，城区人均居住面积达 9.2 平方米，全市城镇人均居住面积达 11.6 平方米。

1998 年，全市完成城乡住宅建设投产 24.47 亿元，完成城乡住宅竣工面积 464.2 万平方米，房地产综合开发投资 3.02 亿元，完成房屋竣工面积 27.1 万平方米，商品房完成投资 1.63 亿元，全市房地产增加值 1.1 亿多元。安居工程竣工面积 15 万平方米，解决城镇住户困难户 1580 户，城镇人均居住面积 11.8 平方米，农村人均居住面积 15.19 平方米。翌年 1 月，为培育和规范房地产交易市场，充分调动城市居民购房积极性，常德市举办首届房地产展示交易会，展示交易会期间，住宅交易成交 585 户，总面积 58906 平方米，总成交5321万元。1999年，常德市城区建房总投资达76416万元，建筑面积131.3万平方米。2000年，常德市房地产开发完成投资4.35亿元，施工房屋面积83万平方米，销售房屋面积51万平方米，房屋销售额4.8亿元，完成开发土地面积近30公顷，新增固定资产近4亿元。常德市城区涌现出健民花园、新世纪花园、宏宇别墅山庄、芷兰小区、东方小区等一批高标准、高档次住宅小区，各区、县（市）也建成有一定规模和特色的武陵园（汉寿）、桥头堡小区、莲花小区（石门），明珠楼、芙蓉楼（津市）等一批新型住宅小区和商居楼，为提高人民居住水平，改善人民居住环境，美化城市市容市貌起到积极作用。常德市房地产综合开发业绩和开发管理工作得到湖南省建设厅高度评价。2001年，全市房地产开发投资完成9.9亿元，商品房施工面积128万平方米，其中新开工面积108.9万平方米，商品房竣工面积91万平方米，预（销）售房屋面积78万平方米，销售额7.2亿元，完成开发土地面积近35公顷，新增固定资产近4.5亿元。是年底，常德市在册房地产开发企业为102家；城区人均居住面积达14.1平方米。全市城镇人均居住面积达16.5平方米。

2002年至2007年，房地产开发投资持续增长，多主体投资、多元化竞争格局逐步形成。2007年常德市房地产开发投资总额为39.85亿元，常德市市城区房地产投资由2001年的3.02亿元增长到2007年的23.15亿元；房地产交易税费收入从2001年的882.78万元增长到2007年的6625.40万元。全市房地产开发企业从2001年的102家发展到2007年的190家，其中市城区125家；全市二级资质企业10家（市城区8家），从业人员从873人增加到5767人。市场投资主体由国家单一投资发展成为国有、民营、合资等多主体投资，以中房集团常德公司和金钻置业为代表的一批品牌企业分别领跑常德市房地产开发国有和民营企业，常德市房地产开发规模化发展和多元化竞争格局基本形成。房地产市场产销两旺。2007年全市新开工面积196.93万平方米，竣工面积217.19万平方米，销售面积202.78万平方米，销售金额36.09亿元。其中，市城区新开工面积81.97万平方米，竣工面积88.04万平方米，销售面积104.93万平方米．销售金额20.9亿元。市城区房屋产权发证面积为411.598万平方米。2007年全市地方税收收入25.7亿元，其中房地产业地方税收收入所占份额超过17%，达到4.51亿元，对全市增收贡献率达30.9%。房地产行业对地方经济发展起到重要推动作用。

2008年至2013年，常德市房地产行业经历了极不平凡的6年。2008年美国次贷危机引发金融“海啸”，摧毁性冲击全球金融体系。中国房地产市场无论市场消费能力还是消费意愿，在金融危机中都出现大幅度下降，房地产业受到国家宏观调控政策积累效应和金融危机波及效应双重打击。国家统计局公布数据显示，2008年1—12月，全国商品房销售面积6.2亿平方米，同比下降19.7%。其中，商品住宅销售面积下降20.3%；商品房销售额24071亿元，同比下降19.5%。其中，商品住宅销售额下降20.1%。国房景气指数连续12个月下降，2008年12月份数据为96.46。常德房地产行业和整个中国房地产业一样，面临极其严峻考验。2008 年，全市房地产市场下滑趋势明显，购房者持续观望，商品住宅交易量严重萎缩，房地产企业普遍面临巨大资金压力，产业发展信心严重不足。是年，常德市城区招拍挂房地产开发项目用地共 32 宗，流拍 13 宗，面积 23.03 公顷；成交 19 宗，面积 46.36 公顷，其中实际用于房地产开发仅 13 宗，总面积 22.08 公顷，成交总金额 3.05 亿元。全市房地产开发投资总额为 40.4 亿元，其中，市城区完成房地产投资 21.2 亿元。全市新开工面积 172.4 万平方米，同比下降 20.6%；竣工面积 154.7 万平方米，同比下降 23.7%，销售面积 153.9 万平方米，同比下降 28.5%。其中市城区新开工面积 71.8 万平方米，同比下降 12.4%，竣工面积 58.8 万平方米，同比下降 33.6%，销售面积 58.86 万平方米，同比下降 53.1%。

2009 年，国家有效应对国际金融危机，房地产业整体政策趋向宽松，湖南省人民政府出台《关于促进房地产市场健康稳定发展的若干意见》。常德市人民政府随即出台《关于促进常德市房地产业健康发展的若干意见》，着力营造常德城市“扩容提质”和推进新型城市化建设等一系列利好机遇，促进房地产业健康发展。常德房地产业开始回暖。是年，全市完成房地产开发投资 50.4 亿元，同比增长 23.2%；全市施工面积 663 万平方米，同比增长 16.2%，其中新开工面积 264.7 万平方米，同比增长 53.5%。市城区房地产开发投资总额为 19.3 亿元，新开工面积 55.2 万平方米；市城区房地产竣工面积 33.9 万平方米，新投放商品房 98.99 万平方米；其中新投放商品住宅 79.55 万平方米，新投放商业营业用房 19.44 万平方米。2010 年，全市完成房地产投资 61.9 亿元，房地产新开工面积为 309.8 万平方米；房地产竣工面积 236.2 万平方米；其中，商品房销售面积 321.1 万平方米，商品房成交价格为 2245 元/平方米。市城区完成房地产开发投资 19.8 亿元；竣工面积 46.4 万平方米；销售商品房 108.52 万平方米，销售金额 34.98 亿元，市城区商品房成交均价为 3223 元/平方米。2011 年，国家宏观经济增长下行压力和物价上涨压力并存，在全国范围内高密度、大力度房地产宏观政策调控之下，常德市房地产投资、新开工面积、销售面积等各项指标保持平稳增长，市场秩序比较规范，房地产市场整体呈现出活跃、繁荣的平稳发展态势。是年，全市完成房地产投资 85.76 亿元；房地产投资占社会固定资产投资额的比例为 13%。其中市城区（含武陵、鼎城及经开区，下同）完成房地产投资 43.9 亿元。全市房地产施工面积 874.92 万平方米；其中市城区房地产施工面积 424.55 万平方米。房地产新开工面积 335.86 万平方米，其中市城区房地产新开工面积 119.58 万平方米。房地产竣工面积 248.16 万平方米；其中市城区房地产竣工面积 91.83 万平方米。2012 年，国家房地产调控政策继续从紧，税收、信贷政策持续偏紧，限购、限贷等措施成为地方政府不可突破的“红线”。常德市认真贯彻落实国家、省、市有关房地产市场调控政策措施，加强房地产市场监管，规范市场秩序，稳定住房价格，全年房地产市场整体运行健康平稳。是年，全市完成房地产投资 94.81 亿元，房地产投资占全社会固定资产投资 10%。房地产新开工面积 364.3 万平方米。其中市城区完成房地产投资 52.36 亿元；房地产新开工面积165.92万平方米。棚户区改造扎实推进。2010年年底，全市共有城市棚户区316.2万平方米，58693户，其中市城区棚户区228.5万平方米，43847户；国有工矿棚户区87.7万平方米，14846户。截至2012年年底，在武陵区、鼎城区和常德经开区启动棚改项目81个，全市签订拆迁补偿协议14475户，维修完善3810户，开工安置房11728套，建成安置房7240套，解决1.8万多户城市棚户区居民住房问题。

2013年，常德房地产市场投资活跃、价格平稳、供需旺盛。全市完成房地产开发投资121.76亿元，比2008年增长201.39%；新开工面积481.03万平方米，比2008年增长179.02%。其中市城区完成房地产开发投资80.01亿元，比2008年增长277.40%。全市新供应商品房341.8万平方米，市城区新供应商品房160.06万平方米。全市共销售商品房291.5万平方米，销售金额127.17亿元；全年市城区共销售商品房150.36万平方米，销售金额78.62亿元。全年改造城市棚户区安排8866户，遍及全市12个区县（市）。至12月31日，签订征收补偿协议10277户，其中货币补偿1882户，实物安置8395户，开工项目42个，安置住房开工8464套，面积918065平方米，基本建成项目32个，安置住房基本建成面积750626平方米，基本建成7005套，基本建成率为100.2%，竣工6501套，竣工率94.5%，总计实现投资95142万元。

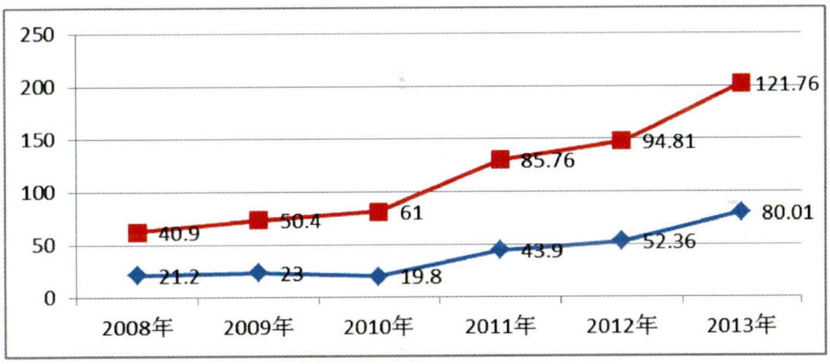

2008年—2013年全市房地产投资情况

（■全市投资情况 ◆城区投资情况）

经历2008全球金融危机严酷考验后，到2013年，常德房地产业已经成长为地方经济支柱产业、城市建设强大动力、社会文明精美窗口、改善民生重要抓手和“新常德、新创业”可持续发展的优质载体。

房地产投资开发多元化和住房供应多元化体系不断完善，对常德宏观经济支撑力不断壮大。2013年，全市房地产开发投资突破120亿元，为2008年3倍，房地产投资占全市GDP比重达到5.4%；全市商品房销售额亦突破120亿元，全市房地产综合收入达到94.47亿元（其中房地产税收18.15亿元，非税收入7.2亿元，房地产土地出让金69.12亿元），房地产综合收入占全市财政总收入比重达到53.98%，有力促进全市经济和财政收入增长。房地产业多元化发展推动房地产业自身实力不断壮大，房地产作为基础产业地位和作用日益明显，对全市建筑、建材、装饰、金融、家电、家具、广告等关联行业产生巨大推动作用。房地产业有效增加劳动就业。通过拉动建筑、建材等关联产业发展，房地产行业为社会提供更多就业机会。2013 年，全市房地产从业人员仅建筑业就有 10 万人，其中农民工 8 万余人（市城区 4.5 万人）。大力推进新技术、新材料应用和设计理念创新，全市居民住房质量、住房成套率、配套设施与居住环境得到明显提升，有效推进城市宜居质量。2013 年全市城镇居民人均住房建筑面积达到 42.6 平方米，比 2008 年提高 4.2 平方米，比 1988 年提高 34.2 平方米；市城区城镇居民人均住房建筑面积为 42.2 平方米，比 2008 年提高 7.24 平方米，比 1988 年提高 33.5 平方米。

房地产建设管理法治化体系不断完善，符合常德房地产行业实际的地方性房地产法规体系基本建成。1949 年新中国成立以后，常德市地方政府及房地产主管部门在不同历史时期，根据国家房地产管理法规政策，一直致力于制订符合常德市市情的地方房地产管理法规。1950 年 12 月，市人民政府颁布《常德市基地房屋租赁暂行办法》，次年颁布《常德市房地产交易所组织规程》，房地产建设管理法治建设由此起步。至 21 世纪初，常德市完成包括《常德市国有房地产管理暂行办法》《常德市公私房屋登记暂行办法》《常德市国家建设征地拆迁安置管理暂行办法》《常德市城镇国有直管公房管理办法》《常德市房地产市场管理暂行办法》《常德市住宅小区物业管理办法》在内的一批地方性政策法规。完成住房分配制度由福利性分房向货币化、商品化重大变革后，全市房地产业迅速兴起并取得飞速发展。原有住房建设管理法律体系缺乏完整性、统一性、权威性、协调性的弊端逐步显现。2010 年至 2013 年，常德市房地产行业进入全面建设“法治房管”的法治建设新阶段，《常德市房地产业“十二五”发展规划》《常德市物业管理办法》《常德市房屋维修资金监督管理办法》《常德市国有土地上房屋征收与补偿暂行办法》《常德市商品房现售备案管理办法》《常德市房地产中介市场和二手房屋交易资金监管办法》《常德市房地产开发项目资本金管理暂行办法》《常德市城区住宅建设项目配套公共用房和设施建设管理规定》等数十部地方性法规相继出台，既符合国家法律法规原则、又符合常德房地产行业实际的常德市房地产管理的地方法规体系率先基本建成。

房地产行业由单一性住房建设供应向复合型房地产业不断推进，园区地产、商业地产、旅游地产、文化地产、教育地产、体育地产、医疗地产、养老地产等泛房地产成为新的投资热点。至 2013 年，全市 10 个省级以上工业园区有 5 个进入“百亿元园区”方阵，常德经开区、桃源工业区 2 个进入“两百亿元园区”。其中常德经开区已形成自有专业园区 4 个，建成标准化厂房面积 36.08 万平方米，出租签约率达 86%；桃源工业区建设标准化厂房 29.04 万平方米，出租签约率达 60%。柳叶湖度假区梦幻桃花岛、桃花源管理区桃花源古镇两个旅游项目，白马湖万达广场、柳叶湖保利新城两个商贸综合项目投资均逾 50 亿元。与园区地产、旅游地产和商业地产发展同步，芙蓉王现代新城为代表的工业地产，柳叶湖体育生态园为代表的体育地产、高山街文化影视城为代表的文化地产、西城智慧谷为代表的教育地产、和生源花园社区为代表的养老地产等等，相继建成、顺利推进，形成常德复合型地产集群式发展态势。常德复合型房地产发展方兴未艾，常德房地产业已经进入转型升级更高层次。

优良居住环境日益彰显出培育城市优秀文化、熔冶市民高尚情操重要作用。一大批标志性建筑、标准化社区、复合型街区和生态型景观相继建成，人居环境得以改善，城市品质得以升华。到 2013 年，常德已经获得全国文明城市、国家卫生城市、国家园林城市、中国优秀旅游城市、中国魅力城市等一系列城市品牌。其中，主要由城市居住环境指标综合评价获得的“国际花园城市”和“中国人居环境范例奖”等金字招牌，成为幸福常德构建发展的重大支撑，成为常德现代物质文明、精神文明和生态文明的显著标志。

《

大事记

大　事　记

旧石器时代

距今至少18000年旧石器晚期，今临澧官亭竹马村一带，常德原始先民开始建造台式基址居住建筑。

新石器时代

约8000年前，常德南坪炮楼山、东郊谢家屋场、澧县梦溪三元宫、安乡汤家岗、石门皂市等地原始先民采用芦苇和编竹夹泥筑墙，用火焙烤后搭建房屋。安乡划成岗等地开始建造干阑式建筑，纵横构连木柱之上铺设木板，木板上搭建住房。

约6500年前，澧县城头山开始建造分间式大型居住建筑。城头山居住遗址现存三座屈家岭文化时期房址，筑有黄土台基，平面为方形与长方形。其中一座小型排房，中为走廊，两边对称分布小房间，单个居室面积3—5平方米；一座套房，前为厅堂，后为有四个连体灶的厨房；一座殿堂式建筑，室内面积达63平方米。

商　周

周景王三年（公元前542）左右，楚平王在今桃源县青林乡黄楚村、金鸡村一带修筑采菱城。遗址总面积近50万平方米，城池中心建有高台，南北长100米，东西宽85米，考古界疑为宫殿遗址。是为常德最早的宫殿建筑。

周赧王三十八年（公元前277），秦昭王派遣大将白起攻楚取得黔中郡，令蜀郡守张若在今常德城东筑城拒楚，史称“张若城”。此为常德地方政权建造城池、城内建筑房屋之始。

汉

高祖五年（公元前202），改黔中郡为武陵郡，在今常德城东30千米处断港头乡城址村建索县城，为武陵郡治所［一说周显王三十年（公元前339）左右，楚威王建索县城，为洞庭郡治所］。汉顺帝阳嘉三年（134）改名为汉寿，移荆州刺史治所于此。索县古城遗址大小二城总面积为54万平方米。城垣有东、西、南、北四门，城四角建有瞭望台，残高7至8米。城东是崆哝观，观宇虽毁，遗址尚存，规制宏伟。其瞭望台、崆珑观，均为常德最早的同类房屋建筑。

是时，常德太阳山建阳山庙，为常德有祭祀庙宇之始。后因展祭不便，在城内建阳山庙行祠阳山祠，现存遗址。古阳山庙毁于1969年，今人在其旧址复建太阳殿。

晋

西晋年间（265—316），常德河洑山建太和观，桃源在县治建真源观、在桃花源建桃花观，为常德有道教寺观之始。

东晋年间（317—420），常德郡府开始对房地产买卖交易实施管理。《隋书》：“凡货买奴婢、马牛、田宅，有文券率钱一万，输估四百入官，卖者三百，买者一百；无文券者，随物所堪，亦百分收四，名曰散估。”从此，无论官民，凡实施房地产买卖必须签订合同（文券），必须缴纳税收并取得纳税凭证（税契）。

是时，佛教传入常德。太阳山建白鹿寺，河洑山建耆阇寺；龙阳（今汉寿县）建净照寺；为常德有佛教寺庙之始。

唐

开元二十五年（737），朝廷颁布《营缮令》，常德州府对官民房屋建造管理更加严格。房屋交易管理亦更加规范：业主（卖方）须赴官府申请发给准许出卖或典当田宅的文牒后，才可与买主签订合同（文券已改称“市券”），三日之内交税并取得钤盖官印的“红契”。红契即为买方得到的官方产权证书。否则，交易即为非法。

咸通元年（860），朗州刺史薛廷望奉勅修建德山乾明寺，为海内外著名佛教祖庭。

是时，常德建朗州开元寺、石门夹山寺、澧阳药山寺，建朗州千佛寺、武陵光福寺、龙阳仁正寺、澧阳龙潭寺、武陵真觉寺、石门化育寺、回龙寺、洛浦寺等大型著名寺院。石门夹山寺、澧阳药山寺均为海内外著名佛教祖庭。这批寺庙均以佛殿为主体，沿中轴线依次依序建山门、莲池、平台、佛阁、佛殿、配殿，布局对称。

武陵建著名道观玄妙观、澧州建白马观。

常德府治奉诏建学宫，为官学；每年春秋祭孔，又称孔庙。澧州仙眠洲建文山书院。安乡东廊建县学。桃源桃花源建天宁书院。

宋

后周显德十年（963），宋军讨伐周行逢政权，周行逢守军纵火焚烧常德城，城内官私房屋焚毁殆尽。

开宝（968—976）年间，为防止经手田宅税契官吏侵渔税款，朝廷规定官吏收税之后，将缴纳契税收据粘附在业主持有的契约末尾，史称“契尾”之制；崇宁二年（1103），宋徽宗颁布《营造法式》。常德官府对房屋建造、土地住宅交易管理更加严格。

乾德三年（965）建澧州文庙，始称学宫。为五进四合院式建筑群，以南北为轴线，依次建有头门、泮池、状元桥、棂星门、大成门、大成殿、崇圣祠。大成殿前置东西厢房和钟楼、鼓楼。整体布局严谨，檐檐相连，廊廊相通。

天圣十年（1032）起，常德州府开始施行“取唐令为本”、“镂版施行”的《天圣营缮令》。公署、儒学、仓廪、驿馆等公共房屋建设，从官银预算、立项，到工匠派遣、材料采购、营造监管等程序更加完备。常德官署、学校等各类公私房屋以及城池、关防建造规模、水平，在湖广地区堪称一流。

常德州府在府城中珠履坊府署旧址扩建公署。公署以正堂为中心，以中轴线依序排列，前置露台、甬道、仪门、谯楼、大门，后置燕堂、廨舍等。仪门两侧分别为廊房：东为吏、户房，西为兵、刑、工房。

咸淳八年（1272）扩建儒学。郡守龚日升在郡城儒学原址（今常德市育英小学）扩建殿宇、堂斋，规模略备。后历朝郡府均扩建缮修。

宋末，朝奉大夫丁易东在常德城东门外黄龙陂建沅阳书院。

元

至元中（1264—1294），常德路达鲁花赤哈珊景仰前朝丁易东建馆兴学高风，为沅阳书院缮修学舍并植松万株，护荫书院田园。

大德年间（1297—1307），澧州建彭山钦山寺。

延祐六年（1319），哈珊在宋代儒学原址改建文庙五间，前筑露台，台下建神路、丹墀。东、西建两庑，各十三间。前建戟门七间。左、右为碑亭。临江建棂星门；筑石柜，其上建咏归亭。左为泮池宫门，两翼建观澜、朝宗二亭。庙后建阁五间，名尊经阁。下为明伦堂，五间。庙东为涤牲池，池畔为宰牲房。规制甚伟。

至正二十四年（1364），朱元璋攻取常德，命总制胡汝修复旧城。

明

洪武甲辰年（1364）扩建府署。其后永乐十八年（1420）、成化七年（1471）、正德二年（1507）、嘉靖六年（1527），数任知府均扩建，史称“规制严整、观瞻尤胜”。府治还建有经历司、照磨所、司狱司、常阜库、税课司、惠民药局、僧纲司、道纪司等府署衙门，其廨舍（办公室）也规制井然。知府官廨布局为：居中建前后堂、厢房、门楼及庖（厨房）、湢（厕所）诸室。同知廨、通判廨、推官廨、经历廨、知事廨、照磨廨、检校廨等官署也均有前、后堂及厢房、门楼。

是年，武陵县在府城庆丰坊内扩建县署。其后，宣德八年（1433）、弘治十三年（1500），数任知县扩建县署，规制亦甚齐备。

洪武元年（1368），石门、桃源、龙阳等县建县署。

洪武二年（1369），常德府在府城西门外建社稷坛，东门外建川山坛，北门外建郡厉坛。其后，各县均在县城近郊建坛。

洪武三年（1370），道教名师张道会在桃源热市星德山，修筑三元宫；天启二年（1622），桃源县署奉诏修灵宵行宫，三元宫易名灵宵宫，后定名星子宫。星子宫建有3重大殿，6间偏殿，两厢建有火工殿、寝宿殿、救卜殿、问事殿、观星坛、重月楼、玉霄殿、三生殿。今存星子宫、寝宿殿、火工殿、王爷殿、百子堂、南天门等古建筑群，全为红色石材构筑，现为全国重点文物保护单位。

是时，常德建7座清真寺：即清真古寺、东寺、西寺、金陵寺、女学寺、德山义园、苏家渡义园，现存清真古寺。常德清真古寺建于今常德市沙河街玉带桥左侧。大殿为宫殿式木结构，前后两进，白墙赤柱。殿顶及四壁上方镶木刻花卉图案板片，精美别致。窑殿凹壁上刻阿拉伯文，为赞主、赞圣之词。

洪武七年（1374），朱元璋颁行《大明律》。常德官府自此依《大明律．户律．田宅》规定，管理房地交易契税。“契尾”改称“税契号纸”，由县衙统一印制，内载法律条文、官府说明公文、业户所在县及里甲组织、业户姓名、价银税银、立契时间。买卖田宅，每两契税三分（即税率3%），“凡典卖田宅不契税者，笞五十，仍追田宅价一半入官”。

永乐年间（1403—1424），府城五宫街大梳子巷（今和平西街）建老郎庙。老郎庙高墙深院，坐西朝东，大门上方黑色石匾刻有“梨园”二字。内分三进，一进为客堂，厅堂上悬挂黑红棒、乌哨鞭。二进为正殿，内供老郎神君，殿左墙上设神堂，供已故名伶牌位，殿右墙上列挂入会戏班牌位。三进供奉财神。殿后建有三开间房屋，殿外两侧建有宽大走廊连接围墙，中为天井，天井内原置放太平缸一口，上刻“大明永乐二年华胜班”字样。是为常德最早的观演建筑。

景泰三年（1452），知府朱缙在元代儒学扩建四斋，分别是“志道”“依仁”“据德”

“游艺”，号舍三十六间，馔堂、厨房各三间。成化五年（1469），知府杨宣又扩建学门三间，补铸铜爵、香炉等器。嘉靖六年（1527），知府方仕辟地为射圃，建观德亭、敬一亭、启圣祠。

其时，常德府在府城东南建驿站，正厅3间，仪门3间，厢房6间。

成化年间（1465—1487），常德府在城西建公馆1栋，正房3间，两翼设厢房。

弘治九年（1496），常德府在府城建庆丰仓、便民仓，在乡村建义囤。

弘治十一年（1498），朝廷在府城常德镇守总兵行署原址上，为荣庄王朱佑枢（明宪宗之子）拓建荣王府。王府布局以王宫为中心，外建承运门，围墙内建有承运殿、存心殿、圆殿。朱佑枢长子的世子府建在体仁门内，崇义楼在体仁门北。体仁门内设宫署，有长史司、审理所、纪善所。王府前有典仪所、典宝所、典膳所、典服所、良医所、奉祀所、群牧所、工正所等设施建筑，还有广益库、广益仓等高大堂宇。荣庄王除长孙继承藩位，五个儿子均封为郡王，郡王府均建在城内：福宁王府在城东南，惠安王府在城西南，永春王府、富城王府、贵溪王府都建在城北。

嘉靖八年（1529），常德府在府城儒学后大街建名宦祠和乡贤祠，分别建有正堂3间，大门1间。其后，澧州府在玉林寺建昭忠祠，在嘉山建忠烈祠。龙阳县（今汉寿）在县学西畔建名宦乡贤祠。

万历年间（1573—1620），石门建城隍庙戏楼。砖木结构，歇山顶，小青瓦屋面。底层为戏台，台沿三方置木栏，楼前戏坪可容千余人。

崇祯四年（1631）7月至8月，常德府城地震。地震时吼声如雷，房屋倒塌无数，压死者众。随后地裂，沙随水涌，腥气逼人，城内男女皆露宿月余。

崇祯十六年（1643），李自成军进逼常德，守城偏沅将官周晋“统兵烧毁城郭庐舍，火至半月不息。常德以此残毁”。冬，张献忠军占领常德，荣王府及福宁王府、惠安王府、永春王府、富城王府、贵溪王府尽数征用“充公”。

清

顺治四年（1647），朝廷沿袭宋明之制，颁发税契令，规定“凡买田地房屋，必用契尾，每两输银三分”；雍正十二年（1734），工部颁布《工程做法》。常德官府在房屋建造和交易管理方面仍如前朝，十分严格。

顺治五年（1648），李自成余部马进忠占取常德，清军围城前夕，马进忠纵火“尽焚庐舍”，“弃空城”溃逃时沿途烧杀掳掠，“辰州以下至龙阳数百里人烟俱绝”。

顺治十一年（1654），扩建常德府署。知府高明建二堂、川堂过道，建吏、户、粮、礼四房及白鹤池。后历任知府均扩建缮修，至嘉庆年间，府署计有大堂三间，分别是宅门、川堂、二堂。大堂左为东厅，两翼建有库房，左翼建有耳房十间，右翼有耳房十二间。左为寅宾馆，右为清白泉厅、戒石亭。左右建皂隶亭各六间，左之左为吏、户、礼房，右之右为兵、刑、工房，仪门三间。左土地祠三间，右监狱六间，厅一座。府署还建有头门、照墙、左右牌坊、拦栅、旗杆、鼓楼，规制俱备。

康熙七年（1668），知府胡向华在府城西门外择地重修社稷坛，环以垣墙，外建门楼。

康熙十三年（1674），吴三桂反清攻占常德，据此抗拒清廷数年，败退时放火烧毁全城。

雍正元年（1723），常德创办泥木作坊，常德建筑行业自此出现房屋建造施工行业民间行会性质组织。

雍正四年（1726），知府依朝廷诏令在府城西建先农坛，设正房、厢房各3间，围墙一周。

雍正十年（1732），澧州建南平公馆，为安乡、石门、慈利、安福、永定等5县赴州行署。

雍正十一年（1733），知府张廷庆、知县孙之琮在府城西建万寿宫。

乾隆七年（1742），常德建聂振茂医药店。设前后两堂屋，前堂为医生诊处和中草药柜，后堂为中草药片加工房。

乾隆十六年（1751），府治在府城葫芦口（今华都大厦后东北角）建朗江书院：计讲堂三大进，左右学舍五十五间，厅十间，厨房六间，门楼三间，砖砌围墙。辛亥革命后改办常德县乡村师范学堂，后为常德县立初级中学校址。

是年，府城内江西、安徽、山西、陕西、福建、河南、湖北、广东8省商人相继建江西会馆、徽州会馆、山陕会馆、福建会馆、江南会馆、广东会馆等公所、会馆，会馆为窨子屋格局，均为常德著名建筑。8省在常商贾捐资修建育婴堂、同善堂、体仁堂。

乾隆二十九年（1764），知县在县署西建常平仓71间。同年，府库并入，共贮谷99227石。

是时，城北落一陨石。知府陈三震在落石处建丹阳楼，供奉火神，祈神祛灾。

嘉庆十七年（1812），常德考院由武陵县署旧址移建至青阳阁正街原荣王府部分旧址。知府应先烈购置青阳阁正街屋基，建大堂三间，穿堂一门，二堂五间，后堂五间。东边门房三间，茶炉房二间，大厨房五间；西边簧案房二进，共十二间，大堂东西内官厅二间，东西差房六间，东西考棚六十八间。仪门三间，东西角门二间，穿堂一间。头门三间，东西差门二间，供给房三间。外官厅三间，中贯穿堂，旁列回廊。鼓楼两座，桅台二座，照壁一座。东西辕门环以栅栏，四面环以砖墙。外东西生棚六间。东边佃房五间，西边佃房三间。次年竣工。

道光十一年（1831），府城卫门口创办陈氏木作坊，承建房屋和制作家具。

道光二十三年（1843），常德、桃源、澧州一带地震，武陵城区房屋倒塌无数，居民伤亡惨重。

道光三十年（1850）7 月，沅江大水，常德府城西堤溃决，淹没冲塌民房无数。

咸丰九年（1859），常德知府彭汝琮在城内西隅寺建西城义学，在育婴堂设育婴义学，在杨家巷建两益堂义学，在西城义仓前建德修堂义学。

从光绪九年（1883）起，美国、芬兰、西班牙等国传教士开始在常德兴建罗马式教堂、育婴堂，日本商人在府城大河街建太古码头福中公司、亚细亚洋行。美国人建美孚洋行。洋行建筑多为 2—3 层，砖木结构，形制与欧式教堂相仿。

光绪十四年（1888），武陵知县李宗莲与告假乡居的前兵部主事杨彝珍等创办德山书院。计有头门三楹，仪门三楹，讲堂三楹：两边为厨房，内为川堂。后为文昌宫，上为藏书楼；右为客厅三楹。前有莲花池；左为院长斋舍三楹，对厅三楹两层斋房各十四间；建有泮池，围墙外有玉带沟。

光绪十五年（1889），广东商人卢次伦在石门泥市镇创办“泰和合”茶号，现为常德著名古建筑。

光绪二十一年（1895），美国北美教会传教士罗根夫妇在东门外二铺街建广济诊所。

光绪二十二年（1896），天主教、基督教传入常德，在城内太古码头建天主堂、万寿街建福音堂。次年在法院街建宣道会。

光绪二十八年（1902），美国天主教长老会在临澧建广济医院。英国牧师巴天民在五铺街建中华基督教会。

光绪二十八年（1902），常德知府朱其懿偕其妹夫熊希龄在玛瑙巷创办湖南西路公立师范讲习所，后更名湖南西路公立师范学堂（今常德市第一中学前身）。

光绪二十九年（1903），东门外二铺街广济诊所扩建为广德医院（今常德市第一人民医院前身）：3 层砖木结构楼房，长 40 米，宽 8 米，层高 3.4 米，一层为门诊，二层为病房，三层为办公室、药库。时为常德地区内最具规模的西式医疗建筑。

是年，邑人雷光宇等在吕祖庙集资建常德图书馆。

光绪二十九年（1903），德山书院改为武陵县官立高等小学堂。辛亥革命后，先后改办湖南省第二甲种工业学校、常德县农事试验场。民国 35 年（1946）常德县立中学迁入，1953 年改名常德市第二中学。

光绪三十年（1904），汉寿街（今朗州南路）建常德电报官局。同年，英、美、日、法、德、俄以及荷兰、丹麦等国商人陆续在常德设立商号、银行。

光绪三十二年（1906），常德辟为寄港地。翌年，英国亚细亚火油公司在常德下关（即盐关）设立，专营煤油（俗称洋油）。

宣统二年（1910），德国商人乐斯在常德城内开设瑞成洋行。

中华民国

民国 2 年（1913），武陵县改名常德县，常德县政府接管原清廷府、县官署及其他公房。

民国3年（1914），美国教会在常德城区东门外建懿德女校。

民国6年（1917），胡鼎珊、罗北鼎等集资在大河街太古码头建“朗朗电灯公司”。

民国11年（1922），蒋伟丞、李季洪、余罗生等在西堤龙王庙石柜建“常德鼎新电灯公司”。

民国14年（1925），美国教会在德山建峻德中学和三德中学。同年，王新民、曾显亭等自筹资金，建“常敏电话公司”。

民国20年（1931），常德小西门建军用机场。

民国21年（1932），中央气象研究所在常德大西门外南湖坪建气象测候所。

是年，城内大高山街钱洪盛作坊，经湖南省建设厅批准改为“洪盛营造厂”。是为常德建筑营造厂之始。该营造厂聘有建筑工程技术人员，可承建三层砖木结构楼房。先后承建常德三德学校、天宝云楼、聚新城银行、湖南省银行常德分行、湘鄂酒楼等大型房屋建筑。

民国22年（1933），常德县政府地政科组织境内土地测丈、绘图，登记造册。

是年8月21日，常德城隍庙正街赤帝宫、鹭鸶桥一带发生火灾，烧毁房屋100余栋400余家。

民国23年（1934），湖南省政府在常德设长途电话营业处。民国35年（1946）改名常德电信局。

民国25年（1936），常德县政府完成境内土地测绘，建成1：500地图图册，建成载明业主姓名、地号、图号、面积、坐落地址、四至界线的地籍法册。

民国26年（1937），湖南省第四行政督察区专员公署设建设科，常德始有地区一级建设管理专门机构。

民国27年（1938）4月，国民政府在常德建石门桥飞机场，以备抗日之需。

是年11月12日，长沙“文夕”大火，难民涌向常德及湘西各县城，常德城人口由5万余猛增到20余万。

是年12月29日，日寇9架飞机轰炸常德城陡码头、水府庙一带，酿成火灾，三日不熄，烧毁房屋无数。是为侵华日军飞机轰炸常德之始。

民国28年（1939）6月23日，日寇飞机39架轮番轰炸常德城，投弹500余枚，全城一片火海。此后，日寇飞机数千架次轰炸常德，全城遍地残墙断壁。

是年，湖南省第四行政督察区所辖常德、汉寿、桃源、临澧、澧县、安乡、石门、慈利等县政府均设建设科，审核建筑、公共工程营建，负责营造厂登记注册。常德始有县级建设主管机构。

民国31年（1942）6月30日，日寇飞机9架轮番轰炸常德城，投弹百余枚，炸毁房屋百余栋，烧毁房屋无数。秋，日寇飞机又多次轰炸常德，炸毁房屋百余栋，炸死市民无数。

民国32年（1943）11月16日至12月20日，侵华日军以10万兵力侵犯常德，常德保卫战爆发。国军驻常德守军57师师长余程万率8000余名将士坚守鏖战16昼夜，8000将士壮烈牺牲。是役，全城被日寇炮火毁房31191栋，全城一片瓦砾焦土。常德城房屋建筑遭受有史以来最为惨重摧毁。

民国33年（1944），常德县政府在小西门葫芦口、白家土地庙一带修建平民住宅11栋，每栋8户，每户面积30余平方米，供房屋遭日寇毁损市民居住。

民国34年（1945）11月23日，常德抗日烈士公墓建成，国民政府举行公祭大会。

是年，徐爽秋在常德城区创办东方建筑事务所，承揽各类房屋设计，始用白道林纸晒印，称为蓝图。每栋房屋绘制有总图、平面图、立面图、中剖面图、横剖面图及门、窗、楼梯等部详图。湖南省银行常德分行、农民银行、地方法院等工程均由该所设计。

是年，上海寅记营造厂从重庆迁来常德开业，该厂聘有工程师2人，具有房屋勘察、设计、施工较高水平。此后，常德城区相继兴办联华、大厦、中记、永安等营造厂承建房屋建筑工程。

民国36年（1947），常德县政府制定《建筑管理规则》规定，城区内公私建筑物起建、改造、修增、拆卸，须按规定请领执照，按工程造价1‰缴纳执照费；对任意扩大与改造其修建过程、与核准图样不符、偷工减料等工程质量问题，除勒令拆除改造外，并处承造方以建筑工程造价1%罚金。是为常德现代房屋建造质量管理之始。

民国37年（1948）1月1日，西围墙（今抗日烈士公墓西缘）一带起火，火烧三四小时，烧毁房屋100余栋。

中华人民共和国

1949年

7月29日，常德解放。8月5日，常德实行县、市分治，成立常德市人民政府。市政府宣布统一管理城区房屋，接收原国民党常德县政府公房58间。

8月25日，市城区大西门杨泗庙星山油行失火，烧毁房屋583间。31日，国民党飞机轰炸小河街一带，烧毁房屋325栋。

10月，市政府颁发布告：禁止市区街道、公共厕所旁及其他公共场所随意搭建棚屋。

是年，城区住宅总面积31.32万平方米，人均居住面积3.15平方米。

1950年

1月，常德市人民政府拟定《常德市商业区规划及街道改造初步计划》。

6 月，市政府从常德县人民政府接收原国民党常德县政府市区地籍图册和公产房屋图册。

10 月，常德市财政局房地产管理股开展房屋土地清查，增收公房 87 间。

11 月，市政府首次实行城区公房地产登记，城区分 6 个区域（即一、二、三、四、德山、南站）逐保办理公房地产登记手续。当年公房收入大米 3755 公斤，人民币 19098 万元（旧币）。

12 月，市政府颁布《常德市基地房屋租赁暂行办法》。

1951 年

1 月，常德市政府颁布《常德市建筑管理暂行细则》，颁发常德市城区第一批土地房屋所有权证。

是年，市政府接管、代管无人申请登记私人房屋 300 余栋。

是年，市政府投资在高山街修建商场 1 座，共计木板房 100 间。是为新中国成立后市人民政府投资建设第一批国有商业用房。

1952 年

是年，常德市政府在小西门左城湾修建“新村”，兴建砖木结构平房 3 栋共 96 间。是为新中国成立后市人民政府投资建设第一批居民居住用房。

是年，建成市公安局七层瞭望塔，时为全市范围内最高房屋建筑。

1953 年

4 月 28 日，常德、汉寿、桃源、石门同时遭遇飓风、冰雹袭击，毁房 1870 间。

8 月，常德市政府对代管发还时无人申请发还的私房予以没收。至 1957 年年底，市城区共没收私房 57 栋，面积 9516.6 平方米。

1954 年

7 月，沅澧两水先后暴发百年罕见洪水，全市冲毁房屋 32.77 万间。

12 月，常德地区连降大雪，冰冻持续 20 多天。

1955 年

6 月，常德市工人文化宫竣工，时为全市最大体量建筑物。

7 月 26 日和 8 月 4 日，常德市连续遭遇 10 级以上暴风袭击，倒塌房屋 48 栋，毁损房屋 910 栋。

是年，市政府在城东贺八巷、城南经历司湾、城西杨家牌坊、城北建民巷各修建居民住宅 1 栋 20 套，每栋 1000 平方米。

1956 年

6 月，建于唐咸通元年（860）的古建筑常德市德山乾明寺弥勒佛殿、大雄宝殿与山门均遭拆毁，原址建常德七一机械厂宿舍。

1957 年

是年，常德基督教会牧师李义、教士李顺生将东门水府庙圣洁会、雷祖殿警世堂、彼得堂、丝瓜井中华圣公会共 6 栋教会房屋，移交市房地产公司代管，是为常德市房地产公司委托代管宗教房产之始。

1958 年

10 月，常德市对市城区地主、资本家、手工业主私有出租房屋 1399 栋进行社会主义改造，低租分配给城市居民居住。

12 月，人民东路和人民中路扩街工程动工，工程东起岩桥、西至汽车北站，全长 3610 米，共拆除房屋 353 栋，面积 32681 平方米；修建房屋 29 栋，其中居民房屋 161 栋，安置 417 户。次年 1 月完成。

是年，国有住宅公房租金开始执行分类计租：按折旧费（40%）、修缮费（29%）、管理费（11%）、租金（18%）、保险费（2%）五项因素计租，并依据房屋所处街道位置、房屋结构划分等级，按面积收取租金，全市房屋划分有六大类、八个等级，其中一类一等级房每平方米房租 0.30 元，地租 0.04 元，一类八等房每平方米房租 0.20 元，地租 0.05 元。

1959 年

9 月，常德市人委颁布《常德市国有房地产租赁管理暂行办法》。

是年，常德市完成老城区 30 平方公里地形测量，20 平方公里总体规划及德山工业区总体规划。

1960 年

1 月，常德市人委对常德市城市建设进行全面规划，制订常德建城以来第一版《常德市城市建设规划意见（草案）》。

1961 年

3 月，常德市房地产公司接受代管 4623 名下放农村居民房屋。

11 月，市人委颁布《常德市国有房地产管理暂行办法》。

1962 年

5 月，常德市人委颁布《常德市国有房地产租赁管理暂行办法补充规定》《常德市公私房屋登记暂行办法》和《常德市私有自住房屋管理暂行办法》。

7 月，常德市进行第二次房地产登记。

1966 年

是年，常德市城区国有直管公房执行新定租价标准，实行生产、生活用房两个价。生产用房每平方米计价平均 0. 205 元，与 1958 年租金标准相比平均上升 20. 8%；生活用房租金每平方米平均上升 0. 1142 元，与 1958 年租金标准相比平均下降 27. 8%。

1967 年

是年，受“文化大革命”冲击，常德市房地产建设、管理工作基本瘫痪。

1968 年

11 月 15 日，常德市城区大河街竹器厂王某纵火烧毁厂房及附近居民住房 26 户。

1969 年

1 月，常德市再次组织城市居民下放农村。市房产公司代管下放人员房屋 102 户。

是年，人民西路扩街工程动工，拆迁房屋 222 栋，面积 10600 平方米。

1970 年

8 月，建于明万历三十五年（1607）古建筑常德市德山孤峰岭宝塔拆毁，其砖石用于修筑常德市二中校内防空洞。

1971 年

常德市城区学习大庆油田建房经验，在城北北堤巷一带修建“干打垒”（即墙体用黄土、石灰夯压成形）二层住宅 5 栋，因墙皮易剥落，墙身易开裂，遂相继拆除。

1974 年

4 月 12 日，10 级旋风袭击常德郊区东江、东郊、德郊三个公社，倒塌房屋 44 栋，揭去屋顶 1660 栋。

8 月，常德市体育馆建成，建筑面积 3700 平方米。屋架钢梁跨 36 米。地面铺拼花木地板，阶梯式看台，可纳观众 3380 余人。时为常德第一座室内体育场馆，亦为当时全市最大体量建筑物。

1976 年

2 月，常德市革委颁布《常德市城市建设管理试行办法》，规定：单位建房须办理征地报批手续，领取施工执照；拆迁居民房由房地产公司按城市规划统一迁建，临街私人房屋未经报批，不得就地翻修。

是年，调整国有直管公房住宅租金标准，取消生活用房价区，租金执行一个价；房屋结构仍沿用三种类别，每平方米租金最高为0.17元，最低为0.03元。

1978 年

8月，常德市政府成立统一修建居民住宅房办公室（简称市统建办），当年投资163万元，在高山街、红卫路、百街口、建设路开工建设1.82万平方米住宅。

8月，市政府组织对全市所有公私房屋进行普查登记。

8月，澧县遭受特大水灾，西洲、阳由、孟姜、七里湖、永泰、八官、涔澹等垸溃决，倒塌房屋37062栋。

是年，再次调整国有直管公房租金标准。油脂、烟酒、食糖、食盐、煤炭、水泥、废品仓库等单位用房租金按同类房租另增加60%收取，理发店、集体医院按同类房租减少20%收取；居民住宅分间按室内面积计算，三户以上使用的公用厨房不计租金，平台按面积收50%，吊脚楼房尾占实地2/3者计满租，不足者计50%。

至年底，全市共有国有直管公房2702栋，19363间，建筑面积44.6万平方米。

是年，在常德人民会堂原址扩建滨湖影剧院。

1979 年

3月，常德市政府成立落实房屋政策办公室，全市退还下放人员及接管私人房屋29户，市房地产公司折价收购12户。至1981年，全市先后落实处理私房156户，其中“文化大革命”期间代管115户、接管45户、私改未留自住房47户、占用房主自住房18户、纵火遗留1户。

4月7日，常德、汉寿、石门、澧县、临澧，西湖、西洞庭农场，遭受龙卷风、冰雹和暴雨袭击。雹粒最重达5公斤、风力10级，摧毁房屋4011栋。

是年，在市城区鸡鹅巷东风剧院原址扩建天声影剧院。

1980 年

5月13日，常德市城区遭受暴风袭击，郊区倒塌房屋455间，毁坏房屋699间。

是年，武陵路（今朗州中路）扩建工程房屋拆迁动工，工程南起青阳阁，北止滨湖路，共拆除房屋面积29009平方米，1985年6月完成。

1981 年

是年，沅水一桥北引桥工程房屋拆迁动工，该工程 1981 年动工，共拆除房屋 205 间，面积 4206 平方米，其中公产房 77 间，面积 1339 平方米，单位房 19 间，面积 1065 平方米，私房 110 间，面积 1801 平方米。次年完成。

1983 年

1 月，常德市政府决定，在大河街、下南门、鸡鹅巷、高山街、杨家牌坊等地建立工业品贸易市场，供个体工商户定点营业。

4 月中旬，常德境内连续 4 次遭受特大冰雹袭击，摧毁房屋 31656 栋。

1984 年

3 月，常德市城区采用民建公助建房形式，即住户投资、投料、投工，国家提供建房地基及“三通一平”（通电、通水、通路、平整土地）条件，单位酌情给予资助，统一在东郊乡三闾村征地 1. 5 公顷，安排私人建房 l38 户，建筑面积 11303 平方米，翌年 10 月全部竣工，均为独门独户二层住宅，砖混结构。

6 月，成立常德市私房交易所。

是年，市统建办圆满完成使命。1978 年成立到 1984 年，市统建办共投资 1666 万元，征地 16. 79 万平方米，竣工房屋面积 13. 69 万平方米，其中住宅面积 13. 1 万平方米，市政公用设施建筑面积 5900 平方米。先后建成 7 个住宅小区，其中“胜利一村”建房 25 栋，住宅面积 3. 15 万平方米；“胜利三村”建房 9 栋，住宅面积 1. 5 万平方米；“胜利四村”建房 5 栋，住宅面积 1. 3 万平方米；建设桥建房 10 栋，住宅面积 1. 32 万平方米；常篙路建房 18 栋，住宅面积 2. 75 万平方米；德山建房 2 栋，住宅面积 2774 平方米。

是年，常德市人均居住面积 5. 3 平方米。

1985 年

6 月，常德市政府开展全市房屋普查。全市（含近郊农户私房）房屋建筑共 5481764 平方米，其中住宅房屋共 13400 余栋、43032 户。每户平均使用面积 35. 12 平方米；缺房户 2257 户，其中无房户 529 户、不方便户 575 户、拥挤户 1153 户。上述房屋中，房管部门管辖公房 55. 4 万平方米，单位自管公房 46. 4 万平方米。

7 月，市城区滨湖住宅小区动工，1988 年底建成，建筑总面积 10.8 万平方米。小区内设茉莉村、芙蓉村和玫瑰村三个居住组团，居住 2000 多户、8000 多人；配套公共建筑 1 万平方米，建有全日制小学和幼儿园。是为常德市第一个设施配套大型居住小区。

9 月，市委、市政府召开全市落实私房政策会议，部署将 1956 年至 1958 年社会主义改造时，归公没收不当私房，退还原主。

是月，常德地委批转地纪委《关于纠正少数党员干部在营建私房中的不正之风问题的意见》，要求各级党委认真清理，严肃查处。当年，查处党员干部违纪建私房案 87 件，干部因建房贪污受贿被依法惩处 2 人，开除党籍 3 人。

是年，市城区麻阳街 100 多户居民吊脚楼房全部拆迁，居民妥善安置迁居至城北新区。

是年，动工兴建常德宾馆。该宾馆主楼高 11 层，钢筋混凝土框架结构。馆内置自动电梯、冷暖设施和闭路电视。时为城区建设装修档次最高商旅建筑。

1986 年

3 月，常德市民建公助办公室在三间村第二次征地 1.1 公顷，安排私人建房 102 户，当年 8 月竣工，建筑面积 1.06 万平方米，均系独户独院。至此，城区“新五村”“新六村”两个风格独特居住小区建成。

5 月，鼎城中路（今武陵大道中段）扩建工程房屋拆迁动工，共拆除房屋 18856 平方米，其中公产房 5318 平方米、私房 2929 平方米、单位房 10609 平方米。拆迁工程年底结束，拆迁户均妥善安置。

11 月，市政府办公大楼（现为市人大、市政协办公楼）建成，建筑面积 10235 平方米。该项目为常德地区网架结构施工之始，又为施工中采用电子计算机验算技术参数之始。

是年，武陵区东江乡新安村出土一座汉代陶制楼房模型，陶瓦屋顶，四角八字翘檐，窗户镂空雕花，反映出汉代常德房屋建筑规模、制式、用材、工艺诸方面水平。

是年，动工兴建常德交电大厦、常德中心百货大楼和常德商场。交电大厦现为常德市政府政务中心办公大楼。

是年，常德市城区采取“统建统分、民建公助、商品房出售、危房翻修”四种形式，多渠道修建城市住宅，共集中资金 965 万元（含开发公司定向开发建设资金），共开工建造住宅 127 栋、建筑面积 4.7 万平方米，其中统建住宅 2500 平方米、民建公助住宅 9950 平方米、商品房住宅 2.82 万平方米、翻修危房 6380 平方米。

1987 年

4 月，常德市房地产管理公司清理房屋“三产”（产权、产籍、产业），全市共有国有直管公房 2340 栋、23000 多户，总面积 57.88 万平方米，其中生产营业用房 14.09 万平方米，生活用房 43.79 万平方米。

9 月，湖南省建委在常德市召开全省地、市、县建委主任紧急会议，传达沅江县“9 月 14 日倒塌大楼事故”情况，强调严厉管理建筑物质量。

是年，常德市图书馆新馆建成，中共中央总书记胡耀邦题书“常德市图书馆”馆名。新馆建筑面积 4445 平方米，时为国内最大县市级图书馆。

是年，常德地区文物考古队在距常德城 5 千米东北郊南坪岗潜水桥村发现距今 7000 年前新石器时期人类居住遗址。

1988 年

3 月，常德地区行政公署成立常德市城区住房制度改革领导小组，6 月更名为常德市人民政府住房制度改革领导小组，市城区住房制度改革工作启动。

10 月，常德全境连降暴雨，暴发秋洪，倒塌房屋 6100 余户。

是年，全市城镇居住面积达 620 万平方米，城镇（含建制镇）人均居住面积达 8.4 平方米。全市新建农房 762.56 万平方米，户均 158.9 平方米。

1989 年

5 月 2 日，常德市委召开常委扩大会议，研究部署在全市开展党政机关干部利用职权营建私房问题清查工作。

5 月 11 日，副市长卜启圣、李江主持召开全市中小学危房改造会议，要求在当年国庆节前，全市消灭中小学一级危房。

12 月 16 日，市房地产管理局发布《常德市城镇房屋登记核发权证公告（常房权字第 1 号）》，开始在武陵区城南办事处范围内试点房屋定权发证工作。

是年，常德市城区修建商品房 698 套，建筑面积 4.53 万平方米；竣工 495 套，建筑面积 3.87 万平方米；销售商品房 385 套，建筑面积 3.13 万平方米，实现销售收入 1132.6 万元。

1990 年

3 月 22 日，常德市化工厂（苏家渡）原料仓库发生自燃火灾，烧毁房屋 300 多平方米。

4 月 13 日，市政府召开常务会议，研究审议城市征地拆迁安置管理暂行办法、城区防洪大堤整治工程房屋拆迁安置办法、城市管理暂行规定（草案）等规范性文件。

5 月 4 日至 6 日，市人大常委会审议通过《常德市国家建设征地拆迁安置管理暂行办法（草案）》。

6 月，市物价局、市建委印发《关于调整非住宅用房租金标准的通知》，调整城区直管公房非住宅用房租金。

7 月 10 日，市政府副市长杨万柱在工人文化宫主持召开城乡土地、城镇房屋登记发证动员大会。

10 月 26 日，市委书记庞道沐主持市委常委会，研究党政机关干部利用职权营建私房清查工作。

1991 年

2 月，常德市城区防洪大堤工程房屋拆迁动工，共拆除国有直管公房 165 栋 624 户，面积 19814 平方米，拆除国有直管生产用房 86 栋 75 户，面积 23349 平方米。拆迁工程年底完成，拆迁户均妥善安置。

12 月 13 日，市政府颁发《关于贯彻湖南省政府“关于加快城镇住房改革的通知”的意见》。

12 月 18 日，市政府召开全市住房制度改革动员大会，副市长杨万柱作动员报告，会议公布《常德市城区公有住宅优惠出售暂行办法》。

是年，常德博物馆建成，建筑面积近 6000 平方米。

是年，全市完成开发投资 3325.86 万元，新开工房屋面积 12.54 万平方米，竣工房屋面积 7.95 万平方米，销售房屋面积 7.24 万平方米，实现利润 132.41 万元。

1992 年

1 月，常德市城区启动住房制度第一步改革，公有住房月租金由每平方米 0.06 元提高到 0.20 元，市直单位公有住房租金当年增收 280 万元。3 月，市政府颁布《常德市城镇国有直管公房管理办法》。

4 月 10 日，市房地产管理局发布《原民建公助房屋确权的规定》，要求切实做好原民建公助房屋确权工作，按时完成城区房屋登记发证。

5 月 23 日，市政府召开常务会议，讨论通过《常德市城市规划管理暂行办法》。

9 月 22 日，市政府颁布《关于武陵大道南段房屋拆迁公告》；10 月 8 日，市政府在桃林宾馆召开武陵大道南段旧城改造动员大会，市委常委、常务副市长李江主持大会，副市长杨万柱作动员报告。武陵大道旧城改造项目房屋拆迁工程正式启动。

是年，国家文物局确认澧县城头山古城址为当年全国十大考古发现之一。

是年，市城区新开工商品房（包括拆迁安置商品房）建筑面积 10 万平方米。

1993 年

3 月 10 日，常德市政府市长吴定宪主持召开市政府常务会议，要求进一步修订完善《常德市房地产管理暂行办法》。会议要求加快城区商品房建设，各机关单位院内原则上不准新建住宅楼，要严肃查处两处或多处占房。

5 月 11 日，市长吴定宪主持市政府常务会，要求大力发展房地产业，新建一批大型商品房住宅小区。

5 月 20 日，市政府印发《常德市房地产市场管理暂行办法》。

6 月 2 日，市政府召开全市房地产工作会议，会议要求深化改革、扎实工作，大力促进常德市房地产业发展。

是年，市城区启动第二步住房制度改革。6 月 8 日，市政府印发《常德市城区公有住房优惠出售办法》和《常德市城区提高公有住房租金标准的通知》，全面启动城区行政机关、企业事业单位自管公房优惠出售工作。7 月，首次对国家职工按标准价出售公房，再次将公房租金由每平方米 0. 2 元提高到 0. 55 元。市城区共向国家职工出售公房 23108 套，总建筑面积 119 万平方米，收回资金 13420. 7 万元，每平方米平均售价 117 元。

是年，市城区商品房建设新开工面积 16. 5 万平方米，竣工面积 11. 25 万平方米。

1994 年

11 月 30 日，常德市委书记庞道沐主持召开常委扩大会，专题研究城市建设工作。要求大力培育建筑市场和房地产市场，对全市现有 300 家建筑施工企业和 50 多家房地产开发企业，要加强管理培植。

12 月 9 日，市长吴定宪主持市政府常务会，会议决定严肃查处国家干部住房由本单位出资超标准装修，违纪资金由个人全额补交。严禁干部多处占用住房。干部职工自有私房人均达 15 平方米者，不能享受优惠购房政策。

是年，市城区继续推进第二步住房制度改革。1月14日，市长吴定宪主持市政府常务会，要求全面推行住房公积金制度，同意在紫桥小区建成500套标准住房。会议强调，市城区行政事业单位一律不准在单位院内或自行征地兴建职工住房。7月，为鼓励职工购买公有住房，市政府再次将房租由每平方米0.55元提高到0.75元。

是年，全市完成房地产开发投资7032.93万元，房屋施工面积20.3万平方米，房屋竣工面积8.2万平方米。其中常德市城建开发公司和常德市房地产开发公司两家市直房地产企业完成商品房竣工面积3.5万平方米，销售商品房1.8万平方米；华达总公司征地11.39公顷，修建拆迁安置房36栋1338套，9.14万平方米。

1995年

5月，常德市城区西大堤防洪扫障拆迁项目动工，共拆迁直管公房35户、面积2354平方米。

6月15日，市长张昌平主持召开市政府常务会，研究决定建设市体育活动中心：第一期工程概算投资3150万元。

10月11日，常德市针织厂车间大楼成功实施原地定向控制爆破。此为常德城内首次采用先进爆破技术进行楼房拆除工程。

12月19日，市长张昌平主持召开市政府常务会，讨论通过《常德市城区基准地价》和《常德市住宅小区物业管理暂行办法》。

是年，市城区深入推进住房制度改革。1月21日，市委常委、副市长钦时中主持召开全市住房制度改革工作会议，部署加快常德市住房制度改革工作。2月，市政府印发《关于进一步深化城镇住宅房改革的意见（试行）》。3月，市房管局调整城区国有直管公房住宅房租金，每平方米使用面积月租金基本价提高到0.75元；其中砖混结构成套住宅每平方米月租金0.75元，非成套住宅每平方米0.65元，砖木结构成套住宅每平方米月租金0.65元，非成套住宅每平方米0.58元，主要按地段、年代、朝向和楼层四项因素增减。6月，常德市住房公积金管理中心挂牌成立，归集、管理、使用住房公积金。12月，市政府第四次调整国有公房房租，月租金由每平方米0.75元提高到1元。

是年，市城区完成房地产综合开发投资1.05亿元，新开工房屋面积12.27万平方米。全年投入维修资金100万元，完成大中修15处，解除危房面积4870平方米，小修养护18965处，全年维修平顶屋面270处、11000平方米，新修下水道22条、380米，公房完好率达76%。为市政建设完成直管公房拆迁81户、拆除面积2773平方米。

1996年

4月22日，市长张昌平主持市政府常务会，会议决定加快住房商品化、社会化进程，坚决禁止党政机关、行政事业单位再建新院；对经济适用住房开发建设给予优惠政策。

5月6日，市政府召开全市住房制度改革工作会议，部署全面推行住房公积金制度，大力推进第二步住房制度改革工作。

6月3日12时，市城区宏达宾馆发生大火，烧毁一号楼5至6层。

6月21日，市政府部署专项治理整顿建筑市场，重点清查1994年年底以来竣工50万元以上建筑工程中违法乱纪问题。

8月16日，常德市体育运动中心竣工。时为常德市最大型建筑工程，占地12.91公顷，总建筑面积31200平方米，构筑面积48254平方米，观众看台座位18000个。

8月25日，市委书记吴定宪主持召开常委扩大会，会议要求清房工作放开一头、卡紧一头。放开一头，即鼓励私人购买商品住房。卡紧一头，即凡多处占房，利用职权营建私房者，要坚决查处。公款建房标准要从严控制，任何单位和个人不得突破。进一步严格控制领导干部营建私房，不准给领导干部批给土地建私房。

8月，常德华都大酒店竣工。酒店建筑面积25157平方米，28层，高105米，时为常德市最高建筑物，获湖南省建筑业最高奖“芙蓉杯”奖。

是年，全市完成房地产开发投资2.4亿元，房屋竣工面积63万平方米，完成“安居工程”投资7250万元，施工面积达14.5万平方米，其中新开工12万平方米，竣工面积10.5万平方米，“安居”住宅销售1300套，面积9.1万平方米，每平方米平均售价680元，解决城镇住房困难户3000户，全市城镇人均居住面积达9平方米，农村人均居住面积达到14.01平方米。

1997年

1月10日，常德市委副书记王孝忠、副市长杨万柱主持常德市房地产综合开发工作会议，部署推动住宅建设成为全市国民经济新的增长点。

2月16日，市委书记吴定宪主持召开常委会，强调建设好安全文明小区，切实抓好物业管理。以紫桥小区为试点，推动全市安全文明小区建设。

8月18日，市政府印发《常德市城镇“安居工程”实施方案》，部署解决城镇中低收入者住房困难。

10月，常德市根据建设部《契税管理条例》，契税调整为4%。

10月11日至11月5日，市房地产开发市场清理工作领导小组对全市房地产开发市场进行综合检查。全市共计完成城乡住宅建设投资60945万元，完成城乡住宅竣工面积81.26万平方米。其中，全市房地产综合开发投资40200万元，完成房屋竣工面积22.5万平方米，全市完成安居工程投资9735万元，安居工程竣工16.47万平方米，解决城镇住户困难户（即人均居住面积6平方米以下的住户）2567户。在建紫桥、西园、三间、皂果、楠竹山、金城、乾明、鸿升等住宅小区不断完善。

12月，紫桥住宅小区建成。小区占地23公顷，总建筑面积33万多平方米，区内配套设施齐全，环境优美，时为常德市第一流居民住宅区。

是年，市城区进一步深化住房制度改革。3月31日，市长张昌平主持政府常务会研究深化住房制度改革。要求加大住房公积金归集力度，再次提高住房租金标准，优惠出售存量住房，所有党政机关和企事业单位不得再建福利性住房，鼓励职工集资合作建房。会议决定，公房租金每平方米提高到1.3元。大力建造安居工程，解决无房户、住房困难户问题。第九个五年计划期间（1996—2000年），全市要修建5000套教师住房，面积为34万平方米。4月30日，常德市人民政府办公室发布《关于进一步深化住房制度改革的通知》。6月16日，市人大常委会主任熊奇生主持市人大常委会会议，听取并审议市政府关于市本级政策性住房资金管理情况的汇报。7月，市政府第五次调整市城区公有住房房租，由每平方米1元提高到1.3元。

是年，全市房地产综合开发投资40200万元，完成房屋竣工面积22.5万平方米，全市完成安居工程投资9735万元，安居工程竣工16.47万平方米，解决城镇住户困难户（即人均居住面积6平方米以下的住户）2567户。全市城区国有直管公房总面积44万平方米，其中生产营业用房8.1万平方米，生活用房34.7万平方米，悬案1.2万平方米。市城区人均居住面积达9.2平方米。

1998年

4月，常德市房管局局长商淑华在澧县主持全市住宅建设现场经验交流会。全市确认具有房地产开发经营资格房地产开发企业91家，其中二级资质等级开发公司9家、三级资质等级开发公司45家、四级资质等级开发公司37家。

5月26日，位于市人民中路繁华地段的华联商厦起火，烧毁房屋3500平方米。

7月1日，全市开始换发新版防伪“房产权属证”。

11月，市城区房屋产权产籍登记达62827幢户，建筑面积1307万平方米，发证率达100%。

12月21日，市城区芷兰经济适用住宅小区第一期工程奠基开工。

12月，市城区紫桥一区、紫桥二区、西园小区评选为全省优秀物业管理小区，常德市新城物业管理公司、华达物业公司、宏建物业管理公司评为全省优秀物业管理企业。

是年，市人民政府发布《常德市住宅小区物业管理办法》。

是年，市城区继续深入推进住房制度改革。6月15日，市委书记吴定宪主持召开常委扩大会，研究干部职工集资建房问题，会议决定：要充分利用国家优惠政策，抓紧解决好干部职工住房困难。新建住房享受国家安居工程税费减免优惠，原则上安排在住宅小区，不准变相集资，不准一人多处占房，不准以任何形式向企业、向外单位摊派。10月9日，市政府召开常务会研究住房制度改革，会议决定：1998年12月31日停止实物分房，实行住房货币分配；加快存量公房出售和房屋租金改革步伐；建立多层次住房供应体系，合理确定高收入家庭、中收入家庭、低收入家庭标准；加大住房公积金归集力度，单位和个人缴交率不低于5%，有条件单位可提高到10%；加强职工集资建房管理，严控在单位院内建新房；严格执行建房面积控制标准；加快芷兰小区经济适用住房建设，凡属市本级各部门收取规费一律免交。

12月31日，常德对国家职工停止实物分房，实行住房货币分配，结束实施40多年实物分房制度。

是年，市城区建房总投资达76416万元，建筑面积131.3万平方米。全市完成城乡住宅建设投资24.47亿元，完成住宅竣工面积464.2万平方米，房地产综合开发投资3.02亿元，完成房屋竣工面积27.1万平方米，商品房完成投资1.63亿元，完成安居工程竣工面积15万平方米，解决城镇住房困难户1580户。城镇人均居住面积达11.8平方米，农村人均居住面积15.19平方米。全年共办理房地产交易1366起，成交面积21.6万平方米，成交金额11637万元；办理房屋租赁面积16.27万平方米，金额2033万元；办理房产抵押742起，面积62.3万平方米，抵押金额19188万元。

1999年

1月29日至30日，市房管局举办常德市首届房地产交易会，成交585户，面积58906平方米，成交金额5321万元，收取税费152.76万元。

2月10日，常德火车站大市场动工兴建。市场占地19.33公顷，总建筑面积30万平方米。

2月24日，市委书记吴定宪主持召开常委扩大会，会议要求全市房地产开发要上新台阶，抓紧制订优惠政策，加快旧城改造；努力提高居住小区物业管理水平，使房地产真正成为一大产业，成为常德新的经济增长点。

4月，武陵区政府在三闾小区征地7.5公顷，修建168套、2.02万平方米公务员住宅小区。

6月9日，市政府发布《关于换发全国统一房屋权属证书的通告》，在全市行政区域内换发全国统一房屋权属证书。

8月31日，全市房地产开发工作会议召开，市委常委、常务副市长陈君文出席会议指出：1999年1月至6月，以建设“经济适用住房”为重点，以试点住宅小区为样板，大力发展住宅建设，强化开发企业资质管理、开发项目管理、商品房预售管理、住宅工程质量管理、房屋产权产籍管理、房屋拆迁管理、住宅小区物业管理和业务培训管理，推进全市住宅建设和房地产业健康稳步发展。

9月15日，市政府召开市长办公会议要求：1998年1月1日以后经批准新建、扩建住宅，或原购公房小于规定面积，未享受政策补贴集资户，可按货币分房办法，由单位给予住房和工龄补贴。

11月4日，市委书记、市城市规划委员会主任吴定宪主持召开《常德城市总体规划（1999—2020年）修编纲要》审查会议。翌日，市人大常委会审议《常德城市总体规划修编纲要》。

是年，全市全面开展清查党政机关、事业企业单位干部职工住房违纪违规问题。6月3日，市委书记吴定宪主持召开常委扩大会，专题研究“清房”工作。会议要求严肃处理违规违纪人员。6月9日，市委、市政府在芷园宾馆召开全市“清房”工作会议，市委书记吴定宪发表重要讲话，副市长杨万柱作工作报告：对全市党政机关、事业企业单位干部职工住房违纪违规问题开展全面清查。一人多处占房、超标准建房、单位购买高档商品房再低价卖给个人三大问题，列为此次清房重点。10月13日，市“清房办”通报，全年全市共清查退出多购多占住房583户，收缴超过规定面积购房建房补款334.2万元。市“清房办”对市直属单位发出128份纠正通知书，共查处党政干部违纪建私房17人，立案查处住房违纪干部10人，处分3人。

是年，市城区完成建房投资76416万元，建筑面积131.3万平方米。常德市城市综合建设开发办公室评为全省住宅建设先进单位，常德市房地产经营公司女房管员杨芳明，评为“全国建设系统劳动模范”。

2000年

1月21日至23日，常德市房管局举办常德市第二届房地产展示交易会。成交878户，成交金额8800万元，收取税费217万元。

6月28日，市建委印发《关于全面清理常德市房地产开发企业，整顿房地产开发市场，规范企业经营行为的通知》。

7月，市政府印发《常德市白蚁防治管理办法》。

8月28日，常德火车站大市场糖酒副食城开业，当天营业额突破1500万元。

12月，市房管局将武陵区商贸系统、街道居委会租用国有直管公房非住宅用房无偿划拨。其中，划拨给改制企业共计91处26256.47平方米；划拨给居委会共计58处4137.01平方米。

是年，市城区启动“中区”旧城改造。3月20日，常德市城区旧城改造指挥部成立，市长助理刘明担任指挥长。5月9日，市政府颁发2000年6号令《常德市城区旧城改造暂行办法》，明确旧城改造范围是：东起红旗路，西至芙蓉路，南起沅安路，北至洞庭大道。

这一区域内，共有旧城面积60万平方米，居住近万户居民。指挥部组织有关部门和单位对旧城改造实行“五统一”，即统一规划、统一拆迁、统一出让、统一建设、统一管理。7月，市委、市政府成立市城区旧城改造工作协调领导小组，市委副书记莫道宏任组长，邹克忠、刘剑英、马桂迟、刘明任副组长，负责协调解决市城区旧城改造工作中的实际矛盾和问题。

是年，全市完成房地产开发投资4.35亿元，施工房屋面积83万平方米，销售房屋面积51万平方米，房屋销售额4.8亿元，完成开发土地面积近30公顷，新增固定资产近4亿元。全年“公房优售”出售房屋781套，36990.36平方米，上缴资金790万元。年底，常德市在册房地产开发企业为100家。

2001年

2月14日，常德市第三届人民代表大会第四次会议批准《常德市国民经济和社会发展第十个五年计划纲要》，明确到2005年，全市商品房竣工面积达到300万平方米，建成50万平方米以上住宅区1个，20万平方米以上住宅小区10个；高档小康型住房面积占商品房建设总量20%以上。积极而又规范地开放住房二、三级市场，加快住宅产权有序流动，促进住宅消费梯级升级。建立业主自治与专业管理相结合物业管理体制，积极发展房地产经纪、代理中介、住宅设计、装修等配套服务，努力刺激居民住宅消费。

2月14日，市城区新潮娱乐城（青年路口）发生火灾，烧毁房屋近千平方米。

3月10日，湖南省建设厅授予常德市房地产管理局全省房地产管理先进单位称号。

4月28日，常德市产权交易市场大楼全面竣工开业，大楼建筑面积7510平方米。

4月28日至30日，市房地产管理局举办常德市第三届房地产展示交易会。成交金额1.783亿元，登记办证1444户。

6月，市城区完成旧城改造范围内大桥东区、大桥西区、育才区、皂果区等四区控制性详细规划，完成中区、畔池街1号地、文体广场、滨湖公园等四街区修建性详细规划编制、评审。是月，中区旧城改造房屋拆迁动工。中区位于常德市中心城区，东临朗州路，西抵武陵大道，南接沅安路，北至建设路，总用地33.34公顷。共需拆迁建筑物14.8万平方米。涉及大小企事业单位38家、居民户1515户。拆迁腾地10.07公顷，其中用于出让的20个地块面积6.83公顷，用于道路、广场等市政公用设施占地3.24公顷。

7月17日，市政府印发《常德市房改房交易管理暂行办法》。

是年，全市完成房地产开发投资9.9亿元，商品房施工面积128万平方米，其中新开工面积108.9万平方米，商品房竣工面积91万平方米，预（销）售房屋面积78万平方米，销售额7.2亿元，完成开发土地面积近35公顷，新增固定资产近4.5亿元。共鉴定危房355栋，建筑面积达25.48万平方米。

2002 年

4 月 4 日，常德市鼎城区十美堂镇遭受强雷暴、龙卷风、冰雹袭击，毁坏房屋 1329 间、倒塌 96 间。

5 月 10 日至 12 日，市房管局举办常德市第四届房地产展示交易会暨第一届房地产走势论坛。现场售房 443 套，销售建筑面积 4.88 万平方米，成交金额 8428 万元。办证 1778 户，办证建筑面积 19.9 万平方米，价值 2.54 亿元，收取税费 316 万元。

5 月 14 日，桃源、津市遭受龙卷风、冰雹袭击。津市白衣镇倒塌房屋 2400 间，桃源倒塌房屋 1000 多间。

是月，市房管局对城区国有直管公房组织全面排查，对 32 栋 1 万多平方米房屋下达危房通知书，并对已超过使用年限、房屋结构装饰严重损坏及 5 年内急需改造和 5 年后还需改造的 24 栋 5.3 万平方米房屋逐栋填报。全年危房鉴定共计 111 栋，建筑面积 8.82 万平方米，比 2001 年同期下降 49%。

10 月 10 日，常德市政府发布第 15 号令《常德市城市房屋拆迁管理实施办法》，同年 11 月 15 日起施行。

11 月 27 日，市产权处驻市政务服务中心窗口获得“常德市青年文明号”荣誉称号。

12 月 11 日，市产权处房产档案馆获得“档案工作目标管理国家级”单位称号。

是年，市城区推进中区旧城改造。5 月 11 日，市城区旧城改造指挥部组织对滨湖公园周边 19 宗地块进行公开拍卖出让，出让用地面积 18.67 公顷，改造需拆迁单位 27 家，建（构）筑物 22 万余平方米。12 月，全面完成中区市供销社宿舍、武陵区供销社宿舍、武陵区糖酒公司彩虹市场附楼以及“心怡花园”“金地香榭”“西城苑”等项目房屋建筑拆迁，全年共拆迁各类房屋建筑面积 48446 平方米，拆迁腾地 6.53 公顷。全年共受理审批旧城改造范围内武陵区“两个置换”企业 19 家 33 宗 66490 平方米土地，25 家租用的 75 处国有直管公房总建筑面积 18811 平方米，以及 6 家市直属商业企业租用的 20 处国有直管公房总建筑面积 4655 平方米。

是年，全面实施市政府《关于进一步搞活房产市场的意见》，商品房交易 3493 户、328646 平方米，金额 10.52 亿元，代收契税 578.69 万元，规费 198.68 万元。交易 2460 户、447413 平方米，金额为 2.07 亿元，收取契税 145.45 万元，规费 115.24 万元。

是年，建立商品房预售管理工作审批程序，全年共审批 37 个商品房预售项目，建筑面积 59.52 万平方米，实现预销售收入 7.73 亿元。全市完成房地产开发总投资额 14.2 亿元，完成商品房投资 9.6 亿元；商品房施工面积 171 万平方米，其中新开工施工面积 110 万平方米；商品房竣工面积 115 万平方米，商品房预（销）售面积 93 万平方米，实现房屋销售额 8.4 亿元，创利税总额 1 亿多元。

2003 年

3 月 28 日，常德市房地产信息网站开通上线。

4 月，市房管局审批湖南公信房地产评估经纪有限公司、湖南鸿天房地产评估有限公司等九家房地产经纪机构。

5 月，市房管局下发《关于规范房地产中介市场秩序坚决制止不正当竞争行为的通知》。中介专业委员会根据《通知》精神，与各中介机构签订《关于制止支持回扣和不按规定标准收费等不正当竞争行为的协定》。同时，安装全省统一设计管理软件，在评估机构中开展诚信档案管理。

6 月 19 日，中国房地产业协会会长杨慎考察常德房地产市场。

6 月 27 日，市房管局在临澧县召开常德市房屋租赁管理工作研讨会。

10 月 16 日至 18 日，市房管局举办第五届常德房地产展示交易会暨首届常德住宅消费品博览会，16 至 17 日，成交房屋 1203 户，建筑面积 12.2 万平方米，成交金额 2.26 亿元。17 日，建设部总经济师、住宅与房地产业司司长谢家谨在省建设厅厅长向世林、市房管局局长关建锋陪同下，考察“东方嘉园”。18 日，中国城市化与人居环境论坛在华天大酒店举行。中国体制改革研究会长、著名经济学家高尚全，中国房地产业协会会长杨慎，建设部总经济师、住宅与房地产业司司长谢家瑾，中国房地产协会副会长兼秘书长顾云昌等国内知名专家学者和房地产界知名企业家参加并作主题演讲；湖南省建设厅厅长向世林，市领导陈君文、周用金、邹克忠、刘剑英、李金城出席，全国各省市自治区代表 430 余人参加论坛。

12 月，市城区评选出 2003 年十大标志性建筑：常德火车站候车站及广场、常德市移动通信大楼、常德市体育中心、常德市第一中医院、常德海关、华都大酒店、常德市卷烟厂联合工房、常德市委办公大楼、武陵阁、常德博物馆。

是年，市城区继续推进中区旧城改造。全年共发布市城区拆迁公告项目 24 个，完成九重天花园、白云小区、光荣路沿线及广德花园等重点地段拆迁任务，组织行政裁决 9 户，拆除各类房屋建筑 15.35 万平方米，拆迁单位 46 家，拆迁安置居民户 997 户。完成市城区 18 家企业（其中市直 13 个，武陵区 4 个，鼎城区 1 个）“两个置换”，核准规划控制用地总面积为 14.88 万平方米，地上房屋建筑总面积为 49526 平方米，总价值为 8069.28 万元，为“两个置换”变现资金。

是年，市城区完成房地产开发投资 14.67 亿元。商品房开发项目共计 72 个，完成建设投资 9.46 亿元，完成施工面积 236.29 万平方米，新开工面积 154.14 万平方米，竣工面积 114.39 万平方米。销售面积 81.48 万平方米，实现销售收入 9.61 亿元。

2004 年

1 月 13 日，常德市五强溪基地生活小区获建设部命名“全国物业管理示范住宅小区”。

2 月 12 日，市物业管理协会召开 2003 年常德市物业管理专业委年会。大会通报表彰阳光花城等十家优秀住宅小区和常德市锦泰物业管理公司等八家优秀物业管理企业，通报吊销常德市金盛物业管理有限公司、德远物业管理有限公司、西郊花园物业管理有限公司、建设物业有限公司四家物业管理企业资质。

3 月 1 日，常德市房地产中介市场在市房管局大楼一楼开业。

3 月 4 日，市人大常委会主任莫道宏率人大常委会全体成员一行 50 余人视察城区廉租住房和经济适用住房建设现场。

3 月 16 日，市房地产产权管理处获得“全省建设系统精神文明建设先进单位”荣誉称号。

3 月 24 日，市房地产管理局召开全市房地产信息系统建设工作会议，市房管局党组书记雷志钦主持，局长关建锋做工作报告。各区、县（市）房管局负责人、各房产开发企业、物业管理公司、拆迁公司、中介公司代表参加会议。

4 月 20 日，市政府印发《关于加强经济适用住房建设管理的意见》。

4 月 29 日，安乡遭受冰雹大风袭击，损坏房屋 2900 多间，严重受损 329 间。

7 月 1 日，市政府颁发《常德市住房公积金贷款管理办法》。

7 月 7 日，副市长刘剑英主持召开全市住房保障体系建设工作会议。市直各有关单位负责人，各区县（市）分管城建的区县（市）长及建设局、房管局长参加会议。

7 月 27 日，省政府“八件实事”督察组到常德市督察省政府“八件实事”中拆迁、经济适用住房、廉租住房落实情况。市房管局局长关建锋汇报“实施城乡安居工程”及“旧城改造拆迁工作”进展情况。

9 月 28 日至 30 日，市房管局举办第六届常德房地产展示交易会。

10 月 12 日，常德市获“中国魅力城市”称号。副市长刘剑英赴京领取奖牌、证书。

11 月 24 日，湖南省房地产业协会物业管理专业委员会 2004 年工作年会在常德市芷园宾馆开幕。省建设厅副厅长张建新、省建设厅房产处处长彭先成、省房地产业协会秘书长赵治平、省物业管理专业委员会主任罗伯云、常德市人大常委会副主任蒋祖健及各地（州）市房地产管理局负责人出席会议。

12 月 21 日，鼎城区桥南工贸市场发生特大火灾，5605 个门店、摊位烧毁，直接经济损失 1.88 亿元。

12 月 24 日，常德市改善居民住房项目荣获“中国人居环境范例奖”。副市长刘剑英进京领取奖牌、证书。常德市自2001年开始创建中国人居环境奖，到2004年，市城区面积已由建市时22.5平方公里拓展到55.9平方公里，人口由24.4万人增加到近60万人；人均居住面积由8.7平方米提高到28.27平方米，住房成套率达到97%，商品化率达到98.5%；市城区建成廉租住房11.76万平方米，解决2338户最低收入家庭住房问题，基本解决人均住房建筑面积在12平方米以下住房困难户住房问题；全面停止住房实物分配，普遍推行住房公积金制度，取消福利分房和福利建房，全面实行住房补贴。

12月30日，湖南省房协中介专业委员会在常德召开2004年工作年会。

12月31日，市房管局、物价局联合印发《关于公布常德市城区房屋重置价格的通知》。

是年，市房管局为市城区22家企业“两个置换”办理产权过户手续。用地面积2.62公顷，房屋2936.84平方米，为企业改制变现资金。

是年，市城区住房完成投资额11.5亿元，新开工住房面积128.8万平方米，竣工面积78万平方米。全年全市城区共审批拆迁项目27个，审批房屋拆迁面积13.58万平方米，拆迁总户数1968户。

2005年

1月6日，常德市房地产产权管理处获建设部命名为“全国房地产交易与房屋权属登记规范化管理先进单位”。

2月23日，市房管局召开保持共产党员先进性教育活动动员大会。局党组书记雷志钦主持会议，局长关建锋作动员报告。市房地产管理局机关与局属各单位领导及党员参加会议。

3月28日，桥南工贸市场重建工程奠基。新桥南工贸市场在原址重建，设计建筑面积14万平方米，分两期建设。

4月28日，2005常德市首届家居文化展开幕，展会由常德市室内装饰装修协会主办，中房（常德）公司承办。

5月24日，副市长刘剑英在市房管局召开全市规范房地产开发市场工作会议。通报表彰26家诚信守法经营房地产开发企业，对湖南金恒房地产公司等15家开发企业下发期限整改通知书，对湖南豪力达建设开发有限公司等3家企业给予降低资质等级处理；对常德市金龙房地产综合开发公司等3家企业给予暂缓登记一年处理，对常德经纬房地产开发公司等13家企业给予注销房地产开发企业资质证书处理。

5月26日，市房管局印发《关于加强房地产开发市场管理的通知》。要求加强商品房（预）销售管理，健全房地产市场信息系统和预警预报体系。

6月18日，全市出租房屋清理整顿工作启动。市政府要求各地、各部门通过清理整顿，全面掌握全市出租房屋、暂住人口底数，建立信息台账，实行信息微机管理；所有出租房屋落实出租房屋登记备案制度和治安责任制度；查禁不符合出租条件出租房屋。

10月1日，《常德市物业管理暂行办法》正式颁布实施。

10月21日至23日，市房管局举办第七届房地产展示交易会，成交商品房518套，建筑面积6.8万平方米，成交金额达1.1亿元，收取契税218.5万元。

是月，市房地产交易中心整体进入市政务中心办公。

11月2日，市房管局印发《常德市物业管理招标投标办法》，保障招标投标当事人合法权益，规范常德市物业管理招标投标活动。

11月8日，常德市政府代表团在西班牙拉科鲁尼亚参加2005年度国际花园城市评选竞赛，赢得国际花园城市金奖。常德成为国内继广州、深圳、杭州三城又一获此殊荣城市。

12月1日，常德代表团一行50余人赴广州参加“泛珠三角区域房地产业交流促进博览会”，展示常德房地产开发业、房地产服务业、商业地产和旅游地产，在“泛珠三角区域合作与发展”网站上举办“互联网博览会”，参加“2005泛珠区域房地产业品牌企业”推介活动，参与签署《泛珠区域房地产品牌企业宣言》。

是月，市房管局获得“全国房改和房地产业管理先进单位”“全国房地产交易和权属登记规范化管理先进单位”称号。

是年，市城区住房保障工作有效推进。7月8日，市住房保障体系建设管理领导小组办公室发布《2005年解决市城区300户特困家庭住房困难有关问题的公告》，市城区（武陵区、德山开发区、鼎城区武陵镇）特困家庭住房困难采取“三租”办法解决，年内解决300户，即新建廉租房100户、租赁补贴100户、租金核减100户。8月13日，德政园廉租小区首期工程破土动工。德政园首期廉租房共79套，一室一厅一厨一厕和两室一厅一厨一厕两种户型，总建筑面积为4027平方米。该项目及新二村101套廉租房均当年完成，春节前交付使用。9月28日，武陵区、德山开发区、鼎城区武陵镇100户住房困难居民，在市房管局领取2005年10至12月租赁补贴金。12月8日，副市长刘剑英市考察市城区廉租住房新二村、落路口建设工地，并在市房管局主持召开住房保障工作领导小组工作会。

是年，市城区继续推进中区旧城改造。1月28日，常德铜锣湾广场开盘。广场由香港铜锣湾集团、常德平和房地产开发有限公司、香港财富集团、湖南省国际经济开发（集团）公司、中联重科、湖南建设集团、中国农业银行常德市分行等联合投资兴建。副省长贺同新出席开盘仪式。2月，全面完成水榭花城南城拆迁，共拆迁116户（其中单位2家）、面积9902平方米，随即投入建设。年底完成建筑面积3.2万平方米，完成销售面积9804平方米。8月1日，彩滨市场东、西段消防整改同时动工，11月28日整改工程验收合格，12月1日142户经营户顺利回场经营。彩滨市场中段152户面积2930.57平方米随即按时完成拆迁、重建工程。10月，全面完成水榭花城东城拆迁，拆迁户221户（其中单位2户）、拆迁面积2万平方米，随即投入建设施工。8月30日，市政府第11次市长办公会议确定，市财政安排4680万元用于红卫社区消防整改。新规划红卫社区总建筑面积为52000平方米，其中，住宅46000平方米，商业门面3000平方米，农贸市场1000平方米，幼儿园300平方米，街道工厂1400平方米；规划总户数为600户，根据安置户要求，以小户型为主。11月2日，红卫社区消防整改工程房屋拆迁工作启动。市房地产管理局发布《关于市红卫社区棚户区实施消防整改房屋拆迁的公告》：从2005年11月2日起至2005年12月31日止，对东临百胜巷，南临横巷子，西临贺八巷，北临城东环卫所，建设桥一村532户房屋实施拆迁。即日动拆到12月底，共拆迁单位1家，居民户180户，拆迁面积12100平方米。12月，完成龙港巷市场拆迁177户，拆迁房屋面积4912.3平方米。项目用地面积0.633公顷，总拆迁187户、面积6713.3平方米；规划建筑面积3.1万平方米，已建筑房屋面积1.55万平方米，计划2006年10月全部竣工。

是年，全年全市房地产开发保持稳定增长势头，共完成房地产开发投资26.7亿元，占全市固定资产投资比值为16.3%，对全市GDP贡献率为4.2%。其中，市城区完成开发投资15.1亿元，商品房施工面积185.6万平方米，实现销售收入17.7亿元；市城区房地产税收收入达2.3亿元。开发水平仅次于省会长沙。年末，市城区人均住房建筑面积达28.27平方米，住房成套率达97%，商品化率达98.5%。商品房均价为1646元/平方米，普通住宅均价为1560元/平方米。

2006年

1月13日，常德市第四届人民代表大会第四次会议批准《常德市国民经济和社会发展第十一个五年规划纲要》，明确到2010年，有效调控和稳步推进房地产开发，建设一批中高档住宅和普通商品房，增加经济适用房、廉租房供应量，确保城市居民“居者有其屋”。

4月4日，副市长刘剑英召开市城区老旧小区改造工作领导小组会议，武陵区政府、市直有关部门、武陵区各街道办事处及紫桥社区居委会、常乐社区居委会、滨湖社区居委会代表参加会议。

4月12日，全市遭受风速17.3米/秒大风袭击，倒塌房屋332间。其中城区受灾总面积达6800公顷，倒塌房屋107户、115间，损坏房屋1679间。

4月25日，市政协主席刘春林主持召开市政协房地产管理主席协商会。副市长刘剑英应邀参加。政协各副主席、秘书长，规划局、建设局相关负责人及房管局领导班子成员、机关科室和局属单位负责人参加会议。会议提出要始终坚持统筹兼顾、科学规划、理顺职能、规范管理若干重要建议。

5月16日，副市长刘剑英主持召开市城区旧城改造协调领导小组会议。2000年5月市城区旧城改造协调领导小组成立以来，城区旧城改造选定审批项目320个，出让土地面积近140万平方米，共拆除旧房建筑面积235万平方米，新建住房建筑面积252万平方米，新增城市道路面积7万平方米，新增绿地20万平方米，新铺地下管线16万米。市城区6年改造旧城140万平方米。市城区大规模旧城改造工作圆满收官。

6月30日，市产权处启动“万人评议房产办证活动”。安排7月举办工业项目办证服务月、8月为房产开发企业办证服务月、9月举办个人办证服务月，对市政府重点工程、引资房产开发项目进行上门办证服务，以及在各小区、社区开展房产咨询活动为个人办证提供服务。

8月4日，市文化影视城一期工程建设项目范围内（东临果行泉巷、南临常德市人民电影院、西临高山街、北临常德市粮食局）房屋拆迁动工，11月30日结束。

8月10日，市委书记武吉海考察市房管局。武吉海要求，把廉租住房建设作为积极贯彻落实科学发展观、构建和谐社会重要举措，争取三年时间解决市城区近3000户住房特困户住房问题。市领导周用金、邹克忠、刘剑英陪同。

8月16日，省文明办检查组专程到市房管局检查指导工作。检查组听取局长关建锋、党组书记雷志钦汇报，对市房管局精神文明创建工作给予高度评价。

9月5日，市政府设立全国整顿规范房地产交易秩序电视电话会议常德分会场，贯彻落实建设部、国家发改委、国家工商总局关于进一步整顿规范房地产交易秩序通知精神，贯彻房地产交易市场秩序双向整治各项部署。市政府、市房管局、市建设局、市发改委、市工商行政管理局、市物价局领导、开发公司代表及相关业务处室负责人出席会议。

9月13日，市城区朝阳路扩建工程南至紫菱路、北至三星路朝阳路段，道路中心线东西两侧各15米范围内国有土地上房屋拆迁动工，12月12日结束。

11月10日至12日，市房管局举办常德市第八届房地产展示交易会。

11月20日，市政府常务会议审议通过《常德市国有直管公管理暂行办法（草案）》。

12月20日，市房地产产权管理处发布《关于契税税率调整的公告》，市本级房产（住宅部分）交易契税税率从2007年1月1日起由2%调整为3%。

12月29日，市人民政府印发《常德市住房公积金管理暂行办法》。

是年，市城区加快推进廉租住房建设。1月，市住房办发布《2005年市城区100户廉租房分配对象公示》。实物配租对象经过各办事处、居委会及民政部门层层把关、严格审批，面向社会公示后确定。3月，市住房保障体系建设管理办公室发出招标公告，将甘露寺廉租房小区、德政园小区和德政园住宅楼物业管理，面向社会进行公开招标。4月，市城区德园经济适用住房小区破土动工。德园经济适用住房小区从项目选址到公开招投标、从土地划拨供应到实行税费优惠政策、从建设标准、销售价格实施严格控制，认购条件审核要求公开透明。小区占地2.21公顷，总建筑面积38668平方米，绿地率30.6%。总栋数12栋，共442户。5月，市房地产管理局印发《常德市城区廉租住房管理规定》。6月6日，市委书记武吉海调研市城区廉租住房建设专项资金调度工作。7月19日，市住房保障体系建设管理领导小组召开工作会议。副市长刘剑英强调，未来3年内，解决城区近3000户住房特困户居住问题。2006年，市财政投资1500万元，建设600多套建筑面积近5万平方米廉租住房。截至2008年年底，市财政将投入8660万元新建廉租住房和经济适用住房，基本解决城区2547户人均建筑面积在10平方米以下特困户住房问题，还将为1047户住房困难户提供租赁补贴。10月18日，市委常委、副市长欧运崇在市房管局主持召开市住房保障体系建设管理领导小组工作会议，专题研究德园经济适用住房销售价格审定。10月26日，公示市城区德园经济适用住房第一批认购对象共计493户名单。11月10日，市住保办公示市城区德园经济适用住房第二批认购对象共计106户名单。12月1日，市住房保障体系建设领导小组办公室在常德电视台组织德园经济适用住房公开电脑摇号，从具有申购资格589户中确定本年度最终具有认购资格446户，同时摇号确定选购房顺序和替补顺序。

是年，全市房地产投资总额为32.14亿元，其中住宅投资为24.12亿元，占投资总额75.07%。全年商品房施工面积总量为440.33万平方米，市城区施工面积264.19万平方米；其中，住宅施工面积277.84万平方米。全年受理国有土地使用权挂牌出让手续9批，土地11宗，拟出让土地3.16万平方米，已公开挂牌出让成交8宗，面积2.6万平方米。全年新建房屋43万平方米。全年共审批拆迁项目15个，拆迁房屋面积22.18万平方米。全年完成拆迁1055户、11.63万平方米，超额完成省建设厅下达8万平方米拆迁指标45%。

是年，市房管局获“全国房改和房地产业管理先进单位”“全国建设系统思想政治工作先进单位”两项国家级奖牌，被省建设厅评为“2006年度廉租住房工作规范化管理优秀单位”；市政务中心房地产窗口被评为“全国青年文明号”。

2007年

1月5日，常德市房管局发布通报，对常德市凌云城建综合开发有限公司在市路灯公司定向房项目开发中、湖南金钻置业投资有限责任公司在水榭花城北城项目开发中存在无证预售违规行为，常德市明信置业有限公司在明信佳园项目开发中、常德市恒华建设事务有限公司在福慧公寓项目开发中存在一房多卖违规行为进行查处。

2月13日，市政府召开全市城市工作会议。会议部署，2007年全市要突出住保体系建设、突出市政基础设施建设、突出小街小巷综合治理和老旧小区改造、突出公交优先、突出建筑安全与质量等6大民生项目投入，为城市可持续发展营造优美环境空间。

2月28日，市房管局印发《关于整顿规范房地产中介服务市场的通知》，要求进一步加强房地产中介服务机构和从业人员管理，充分发挥房地产中介服务市场作用，切实规范房地产中介服务行为。

3月20日，市城区老旧小区改造在新二村改造现场启动。工程总投资为231.43万元，分为排水工程改造、道路工程改造、路灯工程改造、绿化工程改造，6月底全面完成。

3月21日，市委、市政府印发《关于推进和谐常德建设的若干意见》，要求完善住房保障体系，加快城镇廉租房建设，推进实施农村“爱心房”工程，认真解决中低收入和特困群众住房困难。

5月10日，市房管局召开局直属机关第一次党员代表大会，中国共产党常德市房地产管理局直属机关委员会成立。大会选举产生市房地产管理局直属机关党委第一届委员会，徐芳明当选为党委书记，宁慧当选为副书记，祁涛、李俊兵、孙友力为党委委员。

5月23日，市委常委、副市长欧运崇在市房管局主持召开常德市城区旧城改造协调领导小组工作会议。会议强调，要始终保持清醒头脑，认真总结经验，正视困难，克难奋进，和谐、稳步地推进旧城改造工作。

6月30日，全省白蚁防治培训会议在常德召开，各市州白蚁防治单位代表共一百余人参加培训。

7月4日，市城区鸿升一号地块竞拍成功。该地块时称常德“标王”，从6450万元起拍，常德市泽云实业有限公司以每亩均价147万元、总价1亿元成交，创常德小型地块拍卖成交价款最高。

7月8日，湖南省房地产业“诚实守信企业”评选前揭晓，常德金恒地产、金钻置业、中德地产等3家开发企业上榜。

7月27日，石门、临澧遭受龙卷风袭击，平均风速达26米/秒，局部达到10级狂风标准，损毁房屋13175间，其中倒塌房屋656户、1361间。

10月18日，市城建系统“温暖常德”活动在市房管局正式启动。全市城建系统干部职工及部分房产企业负责人为市城区低收入家庭进行爱心募捐。市委常委、副市长欧运崇出席捐赠仪式。启动仪式现场募集善款100多万元。

11月10日，首届湘西北住宅产业博览会隆重开幕。建设部、中房协、省人大、省政府、省建设厅、国家开发银行、三市（州）政府、全省各市州房管局领导以及行业资深专家等出席开幕式。同日，住房保障与区域合作高峰论坛在常德举行。活动由湖南省建设厅、常德市人民政府、张家界市人民政府、湘西自治州人民政府主办，常德市房地产管理局、张家界市房地产管理局、湘西自治州房地产管理局承办。

是月，市房管局政务中心窗口被命名为湖南省“巾帼文明岗”。

是年，市城区住房保障工作富有成效。1月24日，市委常委、副市长欧运崇主持召开市住房保障体系建设管理领导小组工作会议，要求突出坚持公共财产和城市资源向弱势群体和居民居住区倾斜，2007年通过新建廉租住房500套，租赁补贴100户，解决市城区

600户家庭人均住房面积10平方米以下住房特困户住房困难。是月29日，公示2006年度市城区100户廉租房分配对象；2月2日，再公示20户廉租房分配对象。是月9日，2006年度120户廉租住户钥匙发放暨入住仪式在落路口德政园廉租住房居住点举行。120户廉租住房入住对象与小区物业管理公司签订房屋租赁协议，领取房屋钥匙。德政园廉租住房居住点自来水、电话、有线电视、宽带网络线路入户，水、电单独立户。5月23日，市委常委、副市长欧运崇主持召开全市住房保障体系建设管理工作会议。6月3日，市住保办印发2007年度市城区实物配租、租赁补贴工作方案，对508户廉租住房实物配租和100户租赁补贴及196户租赁补贴年审工作作出具体安排。8月14日至15日，全省房地产和住房保障工作座谈会在常德召开，常德市房管局作住房保障建设管理经验发言。11月23日，市住保办公示2007年度市城区104户租赁补贴分配对象名单。

是年，全市房地产投资总额为39.85亿元，其中市城区房地产投资总额为23.15亿元。房地产投资中住宅投资比率进一步增大，住宅投资额为28.93亿元，占投资总额72.6%。全年商品房施工面积总量为559.45万平方米，其中，住宅施工面积为444万平方米。全年完成旧城改造房屋拆迁508户、54787平方米。

2008年

1月15日，市城区人民文化影视城开发项目奠基。文化影视城占地面积1.4公顷，总投资5亿元。

1月31日，市房管局局长关建锋主持召开市房管局抗冰救灾紧急调度会议，要求全市房管系统切实做到“三不”和“三个确保”，即单位不放假、人员不离岗、干部不外出，确保组织到位、确保抢修期间的安全、确保按时供水，强化工作措施，在2月4日前确保市城区所有物业小区正常供水。

2月27日，市城区2007年廉租住房入住大会在市房管局召开。会议安排，2007年度廉租住房分配对象在2月27日至29日分办事处办理验房入住手续，领取廉租住房钥匙，并在3月3日至5日搬家入住城东、城西及德山三个新建廉租住房居住点。

3月7日，全市房地产行业大会在市房管局举行。市房管局党组书记雷志钦主持会议，市人大常委会副主任张启祥、市房管局局长关建锋及在家党组成员出席会议。大会发布市房协、市物协《关于加强行业自律，打造诚信房产》倡议书和《常德市房地产行业自律公约》，号召全市房地产企业贯彻执行国家房地产业政策，推动行业结构调整和产业升级，积极做好行业自律，打造诚信房产。

4月11日，市房管局局长关建峰主持召开“深入调研，科学调度，大力推行依法、文明、和谐拆迁”工作座谈会，会议发布《关于推行“依法拆迁、文明拆迁、和谐拆迁”的公告》。

4 月 22 日，鼎城区政府在天利酒店联合举办常德江南楼市论坛。2007 年鼎城区共完成房地产开发投资 3.8 亿元，累计开工 59.4 万平方米，竣工 20 万平方米。

4 月 30 日，市委常委、副市长宋冬春在市房管局主持召开常德市住房保障工作会议。会议要求，2008 年，全市要通过新建廉租住房 5 万平方米，提供 1000 套廉租住房，租赁补贴 3000 户，共解决常德市最低收入家庭住房困难户 4000 户住房困难。

5 月 19 日，市产权处办证系统身份证识别、指纹录入程序正式运行，受理业务安全度得到高新科技保障。

6 月 1 日，《常德市房屋维修资金监督管理办法（暂行）》正式施行。

8 月 1 日，市产权处税收一体化系统正式运行。

11 月 21 日，市政府印发《常德市城镇房屋租赁管理办法》和《常德市城镇房屋白蚁防治管理办法》，均从 2009 年 1 月 1 日起施行。

11 月 24 日，市政府印发《关于解决城市低收入家庭住房困难的实施意见》，要求进一步完善常德市城市住房保障体系，切实解决城市（包括县城）低收入家庭住房困难，构建和谐常德。

11 月 26 日，市房管局公示 2008 年市城区廉租住房、经济适用住房项目完成情况：市城区德政园廉租住房城东楠竹山、德山张家湾项目，于 2008 年 6 月开工，建筑面积 2.5 万平方米、500 套，上述项目于 2008 年 11 月 20 日封顶。市城区红卫经济适用住房项目，于 2007 年 10 月开工，建筑面积 1.7 万平方米、250 套，该项目现已竣工 1.4 万平方米、193 套。

11 月，市产权处被省房协信息化专业委评为“2008 年度信息化建设先进单位”。

12 月 30 日，市政府印发《关于促进房地产市场健康发展的若干意见》，标志常德市楼市新政出台。

是年，全市房地产开发投资总额为 40.4 亿元，其中，市城区完成房地产投资 21.2 亿元。全市新开工面积 172.4 万平方米，竣工面积 154.7 万平方米，销售面积 153.9 万平方米。其中市城区新开工面积 71.8 万平方米，竣工面积 58.8 万平方米，销售面积 58.86 万平方米。房地产投资中住宅投资额为 29.9 亿元，占投资总额的 73.1%。

2009 年

1 月 13 日，市委常委、副市长宋冬春在城东楠竹山、德山两处新建廉租房建设工地，现场督察廉租住房建设情况。2008 年，市城区投资 4603 万元，新建廉租住房 475 套，建筑面积 24296 平方米，从 2008 年 8 月中旬开始动工建设 12 月中旬已完成主体建设，正进行配套建设。

1 月 23 日，市城区 500 户廉租户喜迁新居。2008 年，市委、市政府优先安排廉租住房建设，市城区共投入保障资金4600多万元，通过新建廉租住房、改建国有直管公房、实施租赁补贴、租金核减等方式，共解决市城区近3000户城市低收入家庭住房困难。

3月1日，市政府调整契税政策，个人首次购房市民可享受三大优惠：一是取消市城区普通住房价格限制。二是扩大政策受惠面。三是暂停征收契税滞纳金。从2009年3月1日起至2009年12月31日止，暂停征收契税滞纳金。

同日，市房管局印发《新建商品房（预）销售合同网上备案实施办法》，规范商品房（预）销售行为，提高商品房交易信息透明度，保护交易双方合法权益。

3月，省委、省政府授予常德市房管局“省级文明单位”称号。

是月，常德市纳入全国房地产市场50个重点监控城市。

3月19日，市委常委、副市长宋冬春主持召开2009年度住房保障工作会议。会议要求，2009年年底前，人均住房建筑面积8平方米以下城市最低收入家庭基本做到应保尽保；“十一五”期末，由最低收入住房困难家庭扩大到低收入住房困难家庭，力争在三年内基本解决市城区9200多户低收入家庭住房困难，全市住房困难家庭将实现“应保尽保”目标。

3月26号，市房管局召开深入学习实践科学发展观活动动员大会，局党组书记、局深入学习实践科学发展观活动领导小组组长雷志钦作动员报告，局长关建锋主持会议。4月17日，市房管局深入学习实践科学发展观活动党员群众代表咨询评议团全体成员会议召开，局党组书记雷志钦，党组副书记、副局长沈明莉，局学习实践科学发展观活动领导小组办公室工作人员，人大、政协、服务对象、专业技术方面等各界11名咨询评议团成员参加会议。市委第12指导检查组组长钟云鹏、副组长肖吉平、组员孙桂华同志出席会议。30日，市房管局举行深入学习实践科学发展观活动演讲比赛。

4月22日，市住保办印发《常德市城区2009年住房保障标准》，对廉租住房申请、实物配租申请、租赁补贴及租金核减申请条件和保障标准做出明确规定。

是月，市房管局政务中心窗口被全国妇联授予“全国巾帼文明岗”称号。

5月26日，市长陈文浩在市城区白马湖“三馆三中心”项目现场考察。该项目集规划展示馆、美术艺术馆、城建档案馆和青少年活动中心、妇女儿童活动中心、科技中心于一体，总占地面积超过4万平方米，计划当年11月动工、2011年竣工。陈文浩指出，要高水平地完成规划建设，争创“鲁班奖”。

6月17日，全市房地产市场信息系统建设第二次工作会议在市房管局举行。会议要求在2011年前建立覆盖全市范围房地产市场信息系统，全面推进房地产信息化建设。

7月1日，常德房价实行“一费制”。全市开始执行新的商品房交易价格行为规则：与商品房配套建设各项基础设施，供水、供电、供气、通信、有线电视、安全监控系统、信报箱等开通到户建设所有费用，一律计入开发建设成本之中，不得在购房合同价之外另行收取；同时，商品房公开销售24小时前须以固定格式进行明码标价公示。

7月15日，市政府召开五届六次全会，市长陈文浩强调要大力发展房地产业，以更大力度、更硬举措、更优政策，刺激房地产市场，促进房地产业持续健康发展。

7月25日，市政府印发《关于推进市城区房地产业快速发展的意见》。

11月6日，市长陈文浩，市委常委、副市长宋冬春，市委副巡视员、武陵区委书记王孝山，市长助理、市政府秘书长沈习淼等在德山开发区、武陵区廉租住房小区建设现场调研住房保障工作情况。

11月27日，市房管局举办常德市第十届房交会。其间，主会场34家房地产企业参展，现场成交商品房85套，成交面积9419平方米，总交易额达2921.3万元；分会场160家装饰、建材、家居企业参展，签单800余笔，签单总金额达1300万元。

11月28日，市房管局举办常德市首届地产项目投资推介会，重点推介22宗土地。包括江北城区12宗地块，总面积143.68公顷，总投资88.78亿元；江南城区2宗地块，总面积10.53公顷；德山新城区8宗地块，总面积120.45公顷，总投资39.95亿元。80余位投资人共赴盛会，成功签订华为地块、芙蓉广场北区地块等12宗地块投资意向协议书。

12月26日，常德规划展示馆、美术艺术馆、城建档案馆新建工程举行开工典礼。卿渐伟、陈文浩、刘本之、刘春林、欧运崇、宋冬春、韦绍斌、魏立刚、李金城出席“三馆”开工典礼。

12月，市城区红卫社区消防整改项目完成房屋拆迁480户、30912平方米（项目总拆迁数495户、面积32292平方米），尚未签订拆迁安置补偿协议的15户被拆迁户沟通工作正抓紧进行，年后可完成该地块全部拆迁工作。

是年，常德市白蚁防治所被评为全国白蚁防治行业优质服务先进单位。

是年，全市完成房地产开发投资50.4亿元，完成施工面积663万平方米，其中新开工面积264.7万平方米，竣工面积175.3万平方米。全年市城区房地产开发投资总额为19.3亿元，新开工面积55.2万平方米，竣工面积33.9万平方米。

2010年

1月28日，2009年度全市物业管理年会在市房管局召开，授予经房物业服务有限责任公司等20家物业服务企业“常德市2009年度物业服务量化考核先进单位”称号，通报批评10家物业服务有限责任公司，注销9家物业服务企业。同日，常德市房地产管理局通报表彰中房集团常德公司等10家“2009常德优秀房地产企业”。

2月，市产权处获得“湖南省文明窗口单位”荣誉称号。

3月8日，市城区朝阳中路（洞庭大道—紫菱路）规划红线范围内房屋拆迁动工，当年9月30日结束。

3月11日，市房管系统召开2010年深化行政责任制推进机关效能建设动员会。党组书记雷志钦主持大会，贯彻《2010年市房管局深化行政责任制推进机关效能建设工作方案和办法》和《市房管局规范行政处罚自由裁量权工作方案》。

4月20日，市住保办公示2010年常德市住房保障任务：新增廉租住房6000套，新增租赁补贴6478户。

4月23日，常德大道（金丹路—沅水二桥）改扩建工程建设项目范围内房屋拆迁动工，计划次年4月20日结束。

5月，省白蚁防治IPM示范项目在常德市城区启动。5月11日至12日，市白蚁防治所示范项目工程技术人员在德山生活湾小区、金华名苑小区、泓德园小区，进行IPM示范项目现场施工，安装艾氏地下型白蚁饵剂系统361套。是月17日至21日，全省2010年白蚁防治示范培训班在常德市举办，娄底、益阳、湘西等6个市州70多名白蚁防治所负责人和相关技术人员接受5天IPM全方位培训，省白蚁防治专业委员会主任刘自力出席培训班开课典礼并讲话。

5月28日，市房管局召开建设满意房管暨机关效能建设动员大会。局长张圣友作动员报告，并为优化经济环境监督员聂其龙、蒋兆富颁发聘书。党组书记雷志钦主持会议。

6月1日，市委常委、副市长宋冬春在市政府主持召开敞开式老旧小区物业管理试点工作专题会议。

7月12日，市人大常委会副主任张元英及市人大城环委领导一行在市房管局听取局长张圣友关于常德市房地产管理工作情况汇报。市房管局认真贯彻国务院《关于坚决遏制部分城市房价过快上涨的通知》精神，制定一系列有效措施加强房地产市场管理，切实稳定住房价格。上半年，市城区商品房销售面积43.18万平方米，同比增长20.31%；销售金额12.5亿元，同比增长37.51%。

7月18日，市委常委、副市长宋冬春组织召开全市保障性住房建设半年工作调度会，通报上半年保障性住房建设情况，分解落实省政府追加的5755套保障性住房建设任务，各县市区政府签订工作责任状。

8月23日，市城区芙蓉南路（竹叶路—沅安路）建设项目范围内房屋拆迁动工，当年10月30日结束。

是月，成立常德市棚户区改造工作领导小组，市长陈文浩任组长。领导小组办公室设市房管局，市住建局局长戴君耀兼任办公室主任，市房管局局长张圣友兼任常务副主任。

9月29日，市房管局组织城区武陵区紫桥社区、滨湖社区、富强社区，鼎城德安社区、德山乾明寺社区等5个敞开式试点小区业主委员会成员和物业服务从业人员进行物业服务业务培训。

11月10日，住房和城乡建设部检查组到常德，对常德市房地产产权管理处创建的“全国房地产交易与权属登记规范化管理先进单位”进行复检。市领导陈文浩、刘小明、宋冬春、刘进能、韦绍斌、汤向荣及有关部门主要负责人参加会议。陈文浩强调，要认真贯彻落实国家及省有关棚户区改造会议及文件精神，扎实推进改造工作，不断改善群众生活环境和生活质量。

11 月 22 日，市长陈文浩主持召开市直国有房产公司改制重组专题会议，专题研究 7 家市直国有房地产企业改制重组划转工作。会议决定，7 家市直国有房地产企业，由市城投集团与经投集团分别出资组建两个全资子公司，即棚户区改造公司和土地储备整理开发公司，注册资本各为 1 亿元。原 7 家房地产公司企业资产、资质相应注入新公司，人员按照改制方案统一安置。

12 月 1 日，市住保办公示 2010 年常德市住房保障完成情况：新增廉租住房 6291 套、新增租赁补贴 8195 户。

12 月 15 日，市房管局公示紫桥小区、滨湖小区、富强小区、德安小区、乾明寺小区等 5 个敞开式小区物业试点工作完成情况。

12 月 20 日，市长陈文浩主持召开市政府常务会议，审议《关于推进城市和国有工矿棚户区改造工作的实施意见（草案）》《市江北城区棚改项目房屋拆迁安置补偿暂行办法（草案）》《市江北城区棚户区改造实施方案（草案）》。会议决定，5 年内要完成城市棚户区改造 44400 户（城市棚户区 33480 户、国有工矿棚户区 10920 户），其中 2011 年完成 11300 户。

12 月 27 日，市政府办印发市房管局“三定方案”（政办发〔2010〕54 号），明确市房管局主要职责、内设机构和人员编制。

是年，全市完成房地产投资 61. 9 亿元，房地产新开工面积为 309. 8 万平方米，房地产竣工面积 236. 2 万平方米；商品房销售面积 321. 1 万平方米，商品房成交价格为 2245 元/平方米。市城区完成房地产开发投资 19. 8 亿元，竣工面积 46. 4 万平方米；销售商品房 108. 52 万平方米，销售金额 34. 98 亿元，市城区商品房成交均价为 3223 元/平方米。全市共审批市城区拆迁项目 12 个，拆迁面积 87193. 93 平方米．拆迁户数 566 户。共办理涉及房屋拆迁各类信访案件 18 件，办结率达到 100%。

2011 年

1 月 6 日，常德市房管局局长张圣友在澧县主持召开全市房管局长座谈会。张圣友要求，全市房管系统要坚定信心、克服困难、勇往直前，为加快全市房地产业发展、促进“建设现代常德、幸福家园”目标实施贡献最大力量。

1 月 16 日，常德市五届人大四次会议批准《常德市国民经济和社会发展第十二个五年规划纲要》，明确到 2015 年，人均住房建筑面积 13 平方米以下低收入住房困难家庭基本得到保障。推进保障性住房建设，切实解决低收入家庭的住房困难。继续实施农村危房改造，完成集中成片城市和国有工矿棚户区改造，完成廉租房建设 14000 户，公共租赁住房建设8000户，新增租赁补贴8000户。

1月19日，常德市房地产经营公司完成改组，常德市经致远土地整理开发有限公司成立，标志常德市全面完成国有房企改制重组。常德市房地产经营公司和常德市金柳农业开发有限公司改制重组常德市经致远土地整理开发有限公司，属常德市经济建设投资集团有限公司全资子公司。

3月7日至8日，市房管局主办全市国有土地上房屋征收与补偿相关法规培训会。各县市区房管局、武陵区征收办、市天源住房建设有限公司、市经泽建设开发有限公司、评估机构、拆迁公司及市城区街道办事处等单位负责人参加培训。

3月10日，市政府在市房管局组织召开《常德市国有土地上房屋征收与补偿暂行办法》听证会。市城市办、市房管局、武陵区棚改办、常德经济技术开发区、柳叶湖旅游度假区、西湖管理区、西洞庭管理区、项目业主单位、城区拆迁公司、房地产估价机构代表和公房使用人、私房产权人代表参加听证。

3月17日，湖南省房地产业协会白蚁防治专业委员会常务委员会议在常德市桃源县召开，省房协白蚁防治专业委主任刘自力、常德市房地产管理局副局长唐述安及全省其他市州房管局分管领导及白蚁防治所主要负责人共50余人参加会议。

3月23日，市政府印发《关于进一步加强房地产市场监管促进房地产业平稳健康发展的意见》，印发《常德市物业管理办法》。

是日，常德开始实施新的《常德市国有土地上房屋征收与补偿暂行办法》。办法规定，在论证征收补偿方案时，市、县人民政府需在征收范围内发布房屋征收补偿方案征求意见公告；做出决定前须进行社会稳定风险评估；旧城区改建征收房屋，多数被征收人认为征收补偿办法不符合相关规定的应组织听证会，并根据听证会情况修改方案；对违法建筑不予补偿，对未超过批准期限的临时建筑，按建造成本结合批准期限内的剩余年限给予补偿，并由县级以上人民政府责成城管执法或规划等部门依法予以强制拆除。

4月1日，市房协发布《关于成立常德市房地产价格评估专家委员会的公告》，公布专家委员会名单、鉴定规则、鉴定程序和鉴定协议书样本。同时发布《常德市房地产估价机构公示》，公示湖南鸿天房地产评估有限公司、湖南公信房地产评估经纪有限公司等6家常德房地产估价机构。

4月27日，市房地产业协会召开第四次会员大会。会议发布《常德市房地产行业自律公约》，倡导加强行业自律，努力提高本行业的经营管理和服务水平，促进行业内和行业与社会间的沟通与交流，推动行业健康发展。

5月9日，市房管局召开“工作创先进，岗位创优秀，作风创一流，机关创满意”四创工作动员大会，局党组书记雷志钦主持会议。局长张圣友强调，全体干部职工要进一步端正态度、提高认识、强化责任、狠抓落实、严明纪律，圆满完成四创工作。

5月17日，市房管局印发《关于规范商品房销售现场公示内容的通知》。

6月28日，省保障性安居工程检查组对常德市棚户区改造项目组织实地检查。市房管局局长张圣友、副局长黄贵、市住建局副局长何书元陪同。省住建厅副厅长高东山要求切实加强组织领导，破解瓶颈问题，加快建设速度，既要严格遵守国家法规，也要确保完成今年棚户区改造任务。

是日，首届“常德房地产服务之星”评选活动圆满落幕，市房地产产权管理处夏艳等20名“常德房地产服务之星”光荣上榜。

7月16日，市政府印发《常德市房地产中介市场和二手房屋交易资金监管办法》。

7月26日，市房管局、常德经济技术开发区召开联席会。市房管局局长张圣友指出，将进一步赋予和完善房管德山分局县级房管局的职能职责，“办事不过河”，提供优质服务，促进经开区房地产事业发展。经开区管委会主任向绪彦充分肯定区局联席合作机制，要求继续深化合作，形成长效机制，促进常德经开区房地产业健康发展。

8月4日，市物价局局长袁云波、市价格监督检查局局长钟昌宏一行巡查全市商品房销售明码标价情况。巡查表明，全市商品房销售明码标价基本执行到位，已实行一套一标和分幢标示，标示项目和内容较为规范。

9月6日，市房管局在市产权管理处举行调整房屋维修资金缴存标准听证会，广泛听取社会各界意见和建议。

9月9日，市房管局发布《关于市城区房屋维修资金缴存标准调整听证会结果的公告》，根据听证会结果，决定采取三种预备方案中第三种实施调整。即：按非电梯房70元/平方米，电梯房100元/平方米的标准对市城区房屋维修资金标准进行调整。

9月15日，市房管局发布《关于注销房地产开发企业资质证书的公告》，注销常德东方置业有限公司、汉寿紫东房地产开发有限公司、安乡县华利房地产开发有限公司、常德金家园置业有限责任公司、常德颐和房地产开发有限公司、常德裕鑫房地产开发有限公司、湖南天洁房地产开发有限公司、常德生活湾置业有限公司、常德市广远房地产开发有限公司、常德汇嘉房地产开发有限公司、常德市群玉置业有限公司、常德富民市场开发公司、湖南鸿升置业有限公司、常德正丰置业有限公司等14家房地产开发公司资质证书。

9月23日，市房管局颁布修订后《常德市房屋维修资金监督管理办法》，自2011年10月1日起施行，各县市区、西洞庭管理区、西湖管理区、桃花源旅游度假区参照执行。

10月8日，市房管局公布《关于发布〈常德市房地产管理局行政执法依据〉的通告》，公布常德市房地产管理局行使《中华人民共和国城市房地产管理法》等23部法规4类共69项行政执法依据，其中行政许可3项、行政处罚62项、行政确认3项、其他行政行为1项。

10月10日，市房管局与市规划局、国土局、住建局联合印发《常德市城区住宅建设项目配套公共用房和设施建设管理规定》，对合理配置住宅建设项目配套公共用房和设施，提升房地产开发品质，优化小区居住环境，保护当事人合法权益，作出18条具体规定。

10 月 12 日，市房地产产权管理处档案馆晋升为“档案工作规范化管理省特级”馆。是日，省档案局副局长胡振荣率验收检查组对市产权处晋升工作进行严格审查，现场授予奖牌。市房管局党组书记雷志钦，局党组成员、市产权处主任付忠革陪同检查。

11 月 3 日，市房管局印发《关于对房地产开发项目实行建设承诺制度的通知》，要求房地产开发企业在办理商品房预售许可时，须向房屋购买人书面出具《房地产开发项目品质和交房标准承诺书》，并作为预售许可必收件提交预售审批部门。

11 月 7 日，省住建厅、省环保厅、财政厅、物价局等部门“中国白蚁防治氯丹灭蚁灵替代示范项目”检查组，到常德检查指导示范项目工作。检查组对常德市示范项目进行实地检查，给予充分肯定。

11 月 10 日，常德市二手房交易市场在市房地产管理局一楼大厅挂牌成立。市委常委、副市长卢武福，市人大常委会副主任王孝山，市政协副主席韦绍斌，市房管局局长张圣友，市房管局党组书记雷志钦，市城市办、市地税局、市财政局、市工商局、市地税局、市住建局相关部门领导出席仪式。即日起，市城区所有二手房交易资金活动均须在二手房交易市场内完成。

11 月 11 日，市房管局召开行政执法案件社会公开评议会，邀请市人大代表、区政协委员、行风监督员、行风热线、法律顾问、记者、房产公司负责人、物业公司负责人、业主代表，对常德嘉泰房地产开发有限公司擅自将规划设计为全体业主所有架空层进行砌封并处置、湖南金泰物业管理有限公司擅自将部分架空层允许他人砌封并租赁他人经营获取经营收入两起案件，进行案情和处罚意见评议。市房管局执法大队根据评议意见，依据国务院《物业管理条例》相关法律规定对两家公司做出处罚。

11 月 23 号，住建部全国白蚁防治中心主任石勇、中国物协白蚁防治专业委员会主任王仕敏一行莅临常德市房管局白蚁所检查指导工作，对常德市白蚁防治各项工作给予高度评价，要求进一步在科技创新和管理创新上进一步下大力气，促进白蚁防治科学发展，推进行业可持续发展。

11 月 25 日，“长沙十大品牌地产常德联展”在市博物馆开幕。参展著名企业为中房、中海、保利、绿地、北辰、五矿等十家全国一线品牌地产企业；联展针对常德市高端住房消费群体置业省城的需求，推出各类精品公寓、品质高层以及高端别墅。

是年，全市全面启动棚户区改造工作。1 月 17 日，市政府印发《关于推进城市和国有工矿棚户区改造工作的实施意见》。要求从 2010 年开始，用 5 年左右时间基本完成全市城市和国有工矿棚户区改造。2011 年至 2012 年，全面启动城市和国有工矿集中成片棚户区改造、国有工矿非成片棚户区和零星危旧房改造；2013 年至 2015 年，基本完成改造任务，使棚户区居民的居住生活条件得到明显改善。3 月 25 日，市委、市政府召开全市房地产产业发展暨棚户区改造工作会议，出台《市江北城区棚户区改造实施方案》：市江北城区棚户区共 87.6 万平方米、12464 户，5 年内基本改造完毕。今年启动改造 40 万平方米，其中改造地块29宗，完成改造面积23.2万平方米，改造户2934户；2012年改造面积30.6万平方米；2013年到2015年完成零星棚户区改造，按棚户区总量90%基本完成改造任务。9月16日，市城区葫芦口联片地块棚户区房屋拆除工作正式启动，市棚改办及武陵区棚改办有关工作人员组织现场拆除。是为常德市城区首个棚户区改造项目启动，标志常德市城区棚户区改造工作正式进入工程实施阶段。10月11日，市委常委卢武福在青阳阁社区、鑫龙宿舍区、光荣路社区、楠沙社区等棚改片区考察棚户区改造工作。11月26日，市住保办发布《常德市2011年度城市棚户区改造为民办实事任务完成情况公示》。2011年，全市改造城市棚户区完成5560套。

是年，出台《常德市国有土地上房屋征收与补偿暂行办法》及《常德市江北城区棚改项目房屋征收与补偿暂行规定》等规范性文件，有力促进房屋征收工作依法开展实施。全年共拆迁户数229户、总面积1.72万平方米。全年共拆迁房屋面积1.72万平方米，拆迁户数229户。共受理城区房屋安全鉴定申请58件，鉴定房屋58栋，房屋面积5950.84平方米。

是年，全市完成房地产投资85.76亿元，市城区完成房地产投资43.9亿元。全市房地产施工面积874.92万平方米，新开工面积335.86万平方米。房地产竣工面积248.16万平方米，其中，市城区新开工面积119.58万平方米，竣工面积91.83万平方米，2011年全市商品房销售面积338.28万平方米，销售金额103亿元，市城区商品房销售金额48.45亿元。

2012年

1月8日，常德市房管局局长张圣友在汉寿县主持召开全市房管局长座谈会，市房管局党组书记雷志钦主持会议。会议强调，要进一步规范市场秩序，培育和支持产业发展；大力推进物业服务管理，特别是敞开式小区整治管理工作；切实完成棚户区改造及住保工作任务。同时，要真抓实干，切实抓好房地产信息化建设工作，扎实开展国有土地上房屋的征收工作。

2月6日，市房管局印发《关于2011年度房地产开发企业资质年度核查的通知》，安排从3月1日起到5月31日，对2011年12月31日前核发房地产开发资质证书的在常德开发企业和外省市到常德从事房地产业开发的企业，进行企业资质年度核查。

2月13日，市房管局召开建设“法治常德”动员大会，局法治常德建设领导小组组长张圣友对法治房管建设工作作出全面部署。要求进一步落实房地产市场监管相关规定，规范市场秩序；建立房地产行业从业人员登记信用信息系统；加强执法巡查，提高执法水平；严格房地产经纪机构管理，引导经纪行业健康发展；推进物业服务管理标准化；全面执行新项目物业保修金制度，建立完善交存、使用、结算、管理等工作机制；严格产权产籍管理，提升服务水平；开展信访积案清理，推进普治工作与维护社会稳定相结合；加强法制培训，提高法律素养；清理规范性文件，做到依法办事；加强党风廉政建设。

3月7日，市委、市政府召开全市房地产产业发展大会。市领导卢武福、王孝山、朱传宏，各区县市（管委会）分管领导，相关市直单位负责人和全市房地产业发展先进镇党委书记，在常房地产开发企业、物业服务企业、中介服务企业负责人参加会议。市房管局局长张圣友作专题工作报告。

3月13日，全市保障性安居工程暨住房和城乡建设工作会议召开。市委常委、市政府副市长卢武福主持，市长陈文浩出席会议指出，2011年完成保障性安居工程建设改造任务33991套，已经实现“十二五”保障性住房建设良好开局。要进一步强化民生建设，坚决完成保障性安居工程目标任务。各区县市向陈文浩递交《常德市保障性安居工程建设任务目标管理责任书》。

3月24日，常德市2012年白蚁防治工作会议在澧县召开。市房地产管理局党组书记胡振宇、副局长唐述安，各县市区分管白蚁防治业务的副局长及白蚁防治所负责人参加会议。

3月28日，常德市2012年物业管理工作会议在石门县召开。市房地产管理局党组书记胡振宇出席会议。胡振宇要求，各县市区房管局一定要高度重视敞开式小区的管理工作，提早介入，积极主动的完成市政府交办的各项任务，高标准完成考核。

5月19日，常德市房地产业协会二十周年庆祝活动在常德国际大酒店隆重举行。省住建厅副厅长高东山、中房协副会长顾云昌、市人大常委会副主任张启祥、省房地产监管处处长何小兵、省房地产开发协会会长罗劲松、省房协秘书长李军、市住建局局长戴君耀、市房管局局长张圣友，省住建厅市场监管处、住保处、省房协秘书处、各区县市房管局、市城区房地产企业相关负责人共100余家单位、300余人出席庆祝活动。

6月8日，绿地集团“绿动中国，擎动常德”品牌发布会暨绿地新都会启动仪式在共和酒店举行。2011年绿地集团在中国企业100强中列第87位，在房地产业中位居第1。继芜湖新都会、南昌新都会、北京新都会、武汉新都会、重庆新都会、嘉兴新都会、崇明新都会等人居杰作之后，中国第10座、湖南首座“新都会”将入驻常德。

6月15日，市房管局通报注销常德市新世纪汽车商贸城开发有限公司、常德市仁济房地产开发有限公司、常德市锦福德房地产开发有限公司、常德国人置业有限公司、湖南嘉盛房地产开发有限公司、常德市迅昇房地产开发有限公司、常德市德峰房地产开发有限公司、常德市龙新房地产开发有限、旺成（湖南）置业发展有限公司、津市（杭州）华锋房地产开发有限公司、津市锦坤房地产开发有限公司11家开发企业资质证书。

6月28日，市房管局印发《关于进一步落实行政审批职能相对集中工作的通知》，要求进一步推行行政审批制度改革，规范行政审批行为，提高行政管理服务质量、服务水平。

7月30日至31日，中央纪委监察部纠风室主任许传智带领国务院督查组到常德督查指导房地产调控政策落实情况。省纪委常委、省监察厅副厅长程纪龙，省住房和城乡建设厅副厅长高东山，省政府纠风办主任鄢利民，常德市委常委、市纪委书记赵应云，市委常委、市人民政府副市长卢武福等陪同督察。

8月15日，市委书记卿渐伟考察绿地新都会综合项目。卿渐伟高度评价绿地新都会建设速度和档次，要求绿地集团再接再厉，充分发挥绿地新都会城市综合体对常德市经济发展促进作用。

8月24日至25日，市房管局对市城区水榭花城中城二期、御泽园等14个项目在售楼盘进行检查，对违规企业湖南金钻置业投资有限责任公司、常德市湘拓实业有限公司、常德市经济适用住房开发中心、湖南泰达置业有限公司、常德市万业房地产开发有限公司予以通报批评，记入企业信用档案。

7月19日，中共常德市直机关工委、市住建局和市房管局领导一行对市产权处创建基层党建示范点工作进行检查验收。市直工委明确市产权处成为常德市基层党建示范点。

9月5日，市房管局组织全市新成立房地产开发企业开展业务培训。对2012年新成立房地产开发企业，就房地产开发企业资质管理、房地产开发项目管理、商品房销售管理、前期物业服务管理、房地产测绘和房屋登记、房地产行政执法等方面内容，组织培训学习。

9月6日，市房协在房管局主办房地产行业税收政策研讨班。国家税务总局师资库兼职讲师、常德市地方税务局专家团首席专家、中国注册税务师赵远新授课主讲。房协各会员单位及各县市区房地产企业等近100余家单位的财务工作人员及财务部门负责人参加培训。

9月28日，市委常委、副市长卢武福在锦绣朗峰、三一翡翠湾、公园世家、水木清华四个楼盘现场调研。市政府副秘书长、城市办主任关键锋，市房管局长张圣友、党组书记胡振宇、副局长廖爱民，市房协、相关房地产企业负责人陪同调研，参加座谈。

10月11日，市房管局召开常德市房屋维修资金管理工作研讨会。市房管局党组书记胡振宇，市房管局党组成员、副局长唐述安，市房屋维修资金归集管理中心主任肖燕参加会议。

11月6日，市房管局印发《关于市城区部分房地产开发企业违法经营行为处理情况通报》，对常德市金城综合开发有限公司“金城·2008”项目、市顺源房地产开发有限公司“国源小区”项目、市三明置业有限公司“人民文化影视城”项目、市紫艺茶业有限责任公司“紫艺商贸城”项目、市恒华建设事务有限公司“香格里拉·领域”项目、市恒华建设事务有限公司“君香公寓”项目、市汇元经济开发总公司“蓬莱有约”项目、市华达建设开发总公司“华达·幸福湾”项目等违规预售、未经验收就将商品房交付使用等违法行为进行查处，分别给予行政处罚。

12 月 21 日，常德市白蚁防治所获得全国 2012 年度白蚁防治单位标准化建设考核优秀单位荣誉称号。

是年，全市全面推进棚户区改造。2 月 26 日，市城区棚改回迁安置小区天源·鑫座一期举行开工仪式，项目以 50 平方米到 80 平方米中小户型为主，配套型商业、停车场、休闲广场等多种功能，可为 108 户棚改户改善居住条件。8 月 19 日，市城区棚改项目葫芦口联片安置房举行动土仪式，项目为常德市城投集团常德天源住房建设有限公司棚改项目，建筑面积逾 4 万平方米，建成后可为 1320 户居民改善居住条件。10 月 12 日，市委书记卿渐伟，市委常委、副市长卢武福在经泽福园棚改项目、葫芦口项目现场调研市城区棚改工作。卿渐伟强调，全年 7500 户棚改任务必须保证质量，保证进度，不折不扣地完成。全市全年城市棚户区改造任务为改造 7500 户，实际完成维修完善型改造 1849 户；签订征收补偿协议 6201 户（其中货币安置 2989 户、实物安置 3212 户）；安置住房开工 5066 套，竣工 1416 套，总计实现投资 8.6 亿元，超额完成省、市考核指标任务。

是年，全年市产权处共收取规费 1711.6 万元，协征契税 5546 万元，协征营业税 1600 万元；市城区房屋交易额达到 116.41 亿元；市城区房屋产权发证面积 395.48 万平方米；发放房屋所有权证 19929 本。全年共立案调查 19 起房地产违法违规案件，结案 11 件；共完成国有土地上房屋征收面积 22.43 万平方米；市城区共缴存房屋维修资金 5945 万元，房屋维修资金缴存总户数达到 50545 万户，缴存资金累计总额达到 2.27 亿元；市城区共办理房屋租赁登记备案 8126 宗，完成登记备案收入 90.1 万元；白蚁防治成功申报 IPM 示范项目，成为全国氯丹灭蚁灵替代示范项目试点单位。

是年，全市房地产开发企业共 278 家，房地产开发投资额 94.81 亿元；房地产新开工面积 364.3 万平方米，其中市城区（含武陵、鼎城及经开区，下同）完成房地产开发投资 52.36 亿元，房地产新开工面积 165.92 万平方米。商品房销售平稳回暖，全年全市商品房销售面积 241.48 万平方米，销售金额 93.75 亿元。全年市城区商品房销售面积 108.51 万平方米，销售金额 51.22 亿元。

2013 年

1 月 8 日，常德市房管局发布 2012 年四季度存量房成交均价：每平方米江北老城区非电梯房 3661 元、电梯房 4348 元，江北中间城区非电梯房 3572 元、电梯房 4023 元。

3 月 1 日，市房管局印发《关于开展全市房地产开发企业资质 2013 年度检查的通知》，开始对 2012 年 12 月 31 日前在常取得房地产开发资质证书开发企业进行年度检查。

3 月 6 日，市房管局印发《关于严肃查处违法销售商品房行为的通告》，严肃公告任何房地产项目在未依法取得商品房预售许可证之前，不得进行商品房预售，不得以认购、预定、排号、发放 VIP 卡等方式向买受人收取或变相收取定金、预订款等性质费用，任何单位和个人不得以“团购”名义在未取得预售许可之前收款或集资。

3月7日，全市房地产产业发展工作会议召开。市房管局局长张圣友作工作报告强调，2013年要从严格市场主体、加强项目管理入手，进一步加强市场监管，抓好培育发展，提升产品品质，繁荣房地产市场；要突出抓好棚户区改造和敞开式小区规范管理两大民生工程。

3月22日，全省房地产行业工作会议暨省房地产业（开发）协会常务理事会议在常德市召开。会议要求，切实贯彻落实国家宏观调控政策、重视房地产市场监测分析、切实加大市场监管力度、加快转变房地产发展方式，确保我省房地产市场平稳健康发展。

3月27日，市房管局召开全市物业管理工作会议，市房管局副局长唐述安主持。党组书记胡振宇出席会议强调，全市物业管理行业必须按照市政府交办要求，全力完成敞开式物业小区规范管理各项工作。

5月4日，市房地产产权管理处团支部获得2012年度“湖南省五四红旗团支部（总支）”、2012年度“常德市五四红旗团支部（总支）”荣誉称号。

5月27日，常德市2013年第二批商住地块推介会隆重举行，推介常国储（2010）44号地块、常国储（2010）8号地块、常国储（2013）3号地块三块土地，共计41.82公顷。恒大、万科、碧桂园、绿地、福建中旅等知名房地产开发企业应邀参加。

5月28日，常德汽贸城举行开工仪式。项目总投资47亿元，规划总建筑面积逾120万平方米，集汽车销售、汽配产品交易、汽车文化、汽车运动、汽车娱乐、餐饮、休闲为一体。已有仁孚奔驰、奥迪、东风起亚、东风雪铁龙、比亚迪、长安商用、通用五菱等多家一线品牌4S店入驻。

6月1日，实施《常德市流动人口服务管理办法》，即日起居住证申请人在房管部门办理“房屋租赁登记证”后，方可在公安部门办理居住证。

7月3日，市房管局组织群众路线教育实践活动宣讲活动，党组书记胡振宇作题为《坚持为民务实清廉 切实打造廉洁房管》党课报告。

11月1日，市房管局、市工商局启动房地产中介市场专项治理，联合整顿规范市城区房地产秩序，严肃查处房地产中介机构和经纪人员违法、违规行为，维护消费者合法权益。

11月28日，市房管局局长张圣友主持召开优化经济环境监督员代表座谈会。16位优化经济环境监督员代表充分肯定近年来常德市房地产管理规范严谨、市场健康有序、房地产品质提升明显、市民居住环境大大改善，建议进一步简政放权，更好发挥市场作用。

12月27日，市房管局、工商局联合发布通知：从2014年1月1日起，启用新版《常德市商品房买卖合同》（指导文本）和《常德市保障性住房配售合同》（指导文本），原《商品房预售合同》《商品房买卖合同》同日停止使用。

是年，常德市棚户区改造深入推进。7月31日，市江北城区棚户区改造项目“经泽.

湖畔”开工。项目位于马木桥巷与光荣路交汇处西南角原湘航宿舍，规划总用地面积11293.34平方米，总投资约19624万元，征收棚户房311户，征收棚户房总建筑面积18811.2平方米。新建总建筑面积47179平方米、433户，建成后可安置328户棚改回迁户。10月8日，市委书记王群对武陵区、鼎城区和常德经济技术开发区棚改重点工地进行实地督查，市委常委、副市长卢武福，市委常委、市委秘书长黄清宇参加督查调度。全市全年签订征收补偿协议10277户，其中货币补偿1882户，实物安置8395户，安置住房开工8464套，面积918065平方米，开工率为116.7%。基本建成项目32个，安置住房基本建成面积750626平方米，基本建成7005套，基本建成率为100.2%，竣工6501套，竣工率94.5%，总计实现投资95142万元。

是年，市城区房屋产权发证面积504.82万平方米，发放房屋所有权证33256本，房屋交易额127.16亿元，收取各项规费2409.49万元，其中收取手续费2052.79万元，超出年初计划105.3%；协征契税9765.8万元，超出年初计划225.2%。全市完成房地产开发投资121.76亿元，新开工面积481.03万平方米。其中市城区完成房地产开发投资80.01亿元，新开工面积255.91万平方米。全市新供应商品房341.8万平方米，市城区新供应商品房160.06万平方米。全市共销售商品房291.5万平方米，销售金额127.17亿元；全年市城区共销售商品房150.36万平方米，销售金额78.62亿元。

第一篇《

组织机构与队伍建设

第一章　行政管理机构

第一节　常德市房地产管理局

一、机构沿革

唐宋至明清时期，常德府县两级历代官署，依据唐《营缮令》、宋《营造法式》、清《工程做法》等朝廷律令，对城郭、宫庙、公廨等公共建设以至士庶住宅营造修建，实施规制设计、施工监督方面管理；依据各朝税律，以“契尾”之制，对官民房屋交易，实施征税和产权管理。中华民国时期，常德专署设公产管理委员会，常德县政府设行政建设科，管理房屋建设和房地产权。

中华人民共和国成立后，各级人民政府按照中央政府统一部署，设立房屋建设主管机关，对房地产权和房屋建设实施管理。1949 年 8 月，中共常德地委设立房地产管理委员会，指导各县、市房地产权接管工作。同月，常德市人民政府在市财政局设置房地产管理股，接收和管理全市公房；翌年 10 月，开展市区房屋土地清查，逐区逐保办理公私房地产登记手续。1951 年，市财政局房地股颁发常德第一批土地房屋所有权证。

1951 年 8 月，成立常德市房地产交易所，隶属市财政局领导，定员 13 人。1956 年 4 月，成立常德市房地产公司，归口常德市人民委员会财政科领导，定员 14 人，负责管理全市公产房屋、房屋地基。1958 年，常德市人委财政科与税务局合并组建常德市人委财税科，市房地产公司随之隶属该科领导，时有工作人员 38 名。1959 年，市人委将该公司人员分配到城区各人民公社（即街道办事处），在各公社内设置基建科，负责该公社辖区公产房屋管理工作。常德市房地产公司随之解体。

1961 年，常德市进入国民经济恢复调整时期。9 月，恢复成立常德市房地产公司，内设办公室、修建股、收管股，隶属常德市人委基建科领导，核定编制 24 名。

1963 年，成立常德市房地产管理处，隶属市人委财税科管理。市房地产公司亦定性为政府行政机构，归口市房地产管理处管理。房地产公司内设人秘股、房管股、修建股和财计股；另设五个房产组，即城东、城南、城西、城北、德山房产组，时有工作人员 80 人。

1966 年，常德市人委撤销市房地产管理处，人员并入常德市房地产公司。“文化大革命”期间，市房地产公司人员分别下放到城区各街道，隶属街道办事处领导。

1984 年 1 月，常德市房地产公司改名为常德市房地产管理公司，为市政府副局级事业单位，隶属常德市城乡建设环境保护局领导。市城乡建设环境保护局分设为建设委员会和环境保护局后，市房地产管理公司改属常德市建设委员会领导，时有干部职工 140 人。

1987 年 5 月，常德市房地产管理公司地政股全员并入常德市国土局。同年 8 月，成立常德市房地产开发公司，隶属市房地产管理公司领导。市房地产开发公司下设办公室、技术股、生产经营股。同时成立常德市房屋产权监理站，下设办公室、房屋交易股、产权监理股。

1988 年，常德“撤区建市”。常德市房地产管理公司、房地产开发公司和房屋产权监理站，归口新组建的常德市建设委员会管理。原常德行署下设的常德城区住房制度改革领导小组更名为常德市人民政府住房制度改革领导小组，副市长李江、陈德铨先后担任组长。市政府住房制度改革领导小组下设办公室，简称市政府房改办，李培成任房改办主任。

1988 年 12 月，成立常德市城市房地产管理处，为副县级事业单位，隶属常德市建委管理。马先奇首任市城市房地产管理处处长。常德市城市房地产管理处内设综合科、人事地产科、工程技术科，机关干部职工 19 人。房地产管理处下设常德市房地产经营公司、市城建综合开发公司、市房地产产权监理站和市房屋交易所，均为正科级单位，共有干部职工 182 人。

1989 年 3 月，常德市房地产管理公司拆分为常德市房地产经营公司和常德市房地产开发公司，均为正科级事业单位（企业化管理），核定经营公司企业编 105 名，开发公司企业编 30 名。4 月，析出原常德市房地产管理公司房地产产权管理和房屋交易管理职能，分别成立常德市房地产产权产籍监理站和常德市房屋交易所。

1990 年 6 月，常德市城市房地产管理处改组成立常德市房地产管理局，为副处级事业管理机构，梁朝坤首任局长。市房地产管理局内部增设常德市城市房屋拆迁管理办公室、常德市房屋安全鉴定办公室和常德市房地产综合开发办公室。是时，市房地产管理局除负责市本级房地产行政管理外，还负责指导全市各区、县（市）房地产行业部门机构设置及调整工作。1991 年，常德市房屋交易所更名为常德市房产交易管理所。1992 年 5 月，常德市房地产业协会成立。1993 年 5 月，市政府房改办设置为负责全市住房制度改革的常设机构，雷志钦首任市房改办主任。

1993 年 7 月，汪学林任常德市房地产管理局局长。1994 年 1 月，市房地产产权监理站和市房产交易管理所分别更名为常德市房地产产权管理处和常德市房产交易市场管理处。同年 8 月，市产权管理处成立常德市房地产测绘队。1995 年 5 月成立常德市房地产评估事务所。同年 6 月，常德市住房公积金管理中心挂牌成立。

1995 年 9 月，熊剑平任常德市房地产管理局局长，汪学林改任党支部书记。1996 年 5 月，市房管局组建常德市迅华城建开发有限公司，推进旧城改造和育才路商居小区开发。同年 6 月，成立常德市经济适用住房开发中心，为正科级事业管理机构，隶属常德市房地产管理局。

1997 年 9 月，商叔华任常德市房地产管理局局长。1998 年 3 月，常德市房产交易市场管理处撤销买卖科、抵押科、租赁科，以朗州路为界，建东、西两所。同年10月，常德市房地产产权管理处与常德市房产交易市场管理处合并为常德市房地产产权管理处，为市房管局直属事业单位。2000年3月，常德市城区旧城改造指挥部成立，从房产局、国土局、城管局、建工局等单位抽调20名工作人员，市长助理刘明任指挥长。

2001年10月，关建锋任常德市房地产管理局局长，雷志钦任党支部书记。是年，市房改办并入市房管局。2002年7月，市房地产交易中心、市房地产业协会与中房常德分公司等五家开发公司共同参股成立常德万通房地产中介服务公司。同年8月，市政府政务中心成立，市产权处产权登记科、审批二科进驻中心。2003年，成立市白蚁防治所。2004年1月，市房地产测绘队改组为常德市万泰房地产测绘有限公司。

2005年5月，常德市房地产管理局设立党组，雷志钦首任党组书记；12月，市房地产管理局升格为正处级单位，关建锋首任局长，雷志钦任党组书记。10月，房地产交易中心整体进入市政务中心办公。2006年，市房管局获建设部“全国房改和房地产管理先进单位”和“全国建设系统思想政治工作先进单位”表彰，市产权处获“全国青年文明号”称号。2007年1月，成立常德市房地产管理局执法监察大队。同月，常德市物业管理协会成立。4月，市房管局德山管理服务中心成立，7月更名为常德市房地产管理局德山分局。2008年9月，成立常德市房屋维修资金归集管理中心。

2010年3月，张圣友任常德市房地产管理局局长，雷志钦任党组书记。2012年3月，胡振宇任党组书记、副局长，雷志钦改任党组副书记、副局长。2010年8月，成立常德市棚户区改造工作领导小组，办公室设市房地产管理局，张圣友兼任常务副主任，主持市棚改办工作。12月，市房地产管理局调整内设机构，调整后内设机构共8个：办公室、人事科、监察室（与人事科合署办公）、财务科、法制科、房地产市场监管科、房改和中介市场管理科、物业服务管理科。2010年，成立常德市房屋租赁管理所；2011年，成立常德市国有土地上房屋征收与补偿管理处（加挂市房屋安全鉴定办公室牌子）；2012年，成立常德市房地产管理局信息中心；均为市房管局管理的具有行政职能正科级事业单位。市房管局直属单位增设后共9家：市房管局执法监察大队、市房屋维修资金归集管理中心、市房地产产权管理处、市房地产交易中心、市房管局德山分局、市白蚁防治所、市房屋租赁管理所、国有土地上房屋征收与补偿管理处（市房屋安全鉴定办公室、市拆迁管理办公室）、市房地产管理局信息中心。

二、历届领导班子名录

表 1.1.1.2.1　市房地产管理局（处）历届领导班子名录

1988—1991

姓　名	职　　务	任　职　时　间	备　　考
马先奇	市房地产管理处处长	1988.04—1991.05	
舒序湘	副处长	1988.04—1991.05	
程有万	副处长	1989.01—1991.10	

1991—1993

姓　名	职　　务	任　职　时　间	备　　考
梁朝坤	市房地产管理局局长	1991.05—1993.07	
程有万	副局长	1991.10—	

1993—1995

姓　名	职　　务	任　职　时　间	备　　考
汪学林	局长	1993.07—1995.09	
程有万	副局长	1991.10—	
张明清	副局长	1994—	

1995—1997

姓　名	职　　务	任　职　时　间	备　　考
熊剑平	局长	1995.09—1997.09	
汪学林	党支部书记	1995.09—1997.09	
程有万	副局长	1991.10—	
张明清	副局长	1994—	

1997—2001

姓　名	职　　务	任　职　时　间	备　　考
商叔华	局长	1997.09—2001.08	
程有万	副局长	1991.10—2001.12	
张明清	副局长	1994—2001	

2001—2005

姓　名	职　　务	任　职　时　间	备　　考
关建锋	局长	2001. 10—2005. 10	
雷志钦	党支部书记	2001. 08—2005. 5	
邓保平	党支部副书记	2002. 01—2003. 06	
黎体纯	副局长	2002. 02—2007. 02	
杨金海	副局长	2002. 02—2002. 12	
汪三明	副局长	2002. 02—2002. 04	
牟利民	副局长、工会主席	2002. 04—2005. 08	
伍作栋	副局长	2003. 07—2005. 10	
陈　勇	副局长	2003. 07—2007. 02	

2005—2010

姓　名	职　　务	任　职　时　间	备　　考
关建锋	局长	2005. 10—2010. 03	
雷志钦	党组书记	2005. 05—2012. 03	
徐芳明	党组副书记、副局长	2007. 02—2010. 03	
沈明莉	党组副书记、副局长	2008. 09—2010. 11	
黎体纯	纪检组长	2005. 04—2007. 02	
	调研员	2007. 02—2012. 10	
伍作栋	副局长	2005. 10—2009. 06	
陈　勇	副局长	2003. 07—2007. 02	
	副调研员	2007. 02—2008. 03	
	工会主席	2008. 03—2012. 04	
曾建新	副调研员	2005. 08—2007. 02	
	纪检组长	2007. 02—	
廖爱民	副局长	2007. 09—	
黄　贵	副局长	2009. 11—	
付忠革	副调研员、产权处主任	2008. 03—2010. 03	

2010—

姓　名	职　　务	任　职　时　间	备　　考
张圣友	局长	2010.03—	
雷志钦	党组书记	2005.05—2012.03	
	党组副书记、副局长	2012.03—	
胡振宇	党组书记、副局长	2012.03—	
沈明莉	党组副书记、副局长	2008.09—2010.11	
廖爱民	副局长	2007.09—	
胡文波	党组副书记、副局长	2011.08—2011.10	
谭　勇	副局长	2013.12—	
曾建新	纪检组长	2007.02—	
唐述安	副局长	2010.11—	
黄　贵	副局长	2009.11—	
陈　勇	工会主席	2005.10—2012.12	
张萼芬	工会主席	2012.04—	
付忠革	党组成员、市产权处主任	2010.03—	
黎体纯	调研员	2007.02—2012.10	
伍作栋	副调研员	2009.06—	
宁　慧	副调研员	2012.03—	
杨金海	副调研员	2012.03—	

市房地产管理局党组成员简介：

张圣友，1963 年 3 月出生。1981 年 9 月至 1983 年 7 月，湖南警察学校学习。1983 年 7 月至 1990 年 9 月先后任常德县河洑派出所干警、常德县刑侦队干警、副队长。1990 年 9 月至 1992 年 8 月鼎城区政府法制办工作，1991 年 3 月至 1992 年 8 月任鼎城区政府法制办主任。1992 年 8 月至 2001 年 1 月，先后任常德市政府法制办督查科副科长、科长，市政府法制办副主任，其中 1998 年 10 月至 2000 年 1 月挂职桃源县桃花源镇党委副书记。2001 年 1 月至 2002 年 7 月任常德市城管支队支队长，2001 年 10 月兼任党委书记。2002 年 7 月至 2005 年 1 月任市再就业广场建设办公室主任。2005 年 1 月至 2005 年 4 月任常德市园林局党支部书记、副局长，2005 年 4 月至 2007

年3月任常德市园林局党组书记、副局长，2007年3月至2010年2月任常德市园林局党组书记、局长；2010年3月至今，任常德市房地产管理局局长。

胡振宇，1960年5月出生。1978年3月至1980年11月，湖南农学院常德分院学习。1980年11月至1985年4月任常德县农科所技术员，1985年5月至1985年11月任常德县委组织部干部，1985年11月至1989年8月任常德县委组织部副科级组织员。1989年8月至1995年1月，先后任常德市鼎城区委组织部秘书、组织部副部长，其中1992年8月至1994年12月在中央党校函授学院本科经济专业学习毕业。1995年1月至2000年3月任常德市鼎城区武陵镇党委书记，其中1996年9月至1998年7月参加中国社会科学院研究生院在职硕士研究生民法经济法专业课程班学习。2000年3月至2001年10月任常德市鼎城区政府区长助理、党组成员，2001年2月至2001年10月兼鼎城区石公桥镇办事处工委书记。2001年10月至2004年9月任常德市鼎城区委常委、宣传部部长。2004年9月至2012年2月任常德市文联党组书记。2012年3月至今，任常德市房地产管理局党组书记、副局长。

雷志钦，1955年3月出生。1973年10月至1975年8月，湖南商校物价专业学习。1975年9月至1976年4月任常德地区轻化公司干部，1976年5月至1984年10月任常德地区计委干部。1984年10月至1985年8月任常德地区物价局价格检查科科长，1985年9月至1993年6月任常德地区物价局（1988年改市物价局）副局长。1993年7月至2001年8月，任常德市房改办主任，其中1992年8月至1994年12月在中央党校函授学院经济专业学习毕业。2001年8月至2005年4月任常德市房地产管理局党支部书记；2005年4月至2012年3月任常德市房地产管理局党组书记、副局长；2012年3月至今，任常德市房地产管理局党组副书记、副局长。

徐芳明，1960年7月出生。1977年8月至1978年12月，原常德县石门桥株木山茶场知青。1978年12月至1982年12月，解放军53020部队服役。1982年12月至1989年12月，原常德市交通局工作；1989年12月至1993年12月，常德市城区交通运输管理所工作。1993年12月至2003年6月，历任常德市交通规费征稽处干部、直属所所长、副处长。2003年6月至2003年8月，任常德市信访局纪检组长、党组成员；2003年8月至2007年2月，任常德市信访局副局长、党组成员、市政府驻北京联络处副主任。2007年2月至2010年3月，任常德市房地产管理局

副局长、党组副书记。2010 年 3 月至今，任常德市风景园林绿化管理局局长。

沈明莉，1963 年 9 月出生。1980 年 11 月至 1986 年 11 月，常德地区检察分院工作。1986 年 11 月至 1991 年 1 月，常德市委政法委干部；1992 年 1 月至 1995 年 11 月，任市委政法委组织科副科长；1995 年 11 月至 1998 年 3 月，任市委政法委组织科科长；1998 年 3 月至 2001 年 10 月，任市委政法委执法监督室主任。2001 年 10 月至 2008 年 9 月，任常德市妇联副主席、党组成员。2008 年 9 月至 2010 年 10 月，任常德市房管局副局长、党组副书记。2010 年 10 月，任常德市住房和城乡建设局副局长、党组副书记，2011 年 1 月至今，任常德市住房和城乡建设局副局长、党委副书记。

黎体纯，1952 年 10 月出生。1971 年 9 月至 1984 年 6 月，常德肉联厂工作；1984 年 6 月至 1997 年 5 月，历任常德肉联厂冷冻车间主任、三分厂厂长、副厂长，厂长、党委书记；其中，1985 年 9 月至 1987 年 7 月，湖南电大常德分校党政干部专修科学员。1997 年 5 月至 2005 年 4 月，历任市城市建设综合开发公司经理、党支部书记、常德市房管局副局长；2005 年 4 月至 2007 年 2 月，任常德市房管局副局长、党组成员、纪检组长；2007 年 2 月至 2007 年 12 月，任常德市房管局副局长、工会主席、党组成员；2007 年 12 月至 2012 年 10 月，任常德市房管局调研员。2012 年 10 月退休。

伍作栋，1953 年 12 月出生。1986 年 2 月至 1987 年 12 月，历任原常德县贸易公司副经理，经理、副书记，经理、支部书记。1987 年 12 月至 1988 年 6 月，任湘北贸易总公司经理、党支部书记。1988 年 6 月至 1993 年 4 月，历任鼎城区供销社副主任、党组成员，主任、副书记，主任、党组书记。1993 年 1 月至 1993 年 4 月，任鼎城区二轻局局长、党组副书记。1993 年 4 月至 1997 年 3 月，先后任常德市供销社正科级干部、基层工作科科长、党总支副书记。1997 年 5 月至 2003 年 7 月，任湘北工贸进出口公司副总经理、党委副书记。2003 年 7 月至 2005 年 5 月，任常德市房地产管理副局长，2005 年 5 月至 2009 年 6 月，任副局长、党组成员。2009 年 6 月至 2013 年 11 月，常德市房地产管理局副调研员。2013 年 12 月退休。

廖爱民，1962年9月出生。1982年8月至1988年2月，原常德县农业局干部，1984年10月至1987年12月参加湖南农学院自考专科农业经济管理专业学校毕业。1988年2月至1989年8月任常德市鼎城区农业局干部。1989年9月至1995年4月历任鼎城区委组织部干部、秘书、副部长、正科级组织员，援藏任西藏隆子县委组织部副部长，1997年2月任隆子县人事局局长。1995年5月至1998年6月任鼎城区劳动局党组书记、副局长，1999年2月兼社会保险事业管理局局长。2001年5月至2004年9月任鼎城区委常委，援藏任隆子县委常委、办公室主任。2004年10月至2007年9月，任澧县人民政府副县长。2007年9月至今，任常德市房地产管理局党组成员、副局长。

谭勇，1970年3月出生。1988年9月至1992年7月，南京工程兵工程学院学习。1992年7月至1995年8月任陆军第四十一集团军工兵团四连排长、副连长。1995年9月至1998年10月任陆军第四十一集团军工兵团特务连政治指导员。1998年11月至2001年5月任陆军第四十一集团军工兵团二营副营长。2001年6月至2002年5月任陆军第四十一集团军工兵团司令部作训股股长。2002年6月至2004年5月任陆军第四十一集团军工兵团一营政治教导员。2004年6月至2008年8月任陆军第四十一集团军工兵团副政治委员。2008年8月至2011年4月，任陆军第四十一集团军防空旅副政治委员。2011年4月至2014年1月，任常德市鼎城区委常委、武装部部长。2014年1月至今，任常德市房地产管理局党组成员、副局长。

曾建新，1958年6月出生。1977年10月至1995年3月，常德市园林处干部，1985年3月任园林处工会副主席，1985年4月任团支部书记，1991年9月任常德市园林局综合科科长，其中1985年8月至1988年7月湖南电大常德分校档案专业专科学习毕业。1995年4月至1998年11月，常德市滨湖公园管理处党支部书记、副主任。1998年11月至2005年8月，先后任常德市建委办公室主任、建筑工程管理科科长。2005年8月至2007年2月，任常德市房地产管理局党组成员、副局长。2007年2月至今，任常德市房地产管理局党组成员、纪检组长。

唐述安，1965年5月出生。1984年7月至1988年7月，湖南农业大学学习。1988年8月至1994年1月，澧县梦溪区分所、县农办、县团委工作。1994年1月至1997年12月，任澧县宜万乡副乡长。1998年1月至2005年2月，先后任澧县永丰乡乡长、道河乡党委书记、乡长、澧谵乡党委书记。2005年2月至2007年12月，任澧县县委办常务副主任。2008年1月至2010年11月，任澧县副县长。2010年11月至今，任常德市房地产管理局党组成员、副局长。

黄贵，1970年8月出生。1989年9月至1992年6月，湖南师专物理系学习。1992年6月至1995年6月，常德市汽修厂组织干事团委书记。1995年6月至1996年8月，武陵区委组织部副科级秘书。1996年8月至1998年12月，武陵区东郊乡党委副书记。1998年12月至2001年2月，共青团武陵区委员会书记、党组书记。2001年2月至2009年11月，武陵区东郊乡党务副书记、乡长，2003年1月任东郊乡党委书记，2005年9月至2008年12月中南大学公共管理专业在职研究生学习。2009年11月至今，任常德市房地产管理局党组成员、副局长。

陈勇，1964年9月出生。1982年3月至1985年7月，常德师范专科学校学习。1985年7月至1997年10月，先后任桃源县三中、常德市五中教师。1992年9月至1995年6月湖南师范大学物理专业函授本科学习。1997年至2004年4月常德市政府办公室科员，2004年4月至2003年7月任副主任科员。2003年7月至2007年2月，常德市房地产管理局副局长；2007年2月至2008年3月副调研员；2008年至2012年3月，常德市房地产管理局联合工会主席、党组成员。2006年9月至2009年7月，省委党校经济学专业研究生班学习。2012年3月至今，任常德市住建局纪委书记、党委委员。

张萼芬，1965年4月出生。1984年9月至1988年6月，湘潭大学哲学系学习。1988年7月至1996年6月，常德市房地产经营公司干部。1996年7月至2007年4月，先后任常德市建委政工科干部、组织人事科科长、团工委书记。2007年4月至2012年3月，先后任常德市委老干局副处级纪检员、副局长。2012年3月至今，任常德市房地产管理局党组成员、联合工会主席。

付忠革，1967年11月出生。1986年10月至1989年12月，解放军51039部队服役。1990年3月至1999年10月，常德市房地产交易中心工作。1999年10月至2002年，任常德市迅华城建开发公司副总经理。2002年至2006年，任常德市房地产开发公司党支部书记。2006年任常德市房地产产权管理处主任。2008年任常德市房地产管理局副调研员，兼市房地产产权管理处主任。2010年3月至今，任常德市房地产管理局党组成员，兼市房地产产权管理处主任。

市房地产管理局历任党政主职简介：

关建峰，1964年1月出生，1996年12月加入中国共产党。1980年12月至1994年2月，常德通用机械厂工作。其间1984年9月至1987年7月，湖南电大常德分校工民建专业学习。1994年2月至1996年12月，常德市华达建设开发公司工作。1996年12月至2001年10月，任常德市经济适用住房开发中心主任。2001年10月至2010年3月任常德市房地产管理局局长、党组副书记。2010年3月至2012年2月任柳叶湖度假区管委会主任、党工委副书记。2012年2月至今，任常德市人民政府政府副秘书长、市城市办主任、党组副书记。

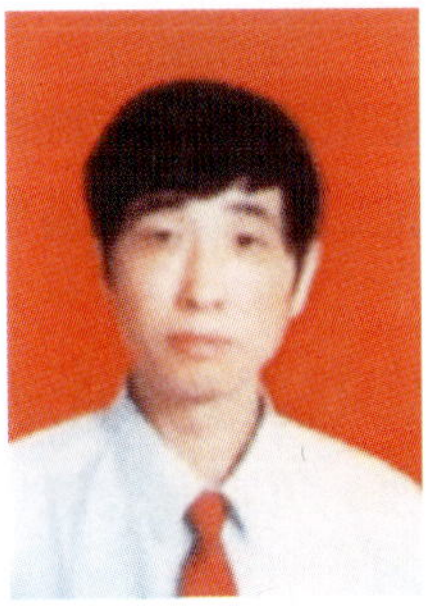

商叔华，汉族，1956年8月出生，1975年5月加入中国共产党，大学学历。历任常德地委办公室机要科副科长、常德市委常委值班室主任、常德市档案局副局长，1997年9月至2001年8月任常德市地产管理局局长，2001年8月任常德市园林绿化管理局局长，2003年6月任常德市乡镇企业局副局长，2005年至今任常德市住房和城乡建设局联合工会主席、党委委员。

汪学林，汉族，1980年1月参加工作，1983年加入中国共产党，大学学历。1984年8月起，曾在常德地委工交财贸部、地区商校、地区（市）建委工作。1993年7月至1995年9月任常德市房管局局长，1995年9月至1997年9月任市房管局党支部书记。此后，先后在市档案局、常德芷园宾馆、市食品安全管理办公室和市食品药品监督局工作。

熊剑平，1962年4月出生。1991年3月至1993年4月，任市房管局房管科副科长。1993年5月至1995年9月，任常德市华达建设开发公司总经理。1995年10月至1997年9月，任常德市房管局局长。1997年10月至1999年6月，任常德市建工委委员。1999年9月至2002年2月，任常德市柳叶湖旅游度假区管委会主任。

梁朝坤，男，1944年2月出生。中共党员，汉族，湖南汉寿人。1968年12月参加工作，1973年加入中国共产党，大学学历。1968年12月至1991年3月在常德工程公司工作，历任常德工程公司副经理、经理。1991年3月任常德市房地产管理局（副县级）首任局长，1993年7月调任常德市建设局工会主席，2004年退休。

三、主要职责和内设机构

常德市房地产管理局主要职责是：

（一）贯彻执行国家、省有关房地产业政策和法律法规，拟订本市房地产管理办法措施和房地产业与城市住宅建设发展规划，并组织实施。

（二）承担规范全市房地产市场秩序和监督管理房地产市场责任。负责全市房地产开发经营管理；负责房地产开发企业资质审批和报批；负责房地产开发项目审核工作；负责房地产开发项目资本金管理；负责商品房（预）销售管理；参与城镇土地使用权出让、转让和开发利用工作；负责全市房屋价格信息采集和公布工作。

（三）承担全市房屋产权产籍管理责任。指导全市房屋产权登记发证工作；负责城区国有直管公房管理；负责市城区（含西湖和西洞庭管理区）房屋产权登记、房地产交易管理、房产档案管理和房屋租赁管理。

（四）参与市城区旧城改造和棚户区改造；负责城区房屋拆迁管理、房屋安全鉴定、白蚁防治管理；负责房地产咨询、评估、经纪、测绘等中介服务市场管理，负责有关房屋中介服务机构资质审核和报批工作。

（五）承担指导市城区物业管理责任。

市房地产管理局设立7个内设机构：

（一）办公室：负责机关日常工作协调和督办；负责文电、会务、机要、档案等机关日常运转工作；负责政务公开、安全保密、综合治理、维护稳定工作；负责信息、综合调研、宣传报道、综合统计等工作；负责人大代表、政协委员提案办理工作；负责机关后勤服务管理、接待工作。

（二）人事科（监察室）：负责机关和直属单位机构编制、干部队伍建设、人事管理、劳动工资、教育培训等工作；负责党务、纪检、监察、群团工作；负责离退休人员管理服务工作。监察室与人事科合署办公。

（三）财务科：负责机关和直属单位财务会计、资产管理、基本建设和内部审计等工作。

（四）法制科：负责法律法规和政策宣传，提出组织实施意见；负责机关规范性文件合法性审核；负责来信来访；负责行政执法监督工作；负责行政复议、行政应诉、行政赔偿等工作；负责全市房地产系统行政执法培训工作。

（五）房地产市场监管科：参与拟定全市住宅建设与房地产综合开发中长期规划、年度计划；负责受理全市房地产开发企业资质申请、审核和呈报工作；负责对全市房地产开发企业年检年审日常监管；负责房地产开发项目审核工作；负责市城区核发商品房预售许可证和预售商品房行为监督管理工作；负责市城区房地产开发项目资本金管理和预（销）售资金监管；负责房屋价格信息采集和公布工作；负责房地产市场预警预报及信息管理；负责房地产开发管理统计分析工作。

（六）房改和中介市场管理科：根据国家、省关于推进城镇住房制度改革方针、政策，拟定全市住房制度改革方案并组织实施，负责指导县市区房改工作；负责国有直管公房管理，承办出售和拆迁国有直管公房产权补偿；负责房地产咨询、经纪、评估、测绘等中介市场管理，承办房地产估价师、房地产经纪人等专业技术人员资格报考、注册、继续教育及房地产评估机构资质年检和房地产经纪机构备案登记相关工作，指导和督促开展行业自律；负责指导房屋租赁管理。

（七）物业服务管理科：承办全市物业服务企业资质审核、报批工作；指导、监督全市物业服务招投标活动；组织新建小区配套验收等各项具体工作；监管物业服务企业，指导和规范物业服务行为；组织全市物业服务行业从业人员培训；规范物业服务和管理行为；负责物业管理方面的统计分析工作。

表 1.1.1.3.1　内设机构现任主职名录

姓　名	职　　务	姓　名	职　　务
黎爱平	办公室主任	陈　峥	财务科科长
傅　义	人事科科长、监察室主任	管传辉	法制科科长
彭德文	房改和中介市场管理科科长	朱东红	房地产市场监管科科长
袁剑滨	物业服务管理科科长		

表 1.1.1.3.2　内设机构现任副科级以上负责人名录

姓　名	职　　务	姓　名	职　　务
肖　丹	办公室副主任	郭力杨	人事科副科长
郑辰光	法制科副科长	黄德明	主任科员
宋艳琦	副主任科员	杨军辉	房地产市场监管科副科长、主任科员
彭际璇	行政许可办副主任	张晓龙	副主任科员
徐辉华	物业服务管理科副科长	张寿江	副主任科员
邹群强	主任科员		

四、机关党委和联合工会

市房地产管理局依据相关规定，成立直属机关党委和联合工会。

（一）中国共产党常德市房地产管理局直属机关委员会。2007 年 5 月 10 日，中国共产党常德市房地产管理局直属机关委员会第一次代表大会在市房管局召开。市直机关工委副书记戴奇林、委员易建设及市房管局 88 名党代表参加会议。大会由市房管局党组书记雷志钦主持，市房管局局长关建锋、市直机关工委副书记戴奇林、机关党委书记徐芳明发表讲话。市直机关工委委员易建设宣读市直工委同意成立市房管局直属机关党委批复。这次大会选举产生中国共产党常德市房地产管理局直属机关第一届委员会。按照《选举办法》，通过无记名投票、差额选举方式，大会选出中共常德市房管局直属机关第一届委员会：徐芳明当选为市房管局直属机关党委书记，宁慧当选为市房管局直属机关党委副书记，祁涛、李俊兵、孙友力当选为市房管局直属机关党委委员。

2007 年 5 月 10 日市房地产管理局直属机关党委第一次代表大会

（二）常德市房地产管理局联合工会。2007 年 4 月 13 日，常德市房地产管理局联合工会成立暨首届工会会员代表大会召开，市总工会调研员胡玲玲、市房管局全体领导班子及工会会员代表参加本次会议。这次大会选举产生联合工会第一届委员会。通过现场投票，许小春、朱东红、张维祥、陈峥、肖燕、汪三明、罗敬群、贺用祥、谭国、廖奇志、黎体纯 11 名同志当选为局联合工会第一届委员会委员。黎体纯当选为局联合工会第一届委员会主席、汪三明当选为联合工会副主席。张维祥、陈峥、廖奇志 3 名同志当选为局联合工会第一届经费审查委员会委员，陈峥同志任经费审查委员会主任。朱东红、肖燕、罗敬群 3 名同志当选为局联合工会第一届女工委员会委员，朱东红任女工委员会主任。

2007 年 4 月 13 日市房地产管理局联合工会成立

第二节　区县市房地产管理局

一、鼎城区房地产管理局

鼎城区房地产管理局前身为常德县房地产公司，1980 年成立。1992 年，撤销鼎城区房地产公司，成立鼎城区房地产管理局，为区政府直属副科级工作部门，负责国有直管公房管理、房地产开发、房产登记、房屋交易和白蚁防治等职能工作。刘少锋任局长。

1993 年，区房管局升格为正科级单位，朱易常任局长。1994 年，区政府整合房产登记、交易职能，成立区房地产市场管理产权监理所，属区房管局二级副科级机构，熊先道任所长。1995 年，代友舟任局长。为实施杨家牌坊整体改造，成立海达房地产综合开发有限责任公司。2001 年，贺用杰任局长。2009 年年底，杜孟任局长。2010 年，鼎城区启动棚户区改造民生工程，区房管局负责实施，2011 年年底，住房保障职能移交区住建局。

2012年12月，高用海任局长。

到2010年，区房管局内设股室增加到18个。2012年5月，成立国有土地上房屋征收与补偿办公室。至此，区房产局管理职能基本完善，具有房屋产权产籍、房屋交易、房产开发、白蚁防治、房屋租赁、房地产监察、房产测绘、小区物业管理、房屋维修资金监管、棚户区改造、征收与补偿各项职能。

表1.1.2.1.1　历任局级领导成员名录

1991—1992

姓名	职务	任职时间	姓名	职务	任职时间
刘少锋	局长、党组书记	1991.1—1992.12	代腊生	副局长	1991.1—1992.12
李云大	副局长	1991.1—1992.12			

1992—1995

姓名	职务	任职时间	姓名	职务	任职时间
朱易常	局长、党组书记	1992.12—1995.12	代腊生	副局长	1992.12—1994.6
唐建勋	副局长	1992.12—1995.12	王子先	副局长	1995.1—1995.12
郭　荣	副局长	1995.1—1995.12	巫远标	纪检组长	1992.12—1995.12
曾　彬	工会主席	1993.10—1997.12	熊先道	产权交易所长	1994.4—1995.3

1995—2001

姓名	职务	任职时间	姓名	职务	任职时间
代友舟	局长、党组副书记	1995.12—2001.5	贺用杰	书记、副局长	1997.3—2001.5
唐建勋	副局长	1996.1—1997.8	王子先	副局长	1996.1—2001.5
郭　荣	副局长	1996.1—1997.12	熊先道	副局长	1995.3—2001.5
高和平	副局长	1998.1—2001.5	曾　彬	副局长	1998.1—2001.5
巫远标	纪检组长	1996.1—2002.12	杨国华	工会主席	1998.1—1998.12
李国忠	工会主席	1999.1—2001.5	余德泉	监察委员	1995.11—2001.5

2001—2009

姓名	职务	任职时间	姓名	职务	任职时间
贺用杰	局　长	2001.6—2009.10	邱大舟	党组书记	2001.6—2003.3
王子先	副局长	2001.6—2003.4	高和平	副局长	2001.6—2009.10
熊先道	副局长	2001.6—2009.10	曾　彬	副局长	2001.6—2006.5
李国忠	副局长	2001.6—2009.12	万丽华	纪检组长	2002.12—2009.10
黄　俊	工会主席	2007.11—2009.10	余德泉	监察委员	2001.6—2003.4

2009—2012

姓名	职务	任职时间	姓名	职务	任职时间
杜　孟	局长、党组书记	2009.11—2012.11	高和平	2011.6—2012年主持工作	2009.11—2012.11
熊先道	副局长	2009.11—2012.11	万丽华	纪检组长	2009.11—2012.11
黄　俊	工会主席	2009.11—2012.11	宋崇喜	副科级干部	2009.11—2012.11

2012起—

姓名	职务	任职时间	姓名	职务	任职时间
高用海	党组书记、局长	2012.12起	杜　孟	副书记、副局长	2012.12起
万丽华	副局长	2012.12起	黄　俊	副局长	2012.12起
杨　明	副局长	2012.12起	贾仁斌	纪检组长	2012.12起
韩亚琦	工会主席	2012.12起	高和平	正科级干部	2012.12起
熊先道	正科级干部	2012.12起	宋崇喜	副科级干部	2012.12起

二、汉寿县房地产管理局

1950年3月成立汉寿县房产股，隶属县政府财政科。1958年10月，县房产股更名为汉寿县房地产管理委员会，属城关镇管理。1961年11月，县房地产管理委员会恢复为汉寿县房产股，属县财政局管理；1965年1月再次更名为汉寿县房地产管理委员会，属城关镇管理。1984年4月，县房地产管理委员会更名为汉寿县房地产公司，隶属县城乡建设保护局管理；1985年改属城关镇管理；1990年改属县建设委员会管理。

1996年5月，汉寿县房地产管理局由县房地产公司改组成立，为副科级事业单位。属县建设委员会管理。2002年3月，县政府房改办撤销，职能并入县房产局。2002年3月，在全县机构改革中，局机关通过竞争上岗产生班子成员7人、其他公务员13名。2003年

12 月，机构升为正科级，为具有行政职能正科级事业单位，属县政府办管理。2010 年归口汉寿县住房与城乡建设局管理。

2011 年，汉寿县房地产管理局内部增设县住房保障办公室，负责全县廉租住房、经济适用住房、公共租赁住房等保障性住房建设与筹集、分配与管理；负责全县住房保障资金使用与监管，实施廉租住房租赁补贴制度。2012 年，县房地产管理局内部增设县国有土地上房屋征收与补偿工作办公室，负责制定征收决定和征收补偿方案，组织房产评估、签订补偿协议及筹集、管理、使用房屋征收与补偿资金；组织实施重大建设项目、跨区建设项目及县本级建设项目的房屋征收补偿工作；负责全县房屋征收补偿资金进行管理；负责房屋安全鉴定。

截至 2013 年 12 月底，汉寿县房地产管理局共有干部职工 136 人，全额拨款编制 27 人，自收自支编制 73 人。其中在职干部 100 人，退休 36 人。

表 1.1.2.2.1　历任局长（科长、经理、主任）领导班子名录

1950—1992

姓名	职务	任职时间	姓名	职务	任职时间
杨正月	科长、主任	1950.3—1965.4	庄子权	主任	1965.4—1981.1
胡云华	主任	1981.2—1983.9	宋铁桥	经理	1983.10—1985.8
蔡　立	经理	1985.9—1991.1	金玉庭	经理	1991.2—1992.11

1992—1997

姓名	职务	任职时间	姓名	职务	任职时间
彭晓平	局长	1992.12—1997.1	刘树生	书记	1993.1—1994.5
夏海运	书记	1995.1—1995.11	黄维成	书记	1995.11—1997.5
林祝荣	副局长	1995.11—2000.10	彭婷兰	工会主席	1995.11—2000.3

1997—2003

姓名	职务	任职时间	姓名	职务	任职时间
游顺民	局长	1997.2—2003.2	苏新初	书记	1999.6—2001.6
黄文明	书记	2002.2—2007.12	杨成仁	纪检组长	2000.4—2007.12
刘果丹	副局长	2002.2—2007.12	林祝荣	副局长	1995.11—2000.10
彭婷兰	工会主席	1995.11—2000.3	周新宏	副局长	1999.3 至今
刘　忠	工会主席	2001.3—2002.3			

2003—2007

姓名	职务	任职时间	姓名	职务	任职时间
李小波	局长	2003.3—2007.12	黄文明	书记	2001.10—2007.12
杨成仁	纪检组长	2001.4—2007.12	刘果丹	副局长	2002.2—2007.12
周新宏	副局长	1999.3 至今	刘　忠	副局长	2002.3—2007.11
肖立新	副局长	2006.03 至今	何　洪	工会主席	2006.03—2007.12
彭小军	工会主席	2007.12 至今			

2007 至今

姓名	职务	任职时间	姓名	职务	任职时间
易建桦	局长	2007.12 至今	刘忠	书记、副局长	2007.11 至今
周新宏	副局长	1999.3 至今	肖立新	副局长	2006.03 至今
何　洪	副局长	2007.12 至今	刘国稳	纪检组长	2006.03 至今
彭小军	工会主席	2007.12 至今			

三、桃源县房地产管理局

1965 年，桃源县房地产管理委员会成立，属县财政局管理。1981 年，成立县房地产公司，属县城乡建设环境保护局管理。县房地产公司下设漳江镇、陬市镇两个房地产管理所。1985 年，房地产公司内部改革，组建房屋修缮公司和综合贸易公司（企业性质），人员从房地产公司分流。两家新组建公司为独立法人，实行经济独立核算。

1993 年，县房地产公司升格为副科级单位，加挂桃源县房地产管理局牌子，行使全县房地产行业管理职能。1996 年，县房地产公司（县房地产管理局）内设办公室、计划财务股、产权产籍管理股、房地产交易管理股、房地产价值价格评估、抵押管理股、拆迁开发管理股和法制股等二级机构。同年 11 月，经常德市中级人民法院批准，设立桃源县人民法院房地产法庭，负责审理涉及房地产纠纷案件。

1996 年，县房地产管理局升格为正科级事业局，全面行使全县房地产行业管理职能。设置办公室、人事股、法制股、房政管理股、房改政策指导股、房屋开发拆迁管理股 6 个二层机构，以及房地产交易所、测量事务所、白蚁防治所、漳江房管所、陬市房管所和漳江农贸市场管理所 6 家直属单位。

2002 年，县房地产管理局取消房地产公司牌子，成为县政府工作局。2006 年 4 月，成立县房地产管理局机关党委。2008 年 1 月，县房管局机关党委改设为中共桃源县房地产管理局委员会。

2008 年 8 月，县房管局成立房地产执法监察大队、白蚁防治所、桃花源房地产管理站等下属机构，分别核定编制 10 名、5 名、6 名；原漳江房地产管理所、陬市房地产管理所编制由原 10 名、11 名增加至 28 名、25 名。同时，调整内设机构：撤销房改政策指导股，设立住房保障股，增设计划财务股。调整后内设机构为 7 个，即办公室、政工人事股、计划财务股、房政管理股、住房保障股、开发和物业管理股、法制股。

桃源县房地产管理局是具有行政管理职能正科级事业单位，负责全县住宅和房地产业行政管理及国有直管公房管理工作，归口县住建局管理。内设办公室、政工人事股、计划财务股、法制股、房政管理股、开发物业管理股、房屋安全鉴定办公室（维修资金管理中心）7 个股室，下设房地产执法监察大队、白蚁防治所、房地产测量事务所，租赁管理所、漳江管理所、陬市管理所、桃花源房地产管理站、漆河管理站、三阳管理站 9 个局属二级事业单位。归口管理桃源县国有土地上房屋征收与补偿工作办公室 1 个局属副科级单位。全局干部职工 132 人，其中在职干部职工 89 人、退休职工 43 人。

表 1.1.2.3.1　桃源县房地产管理局历届班子成员

1993—2001

姓名	职务	任职时间
姚金伯	局长	1993.8—2001.11（1997.1 正局级，副支部书记）
李昌祥	副局长	1993.8—1996.5（1995.6 正局级）
张跃民	副局长	1993.8—2001.9
王宝元	副局长	1993.8—1999.12
李建席	副局长	1995.1—1995.12
姚艮杰	房地产公司经理，支书	1993.8—1997.1
文晓春	副局长，支部书记	1995.11—2006.3（2002.3 免支部书记）
黄泽晓	副局长，工会主席	1997.1—2002.4
熊志斌	副局长	2008.1 至今
王巧仙	监察室主任	1997.4—2001.2
袁晓安	副局长	1998.12—2001.2
赖建平	副局长	1995.5—2013.1
郑春珍	监察室主任	2001.1—2002.3

2001—2005

姓名	职务	任职时间
赵家发	局长，支部副书记	2001.11—2005.1（2002.3 任局长，支部书记）
文晓春	副局长，支部书记	1995.11—2006.3（2002.3 免支部书记）
吴建斌	副局长，支部副书记	2001.12—2006.1
熊志斌	副局长	2008.1 至今
黄泽晓	副局长，工会主席	1997.1—2002.4
赖建平	副局长	1995.5—2013.1（2002.5—2013.1 兼工会主席）
郑春珍	监察室主任	2001.1—2002.3
苏清顺	纪检员，监察室主任	2002.5—2006.1
王治福	副局长	2003.1—2008.1

2005—2009

姓名	职务	任职时间
谭明华	局长，总支部书记	2005.1—2009.1（2008.1 局党委书记）
吴建斌	副局长，支部副书记	2001.12—2006.1
熊志斌	副局长	2008.1 至今（2008.1 党委副书记）
文晓春	副局长	1995.11—2006.3
王治福	副局长	2003.1—2008.1
赖建平	副局长	1995.5—2013.1（2002.5—2013.1 兼工会主席）
苏清顺	纪检员，监察室主任	2002.5—2006.1
曾　程	副局长	2006.1—2011.3
徐兆春	副局长	2006.1—2011.3
杜启国	监察室主任	2006.5—2012.8（2008.1 纪委书记，2012.8 去世）
姚文龙	副局长	2007.10 至今
刘花春	总工程师	2008.1 至今（2013.1 副局长）

2009—

姓名	职务	任职时间
龙国宝	局长，党委书记	2009.1 至今
熊志斌	副局长，党委副书记	2008.1 至今（2008.1 党委副书记）
曾　程	副局长	2006.1—2011.3
姚文龙	副局长	2007.10 至今
徐兆春	副局长	2006.1—2011.3
赖建平	副局长	1995.5—2013.1（2002.5—2013.1 兼工会主席）
杜启国	纪委书记	2006.5—2012.8（2008.1 纪委书记，2012.8 去世）
刘花春	总工程师	2008.1 至今（2013.1 副局长）
刘立平	副局长	2011.3 至今
钟飞虎	副局长	2011.8 至今
张建平	纪委书记	2013.1 至今
方文兵	工会主席	2013.1 至今

四、临澧县房地产管理局

1979 年 10 月，临澧县房地产公司成立，隶属县基本建设局管理。内设办公室、财务室，下设城关、合口、新安镇 3 个房地产管理站，在编人员 28 人。1986 年 11 月定为全民事业单位，内设办公室、财计股、维修股，增设城镇房屋交易所。1987 年，归口县建设委员会管理，内设机构置综合股、维修安全股、财务室、房屋登记发证办公室。

1992 年 12 月，县房地产公司更名为临澧县房地产管理处，为副科级事业单位，内设综合股、计财股、房地产管理股（兼城关所职能）、基建工程股。下设产权所、交易所、合口所、新安所，全处员工 53 名。1997 年，增设乡镇房地产管理所。挂牌组建临澧县城镇住房制度改革领导小组办公室。

1998 年 4 月，县房地产管理处更名为临澧县房地产管理局，副科级事业单位，属县建设局管理，内设综合股、财务股、房地股、房政监察队。2000 年，内设机构变更为综合股、财务股、维修股，全局干部职工分三年轮岗，休岗人员发 70% 档案工资，中层骨干实行无记名“海选”。2002 年 7 月机构改革，局内设综合股、房屋管理处（加挂租赁办公室）、房屋产权产籍管理股、法制股（加挂县房政监察大队）、房屋拆迁管理办公室（加挂房屋安全鉴定办公室）、房改政策指导股（加挂房地产开发管理办公室）。全局 118 名职工，按县委规定提前离岗休息 21 人。2006 年，内设机构调整为办公室、财务股、房管股、拆迁办。同年挂牌组建临澧县住房保障办公室。

2007 年 4 月，县房地产管理局升为正科级事业局，属县住建局管理。内设机构为办公室（加挂政工股牌子）、法制股（加挂房政管理股牌子）、财务股、开发和物业管理股（加挂房屋拆迁管理股）。同年 7 月，局党支部改设党组，配置专职党组书记和专职副科级纪检书记、工会主席职位，下设机关党支部和老干党支部。2008 年，合口、新安、乡镇房地产管理所改建中心所。全局员工 94 人，在职 84 人。2011 年 3 月，房管局由党组书记兼任副局长主持全局工作。

表 1.1.2.4.1　临澧县房地产管理局领导班子任职名录

<table>
<tr><th>机构名称</th><th>届　别</th><th>任职人</th><th>职　　务</th><th>任职时间</th></tr>
<tr><td rowspan="10">县房地产公司
（1979. 10—1992. 12）</td><td>1979—1980</td><td>江维州</td><td>经理、党支部书记</td><td>1979. 10—1980. 1</td></tr>
<tr><td>1980—1981</td><td>祁战文</td><td>经理、党支部书记</td><td>1980. 1—1981. 12</td></tr>
<tr><td rowspan="2">1982—1983</td><td>肖世立</td><td>经理</td><td>1982. 1—1983. 12</td></tr>
<tr><td>黄荣昌</td><td>党支部书记</td><td>1982. 1—1983. 12</td></tr>
<tr><td rowspan="2">1984—1985</td><td>蒋祖元</td><td>经理</td><td>1984. 1—1985. 1</td></tr>
<tr><td>田宗荣</td><td>党支部书记</td><td>1984. 1—1985. 1</td></tr>
<tr><td rowspan="4">1985. 1—1992. 12</td><td>牟树林</td><td>经理、党支部书记</td><td>1985. 1—1992. 12</td></tr>
<tr><td>张显立</td><td>党支部书记、副经理</td><td>1987. 4—1992. 12</td></tr>
<tr><td>王仕才</td><td>工会主席</td><td>1984—1990</td></tr>
<tr><td>刘朝贵</td><td>工会主席</td><td>1991—1992</td></tr>
<tr><td rowspan="7">县房地产管理处
（1992. 12—1998. 4）</td><td rowspan="4">1993. 1—1997. 10</td><td>牟树林</td><td>主任、党支部书记</td><td>1993. 1—1979. 10</td></tr>
<tr><td>胡忠春</td><td>党支部书记，副主任</td><td>1995. 3—1997. 10</td></tr>
<tr><td>尹远发</td><td>工会主席</td><td>1993—1994</td></tr>
<tr><td>谢国安</td><td>工会主席</td><td>1995—1997</td></tr>
<tr><td rowspan="3">1997. 10—1998. 4</td><td>胡忠春</td><td>主任、党支部书记</td><td>1997. 10—1998. 4</td></tr>
<tr><td>吴贵云</td><td>副主任</td><td>1997. 10—1984. 4</td></tr>
<tr><td>谢国安</td><td>工会主席</td><td>1997. 10—1998. 4</td></tr>
</table>

续表

机构名称	届　别	任职人	职　　务	任职时间
县房地产管理局（1998.4—）	1998.4—2001.12	胡忠春	局长	1998.4—2001.12
		吴贵云	党支部书记、副局长	1998.4—2001.12
		谢国安	工会主席	1998.4—2001.12
县房地产管理局（1998.4—）	2001.12—2007.2	吴贵云	局长	2001.12—2007.2
		沈明忠	党支部书记、副局长	2001.12—2007.2
		谢国安	工会主席	2001.12—2002.12
		胡举章	工会主席	2003.1—2007.2
	2007.3—2011.2	涂运华	局长、党组书记	2007.3—2011.2
		沈明忠	副局长、党组副书记	2007.3—2009.2
		叶子卿	副局长	2009.12—2011.2
		刘永胜	副局长	2007.4—2011.2
		黄晓明	纪检组长	2007.7—2011.2
		陈福香	工会主席	2007.3—2010.12
	2011.2—	蒋　鸣	局长	2011.2—
		涂运华	党组书记、副局长	2011.2—2012.11
		张平安	党组书记、副局长	2012.11—
		刘永胜	副局长	2011.2—
		叶子卿	副局长	2011.2—
		陈福香	副局长	2011.2—
		黄晓明	纪检组长	2011.3—
		李　锐	工会主席	2011.1—

五、石门县房地产管理局

1968 年，石门县房地产管理委员会成立；1974 年更名为石门县房地产管理处；1980 年，再次更名为石门县房地产公司。1994 年 1 月，成立石门县房地产管理局，2002 年 5 月，将房改职能并入，2011 年 6 月机构改革中，明确为县住房和城乡建设局管理的具有行政职能正科级事业单位。

2011 年 6 月，县政府“三定”方案确定房管局内设机构为办公室、人教股、法规股（房改和中介市场管理股）、开发管理股（房屋安全鉴定管理办公室）、物业服务股、产权产籍管理股、棚户区改造办公室（旧城改造办公室）。

其他机构为：住房保障管理办公室（为县住房和城乡建设局授权县房地产管理局管理的具有行政职能的副科级事业单位）、房地产执法监察大队、国有土地上房屋征收补偿管理办公室、公房管理所、房屋租赁所、房屋测绘管理办公室、房地产档案馆、白蚁防治所。另设独立股室：计财股、交易中心、信息中心。

表 1.1.2.5.1　1968—1980 年负责人名录

时间	机构名称	负责人
1968 年至 1974 年	石门县房地产管理委员会	龙申金
1974 年至 1980 年	石门县房地产管理处	魏福兰、周吾元、向多述

表 1.1.2.5.2　1980—1993 年负责人名录

经理	书记	副经理或副书记
周训成	庹桂庭	陈以焕
邱正义	庹桂庭	周志修、杨日初
项圣柏	项圣柏	周志修、庹桂庭、魏大万
罗世明	项圣柏	周志修、庹桂庭、魏大万
覃事敬	覃事敬	周志修、熊继康、覃事重、詹万铭
周泽普	黄太阶	罗世明、覃事重、詹万铭、魏大万

表 1.1.2.5.3　1994—2012 年负责人名录

时　间	姓　名	党内职务	行政职务
1994. 2—1995. 2	周泽普	党组书记	局长
1995. 2—1998. 1	周泽普	党组副书记	局 长
1995. 2—1998. 1	谷珍初	党组书记	
1994. 1—1995. 5	黄太阶		副局长
1994. 1—1996. 12	盛　健		副局长

续表

时　间	姓　名	党内职务	行政职务
1995. 1—1999. 12	王圣闯		副局长
1994. 2—1995. 1	罗世明		纪检组长
1994. 2—1995. 1	魏大万		工会主席
1995. 2—1999. 1	罗世明		工会主席
1995. 2—1999. 1	易长海		纪检组长
1998. 2—2002. 3	易先清	党组副书记	局长
1998. 2—2002. 3	孟庆德	党组书记	
2002. 4—2007. 11	易先清	党组书记	局长
2002. 4—2003. 1	孟庆德	党组副书记	副局长
1999. 2—2007. 2	王　杰		副局长
1999. 2—2007. 2	涂平和		副局长
2000. 1—2002. 10	熊召友		副局长
1999. 2—2003. 1	胡清宏	纪检组长	工会主席
2003. 2—2011. 2	王文平		工会主席
2004. 2—2007. 2	陈贵升		副局长
2004. 2—	杨　俊		纪检组长
2007. 12—	匡照国	党组书记	局长
2007. 2—	覃业亚		副局长
2008. 1—	杨生贵		副局长
2011. 3—	覃业盛	党组副书记	副局长
2007. 1—	覃正辉		副局长
2011. 3—	王文平		副局长
2011. 3—	宋化明		工会主席
2012. 1—	朱贵生		

六、澧县房地产管理局

1963 年，澧县城关、大堰垱、新洲、渡口、王家厂、梦溪等集镇先后成立公房管理委员会或公房管理小组，负责执行国家关于城镇房地产管理政策和法令，改造城镇旧房和建造居民住宅，调剂安排城镇公房以及私房建造管理。

1963 年 12 月，城关镇房地产建设委员会成立；1969 年 12 月更名为澧县房地产管理处，归口县建设局领导，属全民事业单位。至 1989 年，县房地产管理处有固定职工 81 人，其中干部 19 人。1991 年 3 月，县房地产管理处升格为副科级机构，主管全县房地产管理工作。下辖城市房地产综合开发公司、物业管理公司、当市房地产管理所、王家厂房地产管理所、梦溪房地产管理所等 4 个独立核算二级机构和 5 个派出机构。1991 年至 1996 年，全县房地产管理机构逐步健全，房地产管理工作步人法制化、规范化轨道。

1998 年 4 月，澧县房地产管理局成立，为正科级事业单位。下辖住宅开发所、物业公司、白蚁防治所、房地产交易市场管理所、国有公房管理所、房地产价格评估公司、大堰垱房管所、王家厂房管所、梦溪房管所、乔家河房管所、小渡口房管所、甘溪房管所。2011 年，县房管局有二层单位 26 个，其中内设机构 11 个、独立二级机构 15 个。分别为办公室、政工股、计财股、法规股、安鉴办、住保办、办证大厅、档案室、产权股、交易所、测量所、公房管理所、租赁管理所、乡镇管理所、白蚁防治所、物业管理办、执法监察大队、拆迁公司、物业公司、古城开发公司，以及王家厂、梦溪、大堰垱、甘溪、小渡口、乔家河、码头铺房管所。全局共有干部职工 324 人，其中在职 255 人、退休 69 人。基层党组织 7 个，党员 153 名。

表 1.1.2.6.1　澧县房地产管理局（处）历任负责人名录

1969 年至 1994 年（选辑）

姓　名	职　务	姓　名	职　务
曹新民	支部书记	蔡志铭	主任、支部副书记
龚道平	支部书记	华铭达	支部副书记
罗远金	副主任、支部委员、主任、支部书记	张志民	支部书记
张志民	支部委员	李其贵	副主任、支部委员
谢圣文	主任、支部委员	唐传清	支部副书记
朱崇政	副主任、支部副书记	王本松	支部副书记

1995 年至 2001 年（选辑）

姓　名	职　务	姓　名	职　务
段兆明	主任	段　勇	书记
朱崇政	副主任	陆先春	副主任
陶志华	副主任	毛绍业	主任科员
刘　勇	副主任科员		

2001 年至 2004 年（选辑）

姓　名	职　务	姓　名	职　务
伍良志	局长、党组副书记	段　勇	党组书记
钟吉元	副局长	刘　勇	副局长
王绍先	副局长	陶志华	副书记、工会主席
刘厚南	纪检组长	杨宏财	
李祖秀			

2004 年至 2009 年（选辑）

姓　名	职　务	姓　名	职　务
郑承伦	局长、书记	王国平	副局长、副书记
刘　勇	副局长	王绍先	副局长
陶志华	副书记、工会主席	易　平	纪检组长
杨宏财		李祖秀	

2010 年—

姓　名	职　务	姓　名	职　务
毛文军	局长、党组书记	胡圣海	副局长、党组副书记
王绍先	副局长	郭绍荣	副局长
沈　察	纪检组长（派驻）	周泽艳	工会主席
孙昌梅	党组成员	胡四清	住保办主任
李元清	征拆办主任	龚德安	工会副主席

七、安乡县房地产管理局

1974年安乡县城关镇房产管理所成立，属县财税局管理，工作人员6人。1978年成立县房地产公司，属事业单位，下设政工组、房管组、工程组、后勤组，有工作人员14人，隶属县基本建设局。主要履行县政府房地产管理职能，协助搞好代管房屋返还房主工作。其间，县房地产公司先后成立维修队、预制件厂等二层事业单位。1983年成立县城乡建设环境保护局，1986年撤销，置县建设委员会。至1990年，房地产建设管理一直由建设部门管理。

1990年，县房地产公司加挂县房地产管理局（简称县房管局）牌子。1993年4月县级机构改革中，县房地产公司更名为县房地产总公司，为县政府直属正科级事业单位，行使国家房地产管理法规、法令和政策职能，负责房地产行政管理和行业管理。内设办公室、财计股、房政股、危房鉴定办公室、拆迁办公室、政工股，辖房地产经营管理所、房地产交易所、住宅建筑工程公司、房地产综合开发公司、预制件厂、建材供销公司等6个二层独立核算单位。共有干部职工174人，其中技术人员42人。1995年设大鲸港办事处、乡镇房地产管理所，管理和经营范围扩大。1997年设房地产稽查中队、物业管理与白蚁防治站。同年，县房地产总公司加挂房地产管理局牌子，为县政府直属正科级事业单位。其后，县房地产评估事务所、县住房资金管理中心、县安居工程开发建设办公室相继成立，形成“房管、房政、资金管理、安居建设”四位一体房地产管理模式。

2003年12月，县房管局设立房地产稽查大队、国有直管公房经营管理所、产权产籍服务中心、白蚁防治所、乡镇房地产管理所等5个二层事业单位，核定事业编制85名。2010年7月，县房管局调整为县住建局管理的正科级事业单位。2011年8月，设立县国有土地上房屋征收与补偿工作办公室（加挂县房屋安全鉴定办公室牌子），为县房管局所属副科级事业单位，核定编制10名。2013年2月，设立县住房保障办公室，为房管局管理的副科级事业单位、核定编制12名。2013年，县房管局内设办公室、财务股、政工股、房政管理法制股、中心审批股、物业管理股、开发房改办、计生办等8个职能机构，辖国有直管公房经营管理所、白蚁防治所、产权产籍服务中心、稽查大队、乡镇房地产管理所、档案馆等6个股级二层单位和国有土地上房屋征收与补偿办公室、县住房保障办公室等2个副科级单位。共有干部职工200人，其中在编149人、退休51人。

表 1.1.2.7.1　安乡县房地产管理局主要领导人更迭表

职　务	姓　名	任职时间	姓　名	任职时间
局　长	毛卫华	1997.10—2000.02	杨明东	2000.02—2003.01
	徐兆湘	2003.01—2014.03	昌美初	2014.03—
副局长	张庭禄	1997.09—2010.05	何志奇	1997.09—
	李新银	1999.03—2002.01	邓国祥	2001.02—
	万力清	2002.04—2003.02	邹明清	2003.04—2007.04
	黎　青	2005.02—	刘卫华	2008.09—
	刘隽祺	2010.03—		
党总支书　记	毛卫华	1997.10—2000.02	杨明东	2000.03—2003.01
	张庭禄	2003.02—2010.01	刘隽祺	2010.03—
纪检组长	宋秋莲	1997.11—2001.12	黎　青	2003.01—
工会主席	朱建新	1996.02—2000.01	邓国祥	2000.01—2001.02
	邹明清	2001.02—2003.01	刘春艳	2005.01—

八、津市市房地产管理局

1953 年，津市市财政科内设公产管理处，管理全市直管公房，签订租赁合同，收缴租金，修缮房屋，并设房产交易所，确认房屋产权，开放房屋交易。次年，市政府成立津市市房地产交易所，对全市所接管、没收、改造、新建各类房屋及城市土地进行统一管理。

1957 年 9 月，津市市公产管理处成立，隶属市建设委员会。1958 年 10 月，成立津市市房地产管理处。1965 年成立津市市街道维护队，隶属市房地产管理处。是时，房地产管理处内设修缮股、维修股、财务股、办公室，下辖水泥加工厂、5 个维护队、5 个收租组。1973 年，市街道维护队更名市城市建设管理处，移交市基建局管理。1977 年，市房地产管理处设一所、二所、三所，分别管理 3 个街道办事处范围的直管公房的租金收缴和房屋修缮，新建砖厂。

1985 年 12 月，津市市房地产管理处升格为副局级事业机构。次年 11 月，恢复为股级单位，事业性质、企业管理，定编 199 名。1988 年 6 月，津市市房地产管理处再度升为副科级事业机构，新设房地产综合开发公司、房地产经营公司、产权产籍股。次年，增设房地产交易管理所。1992 年 6 月，津市市房地产管理处更名为津市市房地产管理局，定为副科级事业机构。2000 年事业单位改革，组建二级民营股份制公司 6 家。

2001 年，市房地产管理局升格为市政府直属正科级事业机构，城市房地产开发经营管理职能从建设局划入，市职工住房公积金管理中心、市房改办并入市房地产管理局。2002年，6家二级民营股份制公司改组为3家二级事业机构。2003年，成立白蚁所防治中心、租赁管理中心、房地产仲裁工作站，住房公积金管理中心析出。2011年市机构改革中，市房地产管理局归口市住建局管理。市政府成立城市棚户区改造工作领导小组，下设办公室。2012年，成立津市市国有土地上房屋征收管理办公室，为房管局内设事业机构。至2014年，市房地产管理局内设办公室、财务股、产权产籍股、房政监察股、公房股、开发物业股、住保办、征收办，下辖房地产经营公司、房地产交易所、房地产评估公司、白蚁防治所。

表1.1.2.8.1　津市市房地产管理局（处）历任领导名录

姓　名	职　务	任职时间	姓　名	职　务	任职时间
张茂文	股长	1950—1957.5	张隆国	副主任	1960.11—1963.12
王登清	副主任	1962.11—1971	李生道	副主任	1966.2—1974.12
左宗龙	副主任	1966.12—1969.11	唐安炎	主任	1968.4—1969.10
陈恩波	主任	1969.10—1974.12	王仁贵	副主任	1976.9—1978.8
刘后彪	副主任	1979.2—1981.12	何梦先	副主任	1979.2—1981.6
彭自立	副主任	1980.1—1984.7	朱恂敏	副主任	1980.11—1984.7
夏连生	主任	1981.6—1984.7	朱恂敏	主任	1984.8—1987.3
周冰清	副主任	1984.8—1987.3	陈志平	副主任	1984.8—1987.3
任若浩	副主任	1985.7—1987.4	夏连生	副主任	1986.8—1987.4
童新民	副主任	1987.4—1992.7	吴传喜	主任	1988.4—1989.3
姚育松	主任	1989.3—1992.7	黄继春	副主任	1989.4—1992.7
曾双武	局长	1992.7—1994.12	夏连生	副局长	1992.7—1994
熊津兰	副局长	1992.7—1994	龚光涛	局长	1994.12—2000.12
沈立杰	副局长	1994.12—1998	丁立泉	副局长	1994.12至今
胡振兴	副局长	1995—1998	谢圣林	副局长	1998—2000
李振爱	副局长	1998—2003	唐　浩	局长	2001—2006
葛　钧	副局长	2001至今	王作元	副局长	2004—2006
陈克元	局长	2006—2012	胡振基	副局长	2007至今
杜方林	副局长	2007—2008	谢述明	总经济师	2007至今
王明维	副局长	2010至今	吴正清	局长、书记	2012至今

表 1.1.2.8.2　津市市房管局（处）党组织负责人名录

姓　名	职　务	任职时间	姓　名	职　务	任职时间
张隆国	代书记	1961.11—1965.1	唐安炎	书　记	1965.1—1970.11
陈恩波	书　记	1970.11—1979.8	何梦先	副书记	1975.1—1979.8
刘后彪	副书记	1975.1—1979.8	雷国法	副书记	1979.8—1980.5
彭自立	副书记	1980.5—1981.6	雷国法	书　记	1980.5—1981.6
朱恂敏	副书记	1980.11 至今	彭自立	书　记	1981.6—1984.6
夏连生	副书记	1981.6—1981.12	刘后彪	副书记	1981.12 至今
吴传喜	书　记	1984.7—1990	李文艺	副书记	1984.7—1990
夏连生	副书记	1987.3—1992.7	黄继春	副书记	1988.4—1992.7
姚育松	书　记	1990—1992.7	曹永庆	副书记	1992.7 至今
熊津兰	书　记	1992.7—1994.11	曾双武	书　记	1994.12—1995.6
龚光涛	副书记	1994.12—1995.6	沈立杰	纪检组长	1995.1—1998
龚光涛	书　记	1995.6—1995.10	胡振兴	书　记	1995.10 至今
朱传基	书　记	1998—2000	郑元基	纪检组长	1998—2006
陈贵华	副书记	1998—2000	陈贵华	书　记	2001—2002
王作元	副书记	2004—2009	葛　钧	书　记	2002—2004
唐　浩	书　记	2004—2006	胡振基	副书记	2007 至今
葛　钧	副书记	2004 至今	陈克元	书　记	2007—2012
吴正清	书　记	2012 至今	傅关杰	纪检组长	2010 至今
袁　彪	副书记	2007 至今			

九、西湖管理区房地产管理局

1992 年 6 月，西湖农场房地产开发公司成立，加挂国营西湖农场住房领导小组办公室牌子。2000 年 1 月，西湖农场房地产公司更名为西湖管理区房地产管理科。2003 年区机关、事业单位施行机构改革时，正式登记为西湖管理区房地产管理局，加挂西湖管理区白蚁防治所、西湖管理区房屋租赁管理办公室、西湖管理区房屋鉴定办公室、西湖管理区拆迁管理办公室、西湖管理区房地产交易服务中心、西湖管理区住房保障领导小组办公室、西湖管理区棚户区改造工作领导小组办公室等机构牌子，实行多个机构一套班子合署办公。至 2010 年，此种机构设置一直保持不变。

房地产管理局为正科级事业单位，下设综合管理办公室、产权产籍管理股、行政执法管理股，共有干部职工 12 人。

表 1.1.2.9.1　西湖管理区房地产管理局历届领导班子成员名录

机构名称	姓　名	职　务	任职起止时间
西湖农场房产公司	刘承芳	经理	1992.3—1997.12
	刘秉仪	副经理	1992.3—1995.3
	张先云	副经理	1993.1—1993.12
	曾长生	副经理	1994.1—1997.12
	夏集云	副经理	1998.1—1999.12
西湖管理区房地产开发公司 西湖管理区房地产管理科	张人忠	科长、经理	2000.1—2003.4
	夏集云	副科长、副经理	2000.1—2003.4
	戴志华	副经理、副科长	2001.3—2003.4
西湖管理区房地产管理局	张人忠	局　长	2003.4 至今
	戴志华	副局长	2003.4 至今
	周育平	副局长	2007.1 至今

十、西洞庭管理区房地产管理局

2006 年，西洞庭管理区房地产管理局成立，属副科级单位，是全区房地产业务主管部门，隶属西洞庭管理区城管规划建设局管理。

区房地产管理局成立较晚，建局初期业务单一。随着管理区房地产市场逐步拓展，相关业务逐步增加，管理区不断拓展房地产行政管理范围，逐步完善管理职能，具有房屋产权产籍管理、房产交易管理、房产开发管理、保障性住房建设管理等职能。内设房产管理办公室、住房保障办公室、档案室 3 个机构。

2006 年建局之初，在编在职人员 3 人，分别为局长蔡胜利，科员钟丽梅、宋丽华。2007 年新增 2 名科员张友华、李晓烽，在职人员共 5 人。2009 年新增一名外聘人员甄志平，12 月份李晓烽任局长，蔡胜利退线。2010 年新增 1 名外聘人员刘旭晨，在职人员共 6 人。2012 年 6 月龚明波任局长，李晓烽调离。

表 1.1.2.10.1　历任局长名录

任职时间	姓　名	职　务
2006.3—2009.12	蔡胜利	局长
2009.12—2012.6	李晓烽	局长
2012.6— 至今	龚明波	局长

第二章　直属机构与协会组织

第一节　市局直属机构

一、常德市房地产产权管理处

常德市房地产产权管理处（加挂常德市房产交易市场管理处，含常德市房地产交易中心）为具有行政管理职能事业单位，隶属常德市房地产管理局。主要职责是：

（一）负责市城区房屋产权产籍管理，建立房屋登记簿，颁发房屋权属证书；建立健全公私房产档案；

（二）负责市城区房产交易管理，参与涉及房屋产权土地市场管理；

（三）负责市城区房产测绘管理及房地产地理信息系统管理；

（四）负责协征契税、营业税等税项；

（五）负责对各区、县（市）房屋产权产籍、房产交易、房产测绘等管理工作进行业务指导。

新中国成立之初，常德市人民政府即着手房屋产权和房屋交易管理。1951 年 1 月，市财政局房地股在城区颁发常德第一批土地房屋所有权证。同年 8 月，成立常德市房地产交易所，隶属市财政科领导。

1987 年 5 月，市房地产管理公司下设常德市房屋产权监理站。1989 年 4 月，析出房地产管理公司房地产产权管理和房屋交易管理职能，成立常德市房地产产权产籍监理站和常德市房屋交易所。1994 年 1 月，市房地产产权监理站和市房产交易管理所分别更名为常德市房地产产权管理处和常德市房产交易市场管理处。同年 8 月，市产权处成立常德市房地产测绘队。1995 年 5 月成立常德市房地产评估事务所。

1998 年 10 月，市房地产产权管理处与房产交易市场管理处合并组建常德市房地产产权管理处，为市房管局直属事业单位。2002 年 7 月，市房地产交易中心、市房地产业协会与中房常德分公司等五家开发公司共同参股成立常德万通房地产中介服务公司。同年 8 月，市政府政务中心成立，市产权处产权登记科、审批二科进驻中心。2004 年 1 月，市房地产测绘队改组为常德市万泰房地产测绘有限公司。2005 年 10 月，房地产交易中心整体进入市政务中心办公。

市产权管理处现有干部职工 99 人，其中：中共党员 31 人；具有大专以上学历 82 人，占干部职工总人数 83%，中专（高中）学历 17 人，占干部职工总人数 17%；具有各类专业技术职称人员 42 人，占干部职工总人数 42%。市产权管理处内设综合科、人教科（加挂工会办）、法制科、审批科、权属登记科、测绘管理科、信息中心、档案馆共8个二层机构。

综合科：负责各项会议记录，贯彻落实形成决议、决定和上级文件精神；起草、上报各类公文。负责编制年度工作计划，做好综合统计报表，草拟工作总结、工作汇报材料以及其他综合材料。负责财务工作，拟定年度财务预算。负责内部行政管理及安全、保卫、车辆、后勤等内部服务工作。

人教科（加挂工会办）：负责机构编制、干部队伍建设、人事管理、劳动工资、教育培训及聘用人员管理等项工作。负责党务、纪检、监察工作。负责工会及机关文化建设工作。负责单位食堂管理，保障干部职工用餐质量。

法制科：负责房地产房产登记方面法律法规及各项政策调研、宣传、贯彻和受理咨询。负责受理涉及产权登记相关司法部门协助事项。负责受理房屋更正登记、异议登记。负责与司法机关、局法制科及相关科室协调工作。协助房管局处理涉及房屋权属登记行政复议、行政诉讼及信访事务。

审批科：负责本市城区及西湖、西洞庭管理区房屋初始登记、变更登记、转移登记、抵押登记等各类登记审批工作，对房屋权属登记资料进行全面审查把关。负责档案资料交接工作。严格执行初审、审批两审制度。

权属登记科：负责本市城区范围内房屋初始登记、转移登记、变更登记、抵押登记等各类登记受理及初审工作。负责对业主各种资料进行初审，并出具受理及缴费通知单。负责市房管局各项业务收件工作。负责与市政务中心和本局处相关科室沟通与协调。服从政务中心统一管理。

测绘管理科：负责监督房产测绘有关法律法规、政策贯彻情况和房产测绘技术要求、技术规定执行情况。负责对城区房产项目测绘成果适用性、面积测算依据与方法等内容进行审核备案。负责城区房产基础测绘实施和管理，统一编排房产测量号。负责城区房地产测绘业务培训、考核与行业指导；开发、推广、应用新技术。协助处信息办做好测绘图形数据库建立和房地产地理信息系统开发与管理。协助局处法制科做好房产测绘面积投诉工作，畅通建立投诉渠道。

信息中心：负责信息化建设发展规划和年度建设计划制订。负责信息系统建设和维护，负责产权档案扫描录入、存储备份。负责房屋登记簿管理和检查。负责审查产权登记电子信息和数据管理。负责本处网络、信息安全、电子设备及软件日常管理、维护工作。

档案馆：负责接受和保管辖区内各类产权产籍档案以及相关图、卡、册和文件等资料。对产权登记、变更和产权清理中原始资料进行鉴定、整理、分类和建档立卷，并搞好业务统计和上报工作。根据社会各界需要，指引和提供档案信息，并按规定收取查询服务费。

近年来，常德市房地产产权管理处以“市民满意”为出发点，坚持以人为本，简化办事程序，实行“平行收件、平行审批”工作模式。同时向社会张榜公开办事程序和承诺服务内容，公开收件范围，明确办事时限，增加工作透明度，把“权利窗口”转变成“服务窗口”，树立良好社会形象，各项工作取得良好成绩。市房地产产权管理处先后获得全国“房地产交易与权属登记规范化管理先进单位”、“档案工作目标管理国家二级单位”、全国“青年文明号”、全国“巾帼文明岗”、湖南省“建设系统精神文明建设先进单位”、湖南省“文明窗口单位”、湖南省“文明单位”、湖南省“房屋登记行业文明单位”、湖南省“档案工作规范化管理省特级”馆等荣誉；市房地产产权管理处共青团支部先后获得“湖南省五四红旗团支部（总支）”“常德市五四红旗团支部（总支）”荣誉称号。

表 1.2.1.1.1　历届领导班子名录

机构名称	姓名	职务	任职时间
常德市房地产产权监理站	肖关成	站　长	1989.4—1992.3
	汤仁义	副站长	1989.4—1992.3
常德市房地产产权监理站	陈仕银	站　长	1992.4—1994.5
	汤仁义	副站长	1989.4—1994.5
	唐敬英	副所长	1989.4—1992.4
		副站长	1992.4—1994.5
	钟咏君	副所长	1989.4—1992.4
常德市房地产交易所	陈术明	所长	1992.4—1998.10
	邹群强	副所长	1992.4—1998.10
常德市房地产产权管理处	陈仕银	主任	1994.5—1998.10
	汤仁义	副主任	1994.5—1998.10
	唐敬英	副主任	1994.5—1998.10
常德市房产市场交易管理处	陈术明	主任	1992.8—1998.10
	邹群强	副主任	1992.8—1998.10
常德市房地产产权管理处（加挂常德市房产市场交易管理处）	蒋祥吉	主任	1998.10—2002.3
	汤仁义	副主任	1998.10—2003.7
	唐敬英	副主任	1998.10—2003.7
	邹群强	副主任	1998.10—1999
	周立功	副主任	1999—2010.2

续表

机构名称	姓名	职务	任职时间
常德市房地产产权管理处（加挂常德市房产市场交易管理处）	牟利民	主任	2002. 2—2002. 4
	汤仁义	副主任	2002. 2—2002. 4
	唐敬英	副主任	2002. 2—2002. 4
	周立功	副主任	2002. 2—2002. 4
	汪明礼	主任助理	2002. 2—2009. 4
常德市房地产产权管理处（加挂常德市房产市场交易管理处）	关建锋	主任（兼）	2002. 4—2006. 11
	汪三明	第一副主任	2002. 4—2006. 11
	汤仁义	副主任	2002. 4—2003. 7
	唐敬英	副主任	2002. 4—2003. 7
	周立功	副主任	2002. 4—2010. 2
	吴远国	副主任	2007. 1 至今
常德市房地产产权管理处（加挂常德市房产市场交易管理处）	付忠革	主任	2006. 11 至今
	祁　涛	书记	2006. 11—2011. 2
	汪三明	第一副主任	2006. 11—2011. 2
	周立功	工会主席	2010. 2 至今
	吴远国	副主任	2007. 1 至今
	宁涤非	副主任	2007. 12—2011. 2
	熊　军	副主任	2010. 2 至今
常德市房地产产权管理处（加挂常德市房产市场交易管理处，含常德市房地产交易中心）	付忠革	主任	2006. 11 至今
	何红勇	书记	2011. 3 至今
	吴远国	副主任	2007. 1 至今
	熊　军	副主任	2010. 2 至今
	唐　旻	副主任	2010. 2 至今
	雷　杰	副主任	2011. 2—2011. 9
	郝　冰	副主任	2011. 2 至今
	刘武陵	副主任	2011. 3—2012. 9

续表

机构名称	姓名	职务	任职时间
	文华军	副主任	2011.3 至今
	肖其文	副主任	2013.3 至今
	周立功	工会主席	2010.2 至今
	徐新民	主任助理	2010.3 至今
	杨玉湘	纪检员	2011.3 至今

二、常德市房管局德山分局

常德市房地产管理局德山分局于2007年7月28日经市编办批复成立，为具有行政管理职能全额拨款正科级事业单位。市房管局德山分局受市房管局委托，行使市房管局在常德经济技术开发区所有职能。主要工作职责是：

（一）负责贯彻执行国家、省市房地产管理政策、法律和规章；

（二）负责房屋产权登记、房地产交易管理；

（三）负责房地产开发经营管理；负责开发项目审核，开发企业、物业企业经常性管理；负责开发项目手册管理，项目资本金管理；负责核发商品房销售许可证和预售商品房行为监督管理，商品房预售资金管理；

（四）负责房地产市场监管、物业管理、中介管理、资质管理和房屋租赁管理；负责房产企业资质和中介机构资质初审、认定与批报市局工作；

（五）协助开展房屋征收与补偿、棚户区改造工作；

（六）协助开展白蚁防治、房屋维修资金归集、危房鉴定以及执法监察工作；完成上级交办其他工作。

2011年9月，成立市房管局德山分局工会；同年10月成立市房管局德山分局党支部。全局核定人员编制8名，其中，局长1名，副局长1名，其他工作人员6名。2014年实有工作人员共9名，其中在编人员7名，临时聘用人员2名。

德山分局内设办公室、业务科（含驻区政务中心窗口）两个科室。

办公室：负责公文收发，上传下达，文书档案管理。负责办公用品及其他固定资产采购、发放、保管工作。负责协调处理与市房地产管理局、常德经开区管委会等相关单位工作联系。负责安全、保卫和综合治理工作。负责财务、劳资、后勤管理工作。负责组织各种会议、政治学习，并做好会议记录、图文资料管理。

业务科（含服务窗口）：负责本区房地产执法、信访工作、物业管理、房改工作。协助做好维修基金代缴和白蚁防治工作。负责配合做好本区房屋征收与补偿工作和协助做好本区棚户区工作。负责本区各类房屋登记咨询、收件、初审、档案传递、统计工作。负责本区各项房产管理行政许可项目和非行政许可项目咨询、收件、初审、复审和统计工作。负责分局所有房地产业务证件发放、票据打印、收费工作。负责本区商品房预售合同备案工作。

常德市房地产管理局以委托形式赋予德山分局县一级房管局职能职责，进一步增强常德经济技术开发区房地产业发展自主管理权和工作效能，全面支持德山房地产业健康发展。自成立以来，德山分局在常德市房管局和常德经开区管委会双重领导下，按照市委“服务德山工业园区建设、服务德山城市新区建设”工作思路和优化经济环境“办证不过河”工作要求，开辟绿色通道，着力服务工业企业，“一切围绕、服从、服务开发建设”，通过效能建设抓优质服务，通过业务规范抓行业管理，通过学习活动来抓团队建设，努力开展行政、业务各项管理工作。

德山分局明确提出“内部管理制度化、市场监管常态化、物业管理规范化、窗口服务标准化”工作目标，不断建立健全内部管理制度，制定绩效考核实施方案，以制度和机制强化内部管理，提高制度执行力，为实现常德经开区“工业新城、城市新区、美好德山”战略目标提供强有力支持与保证，创造出良好工作业绩。

德山现有房地产开发企业 12 家，其中三级开发资质 8 家、四级 2 家、暂定 2 家，另有 6 家外地房产开发企业在德山投资开发。现有 12 家物业公司，本土 3 家，外来企业 9 家。

2008—2013 年，商品房投放量为 67. 44 万平方米；商品房销售面积 35. 53 万平方米，销售金额 69. 63 亿元；二手房交易面积 34. 44 万平方米，金额 24. 84 亿元。

德山房地产开发呈现出强大后发优势：绿地新都会在德山启动。项目开发商绿地集团为世界“财富”五百强、中国企业百强，在全国房地产业居第一位。绿地新都会项目分 2 期开发，土地为出让用地。一期规划建设面积为 206649 平方米，2013 年开工 21 万平方米；一期计划总投资 4. 53 亿元，已完成投资 3. 94 亿元；销售面积 8 万平方米，销售金额 2. 99 亿元。常德“绿地新都会”地处德山新区重点发展区域，建成后将成为区域内最大集商务、娱乐、购物、居住、教育为一体的现代城市综合体。项目中双子星超高层加商业广场城市综合体，不仅填补了城市新区商业中心空缺，且将极大提升区域内生活品位和建筑品质，开创德山城市发展新纪元。

汉顺置业“尊德天城”项目分 3 期开发，三期规划建设面积为 155871 平方米，已全部竣工；三期计划总投资 4. 2 亿元，已完成投资 4. 32 亿元；销售面积 5. 44 万平方米，销售金额 2. 25 亿元。

2007—2013 年，德山分局窗口共办理房屋登记案件 10824 次，登记面积约 459 万平方米，开展上门服务 189 次，延时服务 293 次。窗口服务优质、高效、文明，获得良好社会效益和广泛赞誉：

2008 年获常德市房管局效能建设工作先进单位称号；

2009 年获常德市房管局企业服务年先进单位、常德经开区政务服务中心窗口服务工作先进单位称号；

2010 年获常德经开区政务服务中心窗口服务工作先进单位称号；

2011 年获常德经开区政务服务中心流动红旗窗口、常德市住房和城乡建设局先进基层党组织称号；

2012 年获常德经开区棚改工作先进单位、常德市房屋交易管理先进单位、常德市住房城乡建设工作目标管理先进单位、常德市“巾帼文明岗”、湖南省住房建设系统创先争优“群众满意服务窗口”、常德市文明单位称号。

2013 年获湖南省“文明窗口单位”、市级十佳“道德讲堂”称号。

表 1.2.1.2.1　领导班子名录

姓　名	职　　务	任职时间
汪泽平	局　长	2007.4—2011.2
马立辉	局　长	2011.3—
郑　佳	副局长	2011.3—

三、常德市房管局执法监察大队

常德市房地产管理局执法监察大队属全额拨款正科级事业单位，为市房地产管理局直属行政执法机构。

市房管局执法监察大队前身为常德市城市建设监察管理大队房地产中队。1993 年 6 月，常德市房地产经营公司组建市房地产监察中队，全称常德市城市建设监察管理大队房地产中队，属市房地产经营公司和市城管监察大队双重管理，定编 7 人，受城管大队委托执法。主要职责是维护正常房屋租赁秩序，打击非法转卖、转租、转让国有公房，违章搭偏搭棚、违章装修等违法行为。

1994 年，市房地产监察中队查处各类违法事件 287 起，强制拆除违章建筑 31 处，查处非法转租转卖公房 11 户，调解公房纠纷 94 起，查处拖欠租金户 128 户，收回积欠 10 万元，通过司法手段追回积欠 1.7 万元。1995 年，查处各类违法事件 180 起，强制拆除各类违章建筑 17 起，责令停止进行有损房屋外形作业 37 起，查处非法转租转卖公房 9 起，调解住房纠纷 113 起，查处无故拖欠租金户 75 户，收回积欠 3 万元，通过司法手段收回积欠 1.5 万元，收取各类补偿费用 0.8 万元。1996 年，查处各类违章 154 起，强制拆除违章建筑 14 起，责令停止违章作业 125 起，查处非法转租转让 12 起，查处无故拖欠租金户 112 户，追回积欠 17.15 万元，司法手段追回积欠 12 万元，收取各类补偿费 0.75 万元。

1997 年，查处各类违章 91 起，查处无故拖欠租金 132 户，追回积欠租金 5.4 万元，收取各类补偿费 0.82 万元，司法手段追回积欠 2.1 万元。在房地产管理事业发展进程中，常德市城市建设监察管理大队房地产中队为维护国有公房管理秩序、查处房屋违法违章建设、规范房地产市场行为，发挥了积极、有效的保障作用。

1999 年 8 月 5 日，常德市城建监察大队房地产监察中队归口市房地产管理局直属管理。2007 年 1 月，常德市房地产管理局执法监察大队正式独立设置。市房管局执法监察大队核定事业编制 10 名，大队长 1 名、副大队长 1 名，其他工作人员 8 名。根据市委编制办《关于单独设立市房地产管理局执法监察大队的批复》（常编办〔2007〕13 号）规定，市房管局执法监察大队职能为：

（一）负责贯彻执行房地产有关法律、法规、规章；

（二）负责实施房屋产权、房屋交易市场、房地产经营、城市房屋拆迁、房屋租赁管理、房屋安全鉴定、白蚁防治管理、廉租住房、物业管理方面行政执法工作；

（三）负责参与有关行政处罚听证，依据房地产行政主管部门处罚决定实施行政处罚。

市房管局执法监察大队独立设置后，紧紧围绕市政府关于房地产管理工作“保增长、保民生、保稳定”目标，深入分析房地产业监察执法新矛盾、新挑战，认真研究新形势下房地产监察执法工作思路和对策，深入贯彻“以人为本”执法理念，从解决人民群众最关心、最直接、最现实利益问题出发，以提高房地产监察执法能力为手段，认真贯彻实施房地产法律法规，进一步完善房地产监察执法工作体系和创新工作机制，坚持依法行政，加大执法力度，切实维护人民的合法权益，依法行政，严格执法，市城区房地产市场秩序出现可喜变化。

建立健全执法体系。市房管局执法监察大队先后制定《行政执法公开承诺制度》《查处房地产违法案件实施办法》《执法过错责任追究暂行规定》《行政执法案件承办责任制》《重大案件集体讨论暂行办法》《行政执法监督制度》《立案规定》《听证制度》等一系列监察执法规章制度，用制度管人、管事，将程序合法理念贯穿于执法活动始终。

2011 年 10 月，常德市房地产管理局发布《常德市房地产管理局行政执法依据》通告，公布常德市房地产管理局行使《中华人民共和国城市房地产管理法》等 23 部法规 4 类共 69 项行政执法依据，其中行政许可 3 项、行政处罚 62 项、行政确认 3 项、其他行政行为 1 项。主动将自身行政执法法理依据、执法程序和裁量标准全部向社会亮相，自觉将自身执法行为置于全社会监督之下。

强化执法服务理念。市房管局执法监察大队把服务引进监察执法程序之中，树立“先服务，后执法”执法理念。切实加大《中华人民共和国房地产管理法》《城市房地产开发经营管理条例》等法规以及各项房地产新政策宣传，提高市民依法维权意识，强化开发企业依法经营、诚信守法观念。适时组织典型案件公开评议，提高社会各界对房地产执法工作的广泛认知、理解和支持。

2011 年 11 月，市房管局执法监察大队就常德嘉泰房地产开发公司和湖南金泰物业管理公司两家企业擅自变更设计获取非法收入的侵权案件组织行政执法公开评议。邀请人大代表、政协委员、行风监督员、法律顾问、记者、房产公司负责人、物业公司负责人和业主代表参加，获得广泛好评。

加大执法监察力度。市房管局执法监察大队畅通投诉举报渠道，建立应急协调制度和日常巡查、专项行动备案制度，有案必查、有错必纠。对社会关注度较高和市民投诉较多的房地产开发企业，坚决给予重点监察、重点处罚。

2011 年 7 月，市房管局执法监察大队部署对楼盘违规预售、违规将房屋交付使用等重点突出问题开展重点监管，公开处罚。2012 年 11 月，经严格查实，市房管局执法监察大队集中对常德市金城综合开发有限公司“金城·2008”项目、市顺源房地产开发有限公司“国源小区”项目、市三明置业有限公司“人民文化影视城”项目、市紫艺茶业有限责任公司“紫艺商贸城”项目、市恒华建设事务有限公司“香格里拉·领域”项目、市恒华建设事务有限公司“君香公寓”项目、汇元经济开发总公司“蓬莱有约”项目、市华达建设开发总公司“华达·幸福湾”项目共 8 家企业违规预售、违规将房屋交付使用等突出问题，给予重点处罚，公开通报，且计入企业信用档案。

维护业主合法权益。市房管局执法监察大队坚持把民生、民意放在首位，切实加强房地产市场监管力度，重点纠正和查处侵害业主权益违法行为。近年来，对未经验收或验收不合格就交付使用、违法（规）预售的市广龙房地产开发有限公司、常德市紫瑞房地产开发有限公司等 5 家公司予以查处；对违反租赁管理法规的常德市紫艺茶业有限公司进行立案查处；对擅自侵占物业管理区域内共用场地的湖南金和汽车服务有限公司进行立案查处；配合市拆违办对“金色晓岛”违章建筑进行强制拆除。

2012 年，市房管局执法监察大队为全市 128 家房地产开发企业建立信用行为档案，对企业的所有不良经营行为记录在案，及时帮助企业自觉规范经营行为，为高效快捷处理案件建立基础资料，执法程序全面规范。

表 1.2.1.3.1　领导班子名录

姓　名	职　　务	任职时间
许小春	副大队长	2007—2011.2
	大队长	2011.03—
梅其广	副大队长	2011.03—

四、常德市房屋维修资金归集管理中心

常德市房屋维修资金归集管理中心成立于 2008 年 9 月，为全额拨款正科级事业单位，

核定编制16名，另聘用3名工程技术人员。隶属市房地产管理局管理。主要职责是：

（一）负责市城区住宅专项维修资金归集、使用、管理工作；

（二）负责住宅专项维修资金保值、增值工作；

（三）负责协调处理维修资金使用过程中矛盾和纠纷。

2007年8月，常德市房地产管理局、市财政局、市物价局联合发布《常德市房屋维修资金管理办法（暂行）》。该文件规定，在本市规划区范围内，专门用于房屋共用部位、共用设施设备保修期满后维修、更新、改造资金，按统一缴存、专户存储、业主所有、专款专用、按栋建账、核算到户、部门监督原则进行管理。文件明确，“房地产管理局负责解释、指导、协调、监督维修资金的管理与使用，财政局负责对资金的使用实施监管，物价局负责对缴费标准实施监管。成立维修资金管理中心，具体负责维修资金的缴存、管理及使用的日常工作”。新建商品房首期维修资金缴交标准是：未配备电梯房屋建筑面积每平方米30元、配备电梯房屋每平方米50元。2008年9月，常德市房屋维修资金归集管理中心正式挂牌成立。

2011年9月，常德市房屋建安成本大幅上涨，原定房屋维修资金缴存标准已不能保障房屋维修所需，常德市房管局颁布修订后《常德市房屋维修资金监督管理办法》，共5章29条，各县市区、西洞庭管理区、西湖管理区、桃花源旅游度假区参照执行。新版《常德市房屋维修资金监督管理办法》维修资金缴交标准调整为：别墅或配备电梯房屋建筑面积每平方米100元、其他未配备电梯房屋每平方米70元。明确自2011年10月1日起施行，2007年版《常德市房屋维修资金监督管理办法（暂行）》同时废止。

截至2012年11月，常德市规划区范围内房屋维修资金归集面已达200个物业小区、45000户；市房屋维修资金归集管理中心已归集维修资金2.17亿元。

市房屋维修资金归集管理中心成立后，认真贯彻落实国家有关房屋维修资金各项规定，紧紧围绕房地产管理“保增长、保民生、保稳定”工作目标，求实创新，着力员工业务培训，创建归集管理数字平台，优化归集管理业务流程，强化资金监管，完善维修服务，逐步实现归集有力、管理有效、使用便捷、运作规范。

建立健全归集管理体系。房屋维修资金归集管理属房地产管理部门新兴业务，政策、业务、标准、流程各项工作都无先例可循。市房屋维修资金归集管理中心成立后，始终坚持以建设一流管理水平为目标，探索流程标准、强化岗位培训。新版《常德市房屋维修资金监督管理办法》实施后，市房屋维修资金归集管理中心立即着手完善缴存、归集、使用、分摊各项规章制度，迅速完善运转协调的维修资金管理体系。归集管理中心在市政府网站设立两个专栏，对维修资金政策和动态进行及时宣传报道；在缴存窗口和德山分局窗口发放维修资金宣传手册；在老旧小区现场对维修资金缴存、管理、使用情况进行专项督查；2012年10月，组织全市维修资金管理系统举办《常德市房屋维修资金管理工作研讨会》，研究探讨新形势下房屋维修资金归集管理工作新问题，谋划维修资金管理新思路、新办法和发展战略，不断建立健全房屋维修资金归集管理体系。

建设归集管理科技平台。2008 年归集管理中心数字管理系统建立后，不断加强硬件设施升级、改造。2010 年升级软件，启用新的业务管理系统。新系统实现数据形成一体化，所有数据与产权数据库对接，有效杜绝手工操作的随意性，填补原系统中归集信息手工录入的流程漏洞；实现了维修资金缴交标准化，按房屋类型设置相应的缴纳标准，系统自动选择缴纳标准，核价机制更加规范科学。2012 年，再次改造维修资金软件系统，实现从手工编制到软件自动生成非税票据缴销系统升级。随后，归集管理中心对财务软件系统与缴存系统、缴存系统与开出票据进行全面清查核对，对历年缴存共计 4 万多户业主信息进行全面清查核对，解决新老系统对接可能造成的账目误差。同年 11 月开通网上查询系统，供业主随时查询所缴存维修资金、使用余额等信息。

推行归集管理阳光政务。市维修资金管理中心不断完善服务流程，实施定期回访，及时反馈群众意见，完善维修资金服务，提升服务质量。不断加大政策宣传力度，通过发放宣传手册、设置宣传横幅、设立咨询台、电视网络宣传等直接互动方式，和群众对话沟通，提升市民归集、续缴自觉性和使用管理主动性。建立定期查勘、督导机制，建立信用体系，强化业主信用意识。市维修资金管理中心对物业管理企业、业主委员会、维修单位信用情况进行记录，建立信用体系，严控物业公司私自挪用与侵占维修资金。为实现维修资金保值增值，积极探索在保证资金绝对安全前提下，取得上级主管部门和财政部门支持，采取合法手段对维修资金进行科学资本运营，使维修资金增值收益达到最大化。

规范维修资金使用服务。市维修资金管理中心把便民服务放在工作的首要位置，不断健全完善维修资金的使用办法，对维修资金的使用条件、申报程序、申报材料、工作期限都作出详细规定，印成宣传手册广泛宣传，使维修资金的使用和监管更加制度化、常态化、公开化。同时，不断健全维修资金使用后的业主回访、满意验收体系，从现场查勘到工程验收的所有环节，由专业技术人员实行全程跟踪管理，为广大业主提供更全面、更满意、更便捷的服务。建立健全勘查寻访制度，及时解决各个小区申报使用维修资金的审查、批复与拨款。引导窗口工作人员牢固树立“立足小岗位，服务大发展”的服务意识，坚持限时办结，对手续齐备的当场办结，切实做到服务热情、效率提升。2010 年受理报修项目 1 个，使用维修资金 4424 元；2011 年受理项目 10 个，使用维修资金 314074 元；2012 年受理项目 64 个，42 个物业小区按程序使用维修资金 153 万元。

表 1.2.1.4.1　领导班子名录

姓　名	职　　务	任职时间
肖　燕	副主任	2010.02—2011.12
	主　任	2012.03—
王中武	书　记	2011.03—
唐　旻	副主任	2009.09—2011.02
杜致颜	副主任	2011.02—

五、常德市白蚁防治所

常德市白蚁防治所成立于2003年，为全额拨款正科级事业单位，隶属常德市房地产管理局管理。现为全国白蚁防治专业委员会会员单位，湖南省白蚁防治专业委员会副主任单位。主要职责是：

（一）受房地产行政管理部门委托负责全市房屋白蚁防治监督管理工作；

（二）负责本市新建、改建、扩建、装饰装修等房屋白蚁防治管理，核发《房屋白蚁预防证》，负责对原有房屋白蚁检查与灭治管理，建立白蚁防治项目定期回访复查制度；

（三）指导与监督本市实施白蚁防治施工技术规范和操作规程，负责验收与检测工程质量；

（四）负责全市白蚁防治研究，推广应用新药物、新技术、新工艺、新设备；

（五）负责全市白蚁防治专业人员培训和考核，并对行业进行指导管理；

（六）贯彻执行国家、省、市有关白蚁防治法律法规及相关工作要求，负责实施全市白蚁防治管理工作考核。

常德市地处亚热带，气候温暖潮湿，适宜白蚁滋生繁殖。台湾乳白蚁、黄胸散白蚁、黑翅土白蚁、黄胸大白蚁等类白蚁在常德危害特别严重。1972年，常德市房地产公司开展白蚁防治工作，先后施工解决常德市制线厂、常德地区邮电局、常德地区公安处、常德市城南卫生院、常德市东方红服装厂、常德市南京理发店等90余处白蚁危害。1980年，白蚁防治工作中断。2000年，常德市房地产经营公司成立市白蚁防治中心，为经营实体，属市房地产经营公司管理。

2003年1月，常德市白蚁防治所依据（常编办〔2003〕2号）文件正式成立，为收取行政事业性收费的公益事业管理部门，依据建设部《城市房屋白蚁防治管理规定》和《常德市城镇房屋白蚁防治管理办法》文件精神，对市城区新建、改建、扩建等房屋工程开展白蚁预防，控制白蚁危害，行使加强城市房屋白蚁防治管理、保证城市房屋住用安全行政职能。

市白蚁防治所现有干部职工 29 人，其中专业技术人员 20 人，昆虫学硕士 1 人。内设办公室、财务科、工程科、信息档案科、回访灭治科、质检科共 6 个二层机构。

办公室：负责单位行政管理和日常事务及单位公文、资料、信息和宣传报道、综合治理等工作；

财务科：负责单位日常财务核算，财务管理，参与单位经济管理，根据资金运作情况，合理调配资金；

工程科：白蚁工程预防施工、预防合同收件审核及工地核查，白蚁施工车辆管理，IPM、水剂药品出入库管理；

信息档案科：负责白蚁预防施工合同审核、签订、房屋白蚁预防实施证明、栋证发放。负责已传阅文件登记、立卷、保管、存档工作；

回访灭治科：负责白蚁灭治施工，及白蚁预防灭治施工竣工后回访复查工作，负责白蚁灭治施工质量、安全生产工作，负责白蚁灭治业务拓展工作；

质检科：制订技术发展计划，落实水剂施工与 IPM 白蚁防治项目技术体系，执行每一项防治规章制度和要求，并定期检查完成情况。

2003 年起，白蚁防治工作步入正轨，当年完成防治项目 25 个，预防施药面积 65 万平方米；2004 年，完成施药面积 52 万平方米；2005 年，完成白蚁防治 60 万平方米；2006 年，完成施药面积 90 万平方米。市城区白蚁防治覆盖面迅速扩大，有效遏制了因白蚁防治工作中断多年造成的蚁灾横行。

2007 年，常德市白蚁防治所成为国家 IPM 项目示范单位，停止购买氯丹药剂。此前，常德市一直使用传统氯丹灭蚁灵水剂施工。按照《关于 POPS 的斯德哥尔摩公约》要求，2009 年 5 月 17 日前，全市必须关闭所有氯丹灭蚁灵生产企业，停止使用氯丹和灭蚁灵。2007 当年，按照 IPM 项目各项工作要求，常德市白蚁防治工作进入崭新历史时期。

积极推进科技创新与理论研究。饵剂系统入库、安装、回访复查、投放饵剂、效果检验，均制定出科学的规章制度和管理流程。建立实验室平台，跟踪做好预防工程质检工作。与高校合作开展白蚁分子生物学课题研究，建立常德市四种白蚁 MTDNA 图谱；采集常德市主要白蚁优势种不同品级标本，新增加黄翅大白蚁大兵蚁品级；在《城市害虫防治》等报刊上发表《常德市白蚁危害现状及防治》等多篇学术文章。

规范预防技术操作规程。严格遵守白蚁防治技术规程，严格施工和回访复查跟踪制度，高标准严要求开展防治施工服务。2011 年，对尊德天城、文津华庭等 23 家建设项目进行水剂施工，完成预防施药面积 85 万平方米；在金城 2008、幸福湾二期、清河苑等三个小区安装艾氏地下型饵站 388 套，共计面积 15.23 万平方米；对大观园生态园、常德电业局、柳叶湖旅游度假区等 10 家单位 5 万余平方米实施了白蚁灭治施工。所有项目均保质保量，当年被评为“全国白蚁防治先进单位”“湖南省白蚁防治工作先进单位”和“湖南省白蚁防治示范项目先进单位”。

积极推进中国白蚁防治示范项目。成功申报中国白蚁防治氯丹灭蚁灵替代示范项目—IPM 技术之后，市白蚁防治所添置相关设备；组织进行 IPM 理论、实践知识培训并全部取得合格证书，基本掌握 IPM 的理论和实践操作规程。推进过程中，践行绿色承诺，高标准、严要求、保质保量，高效完成了省项目办下达的工作任务。

2008—2012 年连续 5 年被评为“湖南省白蚁防治先进单位”；2009—2011 年连续 3 年被评为“全国白蚁防治先进单位”“优质服务先进单位”“科技创新先进单位”；2010 年、2011 年连续 2 年被评为“湖南省白蚁防治示范项目先进单位”；2012 年被评为“全国标准化管理先进单位”。2013 年获得白蚁防治国家二级资质等级认证资格。

表 1.2.1.5.1 历届领导班子名录

姓　名	职　　务	任职时间
明建军	主　任	2003—2006
徐成雄	副主任	2003—2006
明建军	主　任	2007—2008
邹湘武	副主任	2007—2008
明建军	主　任	2008—2010
邹湘武	书　记	2008—2010
杜致颜	副主任	2008—2010
田雪姣	工会主席	2008—2010
邹湘武	主　任	2011—
宁涤非	书　记	2011—
唐　旻	副主任	2011—
欧阳正	副主任	2011—
田雪姣	工会主席	2011—
毛　鼎	副科级纪检员	2011—

六、常德市房屋租赁管理所

常德市房屋租赁管理所成立于 2011 年 3 月，为具有行政职能正科级事业单位，隶属市房地产管理局管理。其主要职责是：

（一）贯彻执行国家、省、市关于房屋租赁管理法律、法规及相关政策；

（二）负责武陵区、鼎城区、常德经济技术开发区、柳叶湖旅游度假区、西湖管理区、西洞庭管理区房屋租赁登记工作；

（三）指导各县市房屋租赁管理。

改革开放以后，常德市恢复私人住房租赁管理。1989 年，成立常德市房屋交易所，房产租赁市场纳入房屋交易一并管理。1995 年，成立武陵区房地产交易管理所，市城区房产租赁转归区房地产交易管理所管理。至 2002 年，市城区办理房屋出租登记手续出租户达 3000 户，在全省各市、州排名第一。2005 年，贯彻中央《关于进一步加强和改进出租房屋管理工作有关问题的通知》，在市房管局房政管理科指导下，武陵区房屋租赁管理所加强与区综治委、公安、司法、社区居委会各部门工作联系，全年完成出租房屋租赁登记备案 3418 宗，其中非住宅房屋租赁登记备案 1637 宗，住宅房屋租赁登记备案 1781 宗，全年武陵城区出租房屋内未发生一起重大刑事案件，受到武陵区综治委嘉奖。

但常德市房产租赁市场“三多一难”问题长期未能根本解决：即地下交易多、租赁纠纷多、管理部门多，一难即指政府监管难。武陵区房屋租赁管理所行政隶属武陵区人民政府管理，业务则隶属常德市房管局管理，实际管辖武陵区、鼎城区、柳叶湖旅游度假区、常德市经济技术开发区、西湖、西洞庭管理区的房屋租赁登记，多重管理导致体制不顺，越境管理导致职责不明，矛盾日益凸显。加上房屋租赁税率一度过高，出于避税考虑，私人房屋租赁大量回避登记备案，城区房屋租赁管理常常出现真空地带。

2011 年 3 月，根据（常政办发〔2010〕54 号）文件规定，成立常德市房屋租赁管理所，专司武陵区、鼎城区、常德经济技术开发区、柳叶湖旅游度假区、西湖管理区、西洞庭管理区范围内房屋租赁管理。依据国家专门法律、法规实施房屋租赁管理工作，房屋租赁管理自此更加规范。

建立健全管理机构。2011 年，根据市政府（常政办发〔2010〕54 号）文件精神，常德市房屋租赁管理所主任 1 名、副主任 1 名、考核录用 8 名正式工作人员全部到岗。经市编办、市财政局同意，聘用 7 名临时工作人员，业务培训合格后迅速上岗，开展非住宅房屋租赁备案登记工作。房屋租赁登记备案工作开局良好。

2012 年，在抓好非住宅租赁登记基础上，创新工作模式，启动住宅租赁登记工作。全年截至 11 月 30 日，办理市城区租赁备案登记 9000 多宗，收取规费 90 多万元。其中非住宅登记备案 6572 宗，收费 77 万余元；住宅登记备案 1554 宗，收费 12 万余元，超额完成年初制定工作计划。

2012 年，成立常德市房屋租赁管理所党支部，支部成员各负其责，抓好党建工作。认真排查廉政风险点，制定防控措施，加强重点监控，建立健全廉政风险防控长效机制。切实加强业务知识培训，建立业务内控机制，推行首问负责、一次性告知、办结跟踪措施。截至 11 月 30 日，全年办理业务 8000 多宗，实现零投诉。

建立健全管理平台。2011 年，市房屋租赁管理所着力宣传建设部《商品房屋租赁管理办法》、中央六部门《关于进一步加强和改进出租房屋管理工作有关问题的通知》《湖南省流动人口服务和管理规定》《常德市城镇房屋租赁管理办法》等私房租赁管理法律法规。5月，与工商部门就城区房屋租赁备案登记工作相关事宜达成一致，形成会议纪要。

2011年，市政府出台（常政发〔2011〕12号）《常德市流动人口服务和管理办法》。部门分工明确，关系协调：工商部门在办理工商营业执照，年度检验和变更地址时，对于生产、经营、办公场所为出租房屋者，应查验房屋租赁当事人在常德市房屋租赁管理所办理的房屋租赁登记备案证明，房屋租赁登记备案证明是房屋承租人取得合法生产、经营、办公场所的合法有效凭证。公安部门在办理居住证、住房保障部门发放社会保障福利时，对于居住场所为出租房屋者，以房地产管理部门发放的租赁登记备案证明为合法有效凭证。全面建立房屋租赁合同登记备案制度。通过对租赁合同登记备案，在符合法律、法规前提下，特别强调要求租赁当事人提供合法、有效身份证件，将“以房管人”这一制度真正落到实处。

2011年，安装非税票据系统，规范建设房屋租赁财务体系。武陵区、柳叶湖度假区、德山开发区房屋租赁备案登记，及时有序展开。市房屋租赁管理所不断完善房屋租赁信息电子自动化平台，加快租赁登记备案办证以及基础建设方面信息化进程，进一步提高科技管理水平。

2012年，市房屋租赁管理所两次到各区县市房地产管理部门检查指导房屋租赁管理工作，积极敦促各区县市成立专门房屋租赁管理机构，建立健全市、县两级房屋租赁管理体制。

市房屋租赁管理所核定全额拨款事业编制9名，其中主任1名、副主任2名、其他工作人员6名。实有工作人员16名，其中在编员工9名、聘用合同制员工7名。

表1.2.1.6.1　领导班子名录

姓　名	职　　务	任职时间
伍　胜	主　任	2011.03—
黄奕文	副主任	2011.10—
陈晓林	副主任	2013.3—

七、常德市国有土地上房屋征收与补偿管理处

常德市国有土地上房屋征收与补偿管理处（加挂市房屋安全鉴定办公室牌子）成立于2011年7月，为具有行政职能正科级事业单位，隶属市房管局管理。主要职责是：

（一）受市房管局委托，负责贯彻执行国家、省关于国有土地上房屋征收与补偿法律法规，拟订本行政区域内国有土地上房屋征收与补偿措施及发展规划，并组织实施；

（二）承办市政府拟征收项目房屋征收与补偿具体工作；

（三）负责市城区国有土地上房屋征收补偿方案审查把关；

（四）负责筹集、使用和参与管理房屋征收与补偿资金；

（五）承担房屋征收与补偿纠纷工作中所涉行政复议、行政诉讼及司法强制执行案件相关工作；

（六）负责市城区房屋安全鉴定工作，指导县市区房屋安全鉴定工作。

2011年1月，国务院总理签发《国有土地上房屋征收与补偿条例》（国务院令第590号）。同年3月，常德市政府发布《常德市国有土地上房屋征收与补偿暂行办法》（常政发〔2011〕9号）。是年7月，常德市国有土地上房屋征收与补偿管理处正式成立。新的国家征收制度条件下国有土地上房屋征收与补偿工作，在常德正式展开。

坚持规范管理抓制度建设。市国有土地上房屋征收与补偿管理处从建立之日起，就十分重视制度建设，靠制度管事、靠制度管人。

加强房屋征收现场管理。自办项目均由一名副科级干部具体抓，一般干部抓落实工作机制，征收进度一周一调度、一周一督导，尽全力做好被征收人思想工作。

加强动迁行为法治管理。出台《房屋征收人员行为准则》《征收科工作职责》等内部管理制度，严格工作纪律，杜绝不文明征收行为。

坚持依法行政抓项目实施。房屋征收具有可诉性，不严格按照法律法规规定操作，将会带来行政诉讼和不稳定性因素。为确保征收行为合法：一是严格执行程序。依法做好房屋征收补偿方案论证、房屋征收补偿方案征求意见、房屋征收决定公告、房屋征收评估机构选定、房屋征收评估价格公示等工作。二是确保动迁行为文明。实行文明征收、和谐征收，不采取违反有关规定动迁方式实施征收，全年未发生人员伤亡和人为断水断电现象。三是坚持一把尺子量到底。根据有关规定，房屋室内装饰装修价格由征收当事人协商确定，为确保补偿结果公平，严格按照集体议定价格区间实施补偿，不乱开口子，不信口开河，确保同一项目不出现补偿不公现象。

坚持廉洁自律抓队伍建设。市国有土地上房屋征收与补偿管理处在国家实施一系列“房产新政”特殊历史条件下成立，房屋征收补偿工作多年来受到社会各界广泛关注，涉及面广、政策性强、难度极大。市征收管理处切实加强自身建设。

坚持实行集体议事制度。2012年，共召集副科级以上干部参加主任办公会3次，聘请劳务人员、资金预算拨付、人员分工等重大事项，都做到集体研究、集体决策。对涉及具体补偿内容和价值，坚持征收补偿三审制。由经办人、项目负责人、处主要负责人分级审核，确保不发生违法违规案件。同时加强社会监督，重大征收项目均聘请业主单位工作人员参与决策，参与征收。

坚持抓好队伍自身建设。2012年6月21日，选举产生市征收管理处党支部。主要负责人上党课，贯彻市房管局廉洁自律规定，加强党的政策理论学习，从根源上杜绝腐败思想和腐败行为发生。严格遵守各项规章制度，树立风清气正良好工作氛围。通过财政部门调剂原征地拆迁管理处一、二楼办公场地，配备空调、打印机、复印机、扫描仪、传真机，配齐电脑，办公条件得到保障。

2012年，全市共完成房屋征收面积22.43万平方米。市征收管理处成功实施市第一人民医院新住院大楼、幸福泉幼儿园、常德师范学院和常德技工学院等3个房屋征收项目，完成市自来水公司原一水厂、市市场服务中心北站市场等市直国有资产征收，共签订房屋征收补偿协议59份，征收建（构）筑物面积4.43万平方米。全年共组织房屋征收初步评估报告审查备案会17次，审查了24个项目房屋征收初步评估报告。各区县市房屋征收工作也顺利开展，除临澧县由房管局作为房屋征收部门，其他区县市均已成立专职国有土地上房屋征收与补偿工作办公室。截至2012年年底，全市实施征收项目共26个，征收房屋面积约27.1万平方米，户数3866户。2012年9月，省住房和城乡建设厅房地产监管处来常检查国有土地上房屋征收补偿工作，对常德市在贯彻落实国家征收政策、征收机构组建、廉政风险防控、征收项目推进等方面工作，给予充分肯定。

是年，市征收管理处配齐全站仪、回弹仪、钢筋扫描仪、裂缝测宽仪等房屋安全鉴定仪器，保障房屋安全鉴定工作水平。全年共受理房屋安全鉴定申请27件，鉴定房屋27栋，房屋面积14097.21平方米。完成青峰煤矿地面塌陷地块周边房屋、汉寿县“五大家”办公楼、桃花源旅游管理区“水浒阁”等项目安全鉴定工作，为有关部门决策提供重要依据。

表1.2.1.7.1　领导班子名录

姓　名	职　　务	任职时间
祁　涛	主　任	2011.03— 2013年10月，高配为副处级
黎达友	副主任	2012.10—
杨　杰	副主任	2012.10—
刘　华	工会主席	2012.10—

八、常德市房管局信息中心

常德市房管局信息中心成立于2012年9月，为具有行政职能正科级事业单位隶属市房管局管理。主要职责是：

（一）负责编制全市房地产系统信息化发展规划，制定本地区行业技术规范和标准，并组织实施；负责组织、协调全市房地产系统信息化建设工作；

（二）负责全市房地产系统预警预报系统和个人住房信息系统的建立与管理；负责全市房地产系统信息归集、统计与分析；

（三）承担商品房和存量房网签和备案；承担产权登记各业务信息处理工作；

（四）负责常德市房地产管理局政务网和常德市房地产信息网管理和运营；

（五）负责全市房地产企业信息档案建设与管理；

（六）负责全市房地产信息系统安全保障。

常德市房管局房地产信息化工作起步较早。1998 年、2000 年，市房管局即先后引进华信测绘系统（单机版）和房地产一体化系统；2005 年引进中智房地产档案管理系统，2006 年引进威尔 OA 办公系统；2007 年，初步建成数据中心；2008 年，建立房地产税收一体化对接。

2010 年，市房管局房地产信息系统开始大规模升级。是年，成功部署异地容灾备份系统，构建部署维修资金管理系统。2011 年，上网带宽升级到 100Mbps，外网实现“千兆主干，百兆桌面”；同年，升级改造房屋登记系统、商品房/存量房网上签约备案系统，构建部署测绘成果管理系统和从业主体管理系统，构建部署存量房交易资金监管系统。目前，常德市房管局房地产信息化工作在全省房地产信息化工作中居于领先地位。

市房管局信息中心成立后迅速展开工作，开局良好。

建立健全管理体系。信息中心迅速组建办公室、业务部、技术部，搭建组织机构；制定《常德市房地产管理局内网信息安全管理制度》《常德市房地产管理局计算机维护标准化流程》《常德市房地产管理局信息中心技术部工作制度》，迅速进入有序工作状态。

升级完善系统平台。2012 年，购置气体消防设备、动力环境监控设备部署在中心机房，进一步保障机房安全。购置 IBM3650 服务器 4 台、同友存储阵列设备 1 台，更换原有数据库服务器和原有存储设备，提高生产数据安全。继续完善房地产信息化软件系统，构建部署房屋征收管理系统、房屋白蚁防治管理系统、物业管理系统、商品房预售资金监管系统，着手个人住房信息系统建设。

强化系统基础管理。一是加强日常维护。安排专人对全局工作用微机进行日常保养和维护，并做到随叫随到，不厌其烦，有求必应，中心成立以来，维修故障 300 余次。二是建立维修台账。对每台设备使用和维修情况进行详细记录，完成以机建档，一机一档工作，加强对全局信息设备统筹管理。三是优化设备管理。认真记录各部门、科室信息设备具体情况，了解设备使用现状和不足之处，积极在现有设备基础上做到物尽其用，及时对计算机进行保养和维修，按时保养 UPS 和机房网络设备，有效延长设备使用寿命，保持稳定运行状态，杜绝由于停电等原因而导致不能办理日常业务现象发生，确保局属各单位和机关科室日常业务工作稳定有序开展。

提升业务服务水平。一是完成强化局政务网功能工作。根据市电子政务办具体工作要求，信息中心强化市房管局政务网站功能，规范政务网站建设。局政务网按照要求设立政务公开专栏，满意政府专栏及法制常德专栏，及时公开市房管局承担的行政审批项目、办事服务项目，并以场景式服务模式在网站制作办事指南栏目，及时主动在政务网站公开本单位重大决策信息，特别是在与群众利益切身紧密的房地产市场数据公示方面，如预售许可证、销售数据等方面，做到及时、准确、全面，促进房地产业信息对等。

二是完成新版“房地产信息网”研发工作。根据2012年度全市房地产市场发展需要，信息中心对房地产信息网功能需求进行详细分析，确定开展新版“房地产信息网”研发工作任务。新版网站在功能上具有较大改进，更进一步符合市场需求。

三是完成两个“网签”相关工作。信息中心完成新建商品房网签系统培训、新建商品房网上签约及备案管理、新建商品房备案合同档案管理、存量房网上签约管理等工作，2012年全年度完成新建商品房备案11391笔，完成二手房签约2313笔。

四是完成信息化项目竣工验收工作。信息中心积极协助和配合市房地产交易中心完成办公设备采购项目建设工作，并于2012年11月顺利通过由市电子政务办组织的竣工验收。同时完成《常德数字房产建设方案》并报送市电子政务办备案，为个人住房信息系统顺利通过评审奠定基础。

五是精细做好房地产信息统计日常工作。全力协助和配合局办公室、市场监管科、市房协做好房地产相关信息统计数据收集、统计、汇总、上报及市场形势分析工作，为领导决策提供好信息服务。按照国家住建部房地产信息工作具体要求，及时上报房地产统计月报表和城房指数，每月、每季度上报房地产市场监测报告月报、季报。每月认真协助常德国调队做好住宅销售价格指数基础数据统计、汇总和业务沟通、衔接工作，确保住宅销售价格指数平稳。加强与统计、国土、规划、税收、人民银行等房地产行业数据相关部门的横向工作联系，已经建立顺畅有效的联系机制。督促和指导区县市房管局做好房地产信息统计报表报送工作，确保统计报表报送及时、数据准确。

表1.2.1.8.1　领导班子名录

姓　名	职　　务	任职时间
刘武陵	副主任	2012.09—
徐　庚	副主任	2013.03—

九、常德市房地产经营公司

常德市房地产经营公司前身是常德市政府财政科房地股，成立于1949年8月。1951年8月，市财政科房地股设立常德市房屋交易所，设专职人员4名，负责房地产交易，征收房屋契税，管理各类房产。1956年4月，成立常德市房地产公司，归口常德市人民委员会财政科领导，定编14名，负责全市国有公房、“私改”房管理，负责产权产籍管理和房地产交易管理。

1959年，常德市城区划分为东升、永胜、德山三个城市人民公社，在公社内设置基建科。市房地产公司工作人员被分别安排到各个公社，负责辖区内国有公房管理工作。1961年，常德市房地产公司恢复设立，改属市人委基建科领导，定编24名。公司内设办公室、修建股、收管股。1963年，常德市房地产管理处成立，公司转归市房地产管理处领导。同年设立五个房产组，即城东、城南、城西、城北、德山房产组。其时，公司实有工作人员80人。1966年至1976年，各房产组隶属各街道办事处领导。1978年，市房地产公司管理机构恢复正常工作。1984年1月，市房地产公司更名为市房地产管理公司，为副局级事业单位，属市城乡建设环境保护局领导。其时公司实有干部职工140人。1987年5月，市房地产管理公司地政股全员并入市国土局。同年8月，成立常德市房地产开发公司，隶属市房地产管理公司领导，房地产开发公司内设办公室、技术股、生产经营股；同时成立常德市房屋产权监理站，内设办公室、房屋交易股、产权监理股。

1988年，常德撤区建市，市房地产管理公司及市房地产开发公司、市房屋产权监理站，一并归口新组建的常德市城市房地产管理处领导，定编129名，实有干部职工146人（其中干部47人、职工9 9人）。1989年，常德市房地产管理公司分设为常德市房地产经营公司和常德市房地产开发公司，分别为市房地产管理局领导的正科级事业单位，实行企业化管理。成立常德市房地产产权监理站和常德市房屋交易所，亦直属市房地产管理局领导。更名后的常德市房地产经营公司内设办公室、人教科、政研室、工会办、财务科、经管科、项目部和四个房管所。主要职责是，负责市本级国有直管公房经营管理和维修养护，承担旧城改造、商品房开发和物业管理、房屋拆迁、房屋置换工作。

常德市房地产经营公司自新中国成立之初成立，60多年来为常德市房地产建设和管理事业从小到大、由弱至强，做出了积极贡献。

建设管理国有公房，积极解决居民群众住房困难。1949年接收原国民党政府公房58间，1950年增收87间。当年公房收入大米3755公斤，人民币19098万元（旧币）。1952年在小西门左城湾修建砖木结构平房3栋共96间居民新村。自此，建管并举成为市房地产经营公司数十年不变宗旨。1988年住房制度改革前夕，市房地产经营公司直接管理的国有公房总面积57.88万平方米，其中生产营业用房14.09万平方米，生活用房43.79万平方米，全年经营收入600万元。市房地产经营公司为政府牢牢守住国有直管公房这块国有资产，并使其保值增值，同时抓好房屋维修养护，基本保障了居民住房需求，切实保障了居民居住安全。60余年，从未发生过直管公房垮房、倒房伤人事故。从2003年起，市房地产经营公司相继建成甘露寺廉租房小区、落路口廉租房小区、新二村廉租房等住房保障项目，解决低收入群众住房困难，成为市政府“关注民生解十难”典范。

积极开拓进取，构建一业为主、多种经营发展格局。改革开放以后，面临住房制度改革、居民住房需求不断提升的新形势，市房地产经营公司努力探索市场经济条件下房地产管理建设新思路和新出路，在全市率先进入住房开发建设领域。先后新建新一村、新二村、新三村、新四村、长胜桥等7个居民住宅小区，安置居民4500多户。近年来，先后成立市华厦房地产开发有限责任公司、市华厦房产物业管理有限公司、市房地产置换有限责任公司、市城市房屋拆迁事务所、佳家新房屋修缮有限公司等5个经济实体，业务领域拓展到房地产业各个方面，成为全市最大房地产经营管理单位，除担负城区五十万平方米，超亿元国有直管公房的经营管理任务外，先后开发建设锦泰苑小区、鸿泰苑小区、华泰苑小区、笔架城商厦、朝阳新居小区、水星楼文化城，以及育才路、北正街、东湖巷、东堤、水巷口、紫桥等地域商居楼，房地产综合开发项目效益显著。2005年起，公司经营开发年收入已超过2600万元。

抓好拆迁安置，积极推进城市重点工程建设。市房地产经营公司60余年一直是城区旧城改造主力。1958年在人民东路和人民中路扩街工程中，完成拆迁房屋353栋、面积32681平方米，并妥善安置拆迁住户。1969年在人民西路扩街工程中，完成拆迁房屋222栋、面积10600平方米，并妥善安置拆迁住户。改革开放后，先后完成武陵路（今朗州路）扩建工程房屋拆迁29009平方米，沅水大桥北引桥工程房屋拆迁4206平方米，鼎城中路（今武陵大道）扩建工程房屋拆迁18856平方米，城区防洪大堤工程直管公房拆迁19814平方米、直管生产用房、23349平方米，武陵大道南段直管公房拆迁16331平方米、直管生产用房拆迁14342平方米。

为确保公房安全，市房地产经营公司陆续对城区危房进行拆迁改造。1988年共拆迁危房10790平方米；1992年拆除危房4407平方米，完成德诚宾馆、滨湖公园西大门等处拆迁直管公房84栋、12523平方米；1995年完成西大堤防洪扫障拆迁直管公房面积2354平方米，为市政建设完成直管公房拆迁81户、2773平方米；1996年完成旧城改造拆迁1632平方米；1997年拆迁光明巷8栋2344平方米，乔家巷1栋421平方米；2003年完成朗州路、建设路临街公房6300平方米“穿衣戴帽”整改；2005年完成彩滨市场消防整改211家商户拆迁安置；2006年完成红卫社区消防整改公房共54栋、9271平方米拆迁安置。

2011年1月19日，按照市政府城市发展总体规划安排，常德市房地产经营公司和常德市金柳农业开发有限公司，改制重组常德市经致远土地整理开发有限公司，属常德市经济建设投资集团有限公司全资子公司。常德市房地产经营公司完成改制重组，标志公司圆满完成自身历史使命，也标志常德市全面完成国有房地产企业改革。

表 1.2.1.9.1　历届领导班子名录

1988—1992

姓　名	职　　务	任职时间
程有万	经　理	1988.12—1992.11
汪维国	党总支书记	1988.12—1992.11
张吕炎	党总支副书记、副经理	1988.12—
江贤明	副经理	1988.12—
麦春喜	副经理	1988.12—1992.11

1992—1998

姓　名	职　　务	任职时间
张湘德	经　理	1992.11—1998.12
牟利民	党总支书记	1992.11—1998.12
张吕炎	副经理	1988.12—
江贤明	副经理	1988.12—
唐长沅	副经理	1992.11—
刘春枝	副经理	1992.11—
代旭初	工会主席	1992.11—

1998—2002

姓　名	职　　务	任职时间
刘春枝	经　理	1992.11—2002
陈昌忠	党总支书记	1998.12—
张吕炎	副经理	1988.12—
江贤明	副经理	1988.12—
唐长沅	副经理	1992.11—
代旭初	工会主席	1992.11—

2002—2003

姓　名	职　　务	任职时间
蔡发焕	经理、党总支书记	2002—2003
祁　涛	副经理、党总支副书记	2002—
江贤明	副经理	1988.12—2003
唐长沅	副经理	1992.11—
龚训立	副经理	2002—
代旭初	工会主席	1992.11—2003

2003—2006

姓　名	职　　务	任职时间
雷元才	经理、党总支书记	2003—
祁　涛	副经理、党总支副书记	2002—2006
唐长沅	副经理	1992.11—2006
龚训立	副经理	2002—
邹湘武	副经理	2003—2006
张维祥	工会主席	2003—

2006—2011.1

姓　名	职　　务	任职时间
雷元才	经　理	2003—2011.1
李俊兵	党总支书记、副经理	2006—2011.1
张维祥	副经理、工会主席	2003—2011.1
龚训立	副经理	2002—2011.1
蒋卫新	副经理	2006—2011.1

十、中房集团常德房地产开发公司

中房集团常德房地产开发公司前身为常德市城市建设综合开发公司，创立于1985年，筹建和启动资金为从银行贷款270万元自筹解决。时为湘西北地区成立最早的国家二级房地产综合开发企业，属全民所有制事业单位。肖仲岩、蒋祥诘、黎体纯、方际山先后出任总经理。公司先后成立中房设计院、中房物业公司、中房建筑工程公司、中房销售公司、中房建材公司5家二级独立法人。1992年，该公司对外与澳门东洋投资有限公司合股，成立“湖南德洋房地产开发有限公司”；1993年，该公司与香港亿州发展有限公司、河北永年县钢厂合资，成立“河北永洋钢铁有限公司”；该公司还对内与常德市房地产经营公司、常德市房地产开发公司合资，成立“华洋旧城改造有限公司”；与市恒达建设开发总公司合资，成立“渔洋房地产开发有限公司”公司。

1992年，市城建综合开发公司加入中房集团，实行两块牌子（即中房集团常德房地产开发公司、常德市城市建设综合开发公司）、一套人员进行运作。2009年，该公司入股中房集团联合投资股份有限公司，享有0.5%股东权益。中房集团常德房地产开发公司先后开发建设滨湖小区、朗州住宅组团、皂果小区和紫桥二区、常德卷烟厂经济适用住房、东方嘉园、康桥尚都、康桥蓝湾等项目。公司下辖四个全资子公司：中房建筑工程公司、中房物业管理有限公司、中房拆迁安置事务所、广东惠阳德惠企业发展公司。

2011年，常德市全面完成国有房企改制重组，中房集团常德房地产开发公司重组为天源公司，归口常德市城市建设投资集团公司管理。

十一、常德市经济适用住房开发中心

常德市经济适用住房开发中心于1996年6月经市政府批准成立，为常德市房地产管理局下属正科级事业单位，具有三级房地产开发资质等级，注册资金800万元，主要承担市政府经济适用住房和商品房开发任务，兼营建筑材料、装饰材料的加工与施工；是常德乃至省内颇具影响知名品牌企业。经房中心下设二室三部和3个二级法人单位，即办公室、项目审计督察室、工程部、财务部、营销部、物业管理中心、经房装饰有限公司、经房水电安装公司。

经房中心本着“树精品开发模式、创小区建设楷模”开发理念，先后开发建成常德市第一家全封闭式物业管理小区“惠民新村”、常德市第一家以“绿色、健康、智能”为主题高标准住宅小区“健民花园”，以及益民苑、工商名苑、彩滨楼、馨香庭院等居住小区。公司下辖3个二级单位：经房物业管理中心、经房理想家装饰有限公司、经房水电安装公司。经房物业为二级资质物管企业，先后为市政府、德山开发区政府和多个社会化小区等十几家政府职能部门提供物业管理服务。

经房中心先后被评为湖南省房地产品牌企业十强、湖南省房地产开发企业综合二十强、湖南省维权先进单位、湖南省房地产诚信企业、湖南省房地产协会理事会单位，并连续十余年被常德市消协评为消费者信得过单位，经房中心经典项目“健民花园”小区被中国房地产业协会、中国房地产报社评为“全国大众精品开发模式”向全国推介。

2011年，常德市国有房地产企业改制重组，市经济适用住房开发中心和市房地产开发公司合并为天润公司，归口常德市城市建设投资集团公司管理。

十二、常德市房地产开发公司

市房地产开发公司成立于1988年。1988年1月，常德市房地产管理公司住房兴建与翻建职能分离出来，挂牌组建常德市房地产开发公司。公司设一室三科：综合办公室、工程科、计财科、经营材料科。公司成立宗旨是：开拓搞活，逐步解决达不到住房标准户和无房户住房困难。到1988年年底，房地产开发公司共完成建房面积17131平方米，完成投资229万元，完成利润14.3万元。1989年3月，市房地产开发公司与市房地产管理公司正式脱钩，当年开发建设商品房10栋，总建安工程量为11176平方米，销售商品房2203平方米，共计建筑面积8818平方米。

常德市房地产开发公司是常德市成立较早、实力较强的房地产综合开发二级企业，具有丰富房地产开发管理经验，拥有一支专业技术队伍，属全省百强房地产开发企业。公司自成立以来，先后开发建设三闾小区、西园小区、常青大厦、常鑫公寓、望江名苑、德泉公寓、广德公寓、亚运住宅小区等一系列优秀住宅小区和精品楼盘，开发面积达50多万平方米。

公司下辖两个二级单位：常德市宏建物业公司、常德市房屋拆迁事务所。

2011年，常德市国有房地产企业改制重组，市市房地产开发公司与市经济适用住房开发中心合并为天润公司，归口常德市城市建设投资集团公司管理。

十三、常德市迅华城建开发公司

常德市迅华城建开发有限公司前身是负责常德市育才路建设及两厢规划区开发改造的“常德市育才路开发建设工程指挥部”。公司成立于1996年5月，注册资本1025万元，内设一室三部：办公室、财务部、工程部、营销部。迅华城建开发有限公司是具有国家三级房地产综合开发、房屋拆迁、物业管理、装饰装修资质等级的国有房地产综合开发企业，主要经营房地产综合开发、旧城改造、居民小区生活服务及配套设施建设，兼营水电安装及物业服务。

2007年3月，根据国资委3号文件精神，迅华城建开发有限公司出资人由市建设局变更为市国资委，经工商登记注册变更为国有独资有限公司。公司率先在全市执行ISO9001质量管理体系认证，先后开发西晴公寓、迅泰大厦、育才小区、东华铭园、金色文苑、心怡花城、迅华商务大厦、明成花园、德园经济适用住房小区等项目，荣获市政府颁发的“第三产业明星企业”荣誉称号。

公司下辖三个单位：常德市迅华城建开发拆迁事务所、常德市迅宇物业服务有限公司、常德市迅华建设工程有限公司。

2011年，常德市国有房地产企业改制重组，市迅华城建开发有限公司与市华达公司合并为经泽公司，归口常德市经济建设投资集团公司管理。

第二节　市级协会组织

一、常德市房地产协会

1992 年 5 月 19 日，常德市房地产业协会成立。市房协是由常德市从事房地产开发经营、市场交易、经纪中介、修建装饰、物业管理等企事业单位及有关单位、个人自愿结成的行业性全市性非营利性社会组织。登记管理机关是市民政局，业务主管单位是市房地产管理局。

常德市房地产业协会成立 20 年来，以“为政府服务、为会员服务、为行业服务、为房地产项目服务”为宗旨，围绕房地产市场调研与分析、加强协会服务与协调职能等主题开展一系列行业活动。充分发挥企业和政府间的桥梁纽带作用，深入开展调查研究，提出一系列政策建议，为政府决策和行业发展服务；如实反映企业诉求，切实维护企业合法权益；坚持不懈规范行业自律，大力促进行业信用建设；为提高城乡人民居住水平，促进城乡建设，发挥房地产业在国民经济中支柱产业作用服务，做出重要贡献。

20 年来，常德市房地产业协会协助市房地产主管部门共主办 10 届房地产交易会、3 次房地产论坛；市房地产业协会及其各专业委员会，先后组织 12 次行业培训，培训对象超过 3000 人；持之以恒地开展业务培训，有力促进全市房地产行业提升行业发展水平，严格执行国家法律法规政策，规范行业自身发展行为，树立良好的行业社会形象。《常德房地产》杂志和《常德房地产信息特供》，多年坚持及时发布国家和省市房地产宏观政策及房地产市场信息，及时发布全市土地供应量及房地产市场供应价格、商品房住宅供应情况、销售情况、销售价格和商品房住宅开发成本等信息，并进行分析、预判，为政府制定管理调控政策，为企业谋划投入、产出和发展策略，提供宝贵的信息来源，为广大市民提供可靠的房地产供求信息。常德市房地产信息网累计访问量超过 700 万人次。

2012 年 5 月 19 日，常德市房地产管理局、常德市房地产业协会隆重举行市房协成立二十周年庆祝活动。中国房地产协会、省住建厅、市人大、市政府、省房地产开发协会、市住建局、市房管局、各区县市房管局、市城区房地产企业相关负责人共 100 余家单位、300 余人出席庆祝活动。大会高度评价常德市房地产业协会为常德市房地产业发展做出积极贡献。是日，市房地产业协会评选表彰了 1992 年至 2012 年房协工作先进单位和先进个人。1992 年至 2012 年房协工作先进单位共 10 家：常德市天源住房建设有限公司、市经泽建设开发有限公司、澧县房地产管理局、鼎城区房地产管理局、市德达房地产开发有限公司、湖南强劲房地产开发有限公司、湖南金恒房地产有限公司、湖南东汉房地产开发有限公司、市一建房地产开发有限公司、常德市白蚁防治所。1992—2012 年房协工作先进个人共 5 名：雷元才、彭文节、肖关成、吴霞、黎正丰。

市房协历年被常德市民政局评为“先进社会团体”，先后被湖南省民政厅、湖南省房地产业协会以及常德市人民政府、常德市房管局授予“先进组织”“先进集体”“先进行业协会”等荣誉称号，被中国房地产业协会评为“全国先进房地产业协会”。

2012 年 5 月 19 日，常德市房地产业协会成立 20 周年庆典

二、常德市物业管理协会

2007 年 1 月 16 日，常德市物业管理协会成立。市物业管理协会是由从事物业经营管理及其相关的企事业单位和地方社会团体、有关行业组织，和从事物业经营管理的职业经理人、专家、学者及有关机构负责人，自愿组成的行业性全市性非营利性社会组织。登记管理机关是市民政局，业务主管单位是市房地产管理局。

市物协宗旨是：坚持和落实科学发展观，遵守宪法、法律、法规和国家政策，遵守社会道德风尚：在我国社会主义市场经济条件下、团结组织本会会员，坚持为政府决策服务，为行业与企业改革发展服务的“双向服务”方针，积极协助政府加强行业管理，传达、贯彻执行国家的法规与方针政策，及时反映广大会员企业的愿望和要求，在政府与企业之间发挥桥梁和纽带作用。成立 5 年来，市物协以为政府服务、为行业与企业发展服务的“双向服务”方针，充分发挥桥梁纽带作用和会员之家的作用，做出积极贡献。

2008 年 1 月，常德发生罕见冰灾。常德市物业管理协会积极配合与支持市房管局，组织全城物业管理行业全员投入抗冰救灾。全城物业管理企业和小区物业管理从业人员，切实做到“三个确保”，即“确保组织到位、确保抢修期间的安全、确保按时供水”，强化工作措施，在 2 月 4 日前确保了市城区居民全面恢复生活用水和确保国有直管公房居住点安全。龙昌物业管理有限公司、市金泰物业管理有限公司被评为抗击冰灾先进集体，市家瑞物业公司孔令德、市金健物业管理有限公司蒋雪玲、市阳光物业管理有限责任公司周春等被评为抗击冰灾先进个人。

2010至2012年，市物业管理协会按照市委市政府要求，在紫桥小区、滨湖小区、富强小区、德安小区和乾明寺小区开展敞开式小区整治和规范管理试点。严格推行物业服务标准，做到“六有”，即卫生有人清扫、秩序有人管理、安保有人把守、设施有人维护、绿化有人管养、维修有人服务。完善物业管理设施，成立业主委员会，并对业主委员会成员及物业从业人员进行物业培训。市物业管理协会重视物业管理法律法规学习和宣传教育，先后组织业主委员会成员学习贯彻《业主大会和业主委员会指导规则》《湖南省物业服务收费管理办法》，举办《业主委员会业务知识讲座》，加强业主委员会对物业服务行为监督，督促物业服务企业提供质价相符物业服务，规范物业服务行为。

2013年，市物业管理协会组织全体协会会员就房屋交付前期物业服务的准备工作，举办“常德市住宅项目交房入伙知识讲座”，督促落实监控设备、消防设备、停车场出入设备安装、调试、运行检查到位，落实车库限高标示、车位号码标示、园区安全警示标示、红外对射系统等安全设施安装、调试、运行检查到位。

市物业管理协会2011年接受市民政局组织的行业协会评估，因工作扎实、资料完善、成绩显著，受到检查组一致称赞，以955分超高分被评为5A级行业协会，其先进事迹材料已上报国家民政部，并于当年被湖南省房地产业协会评为“全省先进市州物业协会”。

2011年10月26日，全市物业管理知识竞赛

第三章　队伍建设

第一节　党风政风建设

市房管局历届领导班子重视党风政风建设，始终坚持抓紧抓好党的建设，发扬党的优良传统，严格党的组织生活，保障党员切实履行义务，充分发挥党员和群众积极性、创造性；始终坚持维护和执行党的纪律，监督党员干部和其他工作人员严格遵守国法政纪；始终坚持按照市委市政府决策决议，研究探索房地产建设管理工作规律，不断开创常德房地产建设局面。

2002年，市房管局以“新常德、新房产”为指导思想，按照“一年一小变、三年一中变、五年一大变”思路，以解决市民群众普遍关心的热点、难点和疑点问题为工作重点，一手抓开发经营管理，一手抓党员干部作风建设，推进“把权力窗口变为促进经济发展的服务窗口”主题活动。为转变机关作风，增强服务职能，优化经济环境，市房管局制定公务员手册，健全规章制度，规范工作流程，更换办公大楼标识标牌，创办《新常德、新房产》特刊。机关干部思想趋于统一，进一步提高工作质量和效率，进一步提高机关工作人员个人竞争能力和素质，整体形象大为改善。

2003年，市房管局按照市委、市政府创建学习型城市部署，深入开展“学习型机关”建设，提升办事高效、管理规范、工作严谨、服务热情的新型政府部门形象。组织职业道德、职业素质、职业技能系列培训活动，提升广大干部职工综合素质，增强凝聚力；组织工作人员礼仪培训，规范干部职工日常仪容仪态；组织干部实用英语培训和业务电脑知识培训，拓展干部职工工作技能和求知手段；建设荣誉室、阅览室、接待中心、培训中心等学习场所，为干部职工提供良好学习环境，建立自我认识、自我学习、自我提高的精神家园，促进全局干部职工的道德素质、工作技能、精神状态产生新飞跃。

2004年，继续深入开展“学习型机关”建设，强化政治学习，多次组织党课教育，教育广大干部牢固树立正确权力观，努力提高广大干部“权为民所用、利为民所谋”主人翁意识，并在全局干部中大力倡导“心为民所想”服务精神。使每一位工作人员自觉做到“六个不让”，即不让办事群众在我这里受到冷落，不让政令在我这里遭受阻碍，不让工作在我手里延误，不让卷案在我手里积压，不让差错在我手里发生，不让单位形象在我这里受到影响。健全工作制度，规范服务行为。在具体工作中，结合自身实际，制定首问负责制、办证质量抽查制和错案追究制，从制度上保证房产证件办理质量，有力减少房屋产权纠纷和错案发生。

2005年，市房管局按照中央、省市委统一部署，深入开展保持共产党员先进性教育活动。市房管局教育活动按照“学习动员、分析评议、整改提高”三个阶段进行，始终突出四个重点：一是把组织党员学习贯穿到教育活动每一阶段，通过坚持不懈抓学习，使广大党员进一步深化对邓小平理论和“三个代表”重要思想的理解，深化对党的十六大和十六届三中、四中全会精神的理解；二是对照党章和“三个代表”重要思想要求，认真找问题、找差距、找根源，采取个人查、群众提、上级点、互相评等行之有效方式，努力把问题找准；三是充分发扬民主，引导党员正确对待群众意见、评价、监督，始终把教育活动置于广大群众的监督之下；四是把谋划先进性教育活动与服务发展大局结合起来，把保持先进性基本要求与党员具体情况结合起来，把开展先进性教育活动与做好房地产建设管理工作结合起来。

2005年2月23日，市房管局举行共产党员先进性教育动员大会

市房管局结合市委、市政府打造常德“经济强市、文化名城、和谐常德”目标，结合先进性教育活动部署，把2005年定为市房管局工作“满意年”，努力塑造房管队伍形象，做到市委、市政府满意，房地产开发商满意，广大市民满意。市房管局在全系统开展以“从严治房、诚信为民、争创满意”为主题行风建设教育活动，制定《全市房地产系统行风建设主题教育活动实施方案》和考核办法，明确考核内容和具体考核指标，印发《常德市房地产管理局关于征求房地产系统行风建设暨优化经济环境工作意见的函》300多份，在办证窗口发放意见调查表5000多份，广泛征求社会各界特别是服务对象对房地产管理部门服务态度和服务质量的意见和建议；印发文明办公用语和工作人员服务忌语，在《常德日报》上向社会郑重作出《常德市房地产管理局优化经济环境公开承诺》，公布举报投诉电话，设立意见箱；制定《全市房地产系统干部行为规范八不准》：不准以权谋私，索、拿、卡、要；不准公务活动接受现金、礼品、有价证券等；不准接受影响执行公务的宴请；不准工作时间午餐饮酒；不准参加任何赌博和工作时间内打牌娱乐；不准接受公款请钓请舞及参与其他高消费娱乐活动；不准找服务对象或下属单位报销发票；不准举办除婚丧事宜以外的人情宴请。局党组成立专门检查组，对全市房地产系统干部公务行为“八不准”落实情况进行专项督导检查，收到较好效果。

2006年，市房管局以建立健全廉政高效管理机制为目标，以抓班子、带队伍为着力点，结合机关文化建设，开创机关作风与房地产事业协调发展，社会效益和经济效益同步提高的良好局面。强化班子理论武装、强化制度建设、强化廉洁自律、强化团结协作，巩固先进性教育活动成果，不断提高领导班子的号召力、公信力和执行力：一抓理论武装。通过制定党组中心组学习制度、定期举行理论学习报告会、班子成员自学等形式，建立和完善领导干部理论机制；二抓制度建设。先后制定《局党组会议、局长办公会议制度》《中心组学习制度》《关于实行党风廉政建设责任制的规定》等制度规定，领导干部行为得到规范和制约；三抓干部自律。从体制、法制、机制“三位一体”入手，强化班子成员自律意识，要求事事处处起表率、示范作用，确保全局政令畅通；四抓班子合力。人事、资金调度及项目建设等重大问题坚持集体决策，由局党组或局长办公会议集体研究决定，形成班子整体合力。

2007 年为全市房地产行业制度建设年。市房管局通过强化制度建设、强化班子理论素养、强化廉洁自律、强化团结协作，提高领导班子号召力、公信力和执行力；通过完善机构制度、强化学习培训、加强文化建设等方式. 提高队伍向心力、凝聚力和战斗力，不断加大行业调研力度，不断强化行业监管职能，不断推进各项工作再上新台阶，圆满完成市委市政府下达的各项工作任务。2007 年，常德市房管局被湖南省建设厅和湖南省人事厅评为“全省建设系统先进单位”，被建设部和人事部评为“全国建设系统先进单位”；被常德市文明办评为“市直文明单位”；常德市白蚁防治所获得 2007 年度“全国白蚁行业科技创新先进单位”荣誉称号。

是年 5 月 10 日，市房管局召开第一次党员代表大会，选举产生中国共产党常德市房地产管理局直属机关第一届委员会，徐芳明当选为市房管局直属机关党委书记，宁慧当选为市房管局直属机关党委副书记，祁涛、李俊兵、孙友力当选为市房管局直属机关党委委员。

2008 年，市房管局深入开展“科学发展观”主题教育活动。5 月，组织全系统“科学发展观”主体党课学习，进一步明确中国经济、社会发展的根本宗旨和基本动力，进一步明确中国经济、社会发展的基本要求和基本思路，引导党员干部全面贯彻落实科学发展观，把科学发展观精神实质贯穿到本职工作之中，转化为推动常德市房地产业持续、健康、稳定发展的强劲动力。6 月，市房管局组织庆祝中国共产党成立 87 周年“我在党旗下”系列活动，进一步增强党组织凝聚力、创造力和战斗力，充分发挥党组织先锋模范作用，努力实现常德市房地产行业跨越式发展。9 月，市房管局党组织开展全市房管系统解放思想大讨论活动，引导党员干部认真查找差距，反思和查找影响和制约科学发展、跨越发展的思想障碍，在新一轮解放思想旗帜指引下，全力推进常德市住房保障工作，切实解决老百姓的实际困难。

2009 年，市房管局深入开展“学习实践科学发展观，创建满意房管”系列活动。3 月 26 日市房管局深入学习实践科学发展观活动动员大会召开后，所属各单位高度重视，迅速部署，全面发动，及时启动学习实践活动，坚决贯彻落实市委学习实践活动领导小组和局党组要求和部署，呈现气氛浓、开局顺的良好态势。全局先后组织学习实践科学发展观演讲比赛、征文比赛、摄影比赛，得到市委学习实践科学发展观指导组高度评价。8 月通过市委检查考核组考核验收，市房管局在全市第一批学习实践活动中，认真完成规定动作，大胆创新自选动作，在市直单位学习实践活动考核中名列前茅。市房管局结合学习实践活动要求，把 2009 年定为房地产业创新服务年，强化制度建设，强化班子建设，强化廉洁自律，强化团结协作，提高领导班子号召力、公信力和执行力，提高干部队伍向心力、凝聚力和战斗力。是年，常德市房管局被省委、省政府授予“省级文明单位”称号，办证服务大厅被全国妇女“巾帼建功”活动领导小组授予全国“巾帼文明岗”称号。

2010 年，市房管局成立由局长、书记任组长的市房管局创先争优活动领导小组，制定《常德市房地产管理局机关党支部关于深入开展创先争优活动的实施方案》，深入开展“四好”领导班子（政治素质好、作风形象好、团结协作好、工作业绩好）、“四强”党组织（推动发展能力强，服务群众能力强，凝聚人心能力强，促进和谐能力强）、“四优”共产党员（政治素质优、岗位技能优、工作业绩优、群众评价优）的“四好、四强、四优”创建活动，加强基层党组织班子、阵地、活动、制度建设，发挥党组织政治核心作用，促进房地产管理工作科学发展。市房管局一是紧密结合工作实际，公开承诺实施方案，将党组织和党员承诺进行公示，接受群众监督。二是认真开展学习讨论，提高参与意识。三是落实领导点评，突出活动效果。整个创先争优活动有序推进，成效明显。

2011 年，市房管局以深入开展全市房地产市场监管年活动为载体，牢牢锁定房地产市场监管工作重点，紧扣“抓管理、促服务、树形象”工作方针，积极创新思路，大胆改革举措，队伍建设成效显著。是年，市房管局执行新的“三定方案”，顺利组建市房屋租赁管理所、市国有土地上房屋征收管理处两个机构，圆满完成中层骨干轮岗交流，调配、任免干部 22 人次，其中提拔任用 14 人，调整局属单位班子成员、科室中层干部 20 人，机关工作力量科学配备到位。全局按照“一岗两责”工作要求，狠抓干部作风廉政建设，出台“六不准”“四不要”“八禁止”纪律规范，全年局系统没有出现一起干部职违法违纪违规问题，局系统风清气正，全体干部职工“敬业履责、规范创新、清正廉洁、和谐奋进”精神风貌得以充分展现。

是年 6 月 16 日，市房管局召开局机关全体党员会议，选举产生市房管局机关支部委员会，曾建新当选支部委员会书记，宁慧当选支部委员会副书记，陈晓玲、毛鼎、肖棋文当选支部委员会委员。

2012 年，市房管局以廉洁常德、满意政府创建活动为载体，坚持为民办好事、办实事，锤炼干部作风。一是围绕“锤炼党性、廉洁奉公”，加强党风廉政建设。局领导班子成员按照廉洁自律规定，规范从政行为，始终做到自重、自省、自警、自励，认真开展廉洁从政“承诺、评诺、践诺”活动，坚持实行个人重大事项报告制度，为干部职工树立廉洁从政、勤政为民的良好榜样。局党组按照“一岗双责”要求，明确党风廉政建设责任分工，逐级签订廉政建设责任书，层层落实党风廉政责任。实施《常德市房地产管理局集体决策制度》，对重要行政许可、重大项目、重要人事任免、数额较大经费开支等“三重一大”事项实行集体决策、民主决策，同时进一步理清法定职权，明确权力流程；严格执行行政执法程序，规范自由裁量权行使；加大党务、政务公开力度，确保权力在阳光下规范行使。二是坚持“深入群众，一心为民”，加强作风建设。局领导班子深入基层一线，听民声、摸实情，办实事、解难题，树立良好房管形象。积极开展作风建设主题月活动，深入市城区廉租房居住点，全力帮助解决民生问题。扎实开展好“一联一、一帮一”活动。针对帮扶对象实际情况，制定帮扶工作方案，真正帮出效果。

2013 年，市房管局围绕“新常德新创业”，以党风廉政建设为抓手，抓班子，带队伍，不断增强凝聚力，提高战斗力，全市房地产业实现又好又快发展，全市房管系统呈现政通人和大好局面。市房管局实施风险防控阳光决策，严格落实党风廉政建设责任制。在重大事项决策上，始终贯彻集体决策、民主决策。在重大资金使用上，坚持“一把手不管财”原则。按照市纪委要求，由一位局党组成员负责财务审批，财务室集中核算，局纪检监察室实时监督。全系统大力推行厉行节约，强化“四费”公示，全局公用支出及购置支出总体指标相比上年同期明显下降。在重大人事调整上，始终按照选任票决制任人唯贤。

是年，市房管局大力推进机关创建学习型党组织工作。局党组成立创建学习工作领导小组，以推进学习型、服务型、创新型党组织建设为主题，以提升工作人员责任，促进各项工作为目标，进一步深化学习全员化、学习组织化、学习制度化、学习价值化和以考促学（四化一考）机制，增强机关党组织和党员干部的习力、服务力和创新力，努力为建设现代常德、幸福家园提供强大思想保证和智力支持。全面实施《常德市房地产管理局党务公开工作实施方案》，成立局党务公开工作领导小组，制定党务公开监督检查制度，保障党员民主权利，增强党员工作责任心，激发党员争当模范自觉性，提高党组织影响力和吸引力。

至 2013 年，市房管局直属机关党委共有基层党支部 7 个，其中老干党支部 1 个、事业单位党支部 6 个。党员 133 名，其中在职党员 110 名、离退休党员 23 名，大学本科及研究生学历 56 名。

第二节　行政效能建设

市房管局始终坚持以群众满意为最高标准，治乱治懒治散，推进行政效能建设，提高工作效率，提升行政水平。

2002 年，市房管局以“创建全市文明窗口”为目标，在市产权处大力推行“一站式审批、一个窗口收费”办证模式，同步推行“首问”责任制，设立投诉台，聘请人大代表和政协委员为交易办证监督员。窗口工作人员统一着装，挂工号牌上岗，方便群众办事和监督。在办证大厅设立商务代办中心，为群众开办“直通车”办证业务，将原需一个月办证时间缩短为两天左右。大厅内上墙公示收费标准、收费依据、办事程序、政府有关文件。办证窗口工作人员积极热情为消费者服务，受到社会一致好评。

2003 年，市房管局拓展行业服务领域，为了更好地服务于产业发展，加大行业服务力度，着力于提升整个房地产行业业务水平，引导产业良性健康运转。市房管局以市房协六大专业委为工作载体，先后开展五次专题研讨活动，从政策理解、行业发展、应对措施等多个方面进行缜密分析研究，现场研讨、交流经验，解答疑难。同时，市房管局通过完善规划设计、预售、开发建设和后期管理，对房地产开发经营项目进行全程跟踪管理，在预售前引入住房面积预测服务。提高办事效率，赢得开发商和消费者好评，得到省建设厅充分肯定。

2004 年，市房管局在局机关和产权处进行 CIS 系统整体策划，改革机关管理传统方式弊端，印发《公务员手册》，设立政务公开栏和服务承诺公示牌，将所有服务项目、办事程序、收费标准向社会公开，全面提高办事透明度。直通车办证业务进一步完善，办证时间缩短到一个工作日完成，解决急等证件用户的困难；大力倡导为民、便民、利民服务措施，先后 50 多次对需要进行房屋交易而又身患疾病，不能出门或者行动不便残疾人员及孤寡老人上门服务办证。为确保服务质量始终如一，市房管局还聘请三位人大代表为"行风监督员"，定期进行行业行风沟通及房产业务座谈，通过一系列"挑刺"活动，杜绝行政审批中"拖、拿、卡、要"等不正之风。

2005 年，市房管局列为行风评议重点单位，市房管局高度重视，把行风建设工作与保持共产党员先进性教育活动紧密结合起来，成立专门领导小组，制定实施方案，设立举报电话，发送征求意见函，接受公众监督，及时作出整改。同时，市房管局以"提高个人业务素质和整体服务水平"为目标，通过课题调研、领导辅导、网络教育等方式，着重加强全局干部职工业务知识、业务技能培训和考核。理顺局机关各科室业务工作关系，合理分工，理清职责，出台《局机关各科室工作职责》《机关内部管理十项制度》等规范性文件，加强行政行为规范，实现经济效益与社会效益双赢。

2006 年，市房管局进一步完善制度、强化培训，不断提高队伍向心力、凝聚力和战斗力：一是完善制度抓管理。进一步完善"机关管理十项规定"，制定《常德市房地产管理局行为规范守则》，就干部职工学习培训、会议制度、内勤考核、车辆管理等各方面作出详细规定。二是强化培训抓素质。立足干部队伍现状，抓学习、抓培训，按照"干什么学什么、缺什么补什么"原则，开展传帮带、分类学习培训，积极参加省、市主管部门各类培训班，努力提高业务技能。三是抓机关文化建设。制定《常德市房地产管理局行为规范守则》，确立机关核心价值观、团队愿景；通过实施"无纸化办公"实现机关办公自动化，提高工作效率；通过在局机关实行工间操制度、在三楼新设咨询台等举措，进一步增强机关凝聚力和办事透明度。

2007 年，市房管局深入推进"制度建设年"活动。为培育全局系统团队精神，激励广大干部职工树立争先创优意识，营造积极向上良好工作氛围，建设“群英谱”评选机制。“群英谱”评选范围面向市房管局机关及局属单位全体干部职工，包括借用、聘用工作人员。评选坚持民主原则，以数据和主要事迹为依据，由干部职工充分讨论推选，严格掌握评选条件，坚持评选工作标准化，确保所评选先进人物为广大干部职工公认。对“群英谱”评选出的先进人物实行精神鼓励和物质奖励两相结合，将先进人物表彰决定存入个人档案。“群英谱”活动每季度评选一次，已经产生积极影响，广大干部职工工作热情大幅提高，先进人物榜样模范作用得到显现。

2007年10月18日，“温暖常德”活动在市房管局正式启动

2008年，市房管局制定“行政效能建设与文化建设紧密结合，用文化建设推动行政效能建设”工作目标，从三个方面着手，推动行政效能建设工作：一是开展行政效能监察活动，把效能建设工作落到实处。成立推行行政责任制加强行政效能建设工作领导小组，制定一整套推行行政效能监察工作制度；设置宣传栏，建立效能监察公示宣传体系；积极参加市纪委“阳光政务”电视宣传片拍摄和“行风热线”直播工作；组织开展“房博士服务宝典有奖征集社会评议”活动，为行政效能建设工作规范有序开展奠定基础。二是开展各项创建活动，把效能建设工作引向深入。以创建工作为突破口，内练素质、外树形象，取得显著成效。是年，市房管局荣获住房和城乡建设部政治思想工作先进单位和省级文明单位称号；文化建设经验在住建部召开的全国性会议上作典型发言。

2009年，市房管局继续推行“市民满意创建”及“三创”活动（即创“巾帼文明示范岗”“共产党员示范岗”“省级文明单位”）。进一步强化工作责任，明确个人岗位职责，实行周评比、月竞赛活动，就办事群众满意程度、业务工作差错率等方面实施综合考核，每月评出“服务之星”，形成作风正派、廉洁奉公、业务素质高、服务水平一流的工作氛围，窗口服务质量不断提高，市民满意度大幅提升。2009年1月—12月，市政务中心房产窗口7次被评为“先进窗口”，5次被评为“流动红旗”窗口，荣获“全国巾帼文明岗”称号。开展“情系万家，满意房管”主题实践系列活动：“阳光房政”活动，及时公开政府信息和产业信息，促进信息对等，政务公开透明，启动网上投诉处理程序，2009年以来，累计处理网上投诉36件。“春暖廉租房”活动，局党组成员采取普遍走访，电话预约、特约入户等形式，利用晚上和双休日时间对市城区三个廉租住房居住点共计852户保障对象进行全面回访，回访满意率100%，登记维修185起，投入资金4万元，解决145起。“和谐物业进社区”活动，组织专项工作组到经房物业、芷兰物业、芙蓉物业等30家物业企业，积极探索社区管理和物业服务良性互动机制，现场解决各类物业管理问题40多个，深受小区业主好评。

2010年，市房管局根据市委、市政府工作部署，将2010年定为全市房管系统“管理年”，以“抓管理、促服务、树形象”为工作指针，全力推进行政效能建设。一是制定行政效能建设工作方案及活动实施方案，召开全系统“2010年行政效能建设”动员大会；二是制定讲评办法，开展讲评工作；三是组织开展经济环境问题大走访、大排查、大整治工作；对大走访、大排查、大整治收到的意见与建议进行梳理，提出整改措施，及时督促整改。按照“开拓思路抓发展，严格要求抓管理，创新方式抓服务”工作标准，开创内部管理与行业管理齐头并进，经济效益与社会效益同步提高的良好局面。

2011年，市房管局行政效能建设向纵深推进。从严格服务机制和严格服务标准入手，市房管局着重提高为民服务水平和质量。一是强化物业服务管理。为进一步规范物业管理市场，切实保证业主权益，2011年先后出台《常德市物业管理办法》《常德市城区住宅建设项目配套公共用房和设施建设管理规定》《常德市物业服务企业诚信表现记分管理办法》和《常德市房产开发项目物业保修金管理办法》，规范物业服务行为，提升全市物业企业服务水平。二是全面完善窗口服务。大力推行首问负责制、回访制等相关制度，继续开展上门服务、延时服务和绿色通道服务；升级改造窗口登记系统，引进先进的网络监管系统，对外网实行上网行为监控，确保登记系统网络安全畅通；加强档案基础业务建设，档案馆被评为“湖南省特级档案馆”。产权处获得“全国房地产交易与规范化管理先进单位”“湖南省登记行业文明单位”“湖南省档案工作规范化管理先进单位”“全市先进基层党组织”等荣誉称号。三是加强中介市场管理。以房地产中介市场的监管和培育为工作重点，出台《常德市房地产中介市场和二手房交易资金监管办法》，建成二手房交易市场并于11月份开市，建立和完善中介机构准入、公示、职业标准等一系列制度，启动二手房交易资金监管。先后三次举办房地产中介从业人员业务培训，提高执业人员综合素质。出台《常德市国有土地上房屋征收评估技术规范》和《常德市国有土地上房屋征收评估操作规程》，使征收评估工作有据可依。

2013年11月28日，市房管局召开优化经济环境监督员代表座谈会开门纳谏

2012年，市房管局突出“求真务实，强化服务”，继续强化行政效能建设。推行廉政预警处置。局纪检组、监察室按照局党组要求对工作监察、明察暗访、群众投诉等渠道获得的线索，对反映存在的工作作风差、效能低下、不遵守廉洁自律、影响投资环境、违反党纪政纪责任单位和个人发出“预警通知书”，要求被问责单位或个人限期

作出解释、表态和进行整改，并接受局纪检组、监察室检查的制度。廉政预警处置重点解决工作人员各种违纪行为和缺乏责任意识、服务意识，在工作中得过且过，不作为、乱作为、慢作为，习惯于“吃、拿、卡、要”，对群众“冷、硬、横、推”等问题，切实转变工作作风，强化服务意识，着力为群众办好事、解难事，提高群众对房产行业满意度。

2013 年，市房管局行政效能建设围绕讲学习、重服务、争先进主体组织系列活动，打造素质过硬的干部队伍。一是人人讲学习。建立专门的干部学习制度，通过听党课讲座、受业务培训、办知识竞赛，营造人人讲学习、人人爱学习浓厚氛围。全年以学习实践十八大精神为主线，加强中国梦、新常德新创业、《中国共产党和国家机关基层组织工作条例》等项重点内容学习，提高全体干部职工思想觉悟，激发干部职工工作积极性。二是个个重服务。坚持树立“个个都是服务员、岗岗都是服务职”理念，干部职工立足工作岗位，创新服务方式，不断追求工作服务最高标准。三是事事争先进。大力营造“学习先进、争当先进、赶超先进”浓厚氛围，通过平时点评、年终考评、推选奖评等方式，积极引导干部职工在工作上争先进、在服务上创一流。

第三节　机关文化建设

2002 年，市房管局为了转变机关作风，增强服务职能，优化经济环境，提高工作效率，提升干部素质，创造性导入“CIS 管理工程”模式，把企业管理、企业文化引入到机关管理之中。市房管局 CIS 系统整体策划方案倡导学习文化，奖励干部职工深造学习、申报科研创新成果，实施学历奖励政策；创新制度文化，建立健全规章制度，规范工作人员日常行为，不断完善制度体系、不断规范团队行为；塑造环境文化，营造机关形象识别系统，优化文明办公环境，建立礼仪接待体系，张贴文化格言、行为警示，让干部职工时时置身团队文化理念氛围之中；提升服务文化，改进管理方式，搭建先进服务平台，树立先进服务理念，推动效能建设。是年，市房管局按文化建设整体方案，改造办公环境，创办文化特刊，制定员工手册，健全规章制度，规范工作流程。从定位“2002 服务年”着手，推进“CIS 管理工程”。

2003 年，市房管局在“服务年”工作基础上把该年延伸定位为“管理年”，通过加强行业管理、强化职能管理，深化机关文化建设活动，提升工作水平，引导产业健康有序发展。是年，市房管局开展系列培训活动，组织 CIS 知识考试，开展机关工作人员礼仪培训，组织干部实用英语培训和业务电脑知识培训，建设机关荣誉室、阅览室、接待中心、培训中心，结合市委、市政府创建学习型城市要求，适时提出创建学习型机关、创建文明机关目标要求，通过一系列职业道德、职业素质、职业技能培训活动，着力提升全局干部职工道德素质、工作技能、精神状态。

2004 年，市房管局明确提出建设一流的工作队伍、创建一流工作业绩，展示一流机关形象的文化建设工作目标。继续深入推进 CIS 文化系统工程，有计划、有针对性组织机关干部进行英语、电脑、普通话各项专业培训及技术比武活动，提高全员综合素质。在具体工作中，突出抓好各个服务环节落实，设立政务公开栏和服务承诺公示牌，将所有服务项目、办事程序、收费标准向社会公开，全面提高办事透明度。开始拓展机关文化建设工作领域，面向社会先后举办“金色晓岛杯”摄影展、“武陵欢歌、魅力康桥”诗歌朗诵晚会、常德市首届物业管理小区运动会和常德市物业管理行业首届“金秋菊展”。

2005 年，市房管局以“提高个人业务素质和整体服务水平”为目标，通过课题调研、领导辅导、网络教育等方式，着重加强全局干部职工业务知识、业务技能培训和考核。从五月份开始，每月安排一至两个业务部门负责人在双休日利用半天时间进行业务知识讲座，以《常德市房地产管理局关于在局机关各科室开展业务知识讲座比赛的通知》形式，明确学习纪律，保障学习效果。对外组织“魅力常德·魅力康桥”首届家居文化展、“阳光物业·真优美家居首届社区文化节”。

是年 10 月，市房管局策划由中国城市科学研究会、中国房地产协会和常德市人民政府联合主办“中部崛起·城市发展论坛”。中国城市科学研究会、中国房地产业协会、国家发展和改革委员会、湖南省人大常委会、湖南省人民政府、北京大学、中国人民大学、湖南省建设厅、国家开发银行湖南省分行、常德市领导和专家，11 个省、直辖市、自治区 30 多个城市 200 多位代表出席。与会人员深入交流探讨，研究中部崛起政策和发展规律，探索中部区域经济发展及不同区域板块合作互动，加强城市间合作与交流，拓展城市发展、城市规划、城市建设和管理理念，内容丰富，成果丰硕。

2006 年 8 月 16 日，省文明办领导在市房管局检查指导工作

2006 年，市房管局按照市委、市政府创建“市民满意房产办证窗口”工作要求，以“市民满意创建”活动为载体深入推进机关文化建设。制定《常德市房地产管理局行为规范守则》，确立机关核心价值观、团队愿景；开展办公软件操作培训、房地产产权产籍培训、服务礼仪规范培训，着力提升员工操作技能和服务质量，服务质量明显高于往年，市民满意度大幅提升。全系统以落实为民办实事为工作重点，以“创建学习型机关、推进效能建设”为切入点，以“政务就是服务”为着力点，抓住“中部崛起”机遇，开拓创新，锐意进取，保持房地产业管理、旧城改造、住房保障体系建设管理等各项工作平稳推进。

2007 年，市房管局系统文化建设围绕“制度建设年”展开，整章建制列为全年文化建设工作重中之重。市房管局组织专门班子对局机关现行规章制度开展专题调研，按照标准化工作程序、标准化工作环境、标准化工作行为要求，进行修改、提炼、完善、汇总，出台《常德市房地产管理局管理手册》《常德市房地产管理局办公环境管理办法》《局机关过期文件回收处理办法》《局机关节能降耗制度》《常德市房地产管理局文化建设工作职责》《常德市房地产管理局机关文化工作的考核标准》《局机关环境绿化标准》《局机关保安人员工作标准》《旗帜的使用办法》《常德市房地产管理局工作人员日常工作行为考核实施细则》等制度，为丰富、完善制度建设，加强工作标准化打下良好基础。

2008 年，市房管局制定文化建设推动行政效能建设工作目标，全力推进创建全国文明城市工作。建立目标体系，落实工作责任：采取“分管领导分线包创建，局属单位、科室负责人亲自抓创建，干部职工人人搞创建”方式，把创建任务层层落实，实现目标责任具体化、创建指标定量化、监督检查日常化、责任追究制度化。狠抓窗口建设，提高服务水平：举办公务礼仪专题讲座，改进服务态度，提高办事效率，提供优质服务。进一步简化工作流程，缩短办事时限，全面推行阳光审批制度，把房管部门打造成文明创建的窗口。加强行业监管，巩固行业创建成果：部署安排市城区物业管理行业创建全国文明城市工作，打造一批标准化物业示范小区，以点带面，推动市城区所有物业小区的创建工作。是年 10 月，市房管局应邀出席建设部举办的全国住房和城乡建设系统“推动文化大发展，提升文化软实力”推进会，局工会主席陈勇代表常德市房地产管理局，发表题为《在发展中培育事业魂 在创新中提升软实力》典型发言。

2009 年，市房管局继续推行 CIS 文化建设工程与文明城市创建相结合工作目标，全面推进迎接“全国城市公共文明指数测评”工作。按照市委、市政府创文工作要求和创文测评评分标准，市房管局结合“十问”“八不行为规范”“八荣八耻”等内容，印制《全国城市公共文明指数测评调查问卷》《全国城市公共文明指数测评知识手册》，分发到局系统干部职工手中，营造创建工作良好氛围。局领导多次深入包保路段开展交通、行人文明秩序维护，对路段两边经营业主、行人进行文明创建义务宣传，并组织干部职工对所包路段环境卫生进行集中整治。深入到市城区 282 个物业服务小区，部署安排市城区物业管理行业创建全国文明城市工作方案，打造一批标准化物业示范小区，以点带面，推动市城区所有物业小区创建工作。

2010 年，市房管局紧紧围绕市委市政府工作部署，将 2010 年定为全市房管系统“管理年”，抓管理、促服务、树形象，促进工作纪律、服务态度、办公环境、文明行为综合水平整体提升。4 月，市房管局机关干部职工分批前往长沙石燕湖开展野外拓展训练，提升干部职工执行力。同月，市房管局组织市房协理事单位负责人及房地产营销策划专业委成员赴广州、珠海对万科集团兰乔圣菲、金域蓝湾、金域华府等三个项目、绿景集团凤凰山（昆仑山一号）、华发集团世纪城、新城与珠海十字门中央商务区等优秀项目进行实地综合考察，学习其先进开发理念、营销手法、管理模式。11 月，举办专题报告会。中南大学商学院袁乐平教授以“当前宏观经济政策对房地产市场的影响”为主题作分析报告，并与常德房地产开发、建设、管理高层管理人员进行深入探讨，积极探索三线城市居住解决方案，促进常德市房地产市场持续健康发展。

2011 年，市房管局机关文化建设将改进干部作风、改善机关形象列为重中之重，以创建文明城市和创建满意政府等中心工作重要活动为载体，坚持为民办好事、办实事，不断锤炼机关干部素质，弘扬真抓实干作风。建立局长亲自抓、分管领导具体抓、科室单位协作抓的工作机制，坚持创文巩卫工作一周一调度、一周一督导，全力确保各项工作任务真抓到位、真干到位。制订机关单位文明创建细则，从环境卫生、硬件设施、文明办公、遵守公德等方面，要求全体机关干部在文明创建中从点滴做起、从事事做起，在言中说文明之语、在行中用文明之举、在事中守文明之章。是年，市房管局文化建设与文明创建、行业提质相结合取得综合效益：建立市场开发联合执法机制，执法监察领域由过去查处违规预售行为扩展到物业、中介等各个房产业务领域，执法监察效果明显。强化维修资金管理，出台《常德市维修资金监督管理办法》，实现维修资金缴交标准化。认真办理群众诉求与吸纳群众意见，全年接待来访群众 300 余人次，受理涉及拆迁补偿、产权登记等信访案件 36 件，受理人大建议、政协提案交办件 28 件，实现建议提案办理答复率、见面率和满意率三个百分之百目标。年底，市房管局被市委、市政府评为“创文先进单位”。

2012 年，市房管局认真组织党的十八大精神宣传、学习、贯彻，深入推进社会主义核心价值体系建设，弘扬中华传统美德，倡导和谐社会文明风尚，提升房管干部职工道德修养。组织十八大精神宣讲活动，举办专题讲座，认真组织党员深入学习十八大精神，切实理解把握十八大精神实质，将思想和行动统一到十八大战略部署上来，将十八大战略部署落实到自身具体工作当中。精心组织“道德讲堂”活动，唱红歌、学模范、诵经典、发善心、送吉祥，活动庄重生动，内涵丰富。

2013 年，市房管局全力推进学习型机关、学习型党组织建设，机关文化建设迈进更高层次。按照市委市政府“新常德·新创业”，创新工作思路，推进生态文明城市建设，构建美好常德梦想重大决策，成立“新常德·新创业”读书报告会活动领导小组，研究制定《读书报告会活动方案》，组织开展系列主题活动。组织开展读书报告会活动，精心提出推荐书目，把好报送文章质量关。紧密结合常德实际、本职工作实际，畅想“常德梦”、畅想“房管梦”，把读书学习成果转化为谋划工作的思路、推进与促进当前工作的措施、胜任工作的能力。以常德《产权报》、党建网为载体，开辟专栏，多形式多渠道宣传终身学习理念，进一步加大宣传力度，扩大影响力，提升知晓率和参与率，浓厚舆论氛围，组织“读书、成才、奉献”读书成果交流活动。树立健康生活理念，经常组织开展干部职工喜闻乐见的业余活动，在丰富工作和生活同时，提升干部职工综合素质，提倡文明健康生活方式。

2013 年 4 月 12 日，市房管局在太阳山组织机关干部登山比赛

第二篇《

房地产建设

第一章　传统房屋

第一节　传统民居

一、建造技术

旧石器晚期，常德地区原始人以洞穴栖息方式，在沅、澧二水流域平原山川生活、聚居。常德郊区岗市（今灌溪镇）、石板滩乡一带，澧县澧南乡、张公庙乡，津市窑坡渡乡，石门县渫水下游一带现有旧石器时代遗址40多处。临澧官亭竹马旧石器晚期遗址，考古显示为台式基址居住建筑。今常德城北郊南坪炮楼山遗址、东郊谢家屋场遗址、德山遗址，今澧县梦溪三元宫遗址、安乡县汤家岗遗址、石门县皂市遗址，均为新石器早期常德先民房屋遗址。

（一）屋基地面。

长达上万年之久的旧石器晚期至新石器早期，常德先民建造居住建筑，均采用夯土台基，且用白灰抹地，硬化和装饰地面。新石器中期安乡县划成岗住房建筑遗址则显示，这个时期常德先民建造居住房屋，有的在居住地面开挖基址，内置卵石后成行成列竖立木柱，木柱上绑扎搭构木板，再往其上构建住房。

夯土台基房屋地基构建，是当时人类最为先进的居所建筑技术，在常德地区不断发展完善。直到现在，常德农村建造木构架住房，仍在使用夯土台基技术。唐代，木构架房屋普遍采用台式基础。一般条件下，台高1米，多为矩形，四周用花岗石或青石垒砌，中空用碎石、素土填实，面铺片石，承重柱和木壁下端垫塞石礅和石条，用以隔潮。石门、津市、临澧、桃源等地多用毛石垒砌成阶梯形基脚，用杉松木料穿枋构成框架，再在其上铺板建房。

宋元之际，常德地区内石木结构、砖木结构房屋用石料或火烧黏土砖与砂浆砌成带状独立基础。这种基础逐级采用等高或不等高式收进，基部称大放脚。大放脚一般用3：7灰土或1：3：6砖石灰三合土作垫层。基础砖砌筑时一顺一丁，竖缝错开。元延祐六年（1319），常德府城修建文庙五间，均用石料构筑基础，石基高6尺（2米），石基之上环以石栏。明清之际，常德府城先后建成一批最具常德住宅建筑特色的典型民居—窨子屋，如关庙街（今朗州路）大关庙、华严庵街（今建设路）常清观、常清街山陕会馆、老道司（今步行街衣巷子）白衣阁、大河街（今沿安路）万寿宫以及河街沿街商铺。这些窨子屋，都用石料或黏土砖与砂浆砌筑基础，再用条石或块石垒砌外墙勒脚，上砌青砖空斗墙，空斗中灌筑泥土砖碴。

汉代，常德地区已经开始用青砖铺地。唐代用磨砖对缝、用石灰砌成地面。清代，寺庙正殿一般用瓦渣灰、石灰夯实后浇涂桐油作地面，富户用紫砂陶砖铺地面，或用地枕悬空铺设木板，正堂一般为三合土地面。普通民居则多为黄土地面。

（二）主体结构。

1. 木结构。距今约8000年的新石器早期至商周时期，虽然澧县城头山等地已经出现用土坯筑墙结构方式，但常德先民在各地建造居住房屋主体仍然多为编竹或芦苇夹泥作壁。春秋末期，楚国大量中原地区遗民迁至高蔡（今常德市），常德地区内房屋主体建筑技术始有长足进步。至唐代，以木结构为特征的主体建筑技术进一步趋于成熟。其时，抬梁式构架在寺庙、衙馆、官廨建筑中普遍采用。此类构架用大柱承梁、用梁承檩，构成房屋主体。柱高与柱径尺寸比例一般为9：1。建筑物正面两檐柱间水平距离称为开间，开间宽度一般采取奇数。开间数量视建筑规模及业主实力而定，民间常用三、五开间，官廨多用五、七开间，进深多为11檩，木质板壁，四周设廊。

南宋乾道中，澧州城南兴建遇仙楼，有巨柱24根，为常德宋时典型木结构主体。宋、元时，木柱多由方形改为圆形，檐柱由当心间向两端升高，檐口故呈缓和曲线，称为生起。前后檐柱及山墙柱均向内微倾。这种做法与李诫所著《营造法式》相一致。其时，地区内木架建筑采用古典模数制，将木架建筑的用材尺寸分成八等，按屋宇大小、主次量屋用材，施工程序得到简化。明代，木结构技术愈加精湛。柱上下两端作凸榫，以插入栌斗和地梁。柱与坊相交处，用镊口鼓卯或用燕尾鼓卯。当两侧都有梁坊入柱时，将梁坊刻作藉批搭掌式样，再用木钉固定。穿斗式构架在民间广泛采用。此种构架是用柱直接承檩，用数层穿坊系柱，以保持柱的稳定。其进深多至7檩，大梁以5架为限。

明代后，木构架主体施工逐渐程序化，一般经起样、裁料、画墨、制作、竖架、组装等工序。清末，木构架主体施工时，先由墨头（掌墨师傅）把房屋大样、部件画于木板，标明规格尺寸，再按此下料、画墨、制作、竖架、安装和装饰。裁料画墨，打眼作榫。穿斗排架时，榫眼相对、毫厘不差，十分坚实牢固。梁枋雕龙刻凤，窗棂凿花镂草，技艺甚为讲究。这种构架、起屋方式，在常德广大农村地区，一直沿袭至今。

2. 砖木结构。砖木结构系砖墙承重，木屋架、木楼、木地板。汉代，常德开始建造砖木结构或石木结构的二至三层楼房。1986年常德城区东江乡新安村出土的汉代陶制楼房模型，陶瓦屋顶，四角八字翘檐，窗户镂空雕花，反映出当时常德房屋建筑规模、制式、用材、工艺诸方面先进水平。此种结构房屋在明代开始盛行。其墙体分为山墙和檐墙。山墙位于建筑物隔墙处，除硬山建筑外，止于檐下。墙体分为裙肩、上身、山尖三部分。明代规定裙肩高为檐柱高的1/3，上身高为檐柱高的2/3，山尖用拔檐砖两道和用博风板。博风板端部做成菊化头式样，上端为坡水和瓦垄。立于建筑物两侧山墙境内通称为封火墙。此类山墙超出屋脊，顶部呈水平状或随屋面起伏，起装饰和封火作用。墙体由地面直抵檐下，多作庑殿和歇山建筑外墙。其墙体较山墙薄，分裙肩和上身，施工工艺与山墙相同。

墙体所用砖料，城镇多为青、红砖，农村多用土坯砖。青、红砖墙有空斗墙和眠墙两种。空斗墙在中空用碎石泥土填充，一般作围护墙，其砌筑方法有马槽斗、盒斗、高矮斗等多种，墙厚一砖至一砖半。眠墙是将砖平侧砌筑，上下错缝，内外搭接。土坯砖是用田泥掺草制作。元至元中（1264—1294），常德郡监哈珊为丁易东创办的沅阳书院植松万株，护荫田园，即用青砖砌筑围墙护院。

常德新安村东汉楼房陶质模型

清光绪九年（1883）后，外国传教士开始在地区内兴建教堂、育婴堂等建筑，澧水流域出现罗马式砖木结构房屋，沅水流域亦开始出现中西合壁式砖木结构房屋。清光绪二十九年（1903）兴建常德广德医院，其构架形式为西式砖墙体，中式木屋盖，四周砌青砖围护墙。正立面两侧入口处有 4 根上大下小圆柱。

（三）屋面屋盖。

商周至战国时期，泥土烧制绳纹和方格纹红、灰色板瓦、筒瓦、瓦当，已经开始在常德多地住宅建筑上大量采用。东汉时，地区内庙宇，部分屋盖为青瓦，时称小青瓦、蝴蝶瓦等。唐代，地区内兴建县学、寺庙、祠观等屋面多为青瓦。屋盖为木架上置檩，檩上钉椽皮作基层，椽皮之上铺瓦。施工工艺是，一般先做屋脊，再自檐口向上铺瓦、做屋面泛水，后做脊檐瓦头粉饰。唐代中期，地区内佛寺建筑多用筒瓦。筒瓦屋面坡度一般为 1/1. 5 到 1/2，稍呈弧形。其结构多用木架承重，上置密檩。檩上满钉屋面板，再钉椽条作基层。清代，官署、学宫、宗教等建筑普遍采用琉璃瓦，商贾、豪绅、官吏府第屋面多为青瓦，部分盖筒瓦。城区一般居民住宅多用小青瓦，湖区一般民宅多用稻草屋面，山区一般民宅多用天然片岩、茅草、树皮作屋面。

汉代，常德殿宇楼观等大型房屋建筑上盖开始采用翼角上翘，八角出檐，下设斗拱，滚龙脊造型等形式。唐代中期，常德地区内所建寺庙多用重檐歇山顶，上檐翼角起翘，四向辐射上转，下檐龙首翘昂，口中含珠，下悬风铃。宋时，官府建筑覆盖绿色琉璃瓦，飞檐翘角，角挂风铃。檐、枋、穹顶等处是装饰的主要部位，有单檐歇山顶和重檐歇山顶。单檐歇山顶多敷盖琉璃瓦，斗拱藻井包檐，屋脊两端设鳌鱼吻。重檐歇山顶九脊普遍采用琉璃瓦砌成云龙状，正脊中央置龙盘葫芦瓶宝顶，高 2—3 米，配盖黄色琉璃瓦。明代常德官府重修常德太阳山阳山庙时，庙顶和飞檐顶部盖瓦，全部用生铁铸造，正脊中央竖立一尊九火铜铸的金黄色盘龙葫芦瓶宝顶，高达 3 米，民间因此将这座庙宇、包括建造庙宇的山峰，统称为金顶。清嘉庆二十五年（1820），汉寿兴建万寿宫，其屋盖用飞檐斗拱，屋坡、挑檐盖金黄色琉璃瓦，四檐角起翘，挂风铃。檐头滴水为绿色陶瓷花样，屋脊为陶制鳌鱼宝顶，卷草衬脊，爪角配坐狮凤爪。是时，石门县石匠覃守成用石料凿雕麒麟吐瑞、十八罗汉置于屋脊，栩栩如生。清末民初，官府、富户宅第将高出屋面封火墙缘砌为圆滑曲线，白面青瓦，优美无华。常德城乡民间普通民居，屋盖装饰则朴实简单。明洪武年间，沅江流域屋脊多用陶塑，澧水流域屋脊通用空心塑花窑砖，再盖半圆扣榫瓦。

二、建筑风格

民居与历代官式建筑（宫殿、府邸、寺观、陵寝）不同，受统治者颁行“法式”、“则例”限制较少。民居建设根据各自经济条件，从各自生活习惯和生产需要出发，因地制宜，就地取材，突出反映着其自身发展、演变所依据的自然环境、历史文化及传统建筑艺术。各地民居因此各具特色。常德历史悠久、地灵人杰。迄今已发掘旧石器时代遗迹 50 多处，新石器时代遗址 540 多处。彭头山遗址出土陶片上刻画符号，被认为是中国和世界文字源头。夏商善卷的功德行迹，成为亘古不变的民族集体记忆。屈原在沅、澧流域留下《离骚》《天问》《九歌》等世界文学经典，成为中华文化的辉煌旗帜。常德秦代属黔中郡，两汉属武陵郡。三国以后直至清代，常德区划虽间有分合，大致仍按沅、澧流域分治。地处荆楚和湖湘文化交汇之处，常德传统文化包括建筑文化，具有自身的鲜明特点。常德民居植根于常德历史、人文和自然、地理环境，既远异于中国北方民居，也有别于湘中、湘南。历经数千年文化锤炼和生活选择，常德民居鲜明反映出常德本土历史文化和建筑文化特色。

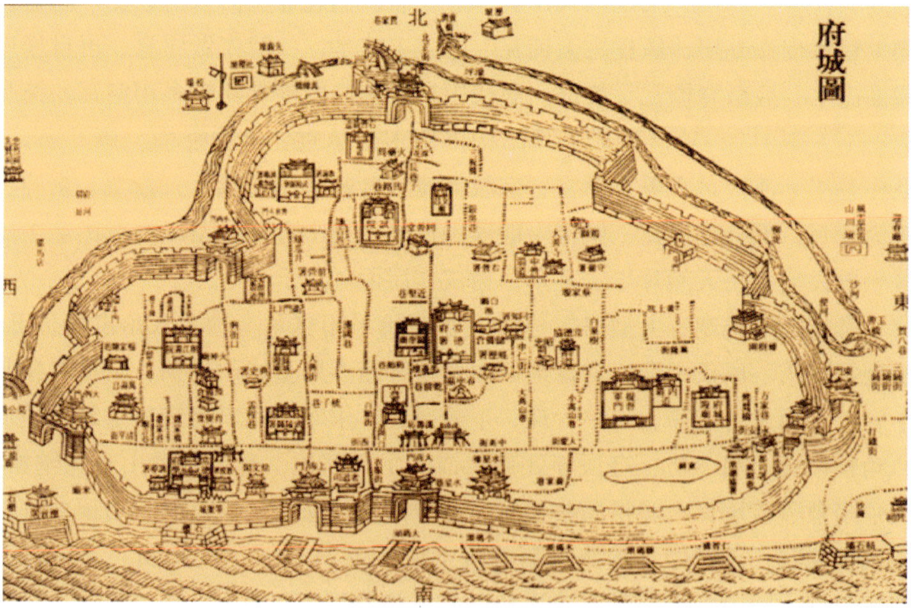

清同治元年（1862）常德府城图

澧县城关遇仙楼，南宋乾道年间（1165—1173）始建，清雍正十二年（1734）重修。其平面呈八方，亦称八方楼。楼系三层木架结构建筑，楼底直径 15 米，楼高 20 米，楼体系24根立柱构成，底层布回廊，内置旋梯。每层屋檐转折处翼角高翘，梁枋精雕龙凤、花草图案。三重檐盔顶，覆绿琉璃瓦，顶端置葫芦宝顶。遇仙楼风格古朴，结构精巧，建筑技艺精湛，属湖湘古建筑精品。

石门所街文家村覃氏祖祠，元朝末年始建。建筑系砖木结构四合院，坐北朝南，依山而建，总面积2500平方米。进深25米，青石大门，大门正面为四柱三层门楼，气势恢宏。台基呈长方形，台基四周墙脚及阶檐以长条形青台铺垫，小青瓦屋面。第一层门檐饰人物、花草纹样，线条流畅，雕刻精细；第二、三层石雕分别饰以彩绘，均采用浅浮雕手法，构图精准到位，顶部正檐为砖式斗拱。覃氏祖祠融汇多元文化，构造技术先进，具有很高的历史文化和古建筑艺术价值。

常德城镇民居，内外有别，尊卑有序。选择房址、设计样式、施工建造，千百年来约定俗成，至明清之际，逐步形成了整套仪制。

（一）择址勘基。

隋唐以后，风水勘舆学说对常德住宅建设有非常重要的影响。古代农村居民大多因氏族聚居形成村落，如常德市郊区护城乡岩坪村吕氏家族、聚宝村项氏家族、柳叶湖戴家岗戴氏家族，氏族村落居住形态延续至今。但住宅各自独立，均讲究选择屋场基地，俗称"看屋场"。一般而言，山区及丘陵地区"看屋场"，以得水为上、藏风为次，因此新建住宅选择屋场地基，大多依山傍水。以高地、台地及土质坚硬处为宜。常德民间谚语有云："一潭深水在屋前，子子孙孙福绵绵。"房屋朝向多朝南或东南。平原地区农村及城镇居民，"看屋场"选择建房基地，朝南则是地理、气候都最为适宜的最好取向，也是风水学说最容易允许的取向。常德民间谚语又云："坐北朝南，人财两旺"，认为屋场适宜与否，关系子孙兴替、家业兴衰。这类民谚很多，如"阴宅阳宅，不可乱择"、"人穷赖屋场，家穷赖地方"。因此凡是兴建居屋，必请勘舆先生察勘地基。择址勘基民俗，在常德广大农村地区，延续至今。

（二）破土建造。

屋基选定以后，便可择吉期动土开工（忌黄道学说中"上岁""黑道""月建"之日）。届时，主人先祭土神，然后由勘舆先生定向定基，并在桩界上挂红。建房主人挖土三锄，俗称"破土"，其后便可开始平整基地。屋场要求平坦周正，周围讲求有树。如果达不到上述目标，必用人工补救，俗称"培屋场"。破土仪式完毕，主人设宴招待勘舆先生。平基培屋场之后，再择吉日定放磉墩。定磉时宰雄鸡一只，抹鸡血于堂屋两缝中柱下方，称"消煞"。住宅建造过程中，上梁极为神圣。梁木须选杉、松、柏等木材。搬运梁木，中途不能着地歇息。制作时，木工颂开梁词："开梁口，开梁口，开个金仓满万斗；你开东来我开西，代代子孙穿朝衣。"上梁亦必须勘选吉日。吉日既定，前一日主人置办牲醴、香烛，由匠工头目率领，抬着祭品至鲁圣宫或附近土地庙举行祭祀，祈求泥木业祖师鲁班降灵，庇佑上梁成功，工程吉利。所谓上梁，系指建房施工时桁架立起后，安放正屋中间一道正梁。届时，工匠、帮工各司其职，亲友、乡邻助兴围观。中柱上贴大红对联，照面门枋上书“紫微高照”或“吉星高照”四个大字。在即将安放的大梁上系上红布，作为吉祥象征。工头领班对梁木行礼，并备置牲醴、焚香烧纸，祭祀鲁班。然后，由首席木匠师傅凿开梁口，并以五色花线、红绿布条、古铜钱塞压于两端梁口与屋架中柱顶端之合榫处，掌墨木工与一瓦工同时缓缓抬梁攀梯而上，工头站在中柱顶指挥安放。一旦合榫，即鸣放鞭炮，工头高唱《上梁歌》，称为“赞梁”。随即把数筐糯米糍粑向正梁四周抛掷，称为“抛梁”。围观亲朋好友则蜂拥而上，争抢糍粑。工头在梁上且抛且唱：“抛梁抛得高，子孙当阁老”。抛完糍粑后，工头又唱：“手中粑粑全抛光，主东幸福万万年。”事毕，工头向主东拱手道贺，主东回赠“包封”（红包）。亲友当场纷纷向主人道贺，称为“贺梁”。此日亲友馈送贺礼，主人大摆宴席待客。这一风俗亦沿袭至今。

三、典型样式

经过数千年融合演变，至明清时期，常德传统民居的营造特色基本成熟。无论西部山区、中部丘陵地区还是东北部湖区，常德传统住宅建造均以堂屋为中心，正屋为主体，中轴对称，厢房、偏屋、杂屋布局均衡。房屋造型一般采用传统木架结构，即上栋下宇。营造时，先造屋架（桁架）。桁架分三根至五根立柱落地，柱与柱之间以穿枋构连，穿枋上安装短柱，俗称骑柱。柱、枋、骑相互构接，合而组成桁架。各桁按一定距离竖立起来，在其顶部用梁和檩条连接，檩上钉椽，便构成了整屋的主架。然后用木板或砖石修筑间壁，椽皮上盖瓦。房屋主体即告建成。常德多雨，屋顶一般都为前后两坡，屋盖一般成30度坡顶。出檐较深，并在楼层分层处设腰檐。前檐多有柱廊，或采用“七字挑”，悬挑较远，后檐低矮，既有利于保护墙体，又有利于争取冬季阳光和夏季穿堂风。多雨则湿度很大，一般采用麻石或青砖勒脚，木柱下垫石质磉墩。河坡、山坡所修之“吊脚楼”，靠城墙或陡壁所修之“半边屋”，湖区所修之“堆屋”，结构与此大致相同。常德民居的典型样式主要有窨子屋、吊脚楼、瓦屋、茅屋四种。

（一）窨子屋。常德商贾仕宦人家扩大屋业，在主屋结构或前或后适当距离另立桁架，前后相对，正中留一空地注落檐水，俗称“天井”。房屋两侧各用直梁连接前后屋架，装修厢房即成。窨子屋建有“鸳鸯走马楼”，此楼一般用作仓储。屋宇周围四边砌成高大防火墙，便称为“窨子屋”。这种砖墙不直接支撑屋架，而是用锻铁铆钉将它与屋内木柱紧紧相扣，结构十分坚固，利于防火、防盗、防风，称为“封火墙”。窨子屋属典型南方特色四合院屋宇，常德城区又称“封火窨子”。封火墙内房屋全用木材建成（较大窨子屋每进用砖砌成隔墙）。一般分为二进，三进，也有四进布局。以三进屋为例：

第一进：面积较小，用作门房（耳房）。中间为过厅。过厅后是第一个天井，天井两旁是厢房，面积亦较小，与门房大小相似。

第二进：正房，是房主人和家人居住的地方。房间面积较大，正房一般两厢对称。中间是第二个天井，这一天井最大。中轴线正中是厅堂，又称堂屋、中堂。一般设置有长型案桌、方桌、太师椅。正上方供奉神像或祖先牌位。

第三进：偏房，中有第三个天井。与第一个天井大小相似。天井两边是厨房、厕所、储藏间。天井某角处，常有一眼水井。

窨子屋大门常用石质门框，大门木质门板讲究厚重，板门表面包铁皮，钉门钉。大门建有鳌头形屋门顶，门槛较高，常有三、五层石阶。每进房屋横梁、柱子、走廊、楼道甚至在屋檐下面都雕刻有各种福禄寿禧吉祥图腾，栩栩如生，阴阳、雌雄双双对称，十分美观。

常德商居窨子屋结构与民居窨子相同，不同处在于临街一进突出商用。其临街店门的横梁粗大结实，便于安装可装可卸的活动木质梭板。店门两旁封火墙突出与街檐平齐，上书商家字号。封火墙下脚嵌有石碑，刻有店铺所属名称。有的店铺还砌有牌楼，牌楼上面有浮雕。牌楼下正中为店铺大门。两旁砌有橱窗，陈列展示商品。常德城内老字号如吉春堂国药号、同济堂国药号、小天台药号、强不息钟表行、一品斋南货号、成丰盈油行、力华绸布店、九源绸布店等商居窨子屋均建有这种牌楼。商居窨子屋一般也是三进，第一进是店铺，面积较大。第二进、三进布局与民居窨子屋大体相同。

清同治（1862－1875）年间，林伯渠曾祖父林畅怀在临澧县修梅乡水井村修建住宅，当地俗称林家大屋。林伯渠故居共三进深、二口天井，侧壁为砖砌风火墙。平面为长方形，长 35 米，宽 25 米，建筑面积 857 平方米。砖木结构，主房壁板、望板、地板均用木板拼合，木板均用桐油涂刷。堂屋两厢为正房，故居共有正房 14 间，杂屋 5 间。至今保存完好。其正房部分，是典型的常德民居窨子屋布局样式。图为林伯渠故居平面图。

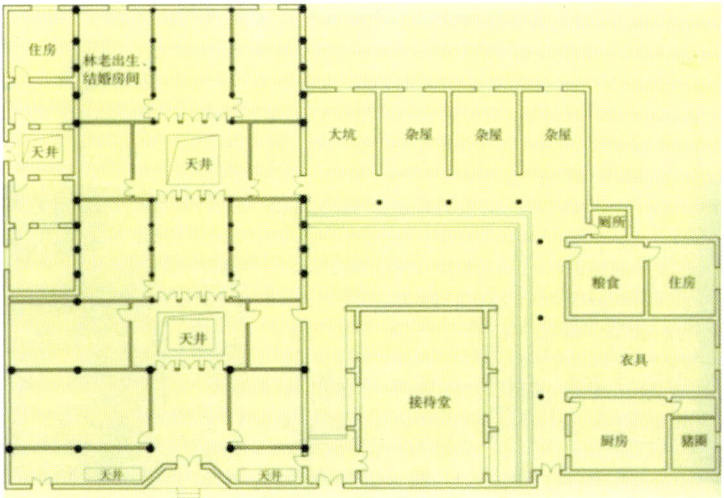

林伯渠故居平面图

常德古城临江而筑，舟楫极为便利，宋元明清时期，是“五省通衢”交通枢纽和繁华商埠。当年常德的窨子屋鳞次栉比，气势非凡。1943 年中日常德会战以后，常德城区仍保留有 100 余座基本完整的窨子屋。它们分布在大河街（今沅安路）、常清街（今人民路水星楼段）、水星楼巷、衣巷子、百街口、方家巷、下南门十字街、大小高山巷、华严庵街（今建设路黄金台路段）、雷祖殿（金钻广场东部）、兴街口（今步行街内）、大兴街、卫门口、百胜巷、大西门杨家牌坊等街巷地段。其中，吴家窨子、谢家窨子、车家窨子、赵家窨子、山陕会馆、万寿宫、力华绸缎号、九源绸缎号、旋宫旅社等，都是明清时期古典建筑的精品，也是常德传统窨子屋杰作。其中，著名历史学家吴相湘教授故居吴家窨子位于百胜巷、贺八巷之间，曾是窨子屋群。吴相湘自述“七房人家都聚集于常德东门外百胜巷。屋宇相连，门户相通”“民国32年（1943）常德会战，我守军尺土必争（东门激战最烈），日军用火攻，城厢内外房屋，毁损程度更甚于长沙，当时统计完好房屋不过一百所，而我家在东门外百胜巷房屋巍然存在”。吴家窨子屋群21世纪初棚户区改造时，才与邻近房屋一道拆除。

常德窨子屋引进、发展、演变，历经千年遂逐渐形成常德特色。常德窨子屋既有徽派建筑规整细腻的风格意蕴，又有赣黔侗族民居坚固实用的显著影响。常德商贾人家窨子屋，多为三进三天井布局，木构架分三柱四骑、三柱六骑或五柱四骑、五柱六骑。临街一进多为商铺，里面两进均设明间堂屋，左右次间分为卧房，卧房铺木板地面；外墙砌筑基础，用块石、条石或青砖垒砌外墙勒脚，上砌青砖空斗墙，空斗中灌筑黏土砖碴。这种砌墙青砖长约28厘米、宽约17厘米、厚约3.3厘米。用其砌成空斗墙“桶子”，也是常德窨子屋区别于外地窨子屋如徽派窨子、赣派窨子的重要特征之一。山墙为马头墙造型，院墙高耸，遮盖隐蔽院内所有屋面，极利于防风、放火、防盗。院内楼房柱梁粗大，楼板加厚，木门包铁，坚固安全，便于存放货物。常德窨子屋的排水系统设计十分精巧。雨水由屋檐直滴到天井边，雨水和废水从三个天井角落的“封眼”口流入阴沟，向外隐蔽排放。“封眼”是用方形石板凿一个圆形窝状，石窝内凿出四个圆孔排水。

清光绪末年，广东商人林紫宸在石门泥市镇兴建泰和合茶号。建筑坐西朝东，总面积约3000平方米，大堂现保存基本完好，面积为396平方米，面阔22米，进深18米，大门青石上阴刻卷草纹，门额有三幅丹青朱红彩画，入大门为拜堂，两侧设圆石拱门厢房，尔后是三扇并列相依的石拱门，由此过天井达中堂，中堂两侧配厢屋。堂顶作粉绘藻井，再后是斋屋（斋屋现已不存）。由中堂前卷门旁可登楼上至二层。上有走廊环绕，天井相通，有16间小楼阁。建筑工艺精美，饰彩画，雕栋梁，青条石铺地，山墙为重檐马头墙。现为常德已不多见的窨子屋古建珍贵标本。

是时，外国人开始在常德兴建教堂、医院，如广德医院、育婴堂、圣洁会教堂、警示堂、三德堂、约翰堂、彼得堂。常德窨子屋建设，有些业主也开始融入西洋券门、券窗和罗马柱等西方建筑元素，终未形成主流。常德窨子屋大批毁于抗日战争期间的日寇轰炸。抗战胜利后，吉春堂药店、同华金号、成丰盈油行、一品斋商店等一批商家恢复重建，近年来，在旧城区改造中，老城区古窨子屋基本无存。

（二）吊脚楼。常德城区沅水北岸自三官殿码头起，溯沅水由东向西上至落路口码头止，依次为大河街、小河街、麻阳街、堤街。常德自明朝中叶至民国时期。从四川、云南、贵州、湖北、广州、安徽、江苏、浙江、上海、香港等地来的客商，利用沅江上这个“湘西大码头”，将各地桐油、木材、棉花、药材等土特产在这里集散转运出去。此类客商大多集中居住在大河街。城市贫民则大多居住在小河街。船民集中落脚在麻阳街。码头工人、排筏工集中落脚在堤街。这类人群沿着沅水岸边居住，按照贫富差距的不同层次，出现了由富商集中居住的大河街窨子屋区；由城市商贩、手工业者集中居住的小河街棚屋区；由麻阳藉船民集中的麻阳街吊脚楼区和由码头工人、排筏工集中的堤街半边屋区。常德沅江岸边吊脚楼，都是典型湘西民居样式吊脚楼。即木质构架，桁架多为三柱两骑、三柱四骑、三柱六骑；檐柱外构建挑廊，檐柱又与吊柱相连。常德城区沅江岸边吊脚楼在 20 世纪 80 年代初防洪清障和修建沅安路时，悉数拆除。

桃源牛车河山区吊脚楼

石门、桃源山区吊脚楼亦与湘西传统民居吊脚楼同源，为土家族独特的民居样式。石门土家族祖先原聚居酉水河边岩洞中或深山老林大树上。随人类活动发展，洞穴树巢太小，便出现由洞穴及树上架搭外部有遮盖的活动用房，以树杈搭架，以茅草盖顶，土家人称“茅叉犀”。在此基础上，向木质构架、外建挑廊构造形式不断发展成熟，成为土家族独树一帜的典型民居。图为桃源牛车河山区吊脚楼。

（三）瓦屋。常德民居的传统木架结构，平民人家多为三桁两间、四桁三间，大至五桁四间。杉木柱子直接落地，柱上梁、枋、檩、椽等木制构件以卯榫穿插搭接，构成整体承受楼板及屋顶荷载。城市瓦屋外墙及内隔多为木板；农村瓦屋外墙一般采用砖砌、土筑。屋顶做法为檩上搁椽，椽上覆盖陶瓦，小青瓦最为常见。

普通瓦屋平面布局以“一”字形、曲尺形、“门”字形最为常见。“一”字形布局即是整座房屋呈一字状布置，这是常德民居中无论城乡最为普遍的形式，多为二、三、四个开间。曲尺形平面即一正一横组合，农村小型住宅最为普遍。这种布置方式使正屋、杂屋明确划分，且构造简单，方便适用。“门”字形则由曲尺式平面发展而来，为一正两横组合，这种平面布局在农村也很多见。它布局紧凑，采光通风均好，房屋前坪由正屋和横屋围合成既开放又限定的有效空间，是常德农村居民只要经济能力可以承受则优先采用的住宅式样。

堂屋位于住宅中轴线上，是住宅主体。家庭祭祀、婚丧大礼等重要仪式，会客、娱乐、用餐等日常活动，均在堂屋举行。房即住室分为正房、厢房、前房、后房等。家庭主要成员居住正房，其余家庭成员按班辈依次住厢房、前房、后房。横屋与正屋垂直布局，也是住宅重要组成部分，客房、厨房、小型谷仓等一般设在横屋。农村住宅多有前院、后院。前院一般称为“禾场”，用于洗衣、晒衣、饲养家禽，特别是收获季节晒谷、车谷、扬谷。后院多为菜园。图为桃源县延泉村村民木板瓦房、砖砌瓦房。

桃源县延泉村村民木板瓦房、砖砌瓦房

（四）茅屋。茅屋平面布局与瓦屋相似，多见“一”字形、曲尺形。茅屋主体建筑材料即树木、竹子、茅草。建房时，栽好主柱，构建屋架，捆扎檩条，叠铺稻草（或茅草），盖成屋顶；再用细竹（或芦苇、麻秆）绕上稻草缠成草把，用竹片夹编成排，内外都涂抹掺进草末或牛粪的稀泥，即成墙壁；墙壁风干后即可居住。茅屋住宅亦有前院、后院。前院亦即“禾场”，后院也是菜园。茅屋屋顶需要经常翻修。农家每年多要晒干、堆垛当年收割的稻草（茅草）。秋后农事稍闲，家家便架梯上房，褪剔屋面已经腐坏的旧草，换上新草。

境内茅屋建筑历史悠久。常德位于洞庭湖西部，滨湖地区包括常德、汉寿、安乡、澧县、津市，湖区广大农村千百年来水患连连，经济落后，而茅屋建筑成本低廉，洪水淹没冲毁损失较小，水退后重建方便，茅屋建筑遂千百年来代代相传，成为常德民居典型样式之一。新中国成立后水患治理成效显著，20 世纪 70 年代农村园田化建设中，各地以生产队为单位建设居民点，农民住房大部由茅房演变成土砖油毡房。80 年代，农民开始建造瓦房，居住条件明显改善。90 年代至 21 世纪初，湖区茅屋竹泥墙体逐渐被木板或砖砌墙壁取代，屋盖也逐渐以小青瓦、红瓦为主流。至 21 世纪初，境内农村民居楼房占 58%，砖墙瓦房占 42%，茅屋基本绝迹。

湖区农村搭建茅屋实景

第二节　传统公房

汉唐至明清时期，常德社会政治基本稳定，封建经济持续发展，各类房屋建筑水平也不断发展推进。即使明清两代华夏大地兵祸连连，但主要战场集中在黄河以北和沿海地区，湖南特别是常德内地，社会秩序相对稳定。且明清两朝前期都出现过较长时期的“盛世”，社会经济恢复发展较快，使常德房屋建造行业取得较大进展，出现众多古典公共建筑传世经典。

一、行政办公用房

常德自西汉（公元前206年至公元8年）成为武陵郡治、特别是东汉阳嘉三年（134）移荆州治所之后，2000多年来，曾经是七朝郡治、七朝军府、七代藩封之地。历任郡治、州治、府治都十分重视官廨建造。

府署。可考的宋代常德郡府署址设在城中珠履坊（新中国成立后先后为常德市委市政府、武陵区委区政府院落，现为阳光新都住宅小区），其后元、明、清三朝及民国时期，路、府、公署均承袭原址。珠履坊相传是楚春申君黄歇馆客之所。明甲辰年（1364），府治在珠履坊府署原址建正堂三间，正堂前建有露台、甬道、仪门。正堂两旁为廊，东面建吏、户、礼房官廨，西面为兵、刑、工房官廨。正堂后建燕堂一间，两侧建左、右厢房各二间。仪门前为谯楼五间。谯楼之前百余步，为大门三间。永乐十八年（1420），府署增建正堂五间，后堂三间，戒石亭一座，仪门三间，土地祠一间，东西榜房四十二间。成化七年（1471），增建架阁库三间、常阜库十间、吏舍三十六间。弘治十二年（1499），又开后堂东厢房之地，建轩三间。正德二年（1507），在谯楼外改建清军厅一所、管粮厅一所、理刑厅一所，各三间，门楼各一座。嘉靖六年（1527），加筑府署墙垣，计周回二百九十三丈、高一丈二尺五寸、厚五尺余，结架覆瓦，规制严整。嘉靖十六年（1537），拆去大门，建绰楔一座，悬匾“楚西名郡，正大公平”。至此，明代常德府本级官廨建设，已经规模甚伟，十分壮观。

此外，州府还建有经历司、照磨所、司狱司、常阜库、税课司、惠民药局、僧纲司、道纪司等州府一级部门衙门，其廨舍（办公室）也规制井然。知府廨在府署居中，建有前后堂、厢房、门楼及庖（厨房）、湢（厕所）诸室。同知廨、通判廨、推官廨、经历廨、知事廨、照磨廨、检校廨等衙门，均建有前、后堂及厢房、门楼。嘉靖十二年（1533），同知李经等因大门逼近街市，缩地五丈为大门三间，左右建耳房各三间。规制也很可观。

省（道）还在常德设有布政分司和按察分司行署。布政分司建正堂五间，后堂三间，左右厢房六间，仪门、大门各三间，庖、湢之所俱备。按察分司堂五间，穿堂一间，翼以左、右厢房，后堂三间及庖、湢之所，仪门三间。清代常德军事机关建有提督军门、常德协署、协都司署、守备署，建有火药局、演武场、演武厅。

荣王府。明弘治四年（1491）八月，明宪宗朱见深封第十二子朱祐枢为荣王（死后谥庄，称荣庄王）。十一年（1498），钦命工部郎中陈珂在常德府城总镇行辕（时已迁至长沙）原址拓建荣王府。荣王府占地包括今常德市一中、市财政局、市公安局、青阳阁等处。王宫是中心，周围筑以砖城。外为承运门，有承运殿、存心殿、圆殿。周围有四门：南曰端礼，东曰体仁、西曰遵义、北曰广智。世子府在体仁门内；崇义楼在体仁门北面。宗庙在王宫左边，社稷山川风云雷雨等坛并列如制。体仁门内设公务宫署，有长史司，有审理所、纪善所。府前有典仪所、典宝所、典膳所、典服所、良医所、奉祀所、群牧所、工正所，还有广益库、广益仓等高大堂宇。荣王岁食万担，明世宗时又将沅江、酉港、团坪河泊税划入荣王府享用。

荣庄王除长子继承荣王封号外，其他五个儿子均封为郡王，岁食一千担，郡王府也都建在常德城内：福宁王府在城东南，惠安王府在城西南，其他永春府、富城王府、贵溪王府在城北一带。明崇祯十六年（1643）冬，张献忠攻占常德，荣王府及其他郡王王府为张献忠部尽数充公没收。明朝灭亡后，荣王府一度成为清巡抚翟浩的私宅。现常德市一中校园内存葵花古井一口、古银杏两株。

二、交通工业用房

汉代，官府开始建设路室、候馆，专宿朝廷公使与往来官宦。唐代，驿站、旅栈等建筑兴建颇多。常德古城至明代，形制已经十分完备。明洪武四年（1371），常德府治于府城东南建驿站，计有正厅3间，仪门3间，厢房6间。成化七年（1471），在府城西建公馆1栋，计有正房3间，两翼各设厢房。清雍正十年（1732），澧州建南平公馆，为安乡、石门、慈利、安福、永定等5县赴州行署。至明嘉靖年间，常德府治为通往澧州、桃源、石门、汉寿各地的官路建成驿站共17座，分别是：毛公铺、马步铺、杜木铺、白沙铺，东路四铺达龙阳县；佛子铺、南湖铺，西路二铺达桃源县；石桥铺、清泉铺、阳山铺、韩僧铺、折桥铺、大龙铺、马鞍铺、柿子铺，北路八铺达澧州。这些交通、邮传（驿站）建筑格局采用朝廷规制，多为砖木结构平房。

“一以御奸宄，一以利往来”，为安全防御和便利交通，常德府治还在城门四方出口和城外易守难攻的关键出入城口，建设7座关隘。分别是：清平门外上水关，东门外下水关，西门外西水关，府北万金村七里关，府西二十里河洑关，东门内东流村鹭鹚关，德山回峰寺德山关。

唐至清代，民间纺纱、织布、印染等手工作坊遍及常德地区，常德、临澧、澧县、桃源等县铸铁、酿酒、制糖、印刷等作坊亦颇兴盛。这些私营手工作坊一般采用前店后坊或前坊后宅形式，为常德地区内早期工业作坊建筑。

继岳阳、长沙辟为商埠，清光绪三十一年（1905），常德也以寄货港形式开埠。由于外国资本进入和国内洋务运动推进，各类工厂建筑在常德地区内逐渐出现。清宣统元年（1909），常德文益纱厂开工，时有工人206名。嗣后，城区先后建骆兴昌机械修理厂、鑫泰袜机制造厂、王顺昌铸造厂、毓蒙联华机械厂、德山植物油机厂等，津市建新华弹花机制造厂、轧花厂等。这些工厂建筑，开始与住宅分离，多为砖木结构，常由民房改造而成。

民国时期，外国资本更大规模进入常德，国家资本、各地富商也纷纷在常德办厂。境内工业建筑开始略具规模。1911 年，桃源蓼叶溪金矿正式开采，时为全省六大金矿之一。1912 年，常德城内创办刘义茂线号，生产蚕丝制线和机制棉线，畅销湘西、黔东、川南各县。至 1915 年常德已有织布、针织、制线、制伞、制革、皮箱、碾米、电光布、卫生巾、冷作加工、造船等手工业工场和企业公司 40 余家。特别是纺织行业，仅常德城区即有织布机户 500 余家，织机 1100 台。1917 年胡鼎珊、罗北鼎集股银 11 万两，在大河街太古码头创办朗朗电灯公司。1920 年胡基华开设胡元泰机器厂。1922 年商人蒋伟丞、李季洪、余罗生等集资 17 万银元在西郊龙王庙引进美国 174 千瓦蒸汽引擎发电机，创建鼎新电灯公司。1925 年常敏电话公司正式开始营业。1932 年，常德开办第一家官办企业—湖南度量衡制造厂。1937 年抗日战争爆发，上海、武汉、长沙等地商人和机关、工厂、前线难民纷纷内迁，来常德兴办工厂、作坊的商家大为增加。这一时期，常德城区近郊沿江先后兴建几家造船厂，城内建成较大规模印染厂坊 8 家。此外，常德城区还先后兴建乾太皮革厂、德记铁机织布厂、宝源铸铁制造厂、金陵机织皮革厂等。

这些工业厂房建筑更趋现代，生产车间与工人住宅、生活用房已经分离，车间四周置铁栅、围墙，总体布置开始依据生产需要而定，不再局限于住宅建筑一样对称布局。在建筑形式上，多采用“中式屋顶，西式墙身”建造手法，在建筑立面造型上，体型组合灵活，单栋单跨，宽门，已向多种建筑类型发展；在建筑结构上，多用砖柱承重，少数使用混凝土地面。常德现代工业建筑已具雏形。

三、商贸金融用房

常德自古为商业重埠。楚怀王七年（前 322），鄂君启即组织上百艘商船经水路、庞大车队经旱路经常往来于鄂城（今湖北鄂州）与常德之间。唐天宝元年（742），朗州城“舳航蚁集，商贾云集，连阁千重，炊烟万户”。至明代，“黔、蜀、闽、广、江、浙、陕、豫之商云集”常德。城区的江西商人最多，经营药材、纸张、瓷器、书店、笔店、钱店、衣庄、油盐、首饰；江苏商人开办槽坊、衣庄；安徽商人多建典当、笔墨、盐茶商号；山西商人经营汾酒、汇票、皮货；福建商人经营烟草；广东商人经营药丸、槟榔。来自全国各地的商人在常德发家兴业，各自形成规模、气候。为扶植本帮在商界地位，他们纷纷按乡土关系开设会馆。乾隆十六年（1751），江西商人在大河街建江西会馆。此后，徽州会馆、山陕会馆、江苏会馆、广东会馆、福建会馆、湖北会馆、河南会馆相继设立。本省籍商人亦建有辰沅、衡永郴、麻阳、长郡、宝庆和靖州 6 个会馆。行会建筑亦兴盛一时：泥木行鲁班宫、缝纫业轩辕宫、靴鞋业孙子宫、屠宰业三义宫、医药业药王宫、饮食业后稷宫、京花水粉业衍相宫等等，多新建或重修于此时。五宫街（今和平西街、大梳子巷一带）即当年行会集中街区。因此，常德城内商业建筑、会馆建筑，带有复杂的多元文化色彩。

乾隆元年（1736），德山乾明寺委托商人在城内和德山两地兴办当铺，至民国13年（1924），城内有敏胜、利济、乾丰、公平、同人、益华、瑞兴、两宜、德昌等24家当铺。道光二十四年（1844），城内设有大德通、日升昌、蔚泰厚、福盛长、汇源涌、永泰庆、宝丰隆、太福兴、天顺祥等14家山西票号分庄。至民国17年（1928），城内开设吉庆裕、义厚成、慎吉祥、春和福、裕大、商、元昌、德顺、厚余、协通、同益、新安、光大、光裕、恒德、恒昌源、益市、兴记、义孚等19家钱庄。是时，常德城区年进出口额达3350多万银元，百货盐茶年税收超过10万两白银。清至抗日战争爆发前，城内金融、商铺过万家。大河街、大高山街、兴街口、经历司湾、下南门、水星楼、府坪巷、鸡鹅巷等街巷，千百年间不断发展，形成繁华的商业街区，商铺、票号、酒馆、旅栈林立。

常德辟为寄港地后，英、美、德、日等国外商相继在此兴建洋行、商店、酒楼。日本人先后在常德城区大河街兴建客货运码头戴生昌公司等8家洋行；英国人先后兴办经营洋油（煤油）亚细亚下关油栈等9家商行；美国人先后兴建美孚公司等4家企业。清宣统元年（1909）成立大清银行常德官钱分局。民国元年（1912），成立湖南银行常德分行；民国2年（1913），成立常德交通银行办事处；民国24年（1935），设立中国农民银行常德办事处；民国27年（1938），设立中央银行常德分行，设立中国银行常德办事处。民国时期，常德城区大小19个码头吞吐量大幅上升，产之沅水上游各省、州、县的盐、茶、桐油、生漆、木材、五倍子、皮毛、水银、丹砂、冰碱、土靛，以及产自本地的粮食、棉花、水产、铁器众多品类大宗物资，在常德集散。进出口贸易大幅增加。1917年，牙行迅速发展到238家。至1934年，城内牙行增至450家，大小商店3760余家，旅栈70家，茶楼酒馆28家，较大绸布号18家。据《中国实业志》（湖南省）载："常德县商业繁复，其重要者，约可分为29业，重要商店878家，全县主要商业总资本247万3510元（银元）。每年营业额达902万5600元（银元）。"

汉唐宋元时期，常德临街店铺多为传统木架结构，且与民居一体，前堂或底层作店，后堂或楼层住家。面阔2间—7间，出入口小，木制梭门。明清时期常德富商店铺，多为前堂或底层作店的窨子屋。近代，地区内商业建筑受西方建筑影响，其结构、装饰均有较大变化。

这一时期，商业建筑以药店、绸布店、旅馆、酒家为多，一般采用2层木结构，木柱承重，砖砌围墙，布局和内装饰多采用传统手法。民国31年（1942）兴建的津市企园酒家，其建筑布局为二进一天井。一进为正店，店左设烟酒糖果厅，店右设面食点心卤味营业间，号"芝兰斋"。二进为客厅，厅前置走廊天井，鱼池假山，盆景花卉相辅，厅两侧置太师椅、条桌。厅堂上列福禄寿三星瓷像及香炉，下铺地毯。楼上前后两堂为客座，每席间用屏风相隔。这种商业建筑在澧水流域极为兴盛。数十家外籍洋行的西洋式房屋建造，对常德商业房屋建造向多元化、现代化推进，有极强的示范作用。清末至抗日战争爆发之前，常德城区本土富商新建或改造商业建筑，开始采用新式设计和新型建筑材料。这个时期出现的商业建筑多为 2 层—3 层，砖木结构。与传统商业建筑比较，出入口加大，招牌位置突出，外形及外装饰模仿教堂建筑，内装饰与陈设的欧美元素开始出现。

表 2. 1. 3. 3. 1　近现代常德城区外籍洋行一览表

洋行名称	国别	经营类别	兴办年份	设置地点	备注
亚细亚下关油栈	英	煤油	1907	东门盐关	
康福煤油公司	英	煤油	1907	东门二铺街	
瑞成洋行	德	金融、保险	1907	大河街日	
日清公司	日	货运	1910	仁智桥	
日华公司	日	贸易	1910	大河街	
三井洋行	日	贸易	1912	大河街	
三菱洋行	日	贸易	1912	大河街	
新隆洋行	日	贸易		府坪	
戴生昌轮船公司	日	货运	1912	下南门	
弘旗洋行	日	贸易	1912	常清街	
美孚公司	美	煤油	1912		
福中公司	美	贸易	1912		
立兴洋行	美	贸易	1912		
美最时洋行	德	贸易	1912		
彩松洋行	德	贸易	1912		
老沙逊	欧	货运	1912		
安利英牛皮厂	英	工业	1918		兼营香烟
太古轮船公司	英	货运	1931	上南门	兼营糖业、保险
德士古公司	德	煤油			
怡和轮船公司	英	货运			兼营糖业
丸三公司	日	贸易		下南门	
宝丰	英	贸易	1932		兼营保险

续表

洋行名称	国别	经营类别	兴办年份	设置地点	备注
鼎新	英	贸易	1932		兼营保险
安利英洋行	英	贸易	1933	水巷口	兼营保险
英太平	英	贸易	1933		兼营保险
北美洲	美	贸易	1935		兼营保险

四、文教医疗用房

古代郡县学校兴盛于宋景祐年间（1034—1038），分儒学、书院、社学。常德府治儒学位于城区今育英小学校址，创办岁月失考。宋咸淳八年（1272），郡守、湖北常平使龚日升在原址缮修，增建殿宇、讲堂、斋房，规模、设施基本具备。宋末，朝奉大夫、太府志簿兼枢密院编修官丁易东，在常德县城东门外建沅阳书院。此为见于史乘的城区早期文教建筑。

明朝，常德教育渐趋兴盛。洪武八年（1375），太祖下诏立社学。常德城内四坊，立社学四所。官府谕令“凡堪教子弟八岁至十五岁皆送遣入学”。明中后期社学渐废，私塾代之而起，遍布街衢。常德“无三五里不闻弦歌”，时称“湖南之冠”。明代书院教育也相当兴盛。武宗正德三年（1508），王阳明来武陵讲学，设阳明书院。其后进士杨禠创办闻山书院，进士陈洪谟创办高吾精社，进士蒋信创办桃冈精社。清乾隆十年（1745），武陵郡守董思恭创建善德书院；十六年（1751），知府雷公畅在城内西南建朗江书院。道光年间，邑人杨彝珍在德山孤峰岭建移芝书院。光绪十三年（1887），武陵知县李宗莲与前兵部主事杨彝珍在原青莲社遗址上兴建德山书院。大量私学、义学涌现。咸丰十九年（1859），常德知府彭汝琮在城内西隅寺建西城义学、在育英堂设育英义学、在杨家巷设两益堂义学、在西城义仓前设德修堂义学。

元至清代，常德、澧州两府先后建书院、精舍 42 所，木结构，平面布局讲究对称。主要建筑有头门、礼堂，学道堂、考棚等。垂直线分布，两侧配厢房、文昌阁等。这些建筑的规模与装饰各有差异，其中规模较大、装饰精美的有：常德德山书院，安乡深柳书院，汉寿龙池书院，澧州澧阳书院，临澧道水书院，桃源漳江书院，石门天门书院。光绪 27 年（1901），清政府实行新政，诏令各州、县将书院改为学堂，地区内书院亦改为学堂。光绪 24 年（1898），剪焕南发起在常德清真古寺附近四铺街开办清真私立高级小学，招收回族、维吾尔族学生。常德知府朱其懿改德山书院为武陵县学堂，在大善寺创办常德府官立中学堂。同年，清真寺长老马识恒、张子敬、剪焕南在清真东寺创办常德民立第三小学堂，专收回族子弟。官办民办的新式小学堂纷纷创建。光绪二十九年（1903），知府朱其懿召集沅水 28 府厅州县士绅商议并获湖广总督赵尔巽批准，1903 年秋建湖南西路师范学堂（今常德市第一中学），选址原荣王府所在地。学堂由熊希龄主办。其他新式学堂也迅速兴办。至辛亥革命前夕，常德共兴办16所新式学堂。民国3年（1914），美国教会在常德市东门外建懿德女校。至民国23年（1934），常德地区建各类学校2996所。这些学校建筑规模大小不一，多为砖木结构，造型有明显西式建筑特征。

明永乐年间（1403—1424），常德城区建老郎庙。老郎庙既是戏院，为明代常德著名汉剧戏班华胜班的驻演之处，又为供奉梨园师祖老郎戏神的祭祀庙宇，位于常德城区五宫街大梳子巷（今和平西街113号）。建筑高墙深院，坐西朝东，大门上方镶嵌刻有“梨园”大字的黑色石匾。内分三进，一进为客堂，厅堂上悬挂黑红棒、乌哨鞭。二进为正殿，内供老郎神君，殿左墙上设神堂，供已故名伶牌位，殿右墙上列挂入会戏班牌位。三进供奉财神。殿后建有三开间房屋，殿外两侧建有宽大走廊连接围墙，中为天井，天井内原置放太平缸一口，上刻“大明永乐二年华胜班”字样。是为常德最早的观演建筑。惜于2002年旧城改造中拆除。万历年间（1573—1620），石门县建城隍庙戏楼。砖木结构，歇山顶，小青瓦屋面。底层为戏台，高2米，宽10米。台沿3方置木栏，楼前戏坪可容千余人。楼坊斗拱藻井，雕画精细。清咸丰年间，安福县（今临澧）蒋光业在县城府第内建五美院，是为地区内首座私家剧院。蒋氏家族逢年过节，婚丧喜庆，均接民间戏班来该院演戏。民国18年（1929），临澧县商会将原关庙改建为小剧院，院内置长凳，可容400人。抗日战争时期，石门县在县城码头建中山堂，为石门荆河剧团演出和居住场所。砖木结构，小青瓦屋面，牌楼式门面，内建舞台和可纳千余人的观众厅。

1928年，常德城区建成光华电影院，为常德第一家专业电影院，设座位1000个。1935年后，城区先后建成新世纪电影院、新新电影院、武陵电影院、民众电影院和水星楼电影院。看电影成为市民文化生活的重要组成部分。“常德会战”日军轰炸后，大都停业。唯水星楼电影院一家整修后不久恢复营业。

清光绪二十九年（1903），浏阳人雷茂才等捐资修建常德图书馆，为常德第一家公共图书馆。时《湖南官报》载：“常德图书馆新近举行，图书类出。近有浏阳雷茂才光宇，在常德纠集同志，捐凑资财，开办图书馆，招人校阅。经前署常德府朱太守其懿批准，租吕祖庙，暂行试办。”

清光绪二十九年（1903），青年进士熊希龄（后任中华民国首任总理）在常德创建启智书局，是为常德第一家专售进步书籍书店。光绪三十一年（1906），熊希龄又在西路师范学堂（今常德市一中）校内设立图书局，翻译和编辑教材。民国初年，上海商务印书馆在常清街设立分馆；不久中华书局也在大清街设立分局。民国13年（1924），世界书局在水星楼设立分局，实行开架售书，发行小学教科书和中学英语、理化教材。清末民初，常德城区书局书店达32家之多。

清乾隆七年（1742），常德城区建聂振茂医药店。咸丰二年（1852），桃源县建聂源泰医药店。此为常德地区内近现代最早的医疗建筑，均为单层木结构，设前后两堂屋，前堂为医生诊处和中草药柜，后堂为中草药片加工房。

清末，外国教会开始在常德兴建医疗建筑。清光绪二十四年（1898），美国北美教会在常德县城二铺街建广济诊所。光绪二十九年（1903），美国红十字会与常德红十字会在常德县城四铺街“李厚德堂”基址上合资兴建广德医院（今常德市第一人民医院），3层砖木结构楼房，长40米，宽8米，层高3.4米，一层为门诊，二层为病房，三层为办公室、药库。此为境内第一家较具规模的西医医疗建筑。民国20年（1931），津市敖卓明在观音桥正街为江西同乡会兴建中西大药房，仿天津劝业场式样，面立西式牌楼，玻璃橱窗；前为明瓦凸亭，中为营业间，后为转梯，八角亭突出于3层楼之上。大楼1—2层为中西药房，三层为办公室，屋顶为平台。民国22年（1933），临澧县城建公立医院。民国33年（1944），万方松、张辉川合资在临澧新安镇建亚新西药房。这些医疗建筑一般采用中西合璧建筑形式，设门诊、治疗、住院、生活等专用房屋。整体布局较为灵活，有明显功能分区。

五、宗教祭祀用房

常德寺观、庙宇、祠堂建筑，多为木结构抬梁式平房或楼房，外砌封火围墙、院内视规模置天井数个，顶盖青瓦、筒瓦或琉璃瓦，龙云屋脊，脊中置攒尖葫芦宝顶，四角卷翘，油彩壁画，雄伟壮观。

祭祀建筑。常德古代宗教祭祀建筑始建于汉（公元前206—公元220），有庙、有坛、有祠，以祭祀功臣、神灵。西汉初年，武陵郡在常德郡城北面太阳山主峰玄天第一峰（古称面山）建阳山庙，祭祀阳山之神和云梦之神。是为常德地区第一座庙宇建筑。后因山高路远，官民祭祀不便，宋元时期又在府城东北角（今东门女子医院后侧）修建阳山庙“行祠”阳山祠。古庙毁于20世纪60年代末，今人在古阳山庙原址复建太阳殿。明代，朝廷规定郡县须建社稷坛、风云雷雨川山坛、厉坛3坛，祭祀天地神灵。明洪武二年（1369），常德府署在府城西门外建社稷坛，于府治东门外建川山坛，于府治北门外建郡厉坛。其后，各县均在县治郊外等地建坛。这些坛庙建筑一般规模不大，但其选址、造型、布局都有严格规定。社稷坛一般设神橱神库、宰牲房各3间，设台阶4处各3级，东建大门，并立石柱1根。川山坛为木架结构，呈方形，分2层，设庙楼，楼沿3方置木栏，上方斗棋藻井，楼顶为歇山式，装饰油彩。厉坛设内厅5间，左右厢房各3间。清雍正四年（1726），朝廷令府、州、县、卫择东郊洁净丰腴之地建先农坛，以顺丰年，迎时雨。规定每坛占地4亩9分，设正房、厢房各3间，围墙一周。明嘉靖八年（1529），常德府署在府治儒学后大街建名宦祠和乡贤祠，祀名宦8人，乡贤8人，各为正堂3间，大门1间。同期，澧州在州府东嘉山顶建忠烈祠，祀秦孟姜女。民国后，地区内祠、坛建筑陆续被毁。丹阳楼。清乾隆年间，北门外北正街落一陨石，市井传言火神降临。常德知府陈三震修建丹阳楼供奉火神，为百姓祈神祛灾，一时香火炽盛。抗日战争时期，该楼为日寇炮火摧毁，其地民间仍俗称丹阳楼。

常德烈士公墓。位于青年南路与建设路交接路口，占地8.67公顷，为纪念1943年中日“常德会战”国军74军第57师8000阵亡将士而修建。1944年动工，翌年11月竣工。共分纪念牌坊、碑亭、纪念塔、纪念堂、墓葬五个部分。纪念牌坊为公墓正门，为钢筋水泥建筑。牌坊正面上方题词为“陆军第七十四军常德会战阵亡将士纪念坊”，其上为蒋中正所题“天地正气”；两侧一为“碧血丹心”，陈诚题，一为“旗常炳耀”，白崇禧题。下方正门、两边侧门、背面正门和侧门，均镌刻名士题联。进门东西两侧各有六角碑亭一座。中轴线上纪念塔由塔基、塔座、塔身三部分组成，均为四方形。塔基四面各修有十二级石阶。塔座四面嵌以大理石，分别刻有孙科、戴传贤、于右任、居正题词。塔身高九米，四面各书“陆军第七十四军常德会战阵亡将士纪念塔”字样。纪念塔后面为纪念堂，筑于大方台之上，为琉璃瓦宫殿式建筑，面积约一百平方米。堂的大门面南，与塔、牌坊成一垂直线。墓葬在纪念堂后，为一圆丘形大墓，直径十米，高二米。嵌以汉白玉一块，上分八格，每格分别刻以牺牲烈士柴意新等八人的姓名、籍贯、官阶。1970年纪念堂、墓葬拆毁，现已大部恢复。图为常德抗日烈士公墓牌坊。

常德烈士公墓

道教建筑。西晋泰始元年（265），桃源在桃花源建桃花观，在县城建真源观，为常德有道教寺观建筑之始。隋唐时期，常德府治先后在府城西建玄妙观，在府城东建报恩观，在府城西河洑山（又称平山）南坡建太和观。同期，澧州在白马洲建白马观，在彰观山建五雷山道观。这些道观建筑大体采用中国古典建筑传统的宫殿、庙坛布局和形式，大都建有炼丹池、神仙桥、雷公井、仙女祠等。宋至清代，历代官府先后对太和观、桃花观、五雷山道观建筑群等进行扩建和修葺。民国时期，道观殿宇多遭日寇毁坏。新中国成立后，人民政府对残存道观进行修葺，太和观、桃花观、五雷山等道观群复现鼎盛香火。

太和观。位于常德西郊河洑山南坡，始建于唐初，原名道德观。明正德十五年（1520），增建虚白楼，更名太和观。清康熙三十四年（1695）重建，乾隆五十七年（1792）全面修葺。民国初，冯玉祥令部属拆除牌坊，建造为中西合壁式房屋，道观原貌大改。民国10年（1921），常德官民募捐重修，恢复为清康熙年间原貌。民国32年（1943），日本侵略军将庙宇全部烧毁。民国35年（1946），道人捐资再次兴建。现存正殿和虚白楼一角。该道观布局对称，主要建筑有：会仙桥、王爷殿、财神殿、祖师殿、关帝殿、八卦楼等。坐北朝南，有石阶400余级。

星子宫石建筑

星子宫。星德山海拔842.50米，位于桃源县菖蒲乡星德山顶。明洪武三年（1370），道教名师张道会始建星子宫，明末道人钟合静增修。星子宫建有3重大殿，6间偏殿，两厢建有火工殿、寝宿殿、救卜殿、问事殿、观星坛、重月楼、玉霄殿、三生殿等，气势雄伟，结构严谨，建造工艺精湛。现存大殿山门。星子宫、寝宿殿、火工殿、王爷殿、百子堂、南天门等建筑，均为全石结构，全部建筑采红色砂岩条石砌成，石墙、石阶、石门、石柱、石梁，屋瓦为生铁所铸，结构谨严，风格统一，珠联璧合。现存星子宫、寝宿殿、火工殿、王爷殿、百子堂、南天门等珍贵建筑，为湖南乃至国内罕见，具有极高艺术观赏和考古研究价值，是研究古代建筑艺术活化石。图为桃源明代古建筑星子宫建筑之一。

桃花观。位于桃花源风景区内，原名大士阁。始建于明万历三十七年（1609）。民国3年（1914）奉令续建，更名桃花观。该观系桃花源内主体建筑，高踞秦人洞北侧桃花山天尊崖间，山门为砖砌牌坊。桃花观正殿面阔3间，正殿门前设抱厅，呈凸形平面，凉亭式建筑。飞檐翘首，前檐宽阔，饰卷棚，殿堂两侧青砖砌封火墙。两端耳门外，左为蹑风亭，右为玩月亭。两亭皆为正方形平面，楼地两层，木架结构。蹑风亭四方攒尖顶，内为二阶式平顶。玩月亭歇山顶，内为平顶天花。观内还建有息机别馆、憩庐、秦人宅等建筑。

佛教建筑。东晋初年，佛教传入常德。至唐宋之际，兴建大批佛教寺院，所选庙址大多山高林密、神奇灵秀，建筑庄严肃穆、技艺精湛，住持方丈又迭出大德高僧，因此都成为名垂青史的国内著名道场。东晋初在常德城北郊太阳山南麓修建普光寺，常德城西郊河洑山上建耆阇寺，龙阳县城（今汉寿）西郊西竺山建净照寺。南北朝宋孝建元年（454）时，印度僧人妙音和尚驻锡太阳山普光寺，驯养一匹白鹿为坐骑，僧俗两界都称他为“白鹿禅师”，普光寺遂更名为白鹿寺，唐代曾改名观音寺，清初恢复为白鹿寺。白鹿寺、耆阇寺、净照寺是常德地区第一批佛教庙宇建筑。唐代密宗盛行，常德地区内佛教寺庙建筑随之规模发展。唐初，武陵县在常德郡城西门外（今常德市第四人民医院院址）建千佛寺。咸通元年（860），武陵县在善德山（今常德德山开发区）建乾明寺。咸通十一年（870），石门县在夹山建夹山寺。这批唐代佛寺，在布局上以佛殿为主体，木结构，沿中轴线自前往后依序排列，多建有山门、莲池、平台、佛阁、佛殿、配殿，结构谨严，布局对称。大型寺庙又依供奉内容或用途，划分为许多庭院。宋元明清时期，寺观庙宇建造十分兴盛，常德城、乡各地均修建佛寺。这一时期，地区内所建佛寺、佛塔共计790余处。佛寺规模大小不等，布局沿用唐式。宋雍熙年间（984—987），著名高僧古堤和尚在常德府城北（今桃林宾馆院落）修建大善寺，香火鼎盛。清同治时，官府对佛教寺庙进行管理的机构常德僧纲司设此。民国2年（1913），在此成立中国佛教会常德县分会，民国18年（1929）改为佛学研究会。抗日战争毁于战火。南宋时，常德北郊太阳山已建有白鹿寺、观音寺、灵泉寺、洞泉寺等一批禅院，时称“三十六寺庙七十二茅庵”。清末，常德地区内基本上没有新建佛教寺观庙宇。

乾明寺。位于德山东麓，唐咸通元年（860），朗州刺史薛廷望奉敕重修，请禅宗大师宣鉴为住持，唐宰相裴休书题“古德禅院”匾额。寺院内有金刚塔、慧光塔、岣嵝塔、昆庐阁、八角亭、断桥、铁经幢、钟经幛、白龙井、乌龙井、钵盂泉等。重要碑碣有唐裴休书“古德禅院”刻石，唐“德山先和尚塔铭”，宋“德山乾明寺钟铭”、米芾书“宝藏”石刻、张授“善德山”诗碣等。乾明寺靠山分层而上，面朝东南，山门高耸，八字围墙，门上横匾“十方禅林乾明寺”，为著名学者余嘉锡手书。进山门后依次为弥勒殿、大雄宝殿。大雄宝殿宽敞宏丽，占地1亩以上。大殿左右两厢为十八罗汉。大殿后卫花园，栽植竹丛花木。通过小道上石阶十余级，即为寮房。寮房前后两栋为砖木结构，是众僧侣居住的地方。右侧有小道通往方丈室及斋房。方丈室后为厨房、斋堂，可供百余人同时进餐而不拥挤。乾明寺院内院外，古树参天，风景优美。是唐宋以来国内著名佛教禅宗道场。“文化大革命”时，乾明寺毁坏殆尽，现正逐步恢复重建。

夹山寺。又名灵泉寺，位于石门县二都乡十九峰南麓。唐懿宗、宋神宗、元世祖均下旨敕建，有“三朝御修”之史。明代，夹山寺损坏至极。清顺治元年（1644）开山大兴土木，在原址复建，规模超前。道光年间，多次修缮。清末至民国时期多遭损坏。1959年1月，被列为湖南省重点文物保护单位。1980年，石门县政府拨款修葺。该寺主体建筑为大成殿，北依青嶂岭，面南坐北，面阔7间，进深5间，外墙砖筑，重檐歇山式顶，下檐外墙三面斗墙，上檐翼角起翘，四向辐射上转，龙首翘昂，口中含珠，下悬风铃。正面立柱齐檐顶，两端有一段砖墙重檐悬空。两侧自金柱砌砖墙为45度角斜伸至下檐尽头，高出下檐成弓形墙。殿前重檐下形成长廊，廊宽2米，高出殿坪1.5米。殿门前为花岗青石台阶，级长5米，前坪石板铺面。殿堂后为齐檐砖墙，正面饰白粉，墙前有3尊大佛盘膝而坐。殿正门外悬匾额，黑漆面金黄阳文“大雄宝殿”，殿堂左右壁画绘玄奘取经壁画。该寺山环水绕，古樟莽莽，花木繁茂。自唐宋起，为国内著名佛教禅宗道场。李自成战败后曾以奉天玉大和尚法号住持寺院。

伊斯兰教建筑。明洪武元年（1368），朱元璋派遣新疆维吾尔族将领哈八士和回族将领马德成驻军戍守常德。其部众落籍常德后，在武陵县城（今常德市）、武陵县（今鼎城区）肖伍铺及桃源等入籍地始建清真寺。其时共建有7座寺：即清真古寺、东寺、西寺、金陵寺、女学寺、德山义园、苏家渡义园，现仅存常德城区清真古寺。清真寺建筑布局独特。寺内建信徒礼拜的邦克楼和光塔，及供礼拜者洁身用的浴室，寺内不置偶像。此期的清真寺建筑用砖和石料砌成拱券或穹窿，装饰花纹为可兰经文或植物与几何图形，具典型的西亚穆斯林建筑风格。

常德清真古寺。明洪武五年（1372）始建于今常德市沙河街（俗称回回街）古迹玉带桥左。清顺治年间（1644－1661），由乡人备款迁建城东。咸丰十一年（1861）重建，尔后经多次修缮，尚存大殿和教长办公房舍等建筑，占地 1000 平方米。大殿为宫殿式木结构，有前后两进，白墙赤柱。殿顶及四壁上方镶木刻花卉图案板片，精美别致。窑殿凹壁上刻阿拉伯文，为赞主、赞圣之词。后殿上方挂“传教真统”匾，为清咸丰十一年（1861）重修大殿时所立。大殿前上方置“古今惟一”匾，由镇南将军提督军门滇省马如龙于清光绪二年（1876）题赠。是时，常德城区“回回街”（今沙河街）还修建了一座专供穆斯林妇女进入的清真女子寺。寺宇高大宽敞，内设礼拜大殿、沐浴水房、客厅、厢房，穆斯林妇女均可到此沐浴、礼拜、封斋、开斋和听讲教义。女子寺后并入清真古寺。

天主教、基督教建筑。清康熙五十年（1711），法籍耶稣会教士穆天父到常德传教，建天主教堂。清光绪六年（1880），西班牙教士苏额里到常德，先在城外河洑、夹街等地设堂传教；光绪二十二年（1896），在东门外陡码头建立天主堂；民国 3 年（1914），罗马教廷将湘北教区改为常德教区，划归西班牙奥斯汀会管理。同年，西班牙传教士王德纯、文承德等在城内大庆街建天主教堂。基督教、新教到常德相对稍晚。光绪二十二年（1896），加拿大传教士江爱德在万寿街（今人民西街）建立福音堂。光绪二十四年（1898），美国牧师柏斯登受北美教会派遣到常德，在东门外二铺街购地皮一块，修约翰堂一座、栖留所一处。同年，英国牧师巴天民在五铺街成立中华基督教会。光绪二十九年（1903），加拿大牧师万甘蒲到常德传教。民国 3 年（1914）又有加籍牧师查四维到常德传教。民国 7 年（1918），在城内东湖巷购地建圣洁会福音总堂。此后，基督教圣洁会、内地会、长老会、安息日会、真耶稣教会、中华基督教会等基督教会各派纷纷到常德，修建教堂传教。西方教会在常德发展迅速，至抗战前夕，常德城有教徒 3000 余人。教会、教堂建筑大多毁于日寇炮火。城区现有天主教、基督教堂各一座。

第二章　房地产开发

第一节　商品房建设发展

一、公、私住房建设

常德地区房屋建设历史久远。西周（公元前11世纪—公元前771年）时，常德官府开始把建筑工匠编入官府特种户册，时称“百工”。至两汉时，分工逐渐细密，建筑工匠中开始出现泥、木、石、漆、画等不同工种。唐代，工商业空前发展，官府开始出资雇佣建筑工匠，时称“明资匠”，由将作监主持修筑宫殿、坛庙、官署和陵寝等官府工程。明中叶后，能工巧匠开始以包工不包料方式承建民间建筑，技术娴熟精干匠师被称为“墨头”，负责组织施工。清初，官府取消匠籍，部分民间匠工进入城镇开铺营造。建筑工匠按行业组织行会。常德府城内木业和石业建有鲁班会，泥工建有女娲会。各类工匠举有行头，定有行规，设有行址，尊奉行神。由行会承揽建筑业务，组织施工。清雍正元年（1723），常德出现泥木作坊，常德建筑工匠自此出现民间集中施工组织。道光十一年（1831），陈记木工作坊在城内卫门口挂牌，主要承建房屋和制作家具。1840年鸦片战争后，城区建筑作坊逐渐增多。至民国初，常德、澧县、桃源、汉寿等县共有泥木作坊160余家。

民国21年（1932），常德钱洪盛作坊经湖南省建设厅批准，改为洪盛营造厂。为常德建筑营造厂之始。洪盛营造厂建有三德学校、天宝云楼、聚新城银行、湖南省银行常德分行、湘鄂酒楼等大型房屋建造工程。中日常德会战中常德城毁于战火。

1943常德会战后城区废墟

抗日战争胜利后，市民重建家园，泥木营造厂一时兴起。1945年，上海寅记营造厂从重庆迁来常德开业，该厂具有勘察设计、施工综合能力。此后，城区相继兴办联华、大厦、中记、永安等营造厂承建房屋建筑工程。至1947年，地区内已有210多家房屋建筑营造厂（场）。这些营造厂（场）均通过投标方式承接工程。其时，营造厂（场）一般有厂主、账房、监工各1人。厂主称经理，一般由财产所有者充任，负责全厂施工、经营；账房协助厂主进行经营管理，负责财务往来，盈亏核算，工程造价预估，参与投标决策；监工协助厂主进行施工生产、技术管理，编制方案，处理施工技术疑难问题，协调工种衔接，负责工程质量。1949年8月，常德城区住宅面积31.32万平方米，人均居住面积3.15平方米。

新中国成立后，常德市人民政府着手修建居民住宅。1952年，市人民政府在城区小西门兴建住宅新村，建木板平房96间。1955年，市政府在城东贺八巷、城南经历司湾、城西杨家牌坊、城北建民巷各修建1栋20套居民住宅，每栋1000平方米。1958—1959年，常德市扩建东、西人民大街，先后在小西门至骡马甸（今朝阳路建设路口至洞庭大道路口）、西围墙（今青年南路人民路口至建设路口）至东门、下南门至莫公桥（今大西门梅尼广场地段）沿街两侧原拆原建住房584间。至20世纪60年代，常德市城市住宅仍多为砖木结构，无私厕、私厨，但层次加多，建筑形式上由内廊式向外廊式发展。70年代初，常德市住宅总面积为71万平方米。70年代初期，常德市采用大庆油田建房经验，在城北北堤巷修建“干打垒”（即墙体用黄土、石灰夯压成形）二层住宅5栋，因墙皮易剥落，墙身易开裂，遂相继拆除。期间，还曾兴建竹筋现浇板、竹筋预制板民房，因竹筋强度不够，且工艺不科学，随即也停止使用。此后，常德市城市住宅修建向砖混结构发展，开始出现独厕独厨和短外廊形式。70年代中期，常德市兴建砖拱结构薄壳顶楼，广泛使用水泥预制件；居室开始由长外廊式向短外廊式演变。1977年年底，常德市住宅总面积77.61万平方米，人均居住面积3.27平方米。

“文化大革命”结束后，常德市住宅建设进入崭新历史时期。1979年1月，常德市政府成立住宅统建办公室，开始大规模建设居民住宅。住宅建造由砖木结构向混合结构发展，大量采用钢筋水泥预制件，现浇楼梯，预制空心板加防水层楼面。住宅户型由混居、通廊、公厨、公厕逐步向独门、独厨、独厕、独阳台的单元住宅发展。墙体由斗墙改为眠墙，水电设施配套，均按抗震烈度7度设防。1979年至1983年，常德市投资1378万元，新建居民住宅100栋，建筑面积14.9万平方米，安排居住3141户。农贸市场、商店、粮店、煤店、学校、幼儿园等公共设施基本配套，同时交付使用。

1983年至1988年，常德市政府逐年增加城市住宅建设资金安排，并鼓励市属单位自筹资金修建职工住宅，同时采取民建公助方式鼓励居民建房。1984年，常德市采用民建公助建房形式，即住户投资、投料、投工，国家提供建房地基、场地及“三通一平”（通电、通水、通路、平整土地）条件，单位酌情给予适当资助。凡有正式城市户口、住房确实困难、有一定经济能力的城市居民均可申请建房。当年3月，常德市民建公助住宅办公室在东郊乡三闾村征地1.5公顷，安排私人建房138户，建筑面积11303平方米，翌年10月全部竣工，均为独门独户二层住宅，砖混结构，坡屋面，底层为一室一厅，旁设楼梯间和兼作厨房、厕所，楼上为卧室和阳台。1986 年，常德市多渠道修建城市住宅，统建住宅 2500 平方米，民建公助住宅 9950 平方米，翻修危房 6380 平方米。至 1987 年，常德市政府从城市建设资金中，共投资 288 万元用于城市住宅建设（1985 年投资 73 万元，1986 年投资 75 万元，1987 年投资 140 万元），常德城区居民住宅情况明显好转。1988 年年底，全市城镇居住面积达 620 万平方米，城镇人均居住面积达 8.4 平方米。

二、商品房开发

1985 年，常德市第一家房地产综合开发企业—常德市城市建设综合开发公司成立，常德商品房开发建设开始起步。

1988 年，境内房地产开发公司共 8 家，1997 年发展到 73 家。1988 年至 1997 年，全市共完成房地产开发投资 8.23 亿元，竣工房屋面积 87.4 万平方米，为 1983 年至 1987 年建房总量 10 倍。在提高市民住宅水平的同时，还解决全市人均 4 平方米以下住房特困户 4000 多户住房困难，城区居民住宅成套率也由 1990 年 35% 提高到 1995 年 52.6%。1997 年年底，常德市城区人均居住面积达 9.2 平方米，全市城镇人均居住面积达 11.6 平方米，在全省居于领先水平。

1998 年至 2001 年，境内房地产开发企业由 73 家发展到 102 家。1998 年，全市完成城乡住宅建设投产 24.47 亿元，完成城乡住宅竣工面积 464.2 万平方米，房地产综合开发投资 3.02 亿元，完成房屋竣工面积 27.1 万平方米，商品房完成投资 1.63 亿元，商品房空置面积下降 20%，全市房地产增加值 1.1 亿多元。安居工程竣工面积 15 万平方米，解决城镇住户困难户 1580 户，城镇人均居住面积 11.8 平方米，农村人均居住面积 15.19 平方米。翌年 1 月，为培育和规范房地产交易市场，充分调动城市居民的购房积极性，常德市举办首届房地产展示交易会，展示交易会期间，住宅交易成交 585 户，总面积 58906 平方米，总成交 5321 万元，意向成交 1310.5 万元。1999 年，常德市城区建房总投资达 76416 万元，建筑面积 131.3 万平方米。

2000 年，常德市房地产开发完成投资 4.35 亿元，施工房屋面积 83 万平方米，销售房屋面积 51 万平方米，房屋销售额 4.8 亿元，完成开发土地面积近 30 公顷，新增固定资产近 4 亿元。常德市城区涌现出健民花园、新世纪花园、宏宇别墅山庄、芷兰小区、东方小区等一批高标准、高档次住宅小区，为提高居住水平，改善居住环境，美化城市市容市貌起到积极作用。常德市房地产综合开发业绩和开发管理工作得到省建设厅领导的高度评价。

2001 年，常德市房地产开发投资完成 9.9 亿元，商品房施工面积 128 万平方米，其中新开工面积 108.9 万平方米，商品房竣工面积 91 万平方米，预（销）售房屋面积 78 万平方米，销售额 7.2 亿元，完成开发土地面积近 35 公顷，新增固定资产近 4.5 亿元。至 2001 年年底，常德市在册房地产开发企业为 102 家。

2002 年至 2007 年，房地产开发投资持续增长，多主体投资、多元化竞争格局逐步形成。2007 年常德市房地产开发投资总额为 39.85 亿元，常德市市城区房地产投资由 2001 年 3.02 亿元增长到 2007 年 23.15 亿元，增长 7 倍多；房地产交易税费收入从 2001 年 882.78 万元增长到 2007 年 6625.40 万元，增长 7 倍多。市场投资主体由国家单一投资发展成为国营、民营、合资等多主体投资，常德市房地产开发企业从 2001 年 102 家发展到 2007 年 190 家，其中常德市市城区 125 家；全市二级资质企业 10 家（常德市市城区 8 家），从业人员从 873 人增加到 5767 人。以中房集团常德公司和金钻置业为代表的品牌企业分别领跑常德市房地产开发国营和民营企业，常德市房地产开发规模化发展和多元化竞争格局基本形成。房地产市场产销两旺。

2007 年常德市新开工面积 196.93 万平方米，竣工面积 217.19 万平方米，销售面积 202.78 万平方米，销售金额 36.09 亿元。其中，常德市市城区新开工面积 81.97 万平方米，竣工面积 88.04 万平方米，销售面积 104.93 万平方米，销售金额 20.9 亿元。常德市市城区房屋产权发证面积为 41 1.598 万平方米。2007 年常德市地方税收收入 25.7 亿元，其中房地产业地方税收收入达到 4.51 亿元，所占份额超过 17%，同比增收 1.44 亿元，对全市增收贡献率达 30.9%。房地产行业对地方经济发展起到重要推动作用。

表 2.2.1.2.1　2007 年常德市主要经济指标数据

指　标	数值	同比增长率（%）
国民生产总值（GDP）	864.1（亿元）	14.6
全社会固定资产投资额	231.9（亿元）	30.4
房地产开发投资额	39.85（亿元）	23.98
房地产开发投资额/固定资产投资额	17.2%	—
居民价格消费指数（CPI）	105.48	5.48
市城区人均可支配收入	12453（元）	16.4

2008 年，美国次贷危机引发席卷全球的金融“海啸”，全世界几乎所有国家金融体系遭受摧毁性冲击，并从金融危机向经济危机转化。常德房地产行业和整个中国房地产业一样，面临极其严峻考验。无论市场消费能力还是消费意愿，在金融危机中都出现大幅度下降，房地产业受到国家宏观调控政策积累效应和金融危机波及效应的双重打击。国家统计局公布数据显示，2008 年 1 月至 12 月，全国商品房销售面积 6.2 亿平方米，同比下降 19.7%。其中，商品住宅销售面积下降 20.3%；商品房销售额 24071 亿元，同比下降 19.5%。其中，商品住宅销售额下降 20.1%。国房景气指数连续 12 个月下降，2008 年 12 月份的数据为 96.46。

是年，常德市城区房地产市场存在的问题充分暴露：一是常德市房地产企业融资渠道单一，资金主要通过银行贷款和销售回笼实现。银行信贷紧缩，贷款门槛提高，通过金融机构融资比较困难，在市场销售严重萎缩的情况下，各开发项目销售情况无法满足企业健康运行需要，房地产开发企业普遍面临巨大的资金压力。二是常德市房地产开发企业多数规模小、自有资金少、抗风险能力低。不少企业还没有完成资本的原始积累，抗风险能力、融资能力、综合实力等均比较薄弱，一旦遇上市场走低，很容易被淘汰，抗风险能力极低。

因此，常德房地产市场下滑趋势明显，购房者持续观望，商品住宅交易量出现萎缩，房地产企业普遍面临很大资金压力，产业发展信心严重不足。是年，市城区招拍挂房地产开发项目用地共 32 宗，流拍 13 宗，流拍面积 23.03 公顷；成交 19 宗，面积 46.36 公顷，其中实际用于房地产开发的仅 13 宗，总面积 22.08 公顷，成交总金额 3.05 亿元。全市房地产开发投资总额为 40.4 亿元，其中，市城区完成房地产投资 21.2 亿元。全市新开工面积 172.4 万平方米，同比下降 20.6%；竣工面积 154.7 万平方米，同比下降 23.7%，销售面积 153.9 万平方米，同比下降 28.5%。其中市城区新开工面积 71.8 万平方米，同比下降 12.4%，竣工面积 58.8 万平方米，同比下降 33.6%，销售面积 58.86 万平方米，同比下降 53.1%。

2009 年，国家有效应对国际金融危机，房地产业整体政策趋向宽松，湖南省政府出台《关于促进房地产市场健康稳定发展的若干意见》，常德市政府随即出台《关于促进常德市房地产业健康发展的若干意见》，以促进常德市房地产业健康发展。常德出现城市"扩容提质"和推进新型城市化建设等一系列利好机遇，境内房地产业开始回暖。是年，全市完成房地产开发投资 50.4 亿元，同比增长 23.2%；全市施工面积 663 万平方米，同比增长 16.2%，其中新开工面积 264.7 万平方米，同比增长 53.5%；竣工面积 175.3 万平方米，同比下降 13.3%。全市房地产空置面积 20.4 万平方米，同比增长 140%。其中，市城区房地产开发投资总额为 19.3 亿元，同比增长 3.8%，新开工面积 55.2 万平方米，同比下降 9.2%；竣工面积 33.9 万平方米，同比增长 23.3%，2009 年，常德市城区新投放商品房 98.99 万平方米，同比下降 21.40%：其中新投放商品住宅 79.55 万平方米，同比下降 30.55%；新投放商业营业用房 19.44 万平方米，同比增长 70.53%。

2010 年，全市完成房地产投资 61.9 亿元，房地产新开工面积为 309.8 万平方米，房地产竣工面积 236.2 万平方米，其中，商品房销售面积 321.1 万平方米，商品房成交价格为 2245 元/平方米。市城区完成房地产开发投资 19.8 亿元，竣工面积 46.4 万平方米，销售商品房 108.52 万平方米，销售金额 34.98 亿元，市城区商品房成交均价为 3223 元/平方米。

2011 年，国家宏观经济的经济增长下行压力和物价上涨压力并存，在全国范围内高密度、大力度的房地产宏观政策调控之下，常德市房地产投资、新开工面积、销售面积等各项指标保持平稳增长，市场秩序比较规范，房地产市场整体呈现出活跃、繁荣的平稳发展态势。是年，全市完成房地产投资 85.76 亿元，房地产投资占社会固定资产投资额的比例约为 13%，其中市城区（含武陵、鼎城及经开区，下同）完成房地产投资 43.9 亿元，全市房地产施工面积 874.92 万平方米；其中市城区房地产施工面积 424.55 万平方米。房地产新开工面积 335.86 万平方米，其中市城区房地产新开工面积 119.58 万平方米。房地产竣工面积 248.16 万平方米，其中市城区房地产竣工面积 91.83 万平方米。

2012 年，国家房地产调控政策继续从紧，税收、信贷政策持续偏紧，限购、限贷等措施成为地方政府不可突破的“红线”。常德市认真贯彻落实国家、省、市有关房地产市场调控的政策措施，加强房地产市场监管，规范市场秩序，稳定住房价格，全年房地产市场整体运行健康平稳。是年，全市完成房地产投资 94.81 亿元，房地产投资占全社会固定资产投资的 10%。房地产新开工面积 364.3 万平方米，其中市城区（含武陵、鼎城及经开区，下同）完成房地产投资 52.36 亿元；房地产新开工面积 165.92 万平方米。

2013 年，全市房地产市场保持“投资活跃、供需旺盛、价格平稳”的发展势头。全年完成房地产开发投资 121.76 亿元，新开工面积 481.03 万平方米，其中市城区完成房地产开发投资 80.01 亿元，新开工面积 255.91 万平方米。全市新供应商品房 341.8 万平方米，市城区新供应商品房 160.06 万平方米。全市商品房成交均价 4363 元/平方米，其中商品住宅均价 3697 元/平方米。市城区商品房成交均价 5229 元/平方米，其中商品住宅均价为 4377 元/平方米。二手房交易明显增长。全年市城区二手住房成交面积 38.14 万平方米。图为 2013 年 3 月 1 日新“国五条”出台，3 月 4 日常德市二手房交易市场猛增网签业务办理现场。

是年，全市房地产开发投资突破 120 亿元，房地产投资占全市 GDP 比重达到 5.4%；全市商品房销售额突破 120 亿元，全市房地产综合收入达到 94.47 亿元（其中房地产税收 18.15 亿元，非税收入 7.2 亿元，房地产土地出让金为 69.12 亿元），房地产综合收入占全市财政总收入比重达到 53.98%，有力促进全市经济和财政收入增长。

2013 年 3 月 4 日，常德市二手房交易市场网签办理猛增

这一时期，常德房地产业由单一性住房供应建设向复合型房地产业不断推进，园区地产、商业地产、旅游地产、工业地产、文化地产、教育地产、体育地产、医疗地产、养老地产等泛房地产成为新的投资热点。经历 2008 年席卷全球金融风暴后，国家有效应对国

际金融危机，湖南省政府和常德市政府相继出台促进房地产市场健康稳定发展的整体宽松政策，常德呈现城市“扩容提质”和推进新型城市化建设利好环境，全市房地产业进入房地产转型升级的更高层级发展阶段。

进入21世纪，以武陵区步行城商圈和鼎城区桥南市场为成功样式的商居地产兴起，常德火车站大市场、水果大市场、农资大市场、钢材大市场、天下粮仓、兴隆装饰城、水星楼商圈相继建成，由商居房屋到商居楼盘发展到商业街区的商业地产逐步成熟，为常德成为湘西北商品集散中心奠定坚实基础。首创大厦、广宇大厦、美景大厦、紫云天大厦、新华大厦、西城公寓、浙商广场、中德时代广场、常青藤、鸿鑫桃林等一批写字楼地产，继商业地产之后成为居住小区、居住楼盘整合多种功能的新型地产亮点。2008年后，梦幻桃花岛、桃花源古镇、白马湖万达广场、柳叶湖保利新城、武陵文化产业园、阿波罗商业广场等一批旅游商贸重大地产项目建设推进顺利，其中柳叶湖度假区梦幻桃花岛、桃花源管理区桃花源古镇两个主题旅游项目，白马湖万达广场、柳叶湖保利新城等商贸文化综合项目投资均逾50亿元。工业园区从单一招商引资运营向工业地产升级。常德市政府设立园区标准化厂房建设补贴专项资金，提高园区土地集约利用水平，推进园区标准化厂房建设。至2013年，全市10个省级以上工业园区有5个进入“百亿园区”方阵，常德经开区、桃源工业区2个进入“两百亿园区”。其中常德经开区已形成自有专业园区4个，共有标准化厂房面积36.08万平方米，出租签约率达86%；桃源工业区建设标准化厂房29.04万平方米，出租签约率达60%。与此同步，芙蓉王现代新城为代表的工业地产，柳叶湖体育生态园为代表的体育地产、高山街文化影视城为代表的文化地产、西城智慧谷为代表的教育地产、和生源花园社区为代表的养老地产等等，相继建成、顺利推进，构成常德复合型地产集群式发展态势。常德房地产业进入转型升级更高层次。

桃花源古镇客栈

第二节　房地产开发企业

一、企业培育与发展

新中国成立后，1950 年，常德市人民政府组建建筑工会，对全市营造厂（场）进行施工设备、建造能力、资金资本核定，颁发营业执照。常德市洪盛、华昌、敬成、联华、振兴、洪发、裕华等营造厂（场）先后开业，由市政府建设和房产主管部门核定资格、实力，根据企业实际能力和建造业绩安排施工任务。

1950 年 11 月，常德第一家国有建筑公司国营常德市建筑公司成立，张存义受命为首任经理，市建筑公司隶属常德市政府建设科管理。翌年 5 月，津市市建筑工会组建工程大队。桃源县建筑承包商张云国、程鹏、肖梅初、陈章银等兴办桃源县建筑工厂，均属集体性质建筑企业。9 月，常德专署以财经委员会企业处信托公司工程股为基础，成立国营湘沅建筑公司，设常德市大高山街，首任经理齐文川。11 月，常德市建筑公司更名为永乐建筑公司。1952 年 11 月，常德湘沅建筑公司与永乐建筑公司合并，成立常德地区湘沅工程公司，隶属湖南省建筑工程局管理。是时，常德市、澧县、安乡、汉寿、津市等县、市建筑工会陆续改为修建大队，均为集体所有制企业，属县、市人民政府建设科、县总工会或城关镇人民政府领导，承担县、市内小型工程施工。1953 年，益阳市和津市市建筑工程队并入常德地区湘沅工程公司，更名为常德专署工程公司，该公司扩充为县级企业，设益阳、津市、常德等三个工区，承建地区内大、中型新建工程。1953 年至 1956 年，安乡、常德、澧县、石门、桃源、汉寿等县相继成立建筑生产合作社，常德市成立建筑工程大队。原私营作坊、营造厂在合作化高潮中或并入合作社，或成立公私合营企业。常德私营房屋建造作坊、营造厂至此不复存在。

1956 年 5 月，国营常德市房地产公司成立。自此，常德市每年都按计划、有重点对城区危旧住房进行修缮，并陆续新建住房，逐步改善市民居住条件。1958 年，为适应大规模建设需要，各建筑生产合作社陆续改为建筑工程公司、工程队，企业性质亦由集体所有制陆续改组为全民所有制。

1978 年 8 月，常德市成立住宅“统建”办公室，开始在高山街、红卫路、百街口、建设路开工建设住宅。常德市房地产建设由分散、零星建设，发展到成片成区开发建设；由不配套或局部配套，发展到完整配套建设；从新区规划设计到住宅体型、立面处理、群体组合等方面均大步发展改进，逐渐向多样化、地方特色化方向发展，常德市房地产开发企业成长、培育环境逐渐成熟。

1985 年 1 月，常德市第一家房地产综合开发企业—常德市城市建设综合开发公司成立，属全民所有制事业单位，实行企业化管理，公司正式职工 58 人，专业技术人员中高级职称 2 人、中级职称 19 人、初级职称 16 人，时为常德市在中国房地产开发集团中唯一成员单位。公司主要业务范围是，根据城市统一规划进行房地产综合开发，承接建筑工程设计和施工，经营各类建筑材料。公司拥有固定资产 1979 万元、流动资金 3124 万元。1995 年该公司被授予湖南省百强房地产明星企业。

至 1990 年年底，全市（含市属各区、县）已有 8 家房地产综合开发企业，均为全民事业单位，实行企业化管理，即独立核算、自负盈亏。经省建委批准，常德市城市建设综合开发公司为二级开发单位，常德市房地产开发公司为三级开发单位，津市房地产综合开发公司、安乡县城镇综合开发公司、石门县房屋建设开发公司均为四级开发单位，常德市鼎城区城市建设综合开发公司、临澧县城镇建设综合开发公司，临澧县合口镇城镇建设综合开发公司为临时资质等级。8 家开发企业根据“统一规划、合理布局、配套建设、综合开发”方针，大力进行商品房开发和土地开发，1990 年全年竣工房屋面积 6. 15 万平方米，共完成商品房开发建设投资 1334 万元。销售房屋 3. 96 万平方米，销售额 1291. 82 万元。

1991 年，常德市房地产管理局开始全面实施房地产行业管理，当年共办理 21 家开发公司申报发证工作，确定投资计划 3900 万元。当年共完成房地产开发投资 3325. 86 万元，新开工房屋面积 12. 54 万平方米，竣工房屋面积 7. 95 万平方米，销售房屋面积 7. 24 万平方米，实现利润 132. 41 万元，开发土地 12. 52 公顷。至 1995 年，全市房地产综合开发公司已发展到 63 家。常德市城区完成房地产综合开发投资 1. 05 亿元，新开工房屋面积 12. 27 万平方米。1996 年，全市共有各类房地产开发公司 73 家，当年完成房地产开发投资 2. 4 亿元，房屋竣工面积 63 万平方米；完成“安居工程”投资 7250 万元，施工面积达 14. 5 万平方米，其中新开工 12 万平方米，竣工面积 10. 5 万平方米。

1997 年，常德市各房地产开发公司在开发建设中，坚持新区建设与旧城改造相结合，自身开发与代建监理相结合，商品房销售与房屋租赁相结合，全年共计完成城乡住宅建设投资 60945 万元，完成城乡住宅竣工面积 81. 26 万平方米，其中，全市房地产综合开发投资 40200 万元，完成房屋竣工面积 22. 5 万平方米，全市完成安居工程投资 9735 万元，安居工程竣工 16. 47 万平方米。是年，全市房地产开发行业涌现出“十佳房地产开发企业”和“十佳房地产开发经营能手”。

表 2. 2. 2. 1. 1　1997 年全市房地产开发双“十佳”名单

序号	“十佳房地产开发企业”	“十佳房地产开发经营能手”
1	常德市房地产开发公司	常德市房地产开发公司经理朱世龙
2	常德市城市建设综合开发公司	常德市华洋旧城改造有限公司经理刘春枝
3	常德市迅华建筑开发总公司	湖南常德湘北房地产开发公司经理席格林
4	湖南鸿升置业有限公司	常德市金城房地产开发公司经理龚世娥

续表

序号	"十佳房地产开发企业"	"十佳房地产开发经营能手"
5	湖南常德湘北房地产开发公司	汉寿县房地产综合开发公司经理肖广群
6	常德武陵房地产综合开发公司	桃源县房地产经营开发公司经理文长福
7	常德市实通房地产开发公司	石门县华厦房地产开发公司经理向绪新
8	湖南东汉房地产开发有限公司	鼎城海达房地产综合开发公司经理沈克桃
9	澧县城市房地产综合开发公司	临澧县城镇建设综合开发公司经理江华
10	安乡县房地产综合开发公司	津市市翔盛房地产开发公司副经理张兴秋

1998年1月，常德市在澧县召开住宅建设现场经验交流会，为澧县建设局授予"发展住宅建设先进单位"称号，为澧县房地产管理局授予"房地产管理先进单位"称号；为澧县城市房地产综合开发公司、鼎城区海达房地产综合开发公司、安乡县房地产综合开发公司授予"房地产开发先进单位"称号。年底，报省建委批准，近三年来房地产开发经营业绩较好、且符合资质条件湖南省湘北房地产开发公司等3家开发公司开发资质升级；对近两年来有违规经营行为且不符合资质标准开发企业给予降级处分；对成立公司后基本处于歇业状态7家开发企业吊销资质等级证书。是年，全市经确认有继续从事房地产开发经营资格房地产开发企业共计91家，其中二级资质等级开发公司9家、三级资质等级开发公司45家、四级资质等级开发公司37家。至2000年年底，常德市在册房地产开发企业为102家，其中二级资质等级开发公司10家、三级资质等级开发公司46家、四级资质等级开发公司46家。

2001年，境内各房地产开发企业高起点规划住宅小区、高标准建设住宅小区，开创全新策划理念、积极诠释绿色地产，通过精心设计、精心施工，注重经济效益、社会效益、环境效益三方面有机统一，市城区建成和在建一批高标准小区：芷兰小区、紫桥二区、滨湖小区、西园小区、贾家湖小区、皂果小区、东方小区、惠民小区、三闾小区、怡景花园、新世纪花园、健民花园、霞山江南园、吉星花园、华兴花园、雅园花园、湘北一村、绿岛新村、宏宇别墅山庄等等。是年，市房地产管理局对市城区73个房地产开发项目组织检查，有58个小区或组团建设情况良好，占受检项目80%。

2002年，常德市认真贯彻落实建设部等七部委《关于整顿和规范房地产市场秩序的通知》精神，全市房地产市场秩序明显好转。经过评选并报省评审领导小组批准，常德市中房常德公司、经济适用住房开发中心被评为湖南省房地产开发企业20强；中房常德公司、市经济适用住房开发中心、市迅华城建公司、市吉立房产公司、市顺源房产公司、市希豪房产公司被推介为诚信单位；紫桥二区、健民花园、吉星花园、金色文苑被评为最受欢迎楼盘。是年，全市强力推行国务院、省政府有关加快住宅建设指示精神，采取有效措施，放开房地产交易二级市场，将年度住宅建设目标管理指标分解落实到各区、县（市）和三级以上房地产开发企业，加大开发建设调度。各房地产开发企业全方位筹措资金，加大投入，深挖潜力，强化管理，房地产开发各项经济指标再创辉煌。全市全年完成房地产开发总投资额14.2亿元，完成商品房投资9.6亿元，商品房施工面积171万平方米，其中新开工施工面积110万平方米，商品房竣工面积115万平方米，商品房预（销）售面积93万平方米，实现房屋销售额8.4亿元，创利税总额1亿多元。

2003年，常德市房地产管理局以创建新的“四个城市（全国交通管理模范城市、国家环境保护模范城市、中国最佳人居环境城市、国际花园城市）一起创”为契机，加速旧城改造和新区开发。全市房地产开发企业已达120多家，房地产开发投资总量居全省第四位。全市城区商品房新开工面积106.56万平方米，竣工面积达42.50万平方米。全市各开发企业预售面积40.49万平方米，预收购房款3.34亿元。销售商品房44.67万平方米，实现销售收入5.88亿元。2004年，全市房地产投资和商品房销售出现新一轮持续快速增长，呈现出需求拉动增长良好态势，常德市房地产开发总量仅次于长沙，位居全省第二。全市房地产市场体系日趋成熟，逐步从卖方市场向买方市场过渡，步入平稳发展期。

2005年，国务院、省政府相继出台一系列加强房地产宏观调控力度政策，全国各地房地产市场均受到不同程度影响。常德市对房地产业发展做出积极调控和引导。一是会同市城市办、市规划局、市国土局、市物价局、人民银行等部门，联合成立常德市稳定住房价格工作领导小组，建立部门联系会议制度；二是出台《关于加强房地产开发市场管理的通知》，严格实施商品房预售许可证制度、（预）销售合同登记备案制度、（预）销售即时备案和项目资本金制度，提高商品房预售门槛，加强商品房（预）销售管理；三是进一步健全房地产市场信息系统和预警预报体系。是年，常德市房地产开发企业共166家，其中市城区（江北城区、江南城区、德山开发区）107家。按每平方米建筑面积需三个工日计算，2005年一年，房地产开发为社会提供了900万个工日劳动需求，房地产地税收入近2亿元，占全市地税收入的1/8。

2006年，根据“国六条”中“进一步完善市场运行机制”工作要求，常德市房地产管理局下发《关于加强商品房预售管理的通知》，加大对房地产虚假广告的查处力度，对不符合条件擅自预售商品房者，责令停止并依法予以处罚；建立“常德市房地产市场预警预报体系”，实施商品房（预）销售合同网上备案公示；联合市发改委、市物价局、市工商局成立房地产交易专项整顿规范工作组，下发《关于进一步加强房地产交易整顿规范的通知》，从2006年9月份开始实施对房地产交易市场专项整顿，从源头上规范房地产开发、销售行为。

2007年，全市房地产开发企业达203家（其中市城区127家），从业人员5767人。房地产开发投资持续增长，多主体投资、多元化竞争格局逐步形成。全年常德市房地产开发投资总额为39.85亿元，常德市市城区房地产投资由2001年3.02亿元增长到2007年

23.15 亿元，增长 7 倍多；房地产交易税费收入从 2001 年 882.78 万元增长到 2007 年 6625.40 万元，增长 7 倍多。常德市房地产开发企业从 2001 年 67 家发展到 2007 年 190 家，其中常德市市城区 125 家，常德市二级资质企业 10 家（常德市市城区 8 家），从业人员从 873 人增加到 5767 人。市场投资主体由国家单一投资发展成为国营、民营、合资等多主体投资，以中房集团常德公司和金钻置业为代表，一批品牌企业分别领跑常德市房地产开发国营和民营企业，常德市房地产开发规模化发展和多元化竞争格局已逐渐形成。是年 7 月 8 日，由湖南省建设厅、湖南省房地产业协会组织评选房地产业“诚实守信企业”揭晓，常德市金恒地产、金钻置业、中德地产等 3 家开发企业上榜。

2008 年，市房管局进一步加强房地产市场监管。3 月，市房管局召开全市房地产行业大会，发布市房协、市物协《关于加强行业自律，打造诚信房产》倡议书和《常德市房地产行业自律公约》，号召全市房地产企业以科学发展观为指导，贯彻执行国家房地产业政策，推动行业结构调整和产业升级，积极做好行业自律，打造诚信房产。全年市城区招拍挂房地产项目土地共 32 宗（用于房地产开发的土地），总面积 69.39 公顷。其中，流拍 13 宗，面积 23.03 公顷，成交 19 宗，面积为 46.36 公顷，其中实际用于房地产开发 13 宗，总面积 22.08 公顷，成交总金额 3.05 亿元，平均地价 92.09 万/亩。2008 年常德市城区完成房地产投资 21.2 亿元，新开工面积 71.8 万平方米，竣工面积 58.8 万平方米，销售面积 58.86 万平方米，销售金额 14.26 亿元。

2008 年 4 月 30 日，市委常委、副市长宋冬春现场调研

在世界金融危机对我国各行各业冲击严重大环境下，常德市房地产行业对地方经济发展仍然起到重要保障作用，2008 年常德市地方税收收入 30.4 亿元，其中房地产业地方税收收入达到 5.05 亿元，所占份额达 16.61%。

2009 年，常德市房地产市场平稳回暖，商品房开发投资、商品房施工面积、新开工面积、销售面积等指标同比均有所增长。为促进常德市房地产市场健康发展，市委、市政府在 2008 年 12 月《关于促进房地产市场健康发展的若干意见》（常政办发〔2008〕19 号）文件基础上，2009 年 7 月，又印发《关于推进市城区房地产业快速发展的意见》，出台一系列降低交易门槛、提升市场信心、合理引导住房消费具体政策措施，加大政策优惠的深度和广度，对购房者购房出台奖励措施，进一步降低交易门槛，同时，针对促进房地产投资和开工建设出台相应措施，有效促进了常德市房地产市场回暖。是年，全市房地产税收为6.77亿元（指地税收入，不含财政局契税收入），同比增长34.06%。

表2.2.2.1.4　2009年常德十强房地产企业

序号	2009年优秀房地产企业
1	中房集团常德房地产开发公司
2	常德市德达房地产开发有限公司
3	常德市经济适用住房开发中心
4	湖南乾园房地产开发有限公司
5	常德嘉泰房地产开发有限公司
6	常德市强劲房地产开发有限公司
7	常德市华达建设开发总公司
8	常德市金泰利置业有限公司
9	湖南金恒房地产有限公司
10	湖南鸿天房地产评估有限公司

2010年，全市房地产市场呈现平稳快速发展态势，房地产投资、新开工、竣工等各项指标均有较大增长。全市完成房地产投资61.9亿元，房地产新开工面积为309.8万平方米，竣工面积236.2万平方米。商品房销售面积321.1万平方米，商品房成交价格为2245元/平方米。全市房地产企业开发理念明显提升，涌现出一批高品质优秀楼盘，建筑面积在10万平方米以上“大盘”增多，首次出现澧县“豪盛·现代国际城”这样总建筑面积达到45万平方米的大盘。这些项目综合品质同步明显提升，澧县“银谷国际”项目获得“中国县级城市亚洲人居环境奖”，安乡“香格里拉”项目被评为“2009中国名盘”。房地产开发企业进一步壮大、成熟。

表2.2.2.1.5　2010年度常德市房地产企业十强

十强企业名称	销售额（万元）	销售面积（平方米）
常德市金城房地产综合开发有限公司	30001	125030
常德紫瑞房地产开发有限公司	26026	75649
常德创普房地产开发有限公司	13064	37884
常德市伟星置业有限公司	10970	31080

续表

十强企业名称	销售额（万元）	销售面积（平方米）
长沙市新途房地产开发有限公司常德分公司	10356	30286
常德市广德房地产开发有限公司	7150	25918
湖南柳都置业有限公司	5995	22944
湖南鸿昌房地产开发有限公司	6248	18983
常德金家园置业有限责任公司	5957	16759
中房集团常德房地产开发公司	6026	18258

2011 年，是常德市房地产行业整体提升水平关键年。常德市房地产管理局以建设法治房管为目标，突出深化房地产市场监管，规范物业服务行为，严格产权产籍管理三个重点，加强制度建设，先后提请市政府或联合其他部门出台《关于进一步做好房地产市场调控的通知》（常政发〔2011〕18 号）、《关于进一步加强房地产市场监管促进房地产业平稳健康发展的意见》（常政办发〔2011〕20 号）等共计 23 个规范性文件，为常德市房地产企业成长壮大和房地产市场健康稳定发展提供健全、规范、有力的制度保障。是年，市房管局切实加强开发主体管理，切实加强楼盘质量管理，加强对开发企业资质动态管理和对新进入房地产行业企业实行负责人培训，开发企业整体素质得到有效提升。

2011 年房地产开发企业培训

表 2.2.2.1.6　2011 年度常德市十大优秀房地产开发企业

序号	2011 年优秀房地产企业
1	常德市强劲房地产开发有限公司
2	常德市伟星置业有限公司
3	湖南和远置业投资有限公司

续表

序号	2011年优秀房地产企业
4	湖南乾园房地产开发有限公司
5	常德市金城房地产综合开发有限公司
6	常德市嘉美置业有限公司
7	澧县金源房地产有限公司
8	湖南省诚信创业房地产开发公司
9	津市市银厦房地产开发有限公司
10	湖南升富房地产开发有限公司

2012年，在全国房地产宏观调控持续从紧背景下，年初常德市房地产市场一度压力严重。市房管局以房地产开发企业培育引导为抓手，针对房地产产业多个环节，严格贯彻执行近两年出台的一系列规范性文件，引导企业行为，加强市场监管，规范市场秩序。2012年对新报建35个开发项目全部实行项目手册制度，对项目资本金进行监管。全年共审批商品房预售许可33个，所有在售项目都能较好执行相关制度措施，所有竣工项目都只有在经房管部门参与综合验收合格后方可交付使用，全年没有出现企业明显违规行为。开发项目遗留问题得到逐步化解处理。同时，市房管局加强与有关部门协调配合，形成齐抓共管工作合力，市城区新开发项目进入规范有序的轨道。进一步对企业行为加强引导，组织多种形式学习交流活动，市城区房地产项目品质明显提升。左图为2012年9月新成立房地产企业培训班现场。如江北城区公园世家、三一翡翠湾、鼎城江南大院、经开区绿地新都会等项目在规划布局、园林景观、功能设计、建筑用材、建设施工品质等方面都有大幅提升。

是年，全市房地产开发企业共278家，比1990年净增270家；房地产开发投资94.81亿元，房地产新开工面积364.3万平方米。全市商品房销售平稳回暖。全市商品住宅成交均价3385元/平方米，市城区商品住宅成交均价为4117元/平方米。全市房地产市场呈现出持续、平稳、健康发展良好势头，全市房地产开发企业展现出追求国际品质、追求法治形象、追求一流效益的良好风貌。

表2.2.2.1.7　2012年度常德市十大优秀房地产开发企业

序号	2012年优秀房地产企业
1	湖南和远置业投资有限公司
2	汉寿县红扬房地产开发有限公司

续表

序号	2012 年优秀房地产企业
3	湖南宏宇置业有限公司
4	湖南汉顺置业有限公司
5	湖南林城置业投资有限公司
6	湖南强劲房地产开发有限公司
7	澧县金源房地产有限公司
8	常德市嘉美置业有限公司
9	常德市鑫湖缘房地产开发有限公司
10	湖南金恒房地产有限公司

2013 年，市房管局两次组织房地产管理人员和开发企业负责人对市城区和长沙部分优秀房地产项目进行专项考察学习，从规划设计、园林景观到建筑风格、配套小区家具等十二个方面提出指导性意见，积极扶持本地符合条件的企业资质晋级和业务拓展。是年，常德市天源公司成功晋升国家一级资质，实现全市一级资质房地产开发企业零的突破，标志常德房地产开发企业素质正向国家一流、国际一流水平迈进。

二、企业准入与退出

“撤区建市”后至 1990 年，常德市共核准注册常德市城市建设综合开发公司、常德市房地产开发公司、津市房地产综合开发公司、安乡县城镇综合开发公司、石门县房屋建设开发公司、常德市鼎城区城市建设综合开发公司、临澧县城镇建设综合开发公司共 8 家房地产综合开发企业，均为全民事业单位，实行企业化管理，独立核算、自负盈亏。

1991 年，常德市房地产管理局全面实施行业管理，根据建设部部颁标准和省政府有关文件，制定常德市房地产开发公司资质等级条件和申报、审批程序。市房管局对原有 8 家房地产开发公司重新进行资质审查，换发资质等级证书。对新成立开发公司，严格审查，严格把关，确保新进入房地产开发市场企业符合申报程序，达到基本条件。当年共办理 21 家开发公司申报发证工作。市房管局同步确定投资计划 3900 万元，将计划迅速下达各开发公司，促进项目开工。当年共完成房地产开发投资 3325.86 万元，新开工房屋面积 12.54 万平方米，开发土地 12.52 公顷。1992 年，全市房地产开发企业快速增加到 58 家。

1993 年 11 月，建设部发布《房地产开发企业资质管理规定》（建设部令第 28 号），市房地产管理局根据 28 号令，对全市房地产综合开发公司严格进行资审验证和清理整顿，对其中有违规行为、不符合资质条件的 5 家开发公司，予以吊销房地产开发建设资质等级证书处理。到 1997 年，全市房地产开发企业共 71 家。

1998年7月，国务院颁行《城市房地产开发经营管理条例》，规定"房地产开发主管部门应当根据房地产开发企业的资产、专业技术人员和开发经营业绩等，对备案的房地产开发企业核定资质等级"。是年，常德市对有违规经营行为且不符合资质等级标准的常德市华宏房地产开发公司等2家开发企业给予降级处分；对成立公司后无开发经营业绩，基本处于歇业状态的常德市大通物业有限公司、湖南大地房地产开发有限公司、常德市侨星房地产开发公司、鼎城区城市建设综合开发公司、临澧县合口镇城镇建设综合开发公司等7家开发企业吊销资质等级证书。到1999年，全市房地产开发企业共100家。

2000年3月，建设部发布第77号建设部令，颁布修订后《房地产开发企业资质管理规定》。77号令将房地产开发企业资质等级调为4级，实行分级审批。规定对房地产开发企业资质实行年检制度，"对于不符合原定资质条件或者有不良经营行为的企业，由原资质审批部门予以降级或者注销资质证书"。规定各资质等级企业应当在规定的业务范围内从事房地产开发经营业务，不得越级承担任务。规定县级以上地方人民政府房地产开发主管部门对违规企业严格监督，根据违规情节，分别给予警告、责令限期改正、罚款、吊销资质证书、提请工商行政管理部门吊销营业执照的处分。2001年至2004年，常德市房管局遵照77号令，从严把握房地产企业市场准入关口，着力提升在册企业经营能力和管理水平，整顿和规范房地产市场秩序。

2005年5月24日，市政府召开全市规范房地产开发市场工作会议，对湖南金恒房地产公司、常德正鹏房地产公司等15家房地产开发企业下发期限整改通知书，限其在6月底前将消费者反映的物业管理不落实、房屋质量问题等诸多问题整改到位；对湖南豪力达建设开发有限公司等3家企业给予降低资质等级处理；对常德市金龙房地产综合开发公司等3家企业给予暂缓登记一年处理；对常德经纬房地产开发公司、湖南霞山房地产开发有限公司等13家企业给予注销房地产开发企业资质证书处理。同日，市房管局印发《关于加强房地产开发市场管理的通知》，要求进一步加强对房地产市场的引导和规范，促进常德市房地产业继续朝着健康、理性、平稳方向发展。《通知》规定，建立房地产企业信用评估体系，实施不良行为记录公示制度。

2006年至2008年，常德市房管局认真贯彻建设部、国家发改委、国家工商总局整顿规范房地产交易秩序电视电话会议精神，进一步整顿规范房地产交易秩序，加强房地产市场三个方面监管：一是加强对预（销）售登记备案监管，强化房地产开发企业不良记录管理，科学建立开发企业信用等级档案；二是加强对虚假广告、房地产市场按揭贷款和在建工程资金监管，信息进一步公开透明、产业进一步健康发展，维护常德市房地产市场安全运行；三是加强对市房地产金融秩序监管，严厉打击房产行业非法集资活动。

2008年，常德市对全市注册登记的房地产开发企业开展全面清理工作。至2008年年底，全市共有房地产开发企业241家，其中市城区142家、县市区99家。按企业资质等级分：二级资质企业14家、三级资质企业134家、四级资质企业64家、暂定资质企业29

家；按所有企业分：全民企业 12 家、集体企业 1 家、外商独资企业 4 家、港澳台资企业 6 家、民营企业 219 家。全市房地产开发公司注册资本 33.9048 亿元，港币 1.2 亿元、美元 350 万元。在册管理人员 5561 人，具有高中级专业技术管理人员 1880 人。

2009 年 2 月 16 日，常德市建设局印发《关于全市房地产开发企业资质清理情况的通报》，对不符合资质管理规定或近两年来无开发业绩、公司自愿退出市场或一个法人代表注册两个房地产开发公司企业，拟注销资质 27 家；对不符合原资质等级规定 16 家企业拟降低资质等级；对违反建设部《关于规范房地产开发建设行为的通知》规定湖南金钻置业投资有限公司等 9 家企业，下达限期整改通知书，并责令写出深刻检查上报市政府。未整改合格之前，不予办理 2008 年度资质年检或换发资质证书等手续并给予暂缓登记处理。

《通知》明确，拟降低资质等级或注销资质证书的企业，接到通知或公示后，“如有异议，应在 2009 年 3 月 10 日前，向注册地所在县市区房地产开发资质主管部门或市建设局说明情况，逾期未提出异议的，将正式作出降级或注销决定”：

拟注销资质证书企业（27 家）：常德市正鹏房地产综合开发有限公司、市双飞城建实业有限公司、常德平和房地产开发有限公司、市凯达房地产开发有限公司、市成事房地产开发有限公司、市家欣房地产开发有限责任公司、市朝阳综合大市场开发限公司、武陵区鸿升农贸大市场开发有限公司、市金地房地产有限公司、常德广宇房地产开发有限公司、市金地富盛房地产开发有限公司、市澳鑫置业有限公司、市城市建设投资开发有限责任公司、市银都房地产开发有限公司、市美江房地产开发有限公司、市金茂置业有限责任公司、市恒锋房地产开发有限公司、常德金湘源置业有限公司、常德裕鑫房地产开发有限公司、市钟城房地产开发有限公司、汉寿县华能房地产开发有限公司、汉寿县回维房地产开发有限公司、桃源县共同创业房地产开发有限公司、桃源县四通房地产开发有限责任公司、湖南石门县华电实业有限责任公司、湖南省辰星房地产开发有限公司、安乡县嘉德房地产开发有限责任公司。

拟降低资质等级企业（16 家）：常德市恒宇房地产开发有限责任公司、常德凯通房地产开发有限公司、市安泰房地产开发有限公司、市德泰房地产开发有限责任公司、市鸿正房地产开发有限责任公司、湖南中恒房地产开发有限公司、市湘拓实业有限公司、市乐钧房地产开发有限公司、市金叶房地产开发有限公司、市新世纪汽车商贸城开发有限公司、市富安房地产开发有限公司、市农产品大市场开发有限公司、市鹏程房地产开发有限公司、市汉高置业有限公司、市擎天房地产开发有限责任公司、澧县东升房地产开发有限责任公司。

暂缓登记企业（9 家）：湖南金钻置业投资有限责任公司、市华厦房地产开发有限责任公司、湖南中奥房地产开发有限公司、湖南宏祥房地产开发有限公司、常德恒欣房地产开发有限公司、常德生活湾置业有限公司、常德金家园置业有限公司、常德堂皇置业有限公司、市南华房地产开发有限公司。

2010 年，常德市根据建设部《关于规范房地产开发建设行为的通知》规定，注销常德市南华房地产开发有限公司、常德恒欣房地产开发有限公司、常德天德房地产开发有限公司、常德凯通房地产开发有限公司、常德金道房地产开发有限公司、市瑞祥房地产开发有限公司、市三义房地产开发有限责任公司、市紫菱房地产开发有限公司、湖南花岩溪太阳城置业有限公司、津市市宝桦房地产开发有限责任公司、湖南德峰置业有限公司、常德金瑞房地产开发有限公司等 12 家房地产开发企业资质等级证书。

2011 年，常德市房管局切实加强开发主体管理，严格市场准入。对全市 272 家房地产开发企业全面排查，加强开发企业资质动态管理，对新进入房地产行业企业实行负责人培训，提升开发主体素质，增强企业守法意识。一是严把清出关，对 22 家违规企业分别做出注销和降低房地产开发企业资质处理（处罚）；二是严把准入关，对进入房地产市场企业进行严格资格审查，不符合条件的不予办理暂定资质；三是严把定级、晋级、延续关，在企业申报资质定级、晋级、延续时，加强对条件和资信审查，对不符合条件和信用较差企业不予办理定级、晋级、延续。四是加强部门配合。协调并致函市公共资源交易中心，各县市区人民政府、国土和房管部门加强房地产开发用地竞买人资格审查，禁止不具备房地产开发企业资质和有严重违规行为，社会遗留问题较多房地产开发企业参加房地产开发用地竞买；五是建立企业负责人培训制度，为帮助新进入房地产行业企业了解房地产项目建设相关规定和程序，树立依法开发经营意识，规范开发经营行为，实行新成立房地产开发企业负责人培训制度。

是年 9 月 15 日，常德市房地产管理局发布《关于注销房地产开发企业资质证书的公告》，依法注销常德东方置业有限公司等 14 家房地产开发企业资质证书：常德东方置业有限公司、汉寿紫东房地产开发有限公司、安乡县华利房地产开发有限公司、常德金家园置业有限责任公司、常德颐和房地产开发有限公司、常德裕鑫房地产开发有限公司、湖南天洁房地产开发有限公司、常德生活湾置业有限公司、常德市广远房地产开发有限公司、常德汇嘉房地产开发有限公司、常德市群玉置业有限公司、常德富民市场开发公司、湖南鸿升置业有限公司、常德正丰置业有限公司。

是年，市房管局还对常德市仁济房地产开发有限公司等 7 家房地产开发企业给予降级处分：常德市仁济房地产开发有限公司、市祥泰房地产开发有限公司、市恒锋房地产开发有限公司、湖南锦新房地产开发有限公司、常德堂皇置业有限公司、津市锦坤房地产开发有限公司、市安泰房地产开发有限公司。

2012 年 2 月，常德市房地产管理局印发《关于 2011 年度房地产开发企业资质年度核查的通知》，安排从 3 月 1 日起到 5 月 31 日，对 2011 年 12 月 31 日前核发房地产开发资质证书在常开发企业（取得暂定资质证书不满一年和 2012 年核准晋级、延续的企业免予年度核查审查）和外省市来常从事房地产业开发企业，进行 2011 年企业资质年度核查。通知明确要求全市房地产开发企业做好资质年度核查各项准备工作，及时、准确地报送年度核查资料，确保资质年度核查工作顺利进行。强调对存在严重违法违规问题或企业所定条件严重缺乏的，将直接给予注销企业资质或降低资质等级处理。对无正当理由不在规定时间内参加资质年度核查的，注销其企业资质证书。对填报情况不实或弄虚作假的，以不诚信记录记入企业信用档案。

是年，市房管局从严把握资质审查环节，严格市场准入。一是搞好房地产开发企业资质初审，对不符合条件的坚决不予申报办理企业资质，对新进入房地产行业企业负责人和管理人员进行培训教育，提高开发主体专业水平，保证新成立企业素质。二是通过资质年度审核，严格市场清出。3 月至 5 月，对全市开发企业进行资质年度核查（应参加 172 家企业，另有 114 家因取得暂定资质证书不满一年和新核准延续不满一年的企业免予年度核查）。此次年度核查主要是以成立房地产开发企业法定条件即专业技术人员条件审查为重点、开发业绩、经营行为和企业管理等四个方面的情况进行核查，并针对核查结果进行分类处理。根据核查结果，予以注销资质开发企业 20 家，予以降低资质等级开发企业 6 家，责令限期整改开发企业 118 家。对 12 家存在严重不良经营行为，严重损害消费者利益的企业，市房管局函告市国土资源局、市公共资源交易中心，建议禁止其参加 2012 年房地产开发用地竞买；三是积极为企业创造平等竞争市场环境，对企业实行优胜劣汰，扶持企业做大做强做优。全年，申报二级升一级开发企业 1 家，办理三级升二级开发企业 4 家，办理四级升三级开发企业 3 家。

是年，市房管局依法通报注销湖南万安置业有限公司、湖南省常德旺达房地产开发有限公司、市凌云城建综合开发有限公司、市鹏程房地产开发有限公司、市正鹏房地产综合开发有限责任公司、西洞庭嘉盛房地产开发有限公司、市新世纪汽车商贸城开发有限公司、市仁济房地产开发有限公司、市锦福德房地产开发有限公司、常德国人置业有限公司、湖南嘉盛房地产开发有限公司、市迅昇房地产开发有限公司、市德峰房地产开发有限公司、市龙新房地产开发有限责任公司、旺成（湖南）置业发展有限公司、津市（杭州）华锋房地产开发有限公司、津市锦坤房地产开发有限公司、市新的房地产有限公司、湖南中宏房地产有限公司、常德紫瑞房地产开发有限公司、湖南振宇房地产开发有限公司、汉寿成城商业网点开发有限责任公司等 22 家房地产开发企业的资质证书。

是年，市房管局还对常德市明成房地产建设开发有限公司、市万美实业有限公司、市泰兴房地产开发有限公司、常德聚天置业有限公司、市祥源置业有限公司、湖南津市鑫泰房地产开发有限责任公司等 6 家房地产开发企业给予降级处分。

2013 年，加大力度实行强化市场主体监管。全年新批准成立房地产开发企业 28 家，物业企业 6 家，评估机构 1 家，经纪机构备案 8 家。注销 19 家不达标或存在严重违规行为的开发企业。致函市国土、市公共资源交易中心和各县市区人民政府，共限制或禁止 20 家企业参加房地产开发用地竞买报名。

第三节 房地产开发项目管理

一、项目资本金管理

1998年，国务院颁发《城市房地产开发经营管理条例》（国务院248号令），明确规定："房地产开发项目应当建立资本金制度，资本金占项目总投资的比例不得低于20%。"2006年，湖南省人民政府印发《湖南省城市房地产开发经营管理办法》，明确规定："建立房地产开发项目资本金制度。房地产开发企业应该按照国家规定的标准，将项目资本金到开户银行专户储存。实施分期开发的项目，可以按照投资比例专户储存。房地产开发企业在办理房地产开发项目建筑工程施工许可证时，应当提交该项目资本金专户储存的凭证"。2010年，国务院印发《关于促进房地产市场持续健康发展的通知》，再次强调"严格执行房地产项目资本金要求，严禁对不符合信贷政策规定的房地产开发企业或开发项目发放房地产开发贷款"。

2011年5月17日，为了认真贯彻国务院《关于促进房地产市场持续健康发展的通知》精神，防止房地产开发企业因开发资金不足而可能对项目投资人、贷款人、购房人等的合法权益造成损害，防范房地产金融风险，保障和促进房地产业健康发展，常德市房地产管理局发布《常德市房地产开发项目资本金管理暂行办法》，即日起实施。该《办法》规定常德市房地产开发项目资本金管理范围是武陵区、常德经济技术开发区、柳叶湖旅游度假区内国有土地上房地产开发项目。常德市房地产开发项目资本金由市房管局负责，同时商请人民银行和银监局协助做好监督管理工作。

房地产开发项目资本金缴存标准：

1. 项目资本金的缴存按规划建筑面积计算，标准为：住宅100元/平方米，非住宅120元/平方米。开发项目实施分期开发的，项目资本金的缴存可以按规模分期到位。

2. 项目资本金实行专户管理。房地产开发企业在市房管局指定的金融机构设立项目资本金专用存款账户，并将受监管的项目资本金按要求全额存入专用账户。

项目资本金的缴存程序是：

1. 开发企业申请开设项目资本金专用存款账户时，除按照人民银行《银行账户管理办法》及相关规定要求提供开户申请资料外，还必须向开户金融机构提供"关于接受常德市房地产管理局对开发项目资本金使用监督管理声明"。开户的金融机构必须将该声明与该账户预留印鉴共同存放，以备核查。

2. 房地产开发企业在项目动工之前依照本办法缴存项目资本金，并持金融机构出具的存款凭证及有关资料，到市房管局办理项目资本金足额缴存的证明后，再到市住房城乡建设局申请领取建筑工程施工许可证。

项目资本金使用和终止：

1. 项目资本金按项目工程建设进度分三期解控：工程基础（正负零）完成后解控存款总额20%的资金，工程主体结构完成（封顶）后解控存款总额30%的资金，工程竣工联合验收合格后解控存款总额50%的资金。

2. 房地产开发企业持加盖“常德市房地产开发项目资本金监控管理专用章”的取款支票和项目资本金解控通知书办理资金支取手续。

3. 开发企业到市房管局产权管理处办理开发项目的房屋所有权初始登记手续后，方可提出项目资本金账户终止监管申请，经审查批准后，到存款的金融机构办理专用账户终止监管手续。

项目资本金的监督管理：

1. 开发企业应当将项目资本金的缴存、使用情况记入该项目的《房地产开发项目手册》，项目分期开发的应当分期记录。

2. 项目资本金专用账户管理金融机构工作人员不按本办法规定擅自支付项目资本金的，市房管局将另行指定金融机构进行项目资本金专用账户管理，造成严重后果的，相关人员承担相应的法律责任。监管部门工作人员在项目资本金的管理工作中玩忽职守、滥用职权、徇私舞弊违反本办法规定的给予行政处分，造成严重后果的，依法追究其法律责任。

3. 开发企业未按本办法规定办理房地产开发项目资本金专户储存手续的由市房管局责令改正，给予警告，有非法所得的没收非法所得，并处1万元以上3万元以下的罚款。

是年，常德市房地产行业正式实行项目资本金监管制度。市房管局加强对项目资本金管理，实行开发项目资本金专户储存，按工程进度分期解控，有效保障房地产开发项目资金有序流动，房地产工程项目建设顺利实施，有效防止开发项目出现“乱尾楼”。全年对23个房地产开发项目、总建筑面积1184067.75平方米项目资本金进行监管，监管资金总额为13572.99万元。

2012年，把握项目资本金监管环节，加强对开发项目管理。一是认真执行《常德市项目资本金监督管理暂行办法》，严格项目资本金缴存和解控。当年对35个开发项目项目资本金进行监管，监管资金总额为1.64亿元。

二、项目手册管理

国务院248号令《城市房地产开发经营管理条例》第十九条明确规定：“房地产开发企业应当将房地产开发项目建设过程中的主要事项记录在房地产开发项目手册中，并定期送房地产开发主管部门备案。”湖南省政府207号令《湖南省城市房地产开发经营管理办法》第二十二条明确规定：“房地产开发企业在房地产开发经营活动中应当遵循诚实守信的原则，将房地产开发项目建设过程中的主要事项记录在房地产开发项目手册中，按季度送房地产开发主管部门备案。”

2011年5月17日，常德市房地产管理局根据国务院248号令和湖南省政府207号令有关规定，发布《常德市房地产开发项目手册管理暂行办法》。该《办法》明确，常德市房地产开发企业在国有土地上进行的所有房地产开发项目建设（含保障性用房），均应填报《项目手册》。市房管局按“一项一册”的原则实施管理。

《项目手册》填报内容是：

1. 房地产开发企业应如实填写、记录房地产开发项目建设的主要事项，包括项目概况、项目建设条件、项目资金情况、项目施工情况、项目经营情况、项目竣工情况、项目重大事件处理情况、项目变更事项等；制定建设进度方案，并详细列明各项基础配套设施和公共配套设施的建设进度安排。

2. 开发企业如变更企业名称、法定代表人、办公地点、项目负责人、联系电话以及项目规模等后，应如实记入《项目手册》。

3. 房地产开发项目如转让，须将转让事宜详细记录在《项目手册》中，并及时到市房管局办理《项目手册》开发企业的名称变更手续。

《项目手册》管理规定为：

1.《项目手册》严格实行定期报送验核制度。房地产开发企业应当根据项目当季度的进展情况，于季度末填报《项目手册》。《项目手册》记载至项目竣工联合验收合格止。市房管局市场监管科对开发企业填报的《项目手册》验核后签署意见，并加盖印章。

2.《项目手册》不得伪造、涂改、出租、出借、转让等。如有遗失，须登报申明作废后，向市房管局申请补发。

3. 房地产开发企业不如实填报或不按规定时间填报《项目手册》的，由市房管局责令限期改正，并依据《城市房地产开发经营管理条例》的有关规定予以处罚，同时纳入企业的诚信情况予以记录，作为企业业务开展和资质晋级或降级参考条件。

房地产开发项目手册制度，是对房地产开发项目建设规划、项目资金、项目施工进度、项目销售经营等重大事件进行动态管理的有效手段，是对房地产开发企业资质等级、经营发展业绩实施考核的重要依据，是房地产行政主管部门依法实施房地产市场监管、及时处理项目违规问题的关键措施。

2011 年，市房管局自该《办法》发布之日起实施房地产开发项目手册制度，切实加强对房地产开发项目过程监督管理，及时处理项目违规问题和苗头。全市房地产开发企业在进行开发项目建设和经营时按要求如实填报，市房管局市场监管科派专人对填报情况进行现场验核，作为对其进行动态考核，资质晋级及信用管理的重要依据。是年，对新报建的 14 个房地产开发项目全部实行房地产开发项目项目手册制度。

2012 年，进一步加强对开发项目跟踪管理，对新报建的 35 个房地产开发项目全部实行项目手册制度，并按规定对填报情况进行验核，及时掌握项目进度，将矛盾和纠纷化解在萌芽状态之中。

2013 年，市房管局创新性实行三项监管制度。一是全面执行房地产开发项目“楼盘品质与交房标准承诺书”制度。开发企业在申请商品房预售许可时须签订《楼盘品质承诺书》，就其预售楼盘品质对消费者作出承诺，防止因开发企业擅自变更规划设计、擅自变更容积率降低楼盘品质，损害业主利益行为发生。二是全面执行物业保修金制度。针对房屋质量问题引发不稳定现象，规定开发企业须交付物业保修金到指定银行直至保修期满，保修金实行“统一缴存、专户存储、专款专用、权属不变、政府监管”，在开发企业不履行保修义务时，按规定使用物业保修金进行维修，维护业主合法权益。三是实行“商品房交付使用证明书”制度。房地产项目只有在通过竣工综合验收并取得《商品房交付使用证明书》后，方可交付使用，防止开发企业违规交房、提前交房。

第四节　房地产开发市场管理

一、商品房销售管理

2001 年 8 月，建设部修订发布 95 号令《城市商品房预售管理办法》明确，“商品房预售实行许可证制度。开发企业进行商品房预售，应当向城市、县房地产管理部门办理预售登记，取得‘商品房预售许可证’。”该《办法》对商品房预售管理作出硬性规定：

（一）前置条件：

1. 已交付全部土地使用权出让金，取得土地使用权证书；

2. 持有建设工程规划许可证和施工许可证；

3. 按提供预售的商品房计算，投入开发建设的资金达到工程建设总投资的 25% 以上，并已经确定施工进度和竣工交付日期。

（二）预售程序：

1. 房地产管理部门在接到开发企业申请后，应当详细查验各项证件和资料，并到现场进行查勘。审查合格的，核发“商品房预售许可证”。

2. 开发企业进行商品房预售，应当向承购人出示“商品房预售许可证”。售楼广告和说明书必须载明“商品房预售许可证”的批准文号。未取得“商品房预售许可证”的，不得进行商品房预售。

3. 开发企业进行商品房预售，应当与承购人签订商品房预售合同。预售人应当在签约之日起 30 日内持商品房预售合同向县级以上人民政府房地产管理部门和土地管理部门办理登记备案手续。

2002 年，常德市建立商品房预售管理工作审批程序。当年共审批 37 个商品房预售项目，建筑面积 59.52 万平方米。市房管局还按照《城市商品房预售管理办法》规定，对市城区 20 多个售楼处进行预售规范管理检查，共查处 5 个违规违法房地产商品房预售项目案例并予以纠正，防止开发企业违规交房，商品房预售规范管理顺利开局。

2004 年，常德市房地产投资和销售额快速增长，呈现出需求拉动增长态势。全年商品房建设竣工面积60.7万平方米，销售面积60.2万平方米。是年12月，常德市房地产管理局召开常德市房地产开发市场专项整治工作会议，会议要求进一步规范预售管理程序，实行预售登记备案制度；严格实施预售资金监管，预售资金要由开发企业和银行签订监管协议，并严格接受房管局监督。

2005年5月，市房管局印发《关于加强房地产开发市场管理的通知》，要求进一步完善制度，加强预销售管理：

（一）严格商品房预售许可制度。未取得商品房预售许可证的，不得进行商品房预售、不得向买受人收取任何预订款性质费用。

（二）加强商品房预售管理。预售许可证的发放除国家规定的条件外必须同时满足以下两个条件：1. 按提供预售的商品房计算，投入开发建设的资金达到工程建设总投资的25%以上。2. 要求建筑物施工进度必须达到（多层）50%、（高层）60%以上。

（三）加强预售资金监管。商品房预售款必须用于预售项目建设，商品房预售资金实施专户存储，房地产开发企业与开户银行签订监管协议，专户账号及银企监管协议在当地房地产管理局备案，由市房地产管理局监督检查。

（四）实施预销售合同登记备案制度。房地产开发企业应按照市房地产管理局制定的《商品房预售合同》（格式文本）与承购人签订商品房预售合同和国家统一印制的《商品房买卖合同》，7日内到当地房地产管理局办理登记备案手续。

是年9月，常德市房管局实施商品房预销售合同网上备案。

2006年5月，市房管局印发《关于加强商品房预售管理的通知》，对不符合条件擅自预售商品房的，责令停止并依法予以处罚。同时建立常德市房地产市场预警预报体系，实施商品房（预）销售合同网上备案公示，从源头上规范房地产开发、销售行为。

2007年1月，常德市房地产管理局对常德市凌云城建综合开发有限公司在市路灯公司定向房项目开发中、湖南金钻置业投资有限责任公司在水榭花城·北城项目开发中存在无证预售违规行为；常德市明信置业有限公司在明信佳园项目开发中、常德市恒华建设事务有限公司在福慧公寓项目开发中存在一房多卖违规行为，进行查处，并对常德市凌云城建综合开发有限公司、湖南金钻置业投资有限责任公司、常德市恒华建设事务有限公司、常德市明信置业有限公司等四家公司售房违规行为予以通报，在常德市房地产网站不良行为公告栏中进行公示。

2008年，市房管局进一步加强预（销）售登记备案监管。一是强化房地产开发企业不良记录管理，科学建立开发企业信用等级档案；二是加强对虚假广告、房地产市场按揭贷款和在建工程资金监管，信息进一步公开透明、产业进一步健康发展，维护常德市房地产市场安全运行。2009年3月，常德市房地产管理局印发《新建商品房（预）销售合同网上备案实施办法》，进一步规范商品房（预）销售行为，提高商品房交易信息的透明度，保障商品房交易公平公正，保护交易双方合法权益。

2011年，常德市房地产管理局深入开展全市房地产市场监管年活动，锁定房地产市场监管工作重点，出台《常德市商品房现售管理暂行办法》《常德市房地产管理局关于规范商品房销售现场公示内容的通知》《常德市预售商品房合同注销及信息变更管理暂行办法》《关于对房地产开发项目实行建设承诺制度的通知》等一系列规范性文件，配套完善商品房销售管理制度。通过出台《常德市商品房现售管理暂行办法》，规范商品房现房销售行为，完善商品房现售程序，实行商品房现售备案管理。为开发企业提供优质、高效、便捷的服务，使其尽快推出房源，满足市场需求。通过出台《常德市房地产管理局关于规范商品房销售现场公示内容的通知》，对已批准预售许可项目，要求开发企业在销售现场公示有关证照、国家相关规定、销售房源及价格、收费项目、物业管理用房等内容后，再开通商品房网上签约，让消费者明明白白消费。出台《常德市预售商品房合同注销及信息变更管理暂行办法》，加强对预售商品房退房管理，有效遏制"投机性炒房""假退房真转让"规避交易税费等变相炒房行为。市房管局还实行房地产开发项目"楼盘品质承诺书"制度，并通过加强商品房销售广告管理、规范预售条件、统一预售方案模板一系列刚性手段，切实加强对销售现场监管。

是年，市房管局认真落实房地产市场调控政策，在商品房预售审批环节，指导开发企业合理制定商品房销售价格，对定价过高开发企业法定代表人进行约谈。通过网签系统控制，对已经预售许可后随意涨价行为进行限制。通过常德日报、市政府门户网、市房管局政务网等媒体加大房地产政策宣传，并利用"市长热线""行风热线"与市民互动，提供政策咨询，加大政策宣传力度，引导居民理性消费。加大对遗留问题处理力度，共清理出30多个问题楼盘，解决向都国际、新的亚米国际、堂皇蓝湖郡等6个楼盘违规办证、"一房多卖"问题。全年共审批商品房预售许可项目32个项目，预售许可面积47.73万平方米。全市商品房销售面积338.28万平方米，同比增长6.01%，销售金额103亿元，同比增长43.83%。市城区商品房销售金额48.45亿元，同比增长14.62%。

表2.2.4.1.1 常德市房地产管理局评判房地产开发项目品质的主要因素

一、规划与设计	
因素	评判内容
容积率与建筑密度	容积率的高低、建筑密度的大小
平面布局	是否科学合理、美观；空间感觉是否舒适
建筑造型与风格	建筑造型是否新颖美观；外立面是否漂亮；风格是否突出
户型	品种是否齐全；布局是否合理实用；通风采光条件是否良好
文化与内涵	项目的创意和设计是否具有一定的文化与内涵

续表

二、建筑与质量	
因素	评判内容
结构	所采用的结构形式的安全牢靠度
用材（外墙、地面、管线、门窗等）	外墙、地面用材档次的高低；门窗、玻璃、管线使用的质量和品牌的高低
门厅和入户大堂的处理	空间是否宽敞、明亮；装饰装修是否显档次
建筑节能	外墙保温和外门窗隔热是否先进；太阳能和地热利用是否充分；其他节能措施是否完善
施工质量	施工质量是否优良及其质量等级

三、配套与管理	
因素	评判内容
物业用房、业主公共活动用房的配置	配置标准的高低；内部设施是否齐全
绿地率和绿化建设质量、风格、材质	绿地率的大小；园林景观设计水平的高低；单位面积造价的高低；绿化用材是否讲究；风格是否突出
安保设施	设施是否齐备；设计是否安全可靠；使用是否方便；设备设施材料品牌高低
给排水设施	给排水系统设施（含二次供水）是否完备、是否满足业主需求、是否留有发展余地；与市政管网的对接是否顺畅；检测、维修是否方便；二次供水设施定期清洗是否方便、是否采用无负压、变频加压供水避免水质二次污染
交通组织与车位配比	交通组织规划是否合理；道路路况是否良好；车位配比率是否能满足业主需要
露天公共文体设施	种类是否丰富；数量是否充足；设施质量的好坏
电梯	电梯的数量是否能满足需求；是否使用优质品牌的电梯
供电	供电的保障程度，是否自备发电设备，预埋电缆、电线的品质、规格
其他商业配套用房与设施	商业服务功能是否齐全；商业用房面积是否充足、是否能满足业主生活需求

续表

开发企业与物业服务企业的信誉状况	企业品牌影响力的大小；企业的信誉的好坏
四、区位与环境	
因素	评判内容
交通条件	项目所处地段交通是否便利、通畅
周边环境条件	项目所在区域与城市规划的功能性质是否吻合；周边环境和条件的宜居程度；周边景观的优美程度
周边配套条件	周边就医、就学、购物、文体活动等配套服务是否便利

2012 年，市房管局严格执行国家房地产调控政策，在商品房销售这一关键环节，采取一系列“自选动作”，牢牢把握预售审批程序，切实加强对商品房销售行为管理，成为房地产市场监管手段亮点。在商品房预售审批环节对价格进行积极临时干预，指导开发企业合理制定商品房销售价格，对定价过高的不予审批。在审批预售许可时，一是要求开发企业按照公示有关证照、国家相关规定、销售房源及价格、收费项目、物业管理用房等内容后，再开通商品房网上签约，让消费者明明白白消费；二是加强对商品房销售广告管理，严格审查商品房销售广告内容，维护消费者合法权益。同时加强销售现场巡查，及时了解商品房销售现场公示情况、广告宣传内容兑现情况、预售方案执行情况、合同登记备案情况，并将检查情况予以通报。通过网签系统控制，对已经预售许可后随意涨价行为进行严格限制。加强对预售商品房退房管理，有效抑制“假退房、真转让”等炒房行为。通过一系列有效的措施，确保常德市完成住房价格调控目标。2012 年 7 月 30 日至 31 日，国务院督查组来常德市督查房地产调控政策落实情况，充分肯定常德市房管局贯彻落实调控政策所取得的成效。

是年，市房管局共审批商品房预售许可 33 个，预售面积 61.6 万平方米。商品房现售备案项目 19 个。全市商品房销售面积 241.48 万平方米，同比下降 14.9%，销售金额 93.75 亿元，同比增长 8.51%。市城区商品房销售面积 108.51 万平方米，同比下降 6.51%，销售金额 51.22 亿元，同比增长 5.72%。全市商品住宅成交均价 3385 元/平方米，同比增长 23.28%。市城区商品住宅成交均价为 4117 元/平方米，同比增长 18.58%。

二、房地产市场信息化管理

（一）信息化平台建设。

1998 年，常德市房地产产权管理处引进华信测绘系统（单机版），实现房屋测绘计算机管理。常德房地产管理信息化建设开始起步。2000 年引进华信房地产一体化系统，首次实现常德产权登记管理信息化。2002 年，升级华信房地产一体化系统和华信测绘系统

（网络版），两个系统实现数据共享。由此开始，常德市房地产管理局在全省率先进入运用高新技术对房地产建设和管理实施规范管理、高效管理崭新领域。

2004 年，湖南省建设厅印发《关于进一步完善房地产信用档案系统建立全省房地产市场预警预报体系的通知》，市房管局成立常德市房地产业信息化工作领导小组，按照省统一部署，着手建立常德市房地产预报预警系统、房地产管理信息系统、房地产数据库、房地产企业信用档案，升级常德市房地产信息网站建设。当年，常德市房地产信用档案系统和房地产市场预警预报体系即以网络形式覆盖全市。

2005 年，引进中智房地产档案管理系统。2006 年完成所有产权档案录入，实现档案数字化管理。2006 年引进威尔办 OA 办公系统，市房管系统实现无纸化办公。2007 年，进行机房升级改造，购置 IBM3650 服务器 2 台、存储阵列 1 台、磁带加载机 1 台，数据库服务器实现双机热备，初步建成常德市房地产数据中心。2008 年，购置二代身份证验证机和指纹采集仪，升级房地产一体化管理系统，对办理业务客户实现二代身份证自动采集验证和指纹采集验证。完成房地产税收一体化系统对接，为税务部门征收税费提供技术平台支持。引进川大房地产登记信息系统，成功建成登记簿管理系统。

2010 年，常德市房管局信息化平台建设实现跨越式发展。当年，市房管局信息中心完成内部网络升级整改，购置 H3C 交换机 11 台，实现“千兆主干，百兆桌面”目标，解决内部办公网络瓶颈，极大提升办公效率；同时购置入侵检测设备 1 台、防火墙 1 台部署在内部办公网络中，进一步保障网络安全。是年，市房管局还成功构建部署维修资金管理系统；成功部署异地备份系统，实现异地容灾备份，成为湖南省房管系统第一家完成异地容灾备份单位。

2011 年，市房管局继续加大投入，完善信息化平台建设。继上年内网升级整改，当年对外网平台进行升级改造，购置 H3C 交换机 17 台，上网行为管理系统 1 台，防火墙 1 台，部署在外网平台，对办公大楼重新进行综合布线，分层分楼道部署交换机，每个办公室部署 6 个信息点和 1 个语音点。外网实现“千兆主干，百兆桌面”目标，连接互联网带宽由原来 10Mbps 升级到 100Mbps，有效解决连接互联网的瓶颈，极大提高网络办公效率。还购置同友存储阵列 1 台，更换备份存储设备，有效保障备份数据安全。完成对原有信息系统进行优化完善以及对房地产管理基础业务以及扩展基本业务的信息化建设，升级改造房屋登记系统、商品房/存量房网上签约备案系统；构建部署测绘成果管理系统和从业主体管理系统，构建部署存量房交易资金监管系统。

2012 年，市房管局进一步规范信息化管理章程，进一步提升市房管系统信息化水平：

一是继续完善房地产信息化建设，构建部署房屋征收管理系统、房屋白蚁防治管理系统、物业管理系统、商品房预售资金监管系统；并着手个人住房信息系统建设。购置气体消防设备、动力环境监控设备，部署在中心机房，进一步保障机房安全。购置 IBM3650 服务器 4 台、同友存储阵列设备 1 台，更换原有数据库服务器和原有存储设备，大大提高生产数据安全。

二是完成升级强化局政务网功能工作。市房管局政务网按照要求设立政务公开专栏，满意政府专栏及法制常德专栏，及时公开市房管局承担的行政审批项目、办事服务项目，并以场景式服务模式在网站制作办事指南栏目，及时主动在政务网站公开本单位重大决策信息，特别是在与群众切身利益紧密联系的房地产市场数据公示方面，如预售许可证、销售数据等方面，做到及时、准确、全面，促进房地产业信息对等。

三是完成新版房地产信息网研发工作。市房管局信息中心对房地产信息网功能需求进行详细分析，确定新版“房地产信息网”研发目标项目，迅速完成新版网站程序开发及数据录入，新版网站功能进一步改进，进一步符合市场需求，正式上线运营。

四是完成信息化项目竣工验收工作。完成市房地产交易中心办公设备采购项目建设工作，当年 11 月 20 日顺利通过由市电子政务办竣工验收；完成市房地产信息化建设项目，当年 12 月 11 日顺利通过市电子政务办竣工验收。

经过坚持不懈的建设、开发、升级、完善，常德市房地产管理局信息化平台建设已经基本配套：

1. 房地产市场预警预报信息化系统。2004 年 5 月，由省建设厅主办、市房地产管理局承办的常德市房地产信息员培训班在市房管局 5 楼会议室举行。这次培训会议标志常德市率先在全省建立房地产市场预警预报体系。房地产市场预警预报体系开通运行，为全面、及时、准确掌握常德市房地产市场动态信息，准确判断市场运行状况和发展趋势提供数据支持，为及时处理和解决常德市房地产市场发展中存在问题，引导市场理性投资和消费打下坚实基础。

2. 房地产开发项目审核监管信息化系统。根据住房和城乡建设部《关于扩大房地产市场信息系统建设重点城市范围的通知》精神和省建设厅安排部署，我局迅速展开常德市房地产市场信息系统第一阶段建设，并于 2009 年 3 月底顺利通过住房与城乡建设部验收，常德市房地产开发项目审核监管正式进入信息化时代，系统提供由工作人员实现对房地产项目信息管理，对开发过程中立项、规划、用地、开工、施工、竣工等各阶段信息管理和公示功能，实现对房地产项目进程动态管理，并对每一个房地产项目实施项目手册管理制度，确保房地产主管部门对房地产市场全程监管。

3. 房地产开发企业审核监管信息化系统。2009 年 3 月，常德市针对房地产从业主体管理系统正式开始应用，实现对房地产开发企业基本资质审核监管、培训情况和从业记录管理，并结合投诉机制和诚信表彰机制建设，加强房地产市场从业主体诚信管理。

4. 商品房预售许可、预售行为监管信息化系统。2009 年 3 月，市城区范围内所有新取得预售许可新建商品房项目实施网上签约备案，系统提供以楼盘表为核心的商品房销售备案信息查询、商品房网上统计、商品房预售许可证公示。并实施新建商品房合同网上签订、打印和备案、撤销及跟踪管理，进一步加强商品房预（销）售管理。

5. 房地产权属登记系统。对现有登记系统进行改造、升级。2011 年市产权处共扫描档案 11104 卷、实施数据维护 320 次、硬件维护 696 次，登记簿载入 2808 卷；地理信息系统不断完善，2011 年整理老旧测绘图 132 幅，修补测图纸 41 幅，数字化成图 38 幅；完成商品房预测备案 96 栋，60.09 万平方米，商品房实测备案 97 栋，62.48 万平方米；2012 年，完成商品房预测 231 幢，161.32 万平方米；完成商品房实测 103 幢，67.5 万平方米；完成单位及私人房产测绘 236 幢，41.06 万平方米。完善地役权登记等系统程序，增强系统功能，做到控制严密、功能完备、操作便捷，提高工作人员工作效率，保证办证安全，确保房产登记发证工作顺利进行。

6. 房地产信息公开查询系统。2010 年 8 月，市产权处在政务中心窗口建立新建商品房公示触摸屏查询系统。供购房者查询商品房预售信息、房屋价格信息、房屋实时成交信息、状态及房屋维修资金缴存情况。新建商品房公示系统可以有效防止一房多售、无证销售、少批多售、假销售等欺诈行为，规范房地产市场销售行为。

7. 房地产数据异地备份系统。为提高数据保管安全，市产权处 2010 年建成双机热备系统，成功开展数据自动存储备份及异地容灾备份系统建设，避免数据出现人为操作失误和自然灾害导致损毁，确保常德市房地产信息数据资源安全，达到容灾目的。

8. 房地产档案信息化管理系统。2011 年，市产权处档案馆数字化管理硬件配置到位，全面实现档案信息化管理。客户提供查询基本条件（如姓名、房屋坐落、产权证号等）后，十秒钟之内就可迅速调出该房屋所有信息。档案业务衔接关系清晰，既避免因反复直接接触纸质档案对档案造成损毁，保护历史档案，也极大提高工作效率，方便办事群众。2011 年，档案馆为档案利用者提供查档服务共 22994 人次（其中接待抵押注销 3319 人次、协助棚户改造区查询 4041 人次、为廉租住房补贴申请人员查询 3211 人次、为老弱病残者上门服务共 6 人次），共收费 95.56 万元，同比增长 19 %。查档准确率达 100%，很好实现档案开发利用经济、社会价值。是年，市产权处档案馆成为省内首家“湖南省档案工作规范化管理省特级”房产档案馆。

9. 房地产管理基础业务及扩展业务分系统信息化建设。2012 年，市房管局信息中心构建部署存量房交易资金监管系统、测绘成果管理系统及从业主体管理系统、房屋征收管理系统、房屋白蚁防治管理系统、物业管理系统、商品房预售资金监管系统，基本涵盖常德市房地产建设和管理各个方面基础业务及扩展业务。

10. 房地产个人住房信息系统。为全面掌握房地产市场运行和个人住房情况，实现动态检测管理，采取针对性措施对房地产市场进行调控，同时抑制投资投机性购房需求，为二套及以上个人住房信贷和税收政策提供依据，市房管局全市房地产个人住房信息系统建设正抓紧实施。

（二）信息化平台应用

2004 年 2 月，常德市房地产管理局印发《关于完善全市房地产信用档案系统和建立全市房地产市场预警预报体系的通知》，决定按照管理职能尽快完善全市房地产信用档案系统和建立房地产市场预警预报体系，加强常德市房地产信息网站建设。该《通知》要求，建立定期审核和报送制度；建立房地产市场预警预报系统，加强房地产市场运行监督管理；加强对房地产预警预报和房地产信用档案管理，建立长效管理机制。并要求各县（市）区房地产主管部门，尽快联网，并由市房地产管理局与省网联结。按照“统一系统数据平台，统一数据采集口径，全面综合数据处理”原则，保证信息传递畅通、资源共享，共同建设和管理预警预报体系。

是年 3 月，市房地产管理局召开全市房地产信息系统建设工作会议，具体部署完善房地产信用档案系统和建立房地产市场预警预报体系工作。会议强调：各区、县（市）房管局、各部门、各企（事）业单位要紧紧抓住机遇，充分认识建立该信息系统重要性，加强网络信息化建设，加快国民经济和房地产服务信息化，着力整合本地信息资源，加大数据采集和分析力度，建立健全房地产信息网络体系，提高全社会信息化水平，为促进全市房地产持续、健康发展做出积极贡献。

2005 年，市产权处在全省率先推出产权办证平行收件服务模式，做到“一个窗口进，一个窗口出，内部流转，服务到底”。全年受理大宗业务 1400 多件，商品房交易面积 54. 08 万平方米，抵押登记面积 110. 1 万平方米，按揭登记面积 39. 01 万平方米；全年整理档案 12143 卷，档案查询 19742 卷，整理档案 12143 卷，电子档案录入 29236 卷，搭建楼盘表 7248 栋。登记管理技术先进、管理科学规范，市产权处被建设部命名为“全国房地产交易与房屋权属登记规范化管理先进单位”。是年 5 月，常德市房地产管理局印发《关于加强房地产开发市场管理的通知》，要求加强商品房（预）销售管理，健全房地产市场信息系统和预警预报体系建设和管理应用。

2006 年，市产权处全面完成总数为 106523 卷纸质档案电子化录入、归档工作，产权产籍管理完全告别依赖纸质档案的时代。

2008 年，常德市房地产办证系统身份证识别、指纹录入程序正式运行，受理业务安全度得到高新科技保障。办证系统数字化水平大幅提升，居全省先进水平，市产权处被省房协信息化专业委评为“2008 年度信息化建设先进单位”。

2009 年 6 月，市房管局召开全市房地产市场信息系统建设第二次工作会议。会议明确常德市房地产市场信息系统采取“大常德模式”进行建设管理，在 2011 年前建立覆盖全市范围且符合住建部要求的房地产市场信息系统，同时以信息系统建设为基础，进一步完善网站市民留言处理机制、信息披露机制、网络宣传机制，全面推进房地产信息化建设。会议并要求各县市区房管局尽快落实建设资金，同步推进房地产市场信息系统建设，确保信息系统建设工作顺利开展。是年，常德市房地产管理局印发《新建商品房（预）销售合同网上备案实施办法》，规范商品房（预）销售行为，提高商品房交易信息的透明度，保护交易双方合法权益。

2012 年，常德市房地产管理局信息中心正式成立，内设办公室、业务部、技术部。信息中心成立后，市房管局印发《常德市房地产管理局内网信息安全管理制度》《常德市房地产管理局计算机维护标准化流程》《常德市房地产管理局信息中心技术部工作制度》，进一步提升信息化应用和管理水平。

一是组织全市 200 多家房地产开发企业参加“湖南省房地产业信用信息管理系统”培训，建立健全全市房地产企业及执业人员（企业包括房地产开发企业、物业服务企业、房地产中介机构，执业人员包括注册房地产估价师、注册物业管理师、注册房地产经纪人）信用信息管理，以信贷、纳税、合同履约、工程质量、服务质量信用记录为重点，遵循独立、客观、公正、审慎原则，进行企业信息征集、评价、披露、使用及开展相关活动。

二是升级改造房屋登记系统，完善房屋登记系统功能，对商品房、二手房网上签约备案系统进行优化。完善房屋登记簿。加强登记数据质量监管，每周都对登记簿载入数据和档案扫描数据进行抽查，发现问题及时处理，并登记入册。

三是稳步推进房地产管理基础业务及扩展基本业务信息化建设，构建部署存量房交易资金监管系统、测绘成果管理系统及从业主体管理系统、房屋征收管理系统、房屋白蚁防治管理系统、物业管理系统、商品房预售资金监管系统，并着手个人住房信息系统建设。

四是指导、推进区县房管局信息化建设工作，为全市个人住房信息系统建设打下坚实基础。

是年，常德市房地产管理局编制完成《常德数字房产建设方案》，报送市政府信息办备案。市房管局信息中心整合、升级已经建成各个分项目信息化系统，打造集房地产基础、政务、商务、服务为一体的房地产应用管理数字一体化体系，充分利用现有信息资源及房地产信息化建设成果，实现对房地产信息平台整合、管理应用扩展，服务于行业发展决策、市场信息发布、物业管理、房屋征收管理、住房保障各个方面。

《常德数字房产建设方案》总体部署为房地产基础、房地产政务、房地产商务、房地产服务四大应用管理平台：

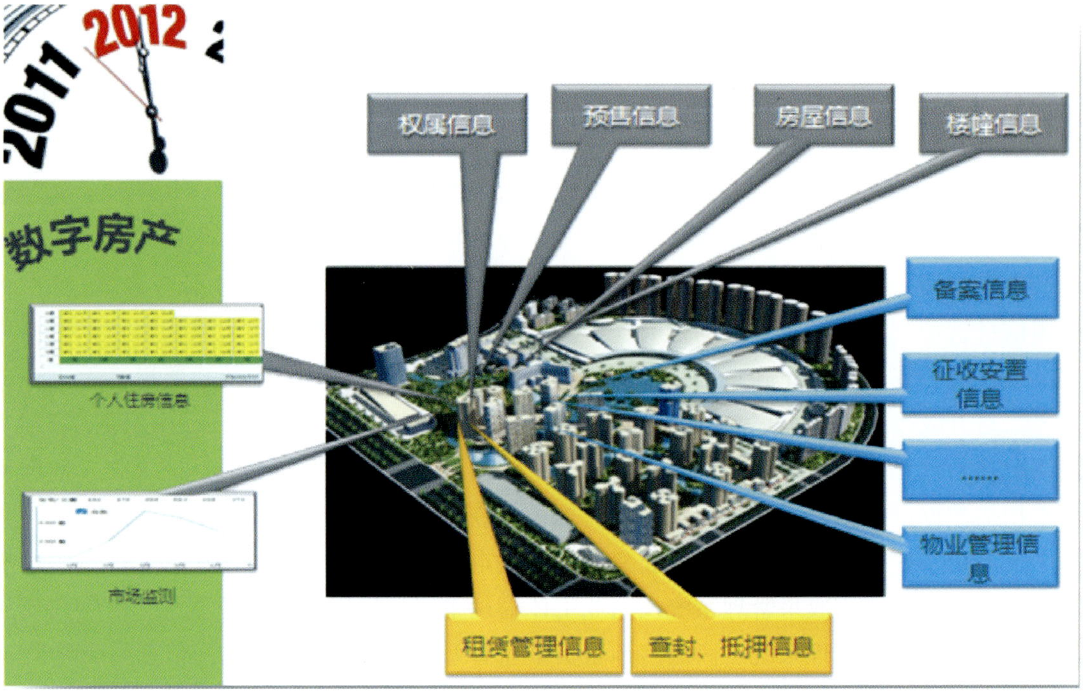

常德市“数字房产”拓扑图

1. 房地产基础平台

①测绘成果管理系统，实现对房地产业务管理系统体系的基础数据“房屋”数据（如项目数据、楼栋数据、房屋属性数据、房屋图形数据、测绘管理数据、测绘成果数据）采集、维护管理，完成对房地产管理基本单元“楼盘表”生成。

②从业主体管理系统，实现将房地产业务管理系统体系基础数据“人”，即进入房地产信息化应用系统体系从业主体（包括从业企业和从业人员）角色、权限实行统一、规范集中管理。

③GIS 地理信息平台，实现“房屋地图”构建，将房屋精准定位到具体地理坐标上，并为实现以“地理位置”为主线的房地产数字一体化管理构建基础平台。

2. 房地产政务平台

①房屋登记系统，实现房地产权属登记业务信息化管理，是房地产应用系统体系中最重要子系统之一，也是所有业务系统基础性系统。房屋登记系统围绕“楼盘表”这一基础数据进行构建，采用“先选房后登记”登记管理模式，按照《房屋登记技术规程》规范要求实现登记业务流程办理，并实现登记业务平行受理、并案办理、网上审核、自动分件。

②房屋白蚁防治管理系统，实现对白蚁防治业务信息化管理，通过分类高效综合管理本市城、镇范围新建、改建、扩建、装饰装修房屋的白蚁预防，并对原有房屋、园林绿

化、农林作物、水库堤坝、仓储物资等白蚁危害勘察、鉴定、灭治处理，对药品仓库进行有效管理，合理分配。

③维修资金管理系统，实现对维修资金监管业务信息化管理，系统采用以维修资金监管机构为中心、以维修资金监管业务为主体、以统一接口与各商业银行系统相连的管理模式。该模式以自身管理系统为主体，利用银行营业网点为征收支付工具，采用银行方账务系统结算结果为各级账户结算依据，通过构建维修资金监管网络为建设单位、物业公司、个人提供业务服务，实现资金收缴、资金提取、资金结算等监管职能全面自动化。

④房屋征收管理系统，实现对房屋征收管理业务信息化管理，系统集区县征收管理、征收管理、评估机构管理、信用管理、档案管理、征收房屋管理、公告管理功能于一体，实现对征收过程监管，有效简化征收人员工作，使征收流程更加规范，从而全面规范房屋征收工作，打造征收“阳光工程”。

⑤物业管理系统，实现对物业管理业务信息化管理，系统管理和记录物业管理过程中项目验收、物业公司管理、物业人员管理、专向维修资金管理、物业公司资质和信息管理、招投标管理，实现对房屋物业全方位综合管理。

3. 房地产商务平台

①商品房网上签约备案系统，集开发企业服务、商品房认购、网上合同拟定、网上合同备案功能于一体，旨在通过网络手段最大程度实现售房信息公开化，买卖双方通过网上签约交易系统将价格信息、权属信息、交易手续办理进程信息上网公示。系统将实现透明售房，网上发布楼盘销售数据，加强开发企业预售楼房数据管理，杜绝开发企业捂盘惜售现象，防止开发企业一房多卖现象；实现合同在线签订，房管人员可在线查看合同签署情况及合同明细条款；从而达到全面规范房地产市场交易行为。

②存量房网上签约备案系统，集开发企业服务、存量房挂牌、存量房签约、免费打印点签约、档案查询功能于一体，旨在通过实现对房源真实性、有效性（是否抵押）检验，实现对中介机构监管，有效避免一房多售、银行骗贷、中介公司卷款潜逃、假房产证等情况出现。

③商品房预售资金监管系统，针对商品房预售过程中商品房预售资金进行监管。所谓商品房预售资金，是指房地产企业将其开发建设中商品房建设项目在竣工验收备案前预先出售给购房人、由购房人按合同约定支付的预购房款，包括首付款、分期付款、一次性付款和银行按揭贷款、住房公积金贷款等。

④存量房交易资金监管系统，通过信息化建设从源头记录和监管房屋买卖过程中存量房交易资金账户资金来源和划账装款，以防范金融风险，保障预购人合法权益；为房地产管理部门记录基础数据，辅助科学决策，公正合理解决问题，提供有效解决方案。

⑤房屋租赁管理系统，实现对中介公司租赁许可申报审批，从源头规范中介公司准入；实现房屋租赁网上签约备案，规范市场秩序、防范租赁纠纷、促进房地产中介服务业

健康有序发展。

4. 房地产服务平台

①个人住房信息系统，以“人”为核心，建立人与房屋信息关联关系，从而实现全面掌握个人住房基础信息及动态变化情况，并为实现个人住房信息全省、全国联网夯实基础。

②市场异动与统计分析信息系统，通过利用数据中心房地产市场交易数据并对其进行分析，实现对房地产市场交易情况，如对企业是否公开销售、是否网上签约、退房率是否异常、是否存在捂盘惜售、囤积房源、哄抬房价等行为以及房地产市场价格异动、房屋交易量异动实时监测，从而规范房地产市场，为房地产市场调控决策提供服务。

③短信平台，为民众提供一种简单、方便、随时随地业务查询方式，通过移动通信方式查询房地产业务办理进度信息，实现信息高效及时传递，不仅为民众节省时间，而且方便民众随时随地获取信息，有利于提高民众满意度。

④网上政务大厅，为民众提供网上办事“一站式”服务，可通过网上政务大厅统一入口链接到各业务系统进行业务网上申报办理，并可及时查询业务办理状态以及办理进度，大大提高办事效率，切实实现便民、惠民服 务，让民众及省时又省心。

三、房地产市场法治建设

（一）房地产行政法规建设

1949 年新中国成立以后，常德市地方政府及房地产主管部门在不同历史时期，根据国家房地产管理法规政策，一直致力于构建符合常德市市情的地方房地产管理法规。

1. 新中国成立至常德“撤区建市”。这一时期，常德市房地产主管部门适时制定一批保障中央政策实施落地的房地产建设管理方面规范性文件。

1949 年 8 月，常德市人民政府成立即宣布统一管理城区房屋。翌年 12 月，市人民政府颁布《常德市基地房屋租赁暂行办法》。1951 年 6 月，市政府颁布《常德市房地产交易所组织规程》及《业务实施细则》。

1959 年 9 月，常德市人民委员会颁布《常德市国有房地产租赁管理暂行办法》。1961 年 11 月，市人委颁布《常德市国有房地产管理暂行办法》。1962 年 5 月，市人委颁布《常德市国有房地产租赁管理暂行办法补充规定》《常德市公私房屋登记暂行办法》和《常德市私有自住房屋管理暂行办法》。

1976 年 2 月，常德市革命委员会颁布《常德市城市建设管理试行办法》，该《办法》规定：辖区内单位建房必须办理征地报批手续，领取施工执照；拆迁居民房屋由市房地产公司按城市规划统一迁建，临街私人房屋未经报批，一律不得就地翻修。

1985 年 9 月，常德地委批转地纪委《关于纠正少数党员干干部在营建私房中的不正之风问题的意见》，要求各级党委认真清理，严肃查处。当年，共查处党员干部违纪建私房案 87 件，因建房贪污受贿被依法惩处 2 人，开除党籍 3 人。

2. 1989 年至 2009 年。这一时期，常德市完成住房分配制度由福利性分房向货币化、商品化重大变革，全市房地产业迅速兴起并取得飞速发展。缺乏完整性、统一性、权威性、协调性的住房法规政策体系，已经无法适应常德市房地产行业管理。常德市房地产管理局着手制定符合常德市情的地方房地产管理法规。

1990 年 4 月，常德市政府常务会议研究制定《常德市国家建设征地拆迁安置管理暂行办法（草案）》《常德市城区防洪大堤整治工程房屋拆迁安置办法》等规范性文件。1992 年 3 月，常德市政府颁布《常德市城镇国有直管公房管理办法》。4 月，常德市房地产管理局发布《原民建公助房屋确权的规定》。1993 年 5 月，常德市政府印发《常德市房地产市场管理暂行办法》（常政发〔1993〕3 号）。

1994 年 7 月，《中华人民共和国城市房地产管理法》颁布实施。当年 11 月，市委书记庞道沐主持召开常委扩大会，要求大力培育房地产市场，对全市现有 50 多家房地产开发企业，要依法加强管理，制定相关政策，积极培育扶植。1995 年 2 月，常德市人民政府印发《关于进一步深化城镇住宅房改革的意见（试行）》（常政发〔1995〕2 号）。12 月，市政府常务会讨论通过《常德市城区基准地价》《常德市住宅小区物业管理暂行办法》。1997 年，8 月 18 日，市政府印发《常德市城镇“安居工程”实施方案》，部署解决城镇中低收入者住房困难。1998 年 8 月，市人民政府发布《常德市住宅小区物业管理办法》。该《管理办法》对业主、业主大会及物业管理企业权利和义务，对物业管理企业选聘、合同签订、前期物业管理实施方案及物业管理企业资质管理，对物业管理区域内城市道路及其绿化、市政公共设施维护养护、环卫清扫清运、供电供水通讯电视设施设备维修、养护责任，都作出明确规定。

2000 年 5 月，市政府颁发 2000 年 6 号令《常德市城区旧城改造暂行办法》，明确旧城改造范围是东起红旗路，西至芙蓉路，南起沅安路，北至洞庭大道。这一区域内，共有旧城面积 60 万平方米，居住近万户居民。旧城改造实行“五统一”，即统一规划、统一拆迁、统一出让、统一建设、统一管理。6 月，常德市建委印发《关于全面清理常德市房地产开发企业，整顿房地产开发市场，规范企业经营行为的通知》。7 月，印发《常德市白蚁防治管理办法》。2001 年 7 月，常德市人民政府印发《常德市房改房交易管理暂行办法》。2002 年 10 月，常德市政府发布第 15 号令《常德市城市房屋拆迁管理实施办法》，同年 11 月，《常德市城市房屋拆迁管理实施办法》开始实施。2003 年 5 月，市房管局下发《关于规范房地产中介市场秩序坚决制止不正当竞争行为的通知》。中介专业委员会根据《通知》精神，与各中介机构签订《关于制止支持回扣和不按规定标准收费等不正当竞争行为的协定》。同时，在评估机构中开展诚信档案管理，并安装全省统一设计的管理软件。2004 年 12 月，市房管局、物价局联合印发《关于公布常德市城区房屋重置价格的通知》。2005 年 5 月，常德市房地产管理局印发《关于加强房地产开发市场管理的通知》。要求加强商品房（预）销售管理，健全房地产市场信息系统和预警预报体系。6 月，全市出租房屋清理整顿工作启动。市政府要求各地、各部门通过清理整顿，全面掌握全市出租房屋、暂住人口底数，建立信息台账，实行信息微机管理；所有出租房屋落实出租房屋登记备案制度和治安责任制度；查禁不符合出租条件出租房屋。

2006 年 5 月，市房地产管理局印发《常德市城区廉租住房管理规定》。11 月，市政府第 16 次常务会议审议通过《常德市国有直管公管理暂行办法（草案）》。文件共六章三十三条。第一章为总则，主要明确适用范围、管理主体、责任主体；第二章为产权产籍，主要明确产权、产籍管理，规范建档、建账以及产权、产籍异动、灭失程序；第三章为经营，主要就如何规范管理、规范租赁行为作出明确规定；第四章为修缮，明确国有直管公房修缮责任主体，修缮责任范围，以及修缮资金筹措和用途；第五章为法律责任，明确责任违法行为及法律责任；第六章为附则。

2007 年 1 月，常德市房地产管理局发布通报，对常德市凌云城建综合开发有限公司在市路灯公司定向房项目开发中、湖南金钻置业投资有限责任公司在水榭花城北城项目开发中存在无证预售违规行为，常德市明信置业有限公司在明信佳园项目开发中、常德市恒华建设事务有限公司在福慧公寓项目开发中存在一房多卖的违规行为进行查处。是月，市房地产管理局执法监察大队成立。2 月，常德市房地产管理局印发《关于整顿规范房地产中介服务市场的通知》，要求进一步加强房地产中介服务机构和从业人员管理，充分发挥房地产中介服务在房地产市场中作用，切实规范房地产中介服务行为。

2008 年 6 月，《常德市房屋维修资金监督管理办法（暂行）》正式施行。7 月，市房管局举办《房屋登记办法》《房屋登记簿管理试行办法》学习班。11 月，市政府印发《关于常德市城镇房屋租赁管理办法》，2009 年 1 月 1 日起施行；印发《常德市城镇房屋白蚁防治管理办法》，2009 年 1 月 1 日起施行。12 月，国务院颁发（国办发〔2008〕131 号）文件《关于促进房地产市场健康发展的意见》。同月，常德市楼市新政出台：市政府印发《关于促进房地产市场健康发展的若干意见》。2009 年 3 月，常德市房地产管理局印发《新建商品房（预）销售合同网上备案实施办法》，规范商品房（预）销售行为，提高商品房交易信息的透明度，保护交易双方合法权益。

表 2.2.4.3.1　1989—2009 年常德房地产管理主要规范性文件、政策性文件

时间	印发、颁行单位	文　　件
1990. 4	常德市人民政府	常德市国家建设征地拆迁安置管理暂行办法（草案）
1990. 4	常德市人民政府	常德市城区防洪大堤整治工程房屋拆迁安置办法
1992. 3	常德市人民政府	常德市城镇国有直管公房管理办法
1992. 4	常德市房地产管理局	原民建公助房屋确权的规定
1993. 5	常德市人民政府	常德市房地产市场管理暂行办法

续表

时间	印发、颁行单位	文 件
1995.2	常德市人民政府	关于进一步深化城镇住宅房改革的意见（试行）
1995.2	常德市人民政府	常德市城区基准地价
1995.2	常德市人民政府	常德市住宅小区物业管理暂行办法
1997.8	常德市人民政府	常德市城镇“安居工程”实施方案
1998.8	常德市人民政府	常德市住宅小区物业管理办法
2000.5	常德市人民政府	常德市城区旧城改造暂行办法
2000.6	常德市建设委员会	关于全面清理我市房地产开发企业，整顿房地产开发市场，规范企业经营行为的通知
2000.7	常德市人民政府	常德市白蚁防治管理办法
2001.7	常德市人民政府	常德市房改房交易管理暂行办法
2002.10	常德市人民政府	常德市城市房屋拆迁管理实施办法
2003.5	常德市房地产管理局	关于规范房地产中介市场秩序坚决制止不正当竞争行为的通知
2004.4	常德市人民政府	常德市城镇最低收入家庭廉租住房管理办法
2004.4	常德市人民政府	关于加强市城区经济适用住房建设管理的意见
2004.12	市房管局、市物价局	关于公布常德市城区房屋重置价格的通知
2005.5	常德市房地产管理局	关于加强房地产开发市场管理的通知
2006.5	常德市房地产管理局	常德市城区廉租住房管理规定
2006.5	常德市房地产管理局	常德市城区廉租住房退出管理规定
2006.5	常德市房地产管理局	常德市城区“十一五”期间廉租住房建设方案
2006.11	常德市人民政府	常德市国有直管公管理暂行办法
2007.2	常德市房地产管理局	关于整顿规范房地产中介服务市场的通知
2008.6	常德市人民政府	常德市房屋维修资金监督管理办法（暂行）
2008.11	常德市人民政府	关于解决城市低收入家庭住房困难的实施意见
2008.11	常德市人民政府	常德市城镇房屋租赁管理办法
2008.11	常德市人民政府	常德市城镇房屋白蚁防治管理办法
2009.3	常德市房地产管理局	新建商品房（预）销售合同网上备案实施办法

3. 2010年至2013年。这一时期，常德市房地产行业进入全面建设“法治房管”的法治建设新阶段，既符合国家法律法规精神、又符合常德房地产行业实际的常德市房地产地方法规体系基本建成。

2010年12月，市长陈文浩主持召开市政府第42次常务会议，对《关于推进城市和国有工矿棚户区改造工作的实施意见（草案)》《市江北城区棚改项目房屋拆迁安置补偿暂行办法（草案)》《市江北城区棚户区改造实施方案（草案)》进行审议，会议决定5年内完成城市棚户区改造44400户（城市棚户区33480户、国有工矿棚户区10920户），其中2011年完成11300户。是月，市政府办印发（政办发〔2010〕54号）文件，明确市房管局主要职责、内设机构和人员编制。

2011年3月，常德市政府印发《关于进一步加强房地产市场监管促进房地产业平稳健康发展的意见》；印发《常德市物业管理办法》。是月，常德开始实施新颁《常德市国有土地上房屋征收与补偿暂行办法》。办法规定，在论证征收补偿方案时，市、县人民政府需在征收范围内发布房屋征收补偿方案征求意见公告；作出决定前须进行社会稳定风险评估；旧城区改建征收房屋，多数被征收人认为征收补偿办法不符合相关规定的应组织听证会，并根据听证会情况修改方案；对违法建筑不予补偿，对未超过批准期限临时建筑，按建造成本结合批准期限内剩余年限给予补偿，并由县级以上人民政府责成城管执法或规划等部门依法予以强制拆除。7月，常德市政府印发《常德市房地产中介市场和二手房屋交易资金监管办法》。9月，市房管局颁布修订后《常德市房屋维修资金监督管理办法》，共五章二十九条。明确自2011年10月1日起施行，各县市区、西洞庭管理区、西湖管理区、桃花源旅游度假区参照执行。10月，常德市房地产管理局公布《关于发布〈常德市房地产管理局行政执法依据〉的通告》，公布常德市房地产管理局行使《中华人民共和国城市房地产管理法》等23部法规4类共69项行政执法依据，其中行政许可3项、行政处罚62项、行政确认3项、其他行政行为1项。是月，市房地产管理局还与市规划局、国土局、住建局联合印发《常德市城区住宅建设项目配套公共用房和设施建设管理规定》（常规发〔2011〕11号），对合理配置住宅建设项目配套公共用房和设施，提升房地产开发品质，优化小区居住环境，保护当事人合法权益，作出十八条具体规定。11月，市房管局召开行政执法案件社会公开评议会，邀请市人大代表、区政协委员、行风监督员、行风热线、法律顾问、记者、房产公司负责人、物业公司负责人、业主代表，对常德嘉泰房地产开发有限公司擅自将规划设计为全体业主所有架空层进行砌封并处置、湖南金泰物业管理有限公司擅自将部分架空层允许他人砌封并租赁他人经营获取经营收入两起案件，进行案情和处罚意见评议。市房管局执法大队根据评议意见，依据国务院《物业管理条例》相关法律规定对两家公司做出处罚。

是年，常德市房地产管理局牵头制订市本级规范性文件31件，其中以市政府或市政府办名义出台10件、局本级出台18件、联合其他职能部门出台文件3件。与此同时，市房管局还配套建立健全内控机制，基本形成了严谨的横向到边、纵向到底的法规制度体系。

该年4月，常德市房地产业协会召开第四次会员大会。会议发布《常德市房地产行业自律公约》，倡导加强行业自律，努力提高本行业的经营管理和服务水平，促进行业内和行业与社会间的沟通与交流，推动行业健康发展。

2012年2月，市房管局召开建设“法治常德”动员大会，市房管局局长张圣友对“法治房管”建设工作作出全面部署。要求进一步落实房地产市场监管相关规定，规范市场秩序；建立房地产行业从业人员登记信用信息系统；加强执法巡查，提高执法水平；严格房地产经纪机构管理，引导经纪行业健康发展；推进物业服务管理标准化；加强法制培训，提高法律素养；清理规范性文件，做到依法办事。3月，常德市召开全市房地产产业发展大会，市房管局局长张圣友要求，市房管执法大队和各区县市房管执法机构要加大巡查力度，拓宽执法领域，及时发现并认真查处各类房地产违法行为。要组织开展专项清理整顿行动，突出查处超规划建设及擅自改变业主公共用房和其他公共空间面积或用途行为、严肃查处无资质从事房地产开发和违规跨区域开发行为。同时，市城区和各区县市要对以往房地产开发项目进行全面清理，对遗留问题多、社会矛盾突出的，要研究解决办法，逐案化解处理。6月，市房管局印发（常房通〔2012〕8号）文件《关于进一步落实行政审批职能相对集中工作的通知》，要求按照政策、执行、监督分开的原则，进一步推行行政审批制度改革，规范行政审批行为，提高行政管理服务质量和水平。

是年11月，市房管局印发《关于市城区部分房地产开发企业违法经营行为处理情况通报》，对常德市金城综合开发有限公司、市顺源房地产开发有限公司、市三明置业有限公司、市紫艺茶业有限责任公司、市恒华建设事务有限公司、市恒华建设事务有限公司、常德汇元经济开发总公司、市华达建设开发总公司的相关违法经营行为作出行政处罚，将相关违法违规行为记入企业信用信息档案。

2013年3月，市房管局印发《关于严肃查处违法销售商品房行为的通告》（常房通〔2013〕8号），公告将对未依法取得商品房预售许可证之前进行商品房预售，以认购、预定、排号、发放VIP卡等方式向买受人收取或变相收取定金、预订款等性质费用，以“团购”的名义在未取得预售许可之前收款或集资等违法经营行为，进行严肃查处。5月，市房管局、市公安局启动“房屋租赁登记证”联审机制。按照《常德市流动人口服务管理办法》规定，6月1日起居住证申请人在房管部门办理“房屋租赁登记证”后，方可在公安部门办理居住证。10月，市房地产管理局、市工商行政管理局联合发布通告，11月1日—2014年10月30日，联合整顿规范市城区房地产交易秩序，严肃查处房地产中介机构和经纪人员违法、违规行为，维护消费者合法权益。12月，市房地产管理局、市工商局联合发布通告，2014年1月1日起正式启用新版《常德市商品房买卖合同》（指导文本）和《常德市保障性住房配售合同》（指导文本）。

表 2.2.4.3.2　2010—2013 常德房地产管理主要规范性文件、政策性文件

起草、印行机关	文　号	文　件　名
市房管局	常政办发〔2011〕20 号	常德市房地产业“十二五”发展规划
市房管局	常政办发〔2011〕20 号	关于进一步加强房地产市场监管促进房地产业平稳健康发展的意见
市房管局	常政发〔2011〕18 号	关于进一步做好房地产市场调控的通知
市房管局	常房发〔2011〕16 号	关于进一步支持常德经济技术开发区房地产业发展的意见
市房管局	常房发〔2011〕8 号	常德市房地产开发项目资本金管理暂行办法
市房管局	常房发〔2011〕10 号	常德市房地产开发项目手册管理暂行办法
市房管局	常房通〔2011〕22 号	关于严禁违规预售、违规将房屋交付使用的通知
市房管局	常房通〔2011〕39 号	关于对房地产开发项目实行建设承诺制度的通知
市房管局	常房发〔2011〕17 号	常德市商品房现售备案管理办法
市房管局	常房通〔2011〕14 号	关于规范商品房销售现场公示内容的通知
市房管局	常房发〔2011〕9 号	常德市预售商品房合同注销及信息变更管理暂行办法
市棚改办	常政发〔2011〕3 号	关于推进城市和国有工矿棚户区改造工作的实施意见
市房管局	常政发〔2011〕9 号	常德市国有土地上房屋征收与补偿暂行办法
市房管局	常政办发〔2011〕19 号	常德市物业管理办法
市房管局	常政办发〔2011〕29 号	常德市房地产中介市场和二手房屋交易资金监管办法
市住建局 市财政局 市规划局 市房管局 市国土局 市城管局	常建〔2011〕14 号	常德市江北城区棚改项目房屋征收与补偿暂行规定
市棚改办	常棚改发〔2011〕2 号	常德市江北城区棚户区改造实施方案
市房管局	常房发〔2011〕24 号	常德市房产开发项目物业保修金管理办法
市规划局 市房管局 市国土局 市住建局	常规发〔2011〕11 号	常德市城区住宅建设项目配套公共用房和设施建设管理规定

续表

起草、印行机关	文　　号	文　件　名
市房管局	常房发〔2011〕2 号	关于加强执法监管，控制违法建设行为的有关规定
市房管局	常房发〔2011〕7 号	关于规范国有土地上房屋征收与补偿工作有关事项的通知
市房管局	常房发〔2011〕11 号	常德市国有土地上房屋征收社会稳定风险评估暂行办法
市房管局 市财政局 市物价局	常房发〔2011〕15 号	常德市房屋维修资金监督管理办法
市房管局	常房通〔2011〕37 号	常德市房地产管理局行政执法依据
市房管局	常房通〔2012〕8 号	关于进一步落实行政审批职能相对集中工作的通知

（二）房地产市场监察执法

1993 年 6 月，常德市城市建设监察管理大队房地产中队建立，属常德市房地产经营公司和常德市城管监察大队双重管理。市房地产监察中队定编 7 人，受常德市城管监察大队委托执法。

常德市房地产监察中队成立后，依据建设部《关于进一步加强城建管理监察工作的通知》精神，依法打击非法转卖、转租、转让国有公房，依法对违章搭偏搭棚、违章装修等违法行为实施执法监察。1994 年，查处各类违法事件 287 起，强制拆除违章建筑 31 处，查处非法转租转卖公房 11 户，调解公房纠纷 94 起，查处拖欠租金户 128 户，收回积欠 10 万元，通过司法手段，起诉案件 5 起，调解开庭 10 次，追回积欠 1.7 万元。1995 年，查处各类违法事件 180 起，强制拆除各类违章建筑 17 起，责令停止进行有损房屋外形作业 37 起，查处非法转租转卖公房 9 起，调解住房纠纷 113 起，查处无故拖欠租金户 75 户，收回积欠 3 万元，向法院房地产法庭移交起诉案件 6 起，开庭审理 6 次，收回积欠 1.5 万元，收取各类补偿费用 0.8 万元。1996 年，查处各类违章 154 起，强制拆除违章建筑 14 起，责令停止违章作业 125 起，查处非法转租转让 12 起，查处无故拖欠租金户 112 户，追回积欠 17.15 万元，向法院房地产法庭移交起诉案件 60 件，追回积欠 12 万元，收取各类补偿费 0.75 万元。1997 年，查处各类违章 91 起，查处无故拖欠租金 132 户，追回积欠租金 5.4 万元，收取各类补偿费 0.82 万元，向房地产法庭移交起诉案件 43 起，调解审理 62 次，追回积欠 2.1 万元。

1999 年 6 月 9 日，市委、市政府在芷园宾馆召开全市“清房”工作会议，市委书记吴定宪要求对全市党政机关、事业企业单位干部职工住房违纪违规问题开展全面清查。一人多处占房、超标准建房、单位购买高档商品房再低价卖给个人三大问题，列为此次清房重点。10 月，市“清房办”通报，全年全市共清查退出多购多占住房 583 户，收缴超过规定面积购房建房补款 334. 2 万元。市“清房办”对市直属单位发出 128 份纠正通知书，共查处党政干部违纪建私房 17 人，立案查处住房违纪干部 10 人，处分 3 人。

2005 年，市房管局机关增设法制科，联合工商、公安、税务、城管等部门加强对房屋交易市场、拆迁市场、租赁市场和居住小区清理整顿。5 月，副市长刘剑英主持召开全市规范房地产开发市场工作会议，会议对湖南金恒房地产公司等 15 家开发企业下发期限整改通知书，对湖南豪力达建设开发有限公司等 3 家企业给予降低资质等级处理；对常德市金龙房地产综合开发公司等 3 家企业给予暂缓登记一年处理，对常德经纬房地产开发公司等 13 家企业给予注销房地产开发企业资质证书处理。2006 年 9 月，市政府在常德电信公司设立全国整顿规范房地产交易秩序电视电话会议常德分会场，贯彻落实建设部、国家发改委、工商总局关于进一步整顿规范房地产交易秩序的通知精神，贯彻房地产交易市场秩序双向整治的各项部署。

2007 年 1 月，常德市房地产管理局执法监察大队正式独立设置。市房管局执法监察大队主要职能为：负责贯彻执行房地产有关法律、法规、规章；负责实施房屋产权、房屋交易市场、房地产经营、城市房屋拆迁、房屋租赁管理、房屋安全监定、白蚁防治管理、廉租住房、物业管理行政执法工作；负责参与有关行政处罚听证，依据房地产行政主管部门处罚决定实施行政处罚。

市房管局执法监察大队独立设置后，建立健全执法体系。市房管局执法监察大队先后制定《行政执法公开承诺制度》《查处房地产违法案件实施办法》《执法过错责任追究暂行规定》《行政执法案件承办责任制》《重大案件集体讨论暂行办法》《行政执法监督制度》《立案规定》《听证制度》等一系列监察执法规章制度，用制度管人、管事，将程序合法理念贯穿于执法活动始终。

2008 年至 2010 年，市房管局法制科、市场监管科、执法监察大队联合组成专门工作班子，加强对房地产市场跟踪巡查，重点督查开发项目“五证”（国有土地使用证、建设用地规划许可证、建设工程规划许可证、建设工程施工许可证、商品房预售许可证）、“两书”（住宅质量保证书、住宅使用说明书）是否齐全，是否存在违规预售行为，对违规预（销）售项目及时发现，及时处理，通过集中清理整治非法集资、违规预售等违法违规行为，进一步规范市场秩序。

2011 年 10 月 8 日，常德市房地产管理局发布《常德市房地产管理局行政执法依据》通告，公布常德市房地产管理局行使的《中华人民共和国城市房地产管理法》等 23 部法规 4 类共 69 项行政执法依据，其中行政许可 3 项、行政处罚 62 项、行政确认 3 项、其他行政行为 1 项。主动将自身行政执法的法理依据、执法程序和裁量标准全部向社会亮相，自觉将自身执法行为置于全社会的监督之下。市房管局执法监察大队配套设立房地产管理行政处罚案件集体讨论制度等一系列制度，使房地产监察执法标准化、规范化和程序化。把服务引进监察执法程序之中，树立“先服务，后执法”执法理念。切实加大《中华人民共和国房地产管理法》《城市房地产开发经营管理条例》等法规以及各项房地产新政策宣传，提高市民依法维权意识，强化开发企业依法经营、诚信守法观念。适时组织典型案件公开评议，提高社会各界对房地产执法工作认知、理解和支持。

是年 11 月 11 日，市房管局执法监察大队就常德嘉泰房地产开发公司和湖南金泰物业管理公司两家企业擅自变更设计获取非法收入侵权案件组织行政执法公开评议。邀请人大代表、政协委员、行风监督员、法律顾问、记者、房产公司负责人、物业公司负责人和业主代表参加，获得广泛好评。

2012 年，市房管局制定《“法治房管”建设目标考核办法》，“法治房管”建设有序推进。执法监察大队按照“法治房管”建设目标要求，严格执行《湖南省行政程序规定》，规范行使行政处罚自由裁量权，完善行政执法责任制，全面规范房地产监察执法行为。先后制定《行政执法公开承诺制度》《查处房地产违法案件实施办法》《执法过错责任追究暂行规定》《行政执法案件承办责任制》《重大案件集体讨论暂行办法》《行政执法监督制度》《立案规定》《听证制度》《执法卷宗管理规定》《日常工作用语规范》《行政处罚（拟处罚）决定书》《申请法院强制执行规定》《结案规定》以及《大队工作职能》《大队长岗位职责》《副大队长岗位职责》《财务人员岗位职责》《档案员岗位职责》《队员岗位职责》《学习制度》《队容风纪规定》《考勤制度》《关于执行公务时饮酒的规定》等一系列制度，用制度管人、管事，将规范执法程序理念贯穿于执法活动全过程。11 月 6 日，市房管局印发《关于市城区部分房地产开发企业违法经营行为处理情况通报》，对常德市金城综合开发有限公司“金城 · 2008”项目、常德市顺源房地产开发有限公司“国源小区”项目、常德市三明置业有限公司“人民文化影视城”项目、常德市紫艺茶业有限责任公司“紫艺商贸城”项目、常德市恒华建设事务有限公司“香格里拉 · 领域”项目、常德市恒华建设事务有限公司“君香公寓”项目、常德汇元经济开发总公司“蓬莱有约”项目、常德市华达建设开发总公司“华达 · 幸福湾”项目等违规预售、未经验收就将商品房交付使用等违法行为进行查处，分别给予行政处罚。

是年，“法治房管”建设成效显著。房产执法监察工作严格按照“执法服务促发展、维护权益保稳定”总体要求，依法行政，严格执法，执法监察成绩突出。一是强化执法服务理念，不违规执法，不重复执法，不干扰企业正常生产经营，不增加企业负担。二是严格执法监察，坚持以日常巡视检查和群众投诉举报相结合，重点查处社会关注度较高和市民投诉较多房地产开发企业违法违规行为，尤其是“违规交房、违法（规）预售、违反租赁管理、侵占物业管理区域内的共用场地”等违法违规行为。全年共立案调查 19 起违法违规案件，结案 11 件。三是着力信访投诉处置，采取电话举报、网上举报、书面举报、上门举报等方式丰富举报渠道，第一时间做好调查记录，调查核实，及时答复。四是建立房地产企业诚信档案，执法监察大队为全市128家房地产开发企业建立信用行为档案，对企业不良经营行为记录在案，及时帮助企业自觉规范经营行为，为高效快捷处理案件建立基础资料，执法程序全面规范。

表2.2.4.3.3　常德市房管局执法监察大队2008—2012年行政执法已结案件卷宗目录

序号	被处罚人	项目名称	违规内容
1	南华房地产开发有限公司	瑞祥·凯特国际	未取得预售许可证违规售楼
2	恒欣房地产开发有限公司	香山·一品	未取得预售许可证违规售楼
3	三丰房地产开发有限公司	东方星城	未按法定期限办理房产证
4	盛莉	滨湖社区1—13栋	伪造房屋权属证书
5	金城房地产开发有限公司	金城·领域	未取得预售许可证违规售楼
6	堂皇置业有限公司	蓝湖郡	未取得预售许可证违规售楼
7	裕鑫房地产开发有限公司	金汇广场	未取得预售许可证违规售楼
8	湖南湘邮置业有限公司	湘邮·紫金华庭	未取得预售许可证违规售楼
9	湖南东汉房地产开发公司	西城水恋	未取得拆迁许可证违规拆迁
10	大洋房地产开发有限公司	岩坪农贸市场	未取得预售许可证违规售楼
11	宏祥房地产开发有限公司	农资花园	未取得预售许可证违规售楼
12	广德房地产开发有限公司	广德花苑	未取得预售许可证违规售楼
13	旺达房地产开发有限公司	金福名苑二期	未取得预售许可证违规售楼
14	金城房地产开发有限公司	金城·2008、正华中信商住楼、政和苑综合楼、金城苑	未取得预售许可证违规售楼
15	恒欣房地产开发有限公司	香山一品	一房二卖
16	金泰利置业有限公司	东城尚品	未取得预售许可证违规售楼
17	国人置业有限公司	国人广场	未经许可擅自延长拆迁期限
18	美景房地产开发有限公司	东方美景二期	未取得预售许可证违规售楼
19	中大房地产开发有限公司	金地茗苑	未按法定期限提供权属登记资料
20	常德师范附属小学	常师附小科技楼	未经许可擅自延长拆迁期限
21	南坪房地产开发公司	南欣公寓	未取得预售许可证违规售楼
22	省工业设备安装四分公司	锦安嘉园	未取得预售许可证违规售楼

续表

序号	被处罚人	项目名称	违规内容
23	常德生活湾置业有限公司	德山．生活湾	未取得预售许可证违规售楼
24	堂皇置业有限公司	蓝湖郡	未解除商品房买卖合同再将品房销售他人
25	金泰拆迁有限公司	市供销社39号楼	未经许可擅自延长拆迁期限
26	凯达房地产开发有限公司	柳城·印象	将未经验收商品房交付使用
27	宏祥房地产开发有限公司	荷塘月色	将未经验收商品房交付使用
28	湖南聚天置业有限公司	都市·捷座	将未经验收商品房交付使用
29	茂华房地产开发有限公司	水星·香榭里	未按法定期限提交房屋权属登记资料
30	武陵区振鑫房地产开发有限公司	学府家苑	将未经验收商品房交付业主使用
31	常德金家园置业有限公司	向都国际	未按法定期限提交房屋权属登记资料
32	湖南乾园房地产公司	水木清华二期	未取得预售许可证违规售楼
33	湖南易创投资顾问公司	浙商广场	销售不符合销售条件的商品房
34	湖南中奥房地产公司	浙商广场	未取得预售许可证违规售楼
35	常德美景房地产公司	美景四月天	未取得预售许可证违规售楼
36	湖南锦新房地产开发有限公司	旭明花园	未取得预售许可证违规售楼
37	常德宏润房地产公司	朝阳家园	将未经验收房屋交付业主使用
38	常德市金盛房地产有限公司	金盛·玫瑰园	未按法定期限提供权属登记资料
39	常德市湘拓实业有限公司	御泽园	未取得预售许可证违规售楼
40	常德恒宇房地产开发有限公司	湖滨苑	未经许可擅自延长拆迁期限
41	湖南金钻置业投资有限责任公司	水榭花城东城	将未经验收房屋交付业主使用
42	常德旺达房地产有限责任公司	金福名苑二期	将未经验收房屋交付业主使用
43	金城房地产开发有限公司	金城·2008	将未经验收房屋交付业主使用
44	常德市华达建设开发总公司	华达·幸福湾	将未经验收房屋交付业主使用

续表

序号	被处罚人	项目名称	违规内容
45	广德房地产开发有限公司	广德花苑	将未经验收房屋交付业主使用
46	恒华建设事务有限公司	香格里拉·领域	未报送权属登记资料
47	常德市三明置业有限公司	人民文化影视城	将未经验收房屋交付业主使用
48	顺沅房地产开发有限公司	国源小区	违规预售
49	常德汇元经济开发总公司	蓬莱有约	违规预售
50	紫艺茶业有限责任公司		未在规定时间内办理房屋租赁登记备案
51	湖南中德房地产开发有限公司	希豪苑	一房两卖
52	湖南广龙房地产有限公司	芙蓉尚城	将未经验收房屋交付业主使用
53	金城房地产开发有限公司	政和苑	违规预售
54	长沙新途房地产常德分公司	德和圆	将未经验收房屋交付业主使用
55	湖南东晟房地产公司	怡景御园	违规预售

第三章　住房保障

第一节　住房保障体系建设

一、经济适用房建设

新中国成立后，常德市政府通过福利性配给和公房廉租等一系列措施，绝大部分城市居民住房问题得到基本解决。但由于长期实行高积累、低消费分配政策，常德市居民居住条件始终处于较低水平。新中国成立初，常德城市居民人均住房面积 3. 15 平方米；时至 1989 年，长达 40 年努力后，城市居民人均住房面积仍仅 5. 7 平方米。

1991 年年底，常德市住房制度改革经过多年酝酿和充分准备后，开始实施。1991 年 12 月，常德市人民政府印发《常德市城区公有住宅优惠出售暂行办法》，走出住房制度改革第一步，统一公有住房租金标准及配套措施。至 1997 年年底，常德市住房制度改革基本完成。是年 7 月 1 日起，常德市所有党政机关和企事业单位不再建福利性住房；1999 年 1 月 1 日后参加工作职工，各单位原则上不再负责解决其住房，由职工到房地产市场购买住房和租房。其间，为了加快住房建设步伐，改善职工住房条件，常德市实行国家、单位、个人多方筹资建房。1994 年至 1998 年，集资建房总面积达 71 万平方米，总投资 39783. 5 万元。1998 年，市城区人均住房面积由 1989 年 5. 7 平方米增加到 17 平方米。

1999 年，常德市积极贯彻全国城镇住房制度改革与住宅建设会议要求，努力建立以经济适用住房为主的住房供应体系，建立住房公积金制度，有步骤培育和规范住房交易市场。2000 年，常德城区经济适用房建设完成投资 1. 348 亿元，竣工 6 万平方米，解困 2893 户。2001 年，常德城区经济适用房新开工面积 19. 25 万平方米，施工面积达 24. 05 万平方米，竣工面积 15. 85 万平方米，完成投资 1. 602 亿元，销售面积 18. 45 万平方米。但这一时期经济适用房建设总体规模不大，其中很多项目又名不副实，经济适用房建设体系为中低收入居民提供住房的保障功能未能充分显现。

2003 年，常德市政府明确提出，建立高效运作、保障有力的社会住房保障体系，由廉租房建设、经济适用住房建设和国有直管公房管理改革三大序列构成，制定严格的准入、审批、管理制度，切实改善城市中低收入家庭的住房问题。同时明确，把廉租房建设、经济适用住房建设工作纳入市政府为民办事“十件实事”考核体系，严格督察，严格考核。是年，市房管局成立经济适用住房建设办公室，成立专家组，开展大规模网上民意调查，由中房集团常德公司在东方嘉园进行新型经济适用房建设试点，销售住房全部实行“三定”（定面积、定价格、定销售对象）。至年底，全市建设新经济适用住房 4. 61 万平方米，完成投资额3917万元。

2004年，在东方嘉园经济适用房建设试点提供样本和经验后，常德市政府颁行《关于加强城区经济适用住房建设管理的意见》，常德市经济适用住房建设更加规范。当年全市经济适用住房竣工投放面积为23万平方米。

2005年，常德市按照“统一征地、统一规划、统一建设、统一配套、统一销售”五统一原则，启动市城区德园经济适用住房小区建设工作。截至2006年年底，竣工面积达31029平方米，投资总额为26039万元，建成经济适用房388套，供应对象主要为市区中低收入家庭无房户、人均建筑面积15平方米以下住房困难户、政府重点工程项目拆迁和危旧房改造项目异地安置居民户。是年12月，省建设厅、省统计局组成联合考核组对常德市经济适用住房建设进行考核验收，市城区全年经济适用住房竣工53790平方米，完成率为省“八事办”下达指标106.5%，受到检查组高度赞誉。

2006年，湖南省政府给常德市下达“八件实事”考核指标要求中，新建城镇经济适用住房任务30000平方米。全市全年经济适用住房建设竣工31029平方米，为省“八事办”下达考核指标103.4%。是年12月1日，市房管局在常德市广播电视局电视演播大厅举行市城区德园经济适用住房公开摇号确定认购对象活动，通过电脑摇号、电视直播方式，从具有申购资格589户中确定本年度最终具有认购资格的446户，同时确定选购房顺序和替补顺序。

2007年，市城区新建经济适用住房2.4万平方米、276套；2008年，新建经济适用住房1.4万平方米、193套，总投资2302万元。均超额完成省政府“八件实事”考核指标要求。

二、廉租住房建设

2003年，常德市政府明确提出，建立由廉租房建设、经济适用住房建设和国有直管公房管理改革三大序列构成的住房保障体系，切实改善城市中低收入家庭的住房问题。常德市廉租住房建设正式启动。

是年，常德市房管局成立廉租住房建设办公室，与武陵区政府联合办公，对常德市城区5700户低收入租户进行摸底，启动廉租住房建设。一期工程设计选址在甘露寺，由市房地产经营公司负责，首期建设2栋3400平方米共48套廉租住房。

2004年4月，常德市成立市住房保障体系建设管理领导小组办公室，市政府印发《常德市城镇最低收入家庭廉租住房管理办法》，积极推行实物配租和租金核减，“向符合条件的最低收入家庭提供住房，并按廉租住房租金标准收取租金”；“在一定时期内对现已承租公有住房（含国有直管公房）的城镇最低收入家庭给予租金减免”。按照“统一规划、合理布局、适应市场、集约建设”原则和“建设资金全部纳入市本级财政预算，工程建设享受廉租住房建设相关优惠政策，前期启动资金不足申请银行贷款，逐年偿还，政府统一收购，再实施实物配租”运作路径，市财政局建立财政专户专管专支的明细台账制度，采取按年度定额划拨方式确保建设资金。是年，市政府安排专项资金400万元，建成甘露寺廉租住房居住点。

2005年，廉租住房建设进度进一步加快。全年廉租住房新建5200平方米（100套），竣工面积7750平方米、120套。是年12月，副市长刘剑英市主持召开住房保障工作领导小组工作会，会议总结，2005年共解决市城区300户最低收入家庭住房困难问题，其中新建廉租房解决100户，租赁补贴解决100户，租金核减100户解决100户，对保障常德市双困户住房问题，维护社会稳定起到积极保障作用。图为2004年7月7日副市长刘剑英主持召开全市住房保障体系建设工作会议。

刘剑英主持召开住房保障工作领导小组工作会议

表2.3.1.2.1　常德市城区廉租住房基本月租金标准

（金额单位：元/平方米）

住房结构	住房类别	月租金标准	备　注
混合	成套住宅	1.35	
	非成套住宅	1.20	
砖木	成套住宅	1.10	
	非成套住宅	1.00	
简易	木板房、土砖房	0.80	

表2.3.1.2.2　常德市城区廉租住房租金地段差价

（金额单位：元/平方米）

地段类别	范　围	地段差价格	备　注
一类	江北城区	0	
二类	武陵镇、德山开发区	-0.10	武陵镇指市房地产经营公司管理的国有直管公房

表 2.3.1.2.3　常德市城区廉租住房租金新、旧程度差价

（金额单位：元/平方米）

房屋建造年代	新旧程度差价	备　注
1990 年以后建成的	0	
1970 年至 1990 年建成的	-0.10	
60 年代建成的	-0.20	
50 年代建成的	-0.30	
50 年代以前建成的	-0.40	

表 2.3.1.2.4　常德市城区廉租住房租金楼层差价

（金额单位：元/平方米）

层数	1	2	3	4	5	6	7
1	0	0	0	0	0	0	0
2			+0.10	+0.10	+0.10	+0.10	+0.10
3				+0.10	+0.10	+0.10	+0.10
4					+0.10	+0.10	+0.10
5						0	0
6							-0.10
7							
顶层	0	0	-0.10	-0.10	-0.15	-0.15	-0.20

2006 年，常德市住房保障办公室结合本地廉租住房建设实际，制定《常德市城区廉租住房管理规定》《常德市廉租住房退出管理规定》《常德市廉租住房入户调查工作规范》等具体操作性办法，进一步明确廉租住房建设和管理各项实务性政策措施。是年，市政府组织市城调队、市房管局专业人员对市城区居民住房状况和低收入家庭住房需求进行近 10 年规模最大、覆盖面最广实地调研，结合调查数据和低收入家庭住房实际，制定《常德市城区“十一五”期间廉租住房建设方案》，明确“十一五”期间“以实物配租为主、租赁补贴为辅，逐步加大租赁补贴额度”的住房保障工作思路，并列入《常德市国民经济和社会发展第十一个五年规划》，作为常德市委“十一五”期间“十件实事”之一定期进行重点督办。是年，全市廉租住房建设完成 9936 平方米，其中实物配租 5836 平方米、租赁补

贴4100平方米（101户）。7月，为100户居民发放2006年一季度租赁补贴（武陵区64户，德山开发区18户、鼎城区武陵镇18户）。落路口德政园廉租住房建设项目，竣工5836平方米、共计120套，春节前全部安置入住。

根据《常德市廉租住房“十一五”建设方案》，市房管局采取国家开发银行融资贷款试点运作方式，计划五年内投入廉租住房建设资金2.31亿元，基本解决城区3000多户住房困难户住房问题。是年完成“十一五”期间廉租住房建设的选址工作，确定德山玻璃厂邱家窝地块、城东甘露寺地块、杨家巷地块、葫芦口新村地块、东风化工厂地块、毛家巷地块、长庚路地块、乾明小学地块、甘露寺一期、新二村等10处地块，用地8.97公顷，可建设廉租住房15.54万平方米、3270套。

2007年8月，市委书记武吉海、市委常委副市长欧运崇走访廉租房住户

2007年1月，市委常委、副市长欧运崇主持召开市住房保障体系建设管理领导小组工作会议，会议要求，按照突出坚持公共财产和城市资源向弱势群体和居民居住区倾斜要求，通过新建廉租住房500套，租赁补贴100户，解决市城区600户家庭人均住房面积10平方米以下住房特困户住房困难。是年，市房管局坚持“建管并重、以管促建”原则，市城区投入廉租住房建设资金4247万元，建成城东、德山、城西三个廉租住房居住点508套、2.775万平方米；超额完成2007年省“八事办”下达给常德市新建廉租住房2万平方米、500套工作任务。成立“温暖常德”活动工作组，先后组织“常德市房产系统温暖常德活动”、“常德市城建系统温暖常德活动”等多次大型公益性活动，在常德市市城区设置爱心募捐点13处，慈善募捐钱物折合人民币150多万元。组织义工500多人次，对廉租住户及300多户低收入家庭进行入户慰问，长期结对帮扶特困家庭20余户。

2008年4月，市委常委、副市长宋冬春主持召开常德市住房保障工作会议。会议要求，全年新建廉租住房5万平方米，提供1000套廉租住房，租赁补贴3000户，共解决常德市最低收入家庭4000个住房困难户住房困难。是年，市房管局按照省“为民办实事”工作要求，紧紧围绕廉租住房建设，落实住房保障两大“为民办实事”目标努力工作，住房保障政策体系进一步完善。制定《常德市解决城市低收入家庭住房困难发展规划和年度计划》（2008—2010年），实施《常德市关于加快解决城市低收入家庭住房困难的实施意见》，进一步明确住房保障“三年应保尽保”工作目标。市房管局积极争取中央、省财政专项资金支持，中央廉租房专项补助资金到位7810万元，其中国家发改委预算内新建廉租住房专项补助资金到位4480万元（含新增3680万元），中央财政租赁补贴专项补助资金到位3330万元；争取国家开发银行建设贷款到位4500万元。是年，常德市城区新建廉租住房2.56万平方米、500套，总投资4656.7万元；发放租赁补贴（含租金核减）2463户，发放补贴金额297万元；确保省、市“为民办实事”住房保障建设考核任务高标准、高质量圆满完成。

2008年3月5日，入住城东市城区廉租住房户主在新居喜贴福字

2009年3月，市委常委、副市长宋冬春主持召开2009年度住房保障工作会议。会议决定，今后3年，全市将以城市低收入家庭为对象，进一步建立健全廉租住房制度，改进和规范经济适用住房制度，加大旧住宅区改造，逐步扩大廉租住房制度保障范围。2009年底前，人均住房建筑面积8平方米以下城市最低收入家庭基本做到应保尽保；“十一五”期末，由最低收入住房困难家庭扩大到低收入住房困难家庭，力争在三年内基本解决市城区9200多户低收入家庭住房困难，全市住房困难家庭将实现“应保尽保”目标。

是年，市长陈文浩两次现场调研住保工作，要求按照“分级负责、属地管理”原则将工作重心下移，探索通过“补贴购房”和“共有产权”方式推进保障进程。6月，市人大常委会第十次会议听取审议住房保障工作情况，并就下步工作开展形成决议。6至9月，市委常委、副市长宋冬春两次召开协调会，就危旧房改造、建设资金筹集等进行专题研究和落实“三个100%”进行安排部署。市房管局作为落实“为民办实事”住房保障任务责任单位，以组织协调为抓手，以任务落实为目标，强化举措，明确责任，扎实推进住房保障工作。是年，争取项目投资补助资金17058万元全部到位，其中中央预算内投资补助10525万元，租赁补贴专项补助4944万元，省财政补助资金1589万元，争资争项任务完成率达到市政府下达任务206.6%。此外，市本级安排1500万元预算资金、安排地方债券3000万元用于廉租房建设，有效解决政府短期内大量投入难题。

是年，省政府下达常德市“为民办实事”住房保障考核任务为：累计保障户数达到17000户，其中实物配租不低于40%。到年底，全市已竣工和完成主体建设廉租房3131套，租赁补贴完成11193户，租金核减3755户，全年保障任务累计达到20598户，其中实物配租达到9405户（含租金核减），任务完成率达到省“为民办实事”考核指标

121.2%，其中实物配租达到45.7%，达到市“为民办实事”廉租房考核任务260.9%、租赁补贴116.8%。

2010年，常德市开始全面构建新形势下住房保障体系。在继续推进廉租房建设和租金核减工作同时，启动城市和国有工矿棚户区改造工作，把面向全体人民、重点保障低收入群体住房保障工作推向纵深发展。是年，省政府考核任务为新增廉租住房6000套、租赁补贴6478户，市政府考核任务为新建廉租住房1500套、新增租赁补贴3000户，其中包括1105套市直改制企业危旧房改造。6月，省政府追加5755套保障性住房建设任务；7月，市委常委、副市长宋冬春主持召开全市保障性住房建设半年工作调度会，分解落实省政府追加5755套保障性住房建设任务，签订工作责任状。至6月底，全市半年内新开工廉租房项目27个、18.3万平方米、3314套，占全年考核任务55%。市房管局有效解决住房保障工作所需资金“瓶颈”压力，全年申报中央投资补助廉租房项目34个、25万平方米、5112套；到位保障性住房建设补助资金2.5亿多元，其中中央投资补助1.07亿元、专项补助1.17亿元、省级补助0.18亿元，其他保障性住房补助0.08亿元，超额完成资金筹集任务，有效缓解地方财政压力。市房管局还积极组织县市区申报2011年保障性住房中央投资补助，申报廉租房40万平方米、8488套；与市财政联系及时拨付保障资金，将公积金增值收益600万元纳入配套资金预算。各县市区积极筹措配套资金，全市落实配套资金1亿多元，其中市财政安排2300万元，石门、澧县、津市分别落实2000多万元；桃源、澧县、西湖探索共有产权试点，共配售156套，筹集保障资金500多万元，桃源县并作为全面推进共有产权试点县报省住建厅。

是年，全市共开工廉租房项目56个、40.1万平方米、8061套，共建成5112套，通过收购、改配建、租赁、补贴购房等方式筹集1179套，全年共完成新增廉租房6291套，占省考核任务104.9%，新建廉租房占市考核任务340.8%；新增租赁补贴完成8195户，占省考核任务126.5%，占市考核任务273.2%；735套市直改制企业危旧房改造任务（除澧县、石门共370套作为2011年验收项目）已开工776套，占考核任务105.6%。保障性住房建设任务中，公共租赁住房开工1645套，占考核任务164.5%；城市棚户区完成拆迁3536户，占考核任务117.9%；国有工矿棚户区改造落实1256户，占考核任务83.2%；经济适用住房完成246套，占考核任务100%。

表2.3.1.2.5　2010年常德市住房保障完成情况公示表

单　位	新增廉租住房（套）	新增租赁补贴（户）
武陵区	820	1566
德山开发区	245	320
柳叶湖管理区	——	7

续表

单　位	新增廉租住房（套）	新增租赁补贴（户）
鼎城区	110	694
西洞庭管理区	145	160
西湖管理区	74	116
汉寿县	627	1019
桃源县	600	700
临澧县	176	370
石门县	868	651
澧　县	934	645
津市市	968	1197
安乡县	724	750
合　计	6291	8195

是年8月，为贯彻落实住建部等5部委《关于推进城市和国有工矿棚户区改造工作的指导意见》，常德市政府成立城市和国有工矿棚户区改造工作领导小组，市长陈文浩担任领导小组组长；领导小组办公室设市房管局，市房管局局长张圣友兼任常务副主任，主持工作。常德市住房保障工作进入新的历史阶段，转入以城市和国有工矿棚户区改造工作为中心的保障性住房建设。

第二节　棚户区改造

2010年8月，常德市城市和国有工矿棚户区改造工作领导小组成立，市长陈文浩担任组长；领导小组下设办公室，设市房管局。市棚改办负责拟制全市棚户区改造工作政策并指导全市棚户区改造工作；配合规划部门编制棚户区改造规划并制定棚户区改造计划；提出棚户区改造项目和市城区棚户区改造征收安置与建设方案建议；对口上级部门，综合情况上报；检查、考核、督导县市区人民政府（管委会）和项目法人棚户区改造工作推行情况与项目实施情况；检查、考核、督导市直部门和有关单位执行棚户区改造优惠政策情况和落实有关棚户区改造工作任务及履责情况；拟订上级补助资金安排调度意见；协调处理棚户区改造工作中有关矛盾。市房管局为棚户区改造工作的考核主体单位，市房管局局长张圣友任市棚改办常务副主任主持棚户区改造工作。

市房管局、市棚改办迅速组织全市房管部门开展细致的排查摸底，澄清棚户区底子。

据统计，截至2010年年底，常德市共有棚户49567户（其中国有工矿棚户12201户），280.6万平方米（其中国有工矿棚户区69.4万平方米）。其中市本级江北城区共12464户、87.6万平方米。

是年11月，常德市政府召开棚户区改造工作专题会议。市长陈文浩强调，实施棚户区改造是改善民生重大举措，是住房保障体系和提升城市品质重要内容，务必认真贯彻落实国务院五部委及省有关棚户区改造文件精神，全市棚户区“必须彻底改造，全面改造，高标准改造”，不断改善群众生活环境和生活质量，加快建设富裕文明、和谐幸福的生态常德、美丽常德。陈文浩还就棚户区改造有关工作作出具体安排，他指出，棚户区改造工程，就是对常德市目前房屋建设年限长、使用功能不全、基础设施简陋、安全隐患突出居住区域进行改造与拆迁，从根本上解决常德市突出的民生矛盾。棚户区改造工程烦琐复杂，要使改造工作有序进行，明确实施主体是关键。各区县政府必须作为整个改造工作牵头责任主体，明确责任，提供切实可行运行方案，具体操作可委托棚改公司进行运作。市领导刘小明、宋冬春、刘进能、韦绍斌、汤向荣，市政府秘书长周代惠及市委组织部、市监察局、市发改委、市房管局等有关部门主要负责人参加会议。

按照市政府专题会议部署，市房管局、市棚改办组织起草《关于推进城市和国有工矿棚户区改造工作的实施意见（草案）》《市江北城区棚户区改造实施方案（草案）》《市江北城区棚改项目房屋拆迁安置补偿暂行办法（草案）》，及时报送政府审议。

《市江北城区棚户区改造实施方案（草案）》规划，2011—2012年全面启动集中成片棚户区和零星危房改造；2013—2015年完成零星棚户区改造，并按棚户区总量90%基本完成改造任务，使棚户区居民居住生活条件得到明显改善。具体改造任务和计划如下：

一、2011年启动改造40万平方米，其中改造地块29宗，改造面积23.2万平方米，改造户数2934户；

二、2012年改造地块24宗，改造面积30.6万平方米，改造户数3982户；

三、2013年改造地块16宗，改造面积12.3万平方米，改造户数2113户；

四、2014年改造地块11宗，改造面积10万平方米，改造户数1788户；

五、2015年改造地块5宗，改造面积14.3万平方米，改造户数236户。

《常德市江北城区棚改项目房屋征收与补偿暂行规定》确定，被征收人可以选择货币补偿或产权调换方式。其中2005年1月1日以前国有土地上或2007年内8月1日以前集体土地上违建建筑按情况给予房屋征收价值50%至60%补偿；纳税2年以上“住改商”房屋给予每平方米800元至1200元补贴。房屋建筑面积在70平方米以下、被征收人在征收改造范围外市城区内另无住房的，每户给予2.5万元住房困难补助。《规定》并明确提前搬迁奖励和安置补助标准。

12月，市长陈文浩主持召开市政府常务会议，研究审议《关于推进城市和国有工矿棚户区改造工作的实施意见（草案）》《市江北城区棚户区改造实施方案（草案）》《市江北城区棚改项目房屋拆迁安置补偿暂行办法（草案）》。会议决定，5 年内要完成城市棚户区改造 44400 户（城市棚户区 33480 户、国有工矿棚户区 10920 户），其中 2011 年完成 11300 户。自此，常德市城市和国有工矿棚户区改造工作全面推进。

2011 年 1 月，常德市人民政府印发《关于推进城市和国有工矿棚户区改造工作的实施意见》；3 月，印发《常德市江北城区棚改项目房屋征收与补偿暂行规定》。

3 月 25 日，市政府召开全市房地产市场监督暨棚户区改造工作会议。市长陈文浩，市领导宋冬春、王孝山、张新民，省建设厅房地产监管处处长宋路明，市住房与城乡建设局局长戴君耀，市房地产管理局局长张圣友、党组书记雷志钦，各县市区分管领导、各相关单位负责人及全市房地产企业代表共 400 余人出席会议。宋冬春要求各县市区（管委会）按照属地负责原则，切实担当棚改工作实施主体责任，按照市政府要求，加强工作部署，加大工作调度，务必在 4 月上旬之前，全面落实领导班子、工作盘子、工作方案及项目点建设方案，并上报至市棚改办。各个区县市长及管委会主任，要迅速组织召开常务会或常委会，专题研究部署棚改工作，尽快掀起全市棚户区改造工作高潮，坚决确保今年任务不打折扣，五年计划不得落空。

同日，印发《市江北城区棚户区改造实施方案》，市江北城区棚户区改造开始实施。市江北城区棚户区共 87.6 万平方米、12464 户，将在 5 年时间内基本改造完毕。当年启动改造 40 万平方米，其中改造地块 29 宗，完成改造面积 23.2 万平方米，改造户 2934 户；2012 年改造面积 30.6 万平方米；2013 年到 2015 年完成零星棚户区改造，并按棚户区总量 90% 基本完成改造任务，使棚户区居民居住生活条件得到明显改善。

《市江北城区棚户区改造实施方案》确定，根据不同情况，棚户区改造采取四种方式：一是维修完善型改造：建筑物整体情况尚好，无重大消防安全隐患，但建筑物外观破旧，房屋功能不完善，居民生活环境差棚户区。二是自筹共建型改造：建筑物整体情况较差，存在一定消防安全隐患，建筑物外观破旧，房屋功能不完善，居民生活环境差，单独院落或数户相连，地块周边没有扩展空间，不宜成片改造，周边间距满足规划要求，改造后不影响城市规划棚户区。三是兴建公共设施型改造：因修建市政道路、广场、公厕、公共绿化等公共设施或公益设施需要以及受空间限制，拆除后不能再建住宅棚户区。四是整体搬迁型改造：区域面积较大，居住人员较多，建筑物破旧，房屋功能不完善，公用设施老化，消防安全隐患严重棚户区。

4 月至 6 月，各区县（市）棚户区改造领导小组和工作机构组建到位，均与市政府签订目标责任状，建立绩效问责和考核奖惩机制。各区县（市）按照市政府《关于推进城市和国有工矿棚户区改造工作的实施意见》配强工作力量，保障工作经费，落实工作任务，建立“绿色通道”制度，优先办理相关事项。

建立多元化模式，实施市场运作。根据“政府主导，市场运作”实施原则，市政府在市城投集团、经投集团分别组建运作棚户区改造专业公司，即市天源住房建设有限公司和市经泽建设开发公司，作为江北城区棚改项目建设主体。以武陵大道为界划分两大棚改片区，西片区项目由天源公司负责、东片区项目由经泽公司负责。同时，为调动社会各方面积极性，缓解国有棚改公司融资压力和任务压力，根据省、市政府相关政策，引入民营企业适当参与棚户区改造。目前常德市江北城区有九重天房产公司、海林房产公司、祥源房产公司、德达房产公司及富华房产公司五家民营企业分别承担原轮渡公司南坪宿舍项目、西园社区项目、原滨湖印刷厂项目、华南公司项目、益高小西门市场项目前期工作。

切实加强督导，建立健全问责制度。市棚改办制订印发《常德市住房保障工作考核办法》，明确对各区县（市）考核内容和方法，年内市棚改办与市政府督查室对各区县（市）棚改工作进行两次督导，印发督查通报。对江北城区棚改工作则实行按任务倒排时间节点，全程考核，全程督导，全程问责，一月一调度，一季一督导，年内印发四期督查通报，及时现场协调，确保工作落实。

积极推进市场融资，确保征收补偿顺利实施。经两大棚改公司与各金融单位洽谈，已签订协议资金 32.6 亿元，随即办理贷款放款手续资金有，交通银行 13.8 亿元，北京银行 2.8 亿元。同时，市棚改办积极争取上级补助资金，年内共争取到中央和省棚改专项补助资金 9018.7 万元，即城市棚户区专项补助资金 7057 万元，其中市本级为 3517 万元；国有工矿棚户区改造中央预算内投资计划 1961.7 万元。

6 月，湖南省保障性安居工程检查组对常德市棚户区改造项目进行实地检查。市房管局局长张圣友、副局长黄贵、市住建局副局长何书元陪同检查。省住建厅副厅长高东山高度评价常德市棚户区改造工作推进成果，同时强调要切实加强组织领导，破解瓶颈问题，加快建设速度，既要严格遵守国家法规，也要确保完成当年棚户区改造任务。

7 月至 8 月，市房管局、市棚改办先后发布《常德市国有土地上房屋征收社会稳定风险评估暂行办法》《常德市国有土地上房屋征收评估技术规范》《常德市国有土地上房屋征收评估操作规程》和《江北城区棚改安置房交房标准》等规范性文件，为全市棚改工作开展提供政策保障。理清市棚改办与武陵区之间、市棚改公司与武陵区之间、项目建设单位与市财政之间关系，明确棚改项目报建流程和棚改项目所享受优惠政策，同时做好新旧拆迁政策之间衔接工作，为棚改工作顺利开展提供便于操作的政策文本。

老西门葫芦口棚户改造区改造前旧貌

8 月，武陵区政府发布《常武政通告〔2011〕3 号》，告示自 2011 年 8 月 6 日至 2011 年 9 月 4

日，对城区《葫芦口联片地块棚户区改造项目房屋征收补偿方案（征求意见稿）》公开征求意见。9月，武陵区政府发布《关于葫芦口联片地块棚户区改造项目房屋征收的通告》，宣布葫芦口联片地块棚户区改造项目启动，对东至武陵大道，西至朝阳路，南至沅安路，北至建设路范围内需要征收的居民房屋513户、34715.82平方米建筑物、构筑物及设备设施，按照《常德市江北城区棚改项目房屋征收与补偿暂行规定》实行征收。9月16日，市城区葫芦口联片地块棚户区房屋拆除工作正式启动，市棚改办及武陵区棚改办有关工作人员组织现场拆除。是为市城区首个棚户区改造项目启动，标志常德市城区棚户区改造工作正式进入工程实施阶段。

10月，市委常委、副市长卢武福、市政府副秘书长张国政、市住建局局长戴君耀、市房管局局长张圣友、武陵区区长涂碧波等，在青阳阁社区、鑫龙宿舍区、光荣路社区、楠沙社区等棚改片区现场查看，认真了解各片区建设进展情况，仔细询问群众对棚改工作意见和要求。卢武福高度评价当前棚改工作，并强调一是要进一步加强领导，加紧推进棚改工作，不能有任何犹豫和反复；二是要进一步加强宣传，一定要多树立正面典型，对群众多进行正确引导，让棚改工作取得群众拥护和支持；三是要进一步加强调研，对不同问题进行分别处置，一定要找准突破口，集中力量，重点突破；四是各部门之间要加强协调，积极配合。

11月，市住保办发布《常德市2011年度城市棚户区改造为民办实事任务完成情况公示》，2011年城市棚户区改造为民办实事任务为：城市棚户区改造5560户，完成5560套。

是年，截至12月30日，全市签订城市棚户区征收补偿协议8647户，维修完善型改造1921户，开工10994套（其中：安置住房开工7095户，货币补偿3899户），开工率为年初下达绩效考核任务113.98%，竣工8556套，竣工率为88.71%（考核要求是年底竣工60%），超额完成年初下达城市棚户区改造任务。国有工矿棚户区开工1509套，开工率100%（通过省发改委审核的项目的改造数为1509套）。

2012年2月10日，市委常委、副市长卢武福专题调度江北城区棚户区改造工作。市棚改办、武陵区棚改办及城建投、经建投两家国有棚改公司汇报常德市江北城区棚改工作进展情况：2011年以来，截至2012年1月16日，江北城区签订征收协议939户（两棚改公司承担9个棚改项目共需征拆2775户），其中屠宰场棚改项目补偿完毕，青阳阁棚改项目及鑫龙公司棚改项目北区拆迁完毕，光荣路棚改项目顺利开工。卢武福要求各级各有关单位要进一步统一认识，增强责任感，抓住中央当前大力推行棚户区改造政策机遇，围绕加快项目开工以及棚户区居民早日回迁，切实高速推进棚改项目建设。

2月，常德市政府印发《关于实施八大重点民生工程的通知》，2012年常德市城市棚户区改造工作任务为7500户、国有工矿棚户区改造工作任务为1000户。是月，市城区棚改回迁安置小区天源·鑫座一期举行开工仪式，市委常委、副市长卢武福，武陵区委书记罗少挟，市房管局局长张圣友出席。天源·鑫座一期项目是当年常德市城区计划兴建10

个棚改回迁安置小区之一。一期即北区精品公寓完成后，可为108户棚改户改善居住条件。该项目户型将以50平方米到80平方米中小户型为主，配套型商业、停车场、休闲广场等多种功能应有尽有。

3月，市政府召开全市保障性安居工程暨住房和城乡建设工作会议。市棚改办向各区县（市）下达2012年城市棚改工作任务书，明确各区县（市）棚改工作任务和考核要求。各区县市分管领导向市长陈文浩递交《常德市保障性安居工程建设任务目标管理责任书》。这次大会以后，全市棚改工作掀起高潮。

一是建立多元模式，实施市场运作。市棚改办牵头，多次组织会议，专题研究民企参与棚改相关问题，向市政府提出书面建议，按照市政府要求以文件形式向民企提出参与棚改工作要求，分项目明确其享受优惠政策，引入民营企业适当参与棚户区改造。

二是规范棚改征收，促进征收工作。市房管局制定由市政府确定政策，市房管局做指导协调，区县政府为征收责任主体，建设单位组织资金的城拆机制，有力促进城市棚户区改造征收工作。是年9月建立武陵区棚改征收旬报表制度，每旬向市城市办报告武陵区棚户区改造征收进度，建立江北城区棚改征收工作机制。

三是树立工程样板，提升棚改质量。市区两级联手打造江北城区棚户区改造工作亮点工程。天源公司老西门项目，按照旅游、休闲功能定位，对葫芦口片区实施整体改造，打造“体现常德历史人文风貌的老常德复合型、体验式文化街区”；星城项目带动常德市西片老工业区城市建设和房地产开发；经泽公司景园项目一举改善光荣路三中周边原“脏、乱、差”棚户区环境，与西侧滨湖公园美景相得益彰。江北城区棚改工作，已经成为城市扩容提质工作重要组成部分。

四是加大督导力度，推动工作进展。市棚改办对各区县（市）棚改工作采取半年一次或视工作进展不定期专项督导方式，2012年全年对各区县（市）棚改工作督查8次，发布督查通报5次；对江北城区棚改工作则实行按任务倒排时间节点，全程考核，全程督导，全程问责，基本是一月一调度，一季一督导，半年一通报。遇到具体问题现场踏勘，及时协调，全年召开督导协调会议29次，现场踏勘19次，确保工作落实。

2012年8月19日，葫芦口联片安置房破土动工现场

8月，市城区棚改项目葫芦口联片安置房举行破土动工仪式。该项目是常德市城投集团常德天源住房建设有限公司棚改项目，建筑面积逾4万平方米，建成后可为1320户居民改善居住条件。该片区共有建

筑面积逾 4 万平方米，可提供七百多套住房，房源户型主要为中小户型。为确保安置房住房质量，让拆迁户满意，常德天源住房建设有限公司邀请业主加入质量监督团队，同时提出了“小户大家”概念，为棚改户提供增值服务。

9 月，市棚改办印发《常德市江北城区棚改工作中房屋征收补偿有关问题的补充规定》，对征收非住宅房屋被征收人选择产权调换临时安置补助费、被征收人租金收益损失补助问题，完善提前搬迁奖励标准和办公用房、车间、仓库等改作商业门店补贴等具体问题做出补充规定，进一步完善房屋征收补偿政策。

10 月，市委书记卿渐伟考察市城区甘露寺经泽福园棚改项目、葫芦口（老西门）棚改项目工程现场，市委常委、副市长卢武福，市委副厅级干部郑弟祥等市领导参加调研。卿渐伟指出，棚户区改造是重大民生工程，一定要把好事办好。在征地拆迁、设计招标、项目建设中，切切实实把人民群众利益放在首位，提升群众生活品质和城市品位，让棚改工程成为民心工程。

是年，省、市两级政府下达改造城市棚户区考核任务为完成 7500 户（武陵区 2320 户），实际完成维修完善型改造 1849 户，签订征收补偿协议 6201 户（其中货币安置 2989 户，实物安置 3212 户），开工项目 40 个，安置住房开工 5066 套，开工面积 35.3 万平方米，开工率为 107.4%。竣工项目 17 个，安置住房竣工 1416 套，竣工面积 75326 平方米，竣工率为 58.7%（竣工率计算包含货币补偿户数），总计实现投资 8.6 亿元。超额完成省、市下达考核指标任务。此外，全年争取中央城市棚户区改造专项补助资金 1.02 亿元，其中市本级争取中央城市棚户区改造专项补助资金 5586 万元。

2011 年、2012 年两年，常德市棚改工作累计启动棚改项目 81 个，签订拆迁补偿协议 14475 户，完成维修完善 3810 户，开工安置房 11728 套，建成安置房 7240 套，争取中央、省补助城市棚户区改造专项资金共计 1.7329 亿元，共解决 1.8 万多户城市棚户区居民住房问题。

2014 年 5 月，市委书记王群、市长周德睿、武陵区委书记罗少扶等调研城区棚改工作

2013 年，全市改造城市棚户区考核指标 8866 户，涉及 12 个区县（市）。全年签订征收补偿协议 10277 户，其中货币补偿 1882 户，实物安置 8395 户，开工项目 42 个，安置住房开工 8464 套，面积 918065 平方米（含维修完善项目），开工率为 116.7%。基本建成项目 32 个，安置住房基本建成面积 750626 平方米，基本建成 7005 套，

基本建成率为100.2%，竣工6501套，竣工率94.5%，总计实现投资95142万元。争取中央、省补助城市棚户区改造专项资金到位1.55亿元（含市本级1.2亿元），圆满完成省、市考核任务指标。

第四章　房屋拆迁征收

第一节　城市建设房屋拆迁

1950 年 1 月，常德市人民政府刚刚成立，即拟定《常德市商业区规划及街道改造初步计划》，对饱受天灾战乱摧残特别是 1943 年“中日常德会战”毁灭性灾难的常德城实施改造。

1951 年，市人民政府财经委员会投资，在高山街至府坪巷口东端，拆迁破旧低矮旧房，修建国营九三商场（今第三人民医院门诊大楼处），时建木板房 100 间，成为常德城第一座国建国营的标志性商业建筑。1952 年，在小西门左城湾拆迁一批旧房，修建居民新村，时建砖木结构平房 3 栋共 96 间。从 1953 年起，市政府启动下南门中心城区拆迁改造，相继建成常德百货公司（今家润多超市）、花纱布公司大楼（今南门商厦）等建筑，均为 3 至 4 层砖木结构。随即建成妇女儿童商店（今下南门益丰药房）和南北特商店（今青阳阁妈咪商店）。1956 年在下南门建成常德大饭店（今常德宾馆）。均为国建国营。这一轮大规模拆迁改造，形成了以常德市人民政府、下南门为中心新型商贸城区，城市中心焕然一新。

从 1958 年起，常德市实施以城市建设规划为中心的城市房屋拆迁工作。

1958 年，启动人民东路和人民中路扩街工程房屋拆迁。工程东起岩桥，西止汽车北站，全长 3610 米。市人委成立常德市街道拆迁办公室，1958 年 12 月动工，1959 年 1 月完成。共拆除房屋 353 栋，面积 32681 平方米。1959 年修建房屋 297 栋，其中居民房屋 161 栋，安置 417 户。拆迁居民都得到妥善安置。

1969 年，实施人民西路扩街工程房屋拆迁。该工程是 1958 年人民路扩街工程的延续。人民西路扩街工程东起汽车北站，西止三岔路口。当年动工拆迁，当年完成。共拆迁房屋 222 栋，面积 10600 平方米。

1980 年，启动武陵路（今朗州中路）扩建工程房屋拆迁。工程南起青阳阁，北止洞庭大道，1980 年动工，1985 年 6 月全面完成，共拆除房屋面积 29009 平方米。房屋拆迁安置办法较前有所改变：凡属市房产公司出租的公有住宅，其拆迁户安置均由住户所在单位解决，市政府对承担安置任务单位给予适当补偿：一室户 3000 元，二室户 5000 元，三室户 7000 元；凡属市房产公司出租给单位的生产、营业用房无偿拆除；拆迁私人房屋由市房管部门估价收购，要求安置住房的由房管部门安排公房，用户按规定交租；要求保留产权者，由征地建设单位负责在规划区重建。

1981年，启动沅水大桥北引桥工程房屋拆迁。工程于1981年动工，1982年完成，共拆除房屋205间，面积4206平方米，其中公产房77间，面积1339平方米；单位房屋19间，面积1065平方米；私房110间，面积1805平方米。拆迁安置办法均参照武陵路房屋拆迁办法实行，共安置住户110户。

1984年，常德市统一修建居民住宅办公室圆满结束历史使命。市统建办1978年成立，到1984年，共投资1666万元，拆迁征地16.79万平方米，竣工房屋面积13.69万平方米，其中住宅面积13.1万平方米，先后建成7个住宅小区，其中“胜利一村”建房25栋，住宅面积3.15万平方米；“胜利三村”建房9栋，住宅面积1.5万平方米；“胜利四村”建房5栋，住宅面积1.3万平方米；建设桥建房10栋，住宅面积1.32万平方米；常篙路建房18栋，住宅面积2.75万平方米；德山建房2栋，住宅面积2774平方米；同步建成市政公用设施建筑面积5900平方米。

1985年，启动城区防洪扫障麻阳街房屋拆迁。1985年动工，1986年完成，沅江北岸上、下麻阳老街100多户居民吊脚楼房全部拆迁，所有居民妥善安置迁居城北新区。

1986年，完成鼎城中路（今武陵大道中路）工程房屋拆迁。工程1986年5月动工，年底结束，共拆迁房屋18856平方米，其中，国有公房5318平方米、私房2929平方米、单位房屋10609平方米。是年6月，常德市政府印发《常德市鼎城中路扩建工程房屋拆迁安置办法》。在原武陵路（即朗州路中段）拆迁补偿办法基础上进行“五改”：一改补偿规定：由原按建筑面积补偿，改为按房屋结构和面积综合计算补偿；二改拆迁奖励：提前或及时拆迁者，每平方米奖励4元；三改安置办法：鼓励自找门路，自行安置，不要安排住房、不要建房土地的私房户自行安置者，按住房面积每平方米奖励6元；四改建房规定：无论私房修建户或民建公助户，一律实行三统一，即统一图纸，统一供地，统一管理；五改拆建假期：国家和集体单位的干部、职工，其建房假由15天增为30天，拆迁事假由5天改为3天。年底共安置拆迁223户，安置面积达11610平方米。

1986年3月，常德市民建公助办公室在三闾村拆迁征地1.1公顷，建设城区“新五村”“新六村”两个居住小区。共安排私人建房102户，当年8月竣工，建筑面积1.06万平方米，均系独门独户。

1988年，常德撤区建市。城市拆迁征收安置工作围绕新一轮城市建设开展。

1989年3月，成立常德城区防洪大堤整治工程领导小组和工程指挥部，防洪大堤整治工程正式启动。1990年4月，常德市政府召开常务会议，研究《城市征地拆迁安置管理暂行办法》《城区防洪大堤整治工程房屋拆迁安置办法》《城市管理暂行规定（草案）》等规范性文件。1990年6月，市政府印发《常德市城区防洪大堤整治工程房屋拆迁安置办法》，常德市城区防洪大堤工程房屋拆迁正式启动。是年，市房地产经营公司完成该工程2.67平方公里范围内房屋摸底。1991年2月开始动工，共拆除直管公房住宅165栋624户、面积19814平方米，生产用房86栋75户、面积23349平方米。

1992 年，市房地产经营公司拆除危房 4407.54 平方米，修建笔架城工贸商场和彩滨续建工程；完成德诚宾馆、滨湖公园西大门等处拆迁，共搬迁公房 84 栋 122 户，拆除直管公房面积 12523 平方米。

1994 年，市政府启动武陵大道南段（武陵大道中段起，南至沅江防洪大堤）工程房屋拆迁。1994 年开始拆迁，共拆除直管公房住宅 134 栋 516 户、面积 16331 平方米，生产用房 51 栋 8 户、面积 14342 平方米。连同各单位房屋和私房，共拆迁房屋 9 万多平方米，搬迁居民 I338 户，单位 78 家。1994 年 12 月开拆，1995 年年底拆迁完毕。

1995 年，市政府组织西大堤防洪扫障拆迁，共拆迁国有直管公房 35 户、2354 平方米。为市政建设完成拆迁 81 户，拆迁直营公房 2773 平方米。

1996 年，市房管局会同市物价局印发《常德市房屋重置价格》，此后形成定制。市房管部门制定并以市政府规范性文件形式公布《拆迁实施办法》和《房屋重置价格》，使城市房屋拆迁和房屋征收、安置，做到有法可依、有规可循，减少拆迁纠纷和补偿安置矛盾。

1996 年 5 月，市房地产公司拆迁公房 1632 平方米，住户得到妥善安置。1997 年，市房地产公司拆迁光明巷 8 栋 2373 平方米，乔家巷 1 栋 421 平方米，拆迁安置 22 户。

1997 年 4 月，根据国务院《城市房屋拆迁管理条例》和省政府《湖南省城市房屋拆迁管理实施细则》，成立常德市城市房屋拆迁管理办公室。1998 年，市政府颁行《常德市城区国有直管住宅房改房拆迁安置办法》，市房管局制定《常德市城镇房屋拆迁安置专项金使用监控办法》。自此，拆迁安置管理程序日趋规范。1999 年，市城市房屋拆迁管理办公室拆迁公私房屋 648 户，面积达 10.75 万平方米。

第二节　大规模旧城改造

从 2000 年起，常德城区房屋拆迁征收工作围绕以步行街为中心的中心城区即“中区”旧城改造大规模展开。

2000 年 3 月，常德市委、市政府成立旧城改造指挥部，市长助理刘明任指挥长，从市建委、房产、国土、建工城管等单位抽调 20 名工作人员组建旧城改造指挥部工作班子。7 月，市委、市政府成立市城区旧城改造工作协调领导小组，市委副书记莫道宏任组长，市领导邹克忠、刘剑英、马桂迟、刘明任副组长，负责协调解决市城区旧城改造工作实际矛盾和问题。常德市大规模旧城改造拉开序幕。

是年 5 月，市政府颁发 2000 年 6 号令《常德市城区旧城改造暂行办法》，明确旧城改造范围是东起红旗路，西至芙蓉路，南起沅安路，北至洞庭大道的中心城区。这一区域内，共有旧城面积 60 万平方米，居住近万户居民。该《办法》明确，旧城改造指挥部组织有关部门和单位对旧城改造实行“五统一”，即统一规划、统一拆迁、统一出让、统一建设、统一管理。力争通过3至5年努力，全面改善市容市貌、市政公用基础设施、交通条件和居住条件，使常德市城市道路更加宽敞整洁，城市交通更加便捷顺畅，城市绿地更富生机，城市通讯服务更加高效优质，城区水电供应更加充足便利，城市空间环境更加优美舒适，城市基础设施更加完善配套，城市防空防震系统更加安全可靠。

旧城改造“五统一”即：“统一规划”，指挥部根据旧城改造需要，组织计划部门制定区块改造计划，然后组织规划部门按改造区块规划红线，编制旧城改造详细规划，并根据规划确定出让地块，规定经济技术指标；“统一拆迁”，指挥部组织国土部门依法收回拟改造区块国有土地使用权，组织房产部门发布拆迁公告，组织有拆迁资格单位实施拆迁，并组织有关部门监督、指导、协调房屋拆迁；“统一出让”，指挥部组织有关部门高度垄断旧城改造区内国有土地一级市场，通过拍卖、招标等公开、公正、公平方式，出让拟改造区块国有土地使用权，确定受让土地项目开发商，组织项目开发商与国土部门签订土地使用权出让合同，按合同约定缴纳购地资金，取得土地使用权证；“统一建设”，指挥部组织、督促项目开发商依据修建性详细规划，作出施工设计，协助开发商申办有关报建手续，并督促其依规划设计进行施工建设；“统一管理”，指挥部组织有关部门协调处理具体开发建设利益和矛盾，统一运用多种管理手段，充分调动各方面积极性，形成合力、行动一致，确保整个旧城改造工程顺利完成。

2001年6月，完成旧城区改造范围内大桥东区、大桥西区、育才区、皂果区等四区控制性详细规划，完成中区、畔池街1号地、文体广场、滨湖公园等四街区修建性详细规划编制、评审。是月，中区旧城改造房屋拆迁动工。中区位于常德市中心城区，东临朗州路，西抵武陵大道，南接沅安路，北至建设路，总用地33.34公顷。共拆迁建筑物14.8万平方米。涉及大小企事业单位38家、居民户1515户。拆迁后可腾地10.07公顷，其中出让20个地块面积6.83公顷，道路、广场等市政公用设施占地3.24公顷。

2002年，市房管局出台《常德市城市房屋拆迁管理实施办法》及相关配套政策。旧城改造指挥部对中区拆迁扫尾项目市供销社宿舍、武陵区供销社宿舍、武陵区糖酒公司彩虹市场附楼以及“心怡花园”“金地香榭”“西城苑”等项目房屋建筑实施拆迁，全年共拆迁各类房屋建筑面积48446平方米，拆迁腾地6.53公顷。5月，市城区旧城改造指挥部组织公开拍卖出让滨湖公园周边19宗地块，出让用地面积18.67公顷，拆迁单位27家，拆迁建（构）筑物22万余平方米。

是年，根据市政府授权，旧城改造指挥部共受理审批旧城改造范围内武陵区“两个置换”企业19家33宗66490平方米土地，25家租用的75处国有直管公房总建筑面积18811平方米，以及6家市直属商业企业租用的20处国有直管公房总建筑面积4655平方米。“两个置换”企业要求对其土地和资产进行处置，必须服从旧城改造规划成片开发、配套完善原则。已列入旧城改造计划和已出让地块，地产和房产不得另行处置；暂未纳入近期旧城改造计划的，可由企业或其主管部门按规定对房产进行处置，但不得改变土地用途，也不得拆后重建。

2003年，市房管局切实加强拆迁许可核发管理，切实加强拆迁施工企业准入许可和文明拆迁施工管理，全面推行“五个讲求”，即：健全拆迁实施政策，讲求联系实际；坚持依法拆迁，讲求以理服人；建立合格的拆迁队伍，讲求人员素质；搞好部门配合，讲求整体联动；实施“全程管理”，讲求拆迁质量。全年共审查拆迁拆除房屋施工单位28家，排除整改安全隐患6起，整改围档作业不规范问题18处，协助法院执行拆除工作3次，完善充实“旧城改造房屋拆迁安全施工保证书”内容，使拆除房屋施工单位做到法律责任人明确、制度完善、现场安全监督员固定、安全标志、安全设施齐备；同时加强对拆除房屋施工现场管理。列入拆除施工管理单位年内均未发生重大安全事故。当年，省建设厅在全省推广常德拆迁管理经验。

是年，市城区共发布拆迁公告项目24个，完成九重天花园、白云小区、光荣路沿线及广德花园等重点地段的拆迁任务，协调拆迁矛盾50多起，组织行政裁决9户。全年共拆除各类房屋建筑15.35万平方米，拆迁单位46家，拆迁安置997户。当年，市政府对武陵区33家改制企业土地资产一次性补偿1500万元，城区企业“两个置换”和城区改造工作顺利进行。完成市城区18家企业（其中市直13个、武陵区4个、鼎城区1个）“两个置换”，核准规划控制用地总面积为14.87公顷，地上房屋建筑总面积为49526平方米，总价值为8069.28万元，为“两个置换”变现了资金。

2004年，城市拆迁领域发生湖南嘉禾事件。常德城区房屋拆迁征收工作体制相应作出重大转变。一是管理体制调整，市城区旧城改造指挥部更名为市城区旧城改造协调办公室，办公室设市房管局，负责组织有关部门和单位对旧城改造实行统一规划、统一出让、统一建设、协调管理、指导拆迁。二是管理职能调整，市旧城改造协调办公室不在旧城改造中即当运动员又当裁判员，而是注重更好利用政府法人资格，改善旧城改造工作环境，拆迁安置补偿运作，由政府行为改变为市场运作，旧城改造工作步入法制化轨道。三是坚持依法实施拆迁，第一，加大拆迁政策宣传力度，加强拆迁政策的透明度；第二，严把拆迁审批关源头，制定办理拆迁许可证应提供文件资料告知书，保证拆迁项目合法性；第三，规范拆迁市场和拆迁工作人员行为，对城市房屋拆迁单位实行目标管理考核。是年，受“嘉禾事件”影响，常德市房屋拆迁出现阻工阻拆、漫天要价现象，拆迁工作出现很大困难。为此，市房地产管理局加大行政裁决力度，要求拆迁工作人员做好与被拆迁户三次以上谈话的记录；同时，迅速启动司法强拆程序，请市中级人民法院、武陵区人民法院的领导和法官召开联席会议，对个别漫天要价、阻工阻拆“钉子户”依法实施强拆，加快了城市拆迁工作进度。

是年，全市共审批拆迁项目52个（其中20个为2003年未审批项目），审批房屋拆迁面积22万平方米，其中企业改制自拆自建、拆除7.5万平方米，迁走居民2100户，监控拆迁资金1.4亿。是年，为22家企业“两个置换”办理产权过户手续。用地面积2.62公顷，房屋2936.84平方米，为企业改制变现资金。所有审定的拆迁项目中，用于城镇房屋拆迁补偿、安置资金全部到位，做到专款专用。由于拆迁过程政策到位，程序到位，资金到位，使得因拆迁而引发上访量次大为减少。常德市拆迁管理经验得到国家建设部与省建设厅充分肯定。

2004年12月27日，举办常德市城市房屋拆迁工作培训班

2005年，市房管局进一步加强城市拆迁安置工作制度建设和规范管理，着力推行六项管理制度：一是加强内部管理，严格审批制度。所有拆迁安置行政审批项目一律实行三审制；二是加强拆迁单位管理，实行年度目标考核制度；三是加强房屋拆迁从业人员管理，实行持证上岗制度；四是加强拆迁项目过程监督管理，实行月报制度；五是加强评估机构管理，实行分类、分户评估制度；六是加强社会监督，实行网上公示制度。凡经审批拆迁项目全部在网上进行公示，设立举报电话，接受社会监督，大力推行“阳光拆迁”。另外，在处理拆迁信访过程中，局工程技术科坚持以人为本，热情接待每位来访人员，耐心细致地为来访者做房屋拆迁政策宣传和解释工作。是年，市旧城办重点推进“一条街（即和平西街的拉通和改造）、二座城（水榭花城和朗峰新城的拆迁改造）、三个场（彩滨市场、龙港巷市场和城北绿化广场）”改造项目，精心组织，调整力量，突出重点。完成城北绿化广场117户、10690平方米旧房拆迁工作；拉通长230米、宽20米“和平西街”；完成“水榭花城”374户、32010平方米拆迁改造；完成“朗峰新城”一期238户、2.1万平方米拆迁改造；完成彩滨市场305个经营户6080平方米消防整改拆迁工作；完成龙港巷市场187户、6713平方米旧房拆除工作。

2005年省建设厅下达给常德市城区拆迁控制计划为20万平方米（不含上年未完成的10.93万平方米），全年全市城区共审批拆迁项目19个，发放拆迁许可证面积14.65万平方米，市江北城区实际拆迁面积7.67万平方米，监控资金17914万元，监控率达100%。受理行政裁决22件，公开抽签选择评估中介机构23件，共83户，审批产权不明确房屋7户，查处违法拆迁案件1件，受理信访案件36件，常德市城市房屋拆迁工作保持难中求进的良好局面。

2006年，市房管局继续严格执行省下达的房屋拆迁控制计划，有效控制房屋拆迁规模。认真做好本年度城市房屋拆迁计划编制工作，严格加强拆迁计划管理。切实加强对拆迁现场督导检查，消除不稳定因素，把矛盾化解在萌芽状态，把问题解决在基层。协调物价部门出台房屋拆迁服务收费标准，使房屋拆迁市场步入公平竞争良性循环轨道。加强房屋从业人员管理和业务培训。配合市房协对市城区从业人员进行业务培训，并给经考核合格的251名工作人员发放资格证，实行持证上岗，监督文明拆迁。当年市委、市政府重点工程和招商引资项目滨湖公园周边地块和朗峰新城地块中，滨湖公园周边地块完成拆迁量13.43万平方米，810户，分别占拆迁总量25.73万平方米，1737户的52.2%、47%；2006年完成拆迁4.37万平方米，199户。朗峰新城地块完成拆迁量1.8万平方米，447户，分别占拆迁总量3.1万平方米，561户的59.5%、79.7%；2006年完成拆迁6810平方米，140户。红卫社区消防整改工程完成拆迁量2.7万平方米，460户，分别占拆迁总量3.6万平方米，530户的75%、86.8%。2006年完成8780平方米，150户。

各区县（市）拆迁工作也稳步跟进。桃源县房管局完成旧城拆除3000平方米，搬迁住户70户，安置居民30户，实现经济收入6.5万元，完成计划任务108%；安乡县房管局2006年完成拆迁面积8000平方米，落实拆迁补偿资金700万元。并成功举行一次拆迁听证会，为依法顺利推动该县天嘉路房屋拆迁奠定较好基础。

全年市城区新审批拆迁项目15个，房屋建筑面积8.2万平方米，上年度结转至2006年的房屋拆迁项目27个，累计建筑面积22.18万平方米。是年完成拆迁量11.63万平方米，其中单位自行拆迁7355平方米；超额完成省建设厅下达8万平方米拆迁控制指标68.8%。受理国有土地使用权挂牌出让手续9批，土地11宗，拟出让土地3.16万平方米；公开挂牌出让成交8宗，面积2.6万平方米。

是年5月，副市长刘剑英主持召开市城区旧城改造协调领导小组会议。会议总结，2000年5月市城区旧城改造协调领导小组成立以来，城区旧城改造选定审批项目320个，出让土地面积140万平方米，共拆除旧房建筑面积235万平方米，新建住房建筑面积252万平方米，新增城市道路面积7万平方米，新增绿地20万平方米，新铺地下管线16万米。市城区6年改造旧城140万平方米。

2007年，常德市旧城改造房屋拆迁工作进一步规范调整。5月，市委常委、副市长欧运崇在市房管局主持召开常德市城区旧城改造协调领导小组工作会议。会议强调，要始终保持清醒头脑，认真总结经验，正视困难，克难奋进，和谐、稳步地推进旧城改造工作。市房管局和旧城改造协调办公室工作人员深入拆迁工作现场第一线，主动为旧城改造拆迁工作服务。市房管局将旧城改造范围内拆迁项目分片负责，责任到人。责任人对责任区拆迁工作实施指导监督，深入到片区拆迁事务所现场办公，积极宣传旧城改造拆迁政策，及时发现并协调化解拆迁工作中各类矛盾。全年在工作一线协调解决各类矛盾纠纷70件（次），旧城改造房屋拆迁工作正常进行。2007年旧城改造区域内完成拆迁量508户、54787平方米。

2008年4月，市房管局召开“深入调研，科学调度，大力推行依法、文明、和谐拆迁”工作座谈会，局长关建峰、局班子成员、局属相关单位、科室、市城区拆迁公司、有拆迁项目房地产开发公司负责人参加会议。会议发布《关于推行“依法拆迁、文明拆迁、和谐拆迁”的公告》。

2009 年，市房管局进一步强化法规制度建设，有序推进城市房屋拆迁工作。创新拆迁工作思路。市房管局结合自身职能职责，充分借鉴外地经验，从强化组织领导、明晰工作责任、调整棚改、危改思路等方面创新工作举措，有序推进常德市城市房屋拆迁工作。起草《常德市国有土地上房屋征收与补偿安置工作规定（草案）》，修订《常德市城市房屋拆迁管理实施办法（试行）（修订稿）》，报送市人大常委会审议。依法实施阳光拆迁。进一步完善管理工作规程，从制度建设上维护被拆迁人合法权益，在拆迁过程中严格执行拆迁实施单位及拆迁评估机构目标责任制、拆迁现场政策咨询接待制、拆迁补偿安置错漏责任追究制、拆迁单位准入制、房地产中介评估机构公开承诺制，规范拆迁市场行为，依法依规依程序实施阳光拆迁。切实保障拆迁维稳。制定《常德市城市房屋拆迁信访维稳工作方案》，对拆迁信访突出个案，与相关责任人签订包保责任状。是年，市房管局共受理信访件 58 件，拆迁方面 18 件，开发方面 9 件，物业方面 7 件，办证方面 11 件，住保方面 5 件，私改方面 1 件，其他方面 7 件。市领导交办件 4 件，全部做回复。信访件共处理完毕 54 件，回复率 93%。是年，省建设厅下达常德市房屋拆迁控制计划为 15 万平方米。市城区全年共审批拆迁项目 3 个，拆迁面积 17605.54 平方米，其中住宅面积 12359.97 平方米，非住宅面积 5245.57 平方米，拆迁户数 123 户。办理城市房屋拆迁单位资格认定 1 个。省、市两级重大消防整改项目市红卫社区涉拆总户数 495 户，总拆迁面积 32292 平方米，已拆迁 480 户、30912 平方米。

是年，市城区旧城改造工作基本完成，进入清理扫尾阶段。市旧城改造办全年共接待涉及旧城改造拆迁补偿等问题来信来访 680 余人次，召开各种形式协调会 73 次。完成老旧社区改造工作情况调研。经过深入调查，市城区老旧小区改造涉及 5 个办事处中 18 个老旧小区需要改造，预计需要改造资金 3680 万元。为加快老旧小区改造，市旧城改造办向市政府呈报《关于市城区老旧小区改造方案的请示》。认真指导德山开发区、江南城区旧城改造工作。共接待两区政策咨询 2 次，深入现场指导 7 次。积极配合相关部门对九重天、水星楼、弘鑫城市花园三个项目内城市公共道路（巷）拆迁补偿情况进行核查。积极处理旧城改造遗留问题。

2010 年，市房管局认真编制 2010 年度房屋拆迁计划，严格审批程序，全年全市城市房屋拆迁计划面积为 50 万平方米，其中，市城区房屋拆迁计划面积为 16 万平方米，县市区房屋拆迁计划面积为 34 万平方米，有效地控制全市城市房屋拆迁规模。严格规范行政许可审批工作。全年共审批市城区拆迁项目 6 个，拆迁面积 48412.04 平方米，拆迁户数 395 户；办理城市房屋拆迁单位资格认定 1 个；受理拆迁产权不明房屋审批申请 3 户，批准 1 户。抓好房屋拆迁行政裁决工作。在行政裁决工作中，切实站在维护拆迁双方当事人切身利益角度，着眼于消化拆迁矛盾，注重调解，审慎裁决。全年受理行政裁决申请4户。加快棚改规范性文件出台工作。组织起草《常德市江北城区棚改项目房屋拆迁安置补偿暂行规定》，为市江北城区棚改项目房屋拆迁安置补偿工作的快速推进提供政策保障。是年，共审批市城区拆迁项目6个，拆迁面积48412.04平方米，拆迁户数395户；受理房屋安全鉴定申请90件，鉴定房屋面积为34369.99平方米。办理涉及房屋拆迁各类信访案件18件，办结率达到100%。

至此，整整10年围绕旧城改造开展的常德房屋拆迁安置工作圆满结束，城市房屋拆迁安置管理恢复市房地产管理局正常职能工作状态。

第三节 国有土地上房屋征收与补偿

2011年，常德市房屋拆迁安置工作进入国有土地上房屋征收与补偿工作新阶段。

是年1月，国务院颁布《国有土地上房屋征收与补偿条例》。3月，常德市人民政府颁行《常德市国有土地上房屋征收与补偿暂行办法》。该《办法》对城市房屋拆迁征收制度及其法规政策作出重大调整，《办法》规定，为保障国家安全、促进国民经济和社会发展等公共利益需要，包括由政府组织实施的保障性安居工程建设和由政府依照城乡规划法有关规定组织实施的对危房集中、基础设施落后等地段进行旧城区改建的需要，确需征收房屋的，由市、县级人民政府作出房屋征收决定。该《办法》还规定，在论证征收补偿方案时，市、县人民政府需在征收范围内发布房屋征收补偿方案征求意见公告；作出决定前须进行社会稳定风险评估；旧城区改建征收房屋，多数被征收人认为征收补偿办法不符合相关规定的应组织听证会，并根据听证会情况修改方案；对违法建筑不予补偿，对未超过批准期限的临时建筑，按建造成本结合批准期限内的剩余年限给予补偿，并由县级以上人民政府责成城管执法或规划等部门依法予以强制拆除。

4月，市房地产管理局发布《常房通〔2011〕3号》公告，成立以易伟献为主任、共12名国家注册估价师、鉴证师、工程师、司法鉴定人组成的常德市房地产价格评估专家委员会。同日，公示常德市登记注册的评估机构。

表3.5.2.1 2011年常德市房地产评估机构名录

公司名称	资质	公司地址
常德正泰房地产评估经纪有限公司	叁级	武陵区育才路明成花园
湖南公信房地产评估经纪有限公司	贰级	武陵区育才路明成花园
湖南鸿天房地产评估有限公司	贰级	武陵区育才路锦华苑小区

续表

公司名称	资质	公 司 地 址
湖南诚瑞房地产估价有限公司	叁级	武陵区育才中路迅华大厦6楼
湖南经典房地产评估有限公司澧县分公司	分公司	澧县澧阳镇人民西路金华豪园
常德万佳房地产评估有限公司	叁级	武陵区育才中路488号

7月，常德市国有土地上房屋征收与补偿管理处（加挂市房屋安全鉴定办公室牌子）成立。市征收处负责贯彻执行国家、省关于国有土地上房屋征收与补偿法律法规，拟订本行政区域内国有土地上房屋征收与补偿措施及发展规划，并组织实施；承办市政府拟征收项目房屋征收与补偿具体工作；负责市城区国有土地上房屋征收补偿方案审查把关；负责筹集、使用和参与管理房屋征收与补偿资金；承担房屋征收与补偿纠纷工作中所涉行政复议、行政诉讼及司法强制执行案件相关工作。

市国有土地上房屋征收与补偿管理处成立后，立即着手制度建设，当年制定《房屋征收人员行为准则》《征收科工作职责》等内部管理制度，规范工作程序，严格工作纪律，靠制度管事、靠制度管人。加强工作人员学习培训。一是组织集中学习一系列新的征收补偿法规、政策，扎实掌握房屋征收相关法律法规，确保依法行政；二是举办培训班，组织县市区房管局、相关房屋拆迁公司、房屋评价机构及市城区街道办事处，学习国务院《国有土地上房屋征收与补偿条例》和《常德市国有土地上房屋征收与补偿暂行办法》等相关法规、政策，确保房屋征收工作依法开展实施。三是聘请国家礼仪培训师开展文明礼仪培训，增强干部职工群众工作经验和文明服务水平。是年，市城区拆迁房屋面积1.72万米，拆迁户数229户。受理城区房屋安全鉴定申请58件，鉴定房屋58栋，房屋面积5950.84平方米。新的国家征收制度实行后，常德国有土地上房屋征收与补偿工作开局良好，推进顺利。

2012年，市房屋征收处继续建立健全各项内部管理制度，扎实推进房屋征收补偿和房屋安全鉴定工作。3月，常德市人民政府发布对《常德市第一人民医院新住院大楼建设项目房屋征收补偿方案（征求意见稿）》公开征求意见的《常政通告〔2012〕2号》，告示从2012年3月6日至4月10日止，对该建设项目征收范围为第一人民医院东11栋职工宿舍和常德市水利局培训班宿舍院落《房屋征收补偿方案》，公开征求意见，拉开规范执行国有土地上房屋征收工作规程的2012年工作序幕。

是年，市房屋征收处坚持科学规范抓体制建设。扎实推行征收补偿三审制。对涉及具体补偿内容和价值，由经办人、项目负责人、处主要负责人分级审核，确保不发生违法违规案件。房屋安全鉴定科技水平不断提高。配备全站仪、回弹仪、钢筋扫描仪、裂缝测宽仪等房屋安全鉴定仪器，进一步提升房屋安全鉴定工作水平。完成青峰煤矿地面塌陷地块周边房屋、汉寿县“五大家”办公楼、桃花源旅游管理区“水浒阁”安全鉴定工作，为有关部门决策提供重要依据。房屋征收初步评估报告审查备案工作有序开展。全年共组织备案24个项目房屋征收初步评估报告，为市城区房屋征收价格发挥统筹平衡作用。征收信息公开体系逐步健全。通过发放《国有土地上房屋征收政策汇编》，开设常德市房屋征收管理处政务网，树立房屋征收现场公示牌等多种途径，主动公开房屋征收信息，确保征收行为规范透明。

坚持依法征收抓项目实施。一是严格执行程序。依法做好房屋征收补偿方案论证、房屋征收补偿方案征求意见、房屋征收决定公告、房屋征收评估机构选定、房屋征收评估价格公示等工作。二是确保动迁行为文明。实行文明征收、和谐征收，不采取违反有关规定动迁方式实施征收，全年未发生人员伤亡和人为断水断电现象。三是坚持一把尺子量到底。根据有关规定，房屋室内装饰装修价格由征收当事人协商确定，为确保补偿结果公平，严格按照集体议定价格区间实施补偿，不乱开口子，不信口开河，确保同一项目不出现补偿不公现象。四是及时处理信访案件。针对自办项目被征收人提出的问题，认真研究，及时回复，尽可能消除不利于征收工作上访因素。

坚持开拓创新履行工作职责。一是全力以赴抓好中心工作。2012年共实施市第一人民医院新住院大楼、幸福泉幼儿园、常德师范学院和常德技工学院3个房屋征收项目，完成市自来水公司原一水厂、市市场服务中心北站市场等市直国有资产征收。会同武陵区征收办、市财政局完成市自来水公司原一水厂、市市场服务中心北站市场等市直国有资产征收。县市区房屋征收工作局面顺利展开。目前除临澧县由房管局作为房屋征收部门，其他县市区均已成立专职国有土地上房屋征收与补偿工作办公室。

是年，全市实施征收项目共26个，征收房屋面积27.1万平方米，户数3866户；其中已完成征收项目8个，征收房屋面积7.66万平方米。市城区共签订房屋征收补偿协议59份，征收建（构）筑物面积4.43万平方米。受理房屋安全鉴定申请27件，鉴定房屋27栋，房屋面积1.41万平方米。

2013年，市房管局进一步采取强力措施推进房屋征收工作：一是加强与区县市征收办联系，督促各区县市建立健全房屋征收机构，充实征收队伍；二是完善市本级及各区县市房屋征收政策配套措施，征收行为逐步规范；三是开展征收补偿工作专项检查，确保公益性项目按征收政策执行；四是加强市城区征收工作统筹和监督指导，建立日常联系机制，加强对委托征收单位征收工作管理和指导；五是做好市城区评估报告技术复核工作，提高评估报告质量，共对市江北城区15个项目预算或初评报告进行审核（技术复核），共核减近亿元多评资金，保障市本级财政权益。

是年，市房屋征收处共实施房屋征收项目88个，完成房屋征收5205户，实际完成征收面积36.96万平方米，其中市城区共实施房屋征收项目36个、2808户，实际完成房屋征收面积21.85万平方米。

第三篇《

房地产管理

第一章　房地产权和交易管理

第一节　房屋产权管理

一、产权管理沿革

常德地方政府对房地产实施产权管理，史载至少已有1500余年历史。东晋年间(317—420)，官府即开始对房地产产权及买卖交易实施管理。无论官民，凡实施房地产买卖必须签订“文券”（交易合同），必须缴纳税收并取得“税契”（纳税收据凭证）。唐永徽二年（651），朝廷修订重颁《唐律疏议》，房屋交易须在三日之内交税并取得钤盖官印的“红契”。买方持有红契即持有官方产权证书。否则，交易即为非法。

宋开宝年间（968—976），为防止官吏经手田宅税契时侵渔税款，依照朝廷规定，府县官署刻版印制契约用纸。契约用纸由官府钤印，附有朝廷律令、税率、税则。官吏收税之后，将缴纳契税收据粘附在业主持有的契约末尾。买主持有粘附了契税收据的田宅交易契约文书，即拥有合法产权证书；“契尾”同时收入官府档案。这种“契尾”之制，一直延续到清代。

封建社会至中华民国时期，常德城镇公有房产主要有上级官府托管房地产（行辕、行署）、地方府县直管房地产（官署、仓廪、驿站、公馆）、学校房地产等；私有房产则主要分宗教房地产、会馆房地产、私有工商经营性房地产、私有租赁性房地产、私有居住房地产等。

（一）官府公房。常德古城历朝均为府（郡、州）治和县治所在地。至清代，府县两级官署建设已经具有相当规模。

主要官府公房有：常德府署及本级衙门同知署、通判署、经历司署各署官府公房。常德府辖各县县署及本级衙门县丞署、典史署、主簿廨等官府公房。府县两级自建自管仓库、公馆、驿馆等公有房地产。明清两代常德官府代管的省（道）府设在本地布政分司行署、

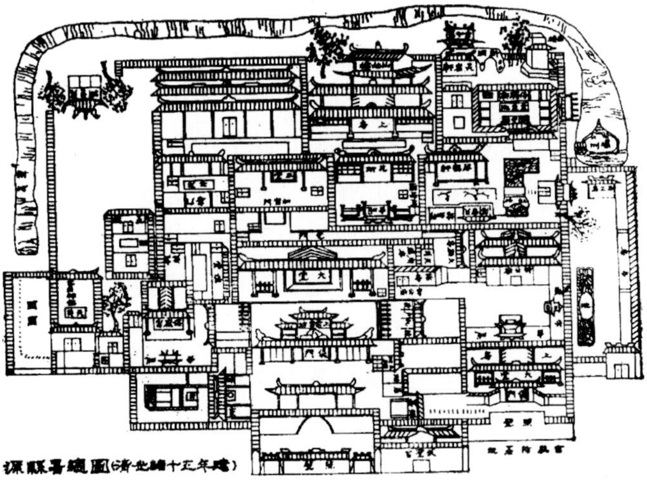

清光绪年间桃源县县署平面图

按察分司行署公房。

（二）学校公房。常德古城内官办学校（宋元明清均称为儒学）众多。元延祐六年（1319），常德路达鲁花赤哈珊扩建官学，“规制甚伟”。至明代成化年间（1465—1487），常德城内官办“社学”共有4所。到清代，御书阁、明伦堂、启圣祠、大成殿、泮宫门、灵聪祠、奎星楼、教授廨、训导廨、泮池、敬一亭、南薰楼、鼎文阁以及朗江书院、沅阳书院、阳明书院、社学、义学、间山精舍、高吾精舍、桃冈精舍、敬惜堂、文昌阁等学校房产，多为府县两级官银公款建设，各会馆及士绅亦有捐建。清嘉庆十七年（1812），时任广东惠潮嘉道的乡绅赵慎畛为整修朗江书院，“首捐百金为倡”，其后又“增益三千二百两，共足本银八千两付典生息”。

（三）慈善公房。清乾隆十七年（1752）起，府县两级拨付官银公款，在府城内建育婴堂、体仁堂等公共慈善设施。嘉庆十三年（1748）、十九年（1754）相继建同善堂、敬节堂，在德山建与善堂。与府城同时，各县衙也分别在县城内兴建慈善救济机构：桃源建育婴堂、养济院；汉寿建育婴堂、养济院、不忍堂、同善堂，澧县建育婴堂、养济院，安乡建养济院、育婴堂，石门建养济院、育婴堂。这些慈善救济机构多数由官府拨公帑修建，也有士绅捐建。官府为这些机构拨有田亩，以田租维护房屋设施修缮，且供扶贫济困。如常德育婴堂“有田，岁收谷二百余石。又有房地土租及发商生息等，银二千一百五十余两，充本堂及体仁堂拯瘞浮尸等费”。

（四）会馆房产。清乾隆十六年（1751）至同治元年（1862），经呈报官府批准注册的会馆遍布常德城区。大河街有江西会馆、井巷子有徽州会馆、常清街有山陕会馆、大庆街有广东会馆、铁家桥有福建会馆、麻阳街有麻阳会馆、水星楼有河南会馆、高山巷有长郡会馆、上南门有辰源会馆、南站有宝庆会馆、城东有江苏会馆、衡永郴会馆、湖北会馆等。行会建筑多建于五宫街，泥木行鲁班宫、缝纫业轩辕宫、靴鞋业孙子宫、屠宰业三义宫、医药业药王宫、饮食业后稷宫、京花水粉业衍相宫等。

（五）教会房产。清乾隆年间至清末，外国侨民及传教士相继来到常德城镇，广置土地房产，尤以常德城区为甚。美国人在东门外开设广德医院、西班牙人开设育婴堂，加拿大传教士在东门内府庙正街开设圣洁会教堂，美籍牧师在城西雷祖殿开设警示堂，美国圣公会华籍教士在丝瓜井开设三德堂，基督教会在城内还开设圣洁会、约翰堂、彼得堂、宣道会等教堂。各教堂占地约为200—500平方米不等。

清代，除直管公房（地方政府所建县衙、公署及公办学校等房屋）由官府管理外，其余房屋包括工商业经营店铺、厂房、仓库，因属私人自建自营，其产权属于私有。教堂寺庙和各类会馆房产亦属宗教团体和会社组织自建自营，其产权亦属私有。官府对私有房产实施产权登记管理，征收房地产契税。

中华民国成立后，常德县政府接管府县官衙及学校等清政府公产房屋产权，房屋管理机构设县政府行政建设科。常德各级政府机关及公办学校等房屋属政府直管公产，房屋管理日常事务由公产管理委员会办理，房屋产权实行土地登记制度。常德城区房地产由常德县国民政府行政建设科管理，设置地簿卷册登记业主房地产权。地簿卷册上分别登记房屋业主姓名、地籍编号、房屋坐落的街道名称、房屋间数、土地面积。至 1949 年，常德地区城镇房屋建筑面积 614.68 万平方米。其中，公有房产占 63.3%，私有房产占 36.7%。

1949 年 7 月，常德解放，中共常德地委、常德地区专员公署随即成立房地产管理委员会，指导各县、市房地产权接收管理工作。常德市财政科局设立房地股，负责全市公房管理，城区私房仍采用土地登记制度管理。市财政局房地股对房地产权实施专业管理，当年接管前国民党常德县政府公产房 58 间。1950 年 10 月，对市区房屋土地进行清查，增收公产房屋 87 间。11 月，市财政局在城区分 6 个区域逐保办理公私房地产登记手续，次年由常德市人民政府颁发新中国成立后常德第一批土地使用证书，对产权实行契证管理。是年 4 月，汉寿县人民政府亦对 731 户私房主颁发房地产权证书。

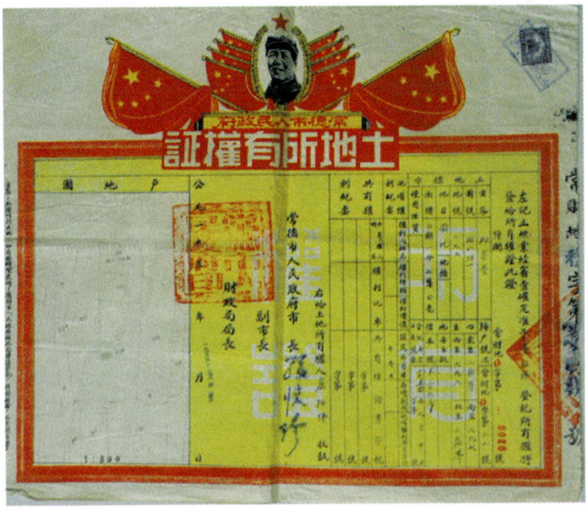

1954 年土地所有权证

1952 年，湖南省人民政府颁布《城镇房地产管理暂行办法》，要求各地区房地产管理机构对所属城区房地产进行清理测量，对房地产产权人、地址、权利种类及房屋价值登记造册，核实发给房地产权证。省《城镇房地产管理暂行办法》还规定，所有公房产权属于国家。有下列情况之一者，其房地产由各级人民政府代管：国民党军政人员逃亡者，业主逃亡或主动放弃产权、无合法代理人者，绝户或业主死亡、其合法继承人尚未判明者，无正当原因、不依规定期限履行登记者。代管期间其房地产收入与支出，统由原业主所有和负担，当地人民政府酌收其收益总额 25% 以内代管费。是时，各县、市人民政府及房管部门开始没收地主、官僚等业主房地产，接管国民党政府机关及祠堂、庙宇、会馆、学校等单位房地产，代管宗教及国民党军政人员逃跑后遗留房地产，收购民间团体及私人房地产。

是时，常德市根据上述规定共接收代管房屋 300 余栋。常德县接管房屋 400 余栋，建筑面积约 6.5 万平方米。澧县接管和没收房屋 2184 间，建筑面积约 2.43 万平方米。临澧县接管和没收房屋 480 余栋，建筑面积约 7.4 万平方米。

1953 年 7 月，湖南省人民政府规定：除外侨房产外之政府代管房产，一律发还原业主；逾期无人申请发还者，即由各级人民政府收归国有，由房产管理机关统一管理。嗣后，常德市将其代管私人房屋陆续发还，超过代管期限且无人申请发还的代管房产即收归国有。至 1957 年，常德市收管此类代管房屋 57 栋，共 9517 平方米。

1956年5月，常德市房地产公司挂牌成立，对市城区国有直管公房实施管理、经营、维修。是时，中央人民政府规定，城市土地收归国有，私营工商业实行公私合营形式社会主义改造，工商业者以房屋集资入股。房地产管理体制发生重大变化。常德各市、县对私营工商业实行社会主义改造时，工商业资本家将其用于直接生产经营私房折价作为股金向公私合营企业投资，成为集体所有财产。同年，国家工作人员住房实行福利制无偿分配。常德市房地产公司下设私房交易所，对私房产权实行契证管理。单位国有房地产由各单位自行管理。这种制度一直延续到1961年年底。

1957年9月，常德市人委颁发《常德市私有房屋管理暂行办法》，明确政府依法保护各阶层人民房屋所有权，任何单位和个人不得侵犯，房屋所有人亦不得借此垄断、投机及任意破坏其房屋；凡人民群众之间互相买卖、典押、赠送、分居、交换房产，通过公证交易部门取得合法凭证，并依法办理纳税手续。常德地区其他县、市亦制定类似规定。同年，常德基督教会牧师李义、教士李顺生将东门水府庙圣洁会、雷祖殿警世堂、彼得堂、丝瓜井中华圣公会共6栋教会房屋，移交市房地产公司代管。自此，常德市房地产公司开始接受业主委托，代管宗教房产。

1958年至1962年，按照中央政府统一部署，常德市对私有出租房屋实行社会主义改造（以下简称“私改”）。常德城区“私改”起点为：一般出租住房建筑面积80平方米以上者进行“私改”；工商业资本家营业用房实行无起点“私改”。其他县、市规定一般出租房屋出租“私改”起点为80—100平方米，营业用房实行无起点“私改”。符合“私改”条件房屋，除调剂自住房屋外，其余全部进行“私改”；老弱病残及其他无劳动力房主则暂缓“私改”。“私改”后房屋交由各县、市房管部门统一调配管理，由国家经租，按月付给房主20%—40%租息。其时，常德市共“私改”各类房屋1558间、面积17.8万平方米，月收取租金2万余元。

房屋产权证

1962年私有房屋产权证

1962年，常德市开始清理1958年以来错改房地产，退还兴办街道和社会福利事业所占用私房。至次年4月，常德市退还错改房屋120户；采取收购、动员自愿捐献等办法，补改100户。各县、市亦陆续退还或补改部分私房。是年7月，常德市人委颁发79号文件，对城市私有房屋登记发证，颁发房屋产权证。

1964年，开展社会主义教育运动（四清）至“文化大革命”期间，产权管理一度中断，市人委房地产主管部门对房地产实行“平调”，即无偿划拨、调拨、调换、转移。“文化大革命”期间，部分私房业主畏惧形势，纷纷将私房上交房管部门。常德市各群众组织亦无序接管市区内工商业主房屋（包括“私改”自住留房）。至 1969 年，还对部分下放农村插队落户人员和非劳动人民出身人员房屋予以代管或接管，由房管部门收取租金，租金总额 60% 作为管理费和维修费，40% 付给原房主。尔后，这部分房屋或因城市建设拆除，或被低价收购，仅有很少部分由房管部门继续代管。是时，常德市收购私房 317 户，面积 9644 平方米；汉寿县收购私房 149 户，面积 7300 平方米；石门县收购私房 96 户，面积 7968 平方米。

1979 年 3 月，常德市政府成立落实私房政策办公室，处理“文化大革命”期间代管、接管的私人房屋及宗教团体房屋。原房存在的予以退还，政府原收租金剔除房屋维修费后一次性付给原房主。原房已被拆除的，由国家折价收购，房主住房由房地产公司安排。低价收购的房屋每平方米给予 4 元补差款。当年全市退还下放人员接管私房 29 户，由房地产公司折价收购重新安排住房 12 户。至 1981 年 5 月止，常德市落实私房政策 156 户。

1982 年 2 月，湖南省人民政府办公厅批转省建委《关于加强城镇房地产管理的意见》，常德开始“三产”（产业、产权、产籍）普查工作。1983 年，国务院〔1983〕194 号《城市私有房屋管理条例》颁发。1984 年，常德市人民政府恢复常德市私房交易所，同时部署落实私房政策，对不符合社会主义改造政策而被错误没收房屋给予退还，对私房进行产权交易管理。

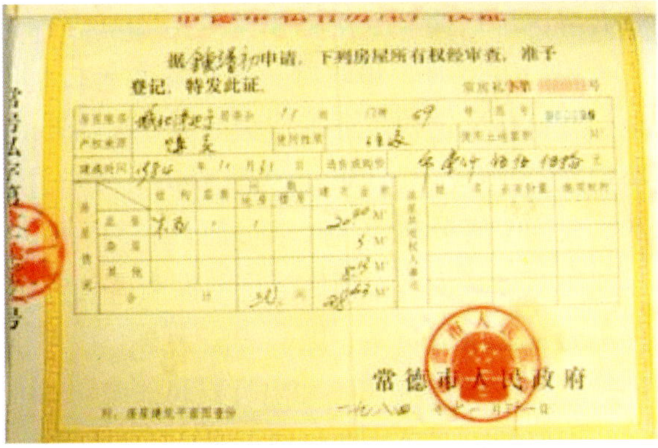
据　　申请，下列房屋所有权经审查，准予登记，特发此证。

常德市人民政府

1984 年私有房屋产权证

1983 年起，境内各县市政府相继成立落实私房政策办公室，着手处理私房遗留问题。澧县查证落实国民党军政人员出走弃留房屋以及部分到外地人员弃留房产，共计 70 户，面积为 9103 平方米。桃源县对 1966 年 5 月后承租方拆迁的公房与房管部门协商办理租赁、调拨、赔偿及确定产权手续，共落实赔偿面积 2377 平方米，退还原房 4215 平方米。汉寿县落实“文化大革命”中挤占房屋 102 户，落实“私改”遗留问题 154 户。1984 年元月，常德市房地产公司更名为常德市房地产管理公司，隶属常德市建委领导，时有干部职工 140 人。是年，建设部、国家统计局联合发布（城住字〔1984〕391 号）文件，部署在全国范围内开展全面城镇房屋房屋普查。

1986 年，常德县、汉寿县、石门县相继成立落实私房政策办公室。至 1988 年年底，“文化大革命”时期被没收、挤占的城镇私人房产全部落实，共 4860 户（处），面积 33.36 万平方米，其中“文革产”3498 户，面积 20.2 万平方米；“私改产”1199 户，面积 5.2 万平方米；代管产 79 户，面积 0.95 万平方米；宗教产 50 处，面积 2.14 万平方米；工商联产 14 处，面积 0.49 万平方米；华侨产 20 户，面积 4.4 万平方米。至此，全市落实房产政策工作结束，房地产权权属问题基本厘清。

1988年，常德撤区建市。1989年4月，成立常德市房地产产权产籍监理站和市房屋交易所，隶属市城市房地产管理处管理，分别负责市城区公私房屋产权产籍管理、公私房屋交易管理，均为正科级事业单位。市产权产籍监理站内设房地产产权科、产权综合科、测量队、产籍科、仲裁科和计算机室。是年12月，常德市房地产产权产籍监理站根据国家建设部《城镇房屋所有权登记暂行办法》（第242号令），发布《常德市城镇房屋登记核发权证公告》（常房权字第1号）。常德市改革开放后城镇房屋定权发证工作，在武陵区城南办事处高山街、民主街、烈士街等居委会开始试点。市产权产籍监理站和武陵区政府联合，对该范围内党政机关、学校、群众团体自管房屋、直管房屋、私有房屋，在统一时间内进行产权申请登记，勘丈绘图，核定产权来源；公告并核发房屋所有权证书。试点共完成66家单位、8610平方米公有房屋建筑核发产权证，以及23户1110平方米私房核发私有房屋产权证。

1990年6月，市政府召开常德市城乡土地、城镇房屋定权发证动员大会，全市城乡土地、城镇房屋定权发证工作全面铺开。1990年7月到1992年年底，常德市完成城区房屋登记发证工作。共计登记发证15095幢户，建筑面积706万平方米，调解房屋纠纷265起。收回直管公房26幢，建筑面积8516平方米，价值420万元。通过产权登记，房产民事纠纷明显减少。常德灯泡厂与湖南省物资学校长达18年房产纠纷案亦圆满解决。翌年，先后为常德城市防洪大堤、武陵大道、沙河小区、城西街旧城改造等重点工程拆迁房屋，颁发“房屋所有权证”和出具权属证明4068栋户、建筑面积323590平方米，对违章建筑实行无偿拆除，简易结构房屋降低补偿标准。被拆迁房屋产权人凭房屋所有权证申请拆迁补偿，权益得到及时、有效合法保护。

1991年12月，全市住房制度改革全面展开。第一步房改完成后，1993年6月，市政府印发《常德市城区公有住房优惠出售办法》，开始对国家职工按标准价出售公房，市产权产籍监理站配合市房改办，对市直及驻常德单位302家产权单位自测申报售房方案进行实地审验。公有住房优惠出售改革中，市城区出售房屋23108套、119万平方米，售房收入总额13420.7万元，每平方米均价117元，征收“城市住房基金”和“企业住房调节基金”2608万元。图为1991年版私有房屋产权证书。

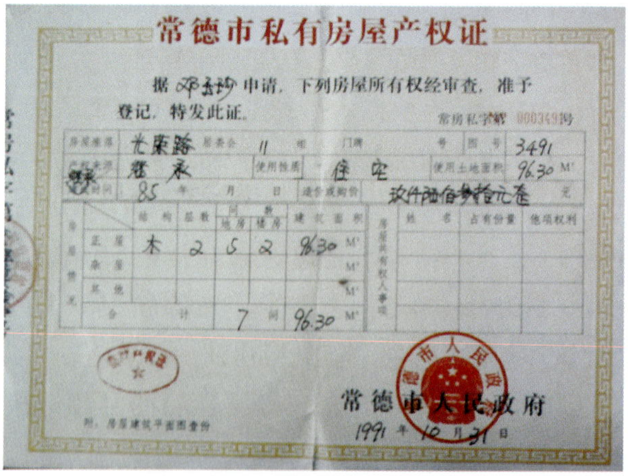

1991年版私有房屋产权证书

1994 年 1 月，常德市房地产产权监理站和常德市房产交易管理所分别更名为常德市房地产产权管理处和常德市房产交易市场管理处，单位性质、机构规格、人员编制、经费渠道不变。是年，市房地产产权管理处对市城区商品房进行逐幢注册登记，颁发商品房注册证，全年注册商品房建筑面积 22361 平方米，占新开工商品房的 90%。

1995 年 1 月，第三步房改启动。公有住房出售价格采取双轨制，即标准价和成本价并存。对 1993 年按标准价出售的，重新确定个人拥有产权比例；1995 年当年房改售房，取消标准价，砖混结构房屋按建筑面积以每平方米 500 元计价。是年，鼎城区四乡一镇一场（河洑乡、河洑镇、丹州乡、南坪乡、区渔业总场）划归武陵区管辖，房屋产权档案同步移交。市房地产产权管理处共接收四乡一镇一场房地产档案 2553 卷，建筑面积 229770 平方米。

1997 年，市政府出台优惠政策，鼓励原按标准价购买部分产权职工购买全部产权，市直单位 16800 多户补办全部产权手续。市产权处根据国家建设部 56 号令《城市房地产抵押登记管理办法》要求，全面办理房地产登记。当年，常德市城区共办理他项权证 140 起，建筑面积 69077.47 平方米，抵押价值 4203.7 万元，商品房备案登记 50 幢，建筑面积 13.33 万平方米。完成房屋初始登记 2744 幢户，建筑面积 27823 平方米，完成预算外资金收入 150 万元。配合旧城改造，为育才路房屋拆迁核发房屋所有权证 130 幢户，建筑面积 1.17 万平方米。

1998 年 10 月，常德市房地产产权管理处与常德市房产交易市场管理处合并为常德市房地产产权管理处（加挂市房产交易市场管理处牌子），房屋交易、转让、抵押、测绘、登记发证融为一体，实行“一个窗口服务，一站式审批”房屋产权办证模式。是年，市本级 1.2 万户住户补办全部产权手续，全部产权达到 64.8%。当年，常德市城区共完成初始登记 1745 幢户，建筑面积 69.6 万平方米。确权发证 1496 幢户，建筑面积 11.37 万平方米。“房改”发证 3695 户，建筑面积 31.81 万平方米，商品房鉴证发证 1120 户。

1999 年，市城区共完成房屋产权登记和发证 56129 幢户，建筑面积 1267.1 万平方米；发证 11157 幢户，发证面积 1454825.97 平方米。

2001 年 4 月 28 日，历时两年，建筑面积为 7510 平方米的常德市产权交易市场大楼全面竣工开业。2002 年 8 月，市产权处产权登记科、审批二科进驻市政府政务中心。产权处以“创建全市文明窗口”为目标，建立《窗口工作人员管理办法》《主任值班制度》《计算机管理规章制度手册》《聘用人员管理办法》；更新产权产籍信息管理系统；窗口实行统一着装，开办“办证直通车”业务，将原需一个月办证时间缩短为二天以内。

2003 年，市产权处进一步简化产权登记手续，实行“三个公开”和“一站式”办理。全年发放房屋产权证 14007 本，发证面积 279.4 万平方米，完成税费收入 2030 万元；商品房转移登记面积 80.9 万平方米，成交额上升 72%；存量房交易登记面积 66.6 万平方米，抵押与按揭登记面积 126 万平方米。

2004年，市产权处被省建设厅评为“全省建设系统精神文明建设先进单位”，被建设部命名为“全国房地产交易与房屋权属登记规范化管理先进单位”。是年，市产权处制定首问负责制、办证质量抽查制和错案追究制，继续加大产权产籍管理制度化、信息化、专业化建设。全年完成税费收入2030万元，同比上升10.3%；完成住宅（存量房）交易登记面积33.98万平方米，同比上升14.6%．成交额3.2亿元，同比上升72.9%；非住宅交易登记面积26.33万平方米，成交额2.03亿元：发放房屋产权证13000本。是年，为22家企业“两个置换”办理产权过户手续，用地面积2.62公顷，房屋2936.84平方米。

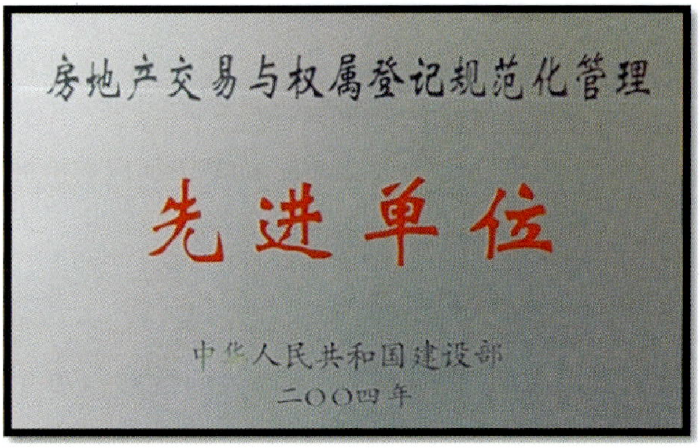

市产权处“房地产交易与房屋权属登记规范化管理先进单位”奖牌

2005年，常德市房地产产权管理处在全省率先推出产权办证平行收件服务模式，做到“一个窗口进，一个窗口出，内部流转，服务到底”。全年受理大宗业务1400多件，完成税费收入2243.87万元，交易额29.53亿元，同比增长12.38%。商品房交易面积54.08万平方米，成交金额8.11亿元，存量房交易面积57.44万平方米，成交金额7.86亿元，首次出现存量房交易量大于商品房交易量现象。信贷市场日趋活跃，抵押登记面积110.1万平方米，抵押额9.86亿元；按揭登记面积39.01万平方米，按揭额3.7亿元；整理档案12143卷，档案查询19742卷，接待司法查封150栋（户）；发放房屋所有权证13876本。市产权处政务中心窗口连续12个月获得“红旗窗口”流动锦旗，共收到表扬信15封、锦旗25面。

是年，各区县（市）房管局产权产籍管理工作也取得良好成绩。西洞庭、西湖两局针对区内历史遗留问题较多、办证存在较大困难实际，着重解决房改房、集资房、合伙建房“三房”办证问题，使产权办证取得历史突破，一举解决沉积多年难题；澧县房管局在房屋产权发证时实行“三级审核”，杜绝产权发证中重证、错证发生；安乡、石门等县局产权产籍档案管理初步实现电子化。

2006年市产权处政务中心窗口获“青年文明号”奖牌

2006 年，市产权处政务中心窗口被命名为“全国青年文明号”。是年，按照市委、市政府创建“市民满意房产办证窗口”工作要求，市产权处积极开展“市民满意创建”活动，邀请科室负责人及相关领域权威人士讲课，对职工进行办公软件操作培训、房地产产权产籍培训、服务礼仪规范培训等各项教育训练和主题实践活动，着力提升窗口工作人员操作技能和服务质量。是年 6 月至 9 月，市房地产产权管理处启动“万人评议房产办证活动”。7 月份举办工业项目办证服务月，8 月为房产开发企业办证服务月，9 月举办个人办证服务月，服务水平和服务质量明显提升，市民满意度大幅提升。全年完成初始登记面积 136.02 万平方米；商品房交易面积 67.85 万平方米，成交金额 12.69 亿元；存量房交易面积 29.77 万平方米，成交金额 2.65 亿元。抵押登记面积 83.86 万平方米，抵押额 7.32 亿元；按揭登记面积 46.18 万平方米，按揭额 2.92 亿元；商品房预测备案 272 户，164.73 万平方米；商品房实测备案 272 户，764.73 万平方米；接待档案查询 35267 卷，接待司法查封 292 栋（户）；发放各类权证 14348 本。完成税费收入 4113.5 万元，其中：契税收入 2932.1 7 万元，登记费 320.23 万元，手续费 771.58 万元，配合市地税局从 10 月 25 日起征收营业税、个人所得税等新税种 89.52 万元。

2007 年，市政务中心房地产窗口评为省级“巾帼文明岗”和 2007 年度市直“红旗窗口”。是年 6 月，常德市房地产交易中心挂牌成立，为正科级自收自支事业单位。为优化窗口服务，市产权处进一步深入开展以创“巾帼文明示范岗”“共产党员示范岗”为目标的主题实践活动，窗口服务质量不断提高。全年共受理大宗业务 60 多家、6800 多件，开通“绿色通道”服务 50 余次，上门服务 40 余次，受到客户高度评价。截至 12 月底，常德市产权发证面积为 411.598 万平方米．存量房交易金额为 2.75 亿元，交易面积为 31.50 万平方米，商品房交易金额为 9.48 亿元，交易面积为 87.20 万平方米；抵押金额为 17.44 亿元，抵押登记面积为 90.01 万平方米：按揭金额为 7.95 亿元，按揭登记面积 64.79 万平方米；登记费收费为 385.09 万元，交易手续费 929.49 万元，契税收费 5310.82 万元。

2008 年，产权产籍管理以提升窗口服务形象为出发点，以提高工作效率为着力点，以实现客户满意为落脚点，规章制度不断完善，工作模式不断创新，信息化办公水平大幅提升。全年市产权处各窗口共受理大宗业务 90 家、7000 余件；开通“绿色通道”服务 70 多次；为单位和个人上门服务 60 多次。全面实施新的《房屋登记办法》。全年共收取规费 1261.22 万元，其中：手续费 904.85 万元、登记费 356.37 万元；协征契税 4010.11 万元；市城区房屋交易额达到 45.075 亿元；完成初始登记 5071 栋户，面积 123.01 万平方米；变更登记 628 栋户，面积 24.49 万平方米。

2009 年，市房管局包括房屋抵押登记在内所有 6 个行政审批、1 个非行政审批（房屋产权登记）业务全部进驻市政务中心办公。政务中心房地产窗口 7 次被市政务中心评为“先进窗口”，5 次评为“流动红旗窗口”，被全国妇女“巾帼建功”活动领导小组授予“全国巾帼文明岗”称号。市产权处被国家统计局常德调查队评为“房地产价格调查工作先进单位”。市房地产产权管理处在继续推行“一站式”便民服务基础上，设置接待、咨询、投诉平台，接待群众咨询2000余次。办证窗口开展上门服务110余次、延时服务60余次、开辟“绿色通道”服务80余次，全年共收取规费1639.21万元，完成年初计划的162.3%，协征契税2664.24万元；市城区房屋产权发证面积为515.32万平方米，同比上升4.35%；房屋总交易额累计达54.75亿元，同比上升21.46%；发放房屋所有权证29940本，同比增长41.77%。

是年为常德市房地产产权管理处成立20周年。4月28日，市房管局组织全系统200余人在市房产交易大楼举行联欢庆祝。

2010年，常德市房地产管理局获得住建部“房地产交易与权属登记规范化管理先进单位”表彰；政务中心窗口连续12个月被评为“流动红旗窗口”，年底被市政务中心评为“红旗窗口单位”；市产权处获得“湖南省文明窗口单位”荣誉称号，被国家统计局常德调查队评为“房地产价格调查工作先进单位”、被市住建局评为“2010年度社会综合治理先进单位”。是年，共收取规费1822.6万元，协征契税2800万元；市城区房屋交易额达到62亿元，同比增长52.3%；市城区房屋产权发证面积449.27万平方米，同比增长23.6%；发放房屋所有权证25562本，同比增长22.3%。

是年，市房管局制定《关于理顺鼎城区、西湖管理区、西洞庭管理区房屋产权产籍管理工作的实施方案》，“三区”产权办证由委托发证改为分区收件、集中审批、统一发证。西湖、西洞庭两区房屋产权登记程序得到极大完善，完成基础数据、资料调查摸底，确定标准收件内容及表格，并正式开始运行。截止到年底，西湖、西洞庭两区完成房屋登记审核业务共计510宗。

2011年，常德市房管局全面实施科学化、精细化管理，切实加强干部队伍建设，产权产籍管理各项工作保持良好发展势头。大力推行首问负责制、回访制等相关制度，继续开展上门服务、延时服务和绿色通道服务，为群众办理上门服务达80余次、延时服务60余次，为现役军人、市级重点项目和破产改制企业开展绿色服务40余次；获得湖南省“登记行业文明单位”“全市先进基层党组织”、常德市“房地产价格调查工作先进单位”等荣誉。是年，全年共收取规费1872.46万元，其中手续费1517.63万元，同比下降5.3万%；登记费354.83万元，同比下降1.8%。协征契税5435.87万元，同比增长40.6%；协征营业税960.5万元，同比增长21.2%。全年市城区房屋交易额68亿元，同比下降9.8%；市城区房屋产权发证面积535.3万平方米，同比下降3.2%；发放房屋所有权证25398本，同比下降20.6%。

2012年，市产权处被市总工会授予“常德市五一先锋集体”荣誉称号；被常德市市直工委授予常德市“党建工作示范点”和“全市创先争优先进基层党组织”先进称号；被常德市住建局评为“先进单位”；被国家统计局常德调查队评为常德市“房地产价格调查工作先进单位”；市政务中心房地产窗口获得“先进窗口”、“流动红旗”窗口12次，被市政务中心评为年度“红旗窗口单位”。加强二手房市场的规范管理。全年共受理二手房资金监管业务2002宗，资金监管金额4.02亿元。四是开展业务质量抽检及过错追究。对房地产登记质量进行定期、定量检查，没有发生一例因过错登记造成的诉讼和上访。

是年，全年共收取规费1711.6万元，其中：手续费1403.63万元，登记费307.7元；协征契税5546万元，协征营业税1600万元；市城区房屋交易额达到116.41亿元；市城区房屋产权发证面积395.48万平方米；发放房屋所有权证19929本。

2013年，市城区房屋产权发证面积504.82万平方米，发放房屋所有权证33256本，房屋交易额127.16亿元，共收取各项规费2409.49万元，其中收取手续费2052.79万元，超出年初计划105.3%；协征契税9765.8万元，超年初计划225.2%。

二、信息化建设

1985年，常德市人民政府根据国家统一部署，开展房屋普查，摸清家底，理清权属性质。普查结果显示，截至1985年6月30日止，常德市城区共有全民房产407.8万平方米，集体房产52.62万平方米，私房产28.55万平方米，其他房产1.1万平方米，城区房屋总建筑面积548.17万平方米；这次普查建立房地产档案552卷，修测老城区产籍图33幅。常德全市城镇房屋面积为21039670平方米，其中公产1584346平方米，代管产782平方米，托管产2048平方米，全民产13548111平方米，集体产3575303平方米，私有产2327527平方米，其他产1553平方米。常德市房地产管理部门第一次全面摸清全市城镇房产家底。

1987年，常德市房地产产权监理站与市房屋交易所成立，一套人员，两块牌子，合署办公，对公私房屋进行产权交易管理。是年4月，常德市房地产管理公司开展清理房屋“三产”（产权、产籍、产业）工作，在普查基础上，市房地产产权监理站着手定权发证准备工作。勘查、绘图、编图幢号、按图幢号钉牌，建档2400卷，改变国有直管房产无档案历史，为直管房产定权发证建立资料基础。此次普查结果：全市共有国有直管公房2340栋、23000多户、总面积57.88万平方米，其中生产营业用房14.09万平方米，生活用房43.79万平方米。

1989年，市产权产籍监理站按照国家建设部全国房屋普查测绘标准，在全国房屋普查1：1000原图基础上组织分幅测绘修图，放大为1：500标准。市城区共测绘750幅图，测绘总面积达37.5平方公里。

1991年，市产权产籍监理站对全市房产图纸更新整理，立卷入库，建档35000卷。更新立卷过程中，市产权产籍监理站坚持边测绘、边登记、边发证。房产图纸建档入库同时，现场共登记发证2224幢，建筑面积131万平方米，其中房改发证2673幢户，建筑面积177万平方米。次年，购置双面晒图机1台、缝纫机1台、中文四通打字机1台。

1993年，市产权产籍监理站购置立式空调机2台、去湿机1台、木质档案柜18组、计算机3台、打印机3台、绘图仪1台、复印机1台。编印检索工具，整理声像档案2盒，图片资料 1 册、文书档案 9 卷、达标材料汇编 1 卷，经市档案局检查验收，获得省二级档案室称号，年底经省建委产权产籍达标工作组检查验收，获得“湖南省产权产籍工作达标先进单位”称号。

1996 年，市产权处增设测量、统计兼档案管理、计算机操作管理人员各 1 名，开始运用计算机手段储存档案和实施产权产籍网络化管理。

1998 年，市产权处引进华信测绘系统（单机版），实现房屋测绘计算机管理。常德房屋产权产籍管理全面进入信息化、数字化时期。当年完成档案整理 4256 卷，输入电脑 5200 卷。全年共完成房产分幅图测绘 94 幅，跟踪修测 37 幅，晒制蓝图 835 幅。2000 年引进华信房地产一体化系统，实现数字化产权登记管理。2002 年，升级华信房地产一体化系统和华信测绘系统（网络版），两个系统实现数据共享，实现“以图管房”。由此，常德市房地产管理局在全省率先进入运用高新技术对房地产建设和管理实施规范管理、高效管理崭新领域。

1999 年，市产权处欧阳政采用 FOXPR05. 0 编写《档案目录管理系统》《抵押档案管理系统》《常德市房地产产权管理处房屋分幢统计》等数字管理系统，基本实现档案目录计算机查询，大大提高工作效率。2002 年，市产权处在库房添置恒温、恒湿、防火自动系统，档案馆硬件设施达到国家二级档案馆标准。同年 12 月，高分通过档案工作目标管理国家二级考评，获得“档案工作目标管理国家二级单位”称号。

2004 年，市房管局成立常德市房地产业信息化工作领导小组，按照省建设厅统一部署，着手建立常德市房地产预报预警系统、房地产管理信息系统、房地产数据库、房地产企业信用档案，升级常德市房地产信息网站建设。当年，常德市房地产信用档案系统和房地产市场预警预报体系即以网络形式覆盖全市。

2005 年，引进中智房地产档案管理系统。2006 年 12 月，完成所有产权档案录入，实现档案数字化管理。2006 年引进威尔办 OA 办公系统，市房管系统全面实现无纸化办公。2007 年，进行机房升级改造，购置 IBM3650 服务器 2 台，存储阵列 1 台，磁带加载机 1 台，数据库服务器实现双机热备，初步建成常德市房地产数据中心。2008 年，购置二代身份证验证机和指纹采集仪，升级房地产一体化管理系统，对办理业务客户实现二代身份证自动采集验证和指纹采集验证。完成房地产税收一体化系统对接，为税务部门征收税费提供技术平台支持。引进川大房地产登记信息系统，成功建成登记簿管理系统。

2008 年，市产权处办证系统数字化水平大幅提升，居全省先进水平，被省房协信息化专业委评为“2008 年度信息化建设先进单位”。5 月，办证系统身份证识别、指纹录入程序正式运行，受理业务安全度得到高新科技保障。8 月，市产权处税收一体化系统正式运行。

2010 年，市产权处办公数字化系统进一步完善。购置 H3C 交换机 11 台，内网实现“千兆主干，百兆桌面”目标，解决内部办公网络瓶颈，提高办公效率。购置部署入侵检测设备1台，防火墙1台，进一步保障内部网络运行安全。11月，成功部署异地备份系统，实现异地容灾备份，成为湖南省第一家房管系统完成异地容灾备份单位。年底构建部署维修资金管理系统。内网全面升级、改造，极大提升网络安全级别，实现网络层次化管理；建立常德市房地产信息公开查询系统；在政务中心窗口实行定置化管理，购入14台高配置电脑对窗口设备进行更新，提高工作效率；地理信息系统不断完善，对市老城区开展修补测工作，共整理老旧测绘图974幅，修补测图纸45幅，数字化成图57幅。

2011年，市产权处购置H3C交换机17台，上网行为管理系统1台，在外网平台部署防火墙1台，对办公大楼重新进行综合布线，分层分楼道部署交换机，每个办公室部署6个信息点和1个语音点。外网实现“千兆主干，百兆桌面”目标，解决互联网连通瓶颈，提高上网效率。购置同友存储阵列1台，更换备份存储设备，有效保障备份数据安全。10月，上互联网带宽由原来10Mbps升级到100Mbps。11月，完成对原有信息系统进行优化完善以及对房地产管理基础业务以及扩展基本业务的信息化建设，升级改造房屋登记系统、商品房/存量房网上签约备案系统；构建部署测绘成果管理系统和从业主体管理系统，构建部署存量房交易资金监管系统。

2011年获档案工作规范化管理省特级档案馆称号

市产权处顺利通过住建部对常德市房地产产权管理处“全国房地产交易与权属登记规范化管理先进单位”复查，继续保持这一荣誉称号。是年，市产权处录入档案条目5566条、文件扫描1718份/8137页，录入扫描量达3.45GB；建立以声像档案资料为主的多媒体数据库，归档率达99%以上。7月18日，档案馆整改升级项目竣工验收，房地产权档案馆由单一的房屋权属登记档案转变为管理全处各类档案的综合性档案保管基地。10月，市产权处顺利通过省档案局测评验收，在档案工作组织管理、档案保管保护条件、档案基础业务工作、档案开发利用等方面，综合评分达到98.5分高分，获得“湖南省档案工作规范化管理省特级”档案馆荣誉。

2012年，产权产籍管理进一步规范。一是升级房屋登记系统。联合川大软件研究所升级改造房屋登记系统，完善房屋登记系统功能，对商品房、二手房网上签约备案系统进行优化；稳步推进房地产管理基础业务及扩展基本业务的信息化建设，构建部署存量房交易资金监管系统、测绘成果管理系统及从业主体管理系统、房屋征收管理系统、房屋白蚁防治管理系统、物业管理系统、商品房预售资金监管系统，并着手个人住房信息系统的建设。同时指导、推进区县房管局的信息化建设工作，为全市个人住房信息系统的建设打下坚实基础。二是完善房屋登记簿。加强登记数据的质量监管，每周都对登记簿载入数据和档案扫描数据进行抽查，发现问题及时处理，并登记入册。三是提升数据生产安全。在中心机房购置部署气体消防设备、动力环境监控设备，进一步保障机房安全。购置 IBM3650 服务器 4 台、同友存储阵列设备 1 台，更换数据库服务器和存储设备，进一步保障数据生产安全。

2013 年 5 月，顺利组建常德市房地产管理局信息中心。4 月至 7 月，两次组织房地产开发企业信用信息系统操作培训，完成全市房地产企业信用信息征集工作。7 月，完成常德市房地产管理局产权处 UPS 及后备电源项目建设，建立后备电源储藏室，购置 174 节电池，保证机房服务器在断电情况下正常工作 8 小时。完成档案馆排队叫号系统项目建设，大幅提高档案馆业务办理效率。8 月，完成维修资金数据迁移及备份工作。购买 1 台数据库服务器和 CommVault 公司备份模块，将维修资金数据迁移至中心机房，确保数据安全。10 月，完成市城区房产系统升级改造项目申报，并于 12 月中旬完成电子政务办专家评审及财政预算评审。12 月，协助西洞庭完成 8000 份纸质档案的数字化工作，并入市局统一管理。

第二节　房产交易管理

一、买卖交易管理

常德地方政府自东晋（317—420）年间起，即开始实施房地产交易管理，“凡货买奴婢、马牛、田宅，有文券率钱一万，输估四百入官，卖者三百，买者一百；无文券者，随物所堪，亦百分收四，名曰散估”。买卖土地房屋必须契税，双方签订合同缴纳契税（称为“输估”），税率为 4%，卖方承担 3%，买方承担 1%。交易未订立契约同样征税（称为“散估”），税率也是 4%。唐朝颁行《唐律疏议》，常德各地典卖田宅的业主，必须赴县衙申请发给准许典当、出卖田宅文牒，并在交易后 3 日之内交税，县衙再在契税后契约上盖上官印，称为“红契”。取得“红契”，交易才算合法完成。

宋朝起施行“契尾”之制，直至清代，田宅交易管理更加严格规范。清顺治年间（1644—1661），《大清律》规定：“凡典买田宅不税契者，笞五十，契内田宅价一半入官”，“凡买田地房屋，必用契尾，每两输银三分”，税率即 3%。凡不按律缴纳契税者，罚笞 50 大板之外，还须追缴买卖总价 50% 钱款没收入库。光绪年间（1871—1908），契税每两银征 2 分。宣统元年划分典、卖两项课征，典征 6 分、卖征 9 分。

中华民国时期，常德地方政府依照国民政府《契税条例》对公私房地产交易施行契税管理。民国初期，境内房捐铺捐由县政府派警员征收。实行卖契征 4 分，附加 1 分，典契征 3 分。民国 9 年（1910），常德县共征契税银元 4349 元。民国 28 年（1939），境内房捐铺捐改由税务局征收。税率为：居住用房照租价征 8%、营业用房照租价征 16%，由房主、租户各负担 50%。民国 30 年（1941），扩大契税征收范围，税率分 4 种，即买卖 5%、典当 4%、变换 2%、赠予 6%。乡公所另按契价抽 2% 的监证费。当年，常德县征契税 5000 万元（法币）。民国 36 年（1947），因地价上涨，另征土地增值税。是年，常德县征房捐 5795 万元（法币），土地税及土地增值税 8740.8 万元（法币）。

是时，常德境内房地产交易，包括房地产买卖、典当、变换、赠予、分割，均须赴县政府行政建设科领取印有地类、土地坐落、四至、面积、价额、日期、当事人、证明人等项目的统一契纸，经当地乡公所鉴定后，到税务局交纳契税。契税后发给官印契纸。持有官印契纸即取得产权证明，交易方为合法。

新中国成立后，常德市人民政府迅速规范全市房屋交易管理。1951 年，根据中原临时人民政府征收房地产税办法，房主和租户房捐合并征收。税率为：自建自营按总值征 2%，佃租征 10%，佃营征 20%，不满 150 户市镇不征，机关、学校房屋免征。同年成立常德市房屋交易所，归口市财政科房地股管理，负责审查房屋价格，管理房地产交易，控制房屋契税，调解买卖纠纷，并代管各类房产。当年城区办理房屋交易 614 起，交易额达 86251 元，全年契税收入 2566 元，收取房屋交易手续费 1773 元。

至 1954 年，因为交易所规定的交易价格偏低，且须上交私房交易税和管理费，买卖双方多由私下成交，遂使市房屋交易所交易业务锐减。是年底，常德市政府决定按房屋交易成交额，分别收取 1% 公证费和 5‰介绍费。还规定，如果买卖双方自行洽定价格，则免于征收介绍费。1958 年，开展出租私房社会主义改造，部分私房主为躲避私房改造，遂低价出卖房屋。私房社会主义改造结束后，私房交易基本上自行终止。公房交易则采取无偿调拨方式，由市政府统一管理，根据需求分配给用户单位使用。

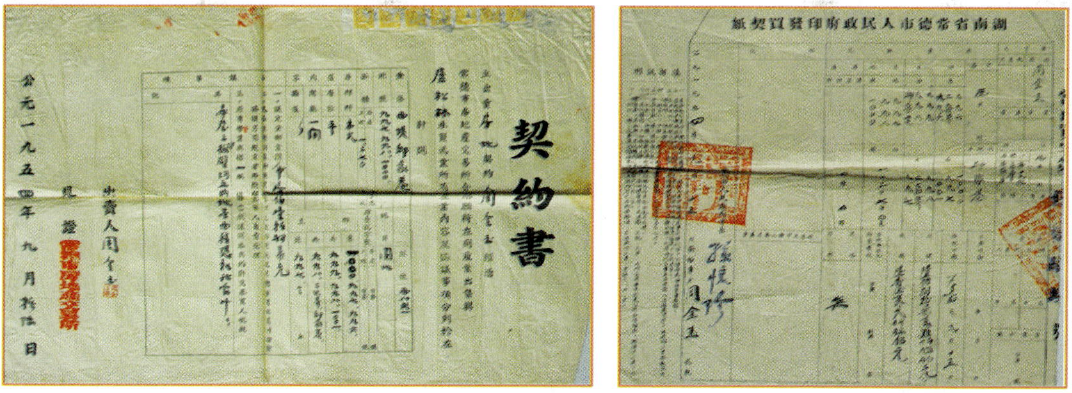
契約書

公元一九五四年　九月　　日

見證　常德市房屋交易所

湖南省常德市人民政府印發買契紙

1954 年买卖交易契约书、纳税契纸样本

1962 年，常德市恢复并加强私房交易管理，分别按成交额 6% 和 4% 收取契税和手续费，当年成交房屋 335 起，收取税、费共 4318 元。1963 年，成交房屋 165 栋，收取税、费共 2321 元。1964 年，成交房屋 156 栋，收取税、费共 2732 元。

1965 年，私房交易管理政策趋紧，卖房业主须凭所属单位和街道居委会证明及产权证，到市房屋交易所办理手续，交易所收取 2% 介绍费。

“文化大革命”时期，常德市革命委员会规定，私人房屋不准自由买卖，房屋交易活动遂全面停止。凡有房屋出卖，只能由市房管部门收购。收购价格由房管部门视房屋位置、房屋质量酌情确定。1969 年，城市部分居民下放农村后遗留城市房屋，部分被市房地产公司低价收购，收购价格平均为每平方米 2 元至 6 元。

1973 年，市房地产公司调整城区木结构房屋收购价格，定为一级 12 元/平方米，二级 10 元/平方米，三级 8 元/平方米，四级 6 元/平方米，五级 5 元/平方米。当年收购私房 317 栋，建筑面积 9644 平方米。1976 年，常德市革命委员会规定，凡出售私房一律由市房地产公司收购，不准单位或个人购买。1979 年 3 月，市房地产公司再次调整房屋收购价格，木结构房屋每平方米收购价为：一级 16 元，二级 13 元，三级 11 元，四级 9 元，五级 6 元。砖木结构房屋每平方米收购价为：一级 26 元，二级 24 元，三级 20 元，四级 14 元。当年，常德市房地产公司收购私房 98 栋。

20 世纪 80 年代初，私房交易活动复苏，市政府开始允许私人及单位购买房屋。其时，房屋交易程序一般为：由房主持居委会证明向市房地产公司提出卖房申请，房地产公司发给买卖契约申请批准书，由卖方交纳卖房契税，房管部门依法认定其私有房屋产权，并向买方征收交易额 2% 至 5% 管理费和手续费。

是时，常德市城区公房交易活动亦开始出现。市房地产管理公司陆续将新建住宅或旧房出售给企事业单位及个人。出售程序一般为：买卖双方洽谈商定后，卖方即市房地产管理公司填写房屋买卖协议书，办理契税手续，然后由市房地产管理公司定权发证。1985 年，市房地产公司将胜利四村住宅商品房陆续出售给企事业单位，价格分每平方米 198 元和 240 元两种：市属单位及其个人买房，每平方米售价 198 元；非市属单位及其个人买房，每平方米售价 240 元。对部分房屋实行出售补贴：单位购房，由国家补贴 1/3，个人购房由国家、单位各补贴 1/3；整栋成套购买，其产权属买主，零星购买住房，其产权属房地产公司。1986 年下半年，常德市公房均按每平方米 220 元出售，并根据楼层高低，以一、四层楼价为标准价上下浮动，二、三层楼上浮 10%，五层下浮 10%。至 1986 年年底，常德市共出售公房 137 套，其中 37 套带产权出售，建筑面积共 7492 平方米，销售收入 149 万元。

1986 年，根据国务院《房产税暂行条例》，常德恢复征收城市房产税。是年，市房地产管理公司设立常德市私房交易所，负责管理城区范围内私房交易。1986 年，汉寿县房地产公司出售旧房 1400 平方米，收入 12.2 万元。同年 7 月，石门县房地产公司成立房屋交易所。1987 年，常德市私房交易所办理私房交易 390 件，代征契税 4.3 万元，收手续费和测丈费 2.6 万元。同年，常德县成立房屋交易所，主管武陵镇房屋交易，并对其他 9 个所辖建制镇进行业务指导。至 1988 年底，常德县武陵镇共办理房屋交易 413 户，建筑面积

5.33 万平方米，平均每平方米售价为 131.14 元，契税收入 16.3 万元。

1988 年，常德撤区建市。1989 年 4 月，常德市房屋交易所成立，归口常德市房地产管理局管理，设专职工作人员 8 名，负责管理城区房屋交易。当年办理房屋交易 65 起，收取手续费和测丈费 9136 元，代征契税 24084 元。1990 年，办理房屋交易 210 起，收取手续费用 3.2 万元，代征契税 4.05 万元。

1991 年，常德市房屋交易所更名为常德市房产交易管理所，当年办理房屋交易 375 起，收费 5.19 万元，契税 8.22 万元。1992 年，常德市房产交易管理所开展房地产抵押评估工作，制定评估价格和评估程序，并办理房地产抵押评估 1 笔，收费 360 元。

1994 年，常德市房产交易管理所再次更名为“常德市房产交易市场管理处”，设专职人员 15 名，当年办理房屋买卖 189 起，收费 20.96 万元，契税 20.32 万元，办理房屋评估 350 起，收费 19.56 万元。1995 年，市产权处成立房地产评估事务所。市房产局按湖南省建委、湖南省人事厅的要求，与市人事局组织相关专业人员参加国家房地产估价师执业资格考试，有 7 人合格，取得国家统一颁发的房地产估价师证书。承办申报审批 14 个房地产估价务所，制定下发房地产抵押评估有关规定和办法。1997 年，根据国家制定的新的“契税管理条例”，常德市房地产交易契税调整为 4%。

1998 年 3 月，常德市房产交易市场管理处撤销买卖科、抵押科、租赁科，以朗州路为界，建东、西两所。10 月，常德市房地产产权管理处与常德市房产交易市场管理处合并组建常德市房地产产权管理处（加挂市房产交易市场管理处牌子）。是年，房地产市场共办理房产交易 1366 起，成交面积 21.6 万平方米，成交金额 11637 万元。办理房地产抵押 742 起，面积 62.32 万平方米，抵押金额 19188 万元。市房产交易市场管理处全年共办理房屋交易 252 起，成交面积 5.2 万平方米，成交金额 3329 万元。办理房地产抵押 170 起，面积 14.2 万平方米，抵押金额 10338 万元。为了加强市场管理，认真落实国家建设部关于商品房销售推行“两书”的通知，市房管局印发《关于贯彻建设部商品住宅实行保证书和住宅使用说明书制度的规定的通知》，决定从 7 月 1 日起实行“两书”制度。

1999 年，成立常德市房地产交易中心。当年，办理城区房产交易 352 起，成交金额 51588.52 万元；抵押 210 起，面积 11 万多平方米，抵押金额 20289 万元。是年 1 月 29 日至 30 日，常德市房地产管理局、常德市开发管理办公室、常德市房地产产权管理处、常德市房地产交易中心联合，成功举办常德市首届房地产展示交易会。交易会期间成交 585 户，面积 58906 平方米，成交金额 5321 万元，收取税费 152.76 万元。常德的首届大型房地产交易会为启动常德房地产市场、促进房地产消费发挥了重要作用，也为此后举办房地产交易活动积累了宝贵经验。

2000 年 1 月 21 日至 23 日，举办常德市第二届房地产展示交易会。交易会由常德市房地产管理局、常德市开发管理办公室举办，常德市房地产交易中心承办。交易会期间成交 878 户，成交金额 8800 万元，收取税费 217 万元。本届交易会和首届交易会相比，活动规模更大，参展企业和参加用户增多，成交效益显著增长。

2001 年 4 月 28 日至 30 日，在新落成产权交易市场大楼举办常德市第三届房地产展示交易会。交易会由常德市房地产管理局、常德市开发管理办公室举办，常德市广播电视局广告服务公司承办，常德市房地产产权管理处、常德市房地产交易中心、常德市经济适用住房开发中心协办。交易会期间登记办证 1444 户，成交金额 1.783 亿元，分别比第二届交易会增长 64%、102.61%；交易面积 172038 平方米，为历届交易最好水平。是年 7 月，常德市人民政府印发《常德市房改房交易管理暂行办法》。

2002 年 5 月 10 日至 12 日，举办常德市第四届房地产展示交易会暨第一届房地产走势论坛。本次活动气势宏大，场面辉煌，成交活跃，各项指标均创历史最高水平。现场售房 443 套，销售建筑面积 4.88 万平方米，成交金额 8428 万元。办证 1778 户，办证建筑面积 19.9 万平方米，价值 2.54 亿元，收取税费 316 万元。是年 7 月，常德市房地产交易中心、常德市房地产业协会与中房集团常德分公司等五家机构共同参股，成立常德万通房地产中介服务公司并正式运作。当年，代办业务增多，至年末共收代办费 50 多万元。至年末，武陵区房屋交易所在市城区办理房屋出租登记累计达 3000 户，在全省各市、州排名第一。

2003 年 10 月 16 日至 18 日，举办第五届常德房地产展示交易会暨首届常德住宅消费品博览会。本届交易会组织形式进一步创新、活动内容进一步丰富，举办单位和参会嘉宾均向更高层次发展。交易会由常德市人民政府主办，市建设局、市房地产管理局、市广播电视局承办。交易会期间共成交房屋 1203 户，建筑面积 12.2 万平方米，成交金额 2.26 亿元，更大规模地激活了常德房市。同期举办的高端论坛活动规格高、规模大，数名国内知名经济学家、房地产业专家以及 23 个省市自治区 400 余名代表聚会常德，论道中国城市化与人居环境，同时为常德城市建设出谋划策。

中国房地产业协会会长杨慎、常德市市长陈君文参加城市化与人居环境论坛

2004 年 9 月 28 日至 30 日，举办常德市第六届房地产展示交易会，由市人民政府主办，市建设局、市房地产管理局、市广播电视局承办，共历时三天。本届房交会首次组织房地产上、下游产业，即建材、家装行业同步参展，同台交易。组织形态和交易品种进一步发展、丰富。是年 5 月，常德市房地产价格评估专家委员会成立，市房地产业协会印发《常德市房地产估价纠纷鉴定规则》。12 月，市房管局、物价局联合印发《关于公布常德

市城区房屋重置价格的通知》。

2005年10月21日至23日，主办常德市第七届房地产展示交易会，由常德市人民政府主办，市建设局、市房管局承办。这一届交易会以“和谐·科技·诚信”为活动核心主题。交易会期间，共成交商品房518套，建筑面积6.8万平方米，成交金额达1.1亿元，收取契税218.5万元。其间，由中国城市科学研究会、中国房地产协会和常德市人民政府联合主办的“中部崛起·城市发展论坛”在常德市同步召开。中国城市科学研究会、中国房地产业协会、国家发改委、省人大常委、省人民政府、北京大学、中国人民大学、省建设厅、国家开发银行等部门领导和专家，全国30多个城市200多位代表出席。是年，常德房地产市场交易中心整体进入常德市政府政务中心办公。

2006年11月10日至12日，举办常德市第八届房地产展示交易会。由常德市人民政府主办，常德市城市办、常德市房地产管理局承办，常德房地产业协会、珠海南征地产策划机构、湖南金钻置业投资有限责任公司协办。本届交易会吸收协会组织和市内外策划机构、投资企业加盟。常德电视台、《常德日报》《常德广播电视报》等常德市各大媒体及常德房地产信息网，联手组成立体化宣传网络，高度聚焦、大密度展示本次盛会。活动取得圆满成功。

2007年11月10日至12日，主办湘西北首届住宅产业博览会（暨常德市第九届房地产展示交易会）。住博会期间同步举办住房保障与区域合作高峰论坛，就贯彻《国发〔2007〕24号》文件、湘西北区域经济的交流与合作、城市建设定位等核心话题，邀请建设部以及业界资深专家学者进行深入探讨。其间共8万人次参会，销售商品房171套，销售面积1.78万平方米，总交易额4263.9万元，收取契税81.3万元。

2009年11月27日至29日，举办常德市第十届房交会暨常德首届地产投资推介会，由常德市人民政府主办，市城市办、市财政局、市房管局、市规划局、市国土局、市建设局和常德日报社强势结盟，共同承办。本次盛会亮点纷呈、精彩不断、硕果累累。交易会期间，主会场共有34家房地产企业参展，近2万人次观展，现场成交商品房85套，成交面积9419平方米，总交易额达2921.3万元；分会场共有160家装饰、建材、家居企业参展，近5000人次观展，共签单800余笔，签单总金额达1300万元。常德首届地产投资推介会吸引80多名开发企业代表积极参与，共有12个地产项目签订投资意向书。

是年3月1日，常德市契税政策做出重大优惠调整，个人首次购房市民可享受三大优惠：一是取消市城区普通住房价格限制。二是扩大政策受惠面。三是暂停征收契税滞纳金。从2009年3月1日起至2009年12月31日止，暂停征收契税滞纳金。

2011年4月，常德市房地产业协会公布调整后市房地产价格评估专家委员会名单，发布修订后常德市房地产价格评估鉴定规则、鉴定程序和鉴定协议书样本。7月，市政府印发《常德市房地产中介市场和二手房屋交易资金监管办法》。规定对市城区（武陵区、柳叶湖旅游度假区、常德经济技术开发区及鼎城区武陵镇）范围内的房地产中介服务和国有土地上二手房屋交易实施资金监管。《常德市房地产中介市场和二手房屋交易资金监管办法》明确，市城区范围所有二手房屋交易过程中，先由买受人向监管银行专户存入应支付给出让人的全部房价款，买卖双方签订合同，且待房屋转移登记办理完结后，再由监管银行将房价款划转给出让人。

2011 年 11 月 10 日，常德市二手房交易市场挂牌成立

是年 11 月，常德市二手房交易市场在市房地产管理局一楼大厅挂牌成立。市领导卢武福、王孝山、韦绍斌，市房管局局长张圣友、党组书记雷志钦，市城市办、市地税局、市财政局、市工商局、市地税局、市住建局相关部门领导出席仪式。即日起，市城区所有二手房交易均须在该交易市场内完成。

2012 年，市房管局成功举办两届房地产拍卖会。5 月 18 日，由市房管局主导，市房地产交易中心、市房地产协会主办，湖南新环宇拍卖有限公司等单位协办，成功举办常德市首届房地产拍卖会，当日共成交标的物 37 个，成交总金额 3038. 8 万元。11 月 28 日，再次举办常德市第二届房地产拍卖会，当日共成交标的物 37 个，成交总金额 2600 万元。是年 10 月，常德市公信房地产超市正式开市运营。公信房地产超市以湖南公信评估经纪公司、湖南公信（新环宇）拍卖公司、常德公信经纪公司为依托，凭借强大业务能力和丰富业务资源，搭建起集房地产评估、经纪、拍卖、贷款服务、项目整合等业务于一体大型房地产交易平台。

2013 年，市城区二手房交易明显增长，全年二手住房成交面积 38.14 万平方米。是年，市房管局政务窗口、二手房交易窗口、档案馆查询窗口、租赁登记窗口、维修资金窗口、德山分局窗口累计接待群众达 18 万人次。全年市城区房屋产权发证面积 504.82 万平方米，发放房屋所有权证 33256 本；房屋交易额 127.16 亿元，共收取各项规费 2409.49 万元，其中收取手续费 2052.79 万元，超出年初计划 105.3%；协征契税 9765.8 万元，超年初计划 225.2%。

至此，经过政策引导、市场培育和法治监管的不懈努力，市场经济条件下经常性房地产交易拍卖和驻场性交易市场两种交易形态同时并存又相互作用、相互补充的房地产供需交流平台，在常德成功运行。兴旺的房地产交易市场和活跃的房地产开发市场两种业态不断壮大，不断成熟，展现出常德市房地产产业辉煌现实和可持续发展前景。

表 3.1.2.1.1　2005—2013 年房地产契税征收

时　　间	契税征缴总额
2005 年	1449.30 万元
2006 年	2932.17 万元
2007 年	5310.82 万元
2008 年	4010.11 万元
2009 年	2964.24 万元
2010 年	4355.77 万元
2011 年	5374.84 万元
2012 年	5546.00 万元
2013 年	9765.80 万元

二、租赁交易管理

新中国成立初期，国家承认私人房屋所有权，允许私房出租，租约租金均由租赁双方协商确定。1953 年，常德市政府根据湖南省《城镇房地产管理暂行办法》有关房屋租赁管理规定，开始对私房租赁实行规范管理，取消民间佃保（经纪人），取消预交押金，租金与公房租金标准基本相同。

1957 年，常德市人民委员会颁行《私有房屋管理暂行办法》，明确政府依法保护各阶层人民房屋所有权，任何单位和个人不得侵犯；房屋所有权人亦不得借此垄断、投机及任意破坏其房屋。该《暂行办法》对私有房屋租赁作出严格规定：

（一）已经出租房屋的业主，经查实如确有多余空房，不得借故退租；

（二）承租人须按约使用房屋，按月缴租，未取得房主同意，不得自行将房屋拆除、增修、改造、转借、典押、交换和转让；

（三）房主不得向承租人收取押金或预收两个月以上的租金及其他额外费用；

（四）承租人退租交还房屋时，承租人不得向房主或续租人索取任何费用；

（五）租约到期，该房屋继续出租或典卖时，现承租人有继续承租承典、承买的优先权，但接到房主或房管部门通知后10天内不表示意见，即视为弃权。

1958年，境内按照全国统一部署，实施“私改”，即对出租私房进行社会主义改造。私改开始，私房租赁市场及租赁行为遂自行终止。“私改”房屋由市房地产公司统一“经租”，按国家规定付给原房主20%—40%租息。

1968年至1970年，常德市部分城市居民下放农村，其自有房屋或由市房地产公司代管出租，付给房主剔除维修费和税金后结余房租，约为租金总额40%；或由房管部门动员出租，其租金金额按市房地产公司规定价格确定，一般住宅每平方米月租为0.06—0.12元。

20世纪80年代初期，“文化大革命”长期动乱致使大量公房失修失养，60年代城市生育高峰期出生人口进入婚龄大量需要住房，进城农民开厂办店大量需要住房，城市建设大批住房拆迁居民需要安置住房，常德市城市房屋供求矛盾空前突出。1985年4月，湖南省人民政府颁布《关于城镇建设若干问题的规定》，规定对生产营业用房租金，按折旧费、维修费、管理费、税金、利息和利润等项计算，并按所处地段、用途由业主和承租人双方面议租价，随行就市。常德市房管部门据此开始改革开放后按市场管理方式管理房屋租赁，境内私房租赁市场由此复苏。

1990年，常德市房屋交易所增加房屋租赁管理职能，即对常德城区除国有直管公房外其他公私出租房屋进行管理。当年，办理私房租赁登记手续475起，收取管理费12.27万元。1991年，常德市房屋交易所更名为常德市房产交易管理所，当年收取房屋租赁管理费15.9万元。是时，管理费由出租方缴纳。

1994年，常德市房产交易管理所再次更名为常德市房产交易市场管理处，设专职人员15名。7月，租赁管理费调整为4%，出租、承租双方各缴纳50%，取消房屋租赁鉴证费。当年收取房屋租赁管理费29.84万元。

1995年，武陵区成立房地产交易管理所，市城区房产租赁划归武陵区房地产交易管理所管理。1996年，市城区出租户办理房屋出租登记手续即超过1000户，居省内领先水平。1998年，办理房屋租赁325宗，面积2.35万平方米。至2002年，市城区出租户办理房屋出租登记手续达到3000户，在全省各市、州排名第一。2005年，贯彻中央《关于进一步加强和改进出租房屋管理工作有关问题的通知》，在市房管局统一领导下，武陵区房屋租赁管理所加强与公安、司法、社区居委会各部门工作联系，走街串巷，一边调查核实，一边登记办证，全年完成出租房屋租赁登记备案3418宗，其中非住宅房屋租赁登记备案1637宗、住宅房屋租赁登记备案1781宗，全年武陵城区出租房屋内未发生一起重大刑事案件，受到武陵区综治委嘉奖，得到省市建设主管部门一致好评。

但房屋租赁税负一度过高。1986 年开征私房出租税负为：房产税率 12%、营业税率 5%，附征城建税、教育费附加、个人所得税率 3%，综合税负超过房租收入 20%。因此常德市房屋租赁市场地下交易多、租赁纠纷多，私人房屋租赁大量回避登记备案。而武陵区房屋租赁管理所行政隶属武陵区人民政府管理，实际管辖武陵区、鼎城区、柳叶湖旅游度假区、常德市经济技术开发区、西湖、西洞庭管理区房屋租赁登记，体制不顺导致职责不明。城区房屋租赁政府监管矛盾日渐凸显。

2011 年 3 月，常德市房屋租赁管理所成立，专司武陵区、鼎城区、常德经济技术开发区、柳叶湖旅游度假区、西湖管理区、西洞庭管理区范围内房屋租赁管理。同年 4 月 27 日，市政府出台《常德市流动人口服务和管理办法》。市房屋租赁管理所成立后即与工商、公安等相关部门积极衔接，建立起分工明确、关系协调部门联动办公机制：工商部门在办理工商营业执照，年度检验和变更地址时，对于生产、经营、办公场所为出租房屋的，应查验房屋租赁当事人在常德市房屋租赁管理所办理的房屋租赁登记备案证明；房屋租赁登记备案证明是房屋承租人取得合法生产、经营、办公场所合法有效凭证。公安部门在办理居住证、住房保障部门发放社会保障福利时，对于居住场所为出租房屋的，以房地产管理部门发放的租赁登记备案证明为合法有效凭证。

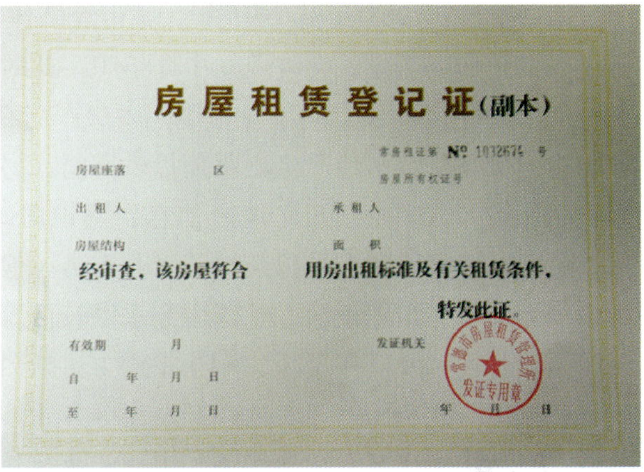

现行房屋租赁登记证（样本）

是年，市房屋租赁管理所安装非税票据系统，规范建设房屋租赁财务体系。武陵区、柳叶湖度假区、德山开发区房屋租赁备案登记，及时有序展开。积极完善房屋租赁信息电子自动化平台，加快租赁登记备案办证以及基础建设方面信息化进程，进一步提高科技管理水平。当年，先期开展非住宅房屋租赁备案登记工作，房屋租赁登记备案工作开局良好。

2012 年，在抓好非住宅租赁登记基础上，市房屋租赁管理所启动住宅租赁登记工作。全年办理市城区租赁备案登记 9000 多宗，收取规费 90 多万元。其中非住宅登记备案 6572 宗，收费 77 万余元；住宅登记备案 1554 宗，收费 12 万余元，超额完成年度工作计划。

2013 年，市房屋租赁管理所进一步夯实房屋租赁管理信息化基础，在巩固和扩大非住宅租赁备案登记基础上，大力推进住宅租赁备案登记。全年市城区共完成房屋租赁登记备案 1.23 万宗，收缴备案登记费 120 万元。

第三节　中介市场管理

一、中介市场发展

常德解放初期，无在册登记房地产中介机构和人员。零散房地产中介从业人员（时称“佃保”）分布在茶楼集市、背间小巷，从事房地产交易居间调停活动，大多没有固定经营场所。1953 年省政府颁行《湖南省城镇房地产管理暂行办法》，此类个体中介从业行为即全部取缔。

1988 年，常德撤区建市，房地产业开始复苏，房地产中介服务业也逐步兴起。常德房地产中介市场发展大致分为二个阶段：

第一阶段：1988 年至 1991 年。城市经济体制改革不断推进，市政府对于社会上出现房地产中介加以引导，允许成立中介组织。此时期房地产中介服务主体大致分为两类：一类是市、县（区）设立的事业单位性质房产交易管理所，既承担着市场管理与房产交易服务职能，又是法定房地产经纪服务提供部门。另一类是社会上隐蔽从事房产经纪活动闲散人员。这类人员多是熟知房地产信息，熟识房地产相关法律，房地产管理部门离休、退休、退职、停薪留职人员以及城镇无业人员。他们成分复杂，整体素质不高，呈现规则缺失、行为失范、组织松散、整体服务水平较低等特点。

第二阶段：1992 年至今。邓小平南方讲话后，中国市场经济改革步伐不断加快，各行政事业单位、社会团体、房地产开发商等开始涉足城市综合开发，市城区进行大规模旧城改造，商品房地产开发快速发展，房地产业及其房地产中介行业迅速同步发展，房产交易市场空前活跃。

（一）房产评估。1992 年常德市房产交易管理所成立，开展房地产抵押评估工作，制定评估价格，当年办理 1 笔交易，收费 360 元。1994 年该所办理房屋评估 350 起，收费 19. 56 万元。1995 年，市产权处成立房地产评估事务所。市房产局按湖南省建委、湖南省人事厅要求，与人事局一道，组织国家统一的房地产估价师执业资格考试，当年常德市 7 人获得国家房地产估价师证书。市房管局承办申报审批 14 个房地产估价事务所，制定下发房地产抵押评估有关规定和办法。

2000 年，建设部和省建设厅先后发布《关于房地产价格评估机构脱钩改制的通知》、《湖南省房地产价格评估机构脱钩改制的实施意见》，常德市 14 个房地产估价事务所相继与各主管行政事业单位脱钩改制。经过合并重组，至 2002 年，先后成立湖南公信等 4 家具有独立法人资格房地产价格评估机构。截止到 2012 年 9 月，常德市城区具备房地产评估资质房地产价格评估机构共有 6 家，注册房地产估价师 33 人，评估房屋总面积 1789. 82 万平方米，评估总价值 944. 74 亿元。评估业务涉及抵押、课税、征收、司法鉴定等评估业务总额达 1394. 85 亿元，评估房屋总面积 2465. 67 万平方米，评估土地总面积 83. 07 万平方米，其中2012年1月至9月，评估业务额达41.17亿元，评估房屋面积139.44万平方米，评估土地面积57.59万平方米

（二）房产经纪。常德市房地产经纪行业发展较晚，主要成长于2001年至2007年。1994年7月国家出台《中华人民共和国城市房地产管理法》，1996年1月建设部发布《城市房地产中介服务管理规定》，使房地产经纪行业地位逐步得到法律确认。2001年后，房地产需求两旺，二手房市场兴起，商品房价格快速上涨，房地产买卖、租赁市场全面繁荣。房地产经纪行业进入快速发展时期。据不完全统计，2006年，市城区共有从事房地产经纪服务机构60多家，2007年有70多家。截止到2012年，全市房地产经纪服务机构达96家，其中经工商注册、房管局备案，具备经营资格房地产经纪机构达21个，执业注册房地产经纪人25名。2012年1月至9月通过备案经纪机构成交的二手房屋共298套，建筑面积30213.19平方米，成交总价10766.48万元。

二、中介机构管理

（一）资质管理。1992年9月建设部发布《城市房地产市场估价管理暂行办法》，要求各城市人民政府房地产行政主管部门设立房地产估价机构，承办本行政区域内涉及政府税费收入及由政府给予当事人补偿或赔偿费用的房地产估价业务，以及受当事人委托的其他房地产估价业务。1996年1月8日，建设部发布《城市房地产中介服务管理规定》，确定对房地产咨询、房地产经纪、房地产价格评估全面进行规范管理，确定设立房地产中介服务机构条件以及对中介服务人员进行资格管理。1997年1月9日建设部颁布《关于房地产价格评估机构资格等级管理的若干规定》，确定对房地产价格评估机构实行资质管理。

2000年12月，经市房管局初审认定并报省建设厅审批决定，常德市第一家具备资质房地产价格评估机构常德公信房地产估价事务所成立。2001年1月，常德市第二家具备资质房地产价格评估机构湖南常德鸿天房地产评估有限责任公司成立。2002年8月，省建设厅发布《湖南省房地产价格评估机构资质管理规定》，对房地产价格评估机构资质管理作出详细规定。2004年5月，常德市房地产业协会成立常德市房地产价格评估专家委员会，接受政府主要部门、司法机关及仲裁组织、房地产估价机构以及其他房地产估价当事人委托（申请），为房地产估价纠纷调处、裁决提供专业技术鉴定。

2004年7月，建设部发出《关于对房地产估价行业进行全面检查的通知》，组织对从事房地产价格评估业务的房地产价格评估机构（及其分支机构）和房地产估价人员开展全面检查。常德市房管局贯彻通知精神，对全市房地产估价机构及从业人员执业资质（资格）和执业质量，房地产估价机构和房地产估价人员是否严格执行国家有关规定、技术规范和职业道德，组织开展严格检查。

2005年10月12日，建设部发布《房地产估价机构管理办法》，2006年7月18日，省建设厅发布《关于贯彻建设部〈房地产估价机构管理办法〉的通知》，标志着房地产价格评估机构资质管理进入常态化、规范化、标准化。截止到2012年，市城区取得评估资

质房地产价格评估机构共有 6 家。

2007 年 2 月，印发《常德市房地产管理局跨地区执业房地产评估机构备案登记管理办法》，加强跨地区执业估价机构及设立分支机构管理，规范执业行为，维护房地产估价市场秩序。是年，市房管局开始对城区房地产经纪机构实行备案管理，当年共有 8 个经纪机构备案取得从业资格。

房地产经纪机构备案证

（2014）常房备证字第 008 号

常德市成邦房地产经纪有限公司：

根据《中华人民共和国城市房地产管理法》，住房城乡建设部《房地产经纪管理办法》，你公司已按规定提交了相关资料，经查验，符合备案条件，特发此证。

本证有效期至 2017 年 6 月 26 日

常德市房地产管理局

2014 年 6 月 27 日

现行房地产经纪机构登记备案证书样本

2011 年 1 月起，市房管局根据《城市房地产中介服务管理规定》和《房地产经纪管理办法》（住建部 8 号令），对房地产咨询、房地产经纪机构实行公示制度。是年 4 月 1 日，公示湖南鸿天、湖南公信等 6 家估价机构审批结果。截止到 2012 年 11 月，市城区经市房管局备案登记房地产经纪机构共 21 家。

（二）执业人员管理。建设部《城市房地产中介服务管理规定》明确：房地产中介服务是指“房地产咨询、房地产价格评估、房地产经纪”等活动；从事房地产中介服务的人员“必须是经国家统一考试、执业资格认证，取得‘房地产执业资格证书’”。2001 年 12 月 18 日人事部、建设部发布《关于印发〈房地产经纪人员职业资格制度暂行规定〉和〈房地产经纪人执业资格考试实施办法〉的通知》，这两个通知确定对房地产估价人员和房地产经纪人员实行执业资格认证和注册登记制度。2002 年起，常德市房管局认真贯彻两个通知精神，为提高执业人员素质，在一年一度执业资格考试中，积极组织报考，进行安排考前培训，努力培养房地产中介服务专门人才，提高从业人员整体素质。

2011 年 7 月，常德市人民政府办公室发布《关于印发〈常德市房地产中介市场和二手房屋交易资金监管办法〉的通知》，就加强房地产中介机构及人员监督管理，信用建设，二手房交易资金监管等，作出明确规定。2011 年 9 月 5 日省住建厅发布《〈关于印发湖南省房地产行业信用信息管理办法的通知〉》，决定对房地产中介机构及执业人员实行信用信息管理。

至 2012 年 9 月，市房管局已完成市城区 6 个房地产评估机构 2012 年前三季度信用信息采集和审核工作。常德市现有注册房地产估价师 36 人，注册房地产经纪人 45 人。

三、中介市场管理

2001 年，为强化对房地产咨询、价格评估及房地产经纪市场秩序管理，市房管局出台《常德市房地产中介服务管理暂行办法》。

2004 年 4 月，市房管局审批 9 家房地产经纪机构（7 家为暂定资质）。是年 5 月，市房管局印发《关于规范房地产中介市场秩序坚决制止不正当竞争行为的通知》。市房地产业协会中介专业委员会根据《通知》精神，与全市各中介机构签订《关于制止支持回扣和不按规定标准收费等不正当竞争行为的协定》，严格开展中介市场行业自律管理。同时，在评估机构中开展诚信档案管理，并安装全省统一设计的管理软件。同时，市房管局与工商部门联合，加强对房屋租赁规范管理，中介服务进入规范化服务轨道。

是年 12 月，湖南省房协中介专业委员会在常德市房地产管理局召开“湖南省房协中介专业委员会 2004 年工作年会”，发布“湖南房地产中介行业自律公约”。

2005 年，市房管局房政管理科对各评估机构进行全面检查，在房地产信息网上公示各机构的资质、业绩等基本情况。7 月，组织编制和印发常德市房地产管理局《行政审批程序性规定》，明确 9 项房地产许可事项规定和两项房地产非许可事项规定。此外，局房政管理科还把切实维护房地产评估机构合法权益作为工作重要内容，如针对常德市评估机构遭到不法侵害事实，该科多次调查走访，联合公安、工商、法院等部门协调处理矛盾，并及时向市优化办上报《关于切实保护房地产评估机构正常营业的紧急呼吁》报告，争取到相关职能部门的支持与配合，有效维护了房地产评估市场正常秩序。

2007 年 2 月，常德市房地产管理局、发展和改革委员会、物价局、工商行政管理局在整顿规范常德市房地产交易秩序活动中，专项组织 2 月 28 日至 3 月 31 日为期 1 个月的房地产中介服务市场整顿规范活动，切实加强房地产中介服务机构和从业人员管理，充分发挥房地产中介服务在房地产市场中作用，规范房地产中介服务行为。市房管局同时印发《关于整顿规范房地产中介服务市场的通知》。

2011 年起，常德市房地产管理局以房地产中介市场监管和培育为工作重点，进一步强化对房地产中介市场规范管理和市场培育。常德市政府颁发《常德市房地产中介市场和二手房交易资金监管办法》，进一步建立健全中介机构准入、公示、职业标准等一系列制度，启动二手房交易资金监管。是年，市房管局先后三次举办房地产中介从业人员业务培训，提高执业人员综合素质。同时为配合房屋征收工作，多次组织评估机构讨论研究．制定出台《常德市国有土地上房屋征收评估技术规范》和《常德市国有土地上房屋征收评估操作规程》，使征收评估工作有据可依。

2012 年，中介市场管理工作开拓新思路，开创新局面。一是完善中介机构监管措施。修订完善房地产经纪机构备案登记条件及程序，全年共受理备案申请 23 起，备案登记 21 起；加强对房地产评估机构信用信息管理，建立评估企业和注册房地产估价师信用信息管理工作制度，完成评估行业信用信息录入、审核以及上报工作。二是做好国有土地上房屋征收评估工作，制定下发《关于印发〈常德市城区房屋征收评估修正系数〉的通知》，制定抵押评估报告和国有土地上房屋征收评估报告审查程序。三是充分发挥中介专业委员会和评估专家委员会作用，制定和完善二手房中介收费标准、房地产评估收费标准等 12 个行业自律性文件，加强行业自律。四是加强监督检查。市房管局分别于 3 月份和 5 月份对市江北城区所有房地产经纪机构经营情况和房地产评估机构征收评估项目收费情况进行检查，对违反征收评估收费机构发出通报。五是培育和规范二手房交易市场。组织举办两届房地产拍卖会，共成交房地产标的 74 件，成交总额近 6000 万元。

2013 年，市房管局严格房地产中介行业主体管理，全年共受理评估机构申请资质认定 1 起，申请资质升级 1 起，经纪机构申请备案 8 起，批准成立房地产评估机构 1 家，经纪机构备案 8 家。对全市 7 家评估机构及 43 名注册估价师信用信息完成录入、审核以及上报工作。切实加强房地产价格管理，发挥房屋重置价格在城镇房地产交易、房屋征收和棚户区改造、房地产价格评估等工作中指导作用，联合市物价局出台《关于发布常德市城区房屋重置价格的通知》；制定下发《关于发布常德市城区国有土地上房屋征收室内装饰装修、设施设备补偿评估价格信息的通知》和《关于印发调整后〈征收评估修正系数〉的通知》。切实加强房地产评估、交易中介、房屋测绘中介企业收费行为管理，督促引导降低收费标准，联合物价部门严查擅自设立收费项目、扩大收费范围、提高收费标准等损害群众利益行为。

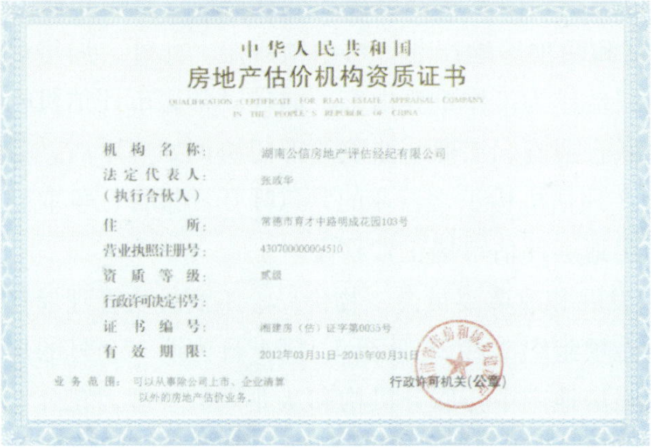
中华人民共和国
房地产估价机构资质证书
QUALIFICATION CERTIFICATE FOR REAL ESTATE APPRAISAL COMPANY IN THE PEOPLE'S REPUBLIC OF CHINA

机构名称：湖南公信房地产评估经纪有限公司
法定代表人（执行合伙人）：张政华
住所：常德市育才中路明成花园103号
营业执照注册号：430700000004510
资质等级：贰级
行政许可决定书号：
证书编号：湘建房（估）证字第0035号
有效期限：2012年03月31日-2015年03月31日
业务范围：可以从事除公司上市、企业清算以外的房地产估价业务。
行政许可机关（公章）

房地产评估机构资质证书样本

表 3.1.3.3.1　2012 年常德市房地产价格评估机构一览

公司名称	资质	公司地址
常德正泰房地产评估经纪有限公司	三级	育才路 110 号明成花园
湖南公信房地产评估经纪有限公司	二级	育才路 431 号明成花园
湖南鸿天房地产评估有限公司	二级	育才路 445 号
湖南诚瑞房地产估价有限公司	三级	育才中路迅华大厦 6 楼
常德万佳房地产评估有限公司	三级	育才中路 438 号
湖南经典房地产评估咨询有限公司常德分公司	一级	澧县人民西路金华豪园

表 3.1.3.3.2　2012 年常德市城区备案注册房地产经纪机构房地产经纪人一览

姓　名	性别	注册经纪人证号	执业（注册）所在机构
肖关成	男	84320050012	常德市彼德房地产经纪有限公司
陈　维	男	84320060068	
李邵陵	男	84320040175	
胡　亮	男	84320060066	常德乐家房地产经纪有限公司
张　毅	男	84320060070	
郑　佳	男	84320050081	常德市圣达房地产营销代理有限公司
吴　洋	男	84320040174	常德正泰房地产评估经纪有限公司
牟常平	男	84320050031	
洪家文	男	84320040170	常德市鸿天房地产经纪咨询有限公司
赵　明	男	84320040171	
谈跃明	男	84320040172	
夏国民	男	84320040045	
雷俊晖	男	84320050011	
田　峰	男	84320050025	
罗　艳	女	84320040338	
樊凤山	女	84320040167	湖南公信房地产评估经纪有限公司
陈　宇	男	84320050028	
金　明	男	84320040337	
张人忠	男	84320070025	常德德凡房地产经纪有限公司
胡　华	女	84320100010	
刘　诚	男	84320120010	
林志明	男	84420050019	常德市成邦房地产经纪有限公司
林志华	男	84420050020	
林文海	男	84320080021	常德市宜佳房地产经纪有限公司

续表

姓　名	性别	注册经纪人证号	执业（注册）所在机构
段耀雄	男	84320070031	常德市荣泰置地房地产经纪有限公司
程　亮	男	84320040169	
吴艳芝	女	84320120027	
李奎霖	男	84320080020	常德市兴业房地产经纪有限公司
张胜平	男	84320110017	常德市天衍房地产经纪有限公司
叶培全	男	84320050058	常德市武陵区中域房地产中介服务有限公司
周　锋	男	84320110009	常德市我爱我家房地产经纪有限责任公司
谈思含	女	84320060067	常德市筑家房地产经纪有限公司
吴家银	男	84320040342	常德市武陵区广利房地产中介服务有限公司
罗　俊	男	84320120053	常德森雨兴房地产营销策划有限公司
吴　璐	女	84320040341	常德市武陵区爱家房地产经纪有限公司
黎体纯	男	84320050014	常德联众房地产咨询公司

表 3.1.3.3.3　2012 年常德市城区房地产经纪机构一览（截至 2012 年 10 月）

机构名称	备案证书	公司地址
常德市荣泰置地房地产经纪有限公司	第 001 号	洞庭大道 3750 号
常德市彼德房地产经纪有限公司	第 002 号	育才路 438 号二手房交易市场
市联众房地产咨询有限公司	第 003 号	育才路 438 号二手房交易市场
常德乐家房地产经纪有限公司	第 004 号	人民路 2503 号
常德正泰房地产评估经纪有限公司	第 005 号	育才中路明成花园 1 栋 110 号
常德市德凡房地产经纪有限公司	第 006 号	育才路 591 号
常德市成邦房地产经纪有限公司	第 007 号	武陵大道首创大厦 1 栋 1104 房
常德市鸿天房地产经纪咨询有限公司	第 008 号	育才中路锦华苑小区 445 号
湖南公信房地产评估经纪有限公司	第 009 号	育才中路明成花园 201 号
常德市兴业房地产经纪有限公司	第 010 号	紫菱路首创名苑 1037 号
常德市天衍房地产经纪有限公司	第 011 号	朗州路 565 号

续表

机构名称	备案证书	公司地址
常德市我爱我家房地产经纪有限公司	第012号	朗州路871号
常德市武陵区中域房地产中介服务公司	第013号	洞庭大道420号
常德市筑家房地产经纪有限公司	第014号	人民路1118号
常德市宜佳房地产经纪有限公司	第015号	育才路438号二手房交易市场
武汉新鸿泰房地产代理有限公司	第016号	武汉建设大道招银大厦615室
常德市圣达房地产营销代理公司	第017号	鸿升花园5栋301号
常德市广利房地产营销代理有限公司	第018号	三闾小区4栋101室
长沙柒拾年置业顾问有限公司	第019号	长沙市雨花区劳动中路278号
常德市武陵区爱家房地产经纪有限公司	第020号	朝阳路锦绣花园1号楼2栋108号
常德森雨兴房地产营销策划有限公司	第021号	首创大厦1208室

第二章　国有公房管理

第一节　租赁管理

一、公房存量

1949 年 8 月至 1950 年 10 月，常德市财政局房地产管理股先后两批接管国民党原常德县政府公房共 145 间。

1952 年，市财政局房地股根据新颁布《湖南省城镇房地产管理暂行办法》，没收地主、官僚房地产，接管祠堂、庙宇、会馆、学校房地产，代管国民党逃跑军政人员房地产。1953 年起，按照省政府规定，对政府代管房产中逾期无人申请发还者，收归国有。1957 年，接收代管常德基督教会所属东门水府庙圣洁会、雷祖殿警世堂、彼得堂、丝瓜井中华圣公会教会房屋。至 1957 年，市人民政府收管此类房屋 57 栋，共 9517 平方米；常德市房地产公司直管出租房屋 1297 栋，4039 间，18.2 万平方米。

1958 年起，常德市开始对城市私有出租房屋实行社会主义改造（“私改”）。至 1962 年，城区共“私改”各类房屋 1558 间，面积 17.8 万平方米。1963 年，常德市房地产公司退还错改房屋 120 户，补改 100 户。1968 至 1970 年，常德市收购工商业主、下放农村插队落户人员私房 317 户，面积 9644 平方米。“文化大革命”结束后，常德市政府成立落实私房政策办公室，退还或补偿“文化大革命”期间代管、接管的私人房屋及宗教团体房屋。按照落实私房政策，市城区共退还或补偿 156 户。

1978 年，常德市房地产公司对城市公有房地产开展清查。至 1978 年底，全市共有公产房屋 2702 栋，19363 间，建筑面积 44.6 万平方米。

1985 年 1 月，常德市政府根据全国普查规定的范围、对象、口径、时间和计算方法，组织开展房屋普查。截至 1985 年 6 月 30 日止，常德市城区公房面积为 519.4 万平方米，其中房管部门直管公房 55.4 万平方米、单位自管公房 46.4 万平方米、集体房产 52.62 万平方米，私房产 28.55 万平方米，其他房产 1.1 万平方米，城区房屋总建筑面积 548.17 万平方米。

1987 年 4 月，常德市房地产管理公司开展国有直管公房“三产”（产权、产籍、产业）清理。至 1988 年“撤区建市”止，全市共有国有直管公房 2340 栋、23000 多户、总面积 57.88 万平方米，其中生产营业用房 14.09 万平方米，生活用房 43.79 万平方米。

从 1989 年起，经过房改大力度优惠出售国有公房、旧城改造大面积拆迁国有公房，以及支持城区商贸系统企业改制和加强社区建设无偿划拨国有公房，市房管部门直管国有公房面积大幅减量。至2006年年底，国有直管公房减量为22.4万平方米，计619栋4885户，其中住宅19.14万平方米、非住宅3.26万平方米。至2007年年底，国有直管公房存量21.12万平方米，计546栋4506户，其中住宅17.72万平方米、非住宅3.40万平方米。

到2010年年底，全市城区国有直管公房存量总面积17.41万平方米。

二、租赁经营

新中国成立起至1956年，常德市国有公房租金由居委会代收，统一上缴市政府财政局。租金标准为单位用房0.1—0.2元/平方米，居民住房0.02—0.04元/平方米。

1956年，常德市房地产公司成立后，公房租金均由职工所在单位从工资中代扣收取；无固定工作单位承租户房租仍由居委会代收。房租按月、地租按季收缴。拖欠租金超过3个月，市房地产公司依据政策规定，收回出租房屋。

1958年，常德市调整国有公房租金计算方式，并分类制定收费标准。房屋租金按折旧费（40%）、修缮费（29%）、管理费（11%）、租金（18%）、保险费（2%）五项因素计租，并依据房屋所处街道位置和房屋结构划分等级，按平方米收取租金。是时，常德市城区房屋划分为六大类、八个等级。

表3.2.1.2.1　1958年常德市直管公房租金标准

单位：元/平方米

房类	等级	一等	二等	三等	四等	五等	六等	七等	八等
1	地房	0.30	0.29	0.28	0.26	0.25	0.24	0.22	0.20
	楼房	0.23	0.22	0.21	0.20	0.195	0.19	0.185	0.18
2	地房	0.24	0.23	0.22	0.21	0.20	0.19	0.18	0.17
	楼房	0.19	0.18	0.175	0.16	0.15	0.145	0.14	0.13
3	地房	0.23	0.21	0.19	0.18	0.17	0.16	0.15	0.14
	楼房	0.17	0.16	0.15	0.14	0.13	0.125	0.115	0.11
4	地房	0.21	0.19	0.17	0.16	0.15	0.14	0.13	0.12
	楼房	0.15	0.14	0.13	0.12	0.115	0.115	0.105	0.10
5	地房	0.18	0.16	0.14	0.13	0.125	0.12	0.115	0.11
	楼房	—	—	—	—	—	—	—	
6	地房	0.14	0.13	0.12	0.11	0.10	0.10	0.09	0.09
	楼房	—	—	—	—	—	—	—	
平均租金		0.22	0.20	0.195	0.180	0.17	0.165	0.15	0.14

1966 年元旦起，常德市调整国有直管公房租价标准，实行生产、生活用房两个价。城区原八个街道等级划分为二个价区，苏家渡、德山街、骡马甸三个居委会，岩桥以东、土桥以北、方家桥以北、常德师范以西、西堤以西为二价区，其余均为一价区。改房屋六大类为三大类十二等级，一类房是混合结构，二类房屋是砖木结构，三类房是木结构。经统一修缮后，生产、营业等非生活用房每平方米计价平均 0.205 元，与 1958 年比较平均上升 20.08%；生活用房租金每平方米计价平均为 0.1142 元，与 1958 年比较平均下降 27.8%。

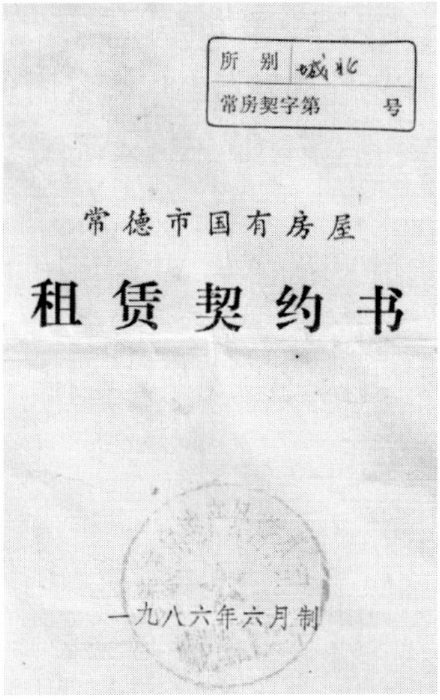
所别　城北
常房契字第　　号
常德市国有房屋
租赁契约书
一九八六年六月制

1986 年国有公房租赁契约样本

1976 年初，常德市房地产公司调整生活用房租金标准。全市生活用房租金取消价区，执行一个价位。房屋结构仍沿用三种类别，每平方米租金最高为 0.17 元，最低为 0.03 元。1978 年初，再次进行调整公房租金标准，分为单位用房和居民用房两种标准。油脂、烟酒、糖食、食盐、煤炭、水泥、废品仓库等单位用房租金，按同类房租另增加 60% 收取；理发店、集体医院按同类房租减少 20% 收取。居民生活用房根据房屋结构，分别按室内面积计算，三户以上使用公用厨房不计租金，平台按面积收 50%；房屋吊楼占实地 2/3 以上计满租，不足 2/3 者计 50%。1981 年，常德市房地产公司设立街道办事处房管所，国有直管公房租金开始由各房管所房管员上门收取。实行区域包干，一月一收。是年开始，使用独户厕所、独户水管居民住宅、每平方米加收 0.02 元的租金。

1986 年 5 月，常德市改革非住宅房租金标准，非住宅用房交易逐步实现商品化，其租金均按建筑面积计算，房屋按其结构和地段价区分别计租。

表 3.2.1.2.2　1966 年常德市直管公房租金标准

单位：元/平方米

房屋结构			生产、营业等非生活用房						生活用房	
			一价区			二价区				
类别	级别	层次	一般用房	小型动力及仓库用房	大型动力及特种用房	一般用房	小型动力及仓库用房	大型动力及特种用房	一价区	二价区
一类	1	一层	0.38	0.43	0.48	0.31	0.34	0.38	0.20	0.19
		二层	0.35	0.39	0.43	0.28	0.31	0.35	0.19	0.18
		三层	0.32	0.35	0.38	0.26	0.28	0.32	0.17	0.16
	2	一层	0.34	0.37	0.42	0.27	0.30	0.34	0.18	0.17
		二层	0.31	0.34	0.38	0.25	0.271	0.317	0.176	0.16
		三层	0.28	0.30	0.34	0.23	0.24	0.28	0.15	0.14

续表

房屋结构			生产、营业等非生活用房						生活用房	
			一价区			二价区				
类别	级别	层次	一般用房	小型动力及仓库用房	大型动力及特种用房	一般用房	小型动力及仓库用房	大型动力及特种用房	一价区	二价区
二类	1	地房	0.29	0.31	0.35	0.24	0.25	0.29	0.15	0.14
		楼房	0.25	0.27	0.31	0.20	0.22	0.25	0.14	0.13
	2	地房	0.26	0.28	0.32	0.21	0.23	0.26	0.14	0.13
		楼房	0.22	0.25	0.28	0.18	0.20	0.22	0.12	0.11
	3	地房	0.23	0.26	0.29	0.19	0.21	0.23	0.12	0.11
		楼房	0.20	0.22	0.25	0.16	0.18	0.20	0.10	0.09
	4	地房	0.21	0.23	0.26	0.17	0.19	0.21	0.11	0.10
		楼房	0.17	0.19	0.22	0.14	0.16	0.17	0.09	0.08
三类	1	地房	0.26	0.28	0.32	0.21	0.23	0.26	0.14	0.13
		楼房	0.20	0.22	0.25	0.16	0.18	0.20	0.12	0.11
	2	地房	0.23	0.26	0.29	0.19	0.20	0.23	0.12	0.11
		楼房	0.18	0.20	0.23	0.14	0.16	0.18	0.09	0.08
	3	地房	0.20	0.23	0.26	0.16	0.17	0.20	0.09	0.08
		楼房	0.15	0.17	0.20	0.12	0.13	0.15	0.07	0.06
	4	地房	0.17	0.19	0.22	0.14	0.15	0.17	0.08	0.07
		楼房	0.13	0.15	0.16	0.10	0.11	0.13	0.06	0.05
	5	地房	0.14	0.16	0.17	0.11	0.12	0.14	0.07	0.06
		楼房	0.10	0.11	0.13	0.08	0.09	0.11	0.05	0.04
	6	地房	0.10	0.11	0.13	0.09	0.10	0.10	0.06	0.05

表 3.2.1.2.3　1976 年常德市居民生活用房租金标准

单位：元/平方米

类别	级别	地层	二层	三层	四层	五层
一类混合机构	1	0.17	0.17	0.16	0.15	0.14
	2	0.15	0.15	0.14	0.13	0.12
二类砖木结构	1	0.13	0.13	0.12	—	—
	2	0.12	0.11	—	—	—
	3	0.09	0.07	—	—	—
三类木类结构	1	0.11	0.09	—	—	—
	2	0.08	0.06	—	—	—
	3	0.07	0.05	—	—	—
	4	0.06	0.04	—	—	—
	5	0.05	0.03	—	—	—

表 3.2.1.2.4　1978 年常德市单位用房租价标准

单位：元/平方米

房屋等级	房屋建筑内容	每月单价
1	混合结构（包括预制板的砖木结构房屋）	0.45
2	砖木结构、13 墙或木板间壁、木楼板	0.40
3	木结构、木板壁或 13 卡砖层高 3 米以上	0.35
4	简易木结构、木板避或 13 卡砖墙层高 3 米以上	0.28

表 3.2.1.2.5　1978 年常德市居民生活用房租价标准

单位：元/平方米

房屋等级	房屋建筑内容	地层	二楼	三楼	四楼	五楼
1	混合结构，包括砖柱和水下基础以及安装预制板露面的砖木结构房屋	0.11	0.11	0.10	0.09	0.08

续表

房屋等级	房屋建筑内容	地层	二楼	三楼	四楼	五楼
2	砖木结构、外砖墙内 1.3 厘米间墙或木板间壁、木楼板、地房、楼房均有平顶	0.08	0.08	0.07	—	—
3	木结构，外围板壁或内 1.3 厘米卡墙或木板壁、地房、楼房均有平顶，包括砖木结构无平顶的房屋	0.06	0.06	—	—	—
4	木结构，外围板壁或 1.3 厘米卡墙，内 1.3 厘米间墙或木板壁，地房、楼房均无平顶包括内外 1.3 厘米或 2.4 厘米的简易砖房	0.05	0.04	—	—	—
5	木结构，内外均是木板壁，地房楼房均无平顶	0.04	0.03	—	—	—

表 3.2.1.2.6　1986 年常德市非居民住宅房租金调整

单位：元/平方米

价区	房屋所处地段	房屋结构	调整前收租标准	调整后收租标准	上升幅度
一价区	人民中路（北站至东门城门口，大桥以西）。下南门至青阳阁、民主街、高山街、烈士街、北站至市建筑机械厂、百街口、鸡鹅巷、和平东街	砖混	0.45	1.5	233.30
		砖木	0.40	1.26	215.01
		板木一	0.35	1.11	217.16
		板木二	0.22	0.11	8.93
二价区	北站至三岔路、东门城门口至红旗路、建设西路、建设东路、青年路渡口至战备桥、南站、洞庭北路	砖混	0.45	1.24	175.53
		砖木	0.40	1.04	159.99
		板木一	0.35	0.92	162.87
		板木二	0.28	0.88	213.84
三价区	红旗路至地区有线电厂、苏家渡、德山街、骅街口以南、和平西街、兴街口、大兴街、乾明路	砖混	0.45	1.09	142.53
		砖木	0.40	0.92	130.00
		板木一	0.35	0.81	131.36
		板木二	0.28	0.77	175.06
四价区	其他街道	砖混	0.45	0.88	95.52
		砖木	0.40	0.74	35.00
		板木一	0.35	0.65	88.57
		板木二	0.28	0.62	121.49

1990 年 6 月，常德市物价局、市建委联合印发《关于调整非住宅用房租金标准的通知》，重新调整城区直管公房非住宅用房租金：

（一）非住宅房的建筑面积计租，房屋按结构和地段划分价区；

（二）非住宅用房中不是工农业用房的房屋，按同结构房屋降低一个价区的标准计租；

（三）临街有楼层的营业用房。一律实行分层计价，一楼提高租金 5%，二楼不增不减，三楼降低 5%；

（四）在一般情况下，酸、碱、化工、酒类、煤炭、水泥、食盐、糖、废品等仓库，提高租金标准 20%。冶炼、红炉、翻砂、浆染、冲压、化工、豆腐等车间，提高租金标准 30%。无论仓库和车间，对房屋损坏严重的，提高租金标准 40%。在同一间房屋内，全部动力安装总和达到 20 千瓦的，提高租金标准 15%；超过 30 千瓦的，提高租金标准 20%；

（五）1985 年后，在人民路两旁翻建的非住宅用房，属原租户承租，面积没有增加的，按标准租金实行；超过原面积，超过部分按标准上浮 50%—100%；

（六）调租时间从 1990 年 7 月 1 日起执行。

1991 年 12 月，为推进住房制度改革，常德市人民政府印发《常德市城区公有住宅优惠出售暂行办法》，就统一公有住房租金标准、新建住宅实行新房新制度、集资合作建房等重大措施做出明确规定，定于 1992 年 1 月 1 日起实施，常德市迈出住房制度改革第一步。通过统一公有住房租金标准及配套改革措施实施，全市公有住房租金由原来的平均每平方米月租金 0.06 元提高到 0.20 元。

1992 年，常德市实行以统一公有住房租金标准及配套措施为内容第一步房改。到 1993 年 5 月止，公有住房租金由原来平均每平方米月租金 0. 06 元提高到 0.20 元。新建住宅按照“先售后租”原则，对不同收入层次职工分别实行商品房价和标准价出售，对无能力购买住房的低收入户和“拥挤户”，则按照每平方米使用面积每月 0.40 元的标准收取租金。据统计，统一公有新房租金标准及其配套改革措施实施以后，全市年新增租金 800 多万元，其中，市直单位年新增 280 万元。

1994 年，全市实行以全面建立住房公积金制度为重点第三步房改，全面提高租金标准。1994 年 7 月，公房租金由原来每平方米平均每月 0.55 元提到平均 0.75 元；1995 年 12 月提高到每平方米每月 1.00 元；1997 年 6 月再次提高到每平方米每月 1.30 元。

1995 年 11 月，根据常德市人民政府颁发的《关于进一步深化城镇住房制度改革的意见（试行）》，市城区国有直管公房住宅再次调整租金，从 1995 年 3 月 1 日起，直管公房住宅每平方米使用面积月租金平均价提高到 0.75 元；其中：砖混结构成套住宅，每平方米月租金 0.75 元，非成套住宅每平方米 0.65 元，砖木结构成套住宅，每平方米月租金 0.65 元，非成套住宅，每平方米 0.58 元，主要按地段、年代、朝向和楼层四项因素增减。

1997 年 6 月，根据常德市人民政府《常房改字〔1997〕03 号》文件精神，对城区国有直管住宅公房租金标准再次实施调整。从 1997 年 7 月 1 日起，直管住宅公房每平方米使用面积月租金基本价提高到1.30元；其中：砖混结构成套住宅，每平方米月租金1.30元，非成套住宅每平方米1.05元，砖木结构成套住宅，每平方米月租金1.15元，非成套住宅，每平方米0.9元，简易结构住宅，每平方米0.75元。主要按年代、朝向、楼层、其他四项因素增减。国有直管公房1998年收缴房屋租金556万元，1999年收缴560万元。到1999年年末，常德市城区房租支出已占双职工家庭收入7%，为全面启动房改起到先导作用。

表3.2.1.2.7 1994年常德市非住宅用房月租金标准

单位：元/平方米

一价区	人民中路、武陵路、朝阳路、民主街、大高山街、小高山街、鸡鹅巷、和平东街、百街口	砖混	3.50
		砖木	3.15
		木结构	2.80
二价区	人民西路、人民东路、建设路、青年路、武陵路、洞庭北路、引桥东路、引桥西路	砖混	2.98
		砖木	2.68
		木结构	2.38
三价区	人民路、朝阳路、建设东路、和平街西街、兴街口、大兴街、滨湖路、鼎城路、骅街口	砖混	2.00
		砖木	1.89
		木结构	1.69
四价区	不属一、二、三价区范围的其他街区	砖混	1.75
		砖木	1.58
		木结构	1.40

表3.2.1.2.8 1993—1998年城区单位公房租金标准基本价格

单位：元/平方米

项目	标准及内容		基本价1993年	基本价1995年	基本价1996年	基本价1997年	基本价1998年
房屋结构	庭院式或花园式住宅		0.65	1.30	1.80	2.35	3.00
	砖混	成套住宅	0.55	0.75	1.00	1.30	1.70
		非成套住宅	0.48	0.65	0.80	1.05	1.35
	砖木	成套住宅	0.50	0.65	0.90	1.15	1.50
		非成套住宅	0.43	0.58	0.70	0.90	1.15
	简易	简陋砖房、木板房	0.37	0.45	0.60	0.75	1.00

表 3.2.1.2.9　1997 年常德市城区公有住房租金标准基本价

单位：元/平方米

项目	标准及规格		基本价
房屋结构	庭院式或花园式住宅		2.35
	砖混	成套住宅	1.30
		非成套住宅	1.05
	砖木	成套住宅	1.15
		非成套住宅	0.90
	简易	结构简陋的土砖房木板房	0.75

表 3.2.1.2.10　1997 年常德市城区公有住房租金标准楼层差价

单位：元/平方米

层次＼层数	1	2	3	4	5	6	7	8
1	0	0	0	0	0	0	0	0
2		+0.10	+0.10	+0.10	+0.10	+0.10	+0.10	+0.10
3				+0.15	+0.15	+0.15	+0.15	+0.15
4					+0.15	+0.15	+0.15	+0.15
5						0	0	0
6							−0.10	−0.10
7								−0.20
顶层	0	+0.10	+0.05	0	−0.10	−0.20	−0.25	−0.30

表 3.2.1.2.11　1997 年常德市城区公有住房租金标其他因素差价

单位：元/平方米

朝　向	南北向	0
	东西向	−0.10
房屋建造年代	1986 年以后建成	0
	1980 年至 1985 年建成	−0.10
	20 世纪 70 年代建成	−0.15

续表

房屋建造年代	20 世纪 60 年代建成	-0.20
	20 世纪 50 年代建成	-0.25
	1949 年以前建成的	-0.30
其他	无直接采光的方向	-0.15
	利用挡土墙作外墙且潮湿生霉的房间	-0.30

表 3.2.1.2.12　1955—1999 年城区国有直管公房历年租金收缴情况

单位：万元

年份	收缴租金	年份	收缴租金	年份	收缴租金
1955	6.68	1972	44.06	1986	57.20
1956	6.62	1973	44.80	1987	61.78
1957	31.65	1974	44.45	1988	230.00
1958	53.95	1975	45.41	1989	225.00
1959	51	1976	45.50	1990	270.00
1960	38.28	1977	46.59	1991	315.00
1961	38.55	1978	45.73	1992	370.00
1962	38.7	1979	49.60	1993	430.00
1963	39.98	1980	53.91	1994	430.00
1964	40.03	1981	54.70	1995	455.00
1965	34.20	1982	57.43	1996	500.00
1968	43.79	1983	58.69	1997	610.00
1970	41.08	1984	59.56	1998	559.00
1971	43.79	1985	58.76	1999	560.00

2000 年，常德市城区国有直管住宅公房平均租金提高到每平方米 2.20 元，并实行新房新租办法。1997 年起，国有直管住宅公房新房租金每平方米 3.80 元，租金到位率 96%。2000 年国有直管住宅公房房租占双职工家庭收入比重上升到 10%。

2003 年，根据住房制度改革以后国有直管住宅房屋租赁现状，常德市市房管局与工商部门联合，逐片、逐户普查、登记，加强房屋租赁市场管理。全年共办理住宅租赁登记面积 21.56 万平方米，比 2002 年同期增长一倍；办理非住宅房屋租赁登记手续 1400 户，比 2002 年同期增长 11.73%。

2004 年 11 月，常德市物价局、常德市房产管理局联合印发《关于调整常德市城区国有直管公房住房租金标准的通知》。从 2005 年 1 月 1 日起，市城区国有直管住房基本月租金，现行混合成套住房每平方米使用面积从 1.30 元调整为 2.20 元；砖混结构成套住宅，每平方米月租金 2.20 元，非成套住宅每平方米 1.80 元；砖木结构成套住宅，每平方米月租金 2.00 元，非成套住宅，每平方米 1.50 元；简易结构住宅，每平方米月租金 1.30 元。文件并规定继续实行新房新租和超标准加租。新建住房租金标准按同期住房租金标准加收 50%，超过规定面积标准（户使用面积 39 平方米）以上部分按同期成本租金计租（成本租金每平方米使用面积为 4.45 元）。主要按结构、类别、地段、年代及楼层因素增减。

表 3.2.1.2.13　2005 年城区国有直管住房基本月租金标准

单位：元/平方米

住房结构	住房类别	月租金标准	备注
混合	成套住宅	2.20	
	非成套住宅	1.80	
砖木	成套住宅	2.00	
	非成套住宅	1.50	
简易	木板房、土砖房	1.30	

表 3.2.1.2.14　2005 年城区国有直管住房地段差价

单位：元/平方米

地段类别	范　　围	地段差价	备　　注
一类	江北城区	0	
二类	武陵镇、德山开发区	-0.10	市直管公房

表 3.2.1.2.15　2005 年城区国有直管住房租金新、旧程度

单位：元/平方米

房屋建造年代	新旧程度差价	备注
1990 年以后建成	0	
1970 年至 1900 年建成	-0.20	
20 世纪 60 年代建成	-0.30	
20 世纪 50 年代建成	-0.40	
20 世纪 50 年代以前建成	-0.50	

表 3.2.1.2.16　2005 年城区国有直管住房租金楼层差价

单位：元/平方米

层次＼层数	1	2	3	4	5	6	7
1	0	0	0	0	0	0	0
2			+0.10	+0.10	+0.10	+0.10	+0.10
3				+0.10	+0.10	+0.10	+0.10
4					+0.10	+0.10	+0.10
5						0	0
6							-0.10
7							
顶层	0	0	-0.10	-0.10	-0.15	-0.15	-0.20

2011 年 1 月，国有直管公房管理的职能职责，划归新组建的常德市经致远土地整理开发有限公司。常德市房地产管理部门对国有公房长达 60 年的管理，至此画上圆满句号。

第二节　维修管理

1949 年 8 月，常德市人民政府成立。是月 25 日，大西门杨泗庙火灾烧毁房屋 583 间；31 日，小河街遭国民党飞机轰炸，烧毁房屋 325 栋。自然灾害和旧政权破坏连连发生，房屋管理工作起步艰难。

是时，常德市政府财政局组织各区公产管理委员会及各街道办事处财政干事走街串巷，实地踏勘调查，提出维修计划，向市财政局统一申报。财政局房地股根据轻重缓急，作出维修计划，逐一安排维修。1953 年 4 月，常德遭遇暴风袭击；1954 年 7 月，常德暴发百年不遇洪水；1955 年 7 月、8 月，常德连续遭遇暴风袭击。城区房屋毁损惨重，居民住房困难巨大，维修任务十分艰巨。

1956 年，常德市房地产公司成立，公房维修工作开始由房地产公司专门管理。是时，为确保居住安全，常德市出租私房修缮也由房管部门及街道办事处检查督促，且酌情给予支持。私人出租房屋出现墙壁倾斜、裂缝、鼓肚、基脚下沉、房屋各结构部分腐朽松动及天沟、檐沟、阴沟堵塞等情况，市房地产公司责令出租房主负责修理。修理经费确有困难，可由房主房客协商合修，或房客代垫先修，也可向房管部门贷款维修。其时，市政府为市房地产公司安排专项国家木材指标，提供给私房修缮所需，以鼓励私人积极维修住房，保障各类住房居住安全。

1958 年，常德市城区公房修缮试行“以租养支”。是年，国有住宅公房租金执行分类计租：按折旧费、修缮费、管理费、租金、五项因素计租，修缮费占 29% 。自此，公房维修除主要依靠财政拨款外，得以建立数量虽小、但较为稳定的资金来源。是时，常德市房地产公司出租公有生产营业用房，维修资金每年每平方米 0. 40—0. 60 元；公有住宅用房的维修资金每年每平方米 0. 20—0. 40 元。维修项目则按大、中、小 3 类划定标准：1000 元以上开支为大型维修，200—1000 元以内开支为中型维修，200 元以下开支为小型维修。房屋修缮资金使用方法是：市房地产公司每年按各街道办事处房管小组所辖面积拨给一定数量小型维修费，由办事处房管小组掌握使用；中型维修项目由房管小组申报计划，公司修建股审查批准后实施，费用由公司控制使用；大型维修项目则由公司修建股提出计划并编制预算，公司负责人审批后实施。

1959 年至 1960 年，市城区租金收取和公房维修均改由东升、永胜、德山三个城市人民公社基建科负责。1961 年，市房地产公司逐步恢复正常工作。

1962 年，市房地产公司投资 10 万余元，维修直管公房住宅 52010 方米，其中一般维修 1130 处、小修小补 4340 处。1963 年维修房屋 5633 处，面积 17090 平方米。1964 年，完成小修 595 处，中修 53 处，翻修房屋 8 栋。

1966 年至 1976 “文化大革命” 期间，国有直管公房维修工作时断时续，艰难维持。其间，1969 年至 1971 年，市房地产公司翻修改建公有住房 14681 平方米。

1977 年，公有住房管理工作百废待兴。市房地产公司房屋维修资金严重不足、维修所需建筑材料严重短缺，维修施工队伍和人员也青黄不接。市房地产公司适应形势发展变化，采取“两定三包三结合”包干责任制。两定，即维修工定管段，分段管理和维修；定居委会，每个管段分三个居委会负责维修工作。三包，即包维修、包质量、包检查。三结合，即房管员、维修工、居委会骨干三方结合，共同负责本管段房屋维修及管理。实行

“两定三包三结合”后，1978 年翻修房屋 23300 平方米。1980 年房屋维修支出 22. 8 万元，其中大修 40 处，中修 95 处，小修小补 19140 处。1981 年，市房地产公司在城区各街道办事处设立房管所，房屋维修工作遂由各房管所编制计划，市房地产公司统一安排实施。1982 年，房屋中修 45 处，小修小补 14965 处，维修支出 25 万元。

是时，全市危房面积仍有 1. 5 万平方米。1985 年，常德市政府为维护公房正常使用，保障住户生命财产安全，对国有公房的最大荷载量作出硬性规定，预应力楼层负载不得超过 75 公斤。违反此项规定，导致房屋主体结构受损、墙身裂缝、楼层下塌，承租单位和个人须负责自行修复并作出赔偿。

1987 年，市房地产公司重点解决直管公房屋面漏水问题。全市公房维修，当年全面维修漏水平顶屋面 20500 平方米。1988 年，投入维修费 82. 6 万元，完成公房大中修 21 处，解决 237 户危房、计 9864 平方米，小修养护 500 余次。

1988 年，常德撤区建市。市房地产主管部门坚持不懈抓紧国有直管公房维修解危解困。1989 年完成大中修 30 处，修缮危房面积 5641 平方米，完成 50 栋平顶屋面防水维修，修缮面积 9460 平方米，全市公房完好率提高 1% 。1990 年投入维修资金 89 万元，完成大中修 25 处，修缮危房面积 10735. 21 平方米，小修养护 25828 处；完成新一村 170 米主干道翻修，完成 74 个化粪池全面整修，公房完好率再提高 1% 。1991 年投入维修资金 80 万元，完成大中修 29 处，修缮危房面积 8400 平方米，小修小补 29942 处，维修平顶屋面 14000 平方米，公房完好率提高 3. 5% ，年底全市公房完好率达到 75. 27 % 。1992 年投入维修资金 122 万元，完成大修 27 处，修缮危房面积 9000 平方米，其中 5 个工程项目被评为优良工程；小修 24687 处，全年维修平顶屋面 14300 平方米，油漆钢窗 10714 平方米，提高房屋完好率 2. 5% ，公房完好率达到 77. 77% 。1993 年投入维修资金 110 万元，完成大中修 19 处，修缮危房面积 13574 平方米，其中 3 个工程被评为优良工程；小修养护 1331 处，改善租户居住条件 350 户。1994 年投入维修费 125 万元，完成大中修 20 处，修缮危房面积 18500 平方米，其中 4 个工程被评为优良工程；小修养护 16662 处，完成新修岩桥住宅区下水管道 2 条，长度 170 米。公房完好率提高 2% 。1995 年投入维修费 100 万元，完成大中修 I5 处，修缮危房面积 4870 平方米，小修养护 18965 处，全年维修平顶屋面 27 处、11000 平方米，新修下水管道 22 条、长 380 米，全市公房完好率达到 76% 。1996 年投入维修费 71 万元，完成大中修 13 处，小修养护 13260 处，全年维修平顶屋面 320 平方米，新修下水道 30 条，房屋完好率达 85 % 。1997 年投入维修费 90 万元，完成大中修 11 处，修缮危房面积 7805 平方米，小修养护 15800 处，维修平面屋顶 250 处、计 5100 平方米，新修下水道 120 处、全长 230 米。

市房地产主管部门还紧紧抓住撤区建市后旧城改造推进契机，用活优惠政策，启动市场机制，大力推进国有公房拆危改造。1988 年拆迁危房 10790 平方米。1989 年完成人民路临街危房改造，翻建公房 5000 平方米；完成防洪大堤搬迁公房租户 431 户、25239. 99

平方米。1992 年拆除危房 4407 平方米，完成德诚宾馆、滨湖公园西大门拆迁直管公房 84 栋、12523 平方米。1995 年完成西大堤防洪扫障拆迁直管公房面积 2354 平方米，为市政建设完成直管公房拆迁 81 户、2773 平方米。1996 年完成旧城改造拆迁 1632 平方米。1997 年拆迁光明巷 8 栋 2344 平方米，乔家巷 1 栋 421 平方米。

经过整整 10 年不懈努力，至 1997 年年底，包括旧城改造，市城区累计完成房屋维修改造 20 多万平方米。城区人均居住面积提高到 9. 1 平方米。

1997 年至 2000 年，市城区国有直管公房支出维修费用 445 万元，维修平顶屋面 15560 处，开片检瓦 63 万平方米，疏通阴沟 4000 余条。新修下水道 500 多条。2001 年，公房存量大幅减少，直管公房支出维修费用 120 万元。2003 年完成朗州路、建设路临街公房“穿衣戴帽”维修整改 6300 平方米。2005 年完成彩滨市场消防整改 211 家商户拆迁安置；2006 年完成红卫社区消防整改公房共 54 栋、9271 平方米拆迁安置。

2006 年，市政府颁行《常德市国有直管公房管理暂行办法》，明确规定国有直管公房维修资金管理、拆迁安置补偿标准及补偿程序，确保国有直管公房安全使用，保障出租人和承租人合法权益，确保国有直管公房管理规范有序。为确保住户居住安全，市房地产经营公司全力抓好房屋养护工作，坚持每月房屋安全检查，完善管段工人维修基本程序，保证按质按量完成维修任务。市房管局制定《国有直管公房突发事件应急预案》，妥善处理国有直管公房突发事件，对管辖范围内公房进行拉网式清查，建立危房档案，确保国有直管公房安全使用。2007 年，积极开展公房解危工作，对光明巷、张家湾等 4 栋危房分别采取拆除重建、维修加固等措施实施解危。是年底，国有直管公房减量为 22. 4 万平方米，计 619 栋 4885 户，其中住宅 19. 14 万平方米、非住宅 3. 26 万平方米。这批公房大多分布在各街道居委会老旧城区。其中危房 267 户，11145. 30 平方米，解危和日常修缮养护工作相当繁重。

2007 年，针对境内国有直管公房面积锐减，公房租金收入连年走低，房屋旧损程度加剧，维修改造任务日益艰巨，传统“以租养房”经营管理模式已经难以为继实际，常德市政府出台《常德市国有直管公房管理暂行办法》，明确规定国有直管公房维修资金管理、拆迁安置补偿标准及补偿程序，确保国有直管公房安全使用，保障出租人和承租人合法权益，确保国有直管公房管理规范有序。

2008 年，常德市房管局按照市委关于“推进国有直管公房市场化”指示精神，成立“国有直管公房市场化领导小组”，党组书记雷志钦担任组长，进一步澄清国有直管公房存量家底，进一步明晰国有直管公房产权关系，坚持“先非住宅后住宅”和“租金市场化、管理专业化”改革步骤和工作原则，用市场化手段促进国有直管公房改危提质。领导小组大力推进非住宅公房市场化，积极探索多途径提高国有直管公房居住安全水平、管理水平路子，为国有直管公房全面市场化工作开展奠定基础。至 2010 年，除步行街彩滨市场外，常德市城区非住宅国有直管公房市场化改革均已实施到位。2011 年 1 月，常德市国有直管公房维修管理工作划归新组建的常德市经致远土地整理开发有限公司负责。

1949 年至 2010 年，常德市国有直管公房维修管理工作水平在全省一直位居前列，60 年未发生一起房屋倒塌、人员伤亡事故，有效保障了公房使用单位和广大居民的生命财产安全。

第三章　住房制度改革

第一节　住房商品化

一、公有住房租金改革

1988 年 3 月，常德地区行政公署按照国务院《国发〔1988〕17 号》和湖南省政府《湘发〔1988〕27 号》文件精神，成立常德城区住房制度改革领导小组，行署专员程林义任领导小组组长。1988 年 5 月，常德“撤区建市”，常德城区住房制度改革领导小组更名为常德市人民政府住房制度改革领导小组，副市长李江、副市长陈德铨先后担任组长。市政府住房制度改革领导小组下设办事机构，全称为常德市人民政府住房制度改革领导小组办公室，简称市政府房改办，李培成首任房改办主任。从市直有关单位抽调 8 名工作人员为办公室工作人员，开展日常工作。

常德市住房制度改革包括推进公有住房租金改革、稳步出售公有住房、职工集资建房、经济适用房建设、全面推行住房公积金制度，全面实行住房商品化和职工住房货币补贴。房改基本目标是，把住房建设投资由国家、单位统包体制，改革成为国家、单位、个人三者合理负担体制；把单位负责建设、分配、维修、管理住房体制，改革成为社会化、专业化运行体制；把住房实物福利分配方式，改革成为以按劳分配为主货币的工资分配方式；建立住房公积金制度；建立以中低收入家庭为主要对象商品房供应体系。房改根本目的是建立与社会主义市场经济体制相适应的新型城镇住房制度，实现住房商品化、社会化，加快住房建设和改善居住条件，满足城镇居民不断增长的住房需求。

1988 年，国务院住房制度改革领导小组颁布《关于在全国城镇分期分批推行住房制度改革的实施方案》。遵照国务院和湖南省政府统一部署，常德市住房制度改革从 1988 年开始至 1991 年年底经过近四年时间前期准备，从 1992 年元旦正式起步实施。境内住房制度改革采取四个阶段、逐步实施方案：第一步是在全市实行统一公有住房租金标准及配套措施，第二步是优惠出售公房及提高租金标准，第三步是稳步出售公房及建立住房公积金制度，第四步是终止福利分房制度，全面实行住房商品化和职工住房货币补贴。

1991 年 12 月，常德市人民政府印发第一步房改工作重要文件《常德市城区公有住宅优惠出售暂行办法》，就统一公有住房租金标准、新建住宅实行新房新制度、集资合作建房等改革措施，作出明确规定：到 1993 年 5 月止，第一步房改工作任务基本完成，公有住房租金由平均每平方米月租金 0. 06 元提高到 0. 20 元。

1992 年，常德市住房制度改革正式起步，在全市实施以统一公有住房租金标准及配套措施为内容的第一步房改。为改变新中国成立后即开始实行的住房福利制、低租金住房制度，树立群众量力住房、合理消费观念和住房商品化意识，鼓励单位自筹资金和个人集资合作建造住房。

1993 年 5 月，常德市住房制度改革领导小组办公室设置为常设机构，雷志钦首任市政府房改办主任。是年 7 月，市政府颁布第二步房改方案《常政发〔1993〕7 号》文件。市城区共出售房屋 23108 套，总建筑面积 119 万平方米，售房收入总额 1342.7 万元，每平方米平均售价 117 元。第二步房改共征集“城市住房资金”和“企业住房调节基金”2608 万元，达到售房回收资金预期效果。公房月租金标准由每平方米 0.20 元提高到 0.55 元。

1994 年 7 月，国务院《关于深化城镇住房制度改革的决定》发布实施，常德市房改工作进入到综合配套、整体推进新阶段。这一阶段，全市全面提高租金标准，稳步出售公有住房，全面建立住房公积金制度，大力提倡和推进个人集资建房，认真搞好新老政策衔接，大力加强住房资金管理，成效十分显著。公房月租金标准由每平方米 0.55 元提高到 0.75 元；职工按月工资 5% 标准缴交住房公积金。财政或单位向职工个人住房公积金账户缴交等额住房公积金，均归职工个人所有，用于职工购房和自住房屋大修。

二、职工住房货币补贴

1998 年，全市正式进入房改第四步，终止福利分房制度，全面实行住房商品化和职工住房货币补贴。是年，国务院颁发《关于进一步深化城镇住房制度改革，加快住房建设的通知》，要求停止住房实物分配，取消福利分房，建立住房分配货币化、住房供给商品化和社会化住房新体制，我国住房实物分配制度实行近四十年到此结束。

1998 年 6 月，常德市政府召开全面推进住房制度改革专题会议，决定：

（一）按照湖南省政府划定时限，1998 年 7 月 1 日停止实物分房，实行住房货币分配。在实行货币分配之前，全市进行一次住房普查，建立个人住房档案，房管部门会同财政等有关部门制定住房货币分配实施细则。

（二）1998 年年底住房公积金制度要全面辐射到乡镇，个人和单位归集面都要超过 75%，归集率达到 65 %，到 2000 年年底全市住房公积金累计达到 3 亿元。住房公积金管理实行微机管理，逐步与各家商业银行统一软件，实现电脑联网。

（三）出台售后公房二级市场管理规定：存量公房要在 1999 年房改年度按成本价售完。到 2000 年，公房租金要达到占双职工家庭平均工资 10%，有条件单位要达到 15%，对困难家庭继续实行减免政策。

（四）充分利用房改资金大规模进行经济适用住房的开发建设，逐步建立以中低收入家庭为对象，具有社会保障性质的经济适用住房供应体系。全面落实经济适用住房开发建设优惠政策，降低建造成本。继续鼓励职工集资合作建房。

（五）改变单位建房、分房和维修、管理住房体制，把住房建设分配、管理和维修服务等职能分离出来，实行社会化、专业化运行体制。

当年，常德市城区住房商品化和住房货币补贴改革取得重大进展：

（一）市直属单位住房公积金归集额达4013万元；

（二）公房月租金达到每平方米1.25元，新房月租金每平方米3.8元，房租支出占双职工家庭平均工资7%；

（三）市本级共1.2万户补办全部产权手续，全部产权达到64.84%；

（四）出售公房3053套21.7万平方米，收回售房款8690多万元，公房出售率达93.2%；

（五）市直单位中有60个单位2498户集资建房22.4万平方米，总投资1.28亿元。

（六）在芷兰小区投资9500万元，修建共800多套经济适用住房。

1998年12月，常德市停止实物分房，实行住房货币分配。住房二级市场从此开放，住房实现自身固有的商品属性，住房制度改革迈入住宅建设市场化和住宅消费货币化道路，居民住房全面进入商品化、市场化阶段。通过房改，常德市住房供应体系发生根本改变，住房消费观念随之发生根本改变，开放住房交易市场，促进常德市住宅建设发展，相关产业也逐渐培育壮大，房地产市场逐步建立和活跃起来。

1999年1月，市政府《常德市职工住房货币分配实施办法》文件出台，全面实行住房货币化改革，在建立住房公积金制度同时，对符合条件的职工实行住房补贴。文件规定对符合条件的职工发放住房补贴和工龄补贴：

（一）发放对象是未购、建住房和已购、建住房但住房面积达到规定标准的党政机关、企事业单位正式在职职工和离退休职工。已购、建住房且面积达到规定标准的行政机关、企事业单位职工，不再享受住房工龄补贴。

（二）职工住房补贴发放方式为两种：一种是一次性发放方式，即将1998年12月31日前参加工作的职工住房工龄补贴一次性发放给职工，划入职工个人住房公积金账户；第二种是按月发放，即将1999年1月1日后参加工作的职工住房工龄补贴在规定年限内按月计发，补贴标准为参加工作后20年内职工本人上年月平均基本工资8%逐月计发。

（三）职工住房补贴来源是：

1. 财政全额预算行政事业单位补贴资金从城市住房基金，财政年度安排的住房建设维修资金和各单位自有住房出售收入中解决；

2. 企业或自收自支事业单位及差额预算事业单位补贴资金由单位自行负担，先从单位住房出售收入、现有建房资金或其他可开支资金中解决，不足部分经财政部门核定后在成本费用中列支。

随着住房制度改革不断深入，住房资金规模不断增大。1999年，市本级住房公积金归集总额达到5707万元，市直单位中54个单位住房公积金缴交率达到10%；全市出售公有住房84.59万平方米，公房出售率达96%；全面停止住房实物分配，实行住房分配货币化。年底止，市直单位中有22家501人实行住房补贴和工龄补贴，共补贴资金177.91

万元；利用公积金开展个人住房抵押货款，首期发放贷款500万元。

第二节　公房优惠出售

一、单位自管公房出售

1993年7月，常德市政府颁布《常政发〔1993〕7号》文件，安排全市按标准价出售公房。这个文件颁布实施，标志常德市住房制度改革进入预定方案第二步。

为了全面、准确地执行房改方案，市政府召开全市各区、县（市）和市直各单位主要负责人房改工作会议。市房改办共举办5期业务培训班，为市直各单位、各区、县（市）培训房改业务骨干480多人，编印《房改政策规定汇编》，各新闻单位配合市政府房改办对房改政策开展广泛宣传。在实施过程中，市房改办先后接待、处理群众来信来访3000多人次，对各产权单位自测申报售房方案，进行实地审验。1993年7月至1994年4月底止，市直及驻常德中央、省属有房屋产权308个单位中，有302个单位通过验收和审批，占产权单位总数98%。市城区共出售房屋23108套，总建筑面积119万平方米，售房收入总额1342.7万元，每平方米平均售价117元。征集“城市住房资金”和“企业住房调节基金”2608万元，达到售房回收资金的预期效果。

第一批次公房出售后，从1995年起，市政府房改办在每个年度6月30日以前，编制好下一年度房改方案，先报市政府房改领导小组审核，再报湖南省房改办公室审批，然后进入实施。1995年元旦起，公有住房出售采取双轨制，即标准价和成本价并存。1993年按标准价出售的公房，须重新确定个人产权比例。1995年年度房改方案中取消标准价，砖混结构房屋出售价按每平方米成本价500元执行，1996年年度方案调高为每平方米550元，1997年方案维持为550元，面积标准按建筑面积计算。各项优惠条件逐年递减。

为了加快新型住房制度建立，市政府决定从1997年7月1日起，所有党政机关和企业不得再建福利性住房。凡1995年1月1日后参加工作的职工，所在工作单位原则上不再负责解决其住房，由职工个人到房地产市场购买住房或租赁住房。

这一期间，根据国务院《关于深化城镇住房制度改革的决定》要求，在对新建住房和腾空的旧住房，按新定售房价格积极组织出售同时，市房地产管理部门还对原已按照市政府1993年7号文件出售的公房进行清理规范。到1998年为止，全市九个区、县（市）共18952户原购房职工，均办理重新确定产权比例手续，占应明确产权比例总户数73%。市直单位共有15380户办理重新明确产权比例手续，占应明确产权比例总户数70%。1997年5月，市政府鼓励原按标准价购买部分产权的职工购买全部产权，出台优惠政策《常政办发〔1997〕114号》，全市广大职工踊跃购买全部产权。市直16800多户补办全部产权手续，为住房走向市场奠定基础。

在第二步房改过程中，为加快住房建设步伐，改善职工住房条件，常德市采取国家、单位、个人三条渠道多方筹资建房。为鼓励单位自筹资金、职工集资建造住房，市政府对集资合作建房在政策上给予支持，极大调动各单位组织职工集资建房积极性。1993 年当年，市城区单位和职工集资合作建房面积 17.84 万平方米，集资总额达 4645 万元，其中个人集资额 2180 万元，单位自筹建房资金 2465 万元，解决职工住房 2977 套。

在当时历史条件下，集资建房是加快推进城镇住房建设一种主要形式，长期困扰城镇住房建设资金短缺问题得到有效缓解，大大加快了常德市经济适用住房建设步伐。1997 年，集资建房面积 8.48 万平方米，总投资 5208.32 万元，其中个人集资达 3409.6 万元。1998 年，共有 2498 户参与集资建房，总面积 224407.5 平方米，总投资 1.28 亿元，个人集资总额 9918.31 万元。1998 年下半年，市委、市政府及时调整住房投资结构，划拨 8.67 公顷土地，总投资 9500 万元，修建 700 多户住房，建设常德市最大经济适用住宅小区芷兰居，大大加快常德市建立新型住房体制的进程。1994 年至 1998 年，集资建房总面积达 71 万平方米，总投资 39783.5 万元。市城区人均住房面积由 1989 年 5.3 平方米增加到 1998 年 9 平方米以上。

1998 年国务院发布《关于进一步深化城镇住房制度改革加快住房建设的通知》，提出停止住房实物分配，逐步实行住房分配货币化，建立和完善经济适用住房为主多层次城镇住房供应体系目标。常德市政府决定从 1998 年 12 月 31 日起，停止实物分配，从 2000 年 7 月日 1 起，停止集资建房审批，停止一切优惠售房，随即出台《常德市职工住房货币分配实施办法》。至此，住房制度改革实现重大突破，由住房实物分配转变为货币分配形式。截止到 1999 年，全市总计出售单位自管公有住房 32605 套，售房面积 211 万平方米，收回资金 24301 万元。

表 3.3.2.1.1　1993—1998 年城区单位公有住宅优惠出售价格

单位：元/平方米

年份	标准价	成本价	市场价	现住房折扣	工龄折扣	一次性付款优惠
1993	200					20%/22%
1994	340	450		5%	2.7/3.6	20%
1995		500	750	4%	3.9	20%
1996		550	780	3%	4.18	18%
1997		550	780	2%	4.18	15%
1998		600	800	1%	4.56	10%

二、国有直管公房出售

为加快住房制度改革，1993 年 10 月，常德市人民政府办公室发布《常德市城区优惠出售国有直管公房住宅实施办法》，常德市房地产经营公司按照该《办法》规定，对国有直管公房开展优售工作。优售对象为国有直管公房住宅房承租者，优售标准为：1992 年 1 月 1 日至 12 月 31 日竣工的砖混结构成套住宅标准价，每平方米建筑面积 200 元；1992 年 1 月 1 日以前竣工的房屋，每年扣减 1%，但扣减累计不得超过 30%。1992 年 12 月 31 日以后竣工的房屋，每年增加 3%（截至 1994 年 4 月底，不同结构房屋具体价格及成新增减系数和地段、层次、朝向增减率，见后附各表）。优惠政策：一次性付款者优惠 20%；一次性付款有困难可分期付款，但不享受一次性付款优惠条件。优售时间：定于 1994 年 4 月 30 日以前。优售结果：出售国有直管公房 1973 套、近 10 万平方米，售房收入 1345.5 万元。

根据国务院深化住宅体制改革精神，1999 年 7 月 6 日，常德市人民政府住房制度改革领导小组办公室、常德市房地产管理局发布《关于城区优惠出售国有直管住宅有关问题的通知》。常德市房地产经营公司按照《通知》精神，继续对国有直管公房开展优售工作，规定：

（一）对已按《常政办发〔1993〕22 号》文件规定优惠购房者，从部分产权向全部产权过渡工作，按以下原则处理：

1. 按照《常政办发〔1993〕22 号》文件规定优惠出售的国有直管住宅，其购房者享有“房屋所有权证”所载全部建筑面积 80% 产权，国家享有 20% 产权。根据深化住房制度改革精神，要求已优惠购买部分产权购房者继续购买原属国家的 20% 产权，使购房者拥有全部产权。

2. 购买全部产权购房价格按《常政发〔1999〕6 号》文件规定成本价格执行。补交房款一律实行一次性付款，一次性付清应补房款的给予补房价款 10% 折扣。

3. 对补交房款房屋给予成新折扣，年折旧率为 2%；给予 1% 现住房折扣。

4. 对补交房款房屋其房屋结构、地段差价、楼层增减系数、朝向调节等一律以原购房人《常德市城区优惠购买国有直管住宅审批表》所载内容为准。

（二）继续按房改政策出售国有直管住宅按《常政办发〔1993〕22 号》文件优惠房中，没能以整栋为单位将所有住宅出售、余下部分仍为国有直管住宅出租的，可继续按房改政策出售。原承租人系城区常住户口，且无两处以上住房的，均可申请购买。购买原则：

1. 售房价格按《常政办发〔1993〕22 号》文件规定成本价格执行；一律实行一次性付清房款，给予应付房价款 10% 折扣，所购房屋拥有全部产权。

2. 出售房屋给予成新折扣，年折旧率为 2%；给予 1% 现住房折扣。

3. 所购房屋地段差价、楼层增减、朝向差价等调节系数仍按《常政办发〔1993〕22 号》文件有关规定执行。

4. 市直单位职工租住国有直管住宅，经房地产管理局审查可以出售的职工所在单位要求由单位先行购买后再按房改规定出售给职工的，在征得市房改办许可后，可以由单位购买，再按现行房改政策优惠出售给个人。

1993 年市本级优惠出售公房以后，到 1998 年底，全市共有 4 万多户原部分产权住户自愿购买全部产权，共归集资金 1.9 亿元。市本级共 12688 户补办全部产权，过渡面积达 64.84%，公房出售率达 93.2%。

2000 年，常德市政府成立常德市国有直管公房置换领导小组，主导销售常德城区可售公房工作。当年出售公房 2.7 万平方米，售房款 483.8 万元。是年年底，累计已售公房占可售公房比例达 98%，部分产权向全部产权过渡达 85%。其中，2000 年当年优惠出售国有直管公房 781 套计 3.699 万平方米，售房收入 790 万元。2001 年又出售 2.7 万平方米，售房收入 483.38 万元。

1992 年年末，市房地产经营公司直接管理市城区国有直管公房总面积 57.88 万平方米，其中生产用房 14.09 万平方米、住宅用房 43.79 万平方米。经过 20 年住房制度改革，积极推进优惠出售加上旧城改造、企业改制划拨等各种因素，到 2010 年年底，全市城区国有直管住宅公房存量面积仅 17.41 万平方米。

表 3.3.2.2.1　1994 年城区优惠出售住宅标准价

单位：元/平方米

房屋结构	类型	出售中标准价（元/平方米）
砖混	成套	200
	不成套	170
砖木	成套	160
	不成套	130

表 3.3.2.2.2　1994 年城区优惠出售住宅成新折扣增减系数

单位：元/平方米

年代＼年份	0	1	2	3	4	5	6	7	8	9
90 年代	98	99	100	103	106	109				
80 年代	88	89	90	91	92	93	94	95	96	97
70 年代	78	79	80	81	82	83	84	85	86	87
60 年代				71	72	73	74	75	76	77

表 3. 3. 2. 2. 3　1994 年常德市优惠出售住宅楼层差价调节系数表

单位：±%

朝向	东西向	南北向
增减	-2	0

表 3. 3. 2. 2. 4　1994 年常德市优惠出售住宅地段差价调节系数

单位：±%

地段等级	类地区	二类地区	三类地区
增减%	0	-4	-6
具体范围	东：东一路以西 南：沅水以北 西：西三路以东 北：柏园路以南	东：东一路以东 南：柏园路以北 西：西三路以西、西五路以东 北：火车站以南、德山除苏家渡德山街外	除一、二类地段以外的地域

表 3. 3. 2. 2. 5　1994 年常德市优惠出售住宅楼层增减系数

单位：±%

层次＼层数	1	2	3	4	5	6	7	8
1	0	0	0	0	0	0	0	
2			+2	+2	+2	+2	+3	
3				+3	+3	+3	+3	
4					+2	+2	+2	
5						+1	+2	
6							0	
顶层	0	0	-2	-5	-7	-8	-10	

1992 年至 2001 年十年期间，住房制度改革各项主要业务工作指标完成情况良好：1. 国有存量公房出售：全市共出售公房 22. 32 万平方米，累计售房金额 4. 53 亿元；市城区本级审批 125 家 2605 套，13. 36 万平方米，售房金额 3112 万元。其中，破产置换企业 35 家 1915 户；机关事业单位出售 2846 平方米，售房金额 900 万元。2. 集资建房：全市集资建房中自建经济适用住房 9. 62 万平方米，投资 5772 万元；其中市本级 2. 38 万平方米，

投资 1366.9 万元。3. 住房工龄补贴发放：全年共审批 15 家行政企业事业单位住房工龄补贴，补贴总建筑面积 1403 平方米，发放住房工龄补贴 41.98 万元。其中，财政全额负担的行政事业单位发放住房工龄补贴 28.39 万元。

2001 年机构改革，常德市住房制度改革领导小组办公室被撤销，相关职责并入常德市房地产管理局，先后由市房管局房改政策指导科、房改和中介市场管理科负责房改方面工作。是年 8 月，常德市住房公积金管理中心亦从常德市住房制度改革领导小组办公室分离出来，归口常德市财政局管理。

2002 年，房改工作进入扫尾阶段。当年，为进一步完善公房出售、出租和住房工龄补贴政策，加强住宅物业管理，建立新型住房供应体系，市政府印发《关于进一步深化城镇住房制度改革有关规定的通知》，明确出售存量公房、住房工龄补贴、原按标准价购房房产权补齐、住房租金、住宅物业管理等 11 项内容。

2005 年，市房管局加强对改制企业房改指导工作。当年，为 58 家产权单位办理存量公房出售 975 套，14.3 万平方米。2006 年，进一步推进企业公房优惠出售、补贴工作。全年共办理 46 家产权单位、495 套公房出售手续；出售面积 33138 平方米，出售金额 1226.8 万元，专户存款金额 127 万元。全年共办理 10 家单位职工住房补贴初审工作。其中常德卷烟厂职工住房补贴审批全部完成，职工住房补贴人数为 5864 人，发放住房补贴款 1.973 亿元。企业特别是改制企业住房制度改革，标志全市房改工作实现全面突破。

住房制度改革是一项阶段性工作，体现在公房优惠出售时限性；同时也是一项长期工作，体现在实行货币分配制度建立，特别是住房保障体系建设是十分艰巨的长期任务。1992 年正式实施住房制度改革至今 20 年，住房制度改革对于全市整个社会经济生活产生重大影响。

一是根本转变城镇居民住房观念。通过房改，常德市城镇居民、干部职工已经逐步树立住房商品化、社会化观念意识。

二是有效调整全社会居民消费结构。通过房改刺激住房消费，城镇居民、干部职工个人住房消费比例逐步扩大。

三是极大促进住房资金投入产出良性循环，拓宽建房资金渠道，为加快住房建设积累宝贵资金，开辟出社会投资建设住房广阔资金渠道。

四是有力加快住房建设速度。经过房改，房地产市场不断培育壮大，房地产行业已经成为常德市经济发展支柱产业。

五是强势带动相关产业发展。住房制度改革不仅直接孕育和推动房地产业发展，而且带动建筑业、建材业、装饰业发展，牵动家用电器、家具更新换代，大大推进旧城改造规模和速度。房地产行业已经成为城市经济发展引擎。

全市住房制度改革，实现了由实物福利分房制度向职工住房货币补贴转变，向以住房商品化、社会化为核心适应社会主义市场经济体制和我国国情的城镇住房新制度转变，大大加快了城镇住房建设，基本满足了城镇居民快速增长住房需求，促进了全市社会经济持续、稳定、健康发展。

第三节　住房公积金管理

1995 年 3 月，市政府成立常德市住房公积金管理中心，隶属市政府住房制度改革领导小组办公室，负责归集管理市本级政策性住房资金。2001 年 8 月，市委、市政府下发《常德市市直党政群机关机构改革方案实施意见》，明确住房公积金管理中心为副处级事业单位，归口财政局管理。作为非商业化、非经营管理财政全额拨款事业单位，履行行政管理职能，对区县（市）实行垂直管理。2002 年，市政府印发《常德市住房公积金管理机构调整工作实施方案》，决定全市住房公积金实施统一管理，原区县（市）住房公积金管理中心改为市住房公积金管理中心业务经办网点。2006 年 8 月，市住房公积金管理中心升格为市人民政府直属正处级事业单位。

一、住房公积金归集

市住房公积金管理中心负责编制中心全年归集计划；负责市直单位住房公积金开户、催缴催建等工作；负责对市直单位住房公积金缴交基数审核；负责市本级财政补贴部分及时分解到单位账户和个人账户；负责对住房公积金新开户单位和个人信息审核。

1994 年 7 月，国务院《关于深化城镇住房制度改革的决定》发布实施。次年 3 月，常德市住房公积金管理中心成立，境内开始全面推行住房公积金制度。到 1997 年底，全市归集住房公积金 8174 万元，其中市直 2892 万元。市直单位中有 318 个单位、455864 人建立住房公积金制度。

1997 年，湖南省政府印发《湘政办发〔1997〕11 号》文件，要求各地人民政府管好用活政策性住房资金，实现住房资金投入产出良性循环，加快城镇住房建设。根据这个文件精神，市政府及时出台政策性住房资金管理办法，进一步理顺关系，将政策性住房资金划归常德市住房公积金管理中心进行统一管理。到 1999 年年末，全市共归集单位住房资金 1.0513 亿元，其中市直单位 5148 万元。

2002 年，常德市政府出台《常德市住房公积金管理机构调整工作实施方案》，实施住房公积金决策职能与管理职能相分离。按照三个“三分之一”原则，组建住房公积金管理委员会，作为决策机构行使决策职能，形成“住房公积金管委会决策、住房公积金管理中心运作、银行专户存储、财政监督”工作运行体系和管理运行机制。住房公积金的归集、使用、管理进一步规范。

2006 年，市政府印发《常德市住房公积金管理暂行办法》，住房公积金缴存人合法权益得到进一步明确，住房公积金运作管理进一步安全、透明，全市范围内所有国家机关、国有企业、城镇集体企业、外商投资企业、城镇私营企业及其他城镇企业、事业单位、民办非企业单位、社会团体及其在职职工缴存住房公积金，更加规范有序。是年，市住房公积金管理中心设立归集科，专门负责住房公积金归集工作。

2008 年，全市共归集住房公积金 7. 34 亿元，占年计划 6. 22 亿元 118%，比上年增加 1. 31 亿元，增长 21. 72%。其中市本级归集住房公积金 3. 01 亿元，占年计划 2. 8 亿元 107%，比上年增加 0. 42 亿元，增长 16. 22%；区县（市）管理部归集住房公积金 4. 33 亿元，占年计划 3. 42 亿元的 126%，比上年增加 0. 89 亿元，增长 25. 87%。是年底，全市累计归集住房公积金总额 36. 02 亿元，累计归集余额为 21. 41 亿元。

2009 年，全市共归集住房公积金 9. 32 亿元，占年计划 8 亿元 116. 5%，比上年增加 1. 98 亿元，增长 26. 98%。其中：市本级归集住房公积金 4. 07 亿元，占年计划 3. 35 亿元 121. 49%；县市区管理部归集住房公积金 5. 25 亿元，占年计划 4. 65 亿元 112. 9%。全市住房公积金归集覆盖率为 80. 59%，比上年增长 2. 15%。其中：市本级为 90. 8%，县市区管理部为 71. 7%。

是年，市财政局根据市政府安排，印发《关于明确市直行政事业单位住房公积金缴存有关问题的通知》，统一部署“从 2009 年 1 月 1 日起，将津贴补贴纳入住房公积金缴存基数，单位和个人的缴存比例仍维持 12% 不变”。

2010 年，住房公积金归集额有较大幅度增长。全市共归集住房公积金 11. 28 亿元，占年计划 9. 8 亿元 115. 1%，比上年净增 1. 97 亿元，增长 21. 12%。其中：市本级归集住房公积金 4. 89 亿元，占年计划 4. 25 亿元 115%；县市区管理部归集住房公积金 6. 39 亿元，占年计划 5. 55 亿元 115. 14%。全市住房公积金归集覆盖率为 71. 02%，其中：市本级为 89. 61%，县市区管理部为 63. 89%。新增缴存人数 1. 71 万人，增长率为 8. 67%。

2011 年，全市共归集住房公积金 13. 53 亿元，占年计划 12 亿元的 112. 75%，比上年净增 2. 25 亿元，增长 19. 95%。其中：市本级归集住房公积金 5. 76 亿元，占年计划 5 亿元 115. 2%；县市区管理部归集住房公积金 7. 77 亿元，占年计划 7 亿元 111%。全市住房公积金归集覆盖率为 77. 54%，其中：市本级为 76. 34%，县市区管理部为 78%。新增缴存人数 1. 46 万人。是年底，全市累计归集住房公积金总额 70. 15 亿元，累计归集余额为 41. 55 亿元。截至 2012 年 10 月，全市历年累计归集住房公积金 83. 34 亿元，实缴人数 24. 28 万人。

二、住房公积金提取

2006 年，常德市住房公积金管理中心设立提取科，专门负责为缴存人按照规定提取个人账户公积金服务，满足城镇居民不断增长的住房需求，让符合条件个人及时、便捷提取个人账户内住房公积金。2008 年，全市共提取住房公积金 2. 41 亿元，占当年住房公积金归集总额 32%，比上年减少 31. 34%。其中：市本级提取 1. 02 亿元，占当年归集总额的 33%；区县（市）管理部提取 1. 39 亿元，占当年归集总额 32%。至 2008 年年底，全市累计提取住房公积金 14. 61 亿元。

2009 年 6 月，湖南省建设厅印发《湖南省住房公积金提取管理办法》，明确规定：离休、退休等 5 类人员可按规定提取缴存人住房公积金账户内全部本息余额并注销住房公积金个人账户。购买、建造、翻建、大修自住住房等 6 种情形，缴存人可按规定申请办理非销户提取。

2009 年，全市共提取住房公积金 4. 02 亿元，占同期住房公积金归集总额 43. 13%。其中：市本级提取 2. 01 亿元，占同期归集总额 49. 39%；县市区管理部提取 2. 01 亿元，占同期归集总额 38. 29%。2010 年，全市共提取住房公积金 4. 94 亿元，占同期住房公积金归集总额 43. 79%。其中：市本级提取 2. 15 亿元，占同期归集总额 43. 97%；县市区管理部提取 2. 79 亿元，占同期归集总额 43. 66%。2011 年，全市共提取住房公积金 5. 04 亿元，占同期住房公积金归集总额 37%，控制在年初计划 45% 以内。其中：市本级提取 2. 03 亿元，占同期归集总额 35%；县市区管理部提取 3. 01 亿元，占同期归集总额 38. 74%。至 2011 年年末，全市累计提取住房公积金 28. 60 亿元。

2011 年 3 月 14 日，市人民政府印发新修订《常德市住房公积金提取管理办法》。修订版《管理办法》突出特点是严格执行国家、省、市新出台的楼市调控政策。

三、住房公积金贷款

实施住房制度改革以后，广大住房公积金缴存户购房需求迅速增大，全市住房公积金贷款业务随之迅速发展。

2004 年 7 月 1 日，根据《国务院住房公积金管理条例》有关条款，常德市人民政府办公室印发《常德市住房公积金贷款管理办法》。该《管理办法》规定，在本市行政区域内城镇土地上购买、建造、大修具有所有权的住房，并用于本人居住，同时符合下列条件的职工，可以申请住房公积金贷款：

（一）实际缴存住房公积金一年以上，且在申请贷款前 6 个月内无连续停缴的记录（军转干部从缴纳公积金的下月起即可贷款）；（二）贷款用于购买、建造、大修自住住房，且贷款时间离购买、建造、大修自住住房时间不超过 2 年；（三）购房首期付款在住房总价 30% 以上（含 30%）；（四）有良好的信誉，具有稳定的职业和收入，有按期偿还贷款本息的能力。

2006 年 12 月 30 日，常德市人民政府办公室印发了《常德市住房公积金管理暂行办法》。该《暂行办法》在 2004 年《常德市住房公积金贷款管理办法》基础上，进一步明确规定：

（一）住房公积金贷款系以住房公积金资金为来源、定向用于纳入住房公积金制度管理的职工购买、建造、大修自有住房的专项贷款，贷款金额不得超过房屋评估价值（新购商品房按售价）的 60%，贷款最长期限为 20 年，且还款截止期限不得超过申请人的法定退休时间。（二）申请人申请住房公积金贷款，应当以所购、建自有住房作为抵押，但贷款金额在 5 万元以内且期限在 5 年以内的，也可用本人及他人存放的住房公积金余额联合作为担保，担保余额须达到贷款额度的100%。（三）住房公积金贷款发放必须经市中心审贷小组集体研究批准。市住房公积金管理委员会可以不定期派人参加市中心审贷小组会议，对审贷过程实施监督。（四）市中心及各管理部和受托银行应完善贷款回收监控体系。对逾期未还的贷款，应采取积极措施予以催收。其中逾期6个月以上的，应下达《逾期贷款催收通知》；逾期一年以上的，应按贷款合同条款采取行政、法律等相关手段强制追偿贷款本息。年度终了，市中心应将全市个贷逾期明细表报市住房公积金管理委员会和市财政局备案。

这两个文件出台对加强住房公积金管理，维护住房公积金所有者合法权益，规范常德市住房公积金贷款行为起到重大保障作用。

2008年，全市共发放住房公积金个人委托贷款4.1亿元，占年计划3.98亿元103%。其中：市本级发放个人委托贷款1.85亿元，占年计划1.8亿元102%，比上年减少0.52亿元，减少21.94%；区县（市）管理部发放个人委托贷款2.25亿元，占年计划2.18亿元103%，比上年减少0.32亿元，减少12.45%。全市当年发放个人委托贷款占当年归集住房公积金总额55%。其中：市本级为61%；区县（市）管理部为51%。全市住房公积金个人委托贷款回收率为99.78%，贷款逾期率为0.22%，剔除机构上收前发放老贷款，贷款回收率为99.85%，逾期率为0.15%。

2009年，全市共发放住房公积金个人委托贷款6.49亿元，占年计划4.4亿元147.5%，比上年增加2.39亿元，增长58.29%。其中：市本级发放个人委托贷款2.65亿元，占年计划1.8亿元147.2%；县市区管理部发放个人委托贷款3.84亿元，占年计划2.6亿元147.69%。全市1—12月发放个人委托贷款占同期归集住房公积金总额69.64%。其中：市本级为65.11%；县市区管理部为73.14%。全市住房公积金个人委托贷款回收率为99.86%，贷款逾期率为0.14%，剔除机构上收前发放老贷款，贷款回收率为99.92%，逾期率为0.08%。

2010年，全市共发放住房公积金个人委托贷款8.53亿元，占年计划6亿元142.17%，比上年净增2.04亿元，增长31.39%。其中：市本级发放个人委托贷款3.11亿元，占年计划2.45亿元的126.94%；县市区管理部发放个人委托贷款5.42亿元，占年计划3.55亿元152.68%。全年发放个人委托贷款占同期归集住房公积金总额75.62%。其中：市本级为63.6%；县市区管理部为84.82%。全市住房公积金个人委托贷款回收率为99.94%，贷款逾期率为0.06%，剔除机构上收前发放老贷款（澧县管理部59.34万元），贷款回收率为99.97%，逾期率为0.03%。

2011年，全市共发放住房公积金个人委托贷款8.54亿元，占年计划7亿元122%，比上年净增0.01亿元。其中：市本级发放个人委托贷款2.72亿元，占年计划2.42亿元112.4%；县市区管理部发放个人委托贷款5.82亿元，占年计划4.58亿元127.07%。全年发放个人委托贷款占同期归集住房公积金总额63.12%。其中：市本级为47.22%，县市区管理部为74.9%。全市住房公积金个人委托贷款回收率为99.95%，贷款逾期率为0.05%，剔除机构上收前发放老贷款（澧县管理部56.94万元），贷款回收率为99.98%，逾期率为0.02%。至2011年年末，全市累计发放个人委托贷款41.35亿元（历年回收14.39亿元）。

2011年3月，市人民政府印发修订版《常德市住房公积金贷款管理办法》。该版《管理办法》与国家楼市调控政策保持高度一致，体现国家积极调控房地产市场和楼市价格政府意志。其中第七条规定，购买首套住房首付比例不低于30%，购买第二套住房首付款比例不低于国家、省规定的比例。第十六条规定，购买第三套及以上住房不予贷款。

第四章 房地产物业管理

第一节 市场培育与监督管理

一、物业管理市场培育

1994 年 3 月，建设部颁布《城市新建住宅小区管理办法》，明确“住宅小区应当逐步推行社会化、专业化的管理模式。由物业管理公司统一实施专业化管理”。当年 4 月，常德市首家物业管理企业常德市华达物业管理公司注册成立，经营华达公司所建紫桥居住小区物业管理，时有员工 10 名。当年，常德市城建综合开发公司在滨湖小区、市房地产开发公司在西园小区、市湘北房地产开发公司在湘北新村，相继成立物业管理公司，对其所建小区开始实施物业管理。

1996 年 10 月，常德市第一幢专业化物业管理大楼在紫桥小区建成。市房管局在紫桥小区、西园小区试点物业管理，重点解决道路不平、路灯不亮、下水道不通、环卫设施不完善等问题。

1997 年 2 月，市委书记吴定宪主持召开常委会，决定以紫桥小区为试点，切实抓好居住小区物业管理，推动全市安全文明小区建设。是年起，城区紫桥、西园、三闾、皂果、楠竹山、金城、乾明、鸿升等住宅小区不断完善配套设施，强化以安全文明为标准小区物业管理，涌现出一批配套设施齐全、环境优美、管理规范的居民住宅区。

1998 年，市人民政府正式发布《常德市住宅小区物业管理办法》，对业主、业主大会及物业管理企业权利和义务作出明确规定，对物业管理企业选聘、合同签订、前期物业管理实施方案及物业管理企业资质管理，对物业管理区域内城市道路及其绿化、市政公共设施维护养护、环卫清扫清运、供电供水通讯电视设施设备维修、养护责任，都作出明确规定。1999 年，常德第一家民营物业管理公司泰新物业公司成立。

2001 年 2 月，常德市第三届人民代表大会第四次会议批准《常德市国民经济和社会发展第十个五年计划纲要》，明确到 2005 年，“建立业主自治与专业管理相结合的物业管理体制，积极发展房地产经纪、代理中介、住宅设计、装修等配套服务，努力刺激居民住宅消费。”物业管理开始纳入常德市人民政府国民经济和社会发展的大局通盘规划，协调发展，整体推进。

是年，市房管局颁行《住宅小区管理服务标准及考核办法》，建立住宅公用部位公用设施维修基金，物业管理企业对住宅小区管理行为进一步得到规范。至年底，常德市共建成 20 多个高起点规划、高质量建设、高标准管理住宅小区。市城区共有物业管理企业 43

家，共管理150万平方米房产物业。

2002年，市房管局组织城区物业公司经理参加全省物业管理经理培训班，学习建设部《住宅区内装饰装修管理办法》等法律法规，学习观摩先进城市物业管理推行经验。是年，城区所有物业管理公司工作人员实行统一持证上岗。为加强物业管理社会化、市场化运作，市房管局率先将本局办公楼及院落面向社会进行社会化物业管理招标，走出常德市机关单位、院落社会化物业管理公开招标第一步。经过公开招标，市经房物业管理中心一举中标，并于是年7月1日起接管市房管局办公楼、院落，实行星级服务。

2003年，常德市物业管理社会化进程加快，物业管理市场迅速发展成熟，物业管理逐步走上规范化、制度化轨道。到2003年年底，常德市共有物业管理企业73家（含县、市物业公司13家），其中国家二级物业公司5家、三级公司49家、临时资质19家，共管理近百个小区和居住组团，管理面积350多万平方米，物业管理覆盖率达40%，从业人数2000多人。当年10月，建设部总经济师、住宅与房地产业司司长、中国人居环境奖工作领导小组主要成员谢家谨到常德市考察"东方嘉园"，对常德市住宅建设水平和物业管理推进情况给予高度评价。是年，城区各机关单位开始实行生活区物业管理独立经营，有偿服务，管理区域面貌焕然一新。

2004年2月，常德市物业管理专业委员会年会在房管局召开，各区县（市）房管局物业管理办负责人以及各物业公司经理出席会议。大会通报表彰阳光花城等十家优秀住宅小区和常德市锦泰物业管理公司等八家优秀物业管理企业，通报吊销常德市金盛物业管理有限公司、德远物业管理有限公司、西郊花园物业管理有限公司、建设物业有限公司等4家物业管理企业资质。11月，湖南省房地产业协会物业管理专业委员会年会在常德市芷园宾馆召开。通过规范整顿，全市物业管理水平跃上新的台阶，涌现出一大批管理模式规范的物业管理企业和环境优美舒适的物业管理小区。

2005年10月举办常德市物业管理法规培训班

2005年，常德市政府颁发《常德市物业管理暂行办法》，市房管局印发《常德市物业管理招投标办法》《常德市业主大会、业主委员会成立制度》《常德市住宅小区业主投诉受理制度》等规范性文件，全市物业管理行业继续良性发育，行业行为进一步规范。全年共进行开发项目前期物业管理招投标18个，面积达39924平方米。11月25日，市房管局首次组织房地产开发物业管理工作人员、产权登记工作人员和部分业主代表对住宅小区实施新建小区配套验收。常德市物业管理工作得到长足发展，物业管理水平得到大幅提升，物业管理覆盖面积逐年扩大。至 2005 年年底，全市共有物业管理企业 103 家，其中城区物业管理公司 80 家，实施管理项目 350 多个，管理面积 568. 1 万平方米，产值超过亿元，登记在册物管从业人员 4650 人。

2006 年，市房管局积极倡导“规范化管理、标准化服务”物业管理模式，致力于构建“质价相符”服务收费机制，致力于将全市物管行业培育成为符合市场经济规律要求、符合国家法律法规规范的朝阳产业。是年 3 月，市住房保障体系建设管理办公室将甘露寺廉租房小区、德政园小区和德政园住宅楼物业管理，面向社会进行公开招标。4 月，副市长刘剑英召开市城区老旧小区改造工作领导小组会议，武陵区政府、市直有关部门、武陵区各街道办事处及紫桥社区居委会、常乐社区居委会、滨湖社区居委会代表参加会议。会议决定按照“因地制宜、突出重点、先易后难、以人为本”原则，以新二村为试点，启动对市城区老旧小区物业管理配套改造工作。是月，市政协主席刘春林在市房管局主持召开市政协主席房地产、物业管理协商会议。副市长刘剑英应邀参加。各政协副主席、秘书长、政协委员，规划局、建设局相关负责人及房管局领导班子成员、机关科室和局属单位负责人参加会议。会议就住房保障体系建设和物业管理方面工作，提出始终要坚持统筹兼顾、科学规划、理顺职能、规范管理若干重要建议。

至 2006 年年底，全市共有物业管理企业 129 家（其中市城区 86 家、区县市 43 家），管理项目 318 个（其中商居区 254 个、办公写字楼 49 个、商业小区 15 个），全市物管面积 1056. 33 万平方米（其中市城区 851. 52 万平方米，各区、县市 204. 81 万平方米）。

2007 年 1 月，常德市物业管理协会成立。至年底，常德市物业管理企业达到 146 家，管理项目 353 个，覆盖面积达 1141. 4 万平方米，登记在册物管专业人员 5000 人。其中，常德市市城区物业管理企业 90 家，物业管理项目 295 个，实施物业管理面积 936. 6 万平方米，住宅实施物业管理面积 841. 4 万平方米，占市城区住宅总建筑面积 62%。

2008 年，市房管局进一步加强对物业服务企业规范化管理，建立物业服务基础数据统计系统、制定《常德市住宅小区物业服务标准》和《物业服务企业退出项目管理办法》，使常德市物业服务“市场化、规范化、专业化”水平得到有序推进、综合素质总体提升，物业服务规范化取得较大突破。通过开展一系列业务培训活动，打造出一批规范化物业服务小区和物业服务企业。至年底，常德市物业服务企业达到 165 家，服务项目 395 个，覆盖面积 1358 万平方米，登记在册物业服务人员 5587 人，行业产值 4. 7 亿元。常德市城区物业服务企业 105 家，服务项目 282 个，覆盖面积 978 万平方米，其中住宅部分 765 万平方米，占市城区物业服务面积 78%。

2009 年，全市物业服务企业共 177 家，服务项目 483 个，覆盖面积 1780 万平方米，服务对象 10 万户，服务人数 32 万人，登记在册物业服务人员 6417 人。市城区物业服务企业105家，服务项目305个，覆盖面积1167万平方米，服务范围涵盖住宅、办公楼、工业区、医院、学校、集贸市场等广泛领域。

2010年1月，市房管局对经房物业服务有限责任公司等20家物业服务企业授予“常德市2009年度物业服务量化考核先进单位”荣誉称号，对考核成绩靠后10家物业服务有限责任公司予以通报批评，对不符合资质等级条件9家物业服务企业进行注销通报。6月，市委常委、副市长宋冬春在市政府主持召开敞开式老旧小区物业管理试点工作专题会议。全年，城区新增4个敞开式试点小区，分别是武陵区滨湖小区二期和西园小区，鼎城区迎宾社区，常德经济开发区乾明小区。至年底，4个试点小区基础设施全部整改到位，业主委员会已经成立，社区提供专门办公场所，各项工作有条不紊开展。12月，市房管局公示紫桥小区、滨湖小区、富强小区、德安小区、乾明寺小区等5个敞开式小区物业试点工作完成情况，得到社会好评。

2011年，市房管局先后修订发布《常德市物业管理办法》《常德市城区住宅建设项目配套公共用房和设施建设管理规定》《常德市物业服务企业诚信表现记分管理办法》和《常德市房产开发项目物业保修金管理办法》等一系列规范性文件，市本级物业管理法规建设趋于完备，进一步规范物业服务企的服务行为，理顺相关工作。10月，市房管局启动全市物业管理宣传月活动。活动主题为“规范物业管理 共建美好生活”，利用《常德日报》、常德电视台和常德房地产网站等媒体，通过进社区、进企业、进家庭等形式，将物业服务宣传深入到群众中，提升全社会对物业管理服务行业认知度。是月，市房地产管理局发布《关于注销物业服务企业资质的通知》，注销常德市迅宇物业服务有限公司、常德市旺府物业服务有限公司、常德市宏建物业有限公司、常德市万丰物业招标代理中心等4家公司物业服务企业资质。

至年底，全市共有物业服务企业187家，其中二级资质11家、三级资质176家，从业人员7100多人，物业服务项目543个，市城区346个，物业服务面积2089万平方米，城区1337万平方米，服务对象36.5万人，城区25万人。

2012年1月，市政府把敞开式小区整治及规范管理列入“八大民生工程”之一。3月，市房管局局长张圣友在全市房地产产业发展大会上强调，要用5年时间，对全市169个敞开式小区（其中城区80个、区县市89个）全部进行整治并实行规范化管理。2012年全市已安排29个整改项目，其中城区15个（武陵11个，鼎城、德山各2个），其他县市和管理区各2个。张圣友要求全市房地产主管部门切实按照市委市政府要求，加强工作部署，强化工作措施，加快工作进度，确保完成敞开式小区整治管理工作任务。全市房管部门要切实规范服务行为，提升物业服务水平。一要抓好物业服务市场主体管理。二要推进物业服务管理标准化工作进程。三要加强物业服务培训工作力度，提升常德市物业管理行业整体服务水平。四要加大对业主反映强烈问题的处理力度。五是全市要全面统一执行房产项目物业维修保修金制度。六是进一步做好维修资金归集管理工作。

按照这次大会部署，全市物业服务管理工作严格按照“落实敞开式小区整治和规范管理工作任务，提高全市物业服务管理水平”总体思路开展。一是编制出台《敞开式小区整治与规范管理工作指导手册》，对敞开式小区整治与规范管理工作开展提供操作性较强的方案和思路。二是建立健全“物业服务企业诚信系统”，加强信用信息结果运用，全年对20多家物业服务企业不诚信行为记录在案并严格扣分，对群众口碑好的物业服务企业重点推荐申报省优，并在新建小区物业招投标方面予以重点推荐。三是实行“服务等级与收费标准公示牌”制度。联合市物价局出台《物业收费等级考核办法》，市城区所辖105家物业服务企业均已实行“服务等级与收费标准公示牌”制度。四是协助城管、规划等部门统计物业小区违规乱搭乱建，处理物业小区违规乱搭乱建行为。五是启动物业保修金缴存工作，全年市城区共缴存物业保修金项目4个，缴存保修金242万元。六是参与房地产项目验收工作。全年共参与城区29个新建房地产项目联合验收，其中合格21个。通过严格把关，开发建设单位恶意侵占业主公共空间、不按要求配备物业管理用房、违规提前交房等行为得到有效遏制。

是年，常德市前期物业管理工作实现全覆盖。当年城区新开盘15个房地产开发项目全部通过前期物业管理招投标方式选聘物业服务企业实施前物业管理。品牌物业企业和品牌物管项目逐步增多。福吉物业、金健物业、阳光物业等一批优秀管理服务企业脱颖而出，创造出金色晓岛、阳光花城、鸿鑫城市花园等一批物业管理示范项目。区县市物业管理创先争优力度也日渐加大。澧县在2011年“银谷国际”获得省优基础上，是年又有澧县行政中心被评为省级示范项目。物业管理服务水平不断提升。物业管理市场秩序得到整顿规范，物业管理内涵不断丰富，拓展到不动产管理所有领域。物业管理类别也不断增加，从过去单一住宅物业服务扩展到工业、商业、医院、学校、部队、机关等多种类型，社会化、专业化物业管理市场已经形成。

至年底，全市共有物业服务企业212家，服务项目756个，覆盖面积3694.52万平方米，服务户数18.07万户，服务人口47.57万人，登记在册物业服务从业人员9821人。其中市城区物业服务企业105家，服务项目418个，覆盖面积2129.69万平方米。服务户数9.41万户，服务人口25.16万人，从业人员6101人。至年底，市城区成立小区业主委员会155个，全年纳税640.41万元。

2013年，为确保完成市城区358个小区、30万人涉及近一半市城区人口创文巩卫工作任务，市房管局组织市城区物业管理行业全面动员，全员参与，在历次检查中做到了不丢分，得满分。一是加强物业服务市场主体管理，完善物业服务企业准入和退出机制。对照法定条件，对新申请资质物业服务企业从紧掌握、从严把关；建立物业服务企业资质年度审核和资质有效期制度；加强日常巡查和不定期抽查，对期间不符法定条件，存在严重不良经营行为物业服务企业，依法处理（罚）直至注销资质。全年共限期整改企业7家、降级企业7家、注销企业17家。二是改进完善服务等次与收费标准公示制度。细化服务标准，建立检查通报制度，做到质价相符；联合物价局对城区物业服务企业进行抽查考核，对不合格企业做出降低收费标准处理。三是严把房产项目联合验收关。全年共参与38个房产项目联合验收，合格率为82%，对侵占业主公共空间、擅自改动物业管理用房位置等房产项目，行使验收合格否决权，切实维护广大业主合法权益。

至年底，市城区物业保修金缴交总额达到3537万元。推选2个物业企业和1个物业项目参加湖南省“优秀物业企业”和“优秀物业项目”评选；新升二级企业3家、一级企业1家。圆满完成27个敞开式小区的规范管理工作，其中市城区8个小区，区县市19个小区。

二、物管企业监督管理

1994年，常德市兴起居住小区物业管理之时，市房地产主管部门首先确定小区基础设施配套和居住环境安全文明两大标准，着手下大力抓好物业管理服务单位监管工作。

1995年，市房管局指导市城建综合开发公司物业管理公司对滨湖小区开展基础设施配套整改。滨湖小区南接洞庭大道、西临武陵大道，北依滨湖路，由茉莉村、芙蓉村、玫瑰村三个组团组成，占地总面积15.87公顷，总建筑面积14.8万平方米，其中住宅12.94万平方米，房屋1815套。小区建设较早，多年积累导致违章搭建多、摊担偏棚多。市城建综合开发物业管理公司认真进行规划整治，重点解决道路不平、路灯不亮、下水道不通、环卫设施不完善等问题，有效制止违章建筑，保持小区容貌整治，获得小区居民交口赞誉。

是年，市房管局对紫桥小区、西园小区、常德市烟厂生活三区等新建小区物业管理工作先期介入，精心指导，按建设部《城市新建住宅小区管理办法》规范，抓住住宅小区基础设施配套和居住环境安全文明两条主要标准，组织优秀住宅小区达标工作。当年9月，建设部和省建委验收组对常德市烟厂生活三区进行验收，该小区被评为省级优秀住宅小区。

1996，市房管局在紫桥小区、西园小区两个新建小区试点物业管理。紫桥小区位于穿紫河南岸，丹阳路与滨湖东路交汇之处，总占地面积23.3公顷，时为全省四大居住小区之一。小区分为“松、兰、紫、桃、梅”五个组团，配备幼儿园、小学、农贸大市场、警务站、垃圾中转站、单车库、中心花园和穿紫河绿化带。市房管局指导市华达公司1994年在紫桥小区成立全市第一家物业管理公司，1996年建设全市第一栋专业化物业管理大楼，完善的物业管理体系发挥出规范的管理效应。整个小区道路宽阔、花繁叶茂、环境整洁、秩序井然。紫桥小区物业管理走上规范化、制度化轨道，得到小区居民信赖与赞誉，随后创建成为全市文明试点小区、省级优秀物业管理小区。

1997年，市房管局抓住市委、市政府组织国家卫生城市创建契机，协调取得公安、工商、卫生、城管等部门支持，组织行动，对与滨湖小区情况类似的皂果小区、新一村、新二村、新四村等老旧小区，认真进行基础设施和居住环境整治。组织突击性违章建筑整改，实施小区内道路绿化整改工程，包括新增下水道、道路硬化、栽种树木、草皮、花园、路灯等，努力创建省级文明小区。

1998 年，市人民政府发布《常德市住宅小区物业管理办法》。该《管理办法》出台后，市房管局认真进行宣传贯彻，选定物业整改已经初见成效的滨湖小区作为贯彻“物业管理办法”规范化管理试点。市房管局指导市城建综合开发公司牵头，组建全市第一家住宅小区业主委员会，制定物业公司有关章程、公约等范本，并于年底在滨湖小区召开第一届业主代表大会，由业主委员会聘任物业公司进行小区物业管理。常德市小区物业管理社会化走出第一步。

是年 12 月，常德市紫桥一区、紫桥二区、西园小区被省建设厅命名为全省“优秀物业管理小区”，常德市新城物业管理公司、华达物业管理公司、宏建物业管理公司命名为全省“优秀物业管理企业”。

1999 年起，市房管局严格执行《常德市住宅小区物业管理办法》，城区新建小区道路、绿化、市政公共设施、环卫清扫清运、供电供水通讯电视设施必须达标，必须选聘物业管理企业、签订物业管理合同、实行规范的物业管理。2001 年，市房管局颁行《住宅小区管理服务标准及考核办法》，建立住宅公用部位公用设施维修基金，物业管理企业对住宅小区管理行为进一步规范。全市物业管理企业争创优秀物业管理企业和优秀物业管理小区氛围也更加浓厚。

2002 年，市房管局会同共青团常德市委、市建设局等部门联合开展“理想家园”征文暨评选活动，评选出市城建综合开发公司的紫桥小区、市房地产开发公司的西园小区、湘北房地产开发公司的湘北苑、市经济适用住房中心的健民花园、市城建投资公司的新世纪花园、市吉立房地产开发公司的吉星花园、市创宇物业公司的怡景花园、市美吉房地产开发公司的美吉华庭、市安泰物业公司的锦都豪苑、市金健置业公司的金钻广场等 10 个小区为理想家园。

是年，全市经评选并报省评审领导小组批准，常德市中房常德公司、经济适用住房开发中心评选成为湖南省房地产开发企业 20 强；中房常德公司、市经济适用住房开发中心、市迅华城建公司、市吉立房产公司、市顺源房产公司、市希豪房产公司被推介为全省物业管理诚信单位；紫桥二区、健民花园、吉星花园、金色文苑被评为全省最受欢迎楼盘。

常德市房管局持续多年开展物业管理领域争先创优活动，始终坚持基础设施、安全文明、物业服务三个方面业主满意标准，物业管理服务观念日渐深入人心，“有事找物业”已经成为小区居民共识和口头禅。

2003 年，常德五强溪基地生活小区荣获国家“示范住宅小区”荣誉称号；湖南五强物业管理公司、湖南锦鸿物业管理有限公司常德分公司、常德市经济适用住房开发中心物业管理中心等 3 家公司获得省级优秀企业称号；阳光花城、锦都豪苑、常烟联合工房等 3 个小区获得省级优秀小区称号；全市有 3 家公司（湖南五强物业管理公司、湖南锦鸿物业管理有限公司常德分公司、常德市经济适用住房开发中心物业管理中心）获得省级优秀企业称号，3 个小区（阳光花城、锦都豪苑、联合工房）获得省级优秀小区称号。城区各机关单位开始实行生活区物业管理独立经营，有偿服务。

2004 年，市房管局全面推行社会化、市场化、专业化物业管理，提高物业管理人员整体素质。市房管局组织全市物业管理公司经理参加建设部举办专业培训，组织开展一系列规范服务、创优达标活动，对物业管理公司实行年度服务质量考核制度。有力提高物业管理服务水平。通过申报、考核、评定，市房管局通报表彰电力调度通信大楼、紫桥三区、锦泰苑、汉寿武源小区、东方嘉园、金典花园、市工商局千禧苑、澧县步行街、安乡步行街等 10 个小区为优秀物业管理小区，常德市金叶物业管理有限公司、市泰新物业管理有限公司、市华达物业管理公司、安乡昌祺物业管理有限公司、石门房地产物业管理公司、澧县房地产物业管理公司等 6 家物业管理企业为优秀物业管理企业。

2005 年，按照市委、市政府创建“市民满意年”要求，市房管局确定该年为“规范物业年”，针对常德市物业管理还存在物业管理法规建设滞后、物业管理从业人员素质良莠不齐、开发商物业管理意识淡薄以及市场监管力度不够等问题，市房管局物管办从完善物业管理相关法规和行业标准、建立“质价相符”服务收费机制、推行物业管理招投标制度、充分发挥业主大会作用、大力提高物业管理从业人员素质等方面入手，着力规范全市物业管理：

一是举办全市物业公司经理参加的业务知识培训班，经考核，共有 71 人拿到物业管理经理上岗证；二是在本省地级市率先出台《常德市物业管理暂行办法》，下发《常德市物业管理招投标办法》《常德市业主大会、业主委员会成立制度》《常德市物业共用部位、共用设施设备查验制度》《常德市住宅小区业主投诉受理制度》等规范性文件，为物业管理的规范化发展提供制度保证；三是起草《常德市物业专项维修资金管理办法（暂行）》，成立“物业管理专项维修资金管理办公室”，为建立常德市住房“养老金”体系打下基础；四是积极推行开发项目前期物业管理招投标工作，全年共进行招投标项目 18 个，面积达 39924 平方米，从源头上规范常德市物业管理市场。

2006 年，市房管局继续着力规范物业管理行为，改善居民居住质量，提升物业管理水平，创建“安居”工程。紧紧抓住“以广大市民为主体的市场收费物管和以机关事业团体职工为主体的单位福利物管的矛盾”和“各种物业管理配套措施不完善，不科学”这两个矛盾，根据常德实际，立足长远，科学制定各种引导措施，循序渐进地推动物业管理健康发展；积极做好老旧小区改造、水电单独立户工作，为“城市提质”服务；同时加强调研，研究物业管理市场化运作机制，探索并逐步建立在政府宏观调控下，投资多元化、运作市场化、经营企业化、管理规范化、服务标准化物业管理体系：

一是强化监管，规范服务行为。根据建设部 125 号令《物业管理企业资质管理办法》规定，市房管局物管办是年 3 月对全市二、三级正式物业管理企业进行年检，进一步规范物业企业管理行为，对不符合条件的企业将予以注销资格。4 月在全市城区物业管理小区开展物业管理考核月活动。组织物业管理企业就小区服务标准、业主公约、物业收费标准等内容，自觉接受业主和有关职能部门的监督和检查。二是强化培训，提升整体水平。根据建设部城建培训中心培训计划，是月，局物管办用 7 天时间对 80 名物业公司经理进行培训；5 月省房协在常德市举办从业人员培训班，培训人员多达 65 名，均已拿到上岗证书；11 月邀请北京市朝阳园业主管理委员会主任、社会治理专家舒可心到该局开展物业管理专题讲座，为常德市物业管理引入先进理念。三是实施改造，改善居住环境。为贯彻落实全市城市工作会议关于创建“宜居城市”精神，是年 3 月，在新二村和滨湖小区启动对市城区老旧小区物业管理配套改造工作。5 月，启动对全市未实行水电单独立户居住小区改造工作。局物管办对市城区有物业管理 198 个新老小区的水、电单独立户情况进行现场调查，制定具体改造方案上报市政府。

2008 年 1 月，常德发生罕见冰灾。市房管局组织全城物业管理行业全员投入抗冰救灾。市房管局局长关建锋召开市房管局抗冰救灾紧急调度会议，要求切实做到“三不”和“三个确保”，即“单位不放假、人员不离岗、干部不外出”，“确保组织到位、确保抢修期间的安全、确保按时供水”，强化工作措施，在 2 月 4 日前确保市城区居民全面恢复生活用水和确保国有直管公房居住点安全。

在抗冰救灾中，全市房地产开发企业和物管服务企业广大干部职工团结一心、众志成城，涌现出一批先进集体和先进个人。市房管局、市房地产开发公司、市房地产经营公司荣获“湖南省建设系统抗冰救灾先进集体”称号，市房管局关建锋、市房管 110 中心周国盘荣获“湖南省建设系统抗冰救灾先进个人”称号；市房管局被市委市政府评为常德市抗击冰雪灾害工作先进集体，市房管局关建锋被评为常德市抗击冰雪灾害工作先进个人，荣立二等功，市房地产开发公司经理彭生明被评为常德市抗击冰雪灾害工作先进个人，荣立三等功。市房管局通报表彰市迅华城建开发有限公司、中房集团常德分公司、市经济适用住房开发中心物业管理中心、龙昌物业管理有限公司、市金泰物业管理有限公司等先进集体，通报表彰市房地产经营公司李俊兵、市经济适用住房中心吴晓兵、市家瑞物业公司孔令德、市金地富盛房地产开发有限公司杨小丹、市金健物业管理有限公司蒋雪玲、市阳光物业管理有限责任公司周春等一批先进个人。

2009 年，市房管局以“规范经营、诚实守信”为主题，进一步深化物业服务行业管理。1 月，市房管局通报表彰市三棱物业服务有限公司、市顺源物业服务有限公司、市中房物业管理有限公司、市阳光物业服务有限公司、市金泰物业服务有限公司、市金健物业服务有限公司、市芙蓉物业管理有限责任公司、市深科物业服务有限公司、市芷兰物业服务有限公司和市经济适用住房开发中心物业管理中心为常德房地产诚实守信物业管理企业。是年，市房管局先后举办“业主委员会主任政策法规培训班”“县市区物业经理业务培训班”“物业服务企业管理处主任培训班”和“物业服务从业人员技能培训班”等四个批次培训班，通过培训，分层次提高不同群体物业管理综合素质、政策水平和业务技能；尤其是“业主委员会主任政策法规培训班”，得到与会业主委员会代表充分肯定。

2010 年，市房管局组织全市物业管理企业和住宅小区全面投入“创文”“巩卫”工作。城区物业管理行业全面动员，全员参与，将“创建全国文明城市”各项工作任务列入物业管理常态工作。是年 7 月，市房管局局长张圣友，党组书记雷志钦，党组副书记、副局长沈明莉，副局长廖爱民，先后在红旗路农贸市场、建设桥二村国有直管公房居住点、金色晓岛物业小区、长胜桥国有直管公房居住点、金城物业小区和落路口廉租房居住点，一线督导物管行业创建工作，召开现场调度会。8 月，市房管局召开常德市物业管理行业迎接全国城市公共文明指数测评第二次动员大会，局长张圣友、党组书记雷志钦、局相关科室负责人及全市各物业管理公司负责人参加会议。同月，武陵区、市房管局联合在市房管局五楼多功能会议室召开创建全国文明城市工作调度会，专题部署城区物业服务企业文明创建工作。市房管局局长张圣友主持会议，市委常委欧运崇，市人大常委会副主任、武陵区委书记王孝山，市委宣传部副部长、市委讲师团主任张志平，市住建局局长戴君耀，市房管局局长张圣友，武陵区委常委、宣传部部长邓纯彪，市社科联副主席曹光红参加会议。9 月，市房管局组织城区武陵区紫桥社区、滨湖社区、富强社区，鼎城德安社区、德山乾明寺社区等 5 个敞开式试点小区的业主委员会成员和物业服务从业人员进行物业服务业务培训。12 月 2 日，市房管局召开市城区各物业服务小区冬季防火和安全生产管理工作会议，副局长唐述安要求市城区各物业服务企业尽快组织开展防火和安全生产大检查，严格落实责任追究制度，有效防范和坚决遏制各类事故发生，确保冬季和元旦春节期间的安全生产形势持续稳定。经过城区 5000 多名物业管理从业人员的共同努力，全年“创文”迎检过程中，市物业管理行业圆满完成任务，历次检查获得满分。

2011 年，市房管局从严格服务机制和严格服务标准入手，全面提升物业管理行业为民服务的水平和质量。为进一步规范物业管理市场，切实保证业主权利，2011 年市房管局先后出台《常德市物业管理办法》《常德市城区住宅建设项目配套公共用房和设施建设管理规定》《常德市物业服务企业诚信表现记分管理办法》和《常德市房产开发项目物业保修金管理办法》，规范物业服务企业服务行为。同时，为提升全市物业企业服务水准，市房管局开展物业管理知识竞赛，组织“物业管理宣传月”活动，利用《常德日报》、常德电视台和常德房地产网站等媒体，在全市（含区县市）各物业管理小区开展全方位物业管理宣传，收到良好效果，受到了省物业管理检查组充分肯定。4 月，市物业管理协会举办主题为“引进国际物管标准，提升常德宜居魅力”的常德市物业管理服务讲座。国际金钥匙联盟中国区副总裁徐玉琨、深圳市国御物业服务有限公司董事长曾志雄、深圳市全策行地产顾问部总监丁时存等嘉宾应邀出席，市城区数十家房地产开发企业及物业服务企业参加讲座。10 月，市房管局、市物业管理协会举办首届常德市物业管理知识竞赛。全市 14 个代表队参加比赛。市福吉物业有限公司获比赛一等奖，市中房物业有限公司及澧县代表队荣获二等奖，市经房物业公司、市顺源物业有限公司及津市代表队获三等奖。

是年，市房管局精心组织从业人员参加第三次全国注册物业管理师考前培训。为了做大做强物业服务企业，扩大物业管理行业影响力，市房管局推选深圳深华物业常德分公司服务的常德市委大院和湖南银谷物业服务的澧县银谷国际住宅小区2个物业项目参加湖南省“优秀物业项目”的评选。经过激烈竞争，2个项目均被省住建厅评为优秀项目。市物业管理协会接受市民政局组织的行业协会评估工作，因其工作扎实、资料完善、成效显著，受到检查组一致称赞，以955分的超高分被评为5A级行业协会，其先进事迹材料已上报民政部。

2012年3月全市物业管理工作会议

2012年，常德市物业服务管理工作严格按照“落实敞开式小区整治和规范管理工作任务，提高全市物业服务管理水平”总体思路开展。2月，市房管局召开建设“法治常德”动员大会，局法治常德建设领导小组组长张圣友对法治房管建设工作作出全面部署。要求进一步落实房地产市场监管相关规定，规范市场秩序；建立房地产行业从业人员登记信用信息系统；加强执法巡查，提高执法水平；推进物业服务管理标准化；全面执行新项目物业保修金制度，建立完善交存、使用、结算、管理等工作机制。3月28日，常德市2012年物业管理工作会议在石门县召开。市房地产管理局党组书记胡振宇出席会议要求，各县市区房管局一定要高度重视敞开式小区的管理工作，提早介入，积极主动的完成市政府交办的各项任务，高标准完成考核。

是年，市房管局始终把规范企业行为，提高管理和服务水平作为工作的切入点和突破口：一是切实加强业务培训。先后举办业主委员会主任培训班、物业企业经理培训班，近100人通过培训考试取得了相应岗位资格证书。全市共38人通过考试获得住建部和人社部“注册物业管理师”职务资格，企业素质明显提高，企业行为得到规范。二是建立健全企业诚信系统。市房管局利用省住建厅物业管理系统平台，建立全市物业管理企业诚信管理系统，对企业不诚信行为一一登记在案，严格扣分并通报批评。全年共有金泰物业公司等20多家物业服务企业在诚信系统扣分，其中宏安物业公司因存在严重不诚信行为被扣12分，待遗留问题处理完毕后将吊销其企业资质处理。三是实行“服务等级与收费标准公示牌”制度。市房管局联合市物价局出台《物业收费等级考核办法》，市城区所辖105家物业服务企业均已实行“服务等级与收费标准公示牌”制度。四是加强社区管理和物业服务无缝对接。在武陵区社区办支持下，市房管局举办“社区管理和物业服务知识”讲座，组织武陵区各街道办事处和社区居委会，业主委员会代表，以及各区县市城关镇物业管理负责人参加，聘请省里专家主讲，讲座气氛热烈，台上台下互动，收到良好效果。

2013 年，市房管局切实加强物业服务市场主体管理。全年限期整改企业 7 家、降级企业 7 家、注销企业 17 家。严把房产项目联合验收关口。全年共组织 38 个房产项目联合验收，合格率为 82%，对侵占业主公共空间、擅自改动物业管理用房位置等房产项目，行使验收合格否决权，切实维护广大业主合法权益。进一步加强物业保修金管理，截至 2013 年年底，市城区物业保修金缴交总额达到 3537 万元（含金融机构担保 2085 万元）。是年，推选 2 家物业企业和 1 个物业项目参加湖南省“优秀物业企业”和“优秀物业项目”评选；新晋级二级企业 3 家、一级企业 1 家。

三、物业管理法规建设

常德物业管理兴起于 20 世纪 90 年代。1994 年，常德市华达物业管理公司注册成立，市城建综合开发公司、市房地产开发公司、市湘北房地产开发公司随即相继成立物业管理公司。

1995 年 12 月，市政府常务会原则通过《常德市住宅小区物业管理暂行办法》；1998 年，正式颁行《常德市住宅小区物业管理办法》。《物业管理办法》出台后，市房管局立即组织大规模宣传贯彻，并选定滨湖小区作为贯彻常德市《物业管理办法》进行规范化管理试点。由市城建综合开发公司牵头，制定物业公司有关章程、公约等范本，召开业主代表大会；由业主委员会聘任物业公司对小区实行物业管理，推进小区管理走向社会化管理。

2001 年 2 月 14 日，常德市第三届人民代表大会第四次会议批准《常德市国民经济和社会发展第十个五年计划纲要》，明确到 2005 年，“建立业主自治与专业管理相结合的物业管理体制，积极发展房地产经纪、代理中介、住宅设计、装修等配套服务，努力刺激居民住宅消费”，首次把物业管理体制和法制建设纳入政府五年计划大局。常德市物业管理法规建设由此纳入市政府、市房地产主管部门的议事日程。当年，市房管局发布实施《住宅小区管理服务标准及考核办法》。

2002 年，市房管局组织专门人员对市城区物业管理开展了为期一个月现状调查，随后出台《常德市住宅区物业管理招标投标暂行办法》《常德市优秀物业管理小区评定标准》《常德市优秀物业管理企业评定标准》3 个规范性文件。为探索和示范物业管理社会化、市场化运作，市房管局率先将本办公楼及院落物业管理面向社会公开招标经过公开招标，市经房物业管理中心一举中标，并于当年 7 月 1 日起接管并实行星级服务。此举大大推进了市直机关单位、院落社会化物业管理公开招标进程。

2003 年，市房管局制定《常德市物业管理服务星级标准》，并举办物业管理经理培训班，常德市的房产物业管理逐步走上规范化、制度化轨道。

2005年，市政府颁发《常德市物业管理暂行办法》，市房管局出台《常德市物业管理招投标办法》《常德市业主大会、业主委员会成立制度》《常德市物业共用部位、共用设施设备查验制度》《常德市住宅小区业主投诉受理制度》等规范性文件，有力规范全市物业管理。全年共进行开发项目前期物业管理招投标18个，面积达39924平方米。11月25日首次组织房地产开发物业管理工作人员、产权登记工作人员和部分业主代表对“雅梦园”住宅小区实施新建小区配套验收。

2006年，市房管局积极倡导“规范化管理、标准化服务”物业管理模式，致力于构建“质价相符”的服务收费机制，致力于将市物管行业培育成为真正的朝阳产业。一是强化监管，规范服务行为。根据建设部第125号令《物业管理企业资质管理办法》相关规定，局物管办2006年3月31日前对全市二、三级正式物业管理企业进行年检，进一步规范物业企业管理行为，对不符合条件企业予以注销资格。4月份，在全市城区物业管理小区开展物业管理考核月活动，要求物业管理企业就小区服务标准、业主公约、物业收费标准等内容自觉接受业主和有关职能部门的监督和检查。二是认真处理群众投诉。局物管办全年共受理来信（电话）来访投诉87起，其中市长热线投诉件7件，均已查办、处理，处理率达100%。组织对市城区有物业管理198个老旧小区（项目）水电单独立户情况进行专项调查；调处新世纪花园、金地香榭等小区的水、电单独立户和物业管理其他方面的问题，解除业主后顾之忧。

2008年，通过建立物业服务基础数据统计系统、制定《常德市住宅小区物业服务标准》和《物业服务企业退出项目管理办法》，常德市物业服务“市场化、规范化、专业化”水平得到有序推进，物业服务规范化取得较大突破。

2009年，市房管局在充分调研基础上，形成《关于常德市物业管理行业发展现状的调查与思考》《关于社区全面实施物业管理的调研》等调研文章，在此基础上起草《关于加强常德市物业管理工作的若干意见》，报送市政府部门审批。是年，市房管局先后举办“业主委员会主任政策法规培训班”“县市区物业经理业务培训班”“物业服务企业管理处主任培训班”和“物业服务从业人员技能培训班”等四个批次培训班，通过培训，分层次提高不同群体物业管理综合素质、政策水平和业务技能。

2011年，市房管局先后出台《常德市物业管理办法》《常德市城区住宅建设项目配套公共用房和设施建设管理规定》《常德市物业服务企业诚信表现记分管理办法》和《常德市房产开发项目物业保修金管理办法》，规范物业服务企业服务行为。同时，为了提升全市物业企业服务水准，局物管办组织开展物业管理知识竞赛，并组织“物业管理宣传月”活动，运用《常德日报》、常德电视台和常德房地产网站等媒体开展全方位物业管理宣传，收到良好效果，受到省物业管理检查组充分肯定。

11 月 11 日，市房管局召开行政执法案件社会公开评议会，邀请市人大代表、区政协委员、行风监督员、行风热线、法律顾问、记者、房产公司负责人、物业公司负责人、业主代表，对常德嘉泰房地产开发有限公司擅自将规划设计为全体业主所有的架空层进行砌封并处置、湖南金泰物业管理有限公司擅自将部分架空层允许他人砌封并租赁他人经营获取经营收入的两起案件，进行案情和处罚意见评议。市房管局执法大队根据评议意见，依据国务院《物业管理条例》相关法律规定对两家公司做出处罚。

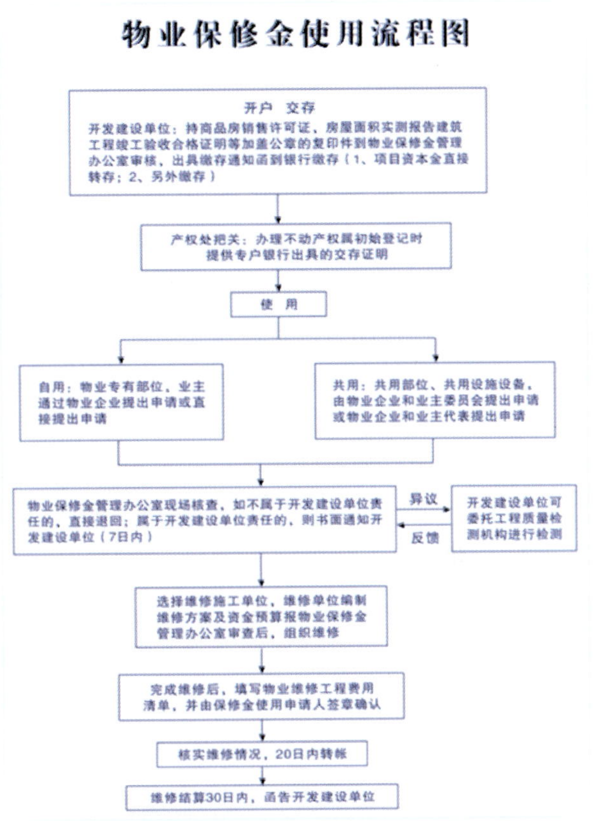

常德市物业保修金使用管理流程

2012 年，物业服务管理工作严格按照“落实敞开式小区整治和规范管理工作任务，提高全市物业服务管理水平”的总体思路开展：一是编制出台《敞开式小区整治与规范管理工作指导手册》，为敞开式小区整治与规范管理工作开展提供操作性较强的方案和思路。二是建立健全“物业服务企业诚信系统”，加强信用信息结果的运用，2012 年将 20 多家物业服务企业不诚信行为记录在案并严格扣分，对群众口碑好的物业服务企业重点推荐申报省优，并在新建小区物业招投标方面予以重点推荐。三是实行“服务等级与收费标准公示牌”制度。联合市物价局出台《物业收费等级考核办法》，市城区所辖 105 家物业服务企业均已实行“服务等级与收费标准公示牌”制度。四是协助城管、规划等部门统计物业小区违规乱搭乱建，处理物业小区违规乱搭乱建行为。五是启动物业保修金缴存工作，2012 年市城区共缴存物业保修金项目 4 个，缴存保修金 242 万元。六是参与房地产项目验收工作。2012 年共参与城区 29 个新建房地产项目联合验收，其中合格 21 个。通过严格把关，开发建设单位恶意侵占业主公共空间、不按要求配备物业管理用房、违规提前交房等行为得到了有效遏制。

至 2013 年，常德市物业管理方面法规、法治建设趋于完善。

第二节　维修资金归集管理

一、维修资金筹集体制演变

1949 年 8 月，常德市人民政府成立起即统一管理城区房屋。公房维修资金先后由各街道居委会、常德市房地产公司申报，市政府财政科根据轻重缓急，作出资金安排。

为确保居住安全，常德市出租私房维修也由房管部门及街道办事处检查督促。出租房屋出现毁损危险情况，市房地产公司责令出租房主负责修理。修缮经费由房主承担；确有困难，可协商由房主房客共同出资、房客代垫或向房管部门贷款解决。

1958 年，常德市城区公房修缮开始尝试“以收养支”。是年，修缮费纳入国有住宅公房租金计算因素，建立较为稳定的资金来源。但收不敷支，公房维修仍以财政拨款为主。常德市国有直管公房维修资金筹集的这种体制延续数十年未变。

1998 年，建设部、财政部发布《住宅共用部位、共用设施设备维修基金管理办法》，启动房屋公共维修基金缴纳机制，规定“凡商品住房和公有住房出售后都应当建立住宅共用部位、共用设施设备维修基金。维修基金的使用执行《物业管理企业财务管理规定》”。同年，常德市政府颁行《常德市住宅小区物业管理办法》。1999 年 1 月 1 日起，常德市房管局开始实行住宅共用部位、共用设施设备维修基金的征集和管理。

2007 年，常德市房地产管理局、市财政局、市物价局印发《常德市房屋维修资金监督管理办法（暂行）》，明确本市规划区范围内新建商品房首期维修资金缴交标准为：未配备电梯房屋由购房人按建筑面积每平方米 30 元标准向售房单位缴交，配备电梯房屋由购房人按建筑面积每平方米 50 元标准向售房单位缴交。维修资金按“统一缴存、专户存储、业主所有、专款专用、按栋建账、核算到户、部门监督”原则进行管理。缴存后的维修资金在业主委员会成立前由管理中心代管；业主委员会成立后，可根据业主大会决议将维修资金移交给其他单位代管，未决定移交的由管理中心继续代管。

该《办法》第一次将维修资金缴存规定为售房、买房的前置条件：“售房单位在办理商品房预销售合同备案时，应当将代收的维修资金缴存至管理中心指定的银行专户。售房单位在办理房屋所有权初始登记时，应当按本办法第六条规定将尚未出售的商品房维修资金先期代缴至管理中心指定的专户银行。房屋出售时，由售房单位向购房人收取，并向购房人出具缴款凭证。购房人申请办理房屋所有权登记时，应当向房屋产权登记机关提交维修资金缴款凭证。”

2008 年，根据《常德市房屋维修资金监督管理办法（暂行）》中关于“成立维修资金管理中心具体负责维修资金的缴存、管理及使用的日常工作”要求，常德市房屋维修资金归集管理中心成立。市房屋维修资金归集管理中心定为全额拨款正科级事业单位，隶属市房地产管理局管理。主要职责是负责市城区住宅专项维修资的归集、使用、管理工作；负责任宅专项维修资金保值、增值工作；负责协调处理维修资金使用过程的矛盾和纠纷。是年6月，《常德市房屋维修资金监督管理办法（暂行）》正式实施。当年归集完成市城区115个楼盘、3247户业主、1407万元维修资金。2009年，归集完成市城区5157户、2410万元维修资金。

二、房屋维修资金归集使用

2010年，市房屋维修资金归集管理中心大力优化业务流程，规范内部管理，强化资金监管，初步实现归集有力、管理有效、使用便捷、运作规范的工作目标。

是年，市房管局建立健全维修资金使用办法，对维修资金使用条件、申报程序、申报材料、工作期限都作出详细规定，使维修资金使用和监管更加制度化、规范化、常态化；建立维修资金使用后业主回访、满意体系，从现场查勘到工程验收所有环节，由专业技术人员实行全程跟踪管理，为广大业主提供更全面、更满意、更便捷服务。是年6月，启用新的业务管理系统，数据与产权数据库对接，有效杜绝手工操作随意性，填补了原系统中归集信息手工录入流程漏洞。新系统还实现维修资金缴交标准化，按房屋类型设置相应缴纳标准，系统自动选择缴纳标准，核价机制更规范科学。全年共归集完成122个楼盘、12273户、5600万元，审批1个项目使用维修资金4424元。维修资金归集量实现翻番增长，住房维修资金总额达到8900万元。

2011年9月，常德市房屋建安造价成本大幅上涨，原定市规划区范围内房屋维修资金缴存标准已不能保障房屋维修所需，常德市房管局颁布修订后的《常德市房屋维修资金监督管理办法》，共5章29条。新版《管理办法》维修资金缴交标准调整为：别墅或配备电梯房屋建筑面积每平方米100元、其他未配备电梯房屋每平方米70元。适用范围将2007年版本"本市规划区范围内"具体界定为本市城区（含武陵区、常德经济技术开发区、柳叶湖旅游度假区）内，同时明确"其他各县市区、西洞庭管理区、西湖管理区、桃花源旅游度假区参照本办法执行"。明确自2011年10月1日起施行，2007年版《常德市房屋维修资金监督管理办法（暂行）》同时废止。

是年，市房屋维修资金归集中心组织开展对老旧小区维修资金收缴、管理及使用专项清查，全面清理与整顿维修资金收缴不到位、资金不设专户存放、资金使用支出程序不规范等问题。追回开发商代收代缴资金2100万元。全年受理物业小区报修项目23个，15个物业小区按程序使用维修资金。当年市城区归集完成150个楼盘、14867户业主、7523万元，审批15个项目、使用维修资金314074元。累计房屋维修资金缴存总户数达35524户，缴存资金总额达1.67亿元。

2012年，市房屋维修资金归集中心集中精力抓管理、抓宣传、上水平：

一是进一步推进归集管理规范化和透明化。该中心认真贯彻落实《常德市房屋维修资金监督管理办法》，完善维修资金缴存、归集、使用、分摊等各项规章制度，建立运转协调维修资金管理体系；加班加点，用近9个月时间，对历年来缴存维修资金4万多户业主信息进行财务软件系统与缴存系统、缴存系统与开出票据全面核对，解决维修资金因新老系统对接时造成账目误差问题。于11月底完成对所有缴存业主维修资金派息工作。开通网上查询系统，做到让业主可以及时地在网上查询所缴存维修资金、使用余额等信息。

二是进一步推进谋划宣传细致化和常态化。10月，归集中心组织召开《常德市房屋维修资金管理工作研讨会》。市房管局党组书记胡振宇、副局长唐述安及各区县市分管局领导、维修资金负责人参加研讨。会议明确以长远眼光谋划维修资金管理发展战略，进一步提高维修资金管理水平和服务质量，推进维修资金体系更加系统化和科学化。该中心在常德市政府网设立了两个专栏，对维修资金政策和动态进行宣传和报道；到26个老旧小区现场对维修资金缴存、管理、使用等情况进行专项督查，向广大市民发放宣传手册、宣传海报和现场解答疑问。确保中心工作更加细致化和常态化，为建立健全房屋维修资金管理工作夯实群众基础。

三是进一步推进服务使用便民化和科学化。归集中心在制度设计和建设上，力求更加科学，更加专业，做到顺畅、及时地解决各小区申报使用维修资金审查、批复与拨款。增强服务意识，引导工作人员牢固树立“立足小岗位，服务大发展”思想意识，切实提高做好窗口服务积极性和自觉性。立足于提高办事效率和改进服务水平，落实便民、惠民服务措施。坚持限时办结制，对手续齐备的当场办结，切实做到服务热情、效率提升。

是年，常德市城区共缴存房屋维修资金5945万元，缴存总户数累计达到50545万户，缴存资金累计总额达2.27亿元。受理物业小区报修项目64个，通过及时勘查审批，42个物业小区项目按程序使用维修资金153万元。全市居民小区群众房屋维修资金总量更加雄厚、基础更加稳固。

2013年，市城区共有120多个楼盘，14000多户业主，缴存房屋维修资金1.03亿元，房屋维修资金缴存总户数达5万多户，缴存资金累计总额达3.28亿元，资金监管安全率达到100%。

第五章　房屋安全管理

第一节　白蚁防治

1956年，常德市房地产公司成立后，负责城区白蚁施药防治。2000年，市房地产经营公司设立二层机构市白蚁防治中心，在城区开展白蚁防治有偿服务，常德市始有负责白蚁防治的专门机构。2003年，成立常德市白蚁防治所，属公益事业管理部门，归口常德市房地产管理局管理，实行行政事业性收费。市白蚁防治所依据国家建设部130号令《城市房屋白蚁防治管理规定》和《常德市城镇房屋白蚁防治管理办法》，负责全市房屋白蚁防治和监督、管理、考核工作。

一、白蚁危害研究

常德市位于湖南省西北部，地处北纬30°07′53″、东经112°17′52″之间，属中亚热带湿润季风气候向北亚热带湿润季风气候过渡地带。年平均气温16.7℃，年降水量1200—1900毫米，全年无霜期274—278天，年日照时数1750—1850小时，地理气候环境有利于白蚁滋生繁殖。

常德市白蚁防治所对常德市城市小区以及周边公园、郊区等地进行长达数年细致排查和科学鉴定。常德市郊区山地、林地较多，土层深厚，温度适宜，水分充足，森林植被茂盛，松、杉和经济林分布广泛，村庄四周也人工种植了大量木本植物。这种适宜的气候、丰富的林木资源和深厚的酸性土壤非常有利于白蚁栖息和繁衍。因此，常德市主要白蚁危害种分布在郊区、森林、山地，危害常德地区的白蚁共有2科4属5种，分别是鼻白蚁科乳白蚁属台湾乳白蚁和散白蚁的黄胸散白蚁、黑胸散白蚁以及白蚁科土白蚁属黑翅土白蚁和大白蚁属黄翅大白蚁。优势种为黄胸散白蚁、台湾乳白蚁、黑翅土白蚁和黄翅大白蚁。白蚁是世界性5大害虫之一，主要危害特点：一是隐蔽性，除一年一度分飞季节外，白蚁从不露天活动，且蚁巢多建在地下或木材内部，一般不容易发现。二是广泛性，白蚁以纤维素为主食，而纤维素无所不在。人类生活中衣、食、住、行和国民经济各个方面都受白蚁危害。三是严重性，白蚁危害可造成房屋倒塌、堤坝溃决、船沉、桥断、文物毁坏、档案消失、作物无收等严重后果。

2007年3月至5月，市白蚁防治所对常德市德山公园开展白蚁蚁情调查发现，德山公园树木受白蚁为害率为14.18%，其中以黄胸散白蚁为害最大，占总为害率75.7%，主要在樟树、茶树、南竹、松树、杉树中活动频繁。因此，樟树、松树、杉树和茶树所受危害程度非常大，分别占到11.2%、10.5%、16.2%、29.5%。树木一经黄胸散白蚁啃噬，致死率非常高。如不及时防治，将造成严重的环境破坏和巨大的经济损失。

台湾乳白蚁在城区、农村、低山丘陵地分布较多，是常德市分布最广、最普遍和危害最严重一种白蚁。主要危害林木和建筑物及室内木制用具。许多房屋在进行装修时，新木料未用药物作防蚁处理，极易感染白蚁。常德许多小区居民家装时使用带有白蚁的木材，白蚁繁殖速度规模惊人，危害形成时即造成重大损失，同时对房屋包括周围房屋形成严重威胁。

2009 年至 2010 年，通过对地下型饵站访查研究，市白蚁防治所发现金色文苑、德山泓德园、健民花园、移动公司等地绿化带以及房屋周边地下型饵站都有白蚁活体，尤其是台湾乳白蚁危害比较严重。德山、河洑森林公园、白马湖村等地均有台湾乳白蚁、黄胸散白蚁、黄翅大白蚁破坏的痕迹。尤其是河洑森林公园经过多年封山育林，人类活动少，酸性土壤深厚，满足了黄翅大白蚁繁衍对环境条件的需求，为该种类白蚁生存提供了优越条件。

在常德市诗墙公园、柳叶湖等绿化带白蚁危害调查中，市白蚁防治所发现大量乳白蚁群体筑巢取食庭院观赏树木。一些生态园林木、果树和花卉遭土白蚁危害也十分普遍。由于外来大量树种植入，园林树木搬运、栽种时，将夹带白蚁的树木未经检查处理直接植入穴中，不久便发生蚁害。

常德市白蚁防治所通过长期调查研究，认为常德各地都有不同程度白蚁分布与破坏，说明常德市白蚁危害具有一定普遍性，其危害趋势，随着时间推移，将有可能越来越明显与严重。值得引起重视的是，随着常德市城市化建设加速发展，特别是乡镇拆迁改造与新区开发建设，加之在实行新建房屋白蚁预防地区，在建筑地基中施用白蚁药物，从而干扰改变了白蚁原有生活环境，白蚁无法定居在原有环境，势必寻求出路。城市园林绿化将有可能成为城市白蚁危害活动的主要趋向环境。

2011 年至 2012 年，市白蚁防治所启动实验室建设工作，配备生物专业研究人员，建立实验室平台，整理完善 4 种不同品级的白蚁标本，培养白蚁活体。当年与文理学院生命科学学院合作开展白蚁分子生物学课题研究，建立常德市四种白蚁 MTDNA 图谱；在白鹤山乡等地采集常德市主要白蚁优势种不同品级标本，新增加黄翅大白蚁大兵蚁的品级。图为 2011 年 3 月全省白蚁防治专业委员会在常德开展专题研究。

市白蚁防治所对白蚁危害的调查研究，形成一批科研成果。如《常德市白蚁危害现状及防治》（姜丽红、邹湘武、张健华）、《常德市四种主要白蚁的 MTDNA RFLP 指纹图谱的初步构建》（姜丽红、邹湘武、宁涤非、席在星）、《收集实验室地下型白蚁群体》（姜丽红）、《白蚁 MTDNA 提取技术研究》（姜丽红、邹湘武、宁涤非、席在星）等论文，陆续在省以上专业期刊发表。市白蚁防治所坚持多年、持之以恒对白蚁危害进行科研调查，获得全国“科技创新先进单位”荣誉，为常德市大力推进白蚁防治提供了科学依据。

二、白蚁预防灭治

1972 年，常德市房地产公司在常德市制线厂、常德地区邮电局、常德地区公安处、常德市城南卫生院、常德市东方红服装厂、常德市南京理发店等 90 余处白蚁重灾点施药灭治，解决白蚁危害。

2000 年 7 月，常德市政府印发《常德市白蚁防治管理办法》。次年市城区在 30 多个单位开展预防服务，施药面积 24 万平方米，全市白蚁防治工作从“预防”转型到“养房”。2002 年，市白蚁所组织对各区、县（市）进行白蚁防治安全检查，清除房屋安全隐患。市城区 40 多个单位新建项目进行白蚁预防，施药面积 50 多万平方米。

省白蚁防治专业委员会在常德开展专题研究

2003 年，市白蚁防治所完善组织机构，服务性收费转为事业性收费，并在政务中心设立窗口。全年完成防治业务 56 笔，施药面积 65 万平方米；各区县（市）白蚁预防面积均达到 100%。

2004 年，白蚁防治所共签订施药面积 77.8 万平方米，完成施药面积 52 万平方米、77 户。是年，白蚁防治进入专业化领域。市白蚁防治所先后制订《岗位目标责任制》《药品安全管理办法》《安全施工操作办法》等，调动全所职工工作积极性，提高工作效率，白蚁防治工作步入专业化操作、制度化管理新领域。

2005 年，市白蚁防治所对湖南文理学院、常德市金叶房地产开发公司、市德达房产公司、洞庭水殖置业有限公司等 40 家单位进行收费预防，签订白蚁预防合同 73 份，实际施工面积 84.18 万平方米，完成白蚁防治工程量 60 万平方米。是年，石门县白蚁防治所、鼎城区白蚁防治所获得省白蚁防治先进单位称号；津市白蚁防治所新建、改建装修房屋白蚁防治的覆盖率达到 100%，并把白蚁防治业务拓展到大堤修建项目中；澧县局层层把关，把商品房白蚁防治合同作为预售审批前置条件，全年减少蚁害损失近 100 万元。

2006 年，常德市白蚁防治进入按照国际《POPS 公约》实施白蚁防治崭新阶段。此前，常德市白蚁防治一直使用传统氯丹灭蚁灵水剂施工。2001 年，为了淘汰和削减 POPS（持久性有机污染物）生产和排放，保护环境和人类免受 POPS 危害，国际社会在瑞典斯德哥尔摩通过《关于持久性有机污染物的斯德哥尔摩公约》，于 2004 年 5 月 17 日正式在全球生效。中国是公约正式缔约方，是2001年5月23日首批签署公约国家之一。与全球同步，公约对我国已正式生效。按照《关于POPS的斯德哥尔摩公约》要求，在2009年5月17日前，常德市必须关闭所有氯丹灭蚁灵生产企业，必须停止使用氯丹和灭蚁灵。

2007年1月，常德市白蚁防治所停止购买氯丹药剂，转购联苯菊酯、吡虫啉、毒死蜱等高效、毒性小、残留期短药物来替代氯丹，承诺在2009年5月后不再使用氯丹和灭蚁灵。5月，常德成功申报《中国白蚁防治氯丹灭蚁灵替代示范项目》。2008年12月，常德市政府印发《常德市城镇房屋白蚁防治管理办法》。市白蚁防治所开始按照国家IPM项目各项工作要求，从饵剂系统入库、安装到回访复查、投放饵剂、效果检验，制定一系列规章制度和流程，确保高标准、严要求完成省项目办下达工作任务。

2008年到2011年，市白蚁防治所在常德市开展大规模IPM技术示范项目，应用饵剂监测系统在一定区域内建立白蚁监测控制体系，对该区域内白蚁发生数量、危害程度进行监测并采取防止措施，将该区域内白蚁种群密度控制在不足以危害房屋建筑水平以下。

3年期间，市白蚁防治所在全市范围内共安装地下型饵站16076套，预防面积达200多万平方米，先后建立41个IPM示范小区；心居康地上型饵站3900套，白蚁灭治面积达5万多平方米；对38个安装地下型饵站小区进行多次回访复查，更换米片10380套，回访复查过程中发现7个小区有白蚁活体，及时投放毒饵剂，有效减少白蚁对房屋建筑、园林树木的危害。安装饵站做到施工高效率、服务水平、质量高标准。同时，将药物施工和饵剂系统安装有机结合起来，完成饵剂系统安装阶段性任务，不断推进常德市白蚁防治事业由单纯药物防治向生态防治与药物防治相结合的综合防治转变。

为了实现工程施工和业务服务高效率、高质量，增加全所干部职工诚信服务意识，市白蚁防治所不断加强业务行风建设，完善各项内部管理制度，树立良好白蚁防治行业形象，一是加强施工管理，规范施工程序，认真贯彻落实《房屋白蚁预防工程施工技术规范》，严格药物施工和饵剂系统安装技术要求，做到施工前往现场进行勘察和方案设计，施工中注意技术标准和工程质量，施工后注重回访复查和跟踪监测，传统药物施工时，严格实行药物配比施工，验收等流程责任到人制度，加强各环节监督管理，真正做到“安全生产无事故，优质服务零投诉”。二是完善管理制度，加强质量监督，不断完善档案、药物、工程质量、施工流程、施工管理等制度，加强行业自律，规范白蚁防治行为，完善白蚁防治工程质量保障体系。三是加强思想、作风建设，树立诚信服务，积极改变工作作风，树立“以人为本”服务理念，遵循“控制白蚁，造福人类”行业宗旨，把工作着重点和出发点都放在服务于群众，服务于社会，通过近几年多次学习培训，大大提高我所干部职工思想认识和业务技能，树立作风严谨、专业性强、文明礼貌、服务周到良好形象。

为了加大群众对白蚁危害和IPM新技术认知度，市白蚁防治所在示范项目推动下，不断通过电视、报刊、网站、宣传单等多种途径，及时报道常德市白蚁危害实际情况，广泛宣传常德市白蚁防治工作方针政策、白蚁危害性，白蚁防治方法等相关内容，行业影响力和知名度得到不断提高。最近几年，市白蚁所将宣传工作重点放在IPM示范项目上，着重宣传生态白蚁防治，突出防治白蚁新方法、新理念，全体干部职工深入社区、走上街头大量派发白蚁防治宣传手册，面向广大群众详细讲解白蚁防治和饵剂系统知识，针对常德市白蚁危害具体情况和IPM示范项目安装情况进行宣传指导。进一步提高群众防治白蚁意识，增强群众防治白蚁主动性，极大提升了群众对白蚁防治工作和IPM示范项目认知度。

2011年，湖南省房协白蚁防治专业委员会年度常务委员会议在常德召开，会议学习《全国白蚁防治行业“十二五”发展规划》，参观推广常德市实施IPM示范项目现场和经验。市白蚁防治所以此为新的起点，进一步严格施工和回访复查制度，积极推行IPM技术、践行绿色承诺。全年共签订白蚁预防合同43份，发放预防证170份，对尊德天城、文津华庭等23家建设项目进行水剂施工，共计完成预防施药面积85万平方米，预防收入325万元；对金城2008、幸福湾二期、清河苑等三个小区安装艾氏地下型饵站388套，共计面积15.23万平方米；对大观园生态园、常德电业局、柳叶湖旅游度假区等10家单位和个人实施白蚁灭治施工，共完成灭治面积5万余平方米，灭治收入30余万元。2011年市白蚁防治所被评为“全国白蚁防治先进单位”“湖南省白蚁防治工作先进单位”和“湖南省白蚁防治示范项目先进单位”。

2012年7月15日，湖南省房屋白蚁防治工程质量与安全生产检查组到常德检查

2012年，白蚁防治管理工作迈出新步伐。一是规范预防技术操作规程。严格遵守白蚁防治技术规程，严格施工和回访复查跟踪制度。二是积极推广IPM技术。成功申报IPM示范项目，购置氯丹灭蚁灵替代示范项目专用车，添置相关设备；组织工作人员进行IPM理论、实践知识培训并全部取得合格证书，从饵剂系统入库、安装、回访复查、投放饵剂、效果检验等制定一系列规章制度和流程，高标准、严要求、保质保量高效完成了省项目办下达的工作任务。三是积极推进科技创新与理论研究。市白蚁所与湖南文理学院生命科学学院合作开展白蚁分子生物学课题研究，展开白蚁线粒体DNA提取技术的研究和MTDNARFLP法进行白蚁分类的研究；与市环境监测站联合开展常德市房屋白蚁预防工程土壤化学屏障药物检测课题研究发表《白蚁地下监测饵剂系统对劲松堂的监测保护研究》（张建华、陈晶晶、杨甲远、邹湘武）、《房屋白蚁预防技术规程》等多篇论文、专著。

2013年，白蚁防治预防施工面积322万平方米，白蚁防治收费638万元。2013年常德市白蚁防治所成功申报白蚁防治国家二级资质等级，并获得全国白蚁防治先进单位。

常德市白蚁防治所2009年至2013年连续4年被中国物协白蚁防治专业委员会评为“全国白蚁防治先进单位”“优质服务先进单位”“科技创新先进单位”；2010年、2011年被省住房和城乡建设厅评为“湖南省白蚁防治工作先进单位”“湖南省白蚁防治示范项目先进单位”，2008年、2009年、2010年被省白蚁防治专业委评为“白蚁防治先进单位”。2012年市白蚁防治所被全国白蚁防治中心评为“标准化管理先进单位”，被省住建厅评为“湖南省白蚁防治工作先进单位”。

市白蚁防治所部分荣誉奖牌

第二节　房屋安全鉴定

20世纪50年代至80年代末期，常德市房屋安全鉴定工作由市计划、劳动部门负责管理。

1989年11月21日，建设部发布《城市危险房屋管理规定》，2004年7月20日根据《建设部关于修改〈城市危险房屋管理规定〉的决定》修正《城市危险房屋管理规定》明确，市、县人民政府房地产行政主管部门应设立房屋安全鉴定机构，负责房屋的安全鉴定，并统一启用“房屋安全鉴定专用章”。1990年6月，常德市房屋安全鉴定办公室成立，属市房地产管理局二层机构，归口工程科管理。境内房屋安全鉴定工作始由常德市房管局负责。

1992年，市房管局按照国家危险房屋鉴定标准，在商业步行街拆除危房4407.54平方米，建设笔架城工贸商场和彩滨续建工程。

2002 年，市房管局对城区国有直管公房组织全面排查，对 32 栋 1 万多平方米房屋下达危房通知书，并对已超过使用年限、房屋结构装饰严重损坏及 5 年内急需改造和 5 年后还需改造的 24 栋约 5.3 万平方米房屋进行逐栋填报，并呈报市政府。对新二村、东湖巷、乔家巷、高山街等 6 处公房进行鉴定后并实施拆除，确保上述房屋居民生命财产安全。

2005 年，共受理房屋安全鉴定 22 件，面积 12502 平方米。协助有关部门完成对桥南大火后房屋鉴定及处理工作。按市政府指示，配合产权办对德山大曲酒厂、工程公司、华铁制罐厂等改制企业房屋实施安全鉴定。各区县（市）房管局根据本地实际，对辖区内危房有重点有步骤地进行鉴定和改造。西洞庭管理区房管局对全区所有学校进行危房鉴定，为当地教育主管部门改善教育条件起到推动作用。

2010 年，共受理房屋安全鉴定申请 90 件，鉴定房屋面积为 34369.99 平方米。与武陵区国土分局建立工作联系，完善集体土地上房屋安全鉴定程序，有序推进集体土地上房屋安全鉴定工作。市房管局多次与相关部门配合，对改制企业职工住房安全问题实地查勘，及时提出处理意见，形成书面材料 5 份，为市人民政府决策提供参考依据。

2011 年 7 月，常德市房屋安全鉴定办公室与市国有土地上房屋征收与补偿管理处合署办公。是年，市国有土地上房屋征收与补偿管理处积极开展集体土地上房屋安全鉴定工作，2011 年共受理城区房屋安全鉴定申请 58 件，鉴定房屋 58 栋，房屋面积 5950.84 平方米。

2012 年，市国有土地上房屋征收与补偿管理处进一步提升房屋安全鉴定科技水平，配齐全站仪、钢筋扫描仪、裂缝测宽仪等房屋安全鉴定仪器，提升了房屋安全鉴定工作水平。共受理房屋安全鉴定申请 27 件，鉴定房屋 27 栋，房屋面积 1.41 万平方米。

2013 年，市征收管理处鉴定房屋 47 栋，鉴定房屋面积 33170.26 平方米。

第四篇《

区县市房地产工作

第一章　鼎城区

第一节　概　况

鼎城区暨原常德县房地产管理历史悠久。1949 年 8 月，成立常德县财政局房地股，接受管理国民党县政府直管公有房产。1980 年，成立常德县房地产公司，经营管理国有直管公房。新中国成立初至 80 年代，常德县直管公房主要集中于市江北城区大西门杨家牌坊，近 2 万平方米，牛鼻滩、河洑、蒿子港等乡镇直管公房亦有近万平方米。全县直管公房年房租收入约 2 万元，全额上缴财政，人头经费财政全额拨款。

新中国成立之初，常德县财政局房产股即开始办理公私房地产登记手续，颁发第一批土地房屋所有权证。1985 年，区房地产公司根据国家和省政府文件要求，在武陵镇、河洑镇、牛鼻滩镇等 10 个建制镇开展房屋普查，历时一年，查明房屋建筑面积近 200 万平方米，为房屋产权产籍管理打下良好基础，也为区政府加强财源建设提供可靠依据。1987 年成立常德县房屋交易管理所。1992 年，房地产公司确定为副科级事业单位，次年升格为正科级单位，为区政府直属工作局。鼎城区房管部门管理职能逐渐完善，负责管理直管公房、房屋产权产籍、房产交易、房产开发、白蚁防治、房屋租赁、房屋安全鉴定。1994 年，区房地产市场管理产权监理所成立，全面展开城镇房屋交易和登记发证工作，积极配合房改确权、规范房屋产权产籍管理。到 1995 年年底，该所登记发证 100 多万平方米，实现收入 80 多万元，上交区财政 50 多万元。《城市房地产管理法》施行后，区房产局成立乡镇房产管理站，房产管理全面展开。随着行政审批体制改革推进，全区房产登记发证全面实行“三审制”和“一站式”管理模式，至此，鼎城区房屋产权产籍管理已全部纳入规范化管理体系。

至 2012 年，区房管局在区委、区政府正确领导下，紧紧围绕“开创城市经济新局面”战略目标，以“重民生、强管理、保稳定、促增长”为工作重点，牢牢把握房产开发这条主线，房地产事业实现跨越式发展，房地产开发增速不断加快。2012 年在建开发项目 16 个，其中新开工 5 个，续建项目 11 个，完成房地产开发投资 10 亿元，施工面积 72 万平方米，竣工面积 58 万平方米，销售商品房 2000 套，销售金额 9.5 亿元，销售均价为：电梯房 3880 元/平方米、非电梯房 3480 元/平方米。鼎城房产呈现出供销两旺的良好发展态势。

是年，两项民生不断推进。一是城市棚户区改造，完成金龙工具厂、塑料九厂、江北蛋品厂等地块为民办实事任务，启动江南公园、双豹粮机等项目房屋征收程序。二是敞开式小区物业管理，完成袁家巷、电影院、政园小区三个敞开式小区物业管理工作，截至目前，共有 6 个敞开式小区的居住环境和条件得到改善。三项管理不断规范。一是房屋登记管理不断规范，通过调整房屋交易指导价格、建立办证快速通道、大力配合司法协助、完成税收一体化建设、搞好档案查询利用服务，共办理房屋权属登记 3000 多宗，登记面积约 75 万平方米，完成转移登记、抵押权登记 3000 余宗，登记面积 70 万平方米，按揭抵押融资 6 亿多元，为促进鼎城经济发展做出积极贡献。二是物业管理覆盖面不断扩大，物业管理项目达到 25 个，建筑面积达到 100 多万平方米，服务对象达到 3 万人，归集物业维修资金 3000 多万元，解决新建商品房楼盘维修问题。三是房屋征收与安全鉴定进一步规范，成立机构，明确人员，充实工作力量；同时，严把 D 级危房鉴定关，积极调解房屋毁损纠纷，共发放鉴定报告 408 份，鉴定房屋 500 多幢 18 万平方米。四项工作不断加强。一是白蚁防治工作不断加强，共签订白蚁防治合同 43 份，预防面积 47. 8 万平方米，灭治面积上万平方米，经济效益和社会效益显著。二是房屋测绘工作不断加强，完成商品房预、实测面积 50 万平方米，受理工业园 12 家企业测绘工作，提交测绘成果 2. 5 万平方米，配合棚户区改造入户调查，完成测量 160 户面积 2. 2 万平方米。三是房屋租赁管理不断加强，与社区联手，与工商联合，共办理房屋租赁备案登记 3000 多笔。四是信息平台建设不断深入：房屋维修资金管理实行信息化，新建商品房签约实行网络化，同时完成信息设备更新和完善网上回复工作机制。

最近 10 年，鼎城区房地产建设管理取得可喜成绩：全区房地产开发 2000 年起步，仅 10 年时间，开发高档住宅小区 20 多个，2011 年创造税收达 1. 47 亿元；2012 年完成各项房地产税收 1. 5 亿元，区房管局实现收入 1890 万元。区房管局 2005 年、2010—2012 年，四次获得全省白蚁防治行业“先进单位”光荣称号；2009—2012 年，连续四年获得全区政务服务工作“红旗单位”光荣称号；2011—2012 年，连续二年获得全市房地产管理工作“红旗单位”光荣称号；2011 年，获得全区社会治安综合治理工作“红旗单位”光荣称号；2010—2011 年，连续二年获得全区为民办实事工作“先进单位”光荣称号；2011 年，获得全区城市创建、办税收入管理、人口与计育工作“先进单位”光荣称号。

第二节　房地产建设

一、房地产开发

鼎城区房地产业紧紧围绕“建设城市鼎城、开发城市新区”发展战略，扎实苦干，开拓创新，房地产市场坚持持续健康稳定方向发展。

鼎城区房地产开发起步较晚，1991 年成立鼎城区城建房地产开发公司，之后相继成立鼎城区房地产综合开发公司、海达房地产开发公司、霞山房地产开发公司等。其中海达房地产开发公司在市城区杨家牌坊进行旧城改造，主要开发建设华西小区，该小区占地面积

20 亩，共修建 10 栋商品住宅楼，建筑面积为 2 万平方米。

2001 年，区政府加大招商引资力度，武陵镇房地产开发迈上新的台阶。2003 年，湖南运达、长沙新佳、张家界茶台、鼎城置业、湘西金矿、北京汉农等公司在武陵镇从事房地产开发。其中湖南运达房产开发的枫丹丽舍小区，是武陵镇首座高档住宅小区，开发占地约 5.33 公顷，开发建设 8 万平方米。

2006 年，区政府召开房地产开发信息发布会，鼎城区房地产开发建设全面启动。2008 年，市委、市政府确立“一江两岸协调发展”思路，鼎城区房地产建设投入首次具有机制性保障。同时，通过深入开展文明城市创建活动，城市管理全面加强，鼎城区人居环境明显改善，为房地产开发创造出良好产业环境。当年共开工规模项目 14 个，完成房产开发投资总额 9 亿元，累计开工面积 59.5 万平方米，竣工面积 20 万平方米，商品房销售面积 11 万平方米，合同金额 1.8 亿元。2010 年，按照区委、区政府“抓大促小”方式全面带活拟开工楼盘思路，一是对规模较大拟开工项目，明确由区级领导联系，多次召开项目调度会，推动项目顺利开工；二是召开拟开工项目业主座谈会，探讨发展对策；三是通过调查，结合开发商建议，出台《促进江南城区房地产开发和鼓励购买商品住房的优惠办法》；四是建立开发项目联系人责任制度，区房产局确定每名局班子成员联系 3 个开发项目，即 1 个在建项目和 2 个拟开工项目，及时掌握了解项目进展动态；五是为项目建设排忧解难，确保一批拟开工项目顺利开工。全年在建项目共有 9 个，拟开工项目 7 个，占地面积约 53.33 公顷，建筑面积约 120 万平方米，完成房地产开发投资近 6 亿多元，开工面积约 25 万平方米，竣工面积 23 多万平方米，共销售新建商品房 2000 套、25 万多平方米，销售金额达 4 亿多元，为区级财政创造税收超过亿元大关。2011 年和 2012 年，鼎城区继续促进鼎城区房地产开发，继续鼓励城乡居民购买商品住房，两年为区级财政创造税收在 3 亿元以上。

1991 年至 2012 年，全区共有房地产开发企业 22 家。其中三级资质房地产企业 9 家；四级资质房地产企业 8 家；暂定资质 5 家。截至 2012 年年底，全区共有房地产开发项目 45 个，其中超过 10 万平方米项目 6 个：即宏泽家园 174500 平方米，紫薇佳园 1、2 期 146108 平方米，财富广场 145678 平方米，嘉美江南大院 124330 平方米，莱茵小镇 100485 平方米，江山如画 103977 平方米。全区商品房累计开发面积（含非住宅）183 万平方米，销售额超过 50 亿元大关。

二、住房保障

2008 年，区房产局编制《常德市鼎城区解决城市低收入家庭住房困难发展规划和年度计划》（2008—2010 年），使得住房保障建设有了政策保障。二是加大廉租住房建设投入和租赁补贴投入，完成省市两级落实为民办实事工作考核目标任务，投入 314.4 万元用于住房保障建设（廉租房投资 300 万元，修建面积 2418 平方米），解决 48 户住房困难，租赁补贴投入 14.4 万元，为 100 多户困难家庭发放住房补助。三是全面启动廉租房住房保障工作，规范和完善城区最低收入和低收入家庭住房需求电子档案，建立廉租房建设资金专门账户。

2009年，住房保障工作以践行科学发展观为契机，统筹推进、合理安排，保障投入明显增加，保障面积进一步扩大。一是廉租房建设投资350万元，新增廉租住房60套2727平方米，同比增加25%，廉租房入住对象累计达到108户。二是租赁补贴发放125.7万元，新增租赁补贴发放对象516户，同比增加420%，发放对象累计达到616户。鼎城区住房保障工作得到了市政府的充分肯定。

2010年，按照省、市下达任务，鼎城区增加解决550户住房困难家庭住房问题，其中新建廉租房保障110户，租赁补贴保障440户。主要措施：一是强力推进廉租房建设，实行边征地边建设。二是努力争取上级住保投入，本年度上级投入到位资金503万元，其中廉租房专项投资补助198万元（与区政府下达任务150万元相比超额完成40万元），租赁补贴资金305万元。三是完成170户廉租房和440户租赁补贴对象入户调查和审核工作。截至2011年年底，鼎城区累计住房保障对象达到1000户左右。

三、棚户区改造

2010年年初，区政府批准成立鼎城区棚户区改造工作领导小组办公室，区房产局为实施单位，主要负责拟制棚改政策、规划及年度计划，督导棚改项目实施和推进，完成省、市为民办实事考核任务。区房管局采取政府主导、市场运作方式，对鼎城区塑料九厂、金龙工具厂等实施棚户区改造。

2012年6月，区政府《关于临江棚户区改造开发的议案》经区人大审议通过。9月确定临沅路以北棚改规划先期9个项目点，并委托市规划设计院编制图则。随即，该项目有序推进。到年底，鼎城区累计完成城市棚户区改造1275户，其中产权置安置459户，货币补偿安置816户，改造房屋面积7.7万平方米，切实改善棚户区居民住房条件，提升城市品位，拉动区域经济发展，促进了社会稳定。

第三节　房地产管理

一、公房管理

1988年年底，鼎城区政府委托区房地产公司管理直管公房，时有直管公房27000平方米。其中乡镇直管公房主要分布在牛鼻滩、河洑、蒿子港等乡镇，面积约为9000平方米，城区直管公房主要集中在市江北城区大西门杨家牌坊，建筑面积为18000平方米。

1991年，市政府作出公有住房优惠出售决定，房地产公司将乡镇直管公房全部优惠出售，之后又将位于市江北城区直管公房进行旧城改造，收入近200万元，到2003年年底存量2700平方米。

1992 年前，房地产公司负责直管公房租赁管理工作。1992 年至 2010 年年底，其直管公房由区房产局开发物业管理所进行管理，所收租金用于直管公房维护管理。

2012 年，市政府根据住房和城乡建设部等五部《关于推进城市和国有工矿棚户区改造的意见》文件精神，杨家牌坊直管公房纳入棚户区改造范围全部拆除。

二、产权产籍管理

新中国成立后 50 年代初，县财政局房地产管理股开始办理公私房地产登记手续，颁发第一批土地房屋所有权证。

1991 年，区政府成立城镇土地房屋发证办公室，正式开始对全区城镇房屋进行登记发证，当年发放房屋所有权证 1000 本左右，发证面积约 10 万平方米。

1994 年，区政府从区房产局整合房产登记、交易职能，成立鼎城区房地产市场管理产权监理所，重点开展武陵镇房屋登记发证和交易工作，规范房屋产权产籍管理。

1996 年，为规范建制镇房屋产权管理，区房产局成立乡镇房屋产权管理股，负责乡镇房地产管理工作，乡镇房产管理站的主要职责是管理除武陵镇外乡镇墟场和农林场房屋产权初始、转移、变更、抵押、测绘等方面工作。房屋产权产籍管理工作开始在全区展开。

2001 年，房屋产权产籍管理推行行政审批体制改革，将乡镇和武陵镇城区发证审批合并，实行“三审制”和“一站式”管理模式。当年正值企业改制，区房产局先后为工业、商业、农业等改制企业办证 20 多万平方米。

2002 年，区房产局调整乡镇房地产管理格局，全区乡镇设置 7 个房产中心管理站（灌溪、蒿子港、周家店、斗姆湖、韩公渡、黄土店、谢家铺），实行分片管理，以灌溪片、斗姆湖片为龙头，带动其余 5 个片区。到 2007 年年底，乡镇房地产管理成效显著，业务管理与局里同步。乡镇房地产管理已经纳入法制化、规范化管理轨道，其发展势头，已成为鼎城房产持续发展新亮点。

2008 年，以建设部令 168 号《房屋登记办法》出台为契机，区房产局大力开展创建“市民满意房产”活动，简化办证程序，提供延时服务，为特殊办证群体开辟绿色通道，市民满意度大幅提高。

2012 年，区房产局进一步健全房屋产权管理，权属登记严格执行首问责任制、过错追究制、限时办结制，同时加大房地产市场秩序整顿力度，进一步规范房地产登记程序，房屋产权管理更加完善。全年共办理各类房屋权属登记 7576 笔 153 万平方米。其中：存量房转让 705 笔 12 万平方米，商品房转让 955 笔 19 万平方米，他项权登记 1314 笔 55 万平方米。

截至 2012 年年底，房屋产藉建档达 8 万本，登记房屋近 5 万幢 1470 万平方米，并运用川大软件系统对房产档案实行分卷保管；同时明确档案馆责任，配齐专业设备，建立完善借阅登记制度，严格按规章办事，加强入库档案规范化、专业化管理。两年来，共提供咨询、查档服务 5 万余人次，为权利人和司法部门取证提供可靠凭证和依据。

三、白蚁防治

鼎城区是白蚁防治区。1993 年，区白蚁防治管理所成立，承担全区白蚁防治任务。2002 年，区房产局发布《关于加强白蚁防治管理实行备案登记制度的公告》，加大宣传力度，城镇居民白蚁防治意识逐渐得到增强。

2008 年，为适应城市化建设快速发展，市区政府相继出台加强白蚁防治强制性措施，鼎城区白蚁防治工作迎来全面开展大好机遇。在市白蚁防治所指导下，区白蚁防治所一是大力推广使用环保防治药物，提高白蚁防治质量。二是按照一户一档模式，建立完善白蚁防治台账。三是当天签约当天防治，当年签订白蚁防治合同 715 份，防治面积 40 多万平方米，同比增长 10%，施药率 100%。四是努力开展“服务下乡”活动，对韩公渡等乡镇近 10 个受白蚁危害村镇实施白蚁灭治，为近百户农民挽回房屋财产损失。

1993 年至 2012 年，区白蚁防治所开展白蚁预防面积 400 多万平方米，白蚁灭治面积近 10 万平方米，签订白蚁防治合同 2000 多份，累计为国家挽回经济损失达 1000 多万元，有效控制白蚁危害程序，确保群众房屋使用安全。

四、房屋交易

1987 年，县房屋交易管理所成立，负责办理房屋交易契证手续、调解买卖双方纠纷、维护双方合法权益。1987 年至 1988 年，全县城镇私房成交 535 户，建筑面积 66500 平方米，代征契税 26.52 万元。1988 年，建设部下发《关于建立和健全房地产交易所的通知》，鼎城区房地产交易行为开始步入法制轨道。

1993 年，鼎城区房屋交易所成立，鼎城区民间房地产交易行为进一步趋于规范。次年，鼎城区房地产交易与房屋产权登记职能合并，成立鼎城区房地产交易市场管理产权监理所，更加有效地保护交易双方合法权益。桥南市场特大火灾后，已办理交易手续门面和摊位近 500 户，全部获得区政府重建桥南市场的拆迁补偿。2009 年，房地产交易契税和营业税划归地税部门管理后，鼎城区房地产市场调控能力得到充分加强，房地产发展又迎来新的机遇。

2008 年至 2012 年，鼎城区房地产转移 1 万宗以上，建筑面积达 110 万平方米，成交额 23 亿元；抵押 3000 宗，额度 15 亿元；按揭 8000 宗，额度 24 亿元；征缴契税和营业税 1.6 亿元，为鼎城经济发展做出积极贡献。

五、物业管理

区房产局顺应商品房小区物业管理需要，2008 年设立物业管理股，加强对江南城区商品房小区和敞开式小区物业监管和服务。

为了规范物管市场进一步提升服务质量，区房产局相继制定出台《关于对全区新建商品住宅小区物业用房及小区配套设施进行验收的通知》《鼎城区物业服务企业考核办法》《关于明确局相关股室配合管理小区物业用房及配套建设管理的通知》《关于加强对物业服务企业从业员岗位培训持证上岗的通知》《鼎城区住宅小区竣工综合验收实施办法》《关于严禁开发项目未经综合验收交付装修使用及擅自利用物业共用部位共用设施设备经营的通知》，联合区物价部门下发《关于开展物业服务质量收费考核工作的通知》。上述一系列文件出台，对规范鼎城区商品房小区物业市场管理秩序发挥重要作用，特别是进一步规范物业管理招投标工作，枫丹丽舍、锦绣江南、恒华茗苑、紫薇佳园等小区前期物业管理实行全程监管，其中枫丹丽舍被评为省级“物业服务优秀小区”。2012 年，鼎城区共有物业服务企业 22 家，其中本区 11 家、外来 11 家，物业管理总面积 130 万平方米，从业人员 600 人。通过严格考核物业企业和从业人员上岗培训，物业企业服务行为进一步规范，服务水平大幅度提升。

六、房屋征收与安全鉴定

鼎城区大规模房屋拆迁工作，自 1992 年建设桥南副食城开始。其时，区政府高度重视，精心组织，不到一年时间完成近 5 万平方米房屋拆迁，没有出现突发性事件。

2001 年起，区房管局开始执行国务院《关于城市房屋拆迁管理条例》（305 号令），先后完成财富广场建设、桥南市场灾后重建和阳明路建设三项房屋拆迁任务。桥南市场灾后重建房屋拆迁，开展入户调查，研究法规政策，请示请教上级业务部门，反复讨论制定补偿方案，以人性化拆迁为主，与司法强拆结合，一年时间完成 500 户近 10 万平方米房屋拆迁任务。

2012 年，区政府根据国务院《关于国有土地上房屋征收与补偿管理条例》，成立鼎城区国有土地上房屋征收与补偿管理办公室，配齐领导班子与工作人员。当年完成鼎城区德沅路防洪大道建设征收项目入户调查、草拟征收补偿方案等方面工作，为实施该项目征收工作打下良好基础。

2004 年，建设部 129 号令《关于城市危险房屋管理规定》颁布后，区房产局每年都对全区中小学校房屋进行全面普查鉴定，确保中小学生读书学习安全；区电影院放映厅房屋出现险情，区房产局随即报告区政府，确保区经济工作会议场地安全；常张、常岳、常吉、东常和常安高速公路及石长铁复线建设，房屋安全鉴定办积极配合重点工程建设，实事求是地做好受损房屋鉴定，确保重点工程建设顺利进行；城区房屋案例鉴定，房屋安全鉴定办依法按程序受理，严格按国家标准出具报告，确保法院案件及时审结，同时又为控违拆违工作把住关口。此外，还对兄弟科局单位申请的房屋鉴定，给予配合支持。截至 2012 年，共受理鉴定房屋 8000 多栋，鉴定面积 200 多万平方米，其中属于 D 级危房达 150 多栋，与此同时，鉴定报告中对危险房屋处理都提出处理意见，切实履行了危险房屋安全管理职责。

七、房屋租赁管理

1987 年，区房产局与工商部门采取联合办公方式，开展房屋租赁登记备案工作。1995

年，区房产局设立房屋租赁管理站，开始探索房屋租赁管理模式，到2003年，经过9年探索，总结出两条经验：一是要有灵活管理体制，以利于充分调动积极性；二是要整合相关部门职能，同综治、工商、社区等实行联合办公。

《关于进一步加强和改进出租房屋管理工作的通知》下发之后，市区政府相继出台加强房屋租赁管理一系列文件，区房屋租赁管理工作乘势而上：一是突破分配体制，实行承包管理。租赁所收取备案登记费用全部用于开展工作，政策性支出由局里差额拨付；二是根据市场情况调整管理力量。采取分组作业方式，实行责任到组到人，收入与个人挂钩；三是与综治、工商、社区联合，收入与单位挂钩。当年收入突破20万元。2012年，房屋租赁备案登记3800宗，江南城区基本上实现全覆盖，收入达到38万元，得到市局的充分肯定。

八、信息平台建设

2004年，区房管局采购南方房产测绘软件BMF，用于房屋面积测量、房屋权证打印，缩短办证时间，提高办事效率，方便办事群众。2009年，住房和城乡建设部将常德市列为房地产市场信息系统建设重点城市，按照《房地产市场信息系统技术规范》要求，区房管局筹集130万元资金，设立专门计算机房，配备5台IBM服务器，更新办公电脑，接通IOM电信宽带和4M光纤专线，组建办公局域网，完成网络设备安装和系统软件采购。

2010年，区房管局成立房产信息管理办公室，对房产信息平台实施专业化管理。配置川大软件工程研究所开发的房地产市场信息化软件，包括房屋登记信息系统软件、商品房网上签约备案系统软件、存量房网上签约备案系统软件、房屋专项维修资金监管系统软件，符合构建大常德房地产市场信息系统要求。

房产信息管理办公室成立后，扎实推进房地产市场信息建设。一是实施档案电子化管理。区房管局集中力量对房屋产权产籍档案开展电子扫描，实现房屋产权产籍档案电子化管理，统一存放、统一管理、统一查询、远端访问，完成5万余卷房屋产权产籍档案整理、扫描、图像处理、建立目录索引、图像入库、数据挂接等工作，从根本上解决房产权属档案查询效率低、利用率不高、存放管理不安全等问题，同时大大方便广大群众调阅个人房产权属档案。二是实施房产测绘信息化建设。在区国土局二调图纸基础上，区房管局抽调人员详细调查房屋物理信息和权属信息，充实基础测绘成果，建立以楼盘表为核心测绘系统，实现“以图管房”“图、属、档”互查，确定项目、楼栋、房屋唯一性，对房屋进行精确管理，实现数字房屋与实体房屋一致性。三是建立区域房地产信息网站。加强行业之间信息交流，拓宽鼎城优秀楼盘宣传渠道，为推广、展示江南城区房地产信息发挥积极作用。

九、房屋维修资金管理

鼎城区房屋维修资金管理中心于2009年10月成立，主要负责区域内物业维修资金的归集、使用和监督管理。截止到 2012 年年底，维修资金归集金额达 3000 万元，为鼎城区商品房小区物业管理做出积极贡献。

房屋维修资金是指专项用于住宅共用部位、共用设施的维修、更新和改造，属业主所有。管理原则是业主所有、统一缴存、专款专用、政府监督。维修资金收取严格按照市房屋维修监督管理办法执行，鼎城区商品房缴存标准为：多层 30 元/平方米，高层 50 元/平方米。截止到 2012 年，维修资金使用金额 5. 56 万元，小区房屋共用部位和公用设施设备得到有效维护，物业管理有了更好更安全保障。

第二章　汉寿县

第一节　概　况

汉寿县房地产管理局前身为汉寿县房地产管理委员会，成立于1958年，系从原县政府房产科演变而来。县房地产管理委员会职能单一，主要经营管理全县直管公房。其时县城区直管公房大部分都是木质结构房屋，房屋面积20—50平方米不等，高峰时期管理面积达到6万多平方米，租金收入全部用于工作人员工资和公房维护。

2010年成立汉寿县房地产管理局，隶属汉寿县住房与城乡建设局归口管理，是具有行政职能的正科级事业单位。县政府“三定”方案确定房管局内设机构共六个：办公室、政工人事股、财务股、房政房改股、开发物业股、乡镇股。其他机构七个：执法大队、测绘事务所、白蚁防治所、市场服务中心、中信经纪公司、安全鉴定办、经营公司。2011年、2012年先后增设汉寿县住房保障办公室和汉寿县国有土地上房屋征收与补偿工作办公室，均为隶属县房管局管理的全额拨款副科级事业单位。2009年8月份评估机构脱钩，房地产评估进一步公开、透明。2013年9月份中介机构脱钩，二手房交易市场全面走向市场化。

汉寿县房地产管理局从以前的单一收房租到现在职能的全方面转变和完善，经历了一段十分艰辛和漫长的转变过程，特别是2008来以来，汉寿县房地产建设管理工作取得一系列可喜成绩。

2008年，县房地产管理局被市房管局授予“全市量化目标管理先进单位”荣誉称号。2011年、2013年先后被市房管局授予“全市房地产管理工作红旗单位”和“全市房地产管理工作先进单位”荣誉称号。2009年被市人民政府授予“住房保障工作先进单位”荣誉称号。2010年被市人大、市政府授予“全市城乡特困户住房解困工作先进单位”荣誉称号。2010年、2011年、2012年连续三年被市住建局授予“全市住房保障工作先进单位”荣誉称号。2013年被市保障性安居工程工作领导小组授予“全市保障性住房工作先进单位”荣誉称号。2011年县住保办被市住建局授予“全市优秀住房保障办公室”荣誉称号。2009年、2013年二次被县委、县政府授予“为民办实事工作先进单位”荣誉称号。2011年被湖南省人民政府授予“湖南省2011年保障性安居工程工作优秀单位”荣誉称号。2008年、2011年二次获得全市白蚁防治行业“先进单位”光荣称号。2010年、2013年二次获得全省白蚁防治行业“先进单位”光荣称号。

2008年、2009年、2010年县房管局连续三年被县政府授予“全县政务公开暨政务服务工作先进单位”荣誉称号。2009年被湖南省爱国卫生运动委员会授予“全省文明卫生单位”荣誉称号。

2011年县房管局被县委授予“全县先进基层党组织”荣誉称号。2008年、2009年连续二年被县委、县政府授予“人口和计划生育综合治理目标管理先进单位”荣誉称号。2010年、2011年、2012年连续三年被县委、县政府授予“人口和计划生育工作先进单位”荣誉称号。2011年被县委、县政府授予“社会治安综合治理先进单位”荣誉称号。2011年被市政府授予“全市协税护税先进单位”荣誉称号。2011年被市工商局授予“全市守合同重信用单位”荣誉称号。

第二节　房地产建设

一、房地产开发建设

汉寿县房地产建设起步较晚。新中国成立后至80年代，县委、县政府主要通过政府投资建设、单位集资建设和住房制度改革，解决城区行政、企、事业单位职工和居民住房问题。

20世纪90年代初期，汉寿房地产开发市场进入生长发育阶段。1991年，县房管局成立全县第一家开发公司汉寿县房地产综合开发公司，随后相继成立汉寿县德辉房地产开发公司、龙鸿房地产开发公司、金龙房地产开发公司。这些开发企业大都以旧城改造为主开发建设商品房，满足了部分居民住房需求。

1998年，汉寿县金龙房地产开发公司开发建设全县第一个住宅小区武源小区。该小区占地面积1公顷，共修建8栋商品房楼盘，建筑面积2.2万平方米。2008年，常德子天房地产开发有限公司开发全县第一个高层建筑住宅小区临江花园，该小区占地面积1.2公顷，共修建6栋商品房楼盘，建筑面积2.5万平方米。

2008年以后，汉寿县房地产市场趋于活跃。每年开发量达到20至40万平方米，每年销售量达到20多万平方米，房地产市场呈现供销两旺、供需平衡发展态势，极大满足了城市居民和进城务工人员住房需求。经济适用房、廉租房、公租房和城区的棚户区改造项目也同步推进，解决了城区部分低收入群体住房困难问题。其间，虽然受到金融危机的影响，但汉寿县房地产市场仍然保持健康、持续、稳定发展。县房管局大力加大商品房开发管理力度，商品房开发市场投资规模显著增强，房地产开发迈上崭新台阶。汉寿涌现出一批优质楼盘和大型住宅小区，如格林积家、芙蓉世纪城、书香一品、君领天下、金色世家、龙城花园、云鼎新贵、锦绣江南、蓝湾美树、龙泽苑、青华园、金爵华府。这些优秀楼盘开盘后销售情况甚好，基本上一开盘就被预订购40%以上。

2010年以来，汉寿县房地产价格逐步上涨，县房管局根据自身职能，加强对开发市场管理，建立健全商品房预售管理制度、实行房地产开发等级和开发量资格审查制度、实行商品房销（预）售现场公示制度、建立物业维修保证金制度、实行商品房备案制度。通过全局上下的不懈努力，汉寿房地产开发企业行业自律意识、依法诚信经营意识都得到了明显提高。

至2012年12月止，全县共有房地产开发企业26家，其中三级资质8家、四级资质13家、暂定资质5家。累计建成商品房150多万平方米，实现开发投资20多亿元，累计销售额超过30亿元。商品房价格逐步上升，2012年年底全县普通商品房综合平均价格为2498元/平方米，其中住宅价格为2388元/平方米、非住宅价格为5160元/平方米，商品房销售价格稳步上涨。

二、保障性住房建设

（一）廉租房。汉寿县委、县政府高度重视廉租住房建设。2006年，随着国家住房保障体系完善和财政投入力度加大，汉寿县开始实施由县政府统一规划、房管局具体负责的经济适用房、廉租房建设。2011年3月，成立副科级事业单位汉寿县住房保障办公室，隶属县房管局管理。县住房保障办公室专职负责廉租房项目建设、资格审查、住房分配、出售和实物配租等方面工作。

经过几年努力，汉寿县在廉租房建设、分配一系列程序和环节，采取公平、公正、公开阳光操作模式，取得良好效果。截至2012年底，全县累计建成和基本建成廉租住房3400套、17.27万平方米。发放租赁补贴7000多户次，发放金额900多万元。

（二）公共租赁住房。汉寿县从2010年开始由县住房保障办公室负责，实施公共租赁住房项目建设，项目遍布全县各个乡镇、涉及乡镇政府、卫生系统和教育系统。截至2012年年底，全县通过新建、改造和租赁等方式共完成公共租赁住房545套、25702.8平方米。

（三）棚户区改造。汉寿县棚户区改造工作从2009年开始正式实施，为了更好推进全县棚户区改造步伐，县委、县政府2010年成立汉寿县棚户区领导小组，由政府分管副县长任组长，全县各部门负责人为成员，县房管局具体负责实施。几年来，汉寿县委、县政府严格按照市委、市政府下达的棚户区改造任务指标要求，逐年落实到位。截至2012年年底，全县共实施棚户区改造827户，拆迁近1万平方米，有力提升全县城市面貌和低收入群体生活水平。

2009年9月，汉寿县委副书记、县长宋云文在全省保障性住房建设工作会议上，作了题为《坚持以人为本，确保住有所居》典型发言，汉寿县依托商品房开发建设廉租房模式被省住建厅推广。2010年6月，汉寿县房管局被县委、县政府授予“2009年为民办实事先进集体”；2010年12月，县房管局被常德市人大、市房管局授予“2010年度城乡特困户住房解困工作先进单位”。2011年1月，县政府、县房管局被市人大、市政府授予“市五届人大二次会议1号议案办理落实工作先进单位”称号，这是全市唯一一个政府与房管局共同获此荣誉的县市。2011年度全市绩效考核中，住保工作分值5分，汉寿获得4.85分，名列全市第一。2012年2月，汉寿县被省政府授予“2011年保障性安居工程工作优秀单位”荣誉称号。2012年3月，在全市保障性安居工程暨住房和城乡建设工作会议上，汉寿县政府作题为《突出抓好四个关键，努力实现住有所居》典型发言，县房管局被授予“2011 年度住房保障工作先进单位”，县住保办被评为“2011 年度优秀住房保障办公室”。

2008 年到 2011 年，汉寿县连续 4 年获得全市住保先进县荣誉称号，分管和从事住保工作领导、工作人员 20 余人次在省市县立功受奖。《常德日报》、《常德晚报》、常德电视台等媒体多次对汉寿县住房保障工作成效组织报道。

三、商品房精品楼盘

（一）飞鸿蓝湾美树。2010 年 12 月由湖南飞鸿房地产开发有限公司开发，占地 3. 67 公顷，总建筑面积近 10 万平方米。该项目位于县城开发新区，为目前县城区房地产开发高端项目。该项目由 7 栋 16—18 层高层建筑组成，有 层地下室车库，面积为 12200 平方米，其中包含 6300 平方米地下室人防工程，是设施先进、品位高端的宜居家园。项目已全部竣工。

（二）锦阳丰瑞。位于汉寿县银水路和振兴路交汇处，临近多条城市主干道，交通四通八达。东临孟奇路（建设路），西至龙阳路，南达银水路，北到南岳路；处于连接主城区内和新城区核心地段。项目总占地面积 6. 53 公顷，总建筑面积约 22 万平方米，总户数近 1200 户，由 19 栋商业和住宅围 13. 33 公顷银水湖而建，是汉寿城中心唯一湖景房社区。在工程建设上，遵循“质量第一”基础保证，采用三菱电梯、王力防盗门、经阁铝合金窗等品牌增强品质感。小区环境融入“运动、文化、生态”三大理念，力争为全县人民打造具有文化底蕴的小区。

（三）龙阳商业广场。汉寿县红扬房地产开发公司投资约 3 亿元开发，商业总建面积 6 万多平方米，规划总商户数约 900 户，停车位近千个，由国际珠宝城、女人街、淘宝街、名品街、儿童大世界、美食街、休闲娱乐城、四星级综合大市场八大商业主题组成，业态定位涵盖购物、餐饮、休闲、娱乐、文化、旅游、星级酒店，商业品类囊括精品百货、品牌超市、3D 多厅影院、健身中心、KTV、电玩城、网吧、婴童超市、中西餐厅、美容美体、足疗等，其中既有以家润多超市、精品百货为主的综合性卖场，同时还有国际品牌餐饮肯德基、国际保健及美容品牌屈臣氏、华耀国际影城、皇华帝带中西餐厅、宝贝之家儿童乐园及各类品牌专营店。省委常委张文雄、市委书记王群、市长周德睿、县委书记谭本仲、县长杨昶都亲临现场指导过工作。

（四）清华园。小区位于汉寿龙阳镇芙蓉路东侧，汉寿詹乐平中学斜对面，龙珠湖公园东侧，占地 2. 67 公顷，总建筑面积约 6 万平方米。清华园小区引入人车分流、环形交通、私家医院、入户花园、人境合一等独特设计理念，户型设计有三室两厅、四室两厅、两室两厅，共有住宅 426 套。室内设计做到明厅、明厨、明卫、明卧，房间分布科学合理，南北通透，但又考虑生活区与休息区分离。

第三节 房地产管理

一、直管公房管理

汉寿县国有直管公房大部是20世纪50—70年代县政府没收代管房产，统一交由县房地产管理部门经营管理。县房地产管理部门负责对这些房屋进行出租、维护、改造和翻新，保障县城区无房户、五保户和低收入人员居住基本条件。这批房屋大部为木质结构，房屋面积20—50平方米不等，最高峰时全县代管公房面积达到6万多平方米。房屋租金从60年代每平方米0.2元逐步上涨到2012年底每平方米0.80—1.00元。

近年来，县委、县政府为改变该县城市建设面貌，增加对保障性安居工程和房地产开发项目工作力度，拆迁的直管公房住户统一安置到新建廉租房居住，租金也由县房管局经营公司统一收取。

截至2012年年底，县房管局经营公司除仍管理2.2万平方米原国有直管公房外，还管理陆续交付使用的大批廉租住房，每年收取租金120多万元。

二、产权产籍管理

20世纪50年代至1984年，汉寿县房屋产权产籍管理职能不明，先后归属多个部门管理，部门交接、职能转换频繁。1982年，国家城建总局颁发《加强产权产籍管理工作的暂行规定》；1984年，城乡建设和环境保护部和国家统计局下发《关于开展全国城镇房屋普查的通知》和《第一次全国城镇房屋普查办法》。根据这些文件精神，1986年县政府成立房屋普查领导小组，下设办公室，由汉寿县房地产公司负责办公室日常工作，对全县（含所有乡镇）房屋进行全面普查，普查于1987年结束，为全县房屋产权产籍管理打下基础。

1997年起，随着城镇住房制度改革、国有企业改制和商品房开发规模不断扩大，城镇房屋产权产籍登记发证数量逐步增加。2008年以来，县房管局加强产权产籍管理，按照一站式受理、限时办结要求，强化责任，履行承诺，做到后台围绕前台转，改变产权登记发证工作等群众上门的被动局面，主动联系企业，服务上门、延时工作，开通绿色通道，积极为群众和企业办理房产证排忧解难。2008年7月颁发并实施《房屋登记办法》，全局有6人获得“房屋登记官资格”。

截至2012年年底，共办理各类房屋初始登记6万多宗，发证面积近1000万平方米。

三、白蚁防治管理

汉寿县是白蚁危害重灾区。为加强对白蚁虫害管理，1997年汉寿县房管局成立了二层事业单位白蚁防治所，负责全县区域内城乡房屋白蚁防治管理，对新建、改建、扩建和装饰装修等房屋进行白蚁检查和灭治工作。

1999 年 11 月，县房管局加强白蚁防治工作力度，加强硬件建设，购置白蚁防治专业设备，建立白蚁防治药品专库，建立健全白蚁管理相关工作制度，努力提高队伍素质。

截至 2012 年年底，全县累计实施白蚁预防面积 300 多万平方米。县房地产管理局 2010 年、2013 年被省白蚁防治委员会评为“全省白蚁防治工作先进单位”，2008 年、2011 年、2012 年被评为“全市白蚁防治工作先进单位”。白蚁防治所所长冯会文 2008 年、2009 年、2010 年、2011 年连续四年获县政府嘉奖，2008 年、2009 年、2010 年评为“全市白蚁防治工作先进个人”，2011 年、2012 年评为“全省白蚁防治工作先进个人”。李顺清 2008 年、2009 年、2010 年评为“全省白蚁防治工作先进个人”，2011 年、2012 年评为“全市白蚁防治工作先进个人”。

四、物业管理

1994 年，汉寿县房管局成立汉寿县物业管理公司，为自收自支事业单位。时为除常德市城区外全市第一家隶属房管部门管理的物业管理机构。2005 年汉寿县物业管理公司注销。2007 年 12 月，县房管局成立物业管理股，负责全县前期物业招投标和物业公司资质管理，规范全县物业服务企业行业管理和住宅室内装饰装修管理。

2007 年 10 月，汉寿县房管局根据《常德市房屋维修资金管理办法》精神，开始对本县区域内房地产开发项目统一归集房屋维修资金，缴存标准为多层 30 元/平方米、高层 50 元/平方米。截至 2012 年年底，汉寿县房管局共归集房屋维修资金 3000 多万元。

2012 年 3 月，根据《常德市房地产开发项目物业保修金管理办法》，为规范企业管理，县房管局对全县所有房地产开发项目开始实行物业保修金制度，到 2012 年底已归集房地产开发项目物业保修金 100 多万元。截至 2012 年年底，全县共有物业服务企业 16 家，管理面积达 200 多万平方米。

五、房地产执法管理

为了规范房地产市场，加强对汉寿县域内违规开发和黑市开发项目的清理、整顿，确保广大消费者的利益，2008 年县房管局成立了执法大队，主要负责查处各类房地产违法违规案件。截至 2012 年年底，共查处各类房地产开发案件 38 宗，涉案面积 21 万平方米。通过几年的执法，全县范围内的违规房地产开发项目得到了有效的遏制，汉寿县的房地产市场越来越规范。

第三章　桃源县

第一节　概　况

1965 年，桃源县政府成立县房地产管理委员会，隶属县财政局管理，主要负责城关、陬市两镇国有直管公房经租和维修。1981 年 4 月，成立桃源县房地产公司，下设漳江镇、陬市镇两个房地产管理所。1985 年，房地产公司内部改革，组建房屋修缮公司和综合贸易公司（企业性质），人员从房地产公司分流。两家新组建公司为独立法人，实行经济独立核算。

1985 年 5 月至 1986 年，县房管部门对 9 个镇和部属、省属、市属共 7 个驻桃源单位，以及独立工矿区房产进行普查。全县城镇房屋建筑面积达 2409011 平方米。1989 年，县城及镇区域内私房管理开始走上正轨，城镇私房由县人民政府房地产管理部门核实，颁发房屋所有权证。对私房出租者，核发租赁许可证。对城镇私房交易，由房地产管理部门统一办理交易过户手续，禁止非法买卖。城市规划区私房拆除，由房地产管理部门颁发拆迁许可证并组织实施拆迁。农村私房管理逐步规范。1992 年至 1993 年，县内主要城镇国家行政机关、企业事业单位住房，按照城镇住房制度改革政策优惠出售给干部、职工。

1993 年 8 月，县房地产公司加挂桃源县房地产管理局牌子，行使全县房地产行业管理职能。1996 年 11 月，县房地产管理局全面依法行使全县房地产行业的管理职能。

近年来，桃源县房地产管理局始终坚持以邓小平理论、“三个代表”重要思想和科学发展观为指导，紧紧围绕县委、县政府中心工作，牢固树立“强化服务、促进发展”政务理念，强化房地产行政管理职能，建立桃源县房地产信息网，实现商品房预（销）售合同网上签约，严格商品房预售许可制度，进一步规范商品房预（销）售行为；建立本县范围内房地产市场信息及业务办理查询网络平台，加强产权产籍及房地产交易规范化管理，优质、高效办理各类房地产登记手续；认真开展国有公房租赁经营和廉租住房建设，为城镇低收入家庭住房提供良好保障，完成住房保障目标任务；强化中介机构管理，建立和维护公平交易和公平竞争的房地产经济秩序，努力形成健康有序的房地产市场环境；搞好房地产市场信息统计工作，为政府决策和房地产开发提供参考依据。同时扎实开展文明单位创建活动，努力实现房地产行政管理工作在服务经济发展大局中有为有位目标，“三个文明”建设取得丰硕成果，被县委、县政府评为“2011 年度县绩效评估优秀单位”，被常德市房地产管理局评为“2013 年度全市房地产管理工作红旗单位”。

第二节　房地产建设

一、房地产开发

20世纪90年代，随着城镇住房制度改革推进，桃源县住房供求进入市场运作，房地产商业开发起步。1993年4月，县房地产经营开发公司成立，首先在县城东街、观音巷等处配合旧城改造，零星开发住宅商品房11279平方米。12月，桃源县惠源房地产开发公司成立，首次在二里岗（原县生资公司仓库）实施综合开发，开发住宅小区会仙山庄，建筑面积11200平方米。1995年6月，湖南利源房地产开发公司成立（系中外合资企业），当年即在县城月亮湾建成商品住宅2720平方米。是年8月，桃源三鑫房地产开发公司成立，在县城土桥实施综合开发，建成总面积27240平方米商贸城商住楼；1997年，该公司又对原县城体育场进行综合开发，建成总面积为49000平方米桃源商城，其中住宅商品房38000平方米。

1987年至2002年，县内房地产公司、建筑企业、个体工商业主分别对县照相馆、县外贸公司、县生资公司、县机绣厂、县玉器厂、县家具厂、县饮食服务公司、城郊区供销社、渔父工贸市场、县五交化、渔父印刷厂、县物质局（水果市场）、桃纺南门口等地临街危旧房屋实施综合开发，先后建成商品房97877平方米，经营用房（门面）19577平方米。

2002年，国家七部委颁发《关于整顿和规范房地产市场秩序的通知》，在国家不再允许实行福利分房、单位集资建房情况下，桃源县房地产开发市场逐渐走向繁荣。一批本县房地产开发企业相继成立，外地房地产开发公司也陆续进入桃源。县内房地产开发市场步入有序发展轨道，房地产开发工程也逐步从零星型向规模型转变。

2002年，诚信房地产公司建成诚信花园，建筑面积41500平方米；湖南运达房地产公司建成运达花园，建筑面积43000平方米；湖南仟府城市设计有限公司建成文昌苑住宅小区，建筑面积40300平方米。

2003年至2004年，惠源房产开发的15000平方米会仙山庄（西）、诚信房产开发的6000平方米渔父小区和36000平方米诚信花园项目相继投入预售。诚信创业房地产开发公司开发丽景花园，占地面积达到2.87公顷，建筑面积达到49000平方米。这些楼盘已经初具规模，且公共设施配套，绿化、物业服务齐备，商品房开发建设逐步向高端品质发展。另外，兴明小区、兴华小区、电力花苑南兴花园等项目开发都完全按照相关法规要求，在物业用房、预售许可等方面得到规范，商品房售价由每平方米700元左右达到每平方米860元左右。

2005年至2006年，桃源县商品房主要楼盘有常德广宇房产开发的57000平方米康泰花园、诚信房产开发的80000平方米延溪花园、八方房产开发的49000平方米八方财富广场、竣业房产开发的16000平方米天富花园、兴华房产开发的19000平方米文兴花苑等一批大型项目相继建成，房价近1000元。

2007年，桃源县房地产开发得到长足发展，全年投入预售商品房1440套、21万余平方米，商品房售价格该年首次突破千元。2007年代表楼盘有兴明房产开发的120000平方米碧水馨城、中天房产开发的51000平方米中天花园、诚信房产开发的41450平方米天成花园等，房价达到每平方米1200元左右。其中碧水馨城项目占地面积4.67公顷，推出住宅724套，其中4栋江景小高层推出价达到每平方米1400至2300元。

2008年，在全国楼市走低大环境下，桃源县楼市依然稳健，诚信房产开发的46300平方米诚信家苑一期，八方房产开发的59000平方米荷花庭院投入预售，全县共有1121套、近140000平方米商品房投入预售。

2009年，楼市升温，桃源县2008年投入的存量房产一抢而空，诚信家苑2期、3期，月亮城工程趁势启动。当年创下年销售量新高，全年销售商品房近20万平方米，房价达每平方米1500多元。

2010年，投入预售商品房面积12.52万平方米，其中住宅894套、非住宅1.8万平方米，颁发预售许可证10个。较大的开发项目为兴明房地产开发有限公司开发的月亮城小区，建筑面积为38700平方米。

2011年，投入预售商品房项目16个，投入预售商品房面积32.9万平方米，是商品房预售投入最多的一年。最大开发项目有诚信鸿基房地产开发有限公司诚信御景园，该项目总建筑面积近30万平方米，是年投入前三期预售，建筑面积达6.2万平方米。较大项目还有中天房地产开发有限公司开发的中天世纪城，建筑面积为3.7万平方米。该年综合市场建设也达到历史高峰，宏远房地产开发有限公司开了桃源县采菱综合市场项目，建筑面积6万平方米，兴华房地产开发有限公司开了豪兴大市场项目，建筑面积1.6万平方米。房地产开发呈现出好势头，一是开发的楼层越来越高，中天世纪城、御景园都建成高层电梯房；二是配套工程越来越完善，县城规模开发开始配建一定数量地下车库，佳沅财富广场还配建了幼儿园；三是规模开发向建制镇扩延，漆河、陬市、茶安铺三处都有成规模开发项目投入预售。商品房价格多层达每平方米2300元，高层在3000元左右，非住宅均价每平方米5000。

2012年批准预售7宗，面积15.4万平方米，其中住宅11.2万平方米，830套。较大项目有诚信鸿基房地产开发有限公司开发的诚信御景园第四期投入预售，面积9.36万平方米。

2013年，全年发放商品房预售许可11份，投入预售商品房19.43万平方米，其中住宅1531套，非住宅2.9万平方米，较大项目为诚信御景园五、六、七期工程，商品房面积7.3万平方米。商品房网上签约成交1606套，销售均价多层2900元/平方米，高层3500元/平方米。至2013年，桃源全面落实监管措施，认真执行房地产领域法律法规和上级规范性文件，在土地竞买资格认定、项目资本金、预售许可审批、预售资金监管、商品房预售合同网上签约、备案等各个环节，均实施监管手段，有力保障全县房地产开发市场秩序。

至2013年，全县建成商品房小区达78个，面积190万平方米。全县房地产开发企业达到14家，其中2级房地产开发企业1家、3级企业4家。

二、住房保障建设

2005年开始，为了解决城镇低收入居民住房困难问题，完成好省政府“八件实事”和市政府“十件实事”，桃源县积极推行廉租住房建设。

2005年10月、11月，县委书记魏立刚、县长郑弟祥先后主持召开县长办公会议和县委常委办公会议，正式启动全县廉租住房建设。确定3年新建2万平方米廉租住房工作目标。县财政按每年支持资金100万元，连续支持5年；无偿划拨土地3.33公顷处置盘活用于廉租住房建设；县财政兜底解决建设资金；对廉租住房建设中土地出让金和契税实行全征全返；各种税费按政策减免或先征后返。明确全县廉租住房建设由县房管局负责具体组织与实施。自此，廉租住房建设迈开崭新的步伐。之后，县委、县政府又先后3次召开专题会议研究廉租住房建设工作，确保建设有序推进。

2006年年底，黄花东路廉租住房竣工。项目由桃源县红旗建筑安装有限责任公司施工建设，总建筑面积4405平方米、54套，总投资308万元。2007年1月，桃源县廉租住房入住仪式在漳江镇东街举行。县委、县人大、县政府、县政协四大家领导参加入住仪式，入住仪式由县委常委、纪委书记李正才主持，县长郑弟祥发表重要讲话，县委书记魏立刚给入住对象分发钥匙。

2007年年底，由湖南省津市市第六建筑工程有限公司施工建设、70套、总建筑面积5482.8平方米、总投资384万元的陬市镇下街廉租住房，由桃源县红旗建筑安装有限责任公司施工建设、33套、总建筑面积2750平方米、总投资192万元的漳江镇横东街廉租住房一期相继竣工。2008年1月，陬市廉租住房入住仪式在陬市镇举行。县领导郑弟祥、龚德汉、石玉林、魏岳林、董莉莉、刘祖欣、胡文波、陈佳林、李卫民、周福初、郑兴进、黄贵生、王先柏、余晓斌、黄金华，市房地产管理局领导关剑锋、曾建新，以及相关部门和乡镇负责人出席仪式。县长龚德汉、市房管局副局长曾建新、陬市镇党委书记宋彪、入住代表分别讲话；县房管局党委书记、局长谭明华致辞；县委书记郑弟祥给入住对象发放钥匙。

2008年年底，由桃源县红旗建筑安装有限责任公司施工建设、55套、总建筑面积5200平方米、总投资540万元的桃源县横东街廉租住宅二期主体封顶。

廉租住房户型以两房一厅为主，配建部分一房一厅户型，套面积控制在50平方米之内，尽量考虑不同户型需要，周密考虑通风、采光等具体问题，全部住房都是水、电单独立户，电视、电话线入户，进屋防盗门，厨卫配套，简单装修。由于桃源县廉租住房在全市起步较早，建设力度较大获得广泛好评。2008 年 1 月 7 日湖南卫视新闻联播和 2008 年 2 月 15 日央视新闻频道新闻社区先后推介报道。

2008 年起，国家对符合廉租住房保障条件而又没能享受实物配租的家庭实行房屋租赁补贴。2009 年，县房管局开展租赁补贴对象审查工作展开，对全县 1000 户补贴对象进行三榜公示后发放补贴资金共计 240 万元，其中漳江镇 800 户、陬市镇 200 户。

2009 年，桃源县成立住房保障工作办公室，为县住房和城乡建设局管理的副科级单位。2009 年 12 月，租赁补贴对象漳江镇 800 户、陬市镇 200 户进行三榜公示。2010 年 12 月，共对漳江镇、陬市镇 1300 户发放补贴资金 171 万元。

三、漳江农贸市场建设

1998 年，县房地产管理局出资，在县城观音巷原居民住宅区兴建大型农贸市场，市场占地 1 公顷，总投资 1100 万元，建成经营门面 207 个，摊位 268 个，经营肉食、禽蛋、水产、豆制品、蔬菜及干鲜杂食品近 200 个品种，市场辐射全县主要乡镇。市场 1998 年 11 月 8 日破土动工，1999 年 6 月 8 日竣工试营业。局设立下属机构漳江农贸市场管理所，进行市场管理，并收取摊位管理费。2009 年，县政府决定将市场管理移交县市场管理中心。是年 3 月，县政府召开漳江农贸市场移交工作专题会议，县国资局、县房管局、县商务局、县市场管理中心等相关单位人员参加，就漳江农贸市场移交进行认真研究。同月底，移交工作逐步到位。

第三节　房地产管理

一、公房管理

20 世纪 70 年代末，桃源县城关镇、陬市镇 2 个房产管理委员会分别负责镇内国有直管公房经营管理。县内国家行政机关、企业事业单位公房由各单位负责管理和维修。农村大队、生产队和城镇居委会公房（集体所有）由集体经济组织自行管理。

1981 年 4 月，县房地产公司成立，城关镇、陬市镇两镇设立房地产管理所，负责修缮和出租管理国有直管公房。是年，两镇国有直管公房共 73400 平方米，年收取租金共 70 多万元。

1984 年，全县生产队公房均拆分给社员，大队公房存留为村用公房。1985 年至 2002 年，集体所有的村用公房、居委会公房由村、居委会自行管理和维修。

1992 年至 1993 年，县内主要城镇国家行政机关、企业事业单位住房，按照城镇住房制度改革政策优惠出售给干部、职工。

1994 年至 2002 年，国家行政机关、企业事业单位办公用房和生产经营用房由县房产管理部门核发“房屋产权证”，各单位负责管理和修缮。

1994 年至 2002 年，县房地产管理局对漳江镇、陬市镇 20000 多平方米国有直管公房进行维修；翻修、新建国有直管公房 17 幢，建筑面积共计 15630 平方米。至 2002 年，由县房地产管理局管理国有直管公房 55900 平方米，年收租金 70 万元左右。2003 年至 2005 年，全县国有公房减量至 43500 平方米。

2006 年，桃源开始实施廉租住房建设，拆迁部分国有公房，在其用地上新建设廉租住房。至 2009 年，国有公房减少至 38000 平方米，原国有公房用地上新增廉租住房 9612 平方米。国有公房及廉租住房由县房管局下属漳江房管所、陬市房管所负责经营管理。按不同类别收取房屋租金，月租金标准分别为：木屋 0.5 元，砖木三等 0.7 元，砖木二等 1.1 元，砖混五等 1.4 元，居民新村第五栋及砖混成套商品房一、四楼 2.5 元，二、三楼 2.6 元，廉租住房按楼层分别为 1.4 元、1.45 元。2003 年国有公房年租金 80 万元，以后各年入住率逐步提高，年租金稳步增长，至 2009 年，年租金达到 107 万元。

2003 年以后，国有公房管理工作进一步加强。公房资产台账进一步健全，2008 年建立完善的电子和纸质公房台账。加强合同管理。对所有租户全部实行合同化管理，合同签约率、租金收缴率达 98% 以上。加大国有危旧公房维修力度，2003 后，公房维修年投入在 15 万元左右，其中 2008 年达到 27.8 万元。

2012 年，对接公共租赁住房改造政策，争取到位改造资金 150 多万元，对公房进行大力改造。其中漳江所公房改造资金投入 128 万元，重点对居民新村公房进行改造，进行公房维修，环境整治和水表单独立户，受益居民达 160 户。陬市所公房改造资金投入 24.9 万元，重点对陬市所原办公楼公房进行屋面换顶处理，农机二厂处公房屋顶换瓦，整治下水道、硬化路面。

2013 年，争取县政府城镇建设资金 100 万元，争取国家公共租赁住房改造资金 100 万元，共对近 200 套公房进行改造。县政府城镇建设资金项目主要用于漳江镇原服装厂拆迁安置户房屋维修改造（29 万元），陬市人民医院旁二栋国有公房维修改造（27 万元），陬市镇中街（花木兰）国有公房维修和公厕改造（22 万元）。国家公共租赁住房改造资金项目主要用于漳江镇 101 套国有公房维修改造。

二、私房管理

20 世纪 80 年代，桃源县城镇私房均由县人民政府核发房屋所有权证。产权异动或房屋结构变化后，须到县房产管理部门办理异动、变更登记和换证。未经县建设部门批准而在城镇新建、建的私房，均按违章建筑处理，不予登记发证。对私房出租，由县房产管理部门制订租价幅度加以限制。城镇私房交易，由县房产管理部门统一管理，并从 1989 年开始向享有所有权的人按 6% 税率计征契税。但农村私房产权管理一直处于相对松散状态。

20 世纪 70 年代后期至 1987 年，桃源县对在 20 世纪 50 年代至 70 年代初历次政治运动中受“左”倾错误干扰而侵占的宗教房产、工商联房产、华侨房产及其他公、私房产，逐一进行清查，按照落实私房政策退房或折价退款，共计 2816 户，建筑面积共计 15.2832

万平方米。

三、城镇住房制度改革

20 世纪 80 年代，桃源县行政机关、企业事业单位干部、职工所居住房屋，仍然多为单位按工龄和职务所分配的福利房，月租金大多在每平方米 0. 1—0. 2 元之间。

1992 年，桃源县成立县住房制度改革领导小组办公室，开始进行城镇住房制度改革。翌年，县人民政府下发《桃源县贯彻〈国务院关于进一步深化城镇住房制度改革，加快住房建设的通知〉的实施方案》。各单位按照每户一般干部 65 平方米、科级干部（含中级技术人员）75 平方米、处级干部（含高级技术人员）85 平方米标准，将住房 60% 产权出售给干部、职工。但因受原有住房面积限制，多数单位的干部、职工所买住房未达到上述标准。1995 年，将单位所属 40% 住房产权也出售给购房的干部、职工；购房干部职工由此拥有全部产权。到 2001 年 12 月止，全县共出售国有城镇住房 9800 套，面积共计 61. 84 万平方米，归集房屋出售资金共计 4209. 04 万元。

1995 年至 2000 年，为满足未买到“房改房”干部、职工住房需要，县人民政府鼓励由单位组织干部职工进行全额集资建房。截至 2000 年 12 月，全县申报全额集资建房单位 127 个，参加集资建房干部、职工共计 3827 人，全额集资建房共计 37. 5 万平方米。2001 年后，按照国家统一部署，集资建房不再审批。

1995 年，县住房公积金管理中心成立。县住房公积金中心开始在全县范围内推行住房公积金制度。由单位按月或按年向干部、职工个人以月工资或年工资额 5%—10% 缴交率提取住房公积金，并由单位按相同缴交率和金额给干部、职工缴交住房公积金补贴款，一并分别存入个人住房公积金账户，由个人用作购建或大修住房。干部、职工退休时，个人账户住房公积金的本息余额一次性退还。到 2002 年，全县缴交住房公积金干部、职工共计 16989 人，归集住房公积金共计 2180 万元。

四、产权产籍管理

按照国家规定，1985 年 12 月 31 日为全国第一次城镇房屋普查标准时间，桃源从 1985 年 5 月至 1986 年，对 9 个镇和部属、湖南省属、常德市属共 7 个驻桃源单位，以及独立工矿区房产进行普查。普查结果，全县城镇房屋建筑面积 2409011 万平方米。按用途分：住宅面积 1016375 平方米，工交、生产、仓库用房 687976 万平方米，商业服务用房 379227 万平方米，教育、医疗、科研用房 179341 平方米，文化、体育、娱乐用房 25877 平方米，各类办公用房 103721 平方米，其他用房 16494 平方米。按结构分类，平房（简易房）1200969 万平方米，2—3 层楼房 902131 万平方米，4—6 层楼房 305911 万平方米。按地区分：漳江镇 1127015 万平方米，其中住宅 460489 万平方米；陬市镇 474783 万平方米，其中住宅 178551 万平方米；漆河镇 106749 万平方米，其中住宅 49360 平方米；沙坪镇 117971 万平方米，其中住宅 64572 平方米；桃花源镇 86189 平方米，其中住宅 37675 平方米；三阳港镇65519平方米，其中住宅21373平方米；黄石镇52333平方米，其中住宅30985平方米；沃溪镇306020万平方米，其中住宅142596万平方米。

1989年，城镇私房由县房屋所有权发证领导小组办公室核实，颁发房屋所有权证。对私房出租者，核发租赁许可证。对城镇私房交易，由房地产管理部门统一办理交易过户手续，禁止非法买卖。

1991年，县建设委员会、县物价局、县财政局、县工商行政管理局和县公安局等单位联合下发《关于进一步加强房地产交易市场和产权产籍管理工作的通知》，规定县内城镇私房买卖、租赁、转让、继承、赠予、典当、抵押，必须通过房地产交易机构进行验证登记、实地评估，并按规定标准缴纳契税后，方可办理产权过户，否则视为非法交易。到2002年，全县共计进行合法房产交易登记12720宗。

2002年以后，全县房地产事业迅猛发展，房地产开发量日益增长，业主产权意识不断增强，房地产权属登记政策法规进一步规范，房屋产权产籍管理得到加强和完善。

2005年，县房管局投资30多万元添置计算机，启用广东南方数码科技有限公司房产测绘和房屋登记软件系统，实现产权产籍电子化管理。2006年又投入近10万元建起全封闭柜式密集架档案室，当年完成3万多份产籍档案计算机录入。

2008年7月1日《房屋登记办法》实施后，新增预告登记证明业务，根据法律规定开始受理农村集体土地上房屋登记。同时，对所有纸质产籍档案进行归档，并历经3年完成计算机录入。

2011年3月25日，副局长熊志斌主持召开会议，就房屋所有权办证、房产测绘有关工作进行专题研究，副局长姚文龙，房政管理股、陬市管理所、桃花源管理站、漆河管理站、三阳管理站等单位负责产权办理和房产测绘有关人员参加会议。会议对产权办理和房产测绘工作过程中出现的一些共同性、细节性和边缘性问题、确定若干原则：

1. 关于房屋坐落不一致问题。对因村（居委会）名称发生变更的，可按两类办法办理：一是由业务受理人员调查核实后如实签署意见；二是由申请人到当地乡镇人民政府开出村居名称变更的证明。对土地使用证与建设工程规划许可证上坐落不一致的，要求申请人到土地或规划部门进行更改。

2. 关于持有集体土地使用证而非本集体经济组织成员申请办证问题及集体土地上房屋转移问题。对初始登记要求以下两项资料不可缺少，一是在集体土地使用证所在村（居委会）进行公示，并提交公示资料，二是集体土地使用证所在村（居委会）出示同意办证意见。对集体土地上房屋转移问题，一是要求受让方先办理土地使用权证；二是转让给非同一集体经济组织成员的必须坚持由村民委员会出示同意转让证明。

3. 关于超规划房屋办证问题。漳江镇范围内房屋，一是经城管执法部门处罚，凭处罚结案通知书办理；二是由房政股向规划局发咨询函，凭复函答复办理。乡镇范围内，一层在土地红线内，二层（含）以上挑出在1.2米以内，超建面积不大且不超层，对周边环境和公共利益不构成影响的，经本局基层站所工作人员现场勘测并签署明确意见，在乡镇建设站出具符合乡镇建设规划证明情况下可予办理。乡镇范围内超规划在50平方米以上办证申请不予受理。

4. 关于报建和质量验收问题。城镇居民私房2层（不含）以上，面积300平方米（含）从2010年7月1日起须实行报建，或由住房城乡建设局建筑管理站签署同意不报建意见。面积1200平方米以上，楼层2层以上未办理建设竣工备案的，须经有资质房屋安全鉴定中介机构鉴定；1200平方米以下的可委托桃源县房屋安全鉴定办公室鉴定。

5. 关于建设工程许可问题。漳江镇全部、其他建制镇街道、墟场全部为规划区，办证申请须提交建设工程规划许可证。乡镇非街道、墟场、农村办证申请须提交当地建设站出具的符合城乡建设规划证明。

6. 关于公用通道测绘问题。通道穿过建筑物，其主要用途为某个单位或小区主要出入口，则予以计算建筑面积，列为户室属性，为不分摊建筑面积。通道穿过建筑物，其主要用途为社会公共通行之用，则该通道不予计算建筑面积，在图形处理时标注相应位置为通道。

7. 集体土地（划拨土地）使用证上房屋设定抵押，由抵押权人出具抵押登记申请书后可直接办理。

8. 非法定继承和非夫妻共有财产离婚析产的转移登记，须凭地税相关缴（免）税手续办理。

至2011年止，房屋登记累计达44024宗，其中所有权登记44143宗、登记面积501万平方米；他项权登记10426宗；预告登记4167宗。

2012年8月，县房管局14人参加全国房屋登记审核人员考试，夏晖、卢海波、袁曼、徐彬华、董小红等5人合格。

2012年9月，桃源县房地产管理服务扩展产权产籍管理服务网络平台系统建设，投资达30多万元，采购广东南方数码科技有限公司产品，新建商品房网签、房屋维修资金管理、桃源县房地产信息网、触摸屏查询等4个系统，房屋测绘、产权登记、商品房备案登记，房屋维修资金等全部实行网络一体化办公，全县商品房买卖实行网上签约、网上备案，各类房产信息和办事进度实现网上自助查询，房产测绘采用覆盖全县的航拍底图。

2012年，办理房屋所有权证3268本。二手房交易达1568宗，面积15万平方米，成交金额2.1亿元；他项权利登记2086件，权利价值8.95亿元；预告登记1412件。协助收取协助收取契税602万元，营业税432万元。完成城区及乡镇集中开发项目测绘1200幢，测绘面积67.4万平方米，其中预测15万多平方米，实测52万多平方米。开具房屋查档证明2831份。

2013年4月，县委书记龚德汉、县纪委书记李雨初带领导县作风建设督查组人员到县房管局检查干部作风情况，考察局办证服务大厅，给予很好评价。2013年8月，县委书记龚德汉、县长唐汇诰、县委常委卢岳、李雨初、陈章杰及县直部分单位负责人一行40余人到县房管局检查指导服务窗口优化服务工作。

2013年9月27日，县房管局选手参加市房协举办的“德景园”杯全市房地产基础知识竞赛活动，获得第四名。在笔试阶段，县房管局李腊梅以99.5分高分取得全市每一名。

2013年11月，县房管局庄敏芳、王晓君通过全国房屋登记审核人员考试，至此全局有9人取得全国房屋登记审核人员资格。

2013年共办理房屋所有权证4120本，二手房交易1430件，面积17万平方米，他项权利登记2200件，预告登记1900件。协助收取契税400多万元，营业税700多万元。完成测绘业务240宗，测绘面积达90.7万平方米，产权来源实地调查540余次，小区商品房预测项目完成15个，积极协助房屋征收、棚户区改造等工作涉及的房屋测绘。开具房屋查档证明9260份，收集、整理、当档6040件，补录档案210宗。

2013年9月，桃花源划归常德市管理后房产档案移交工作全部完成，共向市产权处房产档案馆移交产权档案543份，抵押档案63份，产权限制档案4份，共计610份。桃花源整体划归常德市管于2011年进行实际操作，2012年起县房管局未再受理该区域房屋登记，至2013年9月，产权产籍管理移交工作全面结束。

五、物业管理

（一）小区物业管理。1995年“会仙山庄”小区全面投入使用，1996年东街小区投入使用，2000年桃源一中教师住宅小区投入使用，2002年莲花湖月亮弯小区建成并投入使用，商城综合商场住宅全面竣工并推向市场以及漳江农贸市场、东街综合市场相继投入使用，县城物业管理机构随着综合商场、综合市场及住宅小区建成使用逐步发展。

2002年前，全县物业管理基本采取谁建设、谁管理办法，分别由建设单位设立物业管理机构，对小区治安、卫生保洁、水电费收缴工作进行管理与服务。党政机关、行政企事业单位已经房改的住宅区，均未设立物业管理机构，基本上是原产权单位自行管理。零星商品房住宅区的物业管理还是空白。

2002年起，随着住宅小区建成和居民入住，社会化物业管理公司亦顺应成立。2002年，天恒物业管理公司成立，长沙水清木华物业公司进驻桃源，2004年，诚信物业服务部、金叶物业公司，也先后在县城展开物业管理业务。至2006年，全县共有物业管理企业4个，物业管理面积达30万平方米。

2009年11月，全市物业管理工作会议在桃源县花源大酒店举行，市房管局副局长唐述安及物业科领导，常德各区县市物业工作分管领导和物业股长参加会议。

2011年10月26日，县房管局参加全市物业知识竞赛，获第三名好成绩。

近年来，全县物业管理逐步规范，全县建成商品房小区达78个，面积190万平方米，均实行物业服务企业管理。同时，物业服务延伸到大多数党政机关、事业单位。全县物业企业达到9家。其中，桃源县诚信致远物业服务有限责任公司拥有中级职称管理人员7

人，员工近200多人，在桃源县城内拥有居住性物业、商业物业和机关物业管理服务区20多处。

在物业企业和服务质量管理方面，一是做好物业服务企业资质管理，全县物业企业每年进行年检，物业企业资质管理和从业人员持证上岗工作步入正轨。二是推进小区业主自治机构建设，上规模商品房小区均成立业主委员会。三是重视物业管理用房落实。对房地产建设项目，严格要求其按相关规定配齐物业用房，并将之作为商品房预售许可前提条件，从而更好地维护业主合法权益。五是物业服务企业作用得到良好发挥。物业企业在社会治安、计划生育、卫生城市和文明城市创建，物业纠纷调解等方面发挥重要作用。

（二）敞开式小区管理。2012年，常德市开始探索敞开式小区管理工作，并将敞开式小区管理作为政府为民办实事工作任务。桃源县每年选定两个点作为敞开式小区管理试点，2012选定国土小区和骡马店两个小区，2013年选定“副食品”和“县建”两个小区，由县住房和城乡建设局负责小区设施配套建设，县房管局负责指导规范化管理。我局加强工作宣传，引导小区居民积极参与；加强工作协调，多次与住建局、当地社区居委会协调管理工作，认真指导筹备业主大会，形成业主大会议事规则、选举业主委员会，指导制定业主规约，确定以物业自治为主要形式的物业管理模式、并建立长效管理机制。敞开式小区管理走向规范化轨道，顺利通过相关部门检查验收，较好地完成上级下达为民办实事工作任务。

（三）房屋专项维修资金管理。在商住小区不断发展同时，为保障住宅共用部位、共用设施设备维修和正常使用，桃源县从2006年起归集住宅专项维修资金。当年，出台《桃源县住宅共用部位共用设施设备维修基金管理暂行办法》，维修基金由购房者购房时按多层住宅购房款2%，高层住宅购房款3%一次性缴纳。2008年4月，县房管局根据建设部《住宅专项资金管理办法》调整住宅专项资金，按多层每平方米20元、高层每平方米30元归集。2012年7月9日，桃源县人民政府办公室关于印发《桃源县房屋维修资金监督管理办法的通知》实施。房屋维修资金由购房人自行到县房管局缴存，售房单位不再代收代缴。房屋首期维修资金缴存标准调整：别墅或配备电梯房屋按建筑面积每平方米40元标准缴存，其他未配备电梯房屋按建筑面积每平方米30元标准缴存。2012年10月，启用南方测绘公司管理软件，开始实行备案前缴纳。

至2013年年底，全县共归集代管维修资金2500多万元，涉及10006户，房屋326幢，56个商品房小区。维修资金信息基本完成系统录入。严格管理维修资金及利息收入，全部储存在银行专户，保障资金安全和业主利益。同时，加强对提取使用住宅专项维修资金审批把关，认真审查维修方案，查勘施工现场，严格核定提取额度，确保专项资金专用，至2013年累计共使用维修资金13.13万元。

六、白蚁防治

2002年，正式启动县内城镇房屋白蚁防治工作。是年，县政府办转发“常德市城镇白蚁防治管理办法”。县房管局筹资 30 万元，配备药品专用仓库和办公场所。

2002 年起，县白蚁防治所对全县白蚁危害展开全面排查。通过广泛调查，查清县内主要是家白蚁、散白蚁和土白蚁三种白蚁侵害房屋。鉴于白蚁现已从对原始简单木质结构房屋侵蚀发展到对现代建筑危害侵蚀，县白蚁防治所经过广泛文字宣传和例证宣传，有效推进县内城镇建筑白蚁防治。先后促使 165 个新建项目工地进行白蚁防治，施药面积 281693 平方米，并通过验收合格，发出白蚁防治证书 165 份。随着全县房地产开发量提升，白蚁防治工作也不断发展，新开工商品房白蚁防治率达到 100%，全面落实白蚁防治服务合同的签订，实行按期回访复查，常年防治面积在 25 万—30 万平方米。

2008 年 3 月，常德市白蚁防治专业委 2007 年度年会在局三楼会议室召开。会议由市房管局副局长伍作栋主持，各区、县（市）房管局分管白蚁工作领导和白蚁防治所所长参加会议。

2009 年，全面推行 IPM 防治新技术，顺利通过省环保局和上级专业委检查验收。

2010 年 8 月，省住房和城乡建设厅氯丹、灭蚁灵替代示范项目第五检查小组对全县白蚁防治所在白蚁防治中停止使用氯丹、灭蚁灵进全面检查。2010 年刘松贵被评为省白蚁防治先进个人，局白蚁防治所被市白蚁防治专业委评为 2010 年度优质服务单位。

2011 年 3 月，省白蚁防治专业委常务会议在桃源花源大酒店举行，全省白蚁防治专业委成员单位负责人参加会议。2011 年 11 月 22 日，桃源县白蚁防治所被省白蚁防治专业委评为“2011 年度先进单位”，刘松贵被评为“2011 年度先进个人”。

2012 年 7 月 11 日，省建设厅白蚁防治工作检查组到县局检查指导白蚁防治工作。

2013 年度，刘松贵被省白蚁防治专业委评为“先进个人”。

七、国有土地上房屋征收与补偿

2011 年 1 月，国务院第 590 号令公布《国有土地上房屋征收与补偿条例》。2011 年 9 月，桃编办发〔2011〕23 号文件核准成立桃源县国有土地上房屋征收与补偿工作办公室（简称县征收办），为县房管局管理的副科级事业单位。核定全额拨款编制 10 人，内设综合股、勘查股、安置股三个股室。县征收办主任由县人民政府办公室副主任汪炎贵兼任。

县征收办主要职责是：受县人民政府委托，负责贯彻执行国家、省、市关于国有土地上房屋征收与补偿法律法规，拟定本行政区域内国有土地上房屋征收与补偿措施及发展规划，并组织实施；承办县人民政府拟征收项目房屋征收与补偿具体工作；负责本行政区域内国有土地上房屋征收补偿方案审查把关；负责筹集、使用和参与管理房屋征收与补偿资金；承担房屋征收与补偿纠纷工作中所涉及行政复议、行政诉讼及司法强制执行案件相关工作等。

县征收办成立以来，已经实施四大区域房屋征收与补偿项目。

（一）县城中区建设。2012 年 2 月，接管县城中区伯赞路三期、流石路、理鸣路道路建设及流石路、理鸣路两个安置小区被征收人房屋征收补偿协议签订扫尾工作。当年，与流石路被征收户签订房屋征收补偿协议，解决流石路长时间阻工问题；协助国土局拆迁事务所，解决漳江镇二里岗六组居民青苗补偿以及迁坟问题，与该组居民签订房屋征收补偿协议，解决流石路安置小区无法施工问题；解决二里岗七组、八组被征收房屋长期阻碍县城中区道路施工建设难题。特别是2013年10月，县征收办几经周折，反复攻坚，终与被征收户唐某达成协议，成功拆除唐某位于伯赞路二期道路中间长达4年之久被征收房屋，彻底清除县城中区道路施工建设中障碍。县城中区文体中心建设项目共涉及被征收户106户，其中被征收房屋87户。2013年4月全面展开征收工作，在2014年1月，县征收办全部完成87户有房户协议签订。

（二）县城东区建设。2013年初，县城东区防洪大堤护坡工程启动，工程涉及漳江镇梅溪桥社区6户房屋，2013年11月，完成6户房屋征收补偿及腾空、搬迁、拆除工作，为县城东区五星级酒店和防洪大堤护坡工程的顺利施工提供保障。

（三）县城南区。2013年5月，县征收办配合县控违拆违办、县城投公司合理处置漳江镇义丰坊社区鲁家坪吴某违建房屋问题。6月、7月，县征收办会同漳江镇、国土储备中心协调、处理1002号地块13户被征收户报团争利难题。根据县委、县政府关于县城南区路网建设规划部署，县征收办于2013年8月份启动对南区路网建设拟征收地块范围内房屋权属、区位、用途、建筑面积等情况进行入户摸底调查、事物量登记工作，涉及被征收户146户，此项征收与补偿工作顺利推进。

（四）县城北区。围绕县城北区工业集中区建设，2013年11月，完成汇德电子项目5户被征收房屋征收补偿协议签订及补偿资金结算发放工作；2014年4月，完成漳江工业园工业集中区标准化厂房（一期）及基础设施建设涉及23户被征收房屋实物量调查、登记、核对、评估公示工作。同时，根据县工业集中区建设需要，启动迪文科技二期扩改项目、三特机械二期扩改项目、金环精锻项目的房屋征收与补偿工作。

第四章　临澧县

第一节　概　况

一、房产存量

1949 年，临澧县人民政府统计城关、合口、新安三镇城镇房产，计 275057.83 平方米。1985 年开展第一次全国城镇房屋普查，全县 7 个建制镇城镇房产包括全民、集体公产房和私产房，共计 1184793 平方米。至 2010 年，全县城镇房产总建筑面积共约 670 万平方米。

（一）公产房。1949 年 8 月，临澧县人民政府接收民国资产，城关、合口、新安三镇时有全民、集体所有房产 336 栋，建筑面积 87774.09 平方米。包括住房 249 栋，建筑面积 55049.4 平方米；教会房产 6 处 9 栋 41 间，建筑面积 4950.9 平方米；寺观庙宇房 38 栋，建筑面积 10246.6 平方米；宗祠房 102 栋，建筑面积 11813.9 平方米。土改时期，没收地主、富农、资本家城镇房产；社会主义改造时期，政府以国家经租形式赎买工商业者私有出租房产。至 1956 年，基本形成城镇公有制房地产体制雏形。

社会主义建设时期，全县公产房大幅度增加。1985 年，全县城关、合口、新安、停弦渡、佘市桥、四新岗、太浮 7 个建制镇，计有全民、集体公产房 1035424 平方米。20 世纪 90 年代，境内推行城镇住房制度改革和国有、集体企业改制，国有、集体公产房大量减少。21 世纪初，国有房产出现恢复发展，至 2010 年，全县城镇国有公产房存量约 2500 多宗、125 万平方米 。

（二）私产房。1949 年，城关、合口、新安三镇共有私人房产 1891 栋，建筑面积 187283.74 平方米。其中城关镇 586 栋、56671.64 平方米，合口镇 600 栋、60145.6 平方米，新安镇 714 栋、70466.5 平方米。经过 50 年代私改、城镇人民公社化和“文化大革命”，至 1980 年，全县城镇私房面积仅存 42792.42 平方米。1981 年后，允许城镇私人建房，城镇私产房急剧增加。1985 年末，包括城关、合口、新安“老三镇”127865 平方米私人住宅在内，全县 7 个建制镇，计有私产住房 149369 平方米。80 年代中期起兴起商品房开发热，90 年代推行城镇住房制度改革和国有、集体企业改制，21 世纪初大办民营企业，境内城镇私产房屋逐年增加。至 2010 年，全县城镇私有房产，包括居民自建私房、集资联建住房、商住房、民营企业厂房、经济适用房以及房改、企改出售的公产房，总存量约 45000 多宗、541.14 万平方米。

（三）直管公房。县人民政府 1949 年从民国政府接收的公产住房，部分陆续划归当地镇政府和县直单位管理，直管公房有所减少。1982 年，“老三镇”直管公房共 46682 平方米，其中城关 16710 平方米，合口 20484 平方米、新安 9488 平方米。1984 年，“老三镇”直管公房统计为 1211 间，建筑面积 47387 平方米。其中民用住宅 847 间、27824 平方米，工商用房 364 间、19564 平方米。1985 年普查，全县七个建制镇共有直管公房 57725 平方米。

此后，直管公房既有旧房出售，也有投资购进和改危建新。1986 年至 1993 年，出售房产 29 宗、212 间、7266 平方米，变现资金 374868 元；同时购进县总工会等单位住宅 38 间（套）、2712 平方米，改危翻建新公寓住宅 40 多套、3400 多平方米。至 1993 年，原有直管公房减少为 37228 平方米，其中住宅 690 户 29000 平方米、营业用房 8228 平方米。直管公房存量为 45782 平方米，其中住宅用房 38121. 8 平方米、非住宅 6190 平方米、房管机关自用房 1470 平方米。

2000 年，直管公房一部分继续出售变现，一部分改建为廉租房。至 2010 年，原有直管公房存量减少为 19442 平方米，其中住宅 18086 平方米、商业门面房 1356 平方米。加上新建廉租房，全县直管公房总存量共有 4. 29 万平方米。

二、管理体制

（一）房地产业管理体制

县政府直管公房管理。1952 年，由县财政局委托当地镇政府代管；1973 年 3 月，县财政税务局分别在城关、合口、新安三镇设置房产管理小组，配备专职人员，对县直管公房进行直接管理。1979 年 10 月，成立县房地产公司，负责经营管理直管公房，全县房地产管理亦进入新的历史时期。1987 年 3 月，县房地产公司在城关、合口、新安、停弦渡、四新岗、衍嗣庵 6 个建制镇开征城镇土地使用费（后于 1995 年 8 月停征）。土地使用费征收标准：城镇居民住宅每平方米每月 0. 01 元，企事业单位住宅每平方米每月 0. 02 元，生产经营性房地产每平方米每月 0. 02—0. 04 元。所征土地使用费主要用于直管公房维修与新建。

城镇全民、集体房产管理。自 50 年代起一直由各单位使用管理，1991 年开始由县财政建立产权登记。1998 年成立县国有资产管理局，1999 年成立县国有资产经营有限公司，均隶属县财政局。自此，全县行政事业单位非经营性国有房产由县资局管理，经营性房产由县国有资产经营有限公司管理，实行“统一所有、分级管理”的体制。

城镇居民住宅管理。90 年代以前，凡原有私房的，保持私房私有；没有私房的，或租住直管公房，或由单位分配福利制公房居住。1992 年起，城镇公有住宅全部改制为居民私产。

所有城镇房产，长时期没有进行产权产籍登记。1987 年起，境内开启房地产市场，房管部门先后对城镇房地产买卖、租赁、抵押等进行管理。1990 年起开始城镇房屋产权产籍登记管理。21 世纪初，境内房产业出现高速发展，县房地产管理局相应加强对商品房建设、预（销）售和小区物业的管理。

（二）城镇住房制度改革

90 年代，境内全面推行城镇住房制度改革。1992 年年初，县政府成立城镇住房制度改革领导小组，下设办公室，采取提高公有住房租金、出售公有住房产权、建立住房公积金制度三步走重大举措，推进城镇住房制度改革。1992 年 1 月开始，境内连续 4 次全面提高公有住房租金。1992 年 6 月，全面开展公有住房使用情况调查；次年出台《临澧县城镇公有住房优惠出售办法》，大张旗鼓推行公房私卖。职工优惠购买单位公产房，区别职务、工龄享受优价标准面积、折旧、一次性交款奖励。职工所购住宅超标准面积部分，以成本价购买，个人拥有产权。公产房出售，由各产权单位申报房改方案，经县房改办实地审核后实施。当时，全县 169 个公有住房产权单位，参加房改职工 5688 户，共使用房屋面积 220429 平方米。至 1994 年年末，全县出售公产住房 3000 套、17 万平方米，售房总收入 1200 多万元，每平方米均价 68 元。1996 年，城镇住房制度改革继续深化，县政府先后配套《临澧县公有住房出售办法》《临澧县原优惠售房与新的房改方案衔接办法》《临澧县公有住宅售后管理办法》以及《临澧县职工住房公积金制度实施办法》，鼓励原优惠购房职工以成本价购买标准面积、以市场价购买超标准面积，取得所购住宅全部产权，并允许所购住宅 5 年后进入市场交易。房屋价格分等定级，以砖混结构住宅为例，当时确定成本价为 190 元/平方米，1997 年提高到 330 元/平方米。至 1998 年，新有 14 个公房产权单位出售房产 204 套，建筑面积 11079 平方米；原优惠购买公有住房的职工，均补交房款，补办全部产权手续。职工住房公积金，个人缴交工资 5%，单位等额配套，实行专人专户储存。至 2003 年，住房公积金缴存人数 8500 人，缴存余额 2245 万元。2003 年 4 月起，个人缴交率上调为 5%—12%。2010 年，全县职工住房公积金累计缴存人数 11991 人，缴存余额 18259 万元。

三、法治建设

1992 年，临澧县组建县房地产管理处，开始实施行政执法，并逐步建立起执法、裁决、监察、诉讼配套的房管法制秩序。

（一）落实政策。1984 年，临澧县成立由县委副书记易湘域任组长的落实私房政策领导小组，落实城镇私人房产政策。1985 年，县房产公司和县生资公司折价 945 元，赔偿城关镇河街黄某在“文化大革命”期间被无偿拆除的 2 间 70 平方米平房。1986 年，县房产公司按“时价一半”原则，赔偿合口镇在 50 年代初从典当行接收的 5 宗房产。1984 年至 1987 年，共落实私房产权政策 85 户，房屋 270 间，建筑面积 8600 平方米。

（二）行政执法。90 年代，境内开始加强房地产市场的行政执法。1993 年至 1994 年，县房产交易所清查房屋私买私卖 97 起，追征契税 6.65 万元。1996 年，县纪检监察、税务、财政、县清房办联合开展集资建房、小区商品房、私房交易三项税费清理活动，清查房屋私下交易 52 户，追缴税费 30 万元。2004 年是境内房地产市场专项清理整顿之年，当年5月至10月，县成立专项清理整顿工作领导小组，调研员朱光昶负总责，对安福、合口、新安三镇前两年城镇房屋交易、出租进行专项清查，查处违规交易行为，共清理房屋交易2600宗，收缴税费100万元。7月至9月，落实国土资源部、建设部、中国人民银行、中国经济发展委员会《经济适用房管理办法》，开展经济适用房建设专项整顿。查实广源城市投资开发有限责任公司所修建30套、建筑面积4100平方米经济适用房，严重违背有关“中套住房面积控制在80平方米左右、小套面积控制在60平方米左右”规定，且将经济适用房转作商品房上市出售。县政府对此实施追究，令该公司补交土地出让金等税费10.01万元，处违规超标、上市罚款1万元。2007年7月，县房管局集中开展房地产开发项目专项检查。对发布虚假售房信息、违规收取售房定金、物管配套房不达标、配套设施建设不到位等现象给予曝光，督导整改；同时配合全县违法违规营建私房专项清理，强行撤除2户违规建设私房。2008年，对商品房销售中预售许可、销售合同、经纪行为、广告发布、展销活动进行专项检查，查处常德广天置业有限公司安福广场违规预售、临澧县安福房地产开发公司非法借转资质、湖南日泰房产公司销售VIP卡非法预售行为。

（三）行政裁决。行政裁决实施始于2001年。当年7月，城关镇灵泉小区居民李某要求办理房屋所有权转移手续，县房产管理处查实其房产已被法院冻结，裁决不予办理。2004年5月，安福镇四季红居委会居民刘某诉拆迁补偿不到位，县房管局查实其房产产权建筑面积225.62平方米，补偿金额149939元，符合当时政策规定补偿标准，行政裁决支持公示补偿方案。同年，安福镇居民孔某、林某等户因补偿纠纷阻挠滨河路改造工程拆迁工作，县安福房地产开发有限公司提请裁决。县房管局查实所涉拆迁房屋，有337.05平方米属违章临时建筑，不应补偿，遂签发房屋“拆迁行政裁决书”，裁定违章临时建筑不予补偿，由拆迁户自行拆除，产权面积实行等价置换安置，使纠纷得以化解。

（四）行政监察。2003年，县房管局有关职能机构违规收取已取消商品房鉴证费、房屋产权注销登记费和超标准抵押手续费，县物价局处没收规费35180元。2007年，县房管局成立执法监察工作领导小组。当年举办6期培训班，重点学习有关行政许可和行政处罚法律法规。次年又聘请县政协委员邓津雄、陈家林、黄新海、颜家雄担任监督员，对县房管局行政行为进行民主监督。2009年，县房管局工作人员失职渎职，违反《城市商品房预售管理办法》，给开发商肖建武提前签发凤鸣花园项目预售许可证，造成开发商卷款45.9万元潜逃。县监察局督查此案，给予相关人员行政记大过处分。

四、机关管理

（一）基本建设。县房管局自1979年成立房地产公司起，一直在老正街置院办公，有办公大楼一栋。1998年，投资90万元，在城关镇人民街购置局机关办公大院，建筑面积1215平方米，当年迁址办公。2009年6月，投资建成房地产市场信息系统，实现产权产籍登记管理、测绘成果管理、商品房预售管理、收费管理信息化。2007年，局内建立起高标准的档案室，完成电脑录入产籍档案1.5万宗，实现缮证、查档联机操作。至2010年，全局基本实现无纸化办公。

（二）财务状况。县财政税务局管理直管公房期间，分所设立专账核算。1976 年，城关房管所收入 6.57 万元，其中当年房地产收入 2 万元，县局拨款 4 万元，支出修缮费 5.72 万元；新安所收入 2.48 万元，支出修缮费 2.22 万元。1979 年组建县房地产公司，实行独立核算。2000 年起，单位非税收入先交后返。2008 年起，局机关公务员人头经费纳入县财政综合预算管理，县财政当年下拨经费 50.4 万元，2010 年拨款 67.42 万元。局属事业机构财务，一直实行全局（处）统收统支管理，主要收入项目有房租、产权产籍登记手续费、房产交易手续费、白蚁预防灭治费、测绘费、房地产评估费、房屋安全鉴定费、房屋拆迁管理费等。机关的年度收入，1993 年 45.28 万元，1998 年 132 万元，2005 年 206 万元。2007 年，完成收入 386 万元，补清职工工资欠账；2008 年，完成收入 504 万元，缴清职工社保欠账，机关首次实现“零包袱”运转。2010 年，机关收入达到 589 万元。

（三）文明创建。1987 年，县房地产公司参加全省“优秀房管员”评选活动。1991 年，组织员工普法考试，开展劳动竞赛。1993 年 5 月，县房地产管理处进行机关作风整顿，制定房地产管理职业道德守则。1995 年，推行劳动合同制，全员签订劳动用工合同。1996 年，全处实施领导班子创先进、领导干部作表率、共产党员当模范“先锋工程”，员工实行岗位优化组合，双向选择。1999 年开展“讲学习、讲政治、讲正气”“三讲”活动，2002 年开展“三个代表”重要思想学习教育，2005 年开展保持共产党员先进性教育活动，2008 年开展“学习实践科学发展观”活动。当年，实行公开演讲、统一考核程序竞岗。局领导和办公室、财务股、法制股、物管股、监察队定岗 26 人，实行公务员制度；产权产籍所、租赁所、乡镇房屋管理所定岗 48 人，参照公务员制度管理。县房管局机关先后被县委、县人民政府授予城镇建设、重点建设项目开发建设、目标管理先进单位和“十佳满意机关”，被评为市级目标管理、住房保障工作、保障性安居工程先进单位。2010 年，全市举行业务考试，县房管局有 11 人获奖，全县机关效能建设评估，县房管局以 96.52 分的高分排名第 5 位。

第二节　房地产建设

一、居民私建住房

20 世纪 80 年代以前，按照国家政策，临澧县不准城镇居民营建私房。城镇居民住房十分紧张。城关、合口、新安三镇，1979 年有无房户 447 户，1984 年有居住困难户 1000 户。1985 年调查城关镇 2963 户，人均 10 平方米以上居民 2236 户，8—10 平方米 338 户，6—8 平方米 236 户，4—6 平方米 55 户，4 平方米以下居民有 98 户。1985 年普查，全县 7 个建制镇居民私产住房仅 149369 平方米。

80 年代中期，临澧县城镇居民建房政策开始松动，允许居民修建底层占地面积 67 平方米庭院私房。城关、合口、新安三镇，1984 年私人建房 122 户，1985 年批建 48 户，1986 年房管公司职工在北郊建房 15 户。1988 年，县人民政府签发《临澧县城镇个人建造住宅管理办法》，当年城镇私人建房 58 户，建筑面积 9703 平方米。1990 年，县人民政府出台《临澧县城乡个人建房暂行规定》，进一步规范私房建设，允许城镇“双职工”和城镇规划区扩大后世居村民户自筹自建私房。县城居民私人营建住房，1986 年至 2000 年，私人营建住房 3800 多户、60.8 万平方米；2001 年至 2010 年，私人营建住房 2500 多户、46.25 万平方米。其间，县城于 2007 年禁止城镇居民私人征地建房。至 2010 年，全县城镇居民私建住房，加上其他建制镇建成面积，总存量约 240 万平方米。

二、集资联建住房

1992 年，境内推行城镇住房制度改革，县人民政府出台《临澧县城镇集资建房的暂行管理办法》，允许城镇居民和党政机关、企事业单位、群团组织干部集资联建、翻建、扩建住宅。当年，县电力局职工集资联建住宅 14 套、1600 平方米。1994 年，县林业局联建住宅 1470 平方米，县棉麻公司联建住宅 2278 平方米。1998 年，县人民医院联建 2500 平方米，县地税局联建 3000 平方米，湘运公司联建 2000 平方米。县中医院、教委、水电局、农业局等单位员工亦相继集资建房。至 2000 年，城镇居民置业转向购买商住楼单元房，全县城镇居民集资联建住宅约 10 万平方米。

三、国有房产建设

1949 年，境内城镇国有、集体房产总量为 87774.09 平方米。进入社会主义建设时期，国有、集体房产存量持续增加，1980 至 1985 年，新建房屋 552108 平方米。至 1985 年，全县 7 个建制镇的全民、集体房产，不计算直管公房，总建筑面积达到 977699 平方米，包括住宅用房 353379 平方米、工业交通仓储用房 277463 平方米、教育医疗用房 97859 平方米、文化体育用房 16500 平方米、商业服务用房 203410 平方米、机关办公用房 80736 平方米、其他用房 6077 平方米。此后，县城有教育局、科委、交通局、交警大队、人行、中行、农行、国税等 30 多家机关单位往朝阳街、迎宾路、安福路迁址新建，公产房持续增加。1987 年，公产房竣工建筑面积 6.49 万平方米；1992 年至 1993 年，新建城镇公产房 144869 平方米，其中全民公产房 98224 平方米、集体公产房 46545 平方米；1995 年至 2000 年，新建城镇国有、集体房产 14 万平方米。至此，减去城镇住房制度改革出售公产住宅，全县城镇国有、集体房产总建筑面积约 130 万平方米。

2001 年，境内全面推行企业改制。临澧县 33 家企业破产，28 家进行股份制改造，216 家解散重组。破产、改制、重组企业大量厂房、门店出售，或变为民营资产，或改造为商住小区，城镇国有房产存量锐减为 2500 多宗、80 万平方米。此后，城镇国有房产呈现恢复性发展。县城有临澧一中、县检察院、县烟草局、县实验小学、县人力资源市场迁址安福路，新建房产18万多平方米，“老三镇”农贸市场新建房产近10万平方米，加上教育、体育、卫生等事业投资新建房产，全县城镇国有房产新增40多万平方米。至2010年，全县国有房产存量约125万平方米，其中，非经营性房产包括行政单位91.31万平方米、事业单位14.47万平方米计105.78万平方米，经营性房产包括国有农贸市场、宾馆以及改制企业处置房产等约20万平方米。

四、民营企业房产

境内城镇民营企业房产兴起于20世纪80年代后期。是时，国家改革开放政策允许农民进城办厂开店，90年代呈现规模发展势头。临澧县先后兴办常青罐头厂、杰新印染厂、惠龙建材实业总公司、富源化工公司、金健药业等一批企业，建成企业厂房8万多平方米。21世纪初，县政府实施工业强县战略，境内新辟安福工业园及四新岗、停弦渡、新安工业园区，先后有安福气门、中泰化纤、天裕纺织、凯元纺织、湘福建材、航空零配、美华尼龙、冀东水泥、三湘汽车修配、天鹅湖大酒店等数十家民营业企业在城镇和工业园落户。2001年至2010年，全县民营企业新建房产31.9万平方米。至此，境内民营企业城镇房产存量，加上国有、集体企业改制的部分，估约60万平方米。

表4.4.2.4.1 临澧县民营企业（部分）城镇房产明细

单位：平方米

年份	民营企业名称	地点	面积	年份	民营企业名称	地点	面积
1992	常青食品罐头厂	安福镇	1000	2007	天裕纺织公司	工业园	12715
1992	福嘉食品公司	安福镇	3100	2007	兆生棉业公司	合口镇	14230
1993	龙溪木制品厂	安福镇	1380	2008	金健米业公司	工业园	26010
1996	长安液化气公司	安福镇	6603	2008	冀东水泥公司	新安镇	5795
1997	金德利公司	安福镇	1080	2009	安福拖拉机厂	工业园	11487
1999	安晟汽修公司	安福镇	1500	2009	金诚工具公司	工业园	5048
2002	天鹅湖大酒店	安福镇	5190	2009	中联重科	工业园	6797
2003	安福气门厂	工业园	25656	2009	安泰包装公司	工业园	11360
2003	中泰装备公司	工业园	5772	2010	新安汽车修配厂	新安镇	4569
2004	康达汽修厂	安福镇	1690	2010	银阳银粉公司	新安镇	1642
2004	美华尼龙公司	工业园	2797	2010	金尼兹科技公司	工业园	6383
2005	湘福建材公司	工业园	10392	2010	欧亚碳纤维公司	工业园	8756

续表

年份	民营企业名称	地点	面积	年份	民营企业名称	地点	面积
2005	汇鑫铜业公司	停弦镇	519	2010	凯元纺织公司	工业园	56567
2005	临玻制品公司	合口镇	9612	2300	粉末冶金公司	工业园	17800
2006	广天饲料厂	合口镇	1470	2010	凯迪生物质发电	工业园	5379
2007	杰海陶瓷公司	工业园	2300	2010	泰富建材公司	工业园	7200

五、商品房开发

境内商品房开发肇始于 1985 年。1985 年至 2010 年全县商品房开发总建筑面积约 147.75 万平方米。

（一）庭院式商品房。临澧县房地产开发始于 1985 年。当年 4 月，县土地开发公司在城关镇龙溪村高丰联队征地 0.133 公顷，建庭院式商品房 8 户。1986 年至 1987 年，县农房住宅装饰装修成套供应公司在城关镇护城村境内修建庭院式商品房 60 栋，建筑面积 7944 平方米，每户售价 1.8 万元。其住宅摄影照片参加“全国城镇建设展览”。1990 年 8 月，县政府办公室签发《临澧县住宅商品房建设管理试行办法》。允许成片开发一底（67 平方米）两层庭院式商品房，推行城镇住宅商品化。至 1993 年，全县有县房地产开发公司、县城建综合开发公司等 9 家房地产开发企业，累计建成庭院式商品房 630 套，建筑面积 9 万平方米。1994 年，县人民政府出台《临澧县商品房建设管理暂行规定》。1995 年，商品房总户数达到 1202 户，总建筑面积 18.56 万平方米。至 2000 年，县城新建成工商小区、灵泉小区、安福西区、文化街梅园新村、八方楼小区、四季红小区、江波堰小区、黄狮堰小区等 20 多个私房住宅小区。全县共开发庭院式商品房住宅 2100 栋（户），建筑面积 40 多万平方米。当年，房地产开发停止庭院房建设，全面转入以旧城改造为主高层商住楼盘建设。

（二）公寓式商住楼。1996 年，广厦开发公司在安福镇朝阳街与青年路西北夹角，建成第一栋六层公寓式商住楼。此后，在朝阳西街、迎宾北路、金牛岗陆续建成多栋公寓楼。2000 年，庭院式商品房开发停止供地，商住楼盘和公寓小区开发自此形成高潮。先后有澧县瑞峰、澧县祥锋、常德伟星置业、湖南豪力达、常德旺达、湖南华安、湖南广天、湖南太平、湖南金龙玉凤、常德九龙、湖南瀚龙、湖南大鹏、常德市长安、临澧世鹏、临澧日泰、临澧县安福等 18 家房地产开发公司投资临澧房地产建设。2001 年至 2005 年“十五”期间，县城批准建成朝阳广场、丁玲广场、步行街商贸城、华能超市、商业花园、鸿鑫花园、安福汽配城、滨河路城市之光、梅之缘、金玉堂、金帝华庭、龙泉山庄、安福新村、富鑫花源等商住楼小区，开发商品住宅 3200 套，建筑面积 56 万平方米。2006 年至 2010 年“十一五”期间，建成楚天豪园、星情湾、福之源、青山书苑、翰林广场、芳辰一品、金龙花园、金泽豪庭、百佳广场、九龙公寓、安福花园、聆书院、汽车东站公寓、外滩新城等商住楼小区，同时筹建御景城、月亮岛商住新区，完成商品住宅建筑面积51.75万平方米。新安、合口镇先后建成新安新村、合心家园、澧水家苑、合口邮政商住楼。2008年至2010年，全县商住楼开发投资3.62亿元，供应商品房面积45.15万平方米，其中住宅3052套，面积36.47万平方米；商用铺面及其他用房5.67万平方米。

表4.4.2.5.1　临澧县安福镇2001年至2010年公寓式商住楼（部分）开发项目明细

开工年份	楼盘小区名称	开发企业	开发类型	用地公顷	建筑平方米
2001	朝阳广场商住楼	临澧安福公司	旧城改造	0.48	20196
2002	丁玲广场商住楼	广源投资开发公司	旧城改造	0.41	13038
	步行街商贸城	邵东县天华公司	旧城改造	6.94	32147
2003	文化广场商住楼	县房地产开发公司	旧城改造	0.41	14280
	商业花园	澧县祥锋公司	旧城改造	0.44	10075
2004	鸿鑫花园	县房地产开发公司	旧城改造	0.22	8989
2005	安福汽配城	临澧安福公司	新征地	0.87	9200
	兴隆家园	湖南太平总公司		0.24	6264
	金玉堂商住楼	临澧安福公司	旧城改造	0.21	8976
	金帝华庭	常德旺达公司	旧城改造	1.15	47818
2006	安福新村	县房地产开发公司	旧城改造	0.88	19800
	星情湾	常德伟星置业公司	新征地	6.73	117414
2007	楚天豪园	澧县祥锋公司	旧城改造	2.93	57177
	芳辰一品	湖南豪力达公司	旧城改造	0.80	30069
	青山书苑	澧县祥锋公司	旧城改造	0.67	17190
2008	汽车东站商住楼	湖南广天公司	新征地	5.03	52000
	金龙花苑	澧县祥锋公司		0.31	9550
2009	翰林园	澧县瑞峰公司	新征地	3.6	128036
	福之源小区	临澧日泰房公司	旧城改造	5.56	117400
	安福花园	惠安公司安福分公司	新征地	5.07	98000

续表

开工年份	楼盘小区名称	开发企业	开发类型	用地公顷	建筑平方米
2010	金牛岭小区	临澧世鹏置业公司	新征地	1.23	42920
	外滩新城	湖南大鹏公司	新征地	4.24	99275
	大鹏建材市场	湖南大鹏公司	新征地	6.71	76000

六、经济适用房建设

2004 年，临澧启动住房保障工程，建设、出售经济适用房，重点解决中低收入家庭住房困难。当年，太平房地产开发公司、安福气门厂、广源房地产开发公司投入 1000 万元，在丁玲广场等地建经济适用房 162 套，建筑面积 1.8 万平方米。2006 年起，省、市开始把营建经济适用房纳入各级政府"为民办实事"年度责任制考察。次年，县房管局、县住房保障办公室在县城北郊建成 80 套经济适用房，建筑面积 5600 平方米，销售价格 700 元/平方米。2008 年，县政府出台《临澧县经济适用住房开发管理办法》《临澧县住房保障管理办法》，县政府办公室签发《关于落实廉租住房配套政策的通知》，规定人均年收入 5000 元以下、住房面积 15 平方米以下城镇居民可以购买经济适用房和租用廉租房；房地产开发公司开发商住楼盘，必须配套建设廉租房和经济适用房，对不配套建设廉租房和经济适用房的，开征代建费，由县财政立专户管理。次年，县政府投资 600 万元，在文福小区兴建经济适用住房 55 套、5225 平方米；新安新村、外滩新城开发项目缴纳经济适用房配套建设费 71.9 万元。至 2010 年，全县共建成经济适用房 297 套、28825 平方米，征收经济适用房代建费 162.4 万元。

七、直管公房与廉租房建设

（一）自管公房建设。1982 年，县房地产公司自筹资金新建住宅 9330 平方米，与商业部门联合营建宿舍、营业房 2200 平方米，解决 288 户、1250 人住房困难。90 年代初，县直管公房开始改危建新。1993 年，改造县城老电影院处两栋旧房，建成 3 套庭院式公产住宅和 18 套公寓住宅；翻修县城北郊一栋直管公产房，建成 28 套多层公寓楼，建筑面积 1800 平方米。1998 年，投资 7 万元，翻修新安镇东郊一栋危旧公产平房，建筑面积 290 平方米。

（二）廉租房建设。廉租房建设始于 2004 年。当年，县房管局出售新安、合口危旧直管公房，筹资 200 万元，在县城北郊建成 2100 平方米廉租房。2006 年，在县城北郊续建廉租房 14 套、3600 平方米。2008 年，投资 700 万元，在县城文福小区兴建廉租房 42 套，建筑面积 3150 平方米。同年，县房管局开全市先河，用经济适用房利润补贴廉租住房建设，在合口镇人民街拆危改造直管公房，新建廉租房 30 套，建筑面积 3600 平方米。2009

年，建廉租房63套、3150平方米。2010年在芭蕉岗小区建廉租房156套、7800平方米。至2010年，全县投入资金2810万元，建成廉租房330套，建筑面积2.34万平方米。

第三节　房地产管理

一、产权产籍管理

（一）初始登记。1980年以前，境内长期没有开展房屋产权产籍日常管理工作。1982年，国家城建总局颁发《加强产权产籍管理工作的暂行规定》。1984年，城乡建设环境保护部和国家统计局下发《关于开展全国城镇房犀普查的通知》和《第一次全国城镇房屋普查办法》。1985年5月，临澧县成立城镇房屋普查工作领导小组，副县长刘德亮任组长，配备91名普查人员，按照常德行政公署统一部署，开展城镇房屋普查。普查范围为全县所属建制镇、机关、学校、企事业单位，普查内容包括房屋建筑面积、结构、层数、用途、建成年份、使用土地性质，住宅套数、居住现状、产权性质等。普查于1986年7月1日结束，为房屋产权产籍管理打下基础。

1990年，临澧县正式启动城镇国有土地房屋产权产籍初始登记。当年，县房地产公司对城关镇文化街、朝阳街、人民街、下河街、四季红、八方楼居委会范围内公产房及私房逐宗勘丈绘图，核实产权来源，并举办公产房屋发证试点，颁发房屋产权证120宗，发证面积1.4万平方米。1991年7月，全面启动县城房屋产权初始登记发证，当年发证180宗，至翌年底，共发证1400宗，发证面积120万平方米。1993年，继续发证1100宗，其中公产房627宗、私房473宗，发证面积362367平方米，收费7.4万元。至此，县城房屋产权初始登记发证基本完成。1994年，启动所有建制镇房屋产权初始登记发证。当年，8个建制镇发证1047宗，发证面积77万平方米。此后，境内城镇房屋产权的初始登记发证转入日常程序。

1997年起，随着城镇住房制度改革、国有企业改制和商品房开发规模不断扩大，产权产籍初始登记数量大增。当年，全县办理房屋产权初始登记发证1350宗，面积11万平方米。全县应登记发证面积280万平方米，累计登记面积250万平方米，登记率89%；累计发证面积218万平方米，发证率77%。1998年9月1日起，根据建设部规定，统一启用北京印钞厂印刷的带有防伪标志房屋所有权证，当年初始登记发证2600宗。2000年，免收规费、服务费300万元，为企业改制房产过户1700宗，建筑面积80万平方米；全年完成房屋产权登记发证2350宗，发证面积130万平方米。至2003年，全县共完成城镇房屋产权登记和发证2.8万宗，发证面积420万平方米。此后，临澧城镇房屋产权初始登记发证每年都稳定在1500宗左右。2005年登记发证1550宗，2010年登记发证1422宗。2010年止，全县城镇房屋产权初始登记发证共45640宗，确权面积635.85万平方米。

乡村集体土地房屋产权登记发证，最早一宗发生在1996年，为四新岗镇双九村村民刘某办证，发证面积196平方米。为满足乡村集体土地房产买卖、抵押等需要，2008年，县房管局在太平社区举办集体土地房屋产权登记发证试点，共发放房屋产权证524宗，面积16.18万平方米。2009年，县政府制定《临澧县乡镇房屋产权产籍管理办法》，全面启动农村集体土地房屋产权登记发证。当年发证1242宗，确权面积29.68万平方米。至2010年，全县乡村房产共登记发证1816宗，发证面积546935.35平方米。其中公产房357宗，发证面积184415平方米。

商品房产权登记发证始于1994年，当年登记发证180宗。凡商品房销售，均先进行权属总登记，再进行分户登记。商品房分户登记，收取每平方米3元办证手续费。2005年，新建商品房年发证宗数突破300宗。2010年全年登记发证985宗。至此，全县新建商品房产权累计登记发证5314宗。

（二）转移登记。房屋产权转移登记始于1991年，当年登记发证20宗。此后开始办理房改房、企改房产权转移登记办证，1997年，房屋产权转移登记上升到122宗，登记发证面积11.38万平方米，其中房屋交易面积1.58万平方米、房改房面积9.8万平方米，同时办理变更登记1.6万平方米。1998年转移登记245宗，此后每年转移登记都在200宗左右，至2010年，全县当年办理转移登记347宗，累计办理房屋产权转移登记3829宗。

（三）他项权利登记。1995年，境内开始房产他项权利登记，当年办理抵押权登记520宗。1997年，办理抵押登记1030宗，抵押房产面积3.2万平方米。2002年，办理抵押登记1800宗，抵押价值3000万元。2004年，购买商住房开始兴起银行按揭，当年办理期房按揭抵押登记180宗。此后，他项权利登记宗数逐年增多，抵押价值亦逐年加大。2007年，他项权利登记2100宗，权利价值1.3亿元。2008年，办理抵押登记1900件，面积22.76万平方米，抵押价值3.03亿元。2009年，他项权利登记持续增长，全年完成登记1911宗，抵押价值4.23亿元。2010年，完成抵押登记2200宗。至2010年，全县累计办理房屋产权抵押登记26071宗，其中期房按揭抵押登记2570宗，抵押价值约17亿元。

二、房产交易管理

1987年，境内开始办理房产交易，同时恢复征收契税，税赋按房产价值计征，交易、赠予和交换的差额部分契税6%，典当契税3%，明确由县房地产公司城镇房屋交易所代征。当年办理房屋交易10宗，代征契税2300元，收取手续费和测量费1000元。1989年，县政府颁发《临澧县城镇房地产市场交易管理办法》，规定房地产所有交易项目，必须进入房地产交易所管理专门市场，严禁场外地下交易，统一使用建设部门印制的“房地产买卖契约”，境内房产交易市场基本形成秩序。1993年至1996年，共办理房产交易手续486宗，建筑面积206920平方米，房屋总值623.21万元，收取规费80990元。1997年，房产交易契税调为成交额4%，手续费为交易额1.3%，次年代征契税40万元，比1994年增加27万元。2000年6月，县政府颁发《临澧县房改房上市交易管理规定》，当年完成交易过户1900宗，面积120万平方米。2002年，办理房屋交易手续1073宗，建筑面积40.74万平方米，房屋总值1629.6万元，收取规费21.18万元。房产交易手续费，2005年执行标准为商品住宅每平方米3元，存量房每平方米6元。2006年，住宅交易登记面积3.3万平方米，成交额2323万元，非住宅交易登记0.4万平方米，成交额1020万元。2008年，办理二手房转让212宗，不再代征契税。至2010年3年间，共办理房产交易手续2194宗。

三、房产评估

1993年，境内房管部门启动房地产抵押评估工作，制定评估程序和表格。1995年，按照省、市行业和人事部门要求，房管局派员参加国家统一的房地产估价师执业资格考试，翌年临澧县有3人取得国家统一颁发的“房地产估价师”证书。1996年至1998年，实施房地产评估435宗，土地面积7.06万平方米，房屋建筑面积9.53万平方米；房地产评估费，按评估价值5‰收取，共收费42.2万元。2002年，完成县城朝阳广场、丁玲广场、步行商贸城2万平方米拆迁房产评估，评估总值900万元；完成房产过户评估200宗，评估价值5000万元，全年免收服务费3.5万元。2007年办理评估412宗，评估价值2.48亿元。2008年，房地产评估形成市场化。2010年，房管局制发《关于进一步规范房地产估价机构在临澧范围内从事执业活动的通知》，对入境评估公司从营业执照、机构代码证、税务登记证、收费许可证、资质证书、印鉴、法人授权委托书等方面进行规范管理，严格估价机构从业备案制度。

四、白蚁防治

1995年，临澧县建委下发《关于认真做好新建房屋白蚁预防工作的通知》，规定县城规划区内行政机关、企事业单位、个人进行新建、改建、翻建、扩建房屋，都必须进行白蚁预防处理。实施白蚁防治，均签订防治保证期为15年《房屋白蚁预防合同》，收取白蚁预防费，并按预防费25%比例收取后备基金。2005年执收标准：白蚁预防费，修建房屋每平方米2元，装修房屋每平方米2.7元；白蚁灭治费，砖混结构每平方米5元，砖木结构每平方米15元。2006年，县房管局制定《药品安全管理办法》《安全施工操作办法》，城镇房屋白蚁防治步入专业化、制度化管理。当年，白蚁防治管理列入县政务中心窗口，并将原来服务性收费改为事业性收费。2007年，完成白蚁预防415户，施药灭治61次。2008年，加强白蚁防治复查回访，控制蚁患复发。收费价格执行省价标准，预防收费，新扩改房屋每平方米收费2.5元，装饰房屋每平方米收费3元；灭治收费，砖混结构，每平方米15元，砖木结构每平方米25元。当年，完成白蚁预防298宗，预防面积4.2万平方米，施药灭治32户，面积0.76万平方米。2009年，宣传执行建设部《城镇房屋白蚁防治管理规定》，白蚁防治实行“新建房屋白蚁预防工程证书”和“新建房屋白蚁预防工程保质联系卡”“一书一卡”制度。当年完成白蚁预防898宗，面积14万平方米，灭治面积19128平方米，预防率100%。至2010年，全县累计预防8000户、120万平方米；灭治400户、8万平方米。

五、拆迁管理

1986 年前，境内房屋拆迁使用行政手段，县城下正街、下河街等处进行改造，拆迁 8 个单位公产房屋 7166.24 平方米，均无补偿。此后，境内拆迁执行《城市房屋拆迁管理条例》，拆迁私房一般按政策补偿，拆迁公产房仍沿行无偿拆除。1995 年，拆迁县城人民街、安福路两处 13 户房屋，面积 5295.67 平方米，其中住宅 2045.47 平方米，非住宅 3250.1 平方米，支付拆迁补偿费 38.5 万元。次年，统建商业网点，拆除药材公司、日杂公司等 6 个单位 104 间公产房，面积 3174 平方米，均无偿拆迁。

2001 年 8 月，县政府颁发《临澧县城市房屋拆迁管理暂行办法》，规定城市拆迁，必须严格检验拆迁人申请书、拆迁补偿安置协议、被拆房屋所有权证以及拆迁企业资质，办理拆迁许可。当年，首次公布城关地区房屋重置价格，区别住宅与非住宅、砖混结构与非砖混结构确定重置价格标准。住宅砖混一级每平方米 450 元，非住宅每平方米 500 元。2002 年，县房管局审批拆迁丁玲广场 3 个单位公产房和 38 户私户，拆迁面积 11769 平方米。2003 年，拆迁原安福气门厂、县文化局房屋，补偿金额 600 万元。2004 年调整城镇房屋重置价格，住宅砖混一级每平方米 480 元，非住宅每平方米 530 元。当年审批拆迁项目 2 个，拆迁户数 31 户，面积 5500 平方米，补偿金额 400 万元。房管部门按拆迁安置费 6‰收取房屋拆迁管理费。2006 年，城镇房屋拆迁工作转为以管理监督、指导协调为重点，坚持公示、听证、承诺法制程序，坚持“稳定大局、统一协调、以人为本”行政原则，并对拆迁人员进行培训，要求拆迁人员持证上岗，实施依法拆迁。2006—2010 年，境内共审批拆迁原楚园宾馆、工商局大院、迎宾市场、百货大楼、中医院门诊大楼、冷冻厂等 13 个项目，拆迁面积 8.5 万平方米，没有出现强行拆迁、违章拆迁，没有因拆迁出现群众上访事件。

六、商品房建设管理

（一）开发管理。20 世纪 90 年代，县人民政府对房地产开发实施合理培育、调控与监督，指导房地产开发良性发展。1999 年，建设局制发《房地产开发及商品房销售管理的有关规定》，明确房地产开发项目实施《房地产开发项目建设条件意见书》、“房地产综合开发项目许可证”“房地产开发项目综合验收合格证”“一书两证”制度。2009 年，县房管局开展“房地产市场规范年活动”，制发《临澧县房地产开发项目业务操作规程》《临澧县房地产开发项目办事流程》《商品房买卖合同登记备案制度》《商品房预售许可程序》和《商品房办证发证程序》，并建立股所负责人和开发企业、物业服务企业法人代表参加的房地产开发工作例会制度。当年 6 月，还成立临澧县房地产业协会，利用自律平台，调动房地产企业诚信开发。

（二）预售管理。1994 年 4 月，境内开始加强商品房预售管理。县政府召开协调会，明确县建设局负责商品房开发管理，县物价局负责商品房价格审批，县广播局负责房地产法规宣传，县房管处负责商品房预售许可。当年10月30日，县物价局发出《关于商品房价格管理的通知》，首宗对坐落在城关镇朝阳西街住宅小区的商品房价格进行审查，从成本、利润、税金、附加费4大类、39子项，核定销售价格为280元/平方米；县房管处签发“商品房预售许可证”，准予销售商品房3栋48套，总建筑面积1万平方米。1999年起，“商品房预售许可证”制度进一步强化和完善，至2002年，房地产开发企业申报商品房预售，必须报审建设工程规划许可证、土地使用证、施工许可证、竣工时间告知书、建筑平面图、预售合同书及白蚁防治合同。2006年起，境内出现新一轮商品房消费需求高峰，当年销售商品住宅及商铺1.92万平方米，次年销售10.8万平方米。2008—2010年，批准商品房预售许可95件，预售商品房面积44.83万平方米。其中，住宅2061套，建筑面积36.66万平方米；商铺面积8.17万平方米。

（三）价格管理。商品房每平方米销售均价，1992年为225元，1995年为280元。2000年为450元，2005年为980元。2006年突破千元关，达到1080元，2010年，调查销售20.29万平方米商品住宅和商铺门面，销售额39600万元，均价1942元/平方米。其中，住宅1631元/平方米，商铺用房6917元/平方米。2011年突破2000元，至2012年，达到2600元。20年间增长11.5倍。

七、房屋安全管理

境内城镇房屋安全管理，始于1992年。当年，房管部门鉴定房屋35处、建筑面积3.1万平方米，收费16261元。此后，房屋安全鉴定成为日常业务。2002年，房屋安全鉴定完善法规程序，业主要求进行房屋安全鉴定，须出示安全鉴定申请书和房屋所有权证。房屋安全鉴定费收取标准，2005年为每100平方米收费80元，超基数部分每平方米加收0.5元。2008年，境内强化城镇房屋安全管理工作，县政府出台《临澧县房屋装饰装修管理办法》，加大对房屋装修安全管理力度，并对全县公共场所的危旧房屋进行安全普查，当年完成危房鉴定65宗，建筑面积2.68万平方米。2009年至2010年，全县实施城镇房屋安全鉴定161宗，鉴定建筑面积7万平方米。

八、房屋租赁管理

（一）直管公房出租。民国时期，无论租用公房、私房，均要先找佃保，办酒席，面议租金，写出佃字，交好押金后方可租用。押金一般为年租金百分之三十，每间房年租金一般为11至12担谷价。1953年，县人民政府对房租进行改革，实行分等按平方米面积计租，取消佃保等旧规。1953至1963年，直管公产房屋月租金标准，营业用房和单位用房，每平方米0.1—0.2元；居民居住房每平方米月租金0.03—0.05元。1970年以后，贯彻“以租养房”“以租建房”的政策，房租标准有所调高。1975年，营业用房和单位用房每平方米月租金0.32—0.40元，居民居住房每平方米月租金0.07—0.12元。1979年，县房地产公司成立，专事直管公房的租赁和修缮，房屋租赁管理开始向企业化管理发展。城镇居民租住直管公房，要填发“直管公房使用证书”“租赁凭证”和《住房守则》，持证住房；生产营业用房要签订《租赁合同》，经公证部门公证。1987 年，新安房管站曾尝试自行议定房租，一间 15 平方米自管公房出租，月租金 80 元。1988 年，直管公房月租金上调，住宅月租金，砖混结构每平方米 0. 12—0. 15 元，砖木结构每平方米 0. 10—0. 11 元，其他非等级旧房每平方米 0. 08—0. 10 元；生产用房月租金，砖混结构每平方米 0. 95—1. 3 元；营业用房月租金，砖木结构每平方米 1. 10—1. 30 元。1995 年至 1997 年推行住房制度改革，直管公产房租金持续调高，住宅月租金达到砖混结构每平方米 0. 90—1. 10 元，砖木结构每平方米 0. 60—0. 80 元，其他非等级旧房 0. 50—0. 60 元。2001 年，直管公房住宅月租金，砖混结构一等为每平方米 2. 2 元，二等为每平方米 1. 8 元。2008 年，直管公房租金按折旧费、维修费、管理费、利息、房产税五项综合组价，砖混结构住宅月租金为每平方米 5. 51 元。历年所收房租，1979 年为 116701 元，1984 年为 119706 元，1992 年 141300 元，1996 年为 50 万元，2008 年收房租 163584 元。

（二）单位公产房屋出租。城镇住房制度改革之前，境内各企、事业单位的自管公房出租，参照国有直管公房房租标准收取租金。1978 年，县内房屋实行低租金，福利制分配给居民租住的公房，租金分 3 类 11 级，每平方米月租金 0. 05—0. 20 元；生产营业用公房，租金分 6 等 36 个级别，每平方米月租金 0. 20—0. 40 元。1981 年，在不减少房租总收入前提下，居民用房每平方米月租金降至 0. 04—0. 12 元，企业用房每平方米月租金增至 0. 25—0. 45 元。1985 年，营业用房和单位用房每平方米月租金 0. 4—0. 75 元，居民居住房每平方米月租金 0. 1—0. 15 元。公产出租房屋面积为 492500 平方米，全年可收租金 183460. 8 元。

1992 年 1 月起，推行城镇住房制度改革第一步重大举措——提高公有住房租金标准。住宅月租金提高到每平方米 0. 2 元。单位自管公产房屋出租，由单位造册，交房改办备案。当年，城关、新安、合口、修梅、佘市、四新岗 6 个镇，自管公房出租 453 户，月平均租金达到每平方米 0. 4 元。1993 年 5 月，县人民政府出台《临澧县城镇提高公有住房租金标准的规定》，公有住房月租金再次提高至每平方米 0. 75 元；1995 年 1 月，县人民政府出台《临澧县进一步深化城镇住房制度改革实施方案》，公有住房继续提租，月租金涨到每平方米 1 元；1997 年，公有住房月租金标准再次由每平方米 1. 3 元提高到 1. 4—2. 1 元。

1997 年 9 月，县人民政府颁发《临澧县城镇房屋租赁管理办法》，实行房屋租赁登记备案制度，规定房屋租赁双方必须经房管部门审查登记，领取“房屋租赁许可证”方可进入租赁市场，租金归产权单位所有。2003 年起推进房屋租赁市场深化改革，加强房屋租赁市场规范化管理。房产、工商、公安部门形成联合行政，房管部门负责房屋租赁的行政许可，工商部门、公安部门凭“房屋租赁许可证”分别办理营业执照和暂住人口证。2006 年，签订租赁合同 30 多宗，收取租赁收入 6 万元。2007 年，全县发放房屋租赁许可证 896 宗。

（三）租赁补贴。境内城镇居民住房租赁补贴和租金核减工作自2008年起步，当年给31户发放租赁补贴37万元；核减租金171户、135858元。至2010年，累计给2379户城镇居民发放租赁补贴262.62万元；给692户核减租金23.2万元。

九、物业管理

（一）直管公房修缮。1952年，直管公产房屋由县财政局委托当地镇人民政府代管并负责维修。凡公房需要修缮时，先由房主向居委会报告，居委会汇同镇房管人员实地查勘后，由房主请工修缮，其费用先由房主垫付，事后在房租中扣除。50年代至60年代，公房维修任务不大，修缮资金约占房地租金15%左右。1971年3月，公房归口县财政税务局管理。房地租金纳入地方财政其他收入，其中50%由县财政统一掌握使用，主要用于公房翻修和新建，40%下拨到乡镇作为房屋维修费支出。县财税局在城关、合口、新安分别设有房产管理小组，各配备专职管理人员一名，负责收缴租金和房屋维护。1972—1979年，公房修缮经费：集体营业用房每平方米0.4—0.80元，居民住房每平方米约0.20—0.40元。

县房地产公司成立后，组建专业维修队，直管公房修缮实行专业管理和群众管养相结合。1982年，各镇居委会成立“住房管理小组”，健全住房管理制度，做到维修及时，保证质量。1984年，公房管理引进竞争机制，对公房维修实行“三定五包一奖罚”制度，即定管理维修地域、定管修人员、定修缮资金运用；包区域内房屋完好率、包维修质量、包资金使用、包材料供应、包无工伤事故；完成任务指标给予奖励，未完成任务指标实施处罚，效果很好。1985年，全县用于直管公房维修资金共44760.96元，占房地租收入38.51%。1987年，维修直管公房385间，5920平方米。

（二）商住小区物业。境内商住小区的物业管理自2000年起步。当年执行常德市政府关于加强物业管理精神，商品房出售前，开发企业必须制定物业管理实施方案，选聘资审合格物业管理企业，签订委托物业管理合同。商品房出售时，必须与业主签订《前期物业管理服务协议》。2001年，县城区8个商品房小区开发项目，文化商住小区首先开始物业管理。2004年，县房管局制定物业管理收费参考标准：门面房为2元/平方米·月，住宅为0.8元/平方米·月，房屋装修为200—300元/户（次），垃圾清运200—300元/户（次）。2007年，县房管局转发和执行常德市房产部门规定，凡商住小区必须配置物业管理用房。建筑面积1万—5万平方米商住小区，配置物业用房50—150平方米；建筑面积5万平方米商住小区，按3%比例配置物业用房。当年，全县有顺兴、金鹏、康乐等5家物业管理公司，从业人员达210人。星情湾、楚天豪园、安福新村3个小区，物业管理正式进驻，管理面积13.8万平方米。2008年，县政府办公室签发《加强物业服务管理工作的通知》，完善物业管理行业规范。县房管局成立临澧县前期物业管理招标投标评审委员会，推行物业管理公司公开招标。当年择优落实“福之源”、“芳辰一品”两个小区前期物业管理，指导星情湾住宅小区成立业主委员会，健全小区业主自治机构。2000—2009

年，境内新建成商住小区31个，其中，独立小区20个，商贸城2个，商住和居民休闲广场2个。开发面积35万平方米，建筑面积76万平方米，成套商品住房4748套，商业用房2368间。物业服务达1336户，服务面积20.8万平方米。2010年，全县有物业管理公司9家，星情湾、金龙花园、福之源等13个小区形成物业规范化管理。

（三）住宅维修基金。2006年，境内正式建立商住小区住宅维修基金，专户储存，住宅维修基金收取标准为每平方米30元。2007年，房地产开发10个备案项目，新预售商品房10.8万平方米，全年收取维修基金87.5万元。2008年，住宅维修基金收取标准为未配电梯住宅，每平方米30元；配电梯住宅，每平方米50元。当年收取住宅维修基金7.3万元。2009年，批准商品房预售许可46件，预售面积18万平方米，收缴维修基金140万元。2010年10月，县房管局制发《临澧县住宅专项维修资金征缴办法》，开发住宅维修基金管理收缴软件，维修基金征缴管理进入规范化、制度化。是年底，住宅维修专项基金累计缴存505.7万元。

十、房地产测绘

1992年，国家统一部署房屋产权登记，境内房产测绘随之启动。是年，县房地产管理处开展县直党政机关单位房屋产权调查，完成房产测绘100多宗。1993年，开展文化街、四季红、人民街、河街等老居区居民住宅产权普查，完成房产测绘1000多宗。当时，测绘仪器设备只有两把皮尺、一台光学经纬仪，房产图靠手工绘制，测绘业务尚只开展分层分户平面图测绘，测绘成果只有分层分户房产图。测绘比例尺一般为1：200和1：300。随着国有公产住房改制转让、改制企业房产处置和商住房大批开发，产权登记、房产测绘业务日益增多。2001年12月，县房产测绘队配置2台手持式激光测距仪、2台微机、2套房产测绘软件，房产成图和面积测算实现微机化，功能结构复杂房屋面积计算也更为精确，测绘精度达到国家要求。2000—2010年，境内房产测绘共完成测绘面积189.03万平方米，成图17800多幅。

房产测绘收费，原执行国测财〔2002〕3号文规定标准：住宅，每平方米收费1.36元；商业用房，每平方米收费2.04元；多功能综合用房，每平方米收费2.72元。2006年，物价部门调整收费标准，分别调低为0.85元/平方米、1.5元/平方米和1.72元/平方米。至2008年，9年时间共收费190.5万元。

第五章　石门县

第一节　概　况

1949年8月起，石门县人民政府接收旧政府房地产档案、确认产权归属、代管无主房屋、没收敌伪房地产、打击房地产投机和各种非法活动。县城国有房产由城关镇（今楚江镇）人民政府管理，房产来源主要是土改和社会主义改造时期没收的地主、富农、资本家、海外华侨、天主教会、工商业者等部分财产。1956年至1965年。随着社会主义改造深入完成，石门县城镇陆续开始以国家经租形式，对出租私有房屋进行社会主义改造，确立公有制在社会主义城市房地产中主体地位。

1966至1978年。“文化大革命”时期，城镇房地产管理遭到严重破坏。产权管理陷入混乱，住宅建设停滞不前，住房紧缺成为严重社会问题。是时，石门县城区公产房总面积为32106.24平方米。

1978年以后。随着经济体制改革全面展开，城区开始进行城镇住房制度改革、城镇土地使用制度改革和房地产生产体制改革，房地产业进入全新发展时期。1980年成立石门县房地产公司，至1985年年底，公司人员增至83人，办公地点为原二建公司院内。1986年初，县建设局党组决定成立石门县第二建筑安装工程公司，房地产公司保留20人外，其余人员安排到县二建公司，房地产公司办公地点迁至楚江镇九堰街21号。1985年4月至1986年6月，县房地产公司对全县8个建制镇开展房屋普查。1986年，县房地产公司受县人民政府委托，开始对房地产市场买卖、租赁、抵押进行管理。1987年，开始对房屋产权产籍进行管理，全县产权产籍管理从此拉开序幕。

1994年1月，成立石门县房地产管理局。房管局成立后，房地产管理逐步走向规范化、程序化、法制化发展轨道。管理职能不断增强，管理方式不断改进，服务理念不断强化。通过几届局党组不懈努力，房地产建设管理面貌发生翻天覆地变化。无论是班子建设还是人员素质，无论是社会效益还是经济效益，无论是社会地位还是办公条件，无论是房地产行业管理还是中心工作，无论是旧城改造还是新区开发，都有大幅度提高和全新改变。管理工作年年有突破，业务收入步步上台阶。1994年全年收入54万元，2002年达到300万元，2011年突破900万元大关。

县房管局本着“管理、服务、开发、经营”理念，秉承“服务安居民生，建设满意房管”石门房管人精神，局党组一班人带领全体职工进一步解放思想，开拓进取，务实创新，强化服务理念，在服务中加强管理；提高管理水平，在管理中改善服务；继续做大做强房地产业，努力实现从经济大局到工作强局的历史性转变。2000—2001 年，被湖南省建设厅授予“全省房地产管理先进单位”。1996—2000 年，石门县房管局被常德市依法治市领导小组评为合格单位。2000—2003 年、2005—2011 年，石门县房管局连续多年被评为全市目标管理先进单位。

第二节　房地产建设

一、旧城改造

1995 年 5 月，县委、县政府决定以国家重点工程建设为契机，结合县城北岸河堤配套建设，用 5 年时间对老城区分批进行改造，以完善配套城市公共设施，提升城市功能，改善城市环境，同时解决长期居住在低矮潮湿、土木棚房中困难居民及无房户住房问题。旧城改造按照“统一规划、合理布局、统一设计、配套建设”原则，由县政府主导，建设局主管，房管局实施。成立石门县旧城改造指挥部，第一任指挥长由时任县政府副县长田玉华担任，成员有建设局、国土资源局、房管局、电力局、计委、物价局、工商局、公安局等职能部门主要负责人。旧城改造工程指挥部办公室设房管局。

1995 年至 1997 年，为推动旧改工程顺利实施，采取建设用地实行行政划拨、减免相关税费、帮助拆迁居民解决实际困难等一系列优惠政策。其中拆迁居民旧房各项补偿每平方米均价为 180—200 元，回迁到新建砖混结构成套住房同等拆迁旧房面积以内的，按每平方米 260—310 元标准找补差价。县政府先后筹措资金 1543 万元用于旧城改造和房屋拆迁安置补偿。1996 年至 2001 年，累计拆迁公私产房 5.7 万平方米（其中公房 2.2 万平方米），搬迁居民 526 户，全部按期回迁或异地安置。同时，兴建经济适用房 40600 平方米，安置居民 300 余户。打通东方桥路、清泉路、东门路、老西门、马家巷五条通道。此外，为县一中、楚江镇一完小、二完小的扩建，拆迁房屋 2.2 万平方米，安置居民 200 余户。

2000 年前，旧城改造按计划经济模式运作，政府统一拆迁与建设，侧重社会效益，忽视经济效益评估和可行性分析。拆迁补偿与回迁安置价差过低，由此引发旧城改造经济负效益，形成拆迁面积越大亏损越多局面。

为此，2000 年后，县政府将旧改工程由政府主导改为市场运作，拆迁补偿依法评估定价，实行货币补偿和产权调换等多种安置方式。对实行统一拆迁居民，在不改变拆迁安置补偿和回迁安置政策前提下，居民可自行选择货币补偿或产权调换。2001 年起，建筑底层可以设计为经营门面向社会出售，以达到以房养房。2001 年，旧城改造办在兴建县人民广场东侧拆迁中，按市场评估价格对拆迁户给予拆迁货币补偿，由居民自行购房安置，同时兴建建筑面积为 3438 平方米高档商品房向社会出售，盈利 30 万元，实现扭亏为盈和美化城市双赢。同年 11 月，县政府公布《石门县城房屋拆迁管理办法》。至此，石门县旧城改造走上良性发展轨道。

2002 年 5 月，旧改办公室撤销，其职能划入房管局。由县政府统一组织实施的旧城改造从此终止。

二、房地产开发

20 世纪 90 年代末，石门县房地产开发市场开始生长发育。进入 21 世纪初叶，石门房地产市场走向兴旺繁荣时期。本土开发企业发展壮大，外地开发企业不断加盟，大大提升楼盘品质。县城区商品房相继拔地而起，一座座高楼大厦林立在澧水河畔，一个个宜居住宅小区应运而生，极大改善了城市居民住房条件。

近五年来，境内每年市场开发量在 25 万—30 万平方米，供应量稳定在 25 万平方米以上，市场销售量达到 20 万平方米以上，呈现产销两旺、供需平衡发展态势，满足了城市居民和部分进城农民住房需要。经济适用房、廉租房、城区棚户区改造等作为商品房建设必要补充，解决一部分低收入群体住房困难。其间虽然受到金融危机冲击和国家宏观调控政策影响，石门县房地产市场仍然朝着健康、持续、稳定方向发展。

三、房地产中介

（一）房地产交易。1986 年至 1993 年，县房地产公司内设“房地产交易所”，主要职能是管理房地产交易市场，打击私下房屋交易活动，同时受理房地产交易业务，为单位、个人进行房屋转让、买卖、抵押办理审批登记手续，为县财政部门代扣代缴交易契税。1994 年 1 月，县房管局内设机构仍保留房地产交易所。其职能范围有所扩大，主要是规范房地产交易市场秩序，对房地产交易业务进行现场评估、监督检查，对房地产抵押活动实行房屋权证与产权人身份证、标的物现场核实，对抵押当事人房地产价值按重置价进行估价，为当事人双方办理抵押申请、审核、登记审批手续后，移交房屋产权部门办理房屋产权证抵押手续。

1995 年 1 月，国家《城市房地产管理法》实施和建设部、省政府出台一系列房地产交易相关法规开始执行，石门房管局党组对交易所职能职责作出调整，强化房地产交易管理职能，延伸房地产交易活动中对房地产价格评估业务范围；特别是对涉及代扣契税交易项目，实行现场核实，当事人双方签字，按程序评估原则，逐步加大对房地产交易管理力度。重点加强房地产市场监管，依法规范房地产转让、买卖、抵押活动审批程序，加强房地产中介服务规范管理。严格审核基础资料来源，从源头上堵住交易活动中可能发生的欺诈行为，确保每项交易、抵押业务真实可靠、合法有效，切实维护双方当事人合法权益。同时，确保税收不流失。

1998 年 8 月，石门县房地产交易所更名为“石门县房地产交易中心”。2002 年 5 月，在县直机构改革中，房地产交易中心被确定为房管局直属事业单位。其主要职能是：负责全县行政区域内房地产中介服务机构管理和房地产转让登记、抵押登记，开展房地产经纪业务。2009 年，交易中心和产权产籍股合并。2011 年，在县政府对房管局“三定”方案中未保留交易中心，房屋交易管理职能划归产权产籍股管理。2012 年 4 月，局单设“交易中心”，并将房屋租赁管理职能划归其中。

至 2013 年，除房管局设有交易中心外，尚有 4 家在县局登记备案的房地产交易经纪咨询中介机构在境内从事相关业务工作。2009 年 4 月，局设有房地产经纪服务中心，2011 年 4 月撤销，其工作职能回归交易中心。

（二）房地产评估。1995 年 8 月，经县政府办批复同意，设立“石门县房地产估价事务所”，周泽普兼任所长。1996 年初，县房地产估价事务所业务并入房地产交易所，实行两块牌子、一套人马，统一管理。

2001 年初，根据省市关于社会中介机构与政府部门实行脱钩改制通知精神，县房地产评估业务从房地产交易中心分离，单独组建具有独立法人资格股份制公司——石门九澧房地产评估有限公司，资质为三级，经理覃正辉（房地产估价师）。2001 年 8 月，公司在常德市设立分公司，分公司负责人吴洋（房地产估价师）。2002 年 12 月，公司变更为常德万佳房地产评估有限公司，办公地址设常德市房地产管理局二楼，总经理覃正辉。在此基础上，又先后成立澧县、临澧、汉寿等几家分公司。2003 年 7 月，公司资质升为二级。2008 年，公司以个人入股为主，经理邹启元（外聘），房管局提供办公场地及办公设备，对公司实行监管，公司内部实行自主经营，独立核算，自负盈亏。2012 年 6 月，评估公司出售给个人。总公司自 2002 年成立起至 2012 年，平均每年完成评估业务 600 余宗，面积近 25 万平方米。10 年总收入约 1100 万元。截至 2012 年 10 月，全县另有三家在县房管局登记备案的外地注册房地产评估机构，在石门县从事业务工作。

房地产评估公司业务范围主要有 4 个方面：接受业务所在地政府部门或当事人委托，依法承担房地产涉案物、房地产抵押、房地产拍卖、工商企业改制破产清算等房地产评估业务。1998 年前在石门主要采用房地产重置价格计算方法，1999 年国家《房地产估价规范》公布实施，境内即依据国家规范技术标准规定三大基本技术方法，即成本法、收益法、市场比较法进行测算估价。至 2013 年，石门县房地产管理局共有房地产估价师 4 名（其中国家注册房地产估价师 3 人）。

（三）房地产测绘。石门县房地产测绘工作自 2002 年年初正式起步，成立“石门县房地产测量事务所（测绘所）”。此前，房地产测绘工作由产权产籍股实施，未有独立名称和机构。2010 年设立测管办，与测绘所合署办公。2012 年 4 月，测管办划归产权产籍股。

测绘事务所的主要职能是：根据国家房地产测量技术规范，接受委托人的委托，对其委托的房地产进行房屋面积测量，绘制房屋分层分户平面图，出具《房屋面积测绘报告书》。自 2004 年独立以来，共完成房屋测量 19357 宗，测量面积 5482830 平方米，出具房屋面积测绘报告书近 2 万份。

四、经济适用房、廉租房建设及棚户区改造

1995 年，石门县经济适用房建设开始起步，最初形式：一是有条件单位以职工集资建

房为主；二是适量批准部分有条件房地产开发企业兴建经济适用房。截至2000年，集资建房24万余平方米，建经济适用房8万余平方米。解决了近3000户城镇干部职工和居民住房困难。此期间，经济适用房建设主要由房管局负责，由局属房地产经营开发公司承担。2000年起，县政府停止审批单位集资建房。经济适用房建设开始进入政府主导、市场运作的模式运行。

大批量经济适用房建设自2005年开始，主要由房管局直属平和置业有限公司承担（一部分由本地其他房地产公司承担）。先后建成新街口农贸市场经济适用房4栋104套，水果洞惠民小区经济适用房2栋72套，麒麟街经济适用房30套，县妇幼保健院经济适用房10套，原县印务公司留守组建设印务公司院内经济适用房21套。县城建房地产公司建设佳艺家园经济适用房25套。2009年后，石门停止建设经济适用房。

廉租房建设。石门县廉租房建设开始于2003年。是年，政府投资300万元在麒麟街由平和置业有限公司建成72套首批廉租房。大批量廉租房建设始于2008年，均由县房管局直属平和置业有限公司承担。先后建有水果洞惠民小区廉租房2栋148套，武陵北街廉租房286套，青峰廉租房288套，东城廉租房1284套。目前，除东城廉租房未完全交付使用外，其余均已投入使用。

2011年5月，县委、县政府决定成立“石门县棚户区改造工作领导小组”（石办〔2011〕27号），办公室设房管局，局长匡照国任办公室主任。县房管局设立棚户区改造办公室，与平和置业有限公司合署办公。至此，石门县棚户区改造工作全面展开。截至2012年10月，共完成棚户区拆迁8.6万余平方米，开工建设7万余平方米。

五、白蚁防治

省白蚁防治工作委员会审查认定石门县白蚁防治所为二级资质等级，是全省县级唯一具有二级资质白蚁防治所。

截至2012年10月，县白蚁防治所累计完成建设工程施工项目预防面积320万平方米，房屋白蚁灭治面积7.9万余平方米，灭治区域遍及石门城乡。其中石门夹山寺、县委机关、县财政局部分房屋经施药灭治后，再未发生白蚁危害；此外，还完成大唐石门电厂、县委会、广电中心、政务中心、公安局、中国人寿石门支公司办公楼、寺垭水库、首桥水库等处大型灭治。同时，还到常德、津市、澧县、临澧等周边县市机关和乡村进1996年3月，石门县成立石门县白蚁防治所，隶属于县房管局，属二级事业机构。主要职能是负责全县行政区域内城乡房屋白蚁防治管理和新建、改建、扩建、装饰装修等房屋白蚁预防及原有房屋白蚁检查和灭治工作。

当年5月，石门县政府办公室下发石政办〔1996〕22号文件《关于明确房屋白蚁防治工作几个具体问题的通知》，要求全县范围内建设单位必须将白蚁防治列入基建项目内容，白蚁防治费列入工程概（预）算，任何单位、个人不得以任何理由逃避或拒绝白蚁预防。1999年11月，建设部《城市房屋白蚁防治管理规定》公布实施，白蚁防治工作从此走向法制轨道。

白蚁防治所自成立之日起，大力加强硬件建设。购置全套白蚁防治专业设备，建立白蚁防治药品专库，专人管理，2003年，实现电脑化管理。

与此同时，建立健全白蚁管理七项工作制度，大力提高员工队伍素质。员工先后参加省白蚁防治专业培训6次，聘请岳阳市、宜昌市白蚁防治专家来石门讲课，1998年4名专业人员全部取得湖南省白蚁防治专业委员会上岗资格证书。2005年，田启源、潘学武、付建辉取得湖南省建设厅颁发白蚁防治岗位证书；2012年，覃晓明、田启源获全国白蚁防治中心颁发《房屋白蚁预防技术规程》合格证书。1998年7月，经湖南行预防灭治。1996年至2012年，全所预防与灭治总收入582万元。

1997年10月，石门县白蚁防治所被湖南省房协白蚁专业委员会接收为常务理事会成员单位，是湖南省唯一县级常务理事单位。1997年至2011年，白蚁防治所被省房协白蚁防治专业委12次评为先进单位。

六、物业服务

石门县物业服务始于2000年。是年3月，县房管局经市房管局批准，设立境内第一家独立核算物业服务企业—石门县房地产物业有限公司。公司成立之初，主要从事碧岩新村、旧城改造拆迁安置楼公共设施、水电维修等工作。2002年取得房屋拆迁资质，先后承担楚江市场、老干活动中心、商业步行街等处旧房拆迁工作。2003年下半年，进入国家重点工程——皂市水库淹没区维新镇部分村组移民搬迁。自2004年年底始，承担皂市水库淹没区内约45平方公里库底清理（2007年基本完成）。2007年后开始从事金鸥小区、金源华庭、国源美景、御龙湾等小区后期物业服务。

2003年3月，县房管局在物业公司基础上成立平和置业有限公司，物业公司仍用原名单设。2006年6月，物业公司更名为“石门正房物业管理有限公司”，2008年与平和置业公司合并。2009年与物业办合署办公至今。2011年起主要负责前期物业服务。

2003年至2005年，楚江镇成立物业公司，从事县城部分小区的物业服务（后因多方原因自动撤销）。自2001年3月至现在，石门县先后成立、注册10家物业服务企业，服务区域自县城延伸至长沙，服务小区26处，从业人员410余人，成立业主委员会50余个。自2011年始，按市房管局要求进行4个小区敞开式物业服务。

目前，石门县城区物业服务工作正向社会化、规范化目标稳步推进。

七、信息服务

2009年4月，县房管局投入近40万元，筹建信息中心。其职能是：负责全局信息化建设及管理工作；负责中心机房、局域网、办公电脑维护与安全运行管理工作；负责业务软件系统故障排除及应用指导工作；负责房地产信息发布；负责信息化设备物品添置审核；负责信息化制度监察与考核。

石门县房管局信息化建设取得长足进展。建立房政一体化办事程序，投资10多万元聘请深圳公司编制房政一体化应用软件，将以往各股室各自为政的事由申请、资料收集、审核、现场踏看、集体会审、领导审批，费用审核、打证发证等工作，全部纳入房政一体化系统管理，实行业务处理无纸化操作。建立房地产政务公开网，设置党务、政务公开网页，经常更新房地产有关信息，提供网上咨询。为开发项目建立项目网上申请，预售许可、合同备案、网上广告、信用度评定公示、房屋预售、销售、房价、面积等提供网络服务，以便社会各界及购房者随时查阅，获取有关信息。房地产管理与服务更加规范化、程序化、科学化，方便管理，方便群众，方便开发企业。

八、政务中心窗口建设

政务中心房地产窗口建设始于2001年9月。房管局安排工作人员到县政府政务中心窗口工作，负责收集资料和办证发证。首任负责人吴洋。随着各级政务透明化、办事公开化、服务一体化工作力度不断加大，2011年10月，县房管局将产权产籍、交易、拆迁、白蚁防治、档案查询等部分职能归入到政务中心窗口，窗口工作人员增加到12人。租用县广电中心100多平方米大厅，设立专门房地产服务窗口，使其成为一个独立股室，并将其职责明确为：负责房地产业务受理收件工作；负责全县房屋产权登记及他项权证登记初审工作，负责房地产交易服务工作；负责其他行政确权、行政许可业务初审；负责优化环境，协调、调度相关职能股室工作；负责核发房屋所有权证、他项权证、拆迁许可证、预售许可证等行政确权、行政许可证照；负责查验购房户计划生育证明。

政务中心房地产窗口是房管局工作职能、管理水平、办事效率、人员素质、环境优化、服务态度集中体现。为此，局党组安排一名班子成员跟班到窗口，工作到一线，坚持计划在一线下达，措施在一线落实，矛盾在一线解决，环境在一线优化，服务在一线体现，全方位开展优质服务承诺。党员挂牌上岗，使窗口工作得到上级和社会各界普遍认可和肯定。2002—2004年、2007—2011年均被评为政务中心红旗窗口。

第三节　房地产管理

一、产权产籍管理

1985年4月，县政府成立石门县城镇房屋普查领导小组，下设办公室，由房地产公司负责办公室日常工作，同时从县城关镇（今楚江镇）抽调、借调、招聘工作人员45人，组成3个房屋普查小组，对全县八个建制镇房屋进行全面普查。至1986年6月，全县城镇房屋产权面积核实为171.09万平方米，县政府对其中产权清晰的房屋颁发房屋产权证2020份。1987年，县政府部署在全县进一步深入开展房屋普查，县房地产公司受县政府委托，设立石门县房屋产权颁证办公室，代表县政府审核颁发房屋产权证。至1993年年底，全县城镇共有206个公房产权单位，311户私产房被核准发证，发证总面积21余万平方米。

1994年1月，县房地产公司改组为房管局，依据国家有关政策，对全县城镇房屋产权产籍实施管理。局内设房屋产权产籍管理办公室，1995年更名为房屋产权产籍管理股，建立审核发证办事程序。1995年起，国家《城市房地产管理法》、《城市房屋权属登记管理办法》、《湖南省城市房屋产权产籍管理条例》一系列法规逐步颁行，产权产籍管理进入法制化轨道。县房管局通过深入调查并借鉴外地经验，结合石门实际，建立起一套较为完善的产权产籍管理制度和规范化办事程序。

1995年1月至2002年12月，县房管局审核房屋产权单位（公产房）550宗，登记产权面积约60万平方米，颁发"房屋所有权证"550份；个人（私产房）24450宗，登记产权面积约300万平方米，颁发"房屋所有权证"24450份。其中实施住房制度改革后，城镇单位干部职工优惠购买单位住房登记发证4500份，产权面积34.5万平方米。同期，依法审核办理房屋产权抵押1443宗，核发"房屋他项权证"1443个，抵押总额达12000万元。

1997年1月，建设部实施全国统一制作的有防伪标识"房屋所有权证"，至2002年年底，县房管局为原持证单位和个人换发新产权证15600个。

产籍资料管理。1995年，县房管局设立档案室，专人负责，归集和管理产权产籍资料。2002年又升级为房地产档案馆。2008年1月，档案馆单设。2002年5月，在县直单位机构改革中，房屋产权产籍股作为县房管局职能股室被保留。2007年3月，国家颁布《物权法》，并于当年7月1日开始实施；建设部于2008年7月颁发并实施《房屋登记办法》。从此，产权产籍管理更加规范、清晰、准确、细致。目前，全局共有6人获得"房屋登记官"资格。自2010年6月始，产权产籍管理开始进行集体土地上房屋所有权登记。

2011年6月，县政府对房管局的"三定方案"中，产权产籍股作为其内设二级机构再次予以保留，明确职责为：负责全县房屋产权产籍管理工作；负责全县房屋产权登记及他项权证登记工作；负责房地产交易服务工作；负责征收项目产权调查及注销工作。

二、房屋鉴定、拆迁、征收管理

1991年，县房地产公司内设危房鉴定办公室（后改称石门县房屋安全鉴定办公室），主要负责全县房屋安全鉴定工作。对申请拆迁重建产权单位（个人）房屋，配合县计委、县税务局进行房屋现场鉴定，并出具《危险房屋鉴定报告》，作为县计委下达基建计划、县税务局减免税费主要依据。

1994年，县房管局成立时，合并拆迁管理与危房鉴定职能，成立房屋拆迁管理办公室，主要职责是依据国务院《城市房屋拆迁管理条例》和省、市、县实施细则，对全县房屋安全鉴定和房屋拆迁实施监督管理，对被批准拆迁房屋产权单位（个人）颁发"房屋拆迁许可证"。2002年5月，在县直单位机构改革中，房屋安全鉴定办公室（加挂城镇房屋拆迁管理办公室）作为县房管局的内设职能股室，予以保留。

2009 年 4 月，局内设机构调整，将危房鉴定职能并入开发办。2011 年 3 月，拆迁办和物业办均单独设立。拆迁办改名为征收办，将危房鉴定职能划归其中。2011 年 6 月，县政府办对房管局“三定”方案中，将征收办明确为石门县国有土地上房屋征收补偿管理办公室，职责定为：负责贯彻执行国家、省、市关于国有土地上房屋征收补偿法律法规和政策；负责全县国有土地上房屋征收补偿管理工作；拟定、审查房屋征收补偿计划和方案并组织实施，负责国有土地上房屋征收补偿纠纷调处；负责房屋征收补偿资金监管工作；负责未完成征收补偿建设项目转让审批工作。根据常编办〔2011〕120 号文件，2011 年 7 月，征收办升格为副科级事业单位，同时更名为石门县国有土地上房屋征收与补偿工作办公室。2012 年 5 月，房屋安全鉴定职能划入征收办，加挂石门县房屋安全鉴定办公室牌子。石门县房屋安全鉴定办公室设立以来，共出具“房屋安全鉴定报告”1884 份，鉴定总面积为 440818 平方米。

1997 年以来，石门县拆迁办先后完成楚江镇二完小、政府广场、官码头、观潭花园、楚江市场、商业步行街、新街口农贸市场等处大型拆迁工作，为全县老城区扩容提质、居民居住环境改善打下了坚实基础。自实施城镇房屋拆迁管理以来，共颁发“房屋拆迁许可证”363 份，拆迁总面积 55 万余平方米。

2011 年 1 月国务院颁发《国有土地上房屋征收与补偿条例》以来，征收办已完成赛奥硅业、宏福居商住楼、金山公寓共计 21173 平方米房屋征收补偿工作。至 2013 年年底，商贸城改造、方顶山公园改建等项目正在进行房屋征收补偿前期准备工作。

三、开发管理

1994 年起，石门县房管局组织本土开发企业在老城区开发商品房建设，商业新村、东方桥市场、楚江市场、商贸城、碧岩新村、武陵新村等一批建设规模 3 万平方米以下的楼盘相继建成。1998 年，县房管局成立石门县城市建设综合开发管理办公室，开始统筹境内商品房开发管理。

至 2005 年，境内商品房开发管理初具雏形。期间，着重加强商品房预售许可和销售管理，开始发放“商品房预售许可证”，规范《商品房买卖合同》和“两书”（《住宅质量保证书》《住宅使用合同书》）文本，建立项目综合验收制度，策应房地产执法。2007 年，局党组提出“房政立局、和谐房产、经营强局、共谋发展”工作思路，开发管理得到加强。在对开发项目发放“商品房预售许可证”基础上，开始实施项目综合验收和物业维修资金归集。2009 年，在新一届局党组“五个提升”思想指引下，房地产管理职能得到全面提升，以强化管理、执法先行为切入点，规范房地产市场秩序，房地产形象和社会地位大为改观。开发管理职能朝着规范化、制度化、成果化方向发展，在精细化管理上创新作为。成立开发项目预售许可及项目综合查验会审委员会，对开发项目严格行政许可，强化市场监管。重点加强开发企业信用管理，商品房销售信息管理，开发项目手册管理，开发项目预警、预封管理，商品房合同备案管理和商品房销售价格申报备案管理，实施了楼盘品质和交房承诺。

2011 年 6 月，县政府明确将房地产开发企业资质管理划入房管局管理后，县房管局加强对开发企业资质备案、申报、变更管理，将企业资质管理与日常监管有机结合起来，建立企业信用信息评价系统和考核考评机制，规范项目资本金缴纳和解控标准。全面建立开发项目报建、商品房预售许可、商品房合同备案、资金监管（商品房预售资金、项目资金、住房专项维修资金）、综合查验等一系列管理制度，开发管理实现信息化。至 2012 年，全县开发企业发展到 17 家（其中外地企业 3 家），每年开发规模在 30 万平方米左右。超过 10 万平方米楼盘有蝶恋花园、翰林苑、御龙湾、东城明珠、宏宇国际等。同时，把维修资金监管作为商品房合同备案前提条件，从 2008 年 4 月起，统一执行新的归集标准（多层 30 元/平方米、电梯房 50 元/平方米），截至 2012 年 10 月，住宅专项维修资金监管已突破 2400 万元（2008 年以前累计归集不足 30 万元）；加大商品房预售资金监管力度，近三年来每年的监管资金在 2 亿元以上；开发管理的成功经验在常德市房地产行业得到推广。开发管理工作在常德市处于领先地位。

开发办还协调房地产开发物业协会日常工作。1999 年 10 月，石门县房地产开发协会成立，属民间团体组织。当时会员单位不到 10 家，全部是本土房地产开发企业。2008 年 5 月，更名为石门县房地产开发物业协会。现有协会会员（单位）63 家，覆盖全县房地产开发企业和物业企业；内设开发专业委、物业专业委、中介专业委和装饰装修专业委四个专业委员会。协会的职责是：搞好行业自律，配合业务主管部门宣传、落实行业政策，引导房地产业规范、良性发展；扩大协会规模，提升会员服务水平；研究行业市场、管理理论，制定行业指导规则；促进企业交流，加强产业合作；净化产业环境，拓展市场领域；协调政府、企业与会员之间关系，推动产业市场健康稳定发展。2012 年 8 月，协会召开第三次会员大会。从此，协会运作由官方转为民间。

四、物业管理

2002 年 5 月，在石门县直单位机构改革中，正式设立物业管理办公室（加挂房屋装饰装修管理办公室牌子），为房管局内设职能股室，同石门县房地产执法监察大队合署办公。2005 年 4 月，将装饰装修管理划入拆迁安鉴办，将开发和物业管理从执法监察大队中分离出来，设立开发物业办。2009 年，将装饰装修从拆迁安鉴办分出，物业办与开发办分离，设立拆迁物业办。同时，将正房物业公司挂靠到拆迁物业办。2011 年 6 月机构改革时，县政府在房管局“三定”方案中，批准设立“物业服务管理股”，对外仍沿用物业办（加挂装饰装修、正房物业公司牌子）称谓。

2011 年 6 月县政府“三定”方案界定物业办主要职责是：承办全县物业服务企业资质审核、报批工作；指导、监督全县物业服务招投标活动；组织新建小区配套验收；监督物业服务企业，指导和规范物业服务行为，组织物业服务行业人员培训；负责物业服务管理方面统计分析工作。

物业办成立十多年来，指导、监督本县 10 家物业公司，推进全县城区物业管理从无到有，从弱到强，逐步走向规范化、社会化、市场化方面，工作成效显著。2012 年起，按照市房管局统一要求和部署，进行敞开式物业管理试点，且初见成效。在物业管理中，物业办不断探索管理方法。如对按政策允许开发企业在售房时预收购房者 12 个月物业费，由物业办统一设立银行专户进行管理，待物业通过正常途径选聘物业服务企业后，再经开发企业或业主委员会审核按月拨付给物业服务企业，防止开发企业和物业服务企业挪用，以保护业主利益。

装饰装修管理体制不顺，难度很大。多年来，县房管局装饰装修办本着“巡查经常化、处理公开化、结果人性化”理念，尽力维护正常装饰装修秩序，不断改进管理模式，更新服务方法。近年来，装饰装修办依托物业管理平台，将新建小区装饰装修纳入小区物业管理与服务之中，委托物业服务企业进行管理，装饰装修办对物业服务企业装修申请进行审核，对结果进行抽查。这样，既做到管理不缺位，又简便易行。

五、住房制度改革、住房保障

（一）住房制度改革。1988 年 7 月，石门县政府成立住房制度改革领导小组，姚绍球、瞿笃培、周用金、陈文浩、覃清香五届县长先后任组长；下设办公室（简称房改办），办公室设房地产公司，人员从县建委、县财政局、县建行、县工行、县物价局等单位抽调，工作任务主要是负责前期调查和各项准备工作。时任县建委副主任文小汉兼任房改办首任主任，时任县房地产公司党支部书记黄太阶负责日常工作。1992 年 8 月，县政府下发《石门县城关地区集资合作建造住宅管理暂行办法》和《石门县城关地区向职工优惠出售公有住宅暂行办法》，标志境内住房制度改革进入规范化程序操作轨道。1994 年 1 月，县房地产公司改组为房管局，县政府明确房管局负责房改办工作，时任县房管局副局长黄太阶兼任房改办主任。1995 年 5 月，县房改办升格为副科级单位，为县政府直管独立机构。办公地点设县政府办公大楼，主任黄太阶。1998 年年初，黄太阶离任，周泽普继任主任。2002 年 2 月，县直单位机构改革，县房改办撤销，行政、业务管理职能划入县房管局，住房公积金管理划入财政局，房管局内设房改政策指导办公室，曾凡清任房改办主任。

根据国务院、省、市有关政策，石门县政府制定一系列房改实施方案。总的要求是加大力度，强化措施，逐步实行“公房私有”。即停止住房实物分配，逐步实行住房分配货币化，采取扶持政策，建立以经济适用房为主住房供应体系。全面推行住房公积金制度，积极推进租金改革，稳步出售公有住房，培育规范住房交易市场，发展住房金融，加强住房物业管理等。具体实施大致为四个阶段：

1. 优惠出售公有住房。1993 年 11 月始，石门县按标准价优惠出售公有住房，1995 年转为按成本价出售。以上时期出售的公房，户主享有部分房屋产权。1998 年开始由部分产权过渡到全部产权。即按标准价购买的住房全部按 1995 年成本价补交房款。截止到 2002

年年底，石门县城镇共有276个单位按房改政策出售公房，面积达34.5万平方米，经过由部分产权向完全产权过渡，全县4500多户职工享有全部产权个人住房。

2. 公有住房租金改革。1993年，石门县公有住房租金每月每平方米0.55元，1995年提高到0.75元，1997年又提高到1.70元，少数暂不具备公房出售条件单位，均按不同时期房租标准收取租金。

3. 全面推进住房公积金制度。从1995年起，建立住房公积金制度，石门县所有党政机关企事业单位在职干部职工均按照“个人存储、单位资助、统一管理、专项使用”原则，交纳住房公积金。石门县房改办正式成立住房公积金管理中心，曾凡清任管理中心主任。至2002年2月县直单位机构改革时，全县已累计归集住房公积金8700万元，共有开户单位158个，开户人数15000多人，工作成绩连续七年居常德市第一，省区县、市第三。

4. 推行住房货币化分配。根据湖南省湘房发〔1998〕002号文件《湖南省职工住房货币分配实施办法》和《石门县职工住房货币分配实施办法》的规定，经县房地产管理局（房改办）审核批准，2003年9月，湖南三江电力有限责任公司（原常德市石门三江口水电管理局）率先实行住房货币分配，分配方式是，按公司在册职工享受的条件和补贴标准由公司一次性计发到职工个人账户（银行专户），职工个人可以按有关规定支取用于住房消费，该公司共有326人享受到住房补贴，补贴发放总金额320万元。

通过十多年努力，石门县住房制度改革取得丰硕成果。一是全面推动全县住房建设规范有序，健康快速发展，市容市貌发生巨大变化。二是为改善城镇居民居住条件、提高生活质量打下坚实基础。三是为石门招商引资，推动县域经济全面快速发展创造良好硬件环境。四是带动和拉动石门县相关行业振兴和发展，通过住房制度改革，石门县城镇居民住房难问题初步得到缓解。

（二）住房保障建设。2003年始，全县开始实施由县政府统一规划、房管局具体负责经济适用房、廉租房建设。随后，县政府依据国务院、省、市政府相关文件，相继出台一系列有关经济适用房、廉租房项目建设、入住申请、资格审核、住房分配、住宅出售、货币配租等方面政策规定。2006年后，随着国家对住房保障体系完善和财政投入力度加大，全县经济适用房、廉租房建设和棚户区改造步伐加快，局内部先后设立廉租房办公室、住房保障办公室。2008年县编办正式批复，同意房管局单独设立具有行政职能的股级事业单位——石门县住房保障管理办公室。

2010年5月，石门县住房保障办公室成立，匡照国任主任。2010年市编办《常编办〔2010〕149号》文件批复，同意石门县住房保障办公室升格为副科级。2011年4月，周辉接任住保办主任。住保办主要职责是：负责贯彻执行国家、省、市关于住房保障有关政策，制定住房保障办法；负责拟定本县经济适用房、廉租房建设计划并具体实施；负责审核经济适用房购买人和廉租房入住对象资格，发放“廉租房住房保障证”；负责货币配租管理工作。

经过几年艰苦努力，住保工作已基本形成政府主管，市场运作，操作规范，分配公开，程序透明运作方式。到2012年10月，共申请国家投资22000万元，建成并出售经济适用房582套，建成廉租房4704套，2148户入住廉租房，为2280户租房户发放租赁补贴565.8万元。发放“廉租房住房保障证”2280本，启动棚户区改造项目14个。

六、国有直管公房经营管理

20世纪70年代房地产部门单独设立以来，石门县房地产部门统一管理经营境内国有政府公房，进行出租、维护、改造、翻新工作，保障城区居民重点是无房户、孤寡老人、五保户及低收入人员基本居住需求。1980年至1993年，房地产公司内设房屋经营股，主要负责国有直管公房出租、经营及维修管理。当时尚有公房面积3.2万平方米，每平方米月租金0.08至0.24元之间，1985年至1989年物价部门批准调到0.25—0.65元，年租金在20万元以下，是房地产部门主要收入来源。1990年以后，根据物价上涨因素，住房租金调至每月每平方米1—1.5元，门面租金调到每月每平方米2.5—3.5元，到1994年底，年房租收入已达54万元。1997年后，城区北岸防洪大堤建设和旧城改造步伐加快，公产房被大量拆除，面积急剧减少。同时，多数公房年代久、质量差，维修支出逐年大幅增加，最多时年达20余万元。因此，局党组开始探索新的公房经营管理方式。

1998年后，随着住房制度改革不断深入，直管公房租金开始由基本租金向成本租金过渡。住房租金调到每月每平方米0.4—3元，门面租金物价部门不再统一核价，改为市场运作，实行协商定价。是年，县房管局成立房地产经营开发公司，依托旧城改造，对列入旧城改造区域内公产房，有选择进行改造翻修或异地重建。投资190余万元，翻修丁家巷公房1350平方米；投资100余万元，翻修扩建原环保局宿舍3000余平方米。将华都小区一期所拆公房异地重建，在县园艺场修建拆迁周转房二栋1800平方米。同时，依托国家关于国有公房拆一还一原则，由开发商将拆迁的旧公房原地偿还（如华都小区、立新楼、城东新村等处）。此外，在由本局开发公司所开发项目或本局与人合作小区建设中，尽力规划一定商业门面（如碧岩新村、新月花园、新街口市场等处），逐步增加公产房面积和规模，使公产房面积从2000年1.2万平方米增加到2.5万平方米。2003年，公房租赁收入突破百万元大关，2005年已突破200万元。

2011年6月，房管局“三定方案”明确公房管理所主要职责为：贯彻执行国家、省、市关于国有公房管理法律、政策；负责城区国有直管公房经营管理工作；委托代管行政企事业单位公房。2013年，石门县公房所经营管理公房面积2.5万余平方米，租户447户，以及新街口市场76个摊位。

七、房屋租赁管理

2000年，石门县启动城区房屋租赁管理工作，由县公房所负责，主要对国有直管公房租赁实施管理。

2006年，中央综治委、公安部等六部委联合发文要求做好城镇房屋租赁管理工作时，县房管局设立房屋租赁管理所，加强同相关部门协调配合，对楚江镇范围内公、私房屋出租进行调查摸底，建立台账，开始全面实行公私房屋租赁管理。

2009年，县房屋租赁管理所同税务部门紧密配合，在城区展开拉网式出租房屋调查登记，当年调查城区27家单位门面250余间，私有门面近7000间，私人住宅出租房近3000间。县房屋租赁管理所及时安排专人到地税大厅设立窗口，办理房屋租赁登记备案工作，发放“房屋租赁登记证”1678份。三年协助地税征收房产税310万元。城区房屋出租管理大见成效。

2011年6月，县房管局“三定”方案明确房屋租赁管理所职责为：负责贯彻执行国家、省、市关于城市房地产租赁管理法律法规和政策；负责全县城镇房屋租赁管理工作；负责租赁登记备案、核发租赁许可证和年检年审工作。2012年4月，房管局建设集房地产中介为一体大型交易市场，房屋租赁管理所合并到交易中心，统一管理。

八、档案管理

房地产档案管理起步于1982年，开始境内房地产权产籍档案征集、归档、管理。1987年石门县房管局档案室被定为“省三级”资质。2003年，石门县房地产档案馆正式成立，为县房管局二级机构，与产权产籍股合署办公。职能亦由单一产权产籍管理逐步转变到房地产综合档案管理。2008年1月，档案馆与产权产籍股分离单设。从2006年开始，房管局逐步加大档案馆投资建设，先后投资9余万元，更新、添加各种设备。到2011年底，档案馆已拥有库房面积186平方米（分为综合档案室、业务档案室），办公用房2间38平方米，配置5组10列档案密集架及空调、计算机、复印机、扫描仪、除湿机等设施设备，且“八防”措施全部到位。2010年4月，石门县房地产档案馆被评为省一级档案馆。

2011年6月，县政府办“三定”方案中，明确档案馆为局二级机构，其职责为：负责全县房地产权属文件材料收集、整理、归档、管理和利用工作。此外，档案馆作为县房管局专门工作部门，负有对全局资料归类、整理、移交的督导之责，并将其列为全年目标考核重要内容。目前，房地产档案馆管理规范，存放安全，调卷迅速，查阅方便，信息准确。查全率、查准率达98%以上。能及时了解档案利用者需求，优质、高效提供档案信息服务，每年向社会各界和本系统提供档案查阅、信息利用达5000人次左右。

截止到2012年10月，房地产档案馆内存有文书档案4825本，产权档案46747宗，抵押档案6951宗，经适房档案537本，旧城改造档案49本，执法档案46本，会计档案1670宗，其他档案401宗（本）。

九、行政执法

1994年1月，县房管局与石门县人民法院协商，成立石门县房地产法庭，县法院派遣法官易先荣担任庭长（1995 年后庭长为法官陈桂春）。房管局魏大万任副庭长，工作人员 4 名。主要负责受理石门县行政区域内房地产各类案件申诉、审判工作。房地产行政执法由此起步。县房地产法庭 1997 年 3 月撤销。房地产法庭存续期间，共受理案件 120 宗，标的 50 万元。

1998 年 5 月，县房管局设立石门房地产行政执法监察室，为局二级职能工作机构。2000 年 3 月，执法监察室加挂执法大队牌子。2001 年 3 月，执法监察室更名为法规股，同时保留执法大队。2002 年 5 月，县直单位机构改革中，明确法规股（加挂房地产执法大队牌子）为局职能股室。2003 年，局将开发、房改、装饰装修管理职能并入执法大队。2005 年，执法大队和法规股均单独设立。2008 年又合署办公，2010 年再次分开。2011 年法规股加挂房地产中介市场管理办公室。

1999 年，县房管局向社会公布房地产行政执法程序、房地产行政性和事业性服务收费标准。完善内部职能机构管理职责权限和监督制约机制、案件受理办结限期制。自 1999 年起，每年组织全局二层骨干以上人员参加全县普法学习和考试，在东城区开展法规大宣传活动。组织全局各职能股室业务骨干参加行政执法工作培训，组织专门执法人员参加石门县政府行政执法培训考试，各类考试成绩全部在合格以上。局行政执法人员经考试考核全部取得县政府颁发行政执法证，并顺利通过每年度县政府组织行政执法年检。1999 年至今，依据《国家行政处罚法》和建设部 66 号令《建设行政处罚程序暂行规定》和相关法规有关规定，局执法机构先后办理房地产各类违法违规案件 348 宗，有效维护房屋产权人合法权益。

自 2010 年始，县房管局每年举办一期房地产中介机构及从业人员培训班，出台《石门县房地产中介机构管理办法》并在《常德日报》上予以公告。2012 年，对城区 7 个居委会辖区内私人违规建房进行专项巡查，发现必依法处置违规建、售房屋 18 栋，280 套，32800 平方米。2011 年始，建立房改房上市台账，办理过渡或上市 166 宗。

自 1999 年 3 月起，房地产执法监察在原有工作基础上进行一系列改革，依据房地产法律、法规，在县政府法制办指导下，不断加大法规宣传力度，建立健全房地产行政执法系列管理制度，规范工作制度和执法程序，加强执法队伍思想教育和业务培训，全面推行依法行政、严格执法，实施行政执法责任追究制和相应奖罚措施，境内房地产管理逐步迈进法制化轨道。

第六章　澧　县

第一节　概　况

新中国成立以来，澧县房地产房地产业大致经历如下两个发展阶段：

第一阶段：1949 年至 1998 年，与计划经济相适应的实物福利分房阶段。新中国成立后，澧县长期实行福利分房政策，解决境内干部职工住房。1995 年起，澧县深化住房制度改革，相继出台《澧县深化城镇住房制度改革实施方案》《澧县住房公积金暂行办法》《澧县公有住房租金改革实施办法》《澧县向职工出售公有住房办法》，全面推行住房公积金制度，积极推进租金改革，稳步出售公有住房，鼓励集资合作建房，加快经济适用住房建设，发展房地产交易市场和社会化的房屋维修、管理市场，建立与市场经济相适应的新型城镇住房制度，实现住房商品化、社会化。这一时期，澧县房管部门加快住房建设，改善居住条件，满足城镇居民不断增长的住房需求。公房出售采取坚持自愿原则，允许不愿购买的职工租住公有住房。新建公有住房和腾空的旧房，先售后租，对住房困难户优先照顾。旧房出售，原有住户有优先购买权；产权单位可以按市场价、成本价或者标准价出售公有住房，按市场价、成本价购买，产权归个人所有；按标准价购买，个人对住房拥有部分产权。

第二阶段：1999 年至今，与市场经济相适应的“市场 + 保障”阶段。1998 年，澧县人民政府制定《澧县 1999 年深化住房制度改革方案》和《澧县职工住房货币分配实施方案》，稳步推进住房商品化、社会化，逐步建立起适应社会主义市场经济体制的城镇住房新制度；加快住房建设，促进住宅业成为新的经济增长点，不断满足城镇居民日益增长的住房需求；采取坚持在国家统一政策目标指导下，根据澧县实情，量力而行；坚持国家、单位和个人合理负担；坚持“新房新制度，老房老办法”，平稳过渡，综合配套原则，从 1999 年 1 月 1 日起，澧县停止住房实物分配，逐步实行住房分配货币化，建立和完善以经济适用房为主的多层次城镇住房供应体系；发展住房金融，培育和规范住房交易市场。住房货币分配除实行公积金制度外，主要有发放住房补贴和工龄补贴两种形式。

2000 年以来，澧县商品房开发市场日趋成熟。至 2005 年，全县开发建设 5 万平方米以上大型楼盘 12 个，10 万平方米以上超大楼盘 8 个。其中投资 3 亿元湘鄂边贸城财富广场建设，投资 6500 万元锦绣玫瑰园建设，投资 2000 万元机电城工程建设影响最大。2008 年以来，澧县住房建设达到顶峰时期。其间，共完成商品房投资 53 亿元。完成商品房施工面积 283 万平方米。从 2008 年国家实施保障性安居工程以来，至 2013 年全县共建设廉租住房 4148 套，建筑面积 200520 平方米；公共租赁住房 1367 套，建筑面积 820820 平方米；城市棚户区改造 1709 套，建筑面积 102073 平方米；安置房 2010 套，建筑面积 273009 平方米，国有工矿棚户区改造 705 套，建筑面积 27828 平方米。

2000 年以来，澧县房地产管理事业又好又快发展。房地产市场监管有效。产权产籍管理日趋规范。坚持严格按规章办事，按程序办证，房屋登记工作无一例差错。2011 年共办理房屋登记 11257 宗，总建筑面积 231.8 万平方米。受理测绘业务 2000 余宗，实测面积 43.1 万平方米，预测面积 26 万平方米。房地产市场监管、房地产开发企业资质及商品房预售监管有力。2011 年，全县商品房开发投资 14.6 亿元，全年完成住宅专项维修资金入库 1011 万元，累计归集住宅专项维修资金 2100 万元。住房保障推进有力。2011 年新增廉租房 1200 套，购改租廉租房 480 套；新建廉租房 720 套。全年建设安置房 702 套，总建筑面积 88000 平方米。城市棚户区改造中共签订城市棚户区改造拆迁协议 637 户。内部管理规范有序。全面推行岗位目标管理责任制，工作人员实行换岗、轮岗和竞争上岗，部门设置科学合理、人员职责明确清晰。同时不断完善体制机制建设，形成用制度管权，按制度办事，靠制度管人的有效运行机制，从制度上保障和促进房管工作又好又快发展。通过创新决策机制，坚持科学决策、民主决策、透明决策，不断提高效能建设水平。2011 年投资 300 多万元机关维修改造工程按期完成，机关面貌焕然一新。房管工作有为有位。澧县房地产管理局不断强化工作职能，以建设“亲民政府、法治政府、诚信政府、高效政府、节约政府、廉洁政府”为契机，在创建满意房管、法治澧县建设、优化经济环境等方面特点突出，成效明显。

2010 年以来，澧县房地产管理局多次受到市房管局和县委、县政府表彰和奖励，先后被省住房和城乡建设厅授予全省“房地产市场监管先进单位”，被市房管局评为全市房地产管理工作“红旗单位”，被县委、县政府评为“县直重点工作红旗单位”“项目建设先进单位”“城市建设与管理先进单位”“社会治安综合治理先进单位”。

第二节　房地产建设

澧县房地产管理局在上级主管部门指导和县委、县政府正确领导下，紧紧围绕县委工作大局，以“建一流队伍、创一流业绩、树一流形象”为宗旨，以打造“诚信房管”“民生房管”“和谐房管”“满意房管”“法治房管”为目标，加强房地产市场管理，推进住房保障建设，不断提高群众人居环境质量，强化队伍整体素质等方面成效显著。

表 4.6.2.1　澧县房地产管理局 2010 年以来获奖情况

获奖时间	获　奖　项　目
2010 年	县档案工作先进单位、县人民满意窗口、县直重点工作先进单位、县项目建设先进单位、县城市建设与管理先进单位、县人口和计划生育工作先进单位、县党史工作先进单位、县老干部工作先进单位
2011 年	市房地产管理工作红旗单位、县直重点工作红旗单位、县项目建设先进单位、县城市建设与管理先进单位、县社会治安综合治理先进单位、市协税护税先进单位、市住房保障工作先进单位、市“青年文明号”服务窗口
2012 年	市房地产管理工作红旗单位、县直重点工作先进单位、县城市建设与管理先进单位、县优化经济发展环境先进单位、县法治澧县建设先进单位、县建设人民满意政府工作先进单位、县人民满意窗口、县建议提案办理工作先进单位、县农村点村工作先进后盾单位

一、商品房开发建设

1992 年 3 月，澧县成立城市房地产综合开发公司，资质等级三级。为全民所有制企业，独立核算，隶属县房地产管理处管理。公司成立时没有专业施工队伍，所有建设项目均聘用建筑队伍进行施工，主要任务是实施旧城改造，开发住宅商品房和部分商业房。截至 1996 年 12 月，共完成房地产综合开发投资规模 634.5 万元，竣工房屋面积 16443.67 平方米。进入 2000 年以来，澧县商品房开发市场日趋成熟。2008 年至 2009 年，全县房地产开发总投资为 24 亿元，完成商品房施工总面积 212.92 万平方米，实现商品房销售总面积 149.15 万平方米，商品房销售总金额 35 亿元。澧县通过招商引资，大胆引进一批实力强、信誉好的大型优势企业，作为澧县房地产开发战略合作伙伴。2010 年至 2012 年，全县房地产开发总投资达 29 亿元。

2008 年至 2012 年，全县房地产开发总投资达到 53 亿元，累计完成商品房施工总面积 283 万平方米，实现商品房销售总面积 170.4 万平方米，商品房销售总金额 35 亿元，累计实现房地产税收 3 亿元。2010 年，新开工楼盘 18 个，新开工商品房面积 82 万平方米，是五年前的 2.5 倍。完成商品房预售合同备案 3610 套，审核商品房买卖合同 21660 份，备案金额达 11.5 亿元。全年多层住宅销售均价达 2150 元/平方米，高层住宅销售均价达 2360 元/平方米。2011 年，全县商品房开发投资 14.6 亿元，同比增长 40.5%；商品住宅成交均价 2734 元/平方米，同比增长 28.5%。2012 年，在国家房地产调控形势下，商品房开发投资仍超过 13.4 亿元，住宅成交均价达到 3228 元/平方米。2013 年，全县 37 家房地产开发企业共开发在建在售项目 16 个，面积 106.7 万平方米，待售面积 45.6 万平方米；在建未售项目 9 个，面积 109.2 万平方米。

至 2013 年，澧县共有房地产开发企业 27 家，其中二级资质 3 家、三级资质 14 家、四级企业资质5家、暂定级资质5家。澧县通过规划控制，出台优惠政策鼓励发展高层建筑。现已建成新华大厦、豪盛国际、学府华庭、银谷国际等高层建筑40多栋，最高层达到35层。据统计，澧县有湖南立中置业有限公司、湖南康澧置业有限公司、江西豪盛房地产发展有限公司澧县项目部等3家房地产开发企业被省市有关部门评为优秀开发企业，有银谷国际小区、豪盛国际、康澧金芙蓉小区被评为优秀开发项目。

二、房地产市场建设

1985年4月，成立澧县房屋普查领导小组，对全县城镇房地产业、产权、产籍全面普查，澧县城关镇有房屋92.08万平方米，其中公产10.67万平方米，全民产60.52万平方米，集体产17.34万平方米，私有产35456平方米。澧县城关镇有产居住面积14.02万平方米，人均居住面积6.47平方米。

2000年以来，澧县房管部门大力加强房地产市场开发管理，重点是加强项目规划管理、商品房预售管理、现售管理和销售价格管理。对开发企业资质严格审定，对违法建筑认真查处，对商品房预售严格把关，对预售资金严格监管。其主要做法一是狠抓房地产开发前期介入，坚持两个“必须”：即县国土部门在拟定土地出让方案时，必须有县房管局等其他相关部门参加，共同审定方案；县发改部门在立项审批前，必须由县房管局先对房地产开发企业资质合法性进行审查。二是加强预售资金监管。2006年9月，澧县房地产管理局与县人民银行联合下发《关于使用〈常德市商品房预售合同〉及加强商品房预售款监管的通知》《商品房预售合同》《商品房买卖合同》《澧县商品房预售款专用账户监管协议书》等文件。三是完善商品房预售监管制度，规范商品房销售程序。澧县房地产管理局下发《澧县房地产管理局关于进一步加强房地产市场监管完善商品住房预售制度的通知》，会同县物价局召开加强房地产市场监管暨商品房销售明码标价工作会议，强力推进商品房销售明码标价，实行一房一价；2011年，签订《澧县商品房预售款专用账户监管协议书》16份，审核批准使用预售款共3.5亿元；完成商品房预售合同备案4108套，审核商品房买卖合同23504份，备案面积46.02万平方米，备案金额达13.12亿元。四是加强房地产开发企业资质管理。2011年全部房地产开发企业进行年检年审，新申报并获上级主管部门批准房地产开发企业资质5家；颁发预售许可证87个，准预售面积36.9万平方米；批准使用预售款3.5亿元；商品房预售备案4108套，审核商品房买卖合同23504份，备案面积46.02万平方米，备案金额13.12亿元。五是规范住宅专项维修资金管理，保障购房业主长远利益。

2011年，全县共有18家单位和个人从事房地产中介业务，其中具备合法资格3家。通过清理整顿，共查处公房私转私让126户，房地产非法开发案件130起，地下房产交易280宗，查处房屋室内违法装饰装修518起。2013年，全县共完成商品房投资8.83亿元，房地产新开工面积47.49万平方米，商品房销售面积36.41万平方米，销售金额13.92亿元。完成商品房预售合同备案1651套，审核商品房预售合同6604份，备案面积达19.54

万平方米。房屋租赁备案6500宗，登记发证4500个。完成初始登记12000宗，面积230万平方米；对全县26家房地产开发企业进行资质年度审查，对2家企业进行申报延续，对10家企业下达限期整改通知，注销3家企业的开发资质。全年对25个楼盘进行例行检查。对乡镇3处、县城2处涉嫌地下开发行为进行现场摸底调查。立案调查11起，结案9起。

三、住房保障建设

2010年5月，澧县成立住房保障工作办公室，属全额拨款副科级事业单位，归口县房管局管理。住房保障工作办公室内设综合股、建设股、财务保障三个股室。核定全额拨款事业编制15名，其中：主任1名，副主任2名，股长3名，其他工作人员9名。从2010年起，县房管局党组把保障性安居工程建设作为改善民生、解决就业、扩大内需、促进增长、造福千家万户的民心工程来抓，收到了“确保困难群众有房住、企业职工能安居”的社会效益。住保办坚持“三加强”“六统一”原则，即加强棚户区改造、加强廉租房和公租房兴建、加强安置房兴建；严格执行县委、县政府“统一规划、统一设计、统一建设、统一配套、统一分配、统一管理”要求，组建全面负责保障性住房投资开发、建筑施工、质量安全和分配管理工作机制，创造性实施归口管理“五房”（廉租房、公共租赁房、城市棚户区改造房、国有工矿棚户区改造房、重点工程拆迁安置房）的做法，获得无房居民、村（居）组织、施工企业、政府领导等多方好评。

2010年，澧县科学编制《澧县住房保障发展“十二五”规划》，为住房保障工作顺利开展制订蓝图。澧县人民政府印发《澧县城区廉租住房保障办法》《澧县关于推进城市棚户区改造工作的实施意见》《澧县普通商品住房配套建设廉租住房实施办法》《澧县保障性住房建设管理暂行办法》《澧县公共租赁住房管理暂行办法》等一系列文件，明确和规范住房保障工作目标任务和操作规程。又结合本县实际，制定《澧县保障性住房小区管理移交议定书》，坚持属地管理原则，产权属政府，管理移交辖区居委会，小区内所有收益部分由居委会负责，全部用于小区后续物业管理经费，保证小区正常运转。制定《公共租赁住房建设管理协议书》，进一步规范和明确公共租赁住房管理与权益。全县保障性住房建设收到良好社会效益与民众高度评价。对住房保障项目建设坚持以人为本，统筹考虑、统一规划、统一实施，加强领导、强化措施、全力推进，切实将保障性安居工程建设作为民心工程、德政工程来抓。一是强化组织领导，坚持强力推进，全力破解难题，建立有效工作机制，切实将为老百姓办的实事办好。二是建立政策支撑，实行阳光操作，全方位、全过程公开，接受群众和社会监督。三是重视市场运作，破解资金难题。采取政府主导、市场化运作、动员施工企业参与并先期垫付资金办法破解资金难题。四是科学规划设计，体现对历史、对人民负责。规划设计中，结合城市总体规划修编，本着布局合理、节约用地、适当集中原则，编制住房保障项目建设控制性规划，充分体现以人为本。

2012年，按照省、市下达的保障性住房建设和重大民生工程任务，全县新增廉租房

864套，新建公租房517套，新增住房补贴120户，棚户区改造500户，敞开式小区整治2处，新建安置房1002套。当年住房租赁补贴（包括新增120户）发放年底全部到位。2013年，新增廉租房144套，续建283套，新增公共租赁住房共4个片区，18个建设点计590套，续建200套，新建安置房220套，续建安置房788套，新增住房租赁补贴40户。向上争取资金7300万元。通过廉租房配租配售，发放住房租赁补贴等方式，解决了2784个家庭住房困难问题。

（一）棚房区改造建设。2011年，澧县制订城市棚户区改造五年计划和实施方案，启动和组织实施澧州大道东段、澧浦南路等6个棚户区改造项目，当年共签订城市棚户区改造拆迁协议637户。棚户区改造完成260套，国有独立工矿棚户区改造房400套。澧县市直改制企业赤峰、羊耳山煤矿棚户区危旧房改造已完成774套。县城棚户区改造1596户，10750户住房困难家庭实现住有所居、居有所保。同时将国有工矿棚户区改造最低收入家庭372户，全部纳入廉租住房保障。五年投入金额3700余万元，改造旧城44026平方米（其中2003年投资424万元对劳动街、生产街、文化街等七处房屋进行升级改造，修建房屋9426平方米；2003年为提高城市功能，招商引资2000多万元，对梨园步行街进行升级改造，修建房屋24200平方米；2005年引资350万元，对“二百南”遗留问题进行改造，修建400平方米商业鞋城；2006年投资400万元，对芬司街升级改造5000平方米；2007年投资500万元，对劳动街4号地段升级改造，修建房屋5000平方米），为200户下岗居民解决就业门面。

（二）廉租房和公租房建设。2008年至2010年，共建设廉租房七处，分别为八一机械厂廉租房、刨花板厂廉租房、水产市场配建安怡廉租房、临江东路廉租房、珍珠廉租房、护城廉租房、襄阳廉租房。先后修建廉租住房近20000平方米，为近400户城区最低收入家庭解决住房困难。近五年投入金额3700余万元，改造旧城44026平方米。为200户下岗居民解决就业门面。全县共新建廉租房2751套、公租房260套，总建筑面积43822平方米。据统计，近年来全县累计发放租赁补贴2955户，计527万元，其中2008年发放租赁补贴403户，49万元；2009年发放租赁补贴907户，165万元；2010年发放租赁补贴1645户，313万元。2011年住房保障廉租住房实物配租（售）932套，2009年，廉租住房建设完成1720户，其中实物配租352户，租赁补贴1200户，租金核减168户。2010年，新增廉租住房934套，新建廉租住房615套，新增租赁补贴640户。实施廉租户配售299户，租金核减434户，发放租赁补贴1645户，发放补贴资金共313万元。2011年新建廉租房1200套。完成1845户租赁补贴年审资审工作，住房租赁补贴全部实行县财政打卡发放；先后四次召开廉租房实物配售会议，通过公证、摇号方式共预售廉租房290多户。

（三）安置房建设。“十一五”期间，澧县累计投入资金1.3亿元，建设安置房项目19个、2018套，通过廉租房配租配售和租赁补贴方式共解决4790户低收入家庭住房困难，低保家庭住房保障率达到80%。“十二五”期间，澧县投入资金3.7亿元，新建安置房2364套，公租房500套。其主要做法一是积极争取上级投资。2007年以来，澧县充分利用国家和省、市保障性住房建设方面优惠政策，共争取上级投资补助8900万元。二是实行共有产权。即由政府统一办理土地使用权总证，无单证分割，属国有资产，住户拥有有限产权，并且不得自由上市交易，按低于当地房产市场均价50%进行配售，所得资金由县国有资产管理中心管理，依序划入住房保障建设专户，从事保障住房再建设。2009年开始探索共有产权保障模式，已筹资2400万元。三是加大县财政投入。县政府按土地出让收益总额5%用于保障性住房建设，每年投入将达2200万元左右。2010年新建安置房8万平方米、2011年，建设安置房项目5个，共702套，总建筑面积88000平方米，四是统一开发模式。严格按照澧县县委、县政府“六个统一”，即统一规划、统一设计、统一建设、统一配套、统一分配、统一管理，组建全面负责保障性住房投资开发、安全施工、建设销售和管理工作机构，统一组织实施和归口管理廉租房、公共租赁房、城市和国有工矿棚户区改造房、重点工程拆迁安置房“五房”建设，落实住房补贴方案实施、审批与发放工作。

第三节　房地产管理

一、产权产籍管理

民国时期，澧县城镇房地产产权、产籍、典押、买卖等，由县政府建设科负责管理。民国37年（1948），县澧兰镇共有居民1465户，房屋面积12.8万平方米。新中国成立后，澧县人民政府接管国民党县政府机关房地产、民族宗祠房地产、寺观庙宇房地产，依法没收官僚地主资本家房地产，由县财政科进行清查登记，实施统一管理，各区（镇）公有房地产管理由财粮委员会负责，集镇居民委员会协助管理。

1956年，县内各镇开展对私营工商业社会主义改造，私房业主将房屋作为股金投资给国营或集体企业，实行公私合营，人员随同从业，领取定息，房屋产权属各企业所有。其中城关镇对私营工商业进行改造19户，房屋120间，计面积5149平方米，并将其作为股金投资给国营商业或集体企业。1961年，中共澧县县委对全县在1958年至1960年“刮共产风”期间，挤占、拆除集镇居民私房进行清理退赔，除城关镇私房主321户、房屋面积35000平方米未作处理外，其他集镇被占私房都得到处理。1963年、1966年，澧县先后两次对私有出租房屋进行改造，共261户，计房屋面积42000平方米。1966年至1976年，全县城镇接管、没收、挤占私房共313户（处），面积16900平方米。同时，房地产管理部门直接管理的国有公房，被16个全民、集体单位无偿平调，面积6854平方米。1979年以后，落实处理各类房产617户（处），计面积57000平方米。其中退还原房170户，面积16500平方米。折价补偿477户（处），面积41 000平方米，补偿金额63.3万元。

1987年12月，县政府对县内直管公房、全民和集体单位自管房、城镇私有房屋、城镇郊区集体及村民建于街道公私房屋进行登记，核发产权证，于1988年结束。同年4月，县政府颁发《澧县城镇房屋所有权登记发证实施细则》。1989年，全县城镇共有房产面积262万平方米，其中国有直管公房面积124.4万平方米、集体单位自管公房面积59.8万平方米、私房面积77.8万平方米；已发证单位363个，私房产2125户，计发房屋产权证8182栋，房屋面积217.9万平方米。1990年，全县城镇房屋发证登记，全县共登记发证17719栋，计建筑面积340.03万平方米，其中国有直管公房470栋、面积13.18万平方米，单位自管房4723栋、面积195.18万平方米，私房12526栋、面积131.67万平方米。

1991年3月，成立澧县房地产管理处产权监理股。负责全县区域内各类房屋产权产籍管理，依法确定房屋产权、办理房屋所有权登记、发证、转移变更手续，绘制产权产籍分幅图，管理房屋产权产籍档案，参与住房制度改革，代收房屋买卖营业税。1992年，澧县被授予常德市房屋产权产籍管理红旗单位。至1996年，全县共完成房屋产权发证13212幢，计建筑面积4646847平方米，办理房屋转让过户2132户，建筑面积774479.3平方米。1997年，全年共发房屋产权证2082份，计建筑面积39.072万平方米，其中国有房屋产权证60份、建筑面积24468平方米，集体房屋产权证90份、建筑面积37825.6平方米，直管公房产权证4份、建筑面积4015. 4平方米，私房产权证1928份、建筑面积32.44万平方米。1998年，颁发房屋产权证4281份，计建筑面积58.43万平方米。其中，全民房产证140份、建筑面积10.18万平方米，集体房产证281份、建筑面积92843.47平方米，私房产权证3860份、建筑面积38.97万平方米，共计收取发证规费92. 92万元。2000年，全年共发证3258份、建筑面积45.798万平方米、其中国有房产证16份、建筑面积12458.4平方米，集体房产证65份、建筑面积8422.08平方米，私有证房产3177份、建筑面积43.71万平方米。

2005年，为全面提高房屋产权产籍管理水平，澧县房地产管理局投资10多万元，扩建改造办证大厅；2007年投资40多万元，兴建局域网，启动“数字房产”工程，为加速澧县产权产籍现代化管理打下基础。澧县房管局根据建设部文件精神，大力开展房屋产权、房屋交易规范化管理。以创建房地产权属登记和房地产交易规范化管理单位为工作目标，制定《产权发证错件追究制度》《产权发证质量抽查制度》《房屋交易登记备案制度》，使房屋产权登记、房屋交易备案逐步规范。近五年来，共核发房屋权证2.34万件（其中新建房屋登记3497件，交易转让登记8700件，房地产抵押登记11185件）。2011年共办理房屋登记11257宗、建筑总面积231.8万平方米；全年受理实（预）测业务2014宗、实（预）测面积59.1万平方米，出具测绘图纸25890份；受理档案查询业务14560宗；整理新资料建目归档、装订上架11000多份。

二、房产交易管理

民国时期，澧县公私房屋交易概由交易双方自行洽谈议定，找一保人书写契约，缴纳契税后，遂即成交，其基地所有权也一并转移。1953年，中南行政委员会规定，人民政府对一切合法房产所有权一律保护（包括修缮、买卖、使用、出租）。房屋买卖双方按质论价订立契约，经当地乡（镇）政府审查批准，缴纳契税后，即为合法交易。1966 年，澧县城镇私房交易基本中止。

1968 年至 1969 年，县房管部门收购城镇下放农村居民部分房屋，计收购 97 栋 3893 平方米。付款 54000 元。1972 年后，房屋产权交换、转让、买卖、交易业务有所发展。1978 年，澧县公房翻修、改建、扩建而发生房屋产权交换、转让、买卖等交易业务，交易双方事先报请各自主管单位同意后，再按质论价，订立合同，由各自主管单位负责人予以监证，双方签字盖章生效。至 1982 年，全县城镇单位之间公房成交 28 起，计面积 8867 平方米，金额 62.6 万元。1984 年后，全县城镇公私房屋交易，逐步走上正轨，1986 年 7 月，县房管处设立地政股，加强对城镇房屋交易管理，规定所有城镇房屋交易活动，均须经县房管处地政股办理手续。1987 年至 1988 年，共办理城镇交易业务 137 起，计面积 11506 平方米，成交金额 100 万元，收取手续费 17000 元。

1989 年 3 月，成立澧县房地产交易市场管理所。主要职责是对全县房地产转让、租赁、抵押、吞吐、典当实施管理，依法规范房地产市场行为，打击房地产市场中违法活动；负责全县房地产价格评估管理，审核房地产价格事务机构资格。参与房地产拍卖，负责城镇土地二、三级市场管理，参与土地一级市场出让工作，代收代缴土地收益金，代征土地增值税。1989 年 5 月，县政府颁发《澧县城镇房地产市场管理暂行办法》。是年，县房地产交易市场管理所共办理公房出租与私房出租监证 153 起，调处房屋纠纷 30 起，办理房屋买卖交易业务 76 起，成交面积 7887 平方米，金额 158 万元。收取交易费 12000 元，代征契税 8829 元。1992 年 10 月，县建委、物价局、工商局联合颁发《澧县房地产抵押管理暂行规定》，规定房地产抵押活动在房地产交易市场进行，由房地产管理部门统一管理。1993 年 3 月，设立房地产价格评估办公室，隶属县交易市场管理所。是年，全县房地产交易成交 13 起，成交面积 3574.5 平方米，评估房屋 5 起，签订房屋租赁合同 197 份，面积 12976 平方米，共收取规费 864.1 元。

1994 年 3 月，成立澧县房地产估价管理所，隶属县房地产管理处，与县房地产交易市场管理所合署办公。1996 年，投资 20 多万元，兴建 200 平方米房地产交易厅，完善房地产市场体制，形成全县房地产交易管理新格局。至 1996 年底，办理房屋交易 712 户，成交面积 34500 平方米，成交金额 1725 万元；办理房屋租赁 1360 户，出租面积 544000 平方米，签订租赁合同 24000 份；办理房地产评估抵押 850 起。2000 年，全县共颁发房屋租赁许可证 118 份，面积 54200 平方米，办理房屋买卖 310 起，成交面积 46800 平方米，办理房屋评估 20 起，评估面积 7933.4 平方米，办理抵押 190 户，抵押面积 109748 平方米，共收取房地产市场管理规费 78.9 万元。2010 年，房屋租赁积极拓宽收费渠道，开辟新型服务市场，服务领域扩大到酒店、茶楼、药店、休闲中心和其他农贸市场。全年完成房屋租赁备案 2080 户，登记发证 650 个。2011 年，房屋租赁率达 100%。全年签订居、营房租赁合同1100份，年初营房调租65万元，公房租金收入由342万元增加到402万元。

三、住房制度改革

1988年7月，澧县成立住房制度改革工作领导小组。1992年1月，县政府进一步调整、健全县房改领导小组及其办事机构。主要负责管理全县住房制度改革工作。1992年12月，澧县成立房改办公室。下设住房公积金管理中心。县编制委员会核定房改办公室行政编制3人，事业编9人，主要职责是搞好公有住房出售工作。

1992年12月，县城规划区开始向职工优惠出售公有住房，出售标准为：砖混成套住宅200元/平方米，非成套住房180元/平方米；砖木成套住房80元/平方米，非成套住房60元/平方米。1993年以来全县累计出售公有住房5076套，面积28.87万平方米，价款2714.76万元。1996年7月，县城规划区出售砖混结构标准新房成本价为485元/平方米，职工购买公有住房，每年工龄折扣额为3.69元/平方米。从1995年起，实现按房屋实际成本销售，同时对1994年以前优惠出售公有住房明确个人产权比例，对所居房只有部分产权单位职工实行全价补款。至1996年，全县累计出售公房5076套，面积28.87万平方米，总售房款2712.76万元。至1999年，全县计有125个单位5522名职工购买公有住房，出售房屋总面积达39.21万平方米，共收回住房资金4727.6万元，其中对96个单位2732户职工原按标准价购买公有住房实行全价补偿，回收资金1271.88万元。

1995年，澧县成立住房公积金管理办公室。主要职责是管理全县行政、企事业单位和非公有制企业单位住房公积金；负责执行住房公积金归集、运作计划；负责记载职工住房公积金缴存、提取、运作等情况；负责住房公积金核算；审批住房公积金提取、个人住房贷款发放；负责监督、检查受托银行按合同办理住房公积金贷款、结算等金融业务；负责住房公积金保值增值；编制住房公积金归集、运作计划执行情况报告；负责对全县范围内各单位执行《住房公积金管理条例》情况进行监督检查。1995年10月至1997年12月，全县共114个单位8256名职工缴交住房公积金，缴存总额达到3510万元。1999年，全县累计有143个单位12854名职工完成公积金缴存工作，有10个单位主动提高缴存比例，当年新增公积金归集额625万元，累计归集总额达到31450万元。至2002年，全县已有189个单位13000多名职工参与住房公积金缴存，累计归集总额3100万元。2010年，澧县住房公积金贷款发放破亿元。截至当年9月底，累计为570户职工发放住房公积金贷款1.07亿元，贷款总额达3.79亿元，贷款余额达2.83亿元。

1997年7月，县政府决定所有党政机关和企业单位不得再建福利性住房，1995年1月1日后新参加工作职工，由职工通过市场购买或租住，单位不再负责解决其住房。1996年全县城镇租金水平已达到双职工家庭人均工资收入7%以上，月租金每平方米1元。1997年再次提高到每平方米1.20元。其间，澧县人民政府鼓励职工集资合作建房。全县从1992年开始鼓励职工居民集资建房。至1996年，共有137个单位31156名职工参与集资建房，总投资额为1亿元，其中职工集资建房3113套，总投资7632.4万元，建筑面积

24.75万平方米；单位资助2000万元，通过国家税费减免1000万元。1999年，全县累计有154个单位5140名职工通过走集资建房路子解决住房问题，建房面积达52.04万平方米，集资总额达1.42亿元，人均居住面积由1993年的8平方米上升到15平方米。

1999年4月，县政府颁发《澧县深化城镇住房制度改革加快住房建设实施方案》，规定自1998年12月31日起，全县城镇停止住房实物分配，实行住房货币分配，住房货币分配包括实行住房公积金制度，发放住房补贴和工龄补贴。

四、国有公房管理

（一）公房存量。新中国成立后，澧县人民政府县财政科负责统一管理公共房产。其时，共接管国民党县政府机关、团体和祠堂庙宇等城镇公有房地产面积51000平方米；依法没收官僚地主资本家房地产面积23000平方米；代管逃亡业主和放弃产权而无合法代理人房产面积6646平方米。

1956年，县内各镇开展对私营工商业社会主义改造，私房业主将房屋作为股金投资给国营或集体企业，实行公私合营，房屋产权属各企业所有。其中城关镇对私营工商业进行改造的有19户，房屋120间，计面积5149平方米。1963年、1966年，澧县城关人民公社根据对城镇私人出租房屋进行社会主义改造等文件精神，先后两次对私有出租房屋进行改造，共261户，计房屋面积42000平方米。1963年对私人出租的生产、营业用房实行无起点改造，共126户，计房屋面积16000平方米。1966年改造私人出租房屋135户、计面积26000平方米。被“私改”房屋由国家经租，付给原房主20%—40%定租，房屋产权属国家所有，由房地产管理部门统一管理。

1985年4月，县人民政府根据城乡建设环境保护部、国家统计局和省人政府办公厅关于展城镇房屋普查通知精神，成立澧县城镇房屋普查领导小组，对全县9个建制镇，4个工矿区、325个单位房屋逐栋丈量，绘制房地平面图，填写房屋普查登记表，分栋装卷存档。全县城镇共有房屋194.1万平方米，其中公产19.2万平方米，代管房产697万平方米；全民房产98.3万平方米；集体房产46.5万平方米，私有房产29.9万平方米。1989年，全县城镇共有公房184.2万平方米，其中房管部门直管房10.7万平方米，全民所有制单位自管房124.4万平方米，集体所有制单位自管房59.8万平方米，城镇私房77.8万平方米。

（二）租赁管理。1950年至1952年，境内私人房屋出租，由房主与客户双方协商，租金随行就市，无统一标准。1953年开始对直管公房实行租赁管理，凡单位和个人租用公房，均与房管部门订立租约，按月交纳租金：每平方米月租金0.01至0.06元。孤寡贫困租户确无能力交纳，经房地产管理人员调查落实，报区（镇）负责人批准，可酌情减免部分或全部。

1954年9月，县人民政府颁发《澧县集镇公有房地产管理细则》，规定城镇公房禁止买卖、出租和转让：机关、部队、学校、企事业单位所需公房，由县财政科调拨或与房管部门签约承租。进一步明确管理范围、管理组织及租佃、维修等办法，各镇按此细则实施管理。至1957年，澧县城关镇、大堰垱、王家厂、梦溪、荣家河、盐井、闸口等14个集镇出租公房，年收租金约25800元。1962年，城关镇率先调整房产租金，改进租赁管理办法，对生产、营业用房租金，分为三个价区，各个价区视房结构成色情况，订出甲，乙、丙三个等级，每平方米月租金0.12—0.2元。居民住宅统一价区，分甲、乙、丙三个等级，每平方米月租金0.04—0.06元。对无故不交纳租金达三个月者，加罚租金金额5%—10%滞纳金；欠租超过半年以上者，停止使用房屋，并限期追回租金；欠租超过半年以上者，停止使用房屋，并限期追回租金；确无能力交租金的单位和个人，经群众评议，房管部门负责人批准，可酌情少交或免交。

1973年1月，县房地产管理处首次统一全县公房租价，出租居民住房定为七等，每平方米月租0.06—0.12元。单位租用公房定为六等，其中营业用房每平方米月租为0.15—0.4元；办公用房每平方米月租为0.15—0.35元。单位用房按建筑面积计租，居民住房按使用面积计租。1980年10月，县房管处再次调整生产、营业用房和居民住房租价。单位用房租价0.3—0.8元；居民住房租价0.06—0.15元。对腐蚀、震动较大，影响房屋寿命的生产用房，在每月收取正常房价基础上，加收15%—20%维修费。1986年，县房管部门将生产、营业用房租金标准，由过去平均每平方米月租0.55元，调至0.74元；上调幅度为32%。对居房改营业用房或整修门面投资较大的房屋租价，采取面议租价随行就市签约承租。同年，县房管处会对转租直管公房牟利单位和个人进行查处，当年处理47起，其中个人45起，单位2起。1988年，县房管处改进租赁管理办法，对住户实行“租赁凭证”和《公房住户守则》，住持证住房，按守则规定，爱护公物，及时缴纳租金，如有违者，经教育不改，房管处按约执行处罚，重大案件提请司法机关裁处。对生产、营业用房全面建立租赁合同，经县公证部门公证。至1989年，全县发放“租赁凭证”2186户，房屋租赁管理逐步向企业型管理方向发展。1980年至1989年，全县城镇直管公房入库租金394.3万元。

2012年，澧县房管局在县政法委统一安排下，与工商、税务、公安、计生等部门和社区居委会联动协作，加大房屋租赁登记及出租房屋人口清理力度，新发放房屋租赁登记证3832本，累计租赁登记备案8857本。还在租赁登记办证时对县城区部分低收入户实行免费办证备案。

（三）修缮管理。新中国成立初期，澧县国家机关、人民团体、行政事业单位公房维修，由使用单位造具修缮计划，报县财政科审批后雇请工人维修。生产、营业用房门面装修，概由承租单位和个人负责。1953年至1961年，各区（镇）本着以“以租养房”原则，固定两人负责城镇公房收租与修缮。先由专职人员深入现场调查房屋破损状况，制订修缮计划，经区（镇）负责人审批后，再按计划施工。承租户换壁、检瓦等小型维修，由区（镇）公房管理人员批准即可。这个时期，全县直管公房维修资金支出，年均占租金收入15%左右。

1963年后，全县直管公房面积逐渐增多，房地产管理部门逐年加强维修和养护，各镇房地产管理委员会雇泥木工人，坚持常年修缮。县城关镇组织专业修缮队，编造维修资金计划，进行常年房屋维修。据1966年统计，全县维修费支出占房租收入61%。1969年后，县房管处对各镇直管公房大中型维修项目及其维修资金，实行调查审批制度，以控制经费开支。

1983年，县房管处在城关镇设立三个“管养段”，把管、修、养联为一体。每个“管养段”配备3各房管员，雇请两三名维修工人。小型维修由“管养段”在全县维修资金控制指标内处理；大、中型维修，先造计划，报经房管处批准后再施工，竣工后，房管处与“管养段”共同验收，按维修工程量支付费用。生产、营业用房租户，要求装饰，更换门面者，需与房管处签订维修合同，由租房户自筹资金，不增加房租。若解除租约退还房屋时，所增添之维修材料和资金，其房权属房管部门，原租户不得拆换。部分居民要求超标准维修租房，改善居住条件者，实行预收租金进行维修，维修后租金不变，待逐月抵清预收租金后，再行收租。维修费支出标准，全年不得超过房租入库总额70%（包括维修材料、管理人员和工人的工资）。其中，营业用房维修费，不得超过租金入库总额20%。维修费开支标准及其审批权限，50元以内由房管股长批准；50—100元由县房管处领导批准；100元以上须经县房管理处集体研究审批。每项维修工程施工，要有计划任务单，任务完成后，租户签字证实，再结算维修工程费用。维修标准达到不漏不湿，遮风避寒，门窗完好。

2012年，澧县房地产管理局加强国有公房租赁管理和维修。在全力做好租金收缴入库同时，公房所全年共上门发放宣传管理资料2200份，排除安全隐患35处，检修房屋5200平方米，检漏700多户，疏通下水道320米，消除公房安全隐患。积极稳妥地推进国有公房门面处置，完成湘北药业承租门面处置流程文书告知、确权办证、资产评估等。经多次谈判协商，上半年处置到位。

五、物业管理

澧县依照国务院《物业管理条例》《常德市物业管理办法》，不断强化住宅小区物业管理工作组织领导和工作机制建设，建立“行业主管、属地管理、部门配合”工作运行体制。先后制订实施《澧县前期物业管理招投标工作流程》《澧县业主大会成立制度》《澧县物业管理办法》《澧县商品房住宅专项维修资金管理办法》等规范性文件。重点加强对物业服务企业资质管理，加强县本级住宅专项维修资金归集管理，严肃查处违反物业管理法律、法规行为。2010年，全年签订前期管理合同10份，签订监管服务承诺书31份，指导3个住宅小区召开业主委员会，妥善处理物业诉求37起。全年新归集物业专项维修资金442万元，累计归集物业专项维修资金达1200万元。对13个住宅小区新建项目物业管理用房进行规范配置。严格规范开发企业及物业服务公司考核标准，实施网上信息公布及企业年审年检制度。不断加强物业管理市场整顿，有效促进全县物业管理市场化、社会化、专业化。

至2011年，全县已有24家物业服务企业。实施物业服务项目51个，管理面积210.94万平方米，从业人员已达700人。当年归集物业专项维修资金1011万元。当年，新申报并获市房管局批准物业服务企业资质5家、晋升二级资质1家。与此同时，县政府还不定期召开全县物业管理工作会议和物业公司培训暨物业服务经验交流会，并组织有关乡镇、社区居委会和物业服务企业代表赴深圳、长沙等地参观考察住宅小区物业管理工作，组织开展“优质服务企业”“物业服务示范小区”“物业服务示范岗”“物业服务明星”等评选活动，示范带动住宅小区物业管理走向规范化。全县有3个项目获得市级物业管理优秀项目，1个企业获得市级优秀企业。银谷国际住宅小区被评为省优住宅小区。2007年以来，经有关部门和专家考评，澧县物业服务企业有市优企业3家、市优项目5个、创市园林小区1个，银谷国际一、二期，豪盛一期，新世纪一、二期等一批亮点单位。

六、房地产规划管理

近几年，澧县房地产工作坚持规划先行原则，遵循城市发展客观规律，统筹县城建成区、东部新区及工业园区建设，充分发挥城市规划对资源配置、产业发展、环境保护和基础建设的引导调控作用，用规划指导建设，引领房地产业不断发展。按照持续发展、服务群众和统筹城乡指导原则，结合历史传统，区位条件及发展趋势，澧县县委县政府将县城总体发展定位为建设“四个城市”：常德市次中心城市、澧水中下游中心城市、湘鄂边区域中心城市、洞庭湖滨生态宜居城市。房地产业发展进程中，澧县严格坚持“规划一张图、建设一盘棋、审批一支笔”，始终做到领导决策服从规划、基础建设服从规划、项目开发服从规划，强化规划权威性和严肃性。

2005年起，县委、县政府相继出台《澧县城市房地产开发和公用设施建设管理暂行办法》《关于促进县城规划区房地产市场发展的意见》《关于加快城市发展的决定》等一系列文件，确定2015年县城建成区面积达到35平方公里，人口达到35万人，全县城市化率达到50%以上，努力实现“县改市”；到2020年，县城建成区面积达50平方公里，人口突破50万人，全县城市化率达60%以上，达到中等城市规模，跨入城市化中期发展阶段。提出“统一规划，合理开发；实行优惠，促进开发；强化服务，挂牌保护；鼓励支持，重点奖励；加强领导，搞好协调”等具体措施，提升房地产开发企业信心和投资热情。连续五年来，澧县房地产开发投资每年以16%以上速度递增。通过推行整体式综合开发模式，实行商住开发与基础设施配套打包综合供地，由投资商在总体规划框架内实行整体式、综合化开发，政府实施监控指导和服务协调，严格控制小规模开发和分散开发，有效保证城市建设高标准成片开发和基础设施综合配套，有力促进一批环境设施好的、配套功能全的、高品质的、有特色的大楼盘建成。

2009 年，澧县出台《澧县解决城市低收入家庭住房困难发展规划和年度计划（2008—2012 年）》《澧县城区廉租住房保障办法》《关于进一步明确县城区低收入家庭住房租赁补贴发放工作有关事项的通知》《关于进一步明确 2009 年县城区廉租住房保障工作有关事项的通知》《澧县城区廉租住房实物配售实施方案》《关于开展县城区城镇中低收入住房困难家庭补助办法》《澧县外来务工人员的住房状况调查摸底和“十二五”住房规划编制工作的实施方案》《澧县保障性住房建设及县城规划区国有土地上房屋拆迁安置暂行办法》等相关文件和实施方案草案。在调查研究基础上，制订城市棚户区改造五年计划和实施方案，启动和组织实施澧州大道东段、澧浦南路等 6 个棚户区改造项目，全年共签订城市棚户区改造拆迁协议 637 户。通过充分发挥城市规划对资源配置、产业发展、环境保护和基础建设引导调控作用，用规划指导建设，引领房地产业不断发展。紧紧围绕“建立区域中心，共创幸福家园”发展构想，确立 2015 年实现县城建成区发展规划和实现“县改市”达到中等城市目标规模。2011 年，澧县重金聘请英国设计公司，引入国际一流理念，以县城东部新区为重点，启动 61 平方公里概念性设计。在规划控制方面，出台《县城规划区重要控制性规划指标》，明确规定：老城区 5000 平方米以下的居住项目原则上不予审批；新征土地以居住为主建设项目，必须满足容积率≤1.8、建筑密度≤25%、绿地率≥35%、停车泊位≥100%，完善垃圾收集、物管用房、公共会所、公厕、幼儿园等公共服务设施。并注重城市夜景规划，要求县城主要街道临街建筑和住宅小区，必须设置景观灯、射灯、轮廓灯。

七、法规建设与管理

澧县房地产管理局经常性地开展房地产法律法规和政策宣传。认真做好群众来信来访、行政执法监督、行政复议、行政应诉、行政赔偿等项工作，不断加强对全县房地产系统行政执法培训及房地产咨询、经纪、评估、测绘等中介市场管理。2011 年，澧县房地产管理局通过开展“公正执法年”活动，立案查处违法开发、违规预售案件 29 起；坚持“定期研究，实事求是，集体决定，阳光操作”的原则，下大力气解决历史遗留问题研究解决 10 多个历史遗留办证问题。同时逐步修订、完善《党风廉政建设制度》《财务管理制度》《人事管理制度》《固定资产管理制度》《学习制度》《工作纪律制度》《公务接待管理制度》《机关管理制度》《服务承诺制》《首问负责制》《限时办结制》等规章制度，各项工作有章可循。

依法推行房屋征收。2012 年，是按照国务院颁布的新条例开展房屋征收工作第一年。县房管局全年共启动澧浦南路等 10 多个征收项目，涉及对象百余户、房屋征收面积 2.5 万平方米，签订补偿协议 45 户，支付征收补偿资金 2500 万元。积极稳妥推行房屋安全鉴定。2013 年，澧县房管局紧密配合 302 省道（闸口段）、二广高速（澧县段）建设及规划区房屋翻建等积极开展房屋安全鉴定工作，共受理鉴定业务 220 宗，鉴定房屋 200 多栋，鉴定房屋面积 3.5 万平方米，发放鉴定文书 220 份。受到上级领导和有关方面好评。严格落实信访综治维稳工作。2012 年共接访处理 130 多人次，书面回复市、县长热线投诉、人大代表及政协委员建议（提案）23 件（次）；接收各类司法文书 182 份，稳妥处理 8 起行政司法诉讼积案。

八、队伍建设与管理

澧县房地产管理局以开展“创先争优”，创建“满意房管”活动为载体，不断强化队伍建设与人员管理。县房管局每年组织普法学习及法律法规业务知识考试；开展“房地产法律法规知识竞赛”，完善房地产信息网站，设立广播、电视专栏，宣传房管政策和行政执法职能，不断更新行政审批程序，行政审批项目全部进入窗口办理。坚持持证上岗、亮证执法，不给执法人员规定罚款、收费任务。执法人员在执法活动中，做到严格依法办事，文明执法，重大案件集体讨论，由局长办公会决定，杜绝“暗箱操作”“人情案”“关系案”。对违反规定乱收、超收的，严格按照有关规定，追究当事人责任。

配套完善政务窗口软、硬件建设，严格按照“一门受理、内部流转、限时办结、集中审批、统一收费、一条龙服务、一站式办结”要求，完善工作咨询台、流程台和监督台，对窗口进行全面规范，实行“六公开”制度，提高项目审批公开性和透明度；对重大审批事项，积极推行社会听证制；对专业性和技术性较强的审批事项开展咨询论证。不断加强业务信息系统全面跟踪和完善，积极落实政务公开工作，不断更新《政务公开目录》和各项业务《办事指南》。规范服务流程，认真落实“六公开”、“六件管理”、“六制办理”等工作要求。以“精”、“快”、“实”做好服务工作。通过“阳光操作”，严格服务承诺，窗口受理的 1.27 万宗业务中，达到无一例差错、无一例纠纷、无一例投诉现象，受到群众赞誉。

严格要求干部职工做到“十讲”和坚持“八个严禁”；为使审批程序公开透明，澧县对申购廉租住房家庭，严格实行“三审两公示”制度，即对象申请—社区初审—首次公示—乡镇民政所复审—县住保办审批—第二次公示。廉租住房配租配售均实行公开摸号制度，由县公证处现场公证，所有符合廉租住房配租配售条件的对象都参加统一摸号。不符合条件的，一律不予准入。廉租房配售做到公开、公正和公平。

狠抓内部整章建制、职责分解规范、廉政风险防控、工作作风整顿、服务优质高效等自身队伍建设活动，促进机关制度建设、干部作风建设、中心工作推进和工作形象提升。2012 年，县房管局修订完善《岗位（经济）目标管理责任制》，层层分解工作责任和经济指标，修订充实《请销假制度》等 23 项管理制度，健全实施“日考勤、月考核、半年述职、综合考评”机制，激发干部职工争创满意、争先创优积极性和自觉性。开展“全员下访听民声，走访基层解民困”“五送帮扶办实事”“联村（居）创满意”等活动，进行实地调研、交流走访，听取意见建议，现场答疑解难。在扶助点村、解决社区困难、关爱下一代、帮扶贫困群体办实事上，赞助资金、物资达 26 万多元。

2013 年，澧县房管局进一步贯彻落实中央和省市县有关改进工作作风、密切联系群众纪律要求，坚持每季度开展一次作风建设专项监督检查。就进一步完善首问责任制、服务承诺制、限时办结制、责任追究制工作问题讲评整改；就规范行政审批许可、优化办事流程、提高工作时效和透明度、推行权力阳光运行、党务政务公开政策性问题比对纠查；就严格财经纪律、控制三公经费、降低行政成本、搞好廉政风险防控、接受社会监督制度措施，进行对照审查，力求全局上下，干部清正、机关清廉、政治清明。并广泛开展创建和谐机关主题教育活动，通过营造浓郁学习氛围、公平发展氛围、融洽人际氛围、宽松工作氛围，不断提高房管人综合素质，塑造“廉洁、务实、高效、和谐”机关形象。

第七章　安乡县

第一节　概　况

新中国成立后，安乡县房地产建设管理机构经历多次变化，房地产行业由弱到强，房地产市场由小到大，逐步发展。进入20世纪90年代后，全县房地产行业进入持续、健康、稳步发展阶段，房屋管理、房地产开发管理、房地产交易与房地产权属登记管理不断完善，积极推动全县经济社会发展和城市建设。

居民居住条件不断改善。随着经济社会不断发展，农村居民住房经历了从简陋到舒适的变迁过程。新中国成立初期，县内农民大都居住低矮茅草房。20世纪70年代农村园田化建设中，各大队以生产队为单位建起居民点，农民住房大部分由茅草房演变成土砖油毡房。80年代，农民开始建造砖瓦房，居住条件明显改善。90年代至21世纪初，随着联产承包责任制落实，农业税减免，农民收入不断增加，开始修建楼房，条件更好的开始修建庭院式住宅。至2010年，全县农民人均居住面积由新中国成立初期5平方米左右提高到45.83平方米，其中楼房占58%，砖瓦房占42%，还出现一些别墅式高档住房。城镇居民住房，解放初期以茅草房、砖木结构房屋为主，60至70年代，干部、职工住房多为单位安排零租金或低租金住房，多为砖混结构房屋。80年代，随着经济建设蓬勃发展，各单位开始集资建房，其间，全县16个单位、236户参加集资合作建房，建筑面积1.9万平方米。单位住宅由砖木结构平房向混合结构楼房发展。城镇新建住宅楼大多为3—4层，有独用厨房、厕所。90年代，城区居民开始在规划区内大规模私建住宅，多为2—4层，钢筋混凝土结构取代砖木或砖混结构，亦多有外装饰。进入21世纪后，住房建设向高层次发展，一些高档住宅和别墅开始出现。新建住宅小区按照人居环境要求进行规划建设，人们舒适生存生活所需基本要素、基本要求全部纳入其中，集居住、娱乐、购物、健身、医疗、入托、就学、环卫、绿化、保安等配套设施为一体居住环境逐步形成。至2012年，城镇居民人均住房面积40平方米。

房屋产权产籍实行现代化管理。新中国成立后，县政府对全县城乡土地房屋进行总登记，并按有关规定向居民颁发土地房屋产权证书；承认私人房产所有权，保护产权所有人正当权益，禁止任何机关、团体或个人任意占用私人房屋。同时，依法接管与没收敌逆及反革命分子房产为国家财产，代管业主逃亡无人管理房产，对宗教房产及其他房产进行代管处理。1980年后，安乡县房管部门落实私房政策，妥善解决历史遗留问题，保护房屋所有权人合法权益，对全县房地产进行三次普查。即1985年“三产（产业、产权、产籍）”

普查，1995 年房地产权属普查，2007 年房屋产权产籍普查。三次房屋普查和产权登记工作，解决了各部门、企事业单位及个人房屋产权不清、产籍不明问题，房屋交易契税、营业税征管工作得到规范。1989 年，境内房屋产权产籍管理逐步向规范化、专业化过渡，房地产专业档案纳入机关档案室统一归档。2009 年，建立县房地产档案馆，启动房地产专业化数字化工程。2011 年 12 月，实施产权档案电子扫描工作，初步实现“纸质档案、电子档案和数码档案”三档并存管理模式。

住房制度改革顺利完成。新中国成立至 20 世纪 90 年代初，安乡县实施城镇无私房干部职工住房实行国家统包低租金或零租金、无偿福利分配制度。1994 年，国务院作出《关于深化城市住房制度改革实施方案》。1995 年 7 月，县政府出台《安乡县城镇住房制度改革实施方案》，确定安乡县住房制度改革按分步提高公有住房租金、推行住房公积金制度、出售公有住房三个步骤进行。印发《安乡县公有住房租金改革实施办法》《安乡县出售公有住房实施办法》《安乡县职工住房公积金制度实施办法》和《安乡县住房资金筹集、使用、管理暂行规定》。从 1995 年 3 月 1 日起，对县城区直管公房进行提租：砖混结构成套住房，使用租金基本价提高到 0.5 元/平方米·月，新房租金标准按同期住房租金标准加收 50%。1996 年 9 月，对国有直管公房租金适当调整，砖木结构成套房租金 0.65 元/平方米·月，非成套房 0.6 元/平方米·月，结构简单土砖房、木板房 0.5 元/平方米·月。1993 年正式启动公房出售工作，城关、大鲸港镇范围内行政、国有和集体企事业单位中，建有公有住房单位 128 个、496 栋（不含县房地产总公司管理的直管公房），总面积 32.54 万平方米，按照《安乡县出售公有住房实施办法》，逐步将公房出售给干部、职工，至 2000 年 6 月，全县存量公房基本售完，公房出售工作结束。1995 年，县政府颁布《安乡县职工住房公积金制度实施办法》，9 月 3 日成立县住房公积金管理中心，住房公积金制度正式建立。是年，单位和个人住房公积金缴交率均定为 5%，随经济发展和职工收入增长情况，对缴交率适当调整。2012 年，缴交率上调至 12%，单位和个人归集率达 100%。

住房保障体系逐步完善。安乡县政府采取多种优惠政策和措施，推进住房公积金、住房货币补贴、开发限价房和经济适用房、廉租住房、公租房建设等保障体系建设。2008 年，县住保办制定《安乡县城区住房保障租赁补贴工作方案》确定：同时具备城镇常住户口 3 年以上（含 3 年）、经民政部门审核确认的低保家庭、家庭人均居住面积 10 平方米以下三个条件者，纳入廉租住房保障体系，实行应保尽保，补贴 50 元/户·月。廉租住房保障实行租赁补贴为主、实物配租和租金核减为辅，逐步向实物配租过渡的方式。是年，启动廉租住房建设工作，至 2010 年，全县共建廉租住房项目 8 个，总建筑面积 56509 平方米，住房 1141 套。2008 年 12 月，县城区住房保障租赁发放工作启动，至 2012 年，共确定租赁补贴对象 6864 户，发放资金 799.38 万元。为贯彻落实国务院、省政府关于房地产市场发展文件精神，建立和完善安乡住房保障体系，满足城镇低收入家庭住房要求，2006

年7月，县住保领导小组颁布《关于加强经济适用住房建设销售管理工作的通告》，县政府在县城作唐北路行政划拨38亩土地，建设经适房小区（和园小区）。县房管局成立经适房建设指挥部，经适房建设正式启动。2008年，和园第一期、第二期工程竣工，解决180户中低收入家庭住房困难问题。至2011年年底，和园小区及和悦楼共建经济适用房632套、限价房230套，建筑面积7.06万平方米，实现利润及存量资产760万元，在财政未拨款的情况下，既完成当年度省市为民办实事任务，又解决632户低收入家庭住房困难。2007年至2012年，全县共争取中央、省、市三级保障资金1.49亿元（其中公租房计划120套、廉租房计划3261套），修建公租房72套、4320平方米，廉租房1259套、7.5万平方米，解决1331户低收入家庭住房困难。同时，县房管局将3261套廉租房计划中2002套、120套公租房计划中48套所争取的上级投资计划补助资金，用于安置房建设，采取"二合一""五合二"设计理念，建成安置房970套、12.6万平方米，为安乡大道拆迁提供安置房源506套、6.2万平方米。

房地产开发市场繁荣。1990年，县房管局成立住宅建筑工程公司和房地产综合开发公司，县内房地产开发开始起步。21世纪初，随着县政府招商引资力度加大，结合旧城改造和新区开发，香港路商业步行街房地产开发公司、湖南林城置业有限公司、湖北石首市龙腾房地产开发公司、常德佳安房地产开发公司、安乡宏泰房地产开发公司等10多家房地产开发企业在县从事房地产开发。至2012年，建成香港步行街、香格里拉、紫珑花园、金安花园、中城豪园、南城茗都、江南水乡、汇金国际城等一批精品楼盘。1990年至2012年，开发住宅小区52个，商品房9126套，建筑面积166.2万平方米。佳宁、天和、和园、金安、昌祺等物业公司先后成立，参与住宅小区管理和服务。

第二节　房地产建设

一、房地产开发

县内房地产开发起步较晚。为搞好房地产开发和行业服务，1990年县房管局成立县住宅建筑工程公司和县房地产综合开发公司，启动房地产开发市场发展。

21世纪初，随着县政府招商引资力度加大，结合旧城改造和新区开发，一批有实力的房地产开发公司入境从事房地产开发，建成一批精品楼盘，县内房地产业得到迅速发展。至2012年，有香港路商业步行街房地产开发公司、湖南林城置业有限公司、南县南洲镇城建综合开发公司、常德佳安房地产开发有限公司、常德市佳家置业有限公司、湖北石首市龙腾房地产开发公司、常德创鼎置业有限公司、安乡凯乐置业有限公司、湖南远茗置业有限公司、安乡县宏泰房地产开发有限公司等15家房地产开发企业落户安乡，建成香港步行街、香格里拉、紫珑花园、金安花园、中城豪园、名流天下、南城茗都、江南水乡、汇金国际城等住宅小区。1990—2012年，开发住宅小区22个、商品房6596套、建筑面积

92.57 万平方米。先后成立了佳宁、天和、和园、金安、昌祺等物业公司参与住宅小区管理和服务。主要房地产开发企业有：

（一）安乡宏泰房地产开发公司。1993 年 2 月成立，原属国有企业后改制为股份制企业，注册资金 800 万元，具有三级房地产开发资质。公司设总经理室、办公室、开发部、营销部、工程部、财务部，有职工 11 人，其中中级职称 6 人。2003 年 2 月始，在县内建设第一个住宅小区邮政花园，后相继开发建设五总阳光、南正佳园、时代天骄一期、西苑、晨光、富强乐园、东城明珠住宅小区和德政园综合楼等。至 2012 年，在县内建住宅楼 68 栋、总建筑面积 235073 平方米、提供住宅 1876 套。

（二）湖南东方嘉华房地产开发公司。2007 年 5 月成立，属私营企业，注册资金 5000 万元，具有三级房地产开发资质。公司除主营房地产开发外，内设有工程、营销、经营等部门，有职工 117 人，其中高级职称 13 人、中级职称 62 人。2008 年 5 月始，在县内建设第一个住宅小区江南水乡。至 2012 年，在县内建住宅楼 26 栋、总建筑面积 12 万平方米、提供住宅 915 套。2011 年 5 月获省房地产业协会授予房地产优秀企业。

（三）湖南林城置业投资有限公司。2005 年 4 月成立，属民营企业，注册资金 3000 万元，具有三级房地产开发资质。公司设办公室、工程部、财务部，有职工 32 人，其中中级职称 10 人。2007 年 3 月始，在县内建设第一个住宅小区香格里拉，后相继开发建设现代城、国际花苑小区。至 2012 年，在县内建住宅楼 36 栋、总建筑面积 21 万平方米、提供住宅 1200 套，建商业楼 4 栋、总建筑面积 4.5 万平方米。2012 年 12 月获市住建部门授予的 2012 年度优秀房地产企业。

（四）常德市佳家置业有限公司。2007 年 9 月成立，属民营企业，注册资金 2380 万元，具有四级房地产开发资质。公司设总经理室、工程部、财务部、销售部，有职工 10 人，其中中级职称 3 人。2012 年 9 月始，在县内建设第一个住宅小区——金色家园。2007—2012 年，在县内建住宅楼 4 栋、总建筑面积 15325 平方米、提供住宅 96 套，建商业楼 4 栋、总建筑面积 15325 平方米。

（五）安乡香港路商业步行街开发有限公司。2002 年 12 月成立，属民营企业，注册资金 2024 万元，具有四级房地产开发资质，除主营房地产开发外，还兼营酒店等。公司设工程部、财务部、总经理办，辖办公室、财务室、总经理室、资料管理室等 4 个基层单位，有职工 16 人，其中高级职称 1 人、中级职称 9 人。2002 年 12 月，开工建设县城香港路商业步行街。至 2012 年，在县内建住宅楼 33 栋、总建筑面积 10 多万平方米、提供住宅 960 套，建商业楼 1 栋、建筑面积 13547 平方米。2004 年 6 月获市工商局授予重合同守信用单位。

（六）湖南天洁房地产开发公司。2007 年 12 月成立，属民营企业，注册资金 1000 万元，具有四级房地产开发资质。有职工 22 人，其中中级职称 5 人。2010 年 10 月始，在县内建设第一个住宅小区——名流天下。2009—2012 年，在县内建住宅楼 6 栋、总建筑面积

60440 平方米、提供住宅 470 套，建商业用房面积 6286 平方米。

（七）湖南远茗置业房地产开发公司。2008 年 5 月成立，属民营企业，注册资金 1000 万元，具有三级房地产开发资质，除主营房地产开发外，还兼营建筑材料等。公司设行政部、开发部、财务部、销售部，有职工 22 人，其中高级职称 1 人、中级职称 5 人。2009 年 6 月始，在县内建设第一个住宅小区——南城茗都。至 2012 年，在县内建住宅楼 16 栋、总建筑面积 7 万平方米、提供住宅 589 套。2012 年 3 月获县房管局授予优秀楼盘。

（八）石首龙腾房地产开发公司安乡分公司。2005 年 10 月成立，属民营企业，注册资金 1000 万元，具有四级房地产开发资质。公司设工程部、财务部、营销部。2006 年 3 月始，在县内建设第一个住宅小区——紫金园，后相继开发建设龙腾丽景小区。2005—2012 年，在县内建住宅楼 6 栋、总建筑面积 21218 平方米、提供住宅 174 套。2012 年 9 月获市建设部门授予“两化达标”企业。

二、房地产税征

（一）契税征收。1950 年，政务院颁布《契税暂行条例》，对土改后发生的土地房产买卖、典当、赠予、交换、分家析产、继承等契税作出具体规定。其后经历多次调整。1997—2004 年，县内房屋契税由县房管局代征，2005—2010 年由县财政局自征，2011—2012 年由县地方税务局征收。

2008 年 10 月，省委办公厅、省政府办公厅颁布《关于促进房地产市场健康稳定发展的若干意见》，常德市制定“契税耕地占用税征收管理三条惠民措施”。根据省、市有关意见和规定，县内具体执行房产契税征收政策为：2008 年 11 月 1 日以后首次购买 90 平方米以下普通住房按 1% 计征，首次购买 90—144 平方米之间住房，按 2% 计征，购买 144 平方米以上住房，按 4% 计征。

（二）房产税征收。新中国建立初期，房产、地产税合一按年计征，税率为 1%。1973 年工商税制改革，将企业缴纳房地产税并入工商税，而对不缴纳工商税的个人、私营企业和非企业单位所有的房地产，一律按标准租价 12% 征收城市房地产税。1988 年 9 月，国务院发布《房产税暂行条例》，对个人所有非经营用房、宗教寺庙、公园、名胜古迹、自用房屋、人民团体等自用房给予免税照顾。

三、住房保障建设

随着住房制度改革不断深入，县政府采取多种优惠政策和措施，建立住房公积金、住房货币补贴、安居工程开发、建经济适用房、廉租住房和公租房等保障体系。

（一）租赁补贴发放。2007 年，国务院和省、市政府相继作出要求，将人均住房建筑面积低于 8 平方米低收入家庭纳入廉租住房保障范围，实现应保尽保。2008 年，县住房保障工作领导小组办公室制定《2008 年安乡县城区住房保障租赁补贴工作方案》，《方案》确定：具有城镇常住户口 3 年以上（含 3 年），经民政部门审核确认的低保家庭，家庭人均住房建筑面积10平方米以下，同时具备以上3个条件者纳入廉租住房保障范围，每户每月50元。是年12月，县城区住房保障租赁补贴发放工作启动，至2013年，共发放租赁补贴对象9030户次、发放资金1234.08万元。其中2007年20户、发放1.2万元，2008年248户、发放14.88万元，2009年1000户、发放103.32万元，2010年1760户、发放215.472万元，2011年1825户、发放223.068万元，2012年2011户、发放241.44万元，2013年2166户，发放434.70万元。

（二）保障性住房建设。为做好城镇住房保障工作，县政府成立住房保障工作领导小组，由分管副县长任组长，房管、建设、民政、财政、发改、监察、国土、地税等相关部门负责人组成，负责指导、协调全县住房保障工作。领导小组下设办公室，具体负责全县住房保障制度的落实。

1. 廉租房建设。2006年8月，建设部发出《关于印发〈城镇廉租住房工作规范化管理实施办法〉的通知》，对廉租住房工作制度建设、管理服务、实施程序、动态管理等作出具体要求。2007年，省政府办公厅发出《关于加快城镇廉租住房建设的通知》，明确城镇廉租住房建设基本原则，即统筹规划、分步实施，分级负责、突出重点，坚持标准、控制成本，政府主导、政策扶持。同时对廉租住房的保障方式、资金保障等提出具体要求。

2008年，县内启动廉租住房建设工作。申报廉租房中央补助建筑项目2个、总建筑面积7870平方米、住房159套、总投资630万元。其中中央预算投资补助236万元、地方财政配套资金394万元。安廉1号、2号项目共77套、总建筑面积4000平方米，分别于2008年5月、2009年6月竣工并交付使用。2009年，申报廉租住房中央补助建筑项目3个、总建筑面积1.28万平方米、住房258套、总投资1025万元。其中中央预算投资补助384万元。和民7号、9号楼与和民6号、10号楼项目分别于2009年8月、9月竣工；惠民楼项目于2009年9月竣工。2010年，省、市下达廉租房建设指标700套，全县实建和民二期6栋（1号、2号、3号、5号、8号楼及护城）、长岭洲、文昌湾项目共724套、总建筑面积35839平方米。2011年，全县建护城2号、3号，白云1号、2号，恒安9号、10号，永乐小区、子龙小区共61191平方米。2012年建白云小区600套，恒安小区360套计47070平方米。2013年建子龙廉租房96套，护城廉租房48套计6906平方米。

2010年5月12日，县住房保障工程建设管理体系领导小组办公室按照“坚持政府领导，房管部门牵头，各部门配合，全社会参与”“公开、公正、公平”“合理确定对象、科学划分标准、突出帮扶重点”“保障全县城镇低收入家庭基本住房需要”的原则，制定《安乡县县城区廉租房保障工作方案》。《方案》确定申报条件：具有深柳镇、大鲸港镇常住户口3年以上（含3年），且在本县工作或居住家庭；经民政部门审核确定的低保家庭或家庭人均可支配年收入低于5000元家庭；无房户和住房困难户（家庭人均住房建筑面积15平方米以下）。保障范围：凡具有深柳镇、大鲸港镇常住户口且符合廉租住房保障条件低收入家庭。保障方式：廉租住房保障实行租赁补贴为主、实物配租和租金核减为辅，逐步向实物配租过渡方式。保障标准：即实物配租标准。县城区廉租住房保障标准人均建筑面积15平方米，每户最高配租建筑面积50平方米，实物配租按当年物价部门核定标准收缴租金；租赁补贴标准。低保住房困难家庭，1人家庭90元/户·月、2人家庭110元/户·月、3人以上（含3人）家庭130元/户·月；低收入住房困难家庭，1人家庭60元/户·月、2人家庭80元/户·月、3人以上（含3人）家庭100元/户·月。租赁补贴标准实行动态管理，适时调整。

2. 经济适用房建设。为贯彻落实国务院、省政府关于房地产市场发展文件精神，建立和完善安乡住房保障体系，满足城镇低收入家庭住房要求，2006年7月7日，县住房保障体系建设管理领导小组颁布《关于加强经济适用住房建设销售管理工作的通告》。《通告》对政策优惠、建设标准、供应对象和销售价格等作出界定，确定在县城作唐北路行政划拨38亩土地，建设经济适用房小区（和园小区），拟建经济适用住房14栋、500套、总建筑面积4.5万平方米，5年内建成。

是年，县房管局成立经济适用住房建设指挥部，设立办公室、工程部、销售部、财务部等工作机构。通过项目招商、工程招投标和工程项目设计，于8月动工兴建和园第一期6号、7号楼。6号、7号楼总建筑面积6600平方米、总投资387万元，分别于2007年4月、6月竣工。2008年，和园第二期10号、11号楼共1.1万平方米竣工验收，并全部销售完毕，实现零空置率。两期建设共解决180户中低收入家庭住房困难问题。至2012年，和园小区全部建成，共583户、建筑面积47568平方米。

3. 公共租赁房建设。县内国有直管公房大多建于20世纪60年代末至70年代初。至80年代末，有国有直管公房近4万平方米，此类房屋大多因年久失修而破败不堪，濒临倒塌。90年代初期，经县政府批准拆除部分危房并进行零星处置，剩下不到2万平方米，年收取租金60余万元。1996年、1997年，县物价局先后上调国有直管住宅租金，调至砖混非成套0.85元/平方米·月、砖木非成套0.8元/平方米·月，简易结构平房0.59元/平方米·月。2001年11月，县国资局授权县房管局对部分公房资产共19217.84平方米继续经营。其中居民住宅17082.33平方米、承租户426个，经营用房2133.51平方米、承租户28户。2002年8月，县政府专题会议决定对商业大厦、澧陵酒家、副食大楼改制处置变现所得一次性划给县房管局50万元，既解决与县商业改制办纠纷，又盘活国有资产。2003年12月，经县国资委批准，县房管局将20处国有直管公房商业门面的房屋所有权和土地使用权公开拍卖，标的460万元。经过以上处置，全县国有直管公房1.3万多平方米、承租户390户。至2007年，全县直管公房13036平方米，均属20世纪60年代建设的砖木结构平房，且大多由于市政配套设施滞后而破旧不堪，严重影响居住安全。为解决安全隐患和承租户居住问题，县房管局对国有直管公房情况摸底调查并进行可行性研究后，选择县城区原环卫所北侧及老银嘉宾馆两侧5栋连片占地2000平方米的直管公房拆除重建，建成公租房86套、4800平方米。

（三）实物配租。根据国务院《关于解决城市低收入家庭住房困难的若干意见》和《湖南省廉租住房保障办法》，2011 年，县房管局制定《安乡县廉租住房实物配租方案》，重点保障旧城改造和廉租房建设拆迁户、无房伤残退伍军人。分配对象是与县拆迁办或相关部门已签订拆迁协议的拆迁户，包含廉租房建设中原承租对象、安乡大道和安乡体育馆建设中符合住房保障条件拆迁户、县农业局机关建设中符合住房保障条件拆迁户、条件特殊的无房伤残退伍军人。2011 年，第一批分配和民小区 2 栋、护城小区 1 栋廉租房 180 套，其中按规定重点优先保障 94 套，另 86 套向保障对象公开实行实物配租。截至 2013 年年底，共为 1259 户保障对象提供实物配租。

（四）棚户区改造。县城棚户区改造包括县城市规划区内国有土地上简易结构房屋较多、使用功能不全、房屋建成年限较长、建筑密度较大、基础设施较差、安全隐患突出的居住区域。县政府成立棚户区改造工作领导小组并下设办公室，指导县城区棚户区改造工作，委托县经济适用房和廉租房建设指挥部负责项目立项、报建、投融资、招商、基础设施建设等工作。

2010 年，县城棚户区改造启动，并进行国有直管公房棚户区和零星危旧房改造。2011 年，实施县冻肉厂宿舍、县字藏湾公房、县工缝机厂宿舍、安乡大道等 4 个改造项目，总体拆迁 500 户、拆迁面积 42685 平方米。签订安置协议 500 户，其中实物安置 145 户、货币安置 355 户。2012 年，实施县棉织厂、沿河路、县农业局等 3 个改造项目，总体拆迁 500 户、拆迁面积 34080 平方米。签订安置协议 500 户，其中实物安置 213 户、货币安置 287 户。

四、信息化建设

随着房地产市场日趋繁荣，房屋产权产籍管理类型越来越多，1995 年，县房管局开始谋划计算机信息化房产信息管理系统建设。是年 8 月，县房地产信息化建设正式启动，先后完成专业数据库建设和局域网建设，信息化管理工作日臻完善。先后制定机房环境安全管理、计算机及网络设备管理、数据和信息资料安全管理、网络安全管理、计算机操作人员管理等制度，加强信息化制度管理。

（一）专业数据库建设。2000 年，建设部要求推行房地产交易与房屋权属登记管理一体化、规范化，采用计算机技术，配备适合现代化管理硬件和软件系统。是年，县房管局启动房地产交易与房屋权属登记管理自动化系统。2001 年 10 月，县房地产交易中心业务进入县政务中心窗口，基本实现办证、发证、收费、服务“一条龙”。2005 年，县房管局建立和实现产权交易中心与档案馆之间局域网互联和综合信息服务体系，全面提升信息化管理，建立健全房地产专业数据库。2011 年，购置和安装房屋登记信息系统、商品房网上签约备案系统、存量房网上签约备案系统、房屋白蚁防治登记系统，并对房屋登记信息系统进行调整和改造。至 2012 年 6 月，完成产权产籍及基础测绘数据库搭建建设，完善相关软件安装及终端设备调试，建立较为完善、高质量的信息库；完成历史档案扫描、录入、装订、存档、产权产籍信息系统升级。7 月，数据库及信息一体化完成并通过验收，全系统正式启用运行。专业数据库形成了房地产信息化、数字化平台，准确反映、提供全县房地产产权、产籍分布信息，房地产管理水平得以有效提升。

安乡房屋产权产籍信息一体化，以“以档管证、以房管档、以档建簿、以表管房、以图管表”为目标，按照“一房一卷”“一房一簿”原则建立房屋档案及房屋登记簿，通过使用楼盘表来实现对房屋细粒度化管理，同时结合 GIS 地理信息系统和房屋分层分户平面图完善对楼盘表管理。实现房屋产权登记、转移、他项权证等业务全过程计算机管理，有效提高工作效率，缩短办证时间，节约管理成本。按照房地产交易与权属登记工作流程要求，各种业务使用受理→初审→复审→终审→收费→归档→缮证→校对→发证的基本工作流程模式，采取逐级向前推进方式，实现逐级审核，一步到位，达到房地产交易与权属登记业务办理公正、公开、合理。

（二）局域网建设。1995 年，县房管局投资 40 万元添置相关配套设施，正式启动房产系统一体化办公程序，建成局域网络，实现资源共享和“以图管证、以证管房、图文共享”规范化管理。按市房管局“十二五”期间房地产信息化建设规划编制要求，2011 年 8 月制定《安乡县房地产管理局信息化建设方案》，先后投资 120 万元实施局域网改造。同时，按照省、市《房地产数据中心建设指南》要求，县房管局局域网系统综合布线工程正式启动，当年年底完成。完成房地产政务内、外两套局域网建设，有 IBM 服务器 5 台、终端机 32 台、交换机 2 台，房地产交易权属登记信息系统开始顺畅运行。

第三节　房地产管理

一、房屋产权产籍管理

（一）房屋普查。新中国成立后，县内开展 3 次大规模房屋普查。一是 1985 年全国性房屋产业、产权、产籍普查，简称房屋“三产”普查；二是 1995 年房地产权属普查；三是 2007 年房屋产权产籍普查。

1985 年房屋“三产”普查。此次普查范围是县城规划区和各乡镇居委会，普查内容包括房屋建筑面积、住宅套数、房屋结构、房屋层数、房屋用途、建成年份、产权性质、居住状况、使用土地面积等。普查数据显示：按房屋结构：县城区普查建筑总面积 1256229 平方米，其中钢砼结构 18675 平方米、混合结构 522677 平方米、砖木结构 626220 平方米、其他结构 88657 平方米；按房屋层数：平房建筑面积（下同）716915 平方米、二至三层楼房 457103 平方米、四层至六层楼房 82211 平方米，县城区未见六层以上建筑；按房屋建成年份：1949 年前建成 9248 平方米、20 世纪 50 年代建成 39283 平方米、60 年代建成 127629 平方米、70 年代建成 462298 平方米、80 年代建成 617771 平方米；按房屋用途及使用情况：县城区建筑总面积 1256229 平方米中，住宅 643762 平方米（其中集体宿舍157658平方米)、成套住宅490套37932平方米，工业、交通、仓库用房226051平方米，商业服务用房224487平方米，教育医疗科研用房68350平方米，文化体育娱乐用房19329平方米，办公用房60845平方米，其他用房13405平方米。上述房屋中自用968292平方米、出租287937平方米；按居住水平：县城区共有居民7121户、28823人，房屋使用面积381653平方米、人均13.24平方米，实际住人面积254294平方米、人均8.82平方米，房屋居住面积250662平方米、人均8.70平方米，城区居民缺房户702户，其中无房户156户（婚后无房80户、暂住非住宅房20户、暂住临时简易房31户、暂住亲友房25户）、不便户286户（父母与12周岁以上子女同室120户、12周岁以上兄妹同室166户）、拥挤户260户（居住2平方米以下3户、居住2—4平方米以内257户）；按住户设备：普查7121户城区居民中，厨房独用5056户、共用152户，厕所独用1378户、共用547户，有洗澡设施96户，自来水独用3378户、共用255户，用电灯照明6776户。

1995年房地产权属普查。此次普查是县城规划区内的房地产权属普查，由城建、国土、房地产等相关部门配合进行。普查数据显示：普查的城关、大鲸港2镇、22个村（居）委会、总户数10202户，其中公房351户、私房9851户，普查率达87%。5389户未办理房屋所有权证、占总户数（下同）的56%，2411户未办理土地使用证、占25%；1419户需补办建房证、341户需补办土地变更手续、244户需补办房产交易手续。普查中，200多人次咨询相关政策法规，300多户主动补办相关手续。普查发现：一是违规、逃避办证。应办而未办建房手续1419户、占14.6%，应办而未办土地使用证2411户、占24.8%，应办而未办产权所有证5389户、占56%。二是违法交易。土地擅自转让变卖而不办任何手续244起，房屋交易、变卖、转让243户，形成了隐形地下交易市场。甚至置政策、法律而不顾，多次擅自买卖转让，为逃避费税，涂改土地使用证、房屋产权证。三是违章建设。有些单位和个人既不办理任何手续，又不按规划要求进行建设，严重破坏了城镇建设规范化、程序化、规划化管理。

2007年房屋产权产籍普查。此次普查为全县城市房屋权属总登记验证工作，以解决各部门、企事业单位及个人房屋产权不清、产籍不明问题，更有利于规范全县房屋交易契税、营业税经管工作。这次普查历时3年，共办理房屋产权证2180本。通过房屋权属普查，发现各类遗留问题较多，特别是书院洲社区问题尤为突出。因遭受1998年特大洪灾，该社区房屋多被冲毁，建房资料遗失。灾后重建建房时县政府承诺统一办证，减少职能部门审批环节，但因诸多原因一直没有兑现。县房管局本着尊重历史，尊重事实，特事特办原则，研究决定形成具体处理办法。1. 愿意办证房屋初始登记但又没有任何手续灾后重建户（含穗安小区）、修建防洪圈安置户（含原安纺改制建房户）、其他灾区搬入户，经社区证明，本人具结，四邻和社区组长及普查小组人员签字后方可按要求办理。2. 房地产交易户（一次或多次交易）中未进行初始登记交易户：有建房资料，能找到卖方当事人签字的，按正常办理交易手续，一次性初始登记到位；没有资料且当事人无法联系的，由县房管局稽查大队负责调查，没有法律或经济纠纷的写出结案材料，社区出具担保证明，可一次性办理初始登记到位。以上两种情况，住户除缴纳初始登记费外，另按实际交易额2%缴纳办证费。灾后重建已进行初始登记交易户：购方属本社区灾民户的，由社区证明，按实际交易额2%缴纳办证费；购方属外地非灾民（移民）户，按实际交易额的2.5%—3%收取办证费。3. 原房已进行初始登记，但在1998年水灾中被冲毁，灾后重建后要求登记的：水毁房屋初始登记是父母名下，灾后其子女在原地重建的，注销已灭失房屋（或部分房屋）；产权人死亡，灾后其子女重建（或分家析产），要求登记给子女的。以上两种情况属实，产权人同意或子女相互无异议，可由社区证明，本人具结，四邻和社区小组长签字证明后可一次性办理初始登记。

（二）产权管理。1985年，根据建设部统一部署，在县城规划区和乡镇居委会开展房屋“三产”普查，为审查、确认产权归属，依法保护产权所有者合法权益打下基础。1989年，县政府颁发《关于开展城镇房屋登记发证的布告》，规范房屋产权登记发证。1995年，县城建、国土、房地产和相关部门配合进行县城规划区内房地产权属普查，初步澄清底子。1998年7月，县政府根据《城市规划法》《城市房地产管理法》相关规定出台《关于加强县城规划与房屋定权发证管理工作的意见》，在全县开展房屋所有权换证登记，并进行房屋权属普查验证工作，至2012年，共换发新证2.5万本，依法确认办理房屋所有权登记2.28万宗。1994年至2012年，办理产权登记28247宗、房地产交易7261宗、核发他项权证9812宗、办理房地产抵押登记8935宗。

（三）产籍管理。县内房屋产权产籍管理始于1989年，后逐步向规范化、专业化过渡。1989年，房地产专业档案纳入档案室统一归档；2009年启动专业档案数字化工程；2011年12月始实施产权档案电子扫描工作。共收集整理产籍档案资料4.1万份，其中公产房4500户、私房3.23万户、房改房4200户。整理归档产权档案3592盒、50792卷。其中乡镇930盒、13010卷，单位房100盒、1420卷，私房830盒、11590卷；城关2662盒、37782卷，房改房350盒、4883卷，单位房230盒、3222卷，私房2082盒、29677卷；危房鉴定3盒、6册、111宗；其他4盒、6册、180宗。县房产档案馆成立后，产权产籍档案管理步入规范化、专业化轨道，利用率达到70%，其中房地产交易档案利用率达100%。产权产籍档案为房地产权属登记、房地产交易、房地产纠纷仲裁、物业管理、房屋拆迁、住房制度改革、城市规划、城市建设提供了重要、真实依据。

二、住房制度改革

新中国成立后，全县城镇职工住房由单位统包，住房户向单位缴纳租金。1994年，国务院作出《关于深化城镇住房制度改革的决定》。1995年7月，县政府出台《安乡县城镇住房制度改革实施方案》，《方案》确定按分步提高公有住房租金、推行住房公积金制度、出售公有住房三个步骤进行。至2000年，全县城镇住房制度改革基本结束。

县城关镇和大鲸港镇范围内行政、国有和集体企事业单位中，建公有住房单位128

个、496 栋（不含县房地产总公司管理的直管公房）、总面积 32.54 万平方米。其中集体企业 49 个、121 栋、4.8 万平方米。城关镇范围内有公有住房单位 103 个、381 栋、23.67 万平方米，原值 1244 万元。其中行政事业单位 8.97 万平方米、国有企业 11.98 万平方米、集体企业 2.69 万平方米。

1993 年，县内公房出售正式启动。县房改领导小组出台《安乡县出售公有住房实施办法》，确定购房条件为：凡家住县城区且具有正式城镇户口职工，每户可购买现住公有住房一套，但有私房且人均建筑面积在 15 平方米以上、1994 年 1 月 1 日以后出售了私房、30 岁以下未婚职工等除外。单位自建或购买的新房、腾空的旧房，实行先售后租，并优先出售给符合购房条件、持“优惠购房证”无房产、住房困难户。出售价格为：人均年收入高于县人均年收入 3 倍家庭购房实行市场价，中低收入家庭购房实行标准价，企事业单位或职工个人有要求的，也可实行成本价。1995 年 6 月 30 日前，县城区砖混结构新房市场价为 520 元/平方米、标准价为 312 元/平方米、成本价为 400 元/平方米，并均按房屋所处地段、朝向、楼房层次、装饰及设施等因素确定房价调整系数。按成本或标准价购房面积控制标准为：一般职工为 65 平方米、科级干部为 75 平方米、县处级干部为 85 平方米、地厅级干部为 110 平方米，具有人事部门确认的中级以上专业技术职称知识分子，比照同级行政职务标准执行。凡超过购房面积控制标准人均 15 平方米以内部分按成本价全价计价，15 平方米以上部分按市场价全价计价。四种房价折扣办法为：旧房折扣。按标准价出售、年折扣率为 1.5%，按成本价出售、年折扣率为 2%，使用年限超过 30 年、按 30 年给予成新折扣；现住房折扣。1995 年 6 月 30 日前，按购房成本价或标准价中负担价折扣 5%，尔后每年减少 1%，至 2000 年全部取消。工龄折扣为：售房单位根据职工在建立住房公积金制度前夫妻双方工龄给予工龄折扣，每年工龄折扣数额随抵交价变化而调整。1995 年 6 月 30 日前按标准价购房的，每年每建筑平方米工龄折扣额为 2.43 元；按成本价购房折扣额为 3.04 元。付款折扣为：1995 年 6 月 30 日前一次性付清房款的，由产权单位给予应付房款 20% 折扣；分期付款期限最长不超过 10 年，首次应付清房款 30% 以上，每多付 10%，给予 2% 折扣。1994 年，优惠出售公房 185 栋、2732 套。

1995 年 9 月，县政府再次出台《安乡县深化城镇住房制度改革实施方案》，此《方案》可操作性更强，内容与配套措施更为完善。此后，将新老房改政策进行衔接，对 1994 年优惠出售的 2732 套公房，均按当年售价重新明确个人拥有的产权比例，开展超面积补款工作，避免国有资产流失。县房改办组织专门力量，历时 1 个月，对所有出售公房单位和购房户摸底核查，50 个单位、543 户超标准购房，超面积 6036 平方米、应补差价款 89 万元。其中科级干部 143 户、超面积 1460 平方米、应补差价款 18 万元，处级干部 19 户、超面积 104 平方米、应补差价款 1.7 万元。有 50 个单位、486 户补交超面积差价款 782789.35 元。1996 年，全县出售公房 145 套、9750.34 平方米，抵减 163 万元集资款后，回收售房款 48.4 万元。同时，按照房改政策，对 1994 年优惠出售公房以来个人所拥有产权比例印发《关于对职工原优惠购房明确产权比例的通知》。《通知》明确原职工以标准价购买的公房，只拥有占有权、使用权、有限收益权和处分权，可以继承，但必须按售房当年标准价占成本价比重对个人所拥有产权比例进行明确；凡未按规定办理重新明确产权比例的，视为不完整产权证，五年后也不得进入市场流通，房管部门也不予办理产权变更手续。县房改办在优惠购房产权证上加盖产权比例印章，落实新老房改政策衔接。

1998 年，全县出售公房 135 套、11815 平方米，抵减集资款后，可收回售房款 98 万元。9 月，县政府出台优惠政策，鼓励购房户补交款购买全部产权。至年底，20% 部分产权户按成本价购买了全部产权。1999 年，继续推进部分产权房向全部产权房过渡，至年底，30% 部分产权户按成本价购买全部产权。至 2000 年 6 月，全县存量公房基本售完，公房出售工作结束。

三、房地产物业管理

2000 年以前，县内无专业物业管理，物业均由单位自管。2001 年，东方物业管理有限责任公司成立，后转为具有资质民营企业——天和物业管理有限责任公司。同年 7 月，县房管局将机关大院物业管理委托给天和物业公司，县建设银行亦与天和物业公司签订物管委托合同，另有 3 个新建住宅小区开始试行物业管理运作。

2003 年 6 月，国务院颁布《物业管理条例》。同年 8 月，县房管局设立物业管理股，其主要职责是依照有关法律、法规，负责全县物业管理活动监督、管理工作。同时，县房管局成立物业管理办公室，履行行政职能，负责规范全县物业管理市场，全县物业管理工作启动。县政府办印发《安乡县物业管理办法》和《在全县范围内开展物业管理的通告》。《通告》确定：凡新建住宅小区，必须无条件启动物业管理，否则不准开工建设；对在建项目要进行物业管理前期行政介入；对有独立院落旧城区住宅小区要逐步规范，尽快启动物业管理；党政机关、企事业单位要积极推选物业管理。此后，县内新建的金安花园住宅小区率先聘请安乡佳安物业服务公司管理小区物业。随着商品住宅小区不断开发，物业管理服务企业逐渐增多。至 2012 年，全县有 6 家物业管理服务企业受聘管理 18 个住宅小区的物管工作。

表 4.7.3.3.1　安乡县物业公司管理情况一览

公　司　名　称	成立时间	资质	管理小区名称	总户数
常德市龙昌物业服务有限公司	2000.09	3	南城茗都	589
昌祺物业服务有限公司	2003.07	3	香港步行街	756
常德市锦兴物业服务公司	2008.06	3	香格里拉	588
常德天悦物业服务公司	2012.01	3	名流天下	1800

续表

公　司　名　称	成立时间	资质	管理小区名称	总户数
安乡佳宁物业服务公司	2007.04	3	东方名苑	256
安乡天和物业服务公司	2004	3	检苑名居、柳乡尊邸	220
安乡佳安物业服务公司	2010.04	3	金安花园	1008
安乡和园物业服务公司	2007.06	3	和园小区	584
常德运通物业服务公司	2010.11	3	江南水乡	1150
常德福吉物业服务公司	2000	2	现代城	810
澧县泳翔物业服务公司	2006	3	中城豪园	238
常德宝利物业服务有限公司	2012	3	汇金国际城	800
浙江华夏物业管理有限公司	2000	1	林城·兰乔圣菲	2000

2012年4月，县政府根据市政府“每个县市城区完成2个敞开式小区必要设施配套和规范管理”要求，决定在城市建设十年规划中“用五年时间投资370万元，改造10个敞开式小区，改造12.15万平方米，最终使1246户居民居住环境得到改善，生活质量得到提升，在五年后过渡到物业的市场化管理。”并确定电力小区、文化花园小区为首批实施敞开式物业管理工作试点小区。通过建立相应的工作机制、完善制度和基础设施的整改，至10月已初步完成2个小区的敞开式物管试点工作，新的物管模式开始运行。

四、白蚁危害及防治

（一）白蚁危害。安乡气候湿润，雨量充沛，日照充裕，热量丰富，极适应白蚁生存与繁衍，是白蚁危害高发区。县内建筑物、园林树木、堤坝、桥梁等均存在不同程度白蚁危害。通过对蚁害严重地区白蚁标本采集和鉴定，县城区域内主要有台湾乳白蚁、黑胸散白蚁、黄胸散白蚁、肖若散白蚁、黑翅土白蚁等5种。调查表明：全县农村建筑物蚁害为37.5%左右、深柳镇为29.5%（其中旧城区48.6%左右）。随着人民生活水平提高，房屋买卖、新建、改建、扩建日趋频繁，残留在装饰材料中白蚁给房屋造成潜在隐患。近10年来蚁害特别严重地方有深柳镇南门口居委会（内间北堤、内间中堤、内间南堤）、南桥居委会、东后街居委会、大鲸港镇西城居委会、黄山头镇、焦圻镇、官垱镇、安生乡等（其中大鲸港大桥西引桥及桥下住户蚁害面积高达83%）。据不完全统计，全县每年发生白蚁危害近3000户、面积达30万平方米，造成经济损失上百万元。园林、树木、农作物蚁害面达34%，尤以树木、甘蔗为重，受害严重比例约为12%—18%。2004年，安生乡某村树木全部受到白蚁侵害，造成经济损失8万元。堤坝蚁害也十分严重，黄山头、安丰、安昌、安福等乡镇防洪大堤多处发现蚁穴，防汛期间常常造成管涌、渗水等险情。

（二）白蚁防治。1996年成立县白蚁防治站，因当时药物紧缺、设备落后，防治工作基本处于停滞状态。2001年，县城市房屋白蚁防治管理所正式成立，此后，县政府先后发出《关于认真做好城镇房屋白蚁防治管理工作的通知》《关于在县城区开展白蚁危害普查和灭治工作的通知》，全县白蚁防治工作始正常有序开展。

2005年，根据白蚁危害情况普查结果，全县遵循“预防为主，防治结合，综合治理”方针，对蚁害严重地域，采取毒杀灭治，预防与灭治共同进行，签订白蚁预防合同，拓展白蚁灭治业务30多个。2009年5月起，白蚁防治全面停用氯丹等药物，减少药物对环境造成的污染。在房屋建设前做好白蚁防治工作，对新建房屋土地进行喷药处理，形成防蚁屏障，隔绝白蚁通往室内的通道，从源头上控制蚁害。至2012年，实施预防面积169万平方米，签订合同928份，灭治面积140万平方米，最大限度遏制蚁害。

表4.7.3.3.2　安乡县历年白蚁防治情况统计

年度	签订合同（份）	防治面积（平方米）	防治建筑类型	备注
2001	11	17800	混合、框架	
2002	32	65000	混合、框架	
2003	70	76420	混合、框架	
2004	208	227000	混合、框架	
2005	246	135339. 02	混合、框架	
2006	140	142575. 89	混合、框架	
2007	70	140238. 95	混合、框架	
2008	40	9734. 72	混合、框架	
2009	28	143358. 46	混合、框架	
2010	41	177938. 27	混合、框架	
2011	25	231730. 32	混合、框架	
2012	17	324877. 68	混合、框架	
合计	928	1692013. 31		

五、法制建设

进入21世纪后，根据有关法律法规，县政府和县相关职能部门相继发出《关于认真做好城镇房屋白蚁防治管理工作的通知》《关于进一步加强全县房屋租赁管理工作的通知》《关于开展城镇出租房屋清理整顿工作的通告》《关于加强房地产税收管理的通知》

《关于在全县范围内开展房屋权属总登记的通知》等规范性文件，组织各类宣传教育活动，提高全民房政法律意识，房政管理步入法制化轨道。

1998 年以来，县房管局自办或参加市局组织房地产法律法规和业务知识培训 50 余次，每年举办一次大规模房地产法律法规宣传月活动，出动宣传车到城关和其他乡镇码头流动宣传，同步进行电视报道，制作宣传牌 400 块次，发放宣传资料 3 万多份，为群众咨询解答房地产交易、评估、颁证、开发、白蚁防治等疑难问题。对新颁法律法规，组织工作人员学习和考试，考试成绩记入个人档案，并将此作为年终考评一项重要内容。2010 年，对涉及房地产管理法律法规，按业务分类和发布年限整理汇编 100 余册，发至各股室站所学习。全局 15 名行政执法人员，均取得省政府颁发"行政执法证"。在执法过程中，严格按照法定程序，坚持说服教育与行政处罚相结合原则，做到事实清楚、证据确凿、手续完备、程序合法、处理适当。

2000 年 1 月，彭某、张某夫妇用 4800 元购买李某 84 平方米拆迁安置台基，李某持有建设工程规划许可证、建设用地批准书、拆迁安置协议书等相关资料。由于彭某在部队服役，台基一直空闲未建房屋。彭某转业后，2010 年 6 月动工修建砖混结构 2 层 3 间楼房，建筑面积 220.77 平方米，于 11 月竣工。彭某向县房管局申请办证，因相关资料均在李某名下，县产权产籍中心提出异议，并根据相关规定，要求彭某办理转移过户登记。彭某不服，称房屋是自建，不存在房屋交易行为。经房地产稽查大队、开发房改办调查，认定该情况属历史遗留问题，存在房屋台基交易行为，彭某可根据台基过户资料和李某建房资料办理房屋所有权初始登记。

第八章　津市市

第一节　概　况

明清时期，津市房屋多为房主自建自用，房屋买卖、交换、抵押，亦以房主契约为凭。清光绪二十四年（1898），户部颁发《房捐章程》，津市房捐产税按租金的1/10缴纳。至民国25年（1936），津市工业企业发展到230户。其时，商铺、民居多为砖木结构二层多进楼房，可前后街相通。民国38年（1949），津市有主街4条，次街3条，小街小巷48条，占地1.4平方公里，房屋建筑面积32.7464万平方米，其中住宅面积11.399万平方米。

1950年，津市市政府设房管股，管理公房。同时，成立市房地产评价委员会，清理、测丈市面房屋，对其产权人、地址、权利种类、权利价值登记造册，发放产权证书，至1954年结束。公房收归国有，房管部门登记造册，统一分配给机关团体、医院学校等单位使用。1953年，市财政科公产管理处开始对直管公房实行租赁管理，用房单位、个人与之签订租赁合同，按月纳租，租金部分上交国家，部分用于房屋修缮。1958年，市房地产管理部门接管全市直管公房，开展私房社会主义改造，私房主保留自住房外，多余房屋交市房地产管理处管理，统一调配，统一修缮，房地产管理部门按月付给私房主定息。市财政拨款，由市房地产管理部门新建住宅，分配给各单位职工居住。

“文化大革命”期间，市房地产管理处对50年代漏管缓改私房及“私改”后自留房全部接管，私房产权完全收归公有。同时，加快住宅建设步伐，以缓解职工住房紧张矛盾。1978年中共十一届三中全会后，市政府成立“落实私房政策办公室”，按有关政策提出处理方案，与私房主协商，办理落实政策手续。1980年设城市住宅统建办公室，市政府制定“有条件的企业自筹资金建房；房管部门建造商品房补贴出售、金额出售；鼓励私人建房”等改革措施。市区各企事业单位相继筹资兴建职工住宅，缓解住房紧张状况，市财政亦加大住宅兴建投入，相继建成70余栋砖混结构住宅，居民住房条件得到改善，人均居住面积达到6.35平方米。

1984年，津市列入湖南省城市公有住宅补贴出售试点城市，市政府成立津市市住宅补贴出售领导小组。市房地产管理处与人民银行津市支行联合制定《购买住宅储蓄贷款办法》，向住房购买者实施储蓄贷款。1988年，市房地产综合开发公司成立，专司商品房新建。次年，市政府颁发《津市市公有住宅出售暂行办法》，省、常德房改办批准津市试行单项改革。市政府印发《津市市城镇房地产市场交易管理暂行办法》，成立房地产交易管理所，出台《城镇房屋买卖租赁最高限价的规定》，以指导房地产交易市场。同时，市政府印发《关于开展城镇房屋定权发（换）证的通知》，成立津市市城镇房屋所有权登记发（换）证领导小组及办公室，按照《津市市城镇房屋所有权登记发证实施细则》，对房屋所有者审查确认产权后，签发《房屋所有权证》，凭证管理。1990 年，市政府成立“直管公房清房领导小组”，对多头占房进行清查，解决住房分配不公问题。《湖南日报》头版刊文报道津市清房成效和经验。1991 年，市房地产管理处更名为房地产管理局。1993 年，为刺激刚刚起步的商品房市场，市政府颁发《津市市市区公有住房优惠出售办法》、《津市市市区提高公有住房租金标准的规定》。

1994 年，为加快改善职工住房条件步伐，市政府印发《关于职工集资建房若干问题的通知》，鼓励并规范职工集资建房。是年，市政府修订商品房出售办法，提高商品房销售价格，同时，开始在全市行政事业单位推行住房公积金缴纳制度。1995 年，开始全面住房制度改革，市政府相继颁发《津市市城镇住房制度改革总体方案》《津市市职工住房公积金制度实施办法》《津市市公有住房出售实施办法》《津市市城镇职工集资建房实施办法》《津市市职工原购公房新老政策衔接处理办法》《津市市市区提高公房租金标准实施办法》，全面推行职工住房公积金制度，推进住房租金制度改革，提高租金标准，稳步出售公有住房，行政事业单位及企业所建职工宿舍，全部出售给职工。同时，加快经济适用房开发建设，鼓励职工集资建房，发挥各个方面积极性，加快城镇住房建设。至 2001 年，全市房改出售住房 12041 户，售房建筑面积 60. 8 万平方米，收回售房资金 1. 5 亿元，归集住房公积金 4057. 3 万元，归集覆盖率达 65%，各行政事业单位和企业不再建设住房，职工集资建房亦被禁止，全面实行住房商品化。

2002 年起，津市加大旧城改造力度，改善城市居住环境，相继拆迁窑坡渡工区、三洲驿商贸街等 5 处，完成搬迁居民 1260 户、动迁人口 5000 人。制定全市经济适用房小区建设总体方案，开始经济适用房建设，解决住房商品化后中低收入家庭住房困难，引进常德海达房地产公司，投资 2500 万元，征地 1. 2 公顷，建设东湖苑经济适用房小区。2006 年至 2010 年，津市市组建市住房保障体系建设领导小组办公室、市拆迁办，相继印发《津市市商品房预售资金管理办法》《津市市住宅物业保修金管理使用暂行办法》《津市市住宅区物业维修基金管理办法》《津市市廉租住房管理办法》《津市市廉租住房租赁补贴管理办法》，完善管理制度。形成以房地产市场监管、产权产籍、房屋租赁管理、住房保障建设、物业管理为主要内容管理体系，强化市场监管，实行商品房预售许可证制度，启动商品房预售资金专账监管，维修资金强制缴存，商品房预售合同登记备案等工作，建设房地产门户网站，实现房地产交易、产权产籍、商品房预售、网上签约、网上合同备案全程信息化审批，实时显示楼盘动态信息。2011 年市直机构改革中，津市市房地产管理局归口市住建局管理。市人民政府成立城市棚户区改造工作领导小组，颁发《津市市棚户区改造实施办法》。2012 年成立津市市国有土地上房屋征收管理办公室，执行《常德市国有土地上房屋征收与补偿暂行办法》，开展房屋征收拆迁补偿。尔后，民生安居工程保障性住房建设、城市棚户区改造以及商品房开发进入快车道。2014 年，引进东莞丰华集团对市区东城进行整体开发，武汉汉海集团公司对市区西部成片棚户区进行整体改造，城市房地产开发区方兴未艾。

第二节　房地产建设

一、国有公房建设

明朝中晚期，津市住宅皆为茅屋、木屋，为屋主自建自住。清顺治七年（1650），知州在回民巷南侧建延光书院，厢房为住宅，是为砖木结构住宅之始。尔后，士民自建住宅、商铺、客栈。随津市商业兴旺，各地移民大量进入津市，住宅建设亦同步跟进，4 条主街、3 条次街、48 条小街小巷，房屋均为营业与居住结合。至民国初期，公房占地 16.2148 万平方米。1949 年 10 月，市内各类房屋建筑面积 32.7464 万平方米，其中住宅建筑面积 11.399 万平方米，人均居住面积 2.8 平方米。

1955 年，市政府投资在生产街建住宅 281 间，建筑面积 1181 平方米。次年，投资 57.93 万元，新建房屋面积 23547 平方米，整修 74 栋。在三洲驿兴建一栋“三层内通走廊式”住宅，每层楼多住户，厨房公用。至 1961 年，市内新建住宅 29012 平方米。60 年代，住宅建设投入渐增，新建住房面积 69075 平方米。1964 年，在和平路新建三层楼十二间砖木结构六间一梯内走廊式中间四周带内阳台的多户混居式住宅，每层配公用厨房、公用厕所。进入 70 年代，住宅建设有所改善，1972 年至 1973 年，共翻修住宅 22594 平方米，完成新建绿荷池等地 8 栋 2 层砖木结构多户混居内廊式住宅，楼板采用水泥预制板。至 1974 年，刘公桥、鲢鱼档、绿荷池、贺家拐 4 处低洼坑地填土建成 2—3 层砖木结构房屋住宅区，居住人口 6146 户、30730 人。全市翻修住宅面积 70452 平方米，新建住宅面积 70910 平方米，市民居住条件有所改善，市区面貌亦有改观。1975 年至 1978 年，每年投入住宅建设资金 40 万元以上，相继建成人民路、刘公桥路、襄窑路住宅楼 20 栋。到 1979 年，城市住宅面积增加到 20.9 万平方米，城市居民人均居住面积 3.5 平方米。

1980 年 2 月，市人民政府颁发《城市建设管理试行办法》，要求住宅高度、楼层、密度、平面、造型、色彩、消防、安全以及“三废”（废水、废渣、废气）处理按规定执行，同时设立城市住宅统建办公室。是时，市内企事业单位自建职工住房，干部职工住房条件得到基本改善。至 1985 年，窑坡渡、东河街、人民路、和平路、北大路住宅群先后落成，总投资 4057 万元，建筑面积 39.36 万平方米，其中，市房地产管理处直管公房 70 栋，建筑面积 11.88 万平方米，多为 5—6 层单元式住宅楼。80 年代后期，共投资 2251 万元，开发住宅建设，完成住宅建筑面积 10.77 万平方米，其中市房管处直管公房 15300 平方米。1988 年成立市房地产综合开发公司，投资建设直管公房。1990 年，全市城区住宅面积共有 108 万平方米。

1991 年以后，市内住宅由见缝插针式单栋小面积单元楼建设逐渐向成片开发、整体改造、成小区建设发展。住宅设计亦由豆腐块、火柴盒式逐步向功能齐全、商住结合、两室一厅一厕一厨或三室两厅一厕一厨转变。1990 至 1997 年，市房管局累计投资 4166 万元，相继建成新码头住宅楼、三眼桥居民小区安置房、建设路 1、2 号组团住宅、刘公桥、品元宫“安居工程”住宅，建设路、三洲驿火灾重建住宅、九澧大道拆迁安置小区、刘公桥路商住楼等，总计建筑面积 68070.19 平方米。1997 年，市内城市住宅建筑面积增至 176.1 万平方米，人均居住面积 9.1 平方米。

表 4.8.2.1.1　津市市 1980—1997 年住宅建设统计

年份	投入资金（万元）	当年住宅竣工面积（万平方米）	人均居住面积（平方米）
1980	442.94	4.7	3.6
1981	558.86	7.02	4.9
1921	455	4.25	5.2
1983	223.8	2.22	5.48
1984	686.21	5.38	5.85
1985	775.9	7.04	6.35
1986	722.1	5.41	6.83
1987	704	3.91	7.2
1988	940	4.4	7.3
1989	599	2.4	7
1990	911	3.19	6.9
1991	1071	4.02	6.9
1992	1130	2.91	7.5
1993	903	3.41	7.9
1994	1250	0.86	8.5
1995	1881	3.27	8.6
1996	1508	2.38	9.6
1997	5415.77	7.1	9.1

二、商品房开发建设

1998 年始，各行政事业单位和企业不再建住宅，住房实行商品化，为配合旧城改造，商品房开发步伐加快。次年，全市投资 1098.77 万元，竣工建筑面积 25142 平方米，嘉山房地产开发公司更名福达房地产开发有限公司，国安房地产开发公司、银厦房地产开发有限公司成立。2011 年，全市投资 1882 万元，竣工建筑面积 41427 平方米。鑫泰房地产开发有限公司、温州侨信房地产开发有限公司进入津市房地产市场。是年，津市城市住宅实有建筑面积 197 万平方米，城市居民人均居住面积 12.1 平方米，投资房地产开发建设的企业 8 家。

2001 年至 2005 年，境内恒华、阳由、国安、银厦、星辰、宝桦、华锋、锦坤、翔盛、金瑞、沃天、金华等 13 家房地产开发公司建成 22 个商住房小区，建成面积 36.98 万平方米，其中，恒津公寓 3431 平方米，阳光公寓 10086 平方米，阳光新城 18366 平方米，紫竹苑小区 11800 平方米，一中住宅楼 3203 平方米，二中教师公寓 3978 平方米，工发局商住楼 2236 平方米，丝绸商住楼 1460 平方米，妇保商住楼 1555 平方米，六一路住宅楼 4938 平方米，紫竹苑二期 5454 平方米，幸福家园 13000 平方米，金城银座小区 80000 平方米，小高层电梯住宅望江广场小区 39000 平方米，雅馨苑小区 12200 平方米，黄姑山庄 4077 平方米，君之林府 32058 平方米，高层水岸银都 13816 平方米，阳光水岸 14671 平方米，金海岸小区 80000 平方米。阳由、银厦、翔盛、华锋、家欣、国安、鑫泰、金华等房地产开发公司共开发建设商品房竣工面积 59.1 万平方米。其中，城隍庙商业步行街商住区，成为城市商业繁华地，雅梦苑小区人居环境幽静而舒适。

2011 年至 2013 年，全市住宅建筑施工面积愈 70 万平方米，住宅竣工面积近 30 万平方米。九澧华都、欣富花园、庭院春天、羊仞山公寓、东湖林语、阳光水岸、国际名苑、尚居一品、君之林府二期、金海岸二期、樱花小区等住宅小区相继建成，共计建成商品住宅 2396 套。

表 4.8.2.2.1　津市市 1998—2012 年商品房建设统计

年份	投入资金（万元）	当年住宅竣工面积（万平方米）	人均居住面积（平方米）
1998	3233	7.5	9.6
1999	3872	1.43	11.2
2000	5421	10.8	12
2001	10757	17.8	12.1
2002	9092	16.43	12.2

续表

年份	投入资金（万元）	当年住宅竣工面积（万平方米）	人均居住面积（平方米）
2003	6767	10.18	12.8
2004	11891	5.9	
2005	9546	9.1	13.82
2006	11074	11.3	15
2007	11528	7.05	
2008	8488	7.75	
2009	13322	7.74	25
2010	30100	9.66	35.93
2011	30200	14	33.86
2012	30300	5.58	35.13

三、保障性住房建设

2001 年至 2005 年，市房地产管理局投资新建津城大厦，新建坊安置房、生产街火灾重建房等。合计建筑面积 9800 平方米。启动经济适用房建设，制定东湖苑经济适用房小区建设总体方案，引进海达房地产开发有限公司对东湖苑小区进行整体开发建设，新建 25 栋 6 层楼房，建筑面积 45000 平方米。新建廉租房 1500 平方米。加快旧城改造，解决“黑瓦屋”安全隐患。市委、市政府高度重视“黑瓦屋”解危工作，制定工作计划和方案，要求 3 年内在城西、城中、城东适地建设 3 个廉租住房小区，每年完成 100 套，先过渡安置部分“黑瓦屋”居民，利用闲置公用建筑原四完小和市交通局办公楼改造后，将特危“黑瓦屋”居民 33 户迁移，5 年间投资翻修“黑瓦屋”100 余间，安置居民 100 余户，缓解部分“黑瓦屋”居民的居住安全危险。

2006 年至 2010 年，保障性住房建设步伐加快，通过财政投资、向上争取资金、引进企业投资等方式，共建设福民小区、益民小区、利民小区、天后宫小区、油榨坊小区、襄阳街小区等 6 个廉租房小区及东湖苑经济适用房小区，通过安置准入制度、电脑摇号选房，741 户搬入保障性住房。

2011 年至 2013 年，市房地产管理局保障性住房建设逐年加快，将廉租房项目、城市棚户区改造项目、危房改造项目、渔民上岸安置项目统一安排统一调度建设，按照市政府《津市市棚户区改造实施办法》，财政专项预算、上级专项补助、商品房配建资金、住房公积金增价受益、旧城改造拆迁资金、国有土地出让受益等 6 个稳定筹资渠道筹集资金，新建住宅安置棚改户。3年间共建设廉租房1463套，建筑面积达72232平方米，建设公租房2076套，建筑面积93382.7平方米，完成棚户区改造4900户。2013年，全市有房地产开发建设企业15家，全年投资房地产开发51085万元，其中住宅开发投资26596万元，住宅建筑面积27万平方米。是年全市城市居民人均居住面积35.5平方米（统计局城镇居民平均百户调查数据）。

表4.8.2.3.1　津市市保障性住房建设租赁补贴统计

年份	新建廉租房	新建公租房	租赁补贴
2011	587套29133平方米	330套12274平方米	3072户
2012	468套22839平方米	517套25189平方米	3340户
2013	408套20260平方米	1229套55919平方米	4763户

第三节　房地产管理

一、租赁管理

明、清、民国时期，房屋租赁无专门管理机构，政府税政机构对房屋租赁金按比例课以税捐。民国28年（1939）10月，津市房屋主按《湖南省各县征收房舍捐章程》缴纳房捐，商铺缴纳铺捐，房捐按租价缴征百分之八，补捐则为百分之十六，由房主、租户各半分担，自有自用房屋，亦参照同类房屋租价，计算征捐。民国30年（1941），国民政府颁发《房捐征收通则》，津市从次年起执行，出租房屋按其租价集征百分之四，自住房屋按其房价集征千分之四，均由房主或典权人负担。民国32年（1943），国民政府颁行《房捐条例》，湖南省政府印发《各县市房捐征收细则》，津市房主则按新定税率缴纳房捐产税，其捐率为全年租金20%，自用者为房屋现值2%。民国35年（1946），国民政府修订《房捐条例》，房产税捐率减半征收。是年，津市房主缴捐折谷1963担，商铺缴捐折谷4680担，共计6643担。因此，津市市民苦不堪言，多次呈文澧县政府，请求减免房屋税捐，以恤商艰，均遭县府拒绝，个别商号因亏累过巨，遭查封货物，交户抵押房屋还债，但房捐征收，频频加剧。民国37年（1948），《各县（市）房捐征收细则》修订后，捐率提高，商业用房租赁按年租金20‰征缴，自用房按房屋现价20‰征缴；住家用房出租者为年租金10‰征缴，自用房为房屋现值6‰征缴。

1950年，市人民政府成立房地产评价委员会，清理、测丈市面房屋，对产权人、地址、权利种类、权利价值登记造册，发放产权证书，至1954年结束，市区有私房528栋，建筑面积22.5038万平方米，房主1748户，其中896户房屋出租。凡出租房屋者，均按租金征缴税费。同时，市人民政府将市内官署、学校、学堂、会馆等房产收归国有，登记造册，统一分配给机关学校使用。1953 年市财政科公产管理处始对直管公房实施租赁管理，用房单位、个人与之签订租约，按月纳租，租金部分上缴国家，部分用于修缮房屋。1958 年，市房地产管理处接管全市直管公房，并建造住宅出租。同年 10 月，开展私房社会主义改造，私房主保留自用房外，多余房屋交市房地产管理处，统一调配、统一租赁、统一修缮，房地产管理处按月付给房主定息，定息占房屋出租租金的 20%—30%，其余作修缮费、管理费。至次年，私房社会主义改造 896 户，建筑面积 17.9575 万平方米，市房地产管理处接管私房 536 户 16.1966 万平方米，占私房建筑面积 72%。接管私房全部出租，每月实收租金 11314 元，付给私房主定金 2881 元，占租金 25%。其时，市房地产管理处对生产、营业用房按房屋结构分甲、乙、丙 3 个级别，每平方米每月收缴租金 0.235—0.585 元，居民租房分 4 个等级，租金每月每平方米 0.055—0.31 元，各单位公房参照直管公房分 3 个等级，租金每平方米每月 0.06—0.12 元。1962 年，调整企业用房租金，平均涨幅达 105.2%。1964 年，调整私房租金，每平方米每月从 0.14—0.29 元降至 0.13—0.22 元。

“文化大革命”时期，市房地产管理处对 50 年代漏管缓改私房及私房社会主义改造后的自留房，全部接管，共 236 户，建筑面积 8115.39 平方米。同时，补改私房 85 户，建筑面积 7818 平方米，私房产权完全收归公有。1971 年，根据以租养房原则，居民租用公房租金分 3 类 11 级上调，租金每平方米每月 0.05—0.20 元；生产营业用公房分 6 等 36 个级别，租金每平方米每月 0.20—0.40 元。1978 年，在不减少房租总收入前提下，居民用房每平方米每月租金降至 0.04—0.12 元，企业用房每平方米每月租金增至 0.25—0.45 元，但因房屋结构未能达到一类一级标准，调整租金至 1981 年方予实施。其时，各企业自管公房租金，参照直管公房房租标准收缴。1987 年，市政府办公室批转市建设委员会、财政局、物价局、工商局《关于清查处理直管公房转租牟利的意见》，成立“清查处理转租公房领导小组”，对不经房地产管理处批准，擅自将所承租直管公房转租、分租或打着联营幌子，实际充当“二房东”的单位和个人予以严厉打击，没收其非法所得。成立房地产经营公司，专事房屋租赁和修缮，对公房承租者填发“直管公房使用证书”，即“租赁凭证”和《住房守则》，承租者持证住房；签订生产营业用房租赁合同，经公证部门公证，房屋租赁管理向企业化管理转变。1988 年，直管公房月租金按砖混结构每平方米 0.12—0.15 元，砖木结构每平方米 0.10—0.11 元，其他（非等级旧房）每平方米 0.08—0.10 元 3 个类别上调。1990 年，市人民政府成立“津市市直管公房清房领导小组”，清退市内部分居民锁空房，多头占房住宅近百套，及时分配给无房、缺房户，并对多头占房党员干部进行处理，其做法与经验《湖南日报》刊文推介。

1992 年，市房地产管理局推行住房使用证交纳保证金制度，每平方米收取 10—20 元。翌年 11 月，市人民政府颁发《津市市区提高公有住房租金标准的规定》，市区直管公房调租标准实施。1995 年，市人民政府再次颁发《津市市区提高公房租金标准实施办法》。至

1997 年，住房月租金为：砖混结构每平方米 0.90—1.10 元，砖木结构每平方米 0.60—0.80 元，其他（非等级旧房）0.50—0.60 元。其时，市内部分企业单位及私人房屋已逐年进入租赁市场，对调剂房屋余缺，满足市场需求，缓解供需矛盾起到积极作用。1997 年 9 月，市人民政府颁发《津市市城镇房屋租赁管理办法》，实行房屋租赁登记备案制度，规定房屋租赁双方必须经房管部门审查合格登记后，领取“房屋租赁许可证”方可进入租赁市场。该文件无强制措施，覆盖面小，租赁双方纠纷仍有发生。1998 年后，津市旧城改造，房屋商品化进程加快，住宅小区逐渐增多。2000 年 10 月，市房管局房管所转体为物业管理公司，房屋租赁管理从单纯管理服务向经营管理服务转变。2001 年，津市国有直管公房总建筑面积 39.3 万平方米（不含建制镇），其中住宅 34.7 万平方米、非住宅 46000 平方米，签订租赁合同 10120 户，其中住宅 9800 户、非住宅 320 户。

2003 年，市房地产管理局将房屋租赁管理从交易所分离出来，成立津市市租赁管理中心，加强直管公房维修、租金回收，加强对房屋租赁市场监督。公房租金基本稳定在 270 万元左右。次年，公管租赁管理实行信息化，对 20 万平方米直管公房实行跟踪维修，及时养护，确保使用安全，对长期欠交房租者进行集中整治，收到明显效果。2005 年，市房地产管理局联合公安、工商、街道办事处对全市房屋租赁市场实行拉网式清理整顿，为国有直管公房租赁户换发租赁合同书，打击地下转租、转让行为，遏制房屋租赁中不规范行为。

2006 年至 2010 年，成立市保障性体系建设管理领导小组办公室，印发《津市市廉租住房管理办法》《津市市廉租住房补贴管理办法》，投资新建廉租房，向低收入群体出租，实行困难群体房屋租赁补贴制度，5 年间，新建廉租房 1104 套出租给低收入户，对 2180 户居民实行租赁补贴，累计发放租赁补贴 3671 户 680 万元，实行国有直管公房租金核减 3654 户 287 万元。2008 年 6 月 1 日，在相关部门实地考察和租金调整座谈会后，市国有直管公房出租开始执行新租金标准：砖混结构每平方米每月 2.20 元，砖木结构每平方米每月 1.80 元，木结构每平方米每月 1 元。

2011 年，对廉租房安排严格实行“保障对象申请，社区街道初审，民政部门复审，住保办终审”的准入机制，增加对象审核签字承诺制度，实行 2 次摇号整体轮候安置方式，对 1780 户住房困难家庭进行入户跟踪服务，掌握全面信息，建立规范化实名制档案和数据库，并进行动态管理。2013 年提高租赁补贴标准，由每户 800—1200 元，提高到 1200—3000 元，廉租房出租住户 1463 户，发放租赁补贴 11175 户 2500 余万元。

二、产权交易管理

1950 年，市人民政府成立房地产评价委员会，清理、测丈市面房屋，登记造册，发放产权证书，至 1954 年结束。是年全市私房 528 栋，建筑面积 22.5038 万平方米，房屋产权人 1748 户。1958 年，开展私房社会主义改造，私房主保留自用房外，多余房屋交市房地产管理处管理，统一调配出租，市房地产管理处给房屋产权人付利息，定息占租赁租金

20%—30%，余均作管理、修缮费。至次年，“私改”896户房屋，建筑面积17.9575万平方米。市房地产管理处接管私房536户16.1966万平方米，占私房建筑面积的72%。“文化大革命”时期，市房地产管理管理处接管私房社会主义改造中漏管缓改私房及房屋产权人自留房屋共236户，建筑面积8115.39平方米，补改私房85户建筑面积7818平方米，私房产权完全收归公有，停止定息支付。中共十一届三中全会后，市人民政府开始落实私房政策。至1988年，退还或折价退还私房1074户，完成应落实政策户97.2%，建筑面积40112平方米，占应落实政策建筑面积的96.76%，支付资金38.3688元。其中退还原房124户，建筑面积8022平方米，折价退还789户，建筑面积3209平方米，支付折价款35.5162万元，为259户安排住宅，支付私房产权人定息161户28526元。市房地产管理处成立产权股，对落实政策私房及历年经有关部门批准个人建造私房发给产权证书。当年房屋交易28宗，建筑面积13400平方米。

1989年6月，市人民政府颁发《关于开展城镇房屋定权发（换）证的通知》，成立“津市市城镇房屋所有权登记发（换）证领导小组办公室”，颁发《津市市城镇房屋所有权登记发证实施细则》，明确规定“凡驻本市市区（含新洲镇、渡口镇、保河堤镇）的工矿企业、国家机关、社会团体、军队、企事业单位全民所有制、集体所有制、私人房屋、宗教团体及房管部门的直管房屋，均应由房屋所有权单位、所有权人向市城镇房屋定权发证办公室申请房屋所有权登记，经审查确认产权后，由市人民政府签发“房屋所有权证”，凭证管理。市房地产交易管理所成立，办理产权交易登记签证及权属转移手续，对城镇私房翻建和房地产价格进行评估和管理、城镇房屋产权监理定权发（换）证，市政府颁发《城镇房地产市场交易管理暂行办法》，推行《房地产买卖契约》。9月，市物价局、市房管处印发《城镇房屋买卖租赁最高限价的规定》，定期公布城镇房屋重置价格，指导市场交易。是年，房地产交易25宗，建筑面积2400平方米。

1991年至1994年，办理房屋交易165宗，建筑面积30540平方米，房屋总值437.22万元。1995年，增加租赁、抵押、典当、借贷等服务项目。1996年，社会上出现滥制“房屋所有权证”，甚至伪造权属证书从事诈骗犯罪活动。是年，办理房屋交易54宗，建筑面积9900平方米。次年4月18日，市人民政府颁发《津市市人民政府关于开展房屋产权清理核查的通知》，指令市房地产管理局对全市房屋产权进行清理，并根据建设部规定，统一换发由北京印钞厂印制的具有防伪标志房屋所有权证书。发放印鉴由市人民政府改为市房地产管理局。尔后，郊区部分农户主动要求将非城镇住房进行产权登记。本着自愿申请原则，经产权认定后，市房地产管理局为其办理登记、签发房屋所有权证书。其时，住房制度改革，住房实行商品化，各单位所建住宅出售给职工，产权交易登记发证进入常态化。1997年至2000年办理房屋交易建筑面积24.8万平方米，交易成交额5177万元。2000年5月，市人民政府颁发《津市市房改房上市交易管理实施暂行办法》，为全市房改房进入市场流通交易提供依据。2002年，完成产权登记发证3076户，建筑面积41.25万平方米。翌年，实行房屋产权交易、产权登记、评估、公房换证、商品房预售信息化并进入办证服务大厅，全年产权登记、房产交易收取规费达100万元，创历史新高。2004年，产权交易活跃，全年办理房屋产权证2038户，他项权证505户，房地产转让930笔，房地产抵押553笔，勘测房屋面积22万平方米，评估房产186笔8.6万平方米，各项规费收入达134.5万元。

2006年至2010年，加强商品房预售管理，根据《津市市商品房预售资金管理办法》，在常德市范围内率先实行商品房预售许可制度，启动商品房预售资金专账监管和商品房预售合同登记备案工作。5年间，发放房屋权属证书17006本，其中，房屋产权证11523本，他项权证2976本，预告登记证明1302本，商品房抵押登记证明1193本，办理在建工程抵押12宗，成交商品房2495宗，成交面积291381.79平方米，成交价格33570.51万元，累计监管预售资金5亿元。2010年，实行商品房合同网上签约备案，杜绝一房多卖、多头抵押等损害购房人权益事件发生。

2011年，持续强化商品房网上签约、网上合同备案、预售资金专账监管，对房地产开发企业超资质开发、捂盘惜售、囤积房源、违规预售、散布虚假信息等违规违法行为记入信用档案，将信用等级结果公布并作为项目准入、土地招标、资质晋级依据之一。提高商品房预售标准，按高于省级标准要求，确定津市按高层、多层超形象进度60%标准，核发预售许可证，对20000平方米及以下开发项目不准分期预售。实时公布商品房项目面积、套型、均价、销售情况，打造“透明楼市”，引导理性交易。翌年，针对房价上涨幅度大，落实国家对房地产市场宏观调控政策，实行商品房价格监管和二手房交易中介监管，限定商品房销售最高价与最低价，确保房地产市场稳健运行。成立津市市国有土地上房屋征收与补偿工作办公室，执行《常德市国有土地上房屋征收与补偿暂行办法》，制定津市征收补偿标准，按照征收程序对市教育局及教工住房开展征收。2013年，完成征收项目9处2055户，建筑面积80000平方米，启动棚户区整体搬迁改造项目5个，征收房屋1249户。2013年，贯彻国务院颁发的对房地产市场宏观调控和“新国五条”，严控“炒房”，全市楼市价格涨幅稳定，房价平稳。2011—2013年，新建商品房交易3061套，办理房屋产权证3061本，二手房交易2758套，办理产权转让2758本。

三、住房制度改革

1978年，津市城镇住房由房地产管理处统建统管，统一分配。年新建住宅资金不足60万元，住房难以满足人口增长需要。1979年，市人民政府制定“有条件的企业自筹资金建房，房管部门建造商品房补贴出售，全额出售；鼓励私人建房”等改革措施。时市区各企事业单位相继筹资兴建职工宿舍，缓解住房紧张状况。1984年，津市市被列入湖南省城市公有住宅补贴出售试点城市之一，成立津市市住宅补贴出售领导小组。是年，199人申请购买商品房。至1985年，筹集资金720.07万元，建住宅2336套，总建筑面积11.8756万平方米，建造55平方米两室一厅商品房116套。其中56套全价出售，60套补贴出售。个人购房者，国家补贴1/3，所在单位补贴1/3，个人支付1/3。付款方式分一次性付款和分期付款。一次性付款优惠减收个人应付款20%。分期付款者，首次交付购房款20%，余款在3—5年内付清者，分别减收个人交付款15%—20%，10—20年付清者，收取余额年息2%。对购房资金困难者，银行给予低息贷款。市房管部门与市人民银行联合制定《购买住宅储蓄贷款办法》，购房者首次储蓄800元，可贷购房款2750元，此后每月以零存整取办法向银行存款30.5元，5年即可还清贷款。同年11月，申请购房者287人，竣工商品房50套，其中30套全价出售，20套补贴出售。出售价格由上年每平方米150元升至170元。调整层次价格，一楼减价7%，二楼原价不变，三、四楼加价4%，五楼减价1%。个人购房款一次性付清优惠率由上年20%降为10%。嗣后，市政府提出“谁受益，谁投资，谁有钱，谁先建”原则，采取补贴代建，代建改建资金入股合营，联合改造，自费维修补偿基金等措施，吸收各方财力。制定私人建房优惠政策，统一划定宅基，实行建房储蓄和贷款，供应一定平价材料，允许建房请假、提供运输车辆（只收油费）。1988年，市房地产管理处成立房地产开发公司，专事商品房建造。为促进职工购买公有住宅，逐步实行住房商品化，1989年5月10日，市政府出台《津市市公有住宅出售暂行办法》，经常德市房改办、湖南省房改办批准，同意津市试行单项改革。该“办法”规定：“职工购买自住公房，房价给予重置价格成新折扣及层次，地段环境调节因素之后的20%为优惠，并免征契税和房产税”等。至1990年，全市新建集资统建房14栋，建筑面积30348平方米。私人建房273户，占地面积25993平方米，房屋建筑面积43680平方米，均为2—4层砖混结构楼房。

1993年11月，市人民政府颁发《津市市市区公有住房优惠出售办法》，鼓励私人购买住房，对购房者实行更加优惠政策。按房屋结构等级及是否成套确定出售标准价，成套住宅每平方米190元，非成套住宅每平方米160元。按建房时间制定出优惠出售成新增减系数，住房地段价差调节系数，住房朝向价差调节系数，住房楼层价差调节系数，住房装饰及设施价格调节系数等明细表。对购房者实行一次性购房优惠、工龄优惠、付款优惠。至次年，全市178个企事业单位共出售公有住房9222套，总建筑面积46.51万平方米，收回售房款3644.22万元，单位住房资金1330万元，其中为职工办理住房保险3000户，归集保险储金90万元。1994年，市人民政府颁发《关于职工集资建房若干问题的通知》，规定个人集资金额必须达成本价60%以上，集资额不低于15000元，超标准超面积部分资金全部由个人承担。同年，市人民政府修订售房办法，提高售房单价，成套住宅每平方米增至337元，非成套住宅每平方米303元，并推行住房公积金制度。1995年，市人民政府相继颁发《津市市城镇住房制度改革总体方案》《津市市职工住房公积金制度实施办法》《津市市公有住房出售实施办法》《津市市城镇职工集资建房实施办法》《津市市职工原购公房新老政策衔接处理办法》。将全市近期房改工作拟定为：全面推行职工住房公积金制度、积极推进住房租金改革、稳步出售公有住房，加快经济适用房开发建设、鼓励职工集资建房，充分发挥各个方面积极性，加快城镇住房建设。

至1997年，全市出售公有住房近12000套，建筑面积50多万平方米，回收资金5179.5万元；批准集资建房1339户，建筑面积12.08万平方米；归集住房公积金833万元。批准私人建房550户，占地面积73300平方米。1999年4月，市人民政府颁发《津市市职工住房货币分配实施办法》，规定自上年12月31日止，“全市城镇停止住房实物分配、实行住房货币分配”。住房货币分配包括实行住房公积金制度、发放住房补贴、工龄补贴（此《办法》未执行）。补贴发放对象为行政企事业单位未购买公有住房和已购公有住房但购房面积未达到规定标准的职工。严禁行政事业单位新建住宅和职工集资建房，全面实行住房商品化、市场化。

至2001年，全市房改售房12041户（原出售部分产权的公房改为全产权出售），售房建筑面积60.8万平方米，收回售房资金1.5亿元，归集住房公积金4057.3万元，归集覆盖面达65%。2002年，住房公积金归集700万元，收息收贷150万元。2003年市直机构改革后，住房公积金管理中心从市房地产管理局划出。

四、物业管理

2003年，随着商品房小区建设兴起，物业管理启动，津市市要求境内凡新建住宅小区物业管理率达100%。至2005年，市内住宅小区均实行物业管理。开始征收住宅小区房屋共用部位公共设施维修基金。2006年至2010年，5家物业管理公司相继成立，从业人员达154人，成立小区业主委员会8家，管理小区面积17万平方米。分别由信仁物业管理公司接管怡富花园小区，常德安居物业管理公司接管雅梦苑小区、雅馨苑小区、阳光公寓小区，开元物业管理公司接管君之林府、幸福家园、阳光新城3个小区，天源物业管理公司接管望江广场小区，鑫达物业管理公司接管东湖苑小区。2009年，雅梦苑小区被评为全省区县市第一个省优物业管理项目。至2010年，全市物业管理住宅小区13个。2008年10月市人民政府颁发《津市市住宅物业保修金管理使用暂行办法》《津市市住宅小区物业维修基金管理办法》，实施物业维修资金强制缴存，至2010年共征缴物业维修资金610余万元，以保证住宅小区公用部位、共用设施维修养护费的支付。

2011年至2013年，规范物业管理，对住宅小区物业管理用房实行验收制度，对物业维修资金和物业保修金实行全方位监管。凡不能及时归集物业维修资金的商品房，不予商品房预售合同备案。2013年，全市归集物业维修资金102.4726万元，物业保修资金收取61.6万元。全市有物业管理企业5家，接管住宅小区20个。

第九章　西湖管理区

第一节　概　况

1992 年 6 月，西湖农场房地产开发公司成立。2003 年，设立西湖管理区房地产管理局。从此，西湖管理区房地产管理工作步入正轨。

1997 年以前，西湖镇区共有公有住房 243 栋，总面积 101615.07 平方米，其中平房 183 栋、46709.17 平方米；砖木楼 14 栋、7082.9 平方米；砖混楼 46 栋、47823 平方米。由三个部分组成：原部队遗留营房和劳改农场时住房共有 91 栋、24559.42 平方米，其中砖木楼 7 栋、4514.51 平方米；平房 84 栋、20044.91 平方米。1972 年至 1982 年修建住房共有 50 栋、14349.6 平方米，其中平房 40 栋、10360.48 平方米；砖木楼 6 栋、2116.5 平方米；砖混楼 4 栋、1872.61 平方米。1983 年至 1996 年，由农场各单位筹资所建住房 102 栋、62706.05 平方米，其中平房 59 栋、16303.78 平方米；砖木楼 1 栋、451.88 平方米；砖混楼 42 栋、45950.39 平方米。

1991 年，西湖农场开始与常德市同步施行"公有住房，以息抵租"住房制度改革。公有房屋由住户一次性交纳相应数额住房保证金，以利息抵租金。1992 年至 1996 年，全场共收取干职工住房保证金 121.82 万元。1996 年 11 月，农场颁发《西湖农场住房制度改革试行意见》，启动住房制度改革。优惠出售公有住房共优惠出售公有住房 243 栋、101615.07 平方米（含平房、楼房），收取优惠售房金总额 405.40 万元。从 1997 年 1 月 1 日起，砖混结构成套房，每平方米使用面积租金提高到 1.3 元。此后逐年提高，1999 年达 2.2 元，2000 年达 2.8 元。1996 年 11 月 29 日，农场颁发《西湖农场职工住房公积金管理办法》，推行住房公积金制度。

西湖房地产建设始于 1998 年，主要包括集资合作建房、经济适用房建设、临街门面改造、安居工程建设、商品房开发建设。1998 年至 1999 年，其集资建房 11 栋，占地面积 3793.06 平方米，总建筑面积 13736.63 平方米，住房 126 套，非住宅 29 套。2004 年至 2007 年，经济适用房建设共 10 处，占地面积 13792.86 平方米，建筑面积 49185.24 平方米，住宅 367 套，非住宅 51 套。1999 年 6 月开始临街门面改造，至 2004 年，共改造临街门面 9 处，占地面积 5525.11 平方米，建筑面积 25838.99 平方米，住宅 190 套，非住宅 93 套。2008 年 1 月启动安居工程建设，至 2010 年，累计投资 383.7 万元，建成廉租房 107 套 4333.8 平方米。1998 年启动商品房开发建设，至 2012 年年底，共开发建设商品房 7 个项目，总建筑面积 69465.3 平方米。

西湖区房地产管理局大力加强房屋产权产籍管理。1998 年至 2012 年，共办理镇区规划区内房屋初始登记 1125 宗、交易 3190 宗、遗失补证 32 宗、按揭抵押 185 宗、整理上架产权产籍档案 4315 卷。加强开发经营市场管理。1998 年启动房地产开发市场，是年开发建成商贸城 7768.68 平方米。至 2010 年，共开发 36 个项目，总建筑面积 133480.84 平方米。加强房地产交易市场管理。2008 年，西湖正式启动房地产交易市场管理工作，施行商品房预售许可证制度。自此启征房地产相关税费，始颁房屋产权证书。截至 2010 年 12 月，共颁发房屋产权证书 4315 本。加强房屋租赁市场管理。2005 年开始，逐年逐月对镇区私有出租房进行逐户清理、注册，审核发证。至 2010 年 12 月，共发放房屋租赁登记证书 650 本。加强城市房屋拆迁管理。2003 年，西湖成立房屋拆迁管理办公室。至 2010 年，共拆迁 13 个项目，均依法依规进行管理，及时拆迁，合理补偿，妥善安置。在此期间无一强制拆迁现象，无一上访对象。加强房地产执法管理。2005 年，成立西湖房地产行政执法队，至 2010 年，全区共查处违规装饰装修案件 5 起，调处房地产纠纷 25 起。加强物业管理。2006 年 5 月，西湖区管委颁发《关于印发常德市西湖管理区物业管理实施办法的通知》，对规范物业管理业务作出具体规定。此后，区房地产管理局根据相关规定，采取相应措施，积极培育、组建、扶持物业管理企业。2006 年 10 月，西湖区兴旺物业管理有限责任公司挂牌成立。自该公司开始操办物业管理业务之日起，西湖区房地产管理局采取“逐步规范，把关督促，现场督办，监督服务”等多项有效措施，照章规范其综合管理、清洁卫生管理、区域秩序维护、公用设备设施养护、区域绿化养护等各项物业管理服务工作。定期检查、考核、评分，年终兑现奖惩。

西湖管理区房地产建设从小到大，逐年发展。房地产管理从无序到有序，逐步规范，走过不平凡历程。西湖房地产开发稳步推进、日益红火，镇区高楼林立，街道纵横，商贾云集，西湖镇已成为辐射周边乡镇 40 余万人口的经济、物流、文化中心。

第二节　房地产建设

西湖管理区（农场）房地产建设，起步于 1998 年。主要包括集资合作建房、经济适用房建设、临街门面改造、安居工程建设、商品房开发建设等五种工程项目。

一、集资合作建房

根据省、市有关文件精神，1998 年 7 月 5 日，农场颁发《西湖农场全额集资建房和自费改造住房的有关规定》，鼓励职工集资合作建房。凡双职工无房户、拥挤户、愿退出公房户，可以户为单位申请参加职工集资合作建造住宅，也可由单位统一组织职工集资合作建房。职工集资标准应达到住房成本价 50% 以上，按集资比例确定产权。职工按成本全额集资建房，产权归个人所有，享受有关优惠政策。

当时，干职工住房比较紧张，且质量较差。此次多项优惠政策出台，推进集资建房兴起。1998 年，建成造纸厂住宅楼。1999 年，建成经贸委住宿楼、水利局住宅楼、建委住宅楼、汽运公司住宿楼、棉麻公司住宅楼、西湖一中住宿楼、建筑公司住宿楼、种子公司住宿楼。2000 年，建成区委办住宿楼、西湖中心小学住宿楼。

表 4.9.2.1.1　西湖管理区集资房建设项目汇总表（1998—2000 年）

项目名称	用地面积（平方米）	总建筑面积（平方米）	非住宅（间）	住宅（套）	开竣工时间
经贸委住宿楼	255	1335.17	7	8	1999.3—1999.10
水利局住宿楼	310.8	1062.32	6	8	1999.3—2000.7
建委住宿楼	418.5	967.48	6	8	19999.7—2000.1
区委办住宿楼	119	500.48	3	3	2000.11—2001.4
西湖小学住宿楼	715.6	2421.60		24	2000.5—2000.12
汽运公司住宿楼	207.26	903.39	7	6	1999.11—2000.6
纸厂住宿楼	183	795.22		8	1998.10—1999.7
棉麻公司住宿楼	324	1230.20		12	1999.7—19999.12
西湖一中住宿楼	274	782.25		9	1999.3—1999.8
建筑公司住宿楼	566.9	2026.92		24	1999.1—1999.9
种子公司住宿楼	419	1711.60		16	1999.7—1999.12
合计	3793.06	13736.63	29	126	

二、经济适用房建设

根据建设部、国家计委、国土资源部颁发《关于大力发展经济适用住房的若干意见》和湖南省人民政府颁发《湖南省城镇“安居工程”实施方案》，从 2004 年开始，西湖启动经济适用房建设。2005 年，建成西湖法院住宿楼。2006 年，建成兴旺小区、悦来小区。2007 年，建成西湖交警住宿楼、东湖社区、建工 2 号楼。2008 年，建成兴盛小区、梦里水乡。2009 年，建成知苑小区 1 号楼、红旗小区。

表 4.9.2.2.1　西湖管理区经济适用房建设项目汇总表（2004—2009 年）

项目名称	用地面积（平方米）	总建筑面积（平方米）	非住宅（间）	住宅（套）	开竣工时间
兴旺小区	1670	5855.59	6	40	2005.5—2006.12

续表

项目名称	用地面积（平方米）	总建筑面积（平方米）	非住宅（间）	住宅（套）	开竣工时间
悦来小区	1650	5028.59	6	36	2005.7—2006.7
东湖社区	260.1	1302.52	2	8	2007.5—2007.12
兴盛小区	3009	12010.83	10	75	2006.8—2008.1
知苑小区1号楼	706	3208.1	7	35	2008.9—2009.8
梦里水乡	1431	6038.83	13	45	2007.8—2009.3
红旗小区	3792	10205.46		84	2008.2—2009.4
建工2号楼	460.21	3080.48	7	24	2006.12—2007.12
交警住宿楼	674.55	1961.2		16	2005.11—2007.2
西湖法院住宿楼	140	493.64		4	2004.6—2005.8
合计	13792.86	49185.24	51	367	

三、临街危房改造

西湖镇区临街面房屋，多是劳改农场、军垦农场时期老房，年久失修，陈旧破烂，有的成为危房。改造危房，势在必行。中共西湖区委、区管委通过多渠道筹资，特别是广纳民间资本，于1999年6月开始实施镇区临街面危房改造扩建工程。1999年，危改建成房安1号楼、房安2号楼。2000年，危改建成房安3号楼、房安4号楼。2001年，危改建成房安5号楼。2002年，危改建成房安6号楼。2003年，危改建成房安7号楼、房安9号楼。2004年，危改建成房安8号楼。

表4.9.2.3.1　西湖管理区镇区临街危房改造项目汇总表（1999—2004年）

项目名称	用地面积（平方米）	总建筑面积（平方米）	非住宅（间）	住宅（套）	开竣工时间
房安1号	394.26	1518.4	10	12	1999.6—1999.12
房安2号	460.87	1037.55	8	8	1999.12—2000.6
房安3号	756	2434.25	9	18	2000.6—1001.1
房安4号	317	1698.23	8	12	2000.6—2001.4
房安5号	525.37	3314.42	9	24	2001.8—2002.11
房安6号	872.5	5067.23	16	40	2002.6—2003.7

续表

项目名称	用地面积（平方米）	总建筑面积（平方米）	非住宅（间）	住宅（套）	开竣工时间
房安 7 号	750. 05	3356. 97	12	24	2003. 4—2004. 3
房安 8 号	489. 06	2388. 7	8	16	2004. 1—2004. 8
房安 9 号	960	5023. 24	11	34	2003. 9—2004. 11
合 计	5525. 11	25838. 99	93	190	

表 4. 9. 3. 3. 2　西湖农场城镇住宅建设主要税费减免

序号	项　目	计费单位	正常征收标准	优惠比例
1	土地使用费	土地面积	地段基价	1/3
2	建设规划费	投资总额	1‰—3‰	减半
3	城镇基础设施配套费	投资总额	4%	1/3
4	建筑施工垃圾污染费	投资总额	1 元/平方米	
5	固定资产投资方向调节税	投资总额	12%	5%
6	水增容费	户	300 元/户	1/5
7	供电增容费	户	300 元/户	1/5
8	建安质监费	投资总额	2‰	减半
9	消防设施费	建筑总面积	2 元/平方米	减半
10	建设用地管理费	征地费总额	2%	减半
11	道路占用费	占用面积	0. 15 元/平方米/天	免
12	造地费	建筑总面积	18 元/平方米	免
13	交通设施建设基金	建筑总面积	1500 元/亩	免
14	通信设施建设基金	建筑总面积	2500 元/亩	免
15	工农业发展专项基金	建筑总面积	2. 5 元/平方米	免
16	防汛保安基金	建筑总面积	1000 元/亩	免
17	商业网点建设费	建筑总面积	20 元/平方米	免
18	育林基金	以林积计算	5 元/平方米	免

四、安居工程建设

2008 年 1 月，西湖管理区启动保障性安居工程建设，到 2010 年底，累计投资 383.7 万元，建成廉租房 107 套 4333.8 平方米。累计发放廉租住房租赁补贴 1177 户 538149 元。

2008 年，在镇区教育路建成知苑小区廉租住房 1 号楼，总建筑面积 3188 平方米，共 35 套住房，其中廉租房 10 套 500 平方米，总投资 50 万元。按照相关规定，是年共发放廉租住房租赁补贴 259 户 118674 元。

2009 年，在西湖西路建成白银小区廉租住房 2 号楼，共 5 层，底层为门面，56 套住房，总建筑面积 3197 平方米，其中廉租住房 42 套 2475.2 平方米，廉租房建设投资 223 万元。是年，共发放廉租住房租赁补贴 401 户 186603 元。

2010 年，在北苑小区建成廉租住房 3 号楼，共 5 层，30 套住房，总建筑面积 1358.6 平方米，总投资 110.7 万元。是年，共发放廉租住房租赁补贴 517 户 232872 元。

五、商品房开发建设

（一）开发规划。2001 年 7 月，根据西湖管理区管理委员会西管发〔2001〕19 号《关于印发〈关于规范镇区房地产行政管理与开发经营的暂行办法〉的通知》精神，区房地产管理科制定《西湖镇区（2001—2010）商品房开发建设规划》。其主要内容如下：

1. 商品房开发建设范围：规划区范围为西湖镇城区范围内。凡在规划区范围内从事商品房开发建设与经营者，须在西湖镇城市规划区范围内取得国有土地使用权，方可进行商品房开发建设与经营活动。

2. 建设用地国有土地使用权出让方法：国有土地使用权实行有偿、有限期使用制度。国有土地使用权有偿出让按照《土地管理法》和《房地产管理法》第二章第一节要求，由区管委有计划、有步骤地进行。出让每宗地块、用途、年限和其他条件，由区国土管理部门会同规划、建设、房产部门共同拟订方案，按照国务院规定，报经有批准权人民政府批准后，由区国土管理部门负责实施，照章核准后颁发国有土地使用权证书。

3. 房屋及附属物拆迁与补偿：

（1）因商品房开发建设需要拆迁房屋及其附属物的，必须根据国务院《城市房屋拆迁管理条例》《湖南省城市房屋拆迁管理实施细则》《常德市城市房屋拆迁管理实施办法》、西湖管理区《西管发〔2001〕19 号》文件规定，依法进行拆迁、补偿。任何单位和个人都必须服从统一拆迁管理。

（2）商品房开发建设规划区内原有房屋拆迁必须符合城建总体规划，有利于城镇旧区改造，实行统一规划、及时拆迁、合理补偿、妥善安置原则。

（3）需要拆迁房屋单位和个人须持有关批准文件和房地产行政主管部门对拆迁房屋所有权、使用性质、租赁关系等验定意见及房屋拆迁方案，向区房屋拆迁主管部门提出申请，经批准发给房屋拆迁许可证后，方可进行拆迁。

（4）取得房屋拆迁许可证建设单位或个人实施拆迁，不得超越规定拆迁范围和期限。因特殊情况确需变更拆迁范围或者期限的，须到原发证机关办理变更手续，需停止拆迁项目的，应当办理注销手续。自取得房屋拆迁许可证起3个月内无正当理由不实施拆迁的，其房屋拆迁许可证自行失效。

（5）房屋拆迁许可证核发后7日内，房屋拆迁主管部门应当将拆迁人、拆迁实施单位、拆迁范围、拆迁期限和其他事项在房屋拆迁现场公告或以其他形式予以公告。房屋拆迁主管部门和拆迁人应当及时向被拆除房屋及其附属物的所有人、使用人做好宣传、解释工作。

（6）拆除范围确定后，区房屋拆迁主管部门应书面通知公安、工商、规划和房地产交易管理部门，暂停办理拆迁范围内的户口迁入、分户、营业执照、房屋新（改）建、房地产交易等手续。

（7）被拆迁人接到房屋拆迁通知后，应按有关规定如实提供情况，协助拆迁人员进行房屋拆迁。在房屋拆迁公告规定的拆迁期限内，拆迁人应当与被拆迁人依照规定，就补偿形式、补偿金额、安置用房面积、安置地点、搬迁过渡方式和期限、拆迁日期和违约责任等事项签订书面协议。由拆迁人将书面协议送房屋拆迁主管部门备案。书面协议需要公证的，应当向公证机关办理公证。

（8）在房屋拆迁公告规定的或主管部门或上级机关裁决作出的拆迁期限内，被拆迁人无正当理由拒绝拆迁的，由区管委责成有关部门强制拆迁，或者由房屋拆迁主管部门申请人民法院强制拆迁。

（9）房屋拆迁主管部门可以按照国家有关规定和省财政、物价、建设行政主管部门制定收费标准（市、县为拆迁安置总费用的10%）收取房屋拆迁管理费，用于房屋拆迁管理工作。

（10）拆迁补偿安置，应当以“房屋所有权证”确定房屋建筑面积、结构类型和房屋成新程度为依据，实行产权调换、作价补偿或者产权调换和作价补偿相结合形式。具体安置补偿运行操作，按省市有关文件规定执行。

（二）商品房开发建设与经营市场管理。西湖镇城区内的商品房开发建设与经营，必须遵循以下规则与原则：

1. 商品房开发建设必须严格执行镇区规划，按照经济效益、社会效益、环境效益相统一原则，实行全面规划、合理布局、综合开发、配套建设。

2. 以出让方式取得土地使用权进行房地产开发的，必须按照土地使用权出让合同约定土地用途、动工开发期限开发土地。超过出让合同约定动工开发日期满一年未动工开发的，征收相当于土地使用权出让金20%以下土地闲置费，满两年未动工开发的，无偿收回土地使用权。

3. 从事房地产开发和经营企业，应当持工商行政管理部门颁发营业执照，在一个月内到建设项目所在地房地产管理部门和建设部门备案。未取得营业执照擅自在规划区从事房地产开发业务的，依法责令其停止房地产开发业务活动，没收非法所得并处罚款。

4. 房地产开发项目的设计、施工须符合国家有关标准和规范，房地产开发项目竣工，须经验收合格后方可交付使用。

5. 商品房预售，应当符合下列条件：

（1）已交付全部土地使用权出让金，取得土地使用权证书；

（2）持有建设工程规划许可证；

（3）提供预售的商品房，已投入的开发建设资金应达到工程建设总投资的25%以上，并已确定施工进度和竣工交付日期；

（4）向区房地产管理部门办理预售登记，取得商品房预售许可证。商品房预售人应按照国家有关规定将预售合同报区房地产管理部门和国土管理部门登记备案。商品房预售所得款项须用于相关工程建设，并接受区管委有关行政管理部门检查监督管理。在工程竣工交付使用前，严禁提取预售款挪作他用。

6. 商品房开发建设项目须严格审批程序，持有下列审批手续证件。

（1）区管委领导审批的建设项目计划（开发建设者持申请报告）；

（2）区建设管理部门审批办理的建设工程规划许可证和施工许可证；

（3）区国土管理部门审批办理的建设用地规划许可证和土地使用权证；

（4）区财税管理部门审批的税费收缴计划书。

（5）由区房地产管理部门审批开发资质，开发工程竣工质量经审验后，办理商品房预售许可证和房屋产权证。

（三）商品房开发项目。1998年，西湖启动商品房开发建设，房地产市场初步兴起。至2012年年底，共开发建设商品房7个项目，总建筑面积69465.3平方米。

1. 西湖商贸城。1998年7月23日，经常德市政府批准，西湖农场采取统一征地形式，将西湖镇西湖中路老农贸市场用地4711.33平方米国有土地使用权出让给湖南省国信房地产开发公司。1998年7月23日，受让方与常德市国土资源局签订《国有土地使用权出让合同》，合同总金额为465040元，出让年限为40年，合同终止日期为2028年7月22日。是年8月，受让方投资600万元动工建设，于2000年4月建成7768.28平方米的西湖商贸城。是年5月，西湖商贸城正式投入营运。

2. 西湖工贸城。1998年7月30日，西湖农场批准西湖农场房地产开发公司施行旧工贸市场改造扩建。农场房地产开发公司集资180万元，由西湖农场建筑工程公司施工建设。西湖工贸城于1998年10月20日动土施工，1999年5月30日竣工通过验收，总建筑面积3412平方米。

3. 竹木市场。2006年5月，西湖管理区房地产开发公司获得西湖镇西常路地段土地面积1400平方米的国有土地使用权。此宗地于2006年9月动工兴建竹木市场和住宅楼，

2007年9月竣工通过验收，总建筑面积4349.91平方米，其中住房36套3969.43平方米。

4. 西湖一中商住楼。2008年3月1日至3月13日，西湖管理区国土资源局挂牌出让西湖镇教育路西湖一中临街面地段的国有土地使用权。出让土地面积1042平方米，成交总地价95万元，由常德市民主实业有限公司竞得此宗地的土地使用权。受让方于2008年5月在此宗地上动工建设，2009年10月竣工通过验收，总建筑面积4892.47平方米，其中非住宅20间、住宅25套。

5. 西苑宾馆。2007年12月11日，区管理委员会决定对西苑宾馆进行改造重建。2008年1月，由区房地产开发公司拆除原西苑宾馆住宅楼，在原宅基地4010平方米土地上拆旧新建楼房。工程于2008年9月动工兴建，2009年10月竣工通过验收，总建筑面积5592.21平方米，其中住宅24套、非住宅22间。2008年10月，区国土资源局以出让方式，将西湖镇西湖路西段的原西苑宾馆国有土地使用权出让给区房地产开发公司，受让土地面积5409平方米。此折旧新建工程于2009年8月动工兴建，2010年6月竣工通过验收。新建的西苑宾馆总建筑面积15625平方米，其中住宅100套、非住宅61间。

6. 南苑小区。2009年8月，区房地产开发公司拆除西湖镇南园盘西南侧四分场木器油脂加工厂平房，在原宅基地905平方米土地上新建住宅楼。2009年9月，此工程动工兴建，于2010年12月竣工通过验收。南苑小区总建筑面积3080.1平方米，其中住宅20套、非住宅4间。

2011年4月，西湖管理区房地产开发公司获得西湖镇南圆盘西汉公路南侧原四分场木器油脂加工厂宗地的国有土地使用权，面积为4402.99平方米。该公司于2011年5月动工兴建，2012年12月竣工通过验收，总建筑面积11358.07平方米，其中住宅73套、非住宅30间。

7. 西湖家苑。2011年1月19日，西湖管理区国土资源局将西湖镇十字街口原西湖电影院宗地国有土地使用权出让给常德市武陵区振鑫房地产开发有限公司。出让土地面积2892平方米，出让总地价750万元。受让方于2011年2月动工兴建，现已基本竣工，达到竣工条件，正在组织验收。该工程总建筑面积13387.26平方米，其中住宅90套、非住宅15间。

第三节　房地产管理

一、房屋产权产籍管理

西湖管理区房屋产权产籍理实行登记发证管理制度。西湖管理区房管局全面推行一次性告知制度，一次性收齐房屋登记必备要件，简化业务手续，优化工作流程，改善服务质量，实行面对面交流，心贴心沟通，零距离办公，消除业主办理手续时的心理障碍。全方位推行和落实首问负责、政务公开制，建立快速反应机制，提高快速反应能力，实行“急事急办，特事特办，难事帮办”服务方针，确保各项业务及时办结，用实际行动树立人民满意房产形象。1998年至2012年，共办理镇区规划区内的房屋初始登记1125宗、交易3190宗、遗失补证32宗、按揭抵押185宗，整理上架产权产籍档案4315卷。

1998年至2010年4月，办理房屋产权证书由西湖区房地产管理局直接收件、初审、复审、终审、缮证、颁证。从2010年5月1日起，西湖房地产管理局只负责收件、初审、发证，终审和缮证由常德市房地产管理局直接负责。

二、开发经营市场管理

1998年，西湖启动房地产开发经营市场，是年开发建成商贸城7768.68平方米。至2010年年底，共开发房地产项目36个，总建筑面积133480.84平方米。其中：集资建房11个项目13736.63平方米，经济适用房10个项目49185.24平方米，临街危房改造9个项目25838.99平方米，商品房开发6个项目44719.97平方米。所建项目均由西湖区房地产管理局按程序对其建设规划、房屋销售、物业管理等项目实行统一管理，由西湖区房地产开发公司具体组织实施。

三、房地产交易市场管理

1998年，西湖管理区开始颁发房屋产权证书，逐步形成房地产交易市场。结合西湖的实际情况，房地产管理局根据区委、区管委的部署，有序培育房地产市场。实行优惠政策，免收房地产相关税费：销售营业税、个人所得税、城建维护税、教育费附加、契税等。优惠政策的实施，推动了西湖房地产市场的发展。镇区房产地市场从无到有，逐步活跃起来。

2008年，西湖正式启动商品房预售许可证制度。2010年，西湖镇区域内的房地产相关税费全面启征。至此，西湖的房地产交易市场管理步入正轨。

四、房屋租赁市场管理

从2005年开始，西湖区房地产管理局按照有关规定，逐年逐月对西湖镇区域内的私有出租房进行逐户清理、整顿、注册、审核发证。截至2010年12月，共发放租赁登记证书650本。

五、城市房屋拆迁管理

中共西湖区委、区管委根据《城市房屋拆迁管理条例》，于2003年成立“西湖管理区房屋拆迁管理办公室”，正式启动镇区房屋拆迁管理。

1999年至2010年，房地产开发建设共拆迁13个项目，拆除房屋37栋12723.23平方米；公益事业项目2个，拆除房屋面积4500平方米。

所有拆迁开发项目均由西湖区房地产管理局依法施行管理，统一规划，及时拆迁，合理补偿，妥善安置。采取得力措施，管理到位，规范操作，全区的拆迁补偿工作进展顺利，无一强制拆迁现象，无一上访对象。

六、房地产执法管理

2005年3月以前，西湖管理区尚无房地产行政执法队伍。2005年3月，经常德市房地产管理局批准，成立西湖区房地产行政执法队。全队5人，均核发了房地产行政执法证，由常德市房地产管理局授权委托，行使辖区内的房地产行政执法职能。在每年的房地产行政执法工作中，该队坚持统一着装、统一行动、统一管理，做到亮证执法，文明执法，秉公办事。2005年3月至2010年12月，全区共查处违规装饰装修案件5起，调处房地产纠纷25起。

七、城镇住宅物业管理

（一）法规建设。根据国务院《物业管理条例》、湖南省《城市住宅物业管理条例》、《常德市物业管理暂行办法》等法律法规精神，结合西湖实际，区管委会先后颁布《关于印发〈关于规范镇区房地产行政管理与开发经营的暂行办法〉的通知》和《关于印发常德市西湖管理区物业管理实施办法的通知》。

2001年6月，区管委颁发《关于印发〈关于规范镇区房地产行政管理与开发经营的暂行办法〉的通知》（西管发〔2001〕19号）。明确规定：根据《建设部关于加强商品房销售、房改售房与物业管理衔接工作的通知》《建设部、财政部关于印发〈住宅共用部位共用设施设备维修基金管理办法〉的通知》和湖南省人民政府《关于加强城市住宅区物业管理工作的通知》等文件精神，开展镇区内的物业管理工作。并规定：凡商品房（含安居房、资集合作建房、经济适用房）、房改售房租房及其房栋内的办公用房、生产用房、商业用房等都应当建立住宅共用部位、共用设施设备维修基金……专项用于住宅共用部位、共用设施设备保修期满后的大修、更新、改造。商品房在销售时，购房者与售房单位应当签订有关维修基金缴交约定。购房者应当按购房款2%—3%（或按1.5元/年平方米）的比例向售房单位缴交维修基金……公有住房售后维修基金来源于两个部分：

1. 售房单位按一定比例从售房款中提取，原则上多层住宅不低于售房款20%，高层住宅不低于售房款30%，提取的基金属售房单位所有。

2. 购房者按售房款2%比例向售房单位缴交维修基金。售房单位代为收取购房者所交维修基金属全体业主共同所有，不计入住宅销售收入……业主转让房屋所有权时，结余维修基金不予退还，随房屋所有权同时过户。

表 4.9.3.8.1　西湖兴旺物业公司各小区物业服务项目一览（2004—2011 年）

小区名称	住　房（套）	住房面积（平方米）	门　面（套）	门面面积（平方米）	总面积（平方米）	物业费（元）
梦里水乡	45	5893	13	1062	6955	21288
白银廉租房	42	1882			1882	9024
西湖电力公司	专业建筑	7800	空坪	4200	12000	30000
西湖区人民医院	专业建筑	9500	空坪	4500	14000	53000
帅克 2 号楼	25	3460	7	844	4304	18533
帅克 3 号楼	27	3479	20	1055	4534	20120
帅克 4 号楼	40	4689	29	1282	5971	26110
帅克 5 号楼	30	4149	18	854	5003	21085
西湖区委机关院	办公楼	5900	绿化	8035	13935	96000
房安 7 号楼	24	3356	12	588	3944	3600
红旗小区	84	10205			10205	30615
兴盛小区	75	12010			12010	36030
总　计		72323		22420	94743	365405

2006 年 5 月，区管委颁发《关于印发常德市西湖管理区物业管理实施办法的通知》，对实施物业管理、业主及业主大会、前期物业管理、物业服务、物业使用与维护作出具体规定。文件并对物业管理市场培育作出立规引导、全力培育、逐步规范、监督服务作出具体安排。

区房地产管理局贯彻《关于印发常德市西湖管理区物业管理实施办法的通知》精神，全面加强物业服务市场管理。照章确定服务内容、服务价格、服务质量，定期进行检查、考核、验收。具体考核内容为：综合管理服务；公共区域清洁卫生服务；公共区域秩序维护服务；公共区域绿化日常养护服务；共用部位、共用设施设备日常运行、保养、维护服务；电梯日常运行、保养、维护服务；遵守物价、房管部门管理规定的情况。集中考核采用听取汇报、查验现场、查看资料、调查群众、走访业主等方法进行。考核实行百分制，依据考核得分结果兑现奖惩。得分在95分及以上为合格；得分90分（含90分）至95分为基本合格，限期整改；得分在85分（含85分）至90分（不含90分）时，降低10%到15%的物业服务费标准；得分85分（不含85分）以下时，执行下一个等级的物业服务费标准或建议业主改聘物业服务企业。通过有效监督、管理、考核，西湖管理区物业服务企业管理水平与服务质量得到大幅提升。

第十章　西洞庭管理区

第一节　概　况

2006年，西洞庭管理区房地产管理局成立，负责全区房屋产权申报资料收件、审查和登记，申报产权房屋建筑面积勘丈计量，发放产权证书。随着管理区房地产市场逐步拓展，相关业务逐步增加，逐步完善管理职能，2008年开始，产权产籍逐渐实现数字管理。西洞庭管理区房地产建设管理进入快速、平稳、健康的发展历程。2006年到2011年确认发证2412件，累计发证1291346.29平方米，为促进全区经济发展做出较大贡献。物业管理覆盖面不断扩大，物业管理水平不断提升。区房管局积极引进物业管理公司，加大物业监管工作的力度，物业工作取得全面进展。全区共有4家物业管理公司，管理6个物业小区，物业管理面积27.13万平方米。信息化管理不断深入，2013年开始网络设备安装和系统软件采购，加快房产档案信息化录入，对房产信息平台实施专业化管理，完善房产管理信息化系统，严格各项登记审批程序，房地产管理步入正规化道路。

2006年，管理区房地产开发建设起步。区房地产管理局先后引进常德市金瑞房地产开发有限公司、龙信房地产开发公司、昌华房地产开发公司、桂花园房地产有限公司、裕源置业有限公司、嘉盛房地产公司、盛隆房地产开发公司，6个商品房住宅小区相继开发建设。2006年5月28日，西洞庭管理区管委会与常德金瑞房地产开发有限公司（温州商会下属企业）正式签订圆盘路地段商住楼开发合同。该开发项目总投资约1000万元，总用地面积2500.72平方米，总建筑面积8143平方米。该项目征地拆迁工作由国土资源局牵头，共拆除旧有房屋近2000平方米，支付拆迁补偿资金85万元。2006年年底顺利封顶，2007年3月底全面竣工并交付使用。2007年5月30日，西洞庭管理区国土资源局公开出让祝丰镇西路5宗商住综合用地，出让出面积39255平方米，由常德龙信房地产开发有限公司以1265万元总价款中标，该开发项目计划总投资5330万元，开发建筑面积97539平方米，三年开发建设完工。

2009年至2012年管理区房地产开发成绩显著。2009年，管理区引进福建龙信、娄底嘉盛、常德鑫湖缘三家房产开发企业，全年完成投资2亿元，建成商品房建筑面积2.3万平方米，完成商品房交易374宗。其中廉租住房建筑总面积2469.5平方米，共50套，每套面积为48.78平方米至50平方米，总投资208万元。建成三个居民小区：一是龙信城市家园。有步行街长260米，投资108万元。B区二期居民住宅总建筑面积20846.8平方米，投资2000多万元。二是鑫湖桂花园。总建筑面积25315平方米，投资2500多万元。

三是嘉盛家园。总建筑面积 17718 平方米，投资 1700 多万元。2010 年 3 月，山东昌华房地产公司以 2320 万元价格竞买原西洞庭俱乐部及周边土地 5.47 公顷，组建成立西洞庭昌华房产公司。该公司投入 1.5 亿元新建 12 万平方米商住楼，投资 450 万元占地 9800 平方米文化广场，投资 1500 万元建筑面积 5500 平方米可容纳 1200 人的现代化演艺中心。全年完成房地产开发投资 24049 万元，房屋施工面积 20.79 万平方米，房屋新开工面积 18.54 万平方米，竣工房屋面积 8.68 万平方米，房屋销售面积 6.08 万平方米（住宅 5.85 万平方米）。2011 年，全完成房地产开发投资 17427.48 万元，房屋施工面积 15.33 万平方米，房屋新开工面积 19.31 万平方米，竣工房屋面积 5.25 万平方米。全区商品房预售面积 14.85 万平方米，房屋销售面积 5.24 万平方米（住宅 4.99 万平方米）。2012 年，全区完成房地产开发投资 20992 万元，新开工面积 0.91 万平方米，竣工面积 0.5 万平方米，商品房销售面积共 6.7696 万平方米，商品房销售额 16690 万元；其中，商品住宅销售面积共 6.133 万平方米，销售额 14130 万元，商铺销售面积共 0.6366 万平方米，销售额 2560 万元。全年商品住宅销售均价为 2303 元/平方米，非住宅销售均价为 4021 元/平方米。二手房交易额 295.88 万元。截至 12 月底，完成房地产地税 6100 多万元。

2008 年起，管理区旧房改造和新农村建设示范村建设取得突破性进展。旧房改造工程采取财政补贴引导方式，对示范片居民区的旧房实行统一改造，已整修 300 多户。望洲办事处东湖村为市新农村建设示范村。该村有常住户 253 户，总人口 816 人，已新建宜居住宅 45 栋，改水改厕 34 户，新建沼气池 21 个，平房装修 29 户，太阳能利用入户 15 户。2009 年，管理区安排 30 套廉租房建设和 1270 户租赁补贴发放任务，均圆满完成。2010 年，完成祝丰西路、嘉盛佳园廉租住房项目 2 个，总建筑面积 9800 平方米，房间 200 套。其中祝丰西路廉租住房项目总建筑面积 6862 平方米，共 140 套，总投资 693 万元；嘉盛佳园廉租住房项目总建筑面积 2938 平方米，共 60 套，总投资 320 万元。2011 年，全区省保障性安居工程绩效考核新增廉租住房任务为 240 套。实际完成 150 套，完成率为 62.5%。2011 年，农垦危房改造推进顺利。至次年 6 月，全区 2011 年垦区危房改造 3457 户全部竣工，圆满完成年度工作任务。2012 年，全区危房改造任务为 5550 户。当年竣工 5713 户，竣工率 102.9%，改造资金额达到 63720 万元。是年，新建廉租住房项目为龙天廉租住房项目，总建筑面积 9872.3 平方米，共 200 套，实际完成 200 套，完成率为 100%。公共租赁房建设项目共有 7 个，总建筑面积 27054.7 平方米，551 套；实际开工套数 564 套，开工率 100%，竣工率 100%，总投资 2901.34 万元。

2012 年，棚户区改造和敞开式小区两个民生项目不断推进：2012 年城市棚户区改造项目沙河城市棚户区改造二期项目，占地面积 29621 平方米，建筑面积 24220 平方米，共 300 户，投入改造资金 2430 万。截至 11 月棚户区改造计划已全部完成（其中实物安置 80 户），征收面积 16151 平方米。沙河安置房一期建筑面积 5722 平方米，套数 40 套，年底完成竣工验收，全部安置到位。沙河安置房二期建筑面积 5722 平方米，套数 40 套，2013

年 4 月全部安置到位。敞开式小区改造采用村委会管理模式，制定完善的小区管理制度，明确专人负责，同时在小区尚未建成前提下，落实物业用房。确保小区建设区域日常卫生保洁、治安防控规范化，并将分期结合基础设施建设进度稳步推进小区物业管理力度，完善“六有”。

第二节 房地产建设

一、商品房开发建设

改革开放前，西洞庭农场干部职工住房均属福利建房分房。1982 年，管理区开始探索解决日渐突出的住房供需矛盾。1983 年，管理区启动农业单位住房制度改革。

2006 年，管理区引进全区第一家房地产开发企业常德市金瑞房地产开发有限公司，开发西洞庭管理区第一个商品房项目西洞庭商厦。随后，为加快城镇建设步伐，管理区加大商品房建设招商引资，先后引进龙信房地产开发公司、昌华房地产开发公司、桂花园房地产有限公司、裕源置业有限公司、嘉盛房地产公司、盛隆房地产开发公司，6 个商品房住宅小区先后开发建设。2006 年至 2012 年 10 月，全区房地产开发共完成投资 35301.92 万元，开发建设 35.14 万平方米。2011 年全年全区房地产开发完成投资 17427.48 万元，比 2006 年增加 729.88%。

（一）房地产开发企业：

龙信房地产开发公司。常德市龙信房地产具有建筑、结构、房地产开发三级资质，2007 年经市工商局批准成立。注册资本 800 万元，员工 21 名。已开发建设商品房五万多平方米。在西洞庭管理区已开发城市家园房地产开发项目。

昌华房地产开发公司。常德市西洞庭嘉盛房地产开发有限公司成立于 2010 年 4 月，公司注册资本 1200 万元，在岗职工 18 人，房地产开发资质四级，公司主要从事房地产项目的开发、销售业务，在西洞庭管理区已开发洞庭明珠房地产开发项目。

裕源置业有限公司。常德裕源置业有限公司成立于 2007 年 12 月 3 日，公司注册资本人民币 800 万元。主要从事房地产开发经营，兼营基础设施建设投资，融、投资策划与咨询，建筑、装饰材料。公司在册员工 12 人，专业人员 8 人，其中中级职称以上 5 人。公司房地产开发资质四级，下设办公室、财务部、工程部、销售部四个部门。公司现有在建项目洞庭春晓，建筑面积约 25000 平方米，计划投资 3000 万元。

盛隆房地产开发公司。常德市盛隆房地产开发有限公司系有限责任公司，2009 年 11 月 9 日由游孟陶先生及福建省三明市镇东房地产开发有限公司共同出资，经常德市工商行政管理局批准成立，注册资本为人民币 800 万元。公司经营房地产开发、商品房销售。已于 2011 年 2 月取得房地产开发暂定资质，并于 2012 年 7 月办理完资质延期手续。

鑫湖缘房地产公司。常德市鑫湖缘房地产开发有限公司于 2009 年在常德市工商行政管理局登记注册成立，注册资金5000万元，主要从事房地产项目开发、销售及租赁业务。公司下设5个管理部门，有职工28人。公司于2009年成功开发西洞庭第一个多层电梯花园洋房鑫湖·桂花园一期。

嘉盛房地产公司。嘉盛房地产开发公司成立于2008年6月，注册资本为800万元，在岗职工8人。公司开发项目有"嘉盛佳园"住宅小区。该公司已于2012年8月注销。

（二）房地产开发项目：

西洞庭商厦项目。西洞庭商厦项目位于祝丰镇沙河路（原名安丰路）与迎丰南路交汇处东南角，于2006年7月开工建设，项目占地0.25公顷，建筑面积8800平方米，总投资616万元，于2006年9月28日开盘预售，预售面积7294平方米（其中住宅5090平方米、非住宅2204平方米），共建成商品房50套，西洞庭商厦项目作为农场第一个商品房开发建设项目，走出农场商品房开发第一步。

城市家园小区。城市家园小区由常德市龙信房地产开发公司开发，占地5.07公顷，土地成交总价1510万元，项目坐落于祝丰西路以北，果园路以东，广益路以南，泓利路以西，于2007年开工建设，建设面积16万平方米，共建成楼房31栋，其中6层29栋，为框混结构，15层2栋，为全框结构，项目总投资2.4亿元，共上缴税收900多万元，共建成路面2条，开发步行街共计9000多平方米。

嘉盛家园小区。嘉盛家园小区由常德市西洞庭嘉盛房地产开发有限公司开发，占地2.07公顷，项目坐落于常德市西洞庭祝丰东路南面，东临东环路，北靠规划工业区，西南面为湖南西洞庭电力有限公司用地。"嘉盛佳园"被祝丰东路分割成南北两个部分，地块四周都是城市规划道路，用地条件良好，交通便利，项目分两期建成，2009年开始动工，共建成6层楼房1栋，5层楼房10栋所有建筑均为一梯两户住宅，楼梯间均直通室外。居住用房的户型总共有5种，分别为两房一厅一卫、两房两厅一卫、三房两厅两卫（小）、三房两厅两卫（大）、四房两厅两卫，共有商品住房200套，商业门面118套，建筑结构全为框混结构。

洞庭明珠小区。洞庭明珠小区由常德市西洞庭昌华房地产开发有限公司开发，总占地3.27公顷，总投资1.5亿元，项目坐落于西洞庭祝丰镇育才路南侧，电力路西侧，分A、B区建设，建设面积73718.72平方米，该项目共建房屋十四栋，其中洞庭明珠售楼中心945平方米，西洞庭文化演艺中心6540平方米。

瑞丰新城小区。瑞丰新城小区由常德市盛隆房地产开发有限公司开发，占地3.33公顷，项目坐落于南环路以北，S205以东，电力路以西，建筑总面积95612平方米，其中商业面积5043.3平方米，住宅面积89686.8平方米，其他面积881.96平方米，分两期建成，一期占地11亩，建筑面积29938平方米，4栋框混结构，建筑层数为六层，底层为商业门面，二层至六层为民用住宅；两栋高层，框剪结构，建筑层数为十五层，底层为商业门面，二至十五层为民用建筑，小区内道路面积总计173.48平方米，绿化面积1149.52平方米，一期项目总投资2844万元，资金来源为自筹，于2012年6月竣工交付。

洞庭春晓商居小区。洞庭春晓商居小区由常德裕源置业有限公司开发，项目坐落在常德西洞庭祝丰镇南环路，整体规模25790.00平方米，包括 住宅、商业、配套设施。占地面积5472.35平方米，建筑面积25874.91平方米。

桂花园小区。桂花园小区项目分两期建设，桂花园一期位于常德市西洞庭祝丰东路鑫湖缘宾馆对面，祝丰东路与东郊路交汇处。项目总建筑面积为25315平方米，其中住宅6栋多层，面积为19655平方米，其中临街面1—2层为门面，建筑面积为5660平方米。住宅共152套，门面62间。小区共有主、次入口3个，配备有门禁系统、背景音乐系统等智能设施，水、电单独立户。有13台电梯为业主提供便捷生活。桂花园二期位于常德市西洞庭管理区祝丰东路与电力路交汇处，北临广益东路、连通东二环路，地理位置非常优越，交通便利，服务配套设施齐全。项目占地15658.6平方米，总建筑面积43460平方米，其中：住宅292套35103平方米，商业门面104间5762平方米，会所等其他公建2595平方米，建筑密度42.17%，容积率2.56，绿化率35.21%。项目分A、B两区建设，从北到南布置11栋建筑，其中1、2、8号为8层多层商住楼：第一层为商铺，第二至第八层均为住宅；9号为17层高层商住楼：第一层为商铺，第二至第十七层均为住宅；3、4、5、6、7号为8层多层住宅楼：第一层为车库和杂物间，第二至第八层均为住宅；10、11号为2层商铺。住宅主要以两房两厅两卫、三房两厅两卫和四房两厅两卫格局分布。

二、房地产开发市场管理

（一）开发项目管理。近年来，按照市房地产管理局统一部署，管理区房管局落实项目开发手册制度，从2011年三季度开始严格每季度开发手册表填报核查，确保房产开发项目动态管理。

2012年1月，开始实施开发项目品质和交房标准承诺书制度。从项目预售许可办理申报资料开始要求，并在房屋合同备案时进行监督，同时强调各开发商在售楼部现场进行公示。2011年9月启动房地产项目竣工综合验收制度。现阶段辖区房产项目验收程序是：由建设部门质量安全监督站进行规划指标、房屋质量安全验收；验收合格后由建设单位通知消防部门进行消防验收，并同时由规划、国土部门安排已建成小区实地测绘；待消防、规划、国土验收合格意见下达后，区房管局质量安全监督机构予以竣工备案。区房管局在房屋验收过程中认真落实房屋预验收和分户验收制度，做到物业管理前期及时参与，把好房屋交房前最后一关，有效降低房屋质量缺陷投诉率。

落实房产项目配套公共用房和设施建设管理制度，从小区规划设计到小区配套用房验收进行监管，并参照市局模式进行了物业用房验收会议。

落实一房一价制度和严控违规建设、违规销售、违规交房制度，首先加强政策宣传和公示力度，明确各售楼部必须在显著位置予以公示。第二，加强对各房产商开发、销售、交房行为监管。第三，认真接受群众投诉，2011年查处并及时纠正昌华房产公司违规收取订金行为，并责令其在一周之内退回全部已收订金，并将处理结果上报市住建局。

禁止自然人和无开发资质企业拿地制度，从2011年砖瓦厂及周边地块拍卖开始，区房管局在土地规划条件和国土拍卖土地过程中，与区国土部门沟通衔接，坚决规范土地拍卖行为，从程序明确房产开发用地必须由房产开发资质企业参加竞拍拿地。

通过落实《西洞庭管理区住宅建设项目配套公共用房和设施建设管理规定》《常德市物业管理办法》和《综合验收制度》等措施，各开发企业对于房产品质认识日渐提高，有效促进全区房产项目品质提升。小区开发建设从追求纯商业发展逐步过渡到宜居休闲发展，新建小区充分考虑业主公共活动空间，建设园林小品景观和休闲健身设施，使业主居住环境改善从室内向室外扩展，提升楼盘品质同时也促进楼盘销售，有效改善城镇面貌。2013年新开发的时代广场项目，已将城市休闲、购物、游玩等住宅建设理念融入其间，以原砖瓦厂废弃水塘为依托，打造邻水宜居居住空间，是西洞庭管理区房产开发新亮点。

（二）商品房预售管理。为加强房地产市场监管，规范市场行为，区房管局2008年开始实行商品房预登记制度，着力打造“阳光楼市”。

表4.10.2.2.1　2008—2012年商品房预售情况

单位：平方米

企业开发单位	小区名称	预售面积	商业面积	住宅面积
龙信房地产开发有限公司	城市家园	46950.15	7906.95	38505.35
龙信房地产开发有限公司	城市家园	20953.46	4155.6	17597.84
龙信房地产开发有限公司	城市家园	22530	22060	8730
龙信房地产开发有限公司	城市家园	44129.01	3666.79	38118.3
鑫湖缘房地产开发有限公司	鑫湖桂花园	25315	6851	18464
嘉盛房地产开发有限公司	嘉盛佳园	16964.9	3376.91	13587.99
嘉盛房地产开发有限公司	嘉盛佳园	16973.32	2477.93	14495.39
昌华房地产开发有限公司	洞庭明珠	31232.11	11577.13	19654.98
昌华房地产开发有限公司	洞庭明珠	33741.02	0	33741.02
盛隆房地产开发有限公司	瑞丰新城	22243.96	2368.44	19875.52
裕源置业有限公司	洞庭春晓	25874.91	2761.33	2284.08
鑫湖缘房地产开发有限公司	鑫湖桂花园	25966.45	5912.33	20054.12
鑫湖缘房地产开发有限公司	鑫湖桂花园	5248.19	1056.67	4191.52
鑫湖缘房地产开发有限公司	方正壹号	10316.93	2333.7	7852.18
合计		348439.41	76504.78	257152.29

（三）商品房销售价格管理。根据国家有关政策，区房管局协助物价部门进行商品房销售价格管理，严格实行国家关于价格管理有关规定，对安居住宅，经济适用房实行政府定价，对普通住房实行政府指导价，对其他商品房实行价格申报制度。

表 4.10.2.2.2　2007—2012 年商品房开发情况

单位：万平方米

序号	开发单位名称	总面积	住宅面积	门面面积	总投资（万元）
1	龙信房地产开发有限公司	13.24	10.35	1.57	10026.88
2	嘉盛房地产开发有限公司	3.4	1.36	0.34	1938
3	鑫湖缘房地产开发有限公司	5.65	4.27	1.28	8519.69
4	盛隆房地产开发有限公司	2.22	1.99	0.23	2754
5	昌华房地产开发有限公司	7.35	6.19	1.16	6949
6	裕源置业有限公司	2.58	2.28	0.28	3014.35
合计		34.44	26.44	4.86	33201.92

三、住房保障建设

（一）城市棚户区改造。2010 年城市棚户区拆迁 159 户，拆迁面积 15000 平方米，改造资金 1040 万。全部签订拆迁协议，其中货币补偿 106 户，实物安置 53 户。2011 年城市棚户区改造项目共 2 个，分别为育才和沙河棚户区改造项目，改造面积 49944 平方米，共 600 户，改造资金 4300 万（其中中央专项资金 301.6 万元，省级配套资金 34.6 万元，地配套资金 3563.8 万元，其他投资 400 万元）。截至 2012 年 10 月，签订安置协议 600 户，其中实物安置 100 户，货币安置 500 户。2012 年城市棚户区改造项目为沙河棚户区改造二期项目，改造面积 24220 平方米，共 300 户，预计改造资金 2430 万元，其中申请中央补助 300 万元，地方配套资金 1930 万元，其他投资 200 万元。

（二）廉租房建设。全区城市棚户区改造从 2009 年开始，2009—2012 年廉租住房建设项目共 7 个，共投入住房保障资金 3730.1 万元。2009 年，城市家园廉租住房建设项目调整为西洞庭七分场廉租住房项目和转运站廉租住房项目。西洞庭七分场廉租住房项目总建筑面积 1435. 5 平方米，三层，共 25 套，总投资 127.8 万元（其中购置房源 100 万元、改建资金 27.8 万元），2009 年 11 月竣工验收，配租到位。蒿子港转运站廉租住房项目总建筑面积 1219.5 平方米，25 套，总投资 100 万（其中购置房源 80 万元、改建资金 20 万元），2010 年 2 月竣工验收，配租到位。2010 年廉租住房项目共两个，分别是祝丰西路廉租住房项目和嘉盛佳园廉租住房项目，总用地面积 8942 平方米，总建筑面积 9800 平方米，200套，总投资1013万元（其中中央预算内投资392万元、地方配套621万元）。祝丰西路廉租住房项目，总用地面积4816平方米，总建筑面积6862平方米，140套，总投资693万元（其中中央预算内投资274.5万元、地方配套418.5万元）。于2011年2月竣工验收，配租到位。嘉盛佳园廉租住房项目，总用地面积4126平方米，总建筑面积2938平方米，60套，总投资320万元（其中中央预算内投资117.5万元、地方配套202.5万元）。于2011年6月竣工验收，配租到位。2011年新建廉租住房项目共两个，分别是西洞庭棉纺厂廉租住房（一期）和（二期）项目，总用地面积7822平方米，总建筑面积11846平方米，240套，总投资1715万元（其中中央预算内投资508.8万元、省级配套资金99万元、地方配套1107.2万元）。其中棉纺厂廉租房一期建筑面积2959平方米60套，及时竣工验收，分配到位；棉纺厂廉租房一期建筑面积8887平方米180套，及时竣工验收，分配入住。2012年新建廉租住房项目为龙天廉租住房项目，总用地面积7505.73平方米，总建筑面积9872平方米，200套，总投资1543万元（其中中央预算内投资395万元、地方配套1148万元）。及时竣工验收，分配入住。

（三）被征地农民集中安置住房建设。2010年有嘉盛佳园棚户区改造安置房项目，总建筑面积4800平方米，60套，总投资480万元，2010年6月竣工验收，已对签订拆迁协议选择实物安置53户业主进行安置；由区国土局负责建设的棉纺厂安置房一期30套，建筑面积3473.3平方米。棉纺厂安置房二期70套，建筑面积7637.8平方米。

2011年棚户区改造安置房项目：棉纺厂安置房一期项目，总建筑面积3473.25平方米，30套，总投资550万元，及时竣工验收，分配入住；棉纺厂安置房二期项目，总建筑面积7637.75平方米，70套，总投资1213万元，及时竣工验收，分配入住。另外全区省保障性安居工程绩效考核垦区危房改造任务为3457户。实际开工3457户，开工率100%；完成2419户，完成率为70%。具体项目为：集中新建项目共4个，分别为沙河安置房、育才安置房、嘉盛佳园安置房、龙天安置房，总建筑面积18000平方米，300套。沙河安置房、育才安置房、嘉盛佳园安置房，共160套，及时竣工验收，安置到位；龙天安置房，140套。异地单独重建740户，全部开工建设。翻修加固400户，全部开工建设。货币安置600户，全部签订拆迁协议。配套基础设施建设项目共4个，分别为龙天、东郊、天福、棉纺厂安置点配套基础设施建设工程，全部开工建设，解决1037户危旧房居民水、路、电等配套基础设施问题。

2012年棚户区改造安置房建设项目2个，分别为沙河安置房一期和沙河安置房二期，总用地面积4955.87平方米，总建筑面积11444平方米，80套，总投资1144.4万元。沙河安置房一期，用地面积2173平方米，建筑面积5722平方米，40套，投资572.2万元。沙河安置房二期，用地面积2782.87平方米，建筑面积5722平方米，40套，投资572.2万元。是年区城建局负责建设安置房祝丰安置房60套，建筑面积9337平方米和天福安置房30套4522.7平方米。鑫湖缘房产公司负责建设沙河安置房2号、3号楼40套建筑面积

5722 平方米。

（四）公共租赁房项目建设情况。2010—2012 年全区公共租赁房 7 个：2010 年，公共租赁房建设项目常德市汇美食品有限公司公共租赁房（一期）新建项目，总建筑面积 2770 平方米，50 套，总投资 200 万元（其中中央资金 42 万元、地配套资金 158 万元），2010 年 3 月竣工验收，配租到位。2011 年，公共租赁房建设项目共有两个，分别是西洞庭天泽公共租赁房和汇美公共租赁房（二期），总建筑面积 6465 平方米，120 套，总投资 530 万元（其中中央专项资金 230.4 万元、省级配套资金 24.8 万元、其他资金 274.8 万元）。其中天泽公共租赁住房建筑面积 1038.6 平方米，25 套，总投资 130 万元；汇美公共租赁住房筑面积 5426.57 平方米，95 套，总投资 400 万元，均已竣工验收，配租到位。2012 年，公共租赁房建设项目共有 7 个，分别是雨润公共租赁住房、新光源公共租赁住房、新绿洲公共租赁住房、崎丰公共租赁住房、天然爽公共租赁住房、邓权公共租赁住房、银骏公共租赁住房，其中雨润、新光源、新绿洲公共租赁住房采取新建方式筹集，崎丰、天然爽、邓权、银骏公共租赁住房采取政府长期租赁方式筹集，总建筑面积 27054.7 平方米，564 套，总投资 2901.34 万元，其中中央补助 1539.28 万元、地方配套资金 100 万元、其他投资 1262.06 万元。崎丰、天然爽、邓权、银骏公共租赁住房已完成建设并已签订租赁合同，完成投资 2219 万元。

第三节　房地产管理

一、产权产籍管理

2006 年到 2011 年，管理区房管局共确认发证 2710 件，累计发证 1340527.29 平方米。2006 年发证 83 本，转移登记发证 37 本，变更登记发证 4 本，他项权利登记发证 7 本，35 户初始登记发证，交易面积达 96897.5 平方米，办、发证无差率 100%。2007 年承办各类登记 224 起，其中初始登记 41 起、转移登记 171 起、抵押登记 12 起、交易面积达 178842.26 平方米。2008 年共办理各类登记 314 起，交易面积 120604.36 平方米，其中转移登记 134 起、初始登记 99 起、变更登记 12 起、他项权登记 69 起。2009 年完成交易登记 374 宗，交易额 4528.3 万元，交易面积 139482.27 平方米。初始登记 155 宗；为企业和个人办理抵押登记 138 宗，解决资金困难 8038.4 万元。2010 年会同有关部门处理房改房权属遗留问题和房屋权属登记。2011 年共办理各类登记 782 件，登记面积 466741.6 平方米。其中产权初始登记 76 件，登记面积 277009.25 平方米；交易登记 499 件，登记面积 50427.33 平方米；预抵押登记 207 件，登记面积 147883.22 平方米；其他登记 55 件。2012 年共办理转移登记 285 宗，面积 49221 平方米，金额 9442.65 万元；初始登记 208 宗，面积 224905.84 平方米；变更登记 18 宗，面积 20588 平方米；他项权登记 486 宗，面积 30070 平方米。各项登记办理严格按照市局要求审查、审批、送审，保证各项登记办理准确率 100%。

表 4.10.3.1.1　2006 年至 2012 年度登记发证情况一览

年度	确认发证（件）	累计发证面积（平方米）
2006	83	96897.5
2007	224	178842.26
2008	314	120604.36
2009	374	139482.27
2010	648	288778.3
2011	782	466741.6
2012	285	49221

二、住房制度改革

改革开放以前，西洞庭农场干部职工住房完全属于福利建房分房。1982 年，管理区开始探索解决日渐突出的住房供需矛盾。1983 年，管理区农业单位实施住房制度调整，拉开管理区住房制度改革序幕，为住房商品化打下前期基础。1992 年 2 月，出台《西洞庭农场住房制度改革实施方案》，改革基本方式是：住房公有、统一分配、以息抵租、还房抵押。其范围包括全场所有机关，企事业单位公有住房。1993 年 4 月，农场颁布《西洞庭农场关于公有住房商品化的实施方案》，鼓励干部职工在自愿基础上折价出售和以息抵租，此后干部职工购地置房逐渐形成规模，截至 2002 年，全区沿城区大小街道两侧共建私宅 1286 处，总用地面积 20068.74 平方米。

2007 年，区财政多方筹措资金 230 万元在行政事业单位全面启动住房公积金，稳定干部队伍，激发广大干部职工工作热情。

2009 年，租金核减 576 户，核减金额 37.7 万元，发放租赁补贴 771 户，补贴金额 104.1 万元。2010 年，会同物价部门制定 2010 年区租赁补贴标准（一人户 56 元/月，二人户 84 元/月，三人户 126 元/月，三人以上户 140 元/月）。在资料审查方面，采取居委会、祝丰镇初审，区民政局复审，区住房保障办终审管理模式，确定全区 2010 年廉租住房保障租赁补贴对象。共发放租赁补贴 931 户，补贴金额 124 万元；租金核减 576 户，核减金额 37.8 万元。2011 年，区省保障性安居工程绩效考核租赁补贴任务为 931 户。11 月 30 日自查验收，完成 931 户，补贴金额 124 万元，完成率为 100%。

三、物业管理

管理区房地产物业管理起步较晚，水平长期滞后。2007 年引进第一家物业管理公司常德市广夏物业管理有限公司，2011 年引进常德市丰庭物业管理公司、常德市德山德保物业管理有限公司、常德市西湖区兴旺物业管理有限公司三家，现全区共有 4 家物业管理公司，管理 6 个物业小区，物业管理面积 27.13 万平方米。

表 4.10.3.3.1　物业管理企业一览

公司名称	资质	物业管理单位名称
常德市龙信房地产开发有限公司	三级	常德市德山德保物业服务有限公司
常德市鑫湖缘房地产开发有限公司	三级	西湖区兴旺物业服务有限公司
常德市西洞庭嘉盛房地产开发有限公司	四级	常德市西洞庭广夏物业管理有限公司
常德市西洞庭昌华房产开发地有限公司	四级	丰庭物业管理有限公司
常德裕源置业有限公司	四级	丰庭物业管理有限公司
常德市盛隆房地产开发有限公司	暂定	常德市德山德保物业服务有限公司

管理区一直以宣传政策法规、普及物业知识为先导，加大物业监管工作力度。一是印发资料。印发国家住房和城乡建设部制定《业主大会和业主委员会指导规则》，转发到乡镇人民政府、社区居委会及有关单位和部门。二是多形式多渠道宣传《业主大会和业主委员会指导规则》，宣传橱窗、展牌、召开业主大会等形式，宣传《业主大会和业主委员会指导规则》，使全社会知晓业主、业主大会和业主委员会基本概念，业主大的组成，业主委员会产生、职责和义务等。为明确物业管理职责。

2012 年开始推进敞开式小区物业管理试点工作，积极作为，在东郊村和天福村两个敞开式小区，采用由村委会管理模式，制定完善的小区管理制度，明确专人负责，同时在小区尚未建成前提下，落实物业用房。确保小区建设区域日常卫生保洁、治安防控规范化，并将分期结合基础设施建设进度稳步推进小区物业管理力度，完善“六有”。

2013 年由区房管局牵头，社区、物业公司、开发公司、业主全程参与，对亿客隆小区、嘉盛佳园小区、桂花园一期小区分别组建成立业主委员会，落实业主自治。并从 2012 年起每年定期联合物价部门对物业公司收费和服务水平进行现场检查，对不规范收费予以取消，有效提高全区物业服务水平。

四、房产信息化管理

区房产局房产信息化管理经历从无到有、不断发展过程。2012 年，信息化管理工作走入正轨，落实专人负责报表填报、报送，及时掌握全区房地产市场信息，并将房产统计报表填报准确性和及时性纳入对各房产公司考核范围。组织实施全区主城区房产产籍测绘，对房产办证、房产档案管理进行资料电子化管理。2013 年购置硬件设备，安装专业软件，建立全区房产信息系统、网签系统，用于房产信息系统建设和局内部资料数字化管理，启动网上受理审批和商品房网签业务，方便办证受理审批时限，规范全区商品房销售市场。

五、房地产规划管理

2010 年，管理区通过园区总体规划与控制性规划，根据城区实际，对房地产开发作出合理布局，为城区房地产开发绘制了发展蓝图。新建小区开发水平逐步提高，2009 年由龙信房地产开发公司建设的城市家园项目被市住建局评为最佳小区设计奖。

（一）法规建设。组织房地产法律法规学习。每年组织一次大规模宣传活动，宣传国家有关房地产开发法律、法规，增强各房地产开发企业和广大群众法律意识。2008 年 3 月配合消协开展房地产有关政策与法律法规宣传活动，切实维护消者合法权益。积极参加上级举办的各类培训班。

（二）行政执法。为突出依法行政，全面提升机关效能。区房管局全面规范行政执法行为，完善行政执法程序，简化行政审批手续，加大政务公开推行力度。商品房销售许可、拆迁许可等审批要件、审批流程、收费标准、办结时限要向社会公布，杜绝暗箱操作，杜绝以权谋私、以岗谋利。强化过程监督，严肃查处各种“不作为、乱作为”行政行为，不断巩固和提高房产依法行政、规范服务能力和机关效能建设水平。

附 录

一、重要文件

目　录

常德市城区公有住房优惠出售办法

（常政发〔1993〕7号）

常德市人民政府

第一条　为了改善职工住房条件，正确引导消费，逐步实现住房商品化，建立适应社会主义市场经济的住房分配机制，根据国务院和省政府的有关精神，特制定本办法。

第二条　本市城区范围内的行政机关、企事业单位优惠出售自管的公有住房必须遵守本办法。房管部门直管公房的出售办法另行制定。

第三条　本办法所称产权单位，是指本市城区内对公有住房（市房管部门直管的公房除外）行使管理权的行政机关、企业事业单位。

本办法所称公有住房，是指本市城区内行政机关、企业事业单位自管的产权属于全民或集体所有的房屋。

第四条　本市城区内的行政机关、企业事业单位自管的住房均可出售；但下列房屋不予出售：

（一）已列入近期进行改造或开发建设规划的住宅；

（二）有历史纪念意义和风景名胜区域内的住宅；

（三）危房、平房、独房独院和各类临时建筑及违章建筑的房屋；

（四）产权有争议的房屋；

（五）未取得政府房管部门颁发房屋所有权证的房屋；

（六）其他不宜出售的房屋。

第五条　凡家住本市城区，具有本市城区正式户口的职工，以户为单位，可按优惠政策购买一套公有住房，但两种情况除外：

（一）在本市城区有私房且人均使用面积达到10平方米以上的；

（二）在规定的晚婚年龄以下未婚的。

产权单位的职工对所住公房有优先购买权；调离产权单位的职工居住产权单位的公房，由职工现所在单位与产权单位协商一致并按市场价购买后，再优惠出售给原居住的职工。

因需要调到县（市）工作，所购住房如按原价退回给原产权单位的，在新的工作单位可再按优惠政策购买一套住房。

第六条 住房的厅、卧室、厨房、厕所、储藏室、户内走道等按实测面积全额计算。

全封闭阳台、层高在2.2米以下的技术层按实际建筑面积的50%折算建筑面积；层高在2.2米以上的技术层按实际建筑面积计算；挑凹阳台不计算建筑面积。

第七条 住房的标准价以自然栋办单位定价，以建筑面积“元/平方米”为计算单位。1992年元月1日至12月3 1日竣工的砖混结构成套房的标准价每平方米建筑面积200元。1992年元月1日以前以前竣工的房屋每年扣减1%，但扣减累计不得超过30%；1992年12月31日以后竣工的房屋每年增加3%（截至1995年年底）。不同结构的房屋的具体价格及成新增减系数见附表1、附表2。

出售的公房因地段、朝向、楼层、装饰及设施不同，均在购买房屋的标准价基础上适当增减售价，具体增减率或增减额见附表3、附表4、附表5、附表6。

第八条 为鼓励购买住房，对购房者实行以下优惠政策：

（一）一次性购房优惠：职工购买住房时，给予所购房屋的标准价20%的一次性优惠（不在单位院内的房屋给予22%的一次性优惠）。

（二）工龄优惠：按购房者各个时期工龄分段优惠率累加计算（以购买房屋的标准价为基数），红军时期每年工龄优惠1.5%，抗战时期每年工龄优惠1%，解放战争时期工龄每年优惠0.8%，新中国成立后每年工龄优惠0.5%。夫妻双方中工龄长的不在本单位工作的，其超过配偶的工龄，由所在单位按本项规定给予补贴。

（三）付款优惠：在1993年9月30前一次性付清购房款的，按应付购房款（即总房价减去前两项优惠的余额）给予20%的优惠。1993年9月30日起，每推迟一个月一次性付款的，扣减优惠比例2%，至1994年6月30日止。分期付款的，按比例五年付清，但首次付款不得低于30%，余款四年平摊，每年6月30日为当年付款的最后期限。逾期付款的，按银行五年定期存款利率加付利息。

第九条 优惠出售公房的具体价格计算公式：

分期付款总房价 = ［标准价200X 成新增减系数 X（1次性优惠率—工龄优惠率 ± 地段、朝向、层次价差调节系数）］X 建筑面积 ± 装饰及设施价差额

一次性付款总房价 = 分期付款总房价 X（1次性付款优惠率）。

第十条 职工按优惠政策购买的住房，在付清房款后，由政府房产管理部门发给产权

证（加盖“优惠售房”字样），可以继承，三年后允许按照房产交易管理规定通过房产交易市场出售，在同等条件下，原产权单位有优先购买权。售房收入扣除有关税费后的增值部分，80%归售房者个人，20%归原产权单位。因特殊情况需退房的，只能按原购房价退回给原产权单位，其购房款按银行活期存款利率计息。分期付款购房期间，购房者亡故，由其合法继承人行使权利，履行义务。无合法继承人的，其房屋由原产权单位接管，已付房款纳入单位住房基金。

第十一条　优惠购房面积的控制标准原则上由产权单位自行确定，但按建筑面积计算最高不得超过下述标准：凡属市计委 1993 年 5 月 31 日前下达的基建计划修建的房屋，地师级 130 平方米，县处级 100 平方米，科级 85 平方米，一般干部职工 75 平方米。此后批准修建的房屋按国家规定控制的面积标准执行。夫妻双方在同一产权单位的，以职务高的一方为标准。不在同一产权单位的，以在产权单位的一方为标准。

没有行政职务的专业技术人员，根据有关文件精神和产权单位的具体情况，比照同级的行政职务标准执行。

上述住房面积标准只作为购房时享受优惠政策的最高控制面积标准，不是单位给职工分房售房时的必达标准。

凡超过上述最高控制面积标准的，其超过的面积一律按标准价购买（指购买的房屋的标准价），不享受一次性优惠和工龄优惠（付款优惠仍可享受）。现住房超标准且其配偶方职务高的，由其配偶方所在单位按本条规定予以补贴。

第十二条　1994 年 6 月 30 日前，单位有房出售，住户不愿购买的，或单位有房不出售的，从 1994 年 7 月 1 日起不给优惠。

职工愿意购房，单位暂无房源，可由所在单位报房改办，申领《优惠购房证》，购房时凭证享受本办法规定的优惠。

人均使用面积 8 平方米以下的购房户，所在单位有条件的，可按原价将房屋退给原产权单位，换购人均使用面积 10 平方米以上的住房，享受本办法规定的优惠。

第十三条　加强公房售后的服务管理

（一）职工购房后，室内维修费用自理，公用部分或公共部位的维修，由原产权单位或住户自行组织的管委会组织和管理。

（二）公用部分或公共部位，如屋面、楼梯间、公用走道、公用水、电、卫生设施、排水管等的维修，由购房户年初按各自的建筑面积每平方米 0. 50 元交纳给原产权单位或住户自行组织的管委会，不足部分由产权单位从单位住房基金中解决。随着改革的不断深入，今后要逐步转入社会化管理。

（三）售后住房的自用部位，住户自修和装饰时，不得影响建筑主体结构和整体色彩，不得侵害他人利益。

（四）产权单位要定期对出售的公房进行安全和质量检查，组织修缮或提出修缮建议，确保住房安全。

第十四条　出售公房的审批手续和程序

（一）产权单位根据本办法制订具体的售房方案，搞好房屋自测评估计价，将售房方案和自测情况报市房改办审批。

（二）市房改办会同有关单位按本办法的有关规定对各产权单位的自测情况实地审验。

（三）售房方案获得审批的产权单位与购房人签订统一印制的公有住宅买卖合同，报市房改办审批。

（四）产权单位与购房人共同凭市房改办批准的合同和银行的购房付款证明书到房管部门办理产权变更登记手续（分期付款的，先登记，待付清全部购房款后，再颁发产权证）。

（五）产权单位向国有资产管理部门申办国有资产变更登记手续。

第十五条　市属行政机关和全额拨款的事业单位售房收入的90%、差额拨款的事业单位售房收入的80%作为城市住房基金，由市住房资金管理机构单独立账，专户储存，用于商品房、微利房、福利房的建设，剩余部分留作行政事业单位住房基金，存入专业银行房地产信贷部设立的专户上。国有企业售房收入，市住房资金管理机构按总额提取10%，作为国有企业住房调节基金，专户存入银行转款专用。单位住房基金只能用于购建职工住房及房屋公用设施维修，严禁挪作他用。

第十六条　各类住房基金的管理，由市政府另行发文规定。

第十七条　区属单位的售房方案由区政府审批。区属单位住房基金的提取比例、管理与使用，由区政府根据本办法决定。

第十八条　本办法从1993年7月1日起实施。《常德市城区公有住宅优惠出售暂行办法》（常政发〔1991〕16号文件）同时废止。

第十九条　本办法由市房改办解释。

常德市物业管理办法

（常政办发〔2011〕19号）

常德市人民政府

第一章　总　则

第一条　为了规范物业管理行为，维护业主和物业服务企业的合法权益，根据《中华人民共和国物权法》《物业管理条例》等法律、法规的有关规定，制定本办法。

第二条　本市行政区域内的物业管理、使用、维护及监督管理活动，适用于本办法。

第三条　市和县级房地产管理部门为物业管理行政主管部门（以下简称物业主管部

门），负责本行政区域内物业管理的监督管理工作。街道办事处、乡镇人民政府要将物业管理纳入社区管理的工作范畴，负责物业管理小区（单位）的治安稳定、就业与再就业、社会保障、城市管理和创建、计划生育等社会性事务管理；与物业主管部门共同指导业主成立业主大会，并选举产生业主委员会；监督业主大会和业主委员会的日常活动；协调物业管理与社区管理、社区服务的关系。物业服务企业按照物业委托合同授权范围，管理建筑区划内的建筑物及其附属设施，接受物业主管部门、当地街道办事处、乡镇人民政府和社区（居民委员会）的管理、指导和监督。

第四条　市、县物业主管部门应当加强对物业服务活动的监督和管理。物业管理行业协会应充分发挥服务、沟通作用，做好从业人员培训工作，协助主管部门做好诚信记录及申报企业资质的前期辅导工作，完善物业服务行业自律制度，促进物业服务行业发展。

第二章　业主、业主大会和业主委员会

第五条　业主对物业管理区域（道路、绿地、其他公共场所、公用设施和物业管理用房以及物业共用设施设备等）共用部分实施共同管理。下列事项由业主共同决定：

（一）制定和修改业主大会议事规则；

（二）制定和修改管理规约；

（三）选举业主委员会或者更换业主委员会委员；

（四）制定物业服务内容、标准以及物业服务收费方案；

（五）选聘和解聘物业服务企业；

（六）筹集和使用房屋维修资金；

（七）改建、重建建筑物及其附属设施；

（八）改变共有部分的用途；

（九）利用共有部分进行经营以及所得收益的分配与使用；

（十）法律法规或者管理规约确定应由业主共同决定的事项。

决定前款第（六）、（七）项事项，应当经专有部分占建筑物面积 2/3 以上业主且占总人数 2/3 以上的业主同意；决定前款其他事项，应当经专有部分占建筑物总面积过半数的业主且占总人数过半数的业主同意。

业主可以成立业主大会，业主大会由物业管理区域内全体业主组成，对物业管理区域共用部位实施共同管理，按照相关规定开展物业管理有关的活动。一个物业管理区域成立一个业主大会。未成立业主大会，发生物业服务企业停止服务或其他重大、紧急物业管理事件，需要业主共同决定的，由物业所在地街道办事处、乡镇人民政府和物业主管部门指导协助业主共同决定。

物业管理区域内已交付业主的专有部分达到建筑物总面积 50% 以上，建设单位应当向物业主管部门和所在地街道办事处、乡镇人民政府报送筹备首次业主大会会议所需资料。

街道办事处、乡镇人民政府应当自接到建设单位申请之日起60日内，指定代表担任筹备组组长，组织成立首次业主大会筹备组。筹备组成员名单确定后，应当在物业管理区域内醒目位置公示。

建设单位应当自首次业主大会会议筹备组组成之日起7日内向筹备组提供业主名册、业主专有部分面积、建筑物总面积等资料，为筹备会议提供相应条件的服务。

业主大会选举产生业主委员会后，业主委员会应当自选举产生之日起30日内，按相关规定向物业所在地街道办事处、乡镇人民政府和县级以上物业主管部门办理备案手续。

第十一条　因客观原因未能选举产生业主委员会的，可以由物业所在地社区（居民委员会）在街道办事处、乡镇人民政府的指导和监督下，代行业主委员会职责。

第十二条　业主应当按照物业服务合同的约定按时足额交纳物业服务费用。业主违反物业服务合同约定逾期不交纳物业服务费用的，业主委员会应当督促其限期交纳；逾期仍不交纳的，物业服务企业可以向人民法院起诉。业主委员会应当在前期物业管理临时管理规约的基础上及时修改制定小区管理规约，对小区的物业服务和房屋维修资金收缴、业主共有房屋、共用设施设备和其他公共空间的维护与管理以及装饰装修等行为和事项作出约束性规定；应当协调处理物业服务企业与业主和物业使用人之间的纠纷。

第三章　前期物业管理

第十三条　建设单位应当在预（销）售物业之前，在物业主管部门的指导下通过招投标的方式选聘具有相应资质的物业服务企业，签订前期物业服务合同。

第十四条　经县级以上物业主管部门批准，下列情形可采用协议方式选聘具有相应资质的物业服务企业：

（一）一个物业管理区域内，住宅建筑面积少于1万平方米或产权人数少于20人的；

（二）一个物业管理区域内，非住宅建筑面积少于0.5万平方米的；

（三）已经实行物业管理的区域内，新建物业选择前期物业服务企业的；

（四）公开发布招投标公告后，投标人少于3个的。

第十五条　前期物业管理的收费实行政府指导价，价格调整幅度不得超出物价部门规定。前期物业服务企业应当将服务项目、服务等级、收费标准、计费起始时间等内容向物业主管部门备案，由价格主管部门根据有关规定核定收费标准，并由物业服务企业在小区内醒目位置公示。

第十六条　建设单位在销售物业前，应当制定临时管理规约。临时管理规约应当对房屋装修、共有部位和公共设施及其他公共场地的使用、维护、管理，业主应当履行的义务，违反临时管理规约应当承担的责任等事项依法作出约定，并向物业主管部门备案。临时管理规约作为房屋销售合同的附件在销售场所醒目位置公示。

第十七条　建设单位在销售物业时，应当明示前期物业服务合同，并向业主告知物业服务企业的名称、办公场所、联系方式和资质等级、物业服务等级和收费标准等。否则，业主有权拒交物业服务费。

第十八条　前期物业服务合同所约定的期限，应当自签订前期物业服务合同之日起至首届业主委员会与物业服务企业签订物业服务合同生效之日止。

第十九条　物业未经竣工验收或者竣工验收不合格的，不得交付使用。

第二十条　在办理物业交接手续时，建设单位应当按照有关规定向物业服务企业移交资料。前期物业服务合同终止时，物业服务企业应当及时将前款规定的相关资料移交给业主委员会或代行业主委员会权利的组织。

第二十一条　新建住宅物业，建设单位应按下列规定配建物业管理用房：

（一）建筑总面积在1万平方米以下的，提供使用面积50平方米物业管理用房；

（二）建筑总面积在1万平方米（含）以上3万平方米以下的，提供使用面积100平方米物业管理用房；

（三）建筑总面积在3万平方米（含）以上5万平方米以下的，提供使用面积150平方米物业管理用房；

（四）建筑总面积在5万平方米（含）以上的，按总建筑面积的3‰提供物业管理用房。

第二十二条　物业管理用房包括物业管理办公用房、物业管理配套用房和业主委员会办公用房等。门卫房、车库、杂物房、阁楼、设施设备用房不得抵作物业管理用房。层高不足2米或已经列入公共分摊的房屋不计入物业管理用房面积；物业管理用房必须相对集中，具备自然通风采光条件和进行普通以上装修。

第二十三条　建设单位在办理“商品房预售许可证”时，应当向物业主管部门提供物业管理用房具体位置、面积和《商品房建筑面积预测报告书》，办理物业管理用房确认手续。建设单位在申请办理房屋所有权初始登记时，应当对物业管理用房一并申请办理。

第二十四条　建设单位应当按照国家规定的保修期限和保修范围，承担物业的保修责任。物业保修期限从工程竣工验收合格之日起计算。保修期满后，房屋的专有部分由业主自行负责。

第二十五条　新建小区供水供电供气应当实行一户一表单独立户。

第二十六条　任何单位和个人不得擅自占有、使用和处分建筑区划内依法属于业主共有的道路、绿地、物业共用部位、公用设施、共用设施设备、架空层、物业管理用房和其他公共场所。

第二十七条　新建小区必须严格按照规划设计要求和宣传推介的承诺建设配套设施，使用前的小区物业用房、业主公共活动用房以及其他共有房屋和配套设施的验收由县级以上物业主管部门组织实施。

第四章　物业服务

第二十八条　从事物业管理活动的企业应当具有独立的法人资格，遵守国家和地方有关物业服务企业资质管理的规定。新设立的物业服务企业应当自领取营业执照之日起 30 日内，向工商注册所在地物业主管部门申请资质。从业人员应当取得相应职业资格。

第二十九条　一个物业管理区域应当由一个物业服务企业统一提供物业服务。新建住宅区，包括分期建设或者两个以上单位开发建设的住宅区，拥有共同的配套设施设备的，应当划分为一个物业管理区域。分期建设的物业，前期建成部分已确定物业服务企业的，后期建成部分应当由同一物业服务企业提供物业服务。

第三十条　物业服务企业与业主委员会应当签订物业服务合同，对双方权利义务、物业服务事项、服务标准、服务费用、物业管理用房的管理与使用、合同期限、服务交接、违约责任等内容进行约定。服务内容、服务等级应当经物业主管部门审批后报价格主管部门备案；收费标准由价格主管部门核定后报物业主管部门备案。物业服务企业应当自物业服务合同签订之日起 15 日内，将物业服务合同报物业服务项目所在地县级以上物业主管部门备案。

第三十一条　物业服务企业应当将服务事项、服务标准、收费项目、收费标准等有关情况在物业管理区域内醒目位置公示，接受业主监督。物业主管部门和价格主管部门要加强对物业服务企业服务标准的检查。对收费标准与服务标准、服务质量、服务等级不符的，应责令整改；整改不到位的，由价格主管部门降低其收费标准。

第三十二条　物业服务合同期限届满前，业主大会应当决定是否更换物业服务企业等事项。决定续聘原物业服务企业的，应当与原物业服务企业协商签订物业服务合同；决定解聘的，应当履行必要的通知义务，合同未约定通知期限的，应当于合同期限届满前 1 个月告知原物业服务企业，并在物业管理区域内公告。

第三十三条　物业服务合同终止前，物业服务企业不得停止服务。物业服务企业决定物业服务合同期限届满后，不再续签物业服务合同的，应当于物业服务合同期限届满前履行必要的通知义务；合同未约定通知期限的，应当于合同期限届满前 1 个月通知业主委员会。

第三十四条　物业服务合同期满后，物业服务企业未与业主委员会续签书面物业服务合同，物业服务企业事实上提供了物业服务，且履行了告知义务，业主委员会也未表示不接受服务的，物业服务企业有权要求业主履行相关义务。业主委员会共同决定不再接受物业服务的，物业服务企业不得强行提供物业服务，不得以事实服务为由向业主收取物业服务费用。

第三十五条　物业服务合同终止或者业主不再接受事实服务，物业服务企业应当在 15 日内与业主委员会完成交接。物业服务企业应当履行法定交接义务，并撤出物业管理区域。原物业服务企业不得以业主欠交物业服务费用、对业主委员会决定有争议等为由拒绝办理交接，原物业服务企业在应当办理交接至撤出物业管理区域前的期间内，应当维持正常的物业管理秩序。业主委员会应当配合原物业服务企业收取业主欠交的有关费用。原物业服务企业拒不撤出物业管理区域的，新的物业服务企业和业主应当与原物业服务企业协商解决，协商不成的，业主委员会应当依法提起诉讼或者申请仲裁，新的物业服务企业不得强行接管。因业主委员会的原因在15日内未完成交接的，物业服务企业应提请当地街道办事处、乡镇人民政府或社区（居民委员会）进行协调。在7日内仍协调不成的，物业服务企业可以撤出物业管理区域，但应当将相关资料移交至当地街道办事处或乡镇人民政府，由其代为保管。

第三十六条　物业主管部门应当按要求建立物业管理行业信用信息系统，对物业服务企业和执业人员实行动态监督管理。由物业主管部门和房地产行业信用信息征信评价机构对物业服务企业和执业人员通过日常考核和年度审核进行等级评价。要运用好企业信用评价结果，使其在项目承接、企业和项目评优、企业资质晋级、企业年度审核及银行信贷等方面发挥参考作用。

第五章　物业的使用与维护

第三十七条　物业管理区域内共用部位、公共设施设备的用水、用电按照居民生活用水、用电价格标准实行。经业主大会同意，改变用途不作公用的，其用水、用电价格标准按照相关规定执行。

第三十八条　通过物业管理区域内城市道路及其绿化、市政公共设施的维修养护由市政、园林主管部门负责。通过物业管理区域内的公共汽车道路的保洁工作由环卫部门负责。物业服务企业收集业主的生活垃圾后负责运到垃圾中转站，中转站至垃圾场的清运及产生的相关费用由环卫部门负责。业主电表及表前的供电管线及设备的维修养护，由供电部门负责。业主水表及表前的供水管道及设备的维修养护由供水部门负责。业主燃气表及表前的燃气管道及设备的维修养护由供气部门负责。通信、有线电视等单位，应承担相关的管理和设施设备维修、养护责任。

第三十九条　业主和物业使用人使用物业，应当遵守法律、法规、规章和管理规约（临时管理规约）的规定。业主和物业使用人使用物业，应当按照有利于物业安全使用、公平合理、不损害公共利益和他人利益的原则，正确处理供水、排水、通风、采光、通行、维修、装饰装修、环境卫生、环境保护等方面相邻关系。

第四十条　业主、物业使用人将住宅改变为经营性用房，除遵守法律、法规、规章和管理规约外，应当征得利害关系业主同意，并依法办理相关手续。

第四十一条　物业服务企业从事物业维护、修缮、检查等工作时，业主或者物业使用人应当提供方便。

第四十二条 物业管理区域内规划用于停放汽车的车库、车位应当首先满足业主的停车需要。规划用于停放汽车的车库、车位的归属，由建设单位通过出售、附赠或者出租等方式约定，并向全体业主公布车库、车位处分情况。占用业主共有的道路或者其他场地用于停放汽车的车位，属于业主共有。

第四十三条 利用物业管理区域内道路、绿地、其他公共场所、共有房屋、共用设施设备、共用部位进行经营的，应当征得有利害关系的业主同意，并经业主大会或经专有部分占建筑物总面积过半数的业主且占总人数过半数的业主同意，按照规定办理有关手续。所得收益在扣除成本（人工、维护和税费等）后应当按照业主大会的决定使用，并向全体业主公布实际收入和支出情况，接受业主委员会的质询。

第四十四条 业主所购置的物业，应该按照《住宅专项维修资金管理办法》交存房屋维修资金。

2008 年 6 月 1 日之前所购物业，按照规定标准由物业服务企业或业主委员会代为收缴的房屋维修资金，要加强使用监管，防止挪作他用，物业主管部门有权采取调查、查阅账目、专项审计等方式进行监督；2008 年 6 月 1 日以后所购物业，业主按照新的缴纳标准首次归集交存至房屋维修资金归集管理中心专户储存，专款专用。

房屋维修资金用于房屋共用部位、共用设施设备等公共部分保修期满后的维修、更新和改造，由业主按照所拥有的建筑面积比例分摊；需要维修、更新和改造的物业项目，其维修方案和维修费用必须由占总人数 2/3 以上的业主签字同意后方可使用。房屋维修资金在业主委员会成立前由房屋维修资金归集管理中心代管。业主委员会成立后，可根据业主大会决议，由物业服务企业和业主委员会双方负责人同时到房屋维修资金归集管理中心办理手续，按照规定程序将房屋维修资金移交给其他单位代管；未决定移交的由房屋维修资金归集管理中心继续代管。业主大会开立的房屋维修资金账户，必须接受房屋维修资金归集管理中心的监督。

第四十五条 建设单位应当按照国家、省规定的保修期限和保修范围承担保修期间的物业保修责任。建设单位可以委托物业服务企业维修，也可以自行组织维修。建设单位在物业交付使用办理权属初始登记手续前，应当按照国家、省、市有关规定一次性向物业主管部门交纳物业保修金。物业保修金缴存、使用、退还、管理和监督办法，由市物业主管部门会同市财政、市价格主管部门另行制定。

第四十六条 物业服务企业应当加强对物业的巡查，发现存在安全隐患的，按照物业服务合同的约定及时进行维修养护或者通知责任人及时维修养护，消除隐患。责任人不履行维修养护义务的，经业主大会或者业主委员会同意，可由物业服务企业代为维修养护，所需费用由责任人承担。

第六章 附 则

第四十七条 业主大会决定自行管理物业的，参照本办法相关规定执行。第四十八条本办法自发布之日起施行。

关于进一步加强房地产市场监管促进房地产业平稳健康发展的意见

（常政办发〔2011〕20号）

常德市人民政府

各县市区人民政府，常德经济技术开发区、柳叶湖旅游度假区、西湖管理区、西洞庭管理区管委会，市直有关单位：

为进一步加强房地产市场监管，促进我市经济社会又好又快发展，根据《城市房地产管理法》、《城市房地产开发经营管理条例》、《国务院办公厅关于促进房地产市场平稳健康发展的通知》（国办发〔2010〕4号）、《国务院办公厅关于进一步做好房地产市场调控工作有关问题的通知》（国办发〔2011〕1号）等法律法规和政策的有关规定，经市人民政府同意，现提出以下意见：

一、加强产业研究，制定产业发展规划

（一）加强房地产业经济特性研究。发展改革、住房城乡建设、国土资源、规划、房管等部门和各县市区要加强房地产业与城市经济发展、房地产开发与城市运营、房地产业与民生、房地产业与其他相关产业发展关系的研究。按照城市总体规划要求，以建设“现代常德、幸福家园”和打造“区域中心城市、交通枢纽城市、生态宜居城市”为导向，以提升城市品质、改善居民居住条件和环境为目的，进一步做好房地产市场调控工作，促进房地产市场平稳健康发展。

（二）加强房地产业发展现状研究。深入分析房地产业发展现状，针对存在的问题，采取有效措施认真加以解决；加强市场供求研究，弄清市场总需求，为确定土地供应量提供科学参考；加强需求结构研究，丰富产品类型，满足购房者多样性需求，形成供需平衡、结构合理的房地产市场发展格局。

（三）加强产品研发。创新产品研发理念，提升产品研发能力，加强新技术、新材料运用，鼓励房地产企业开发节能环保的生态住宅，加快资源节约与环境友好的“两型”社区建设。

（四）科学制定房地产业发展规划。规划、住房城乡建设、国土资源、房管等部门和各县市区要根据城市总体发展战略，科学制定房地产土地供应规划、保障性住房建设规划、棚户区改造规划等专项规划，引导房地产业有序发展。

二、认真贯彻落实房地产调控政策

（五）加大保障性安居工程建设力度。发展改革、财政、国土资源、税务等部门要积极落实项目申报、资金投入、土地供应、规划布局和税费优惠等政策。要实行住房保障可持续发展战略，建立保障性住房建设资金归集专户和融资机构，推行廉租住房共有产权保障模式，健全准入退出机制。采取政府主导、社会融资、企业自建等多种方式，努力增加公共租赁住房供应。采取政府主导、市场运作模式，发挥市场机制作用，加大政策支持力度，多渠道筹措建设资金，加快推进城市棚户区和国有工矿棚户区改造。2015 年底前基本解决人均住宅建筑面积 13 平方米以下住房困难群体的住房问题。

（六）增加住房用地有序供给。国土资源部门应根据规划部门出具的宗地规划设计条件拟定供地方案。确定为中低价位普通商品房用地的，供地方案中要增加房管部门提出的住房销售价位、套数、套型面积以及开竣工时间、违约处罚条款等，并写入出让合同。

（七）加强风险防范和市场监管，稳定住房价格。严格执行国家和省有关房地产业的调控政策，执行差别化住房信贷和税收政策，规范预售许可等项目监管行为，抑制投机投资性购房需求；加大对闲置土地、捂盘惜售、囤积房源、违规预售、散布虚假信息等扰乱市场秩序的违法违规行为的查处力度。

三、加强房地产开发企业管理

（八）加强房地产开发企业资质管理。工商部门要严格企业注册资金管理，依法查处虚报注册资本、虚假出资、抽逃出资等违法行为；市住房城乡建设（房管）部门要规范开发企业资质管理，切实加强日常监管，解决房地产开发企业过多、过滥的问题。外来房地产开发企业来常德市进行房地产开发的，须到住房城乡建设（房管）部门登记备案。

住房城乡建设（房管）部门对房地产开发企业实行动态管理。对不具备资质的单位或个人从事房地产开发的，要严肃查处；对在一定期限内没有开发业绩或未达到规定开发量的，或有其他违法违规行为的，责令限期整改，整改不到位的，视情节轻重提请原审批机关降低开发资质等级，直至注销资质证书。

（九）建立房地产企业信用评价体系。住房城乡建设（房管）部门要建立房地产企业（含房地产开发企业、物业服务企业及中介机构）信用管理档案，将开发企业超越资质开发项目、闲置土地、捂盘惜售、囤积房源、违规预售、散布虚假信息等违法违规行为作为信用评价内容，加强对信息录入、信用评价和披露的管理。加强信用评价成果的运用，将房地产开发企业的信用情况作为土地供应、企业资质晋级和工商年审时的重要参考。对信用评定等级差的房地产开发企业要限制新购置土地和开发新的项目。对信用等级优良、开发产品品质高、配合行业管理、社会责任感强、社会反响好的企业实行激励机制，支持其发展壮大。

（十）引进培育品牌房地产开发企业。适当引进国际国内实力强、信誉好、水平高的房地产开发企业；鼓励本地房地产开发企业兼并联合、做大做强，支持有条件的企业资质晋级，培育本地房地产企业品牌，提高市场竞争力；引导企业加强培训学习和考察交流，提高企业管理和开发水平，增强企业社会责任感。

（十一）发挥行业协会作用。完善协会组织，加强产业调研，开展行业自律，参与企业信用评价，充分发挥房地产业协会的引导、纽带和维权作用。

四、加强房地产开发项目管理

（十二）调整产业结构。在确保基本保障住房供应的前提下，引导企业开发设计合理、功能完善、质量可靠、设施配套、环境优美的产品；鼓励和引导房地产业与文化、体育、旅游、商贸、工业、医疗等产业相结合，发展复合地产；鼓励支持现房、全装修房销售，提高房地产开发产品品质。

（十三）优化项目规划设计。房地产项目规划设计要塑造城市个性，凸显城市特色。规划、住房城乡建设部门要对房地产项目规划设计方案严格把关，努力打造一批特色鲜明、品质优良的城市建筑精品。规划部门审批时，要审核项目的公共用房和其他公共空间及配套设施的面积和使用功能，并在相关图纸上明确标示。业主共有物业和业主公共活动用房一经明确不得随意更改，确需更改的，须经业主大会同意后报规划部门审批。规划部门审批时，要征求有关部门意见。

（十四）完善土地供应条件。国土资源部门在土地使用权出让或划拨前，对房地产开发项目的性质、规模和开发期限，城市规划设计条件，物业、社区管理和业主文体活动等公共用房，基础设施和公共设施的建设要求，公共用房和基础设施建成后的产权界定，房地产开发企业的资质和诚信情况等事项，应当分别听取规划、住房城乡建设（房管）部门的书面意见，并纳入土地供应合同的附件内容。

（十五）严格房地产开发用地供应准入。加强对房地产开发用地竞买人资格审查，对用地者欠缴土地出让价款、未按出让合同约定开竣工、闲置土地以及囤地炒地、土地开发规模超过实际开发能力、不履行土地使用合同的，国土资源部门要禁止其在 3 年内参加土地竞买。禁止个人和未取得房地产开发资质的企业参与商品房开发土地竞买；对信用等级差的房地产开发企业，依法暂停其参与土地竞买。同时加强对房地产开发用地竞买人资金来源的审查。

（十六）严格土地供应原则。城市新区建设应坚持统一规划、成片开发的原则，鼓励房地产企业成街区开发，确保项目功能完善、设施配套、环境优美及个性突出；旧城区改造要严格按规划进行，不得零星开发，零散地块应建设街头绿地、公共停车场、公共厕所或市民文化休闲设施。

（十七）加强对违规用地和违规建设行为的查处力度。对擅自改变土地使用性质、超出用地规模开发建设等违法开发行为，国土资源、规划、住房城乡建设等有关部门应依法予以查处。对超出开发合同约定的动工开发日期满 1 年而未动工开发的，依法征收土地闲置费，并责令限期开工、竣工；满 2 年未动工开发的，无偿收回土地使用权，并征收相当于土地出让金20%以下的土地闲置费。对虽按期开工，但开发建设面积不足1/3或已投资额不足1/4，且未经批准中止开发建设连续满1年的，按闲置土地处理。

（十八）制止违规集资合作建房。严格落实原建设部、监察部、国土资源部《关于制止违规集资合作建房的通知》要求，停止审批集资合作建房项目。

（十九）加强商品房预售许可管理。未取得预售许可的商品房项目，不得进行预售，不得以认购、预订、排号、发放VIP卡等方式向买受人收取或变相收取定金、预定款等性质的费用。业主共有部分不得纳入预售范围（含属于业主共有的公共场所、公用设施和物业管理用房等房屋），有关信息应在预售许可证上注明。

规范项目分期预售。房地产开发企业事先应向房管部门申报分期预售计划，总建筑面积在6万平方米（含6万平方米）以下的项目不得分期预售，6万平方米以上的项目分期预售规模由房管部门根据项目实际情况确定。

强化商品房住宅预售方案管理。房地产开发企业应当按照商品住房预售方案销售商品住房。预售方案应当包括项目基本情况、建设进度安排、预售房屋套数、面积预测及分摊情况、公共部位和公共设施的具体范围、预售价格及变动幅度、预售资金监管落实情况、住房质量责任承担主体和承担方式、住房能源消耗指标和节能措施等。预售方案中主要内容发生变更的，应当报主管部门备案并公示。

房地产开发企业要在取得预售许可后10日内一次性公开全部准售房源及每套房屋价格，并落实预售许可价格申报和公示制度，明码标价对外销售。要加大对捂盘惜售、哄抬房价等违法违规行为的查处力度。对未在规定时间内对外公开销售或未将全部准售房源对外公开销售，不按申报价格及其他预售方案约定的内容销售以及故意采取畸高价格销售或通过签订虚假商品住房买卖合同等方式人为制造房源紧张等违法违规行为，要责令限期整改，暂停其商品住房网上签约，依法予以处罚，并计入信用档案。

（二十）加强项目资本金管理和商品房预售资金监管。认真执行房地产开发项目资本金制度，将项目资本金专户储存。房管部门要制定商品房预售资金监管办法，切实加强监管。房地产开发企业必须将商品房预售资金全部存入预售资金专用账户内，并签订资金监管协议，预售资金只能用于相关的工程建设。项目资本金、预售资金根据建设进度按比例核拨，但必须留有足够的资金保证建设工程竣工交付。违者由住房城乡建设（房管）部门责令其限期纠正，并依法予以处罚。

（二十一）完善开发项目手册制度。房地产开发企业在签订土地出让合同后，要实行项目手册制度。内容应当包括企业基本情况、项目基本情况、项目设计方案、建设进度安排、预售房屋套数、面积预测及分摊情况、公共部位和公共设施的具体范围、预售价格及变动幅度、预售资金监管落实情况、住房质量责任承担主体和承担方式等。

（二十二）完善房地产开发项目验收制度。房地产开发项目竣工后，房地产开发企业应当向规划、住房城乡建设（房管）等部门提出竣工验收申请，房管部门应当参加有关部门组织的验收。

规划、住房城乡建设、房管、国土资源、市政、园林、消防、人防、环保、质监等有关行政管理部门应当按照各自职责，共同做好房地产开发项目交付使用的验收工作。供电、供水、排水、供气、通信、有线电视等部门，应当指导、配合房地产开发企业完成房地产开发项目专项配套设施建设。

（二十三）加强商品房交付管理。房地产开发项目经竣工验收合格后，方可交付使用。商品房交付时，房地产开发企业必须向购房者提供《住宅使用说明书》和“住宅质量保证书”，落实前期物业管理。房地产开发企业将未组织竣工验收或验收不合格的房屋擅自交付使用的，要责令整改，并依法予以处罚；造成损失的，依法承担赔偿责任。

（二十四）加强商品房合同备案审查。要完善商品房买卖合同示范文本，全面推行商品房网上签约和商品房合同网上备案。合同应对商品房质量性能、物业会所、车位等设施归属、交付使用条件、产权登记办证时间及其违约责任作出规定，并将“住宅质量保证书”、《住宅使用说明书》和销售广告的内容作为合同附件，对于选择性条款要合法、公正。房管部门进行备案审查时发现违法或有失公允、推卸责任的条款应及时责令补正；要督促履行合同约定，对不履行合同的开发企业记入信用档案，并依法予以查处。

（二十五）加强房地产广告发布管理。工商部门要严格按照《中华人民共和国广告法》和《房地产广告发布暂行规定》的相关规定，加强对房地产开发企业发布商品房预（销）售宣传广告的管理，确保广告内容真实、合法。房地产广告和宣传资料中明示的内容和事项即为企业的承诺，开发企业必须履行到位。企业违法发布房地产广告或发布虚假广告的，工商部门要依法查处，并记入信用档案。

五、加强物业（企业）服务管理

（二十六）明确物业属地管理原则。房管部门要加强对物业服务市场准入、规范物业服务行为、提高物业服务水平的管理和指导。各县市区要重视物业管理工作，把物业管理工作纳入社区管理工作范畴。各街道办事处、乡镇人民政府和社区（居委会）要对物业管理小区（单位）的治安稳定、就业与再就业、社会保障、城市管理与创建、计划生育等各项社会事务负责。街道办事处、乡镇人民政府和社区（居委会）要与物业服务企业及业主委员会建立联系工作机制。各物业服务企业既要服从房管部门的行业管理，又要服从街道办事处、乡镇人民政府和社区（居委会）的社会事务和基层组织管理。

（二十七）所有新建商品房小区必须实行物业管理，并逐步扩大物业管理覆盖范围。

（二十八）加强对物业服务企业的管理。严格物业服务企业市场准入，健全物业服务企业退出机制，建立物业服务企业诚信体系；鼓励企业兼并联合，培育本土品牌物业服务企业，引进外地优秀物业服务企业。

（二十九）加强物业服务项目管理。规范物业招标行为，建立服务项目登记制，规范物业服务企业对服务项目的接管与退管行为；实行物业服务等级制，将物业服务等级与物业收费标准挂钩，建立服务等级和收费的申报制度，公布物业服务等级与收费标准。房管、物价部门要联合开展达标验收活动。

（三十）完善和规范房屋维修资金归集和使用管理。所有新购商品房必须按规定缴纳房屋维修资金，不得减免。房屋维修资金归业主所有，由房管部门按统一归集代管、专户存储的原则进行管理。房管部门应加强对物业服务企业代收房屋维修资金的监管，确保资金安全。房屋维修资金收费标准由房管、物价部门根据市场情况及项目建安造价等情况适时进行调整。

六、加强国有土地上房屋征收与补偿工作和其他房地产工作管理

（三十一）国有土地上房屋征收部门要建立健全房屋征收各项管理制度，加强对房屋征收项目、征收补偿方案、征收补偿资金的管理，保障常德市房屋征收与补偿工作健康有序进行。各级财政部门要统一筹集房屋征收与补偿资金，并实行专户储存。

（三十二）加强房地产中介机构管理。房地产中介机构及其分支机构应当自领取营业执照之日起 30 日内，到房管部门备案；房管部门要加强对中介机构的监督检查，建立完善房地产中介企业诚信档案和房地产经纪师、注册评估师等专业人员执业档案；房管、工商、物价部门要根据职能职责，积极培育和引导房地产中介市场发展。

（三十三）加强二手房交易市场管理。房管部门要在市城区建立相对集中的房地产中介市场，打造公平、诚信的二手房交易平台。要加强二手房交易资金监管，规范二手房交易行为，确保二手房交易资金安全，切实维护交易双方的合法权益。

（三十四）加强房屋产权登记管理。房管部门要严格按照《物权法》《房屋登记办法》等相关法律法规的规定，制定并实施收件标准和登记程序，规范房屋登记行为。对缺乏产权登记必收要件、未经验收或验收不合格的新建商品房项目不予登记；违法建筑不予登记。开发建设单位申请房屋初始登记时应将业主共有部分一并申请登记，房屋登记机构在房屋登记簿上予以记载，不颁发房屋权属证书。市房管局要加强业务指导和质量抽检，提高各县市区产权产籍管理水平。

（三十五）加强房屋租赁管理。房管部门要认真贯彻落实住房城乡建设部《商品房屋租赁管理办法》，全面实行房屋租赁登记备案制，加强商品房屋租赁管理，规范商品房屋租赁行为，维护商品房屋租赁双方当事人的合法权益。工商、公安、人口计生等部门在各自职责范围内予以支持和配合。

（三十六）加强房地产信息化建设和管理。建立测绘、预（销）售、交易、权属登记、档案管理、地理信息管理为一体的房地产市场信息系统，增加房地产信息管理内容，提高房地产市场信息的统计、分析能力。搞好各职能部门相关业务联网对接，大力开展“市县信息一体化”建设工作，搭建基础测绘平台，建立统一的电子登记簿，2012 年年底前初步建立全市统一的房地产信息系统。加快建立和完善个人住宅信息系统，为依法征税提供基础。完成房地产数据信息异地备份工作，确保数据信息安全。

七、加强房地产管理队伍建设

（三十七）完善管理机制。市城区房地产管理除武陵区、柳叶湖旅游度假区实行直接管理外，常德经济技术开发区、鼎城区、西湖管理区、西洞庭管理区可结合实际情况分别实行机构派出制或依法委托制管理。

（三十八）加强部门协调。财政、规划、国土资源、住房城乡建设、房管、公安、工商、税务、消防、城管执法、物价、统计、人口计生、园林、市政、电力、电信、供水、燃气及有线电视等部门和单位要密切配合，形成合力，共同促进房地产业健康平稳发展。

（三十九）加强廉政建设。完善规范房地产管理部门权力运行机制，规范行政自由裁量权。加强房地产管理部门效能监察，完善过错责任追究制度，对玩忽职守、徇私舞弊、滥用职权的，依纪依规给予党纪政纪处分；情节严重构成犯罪的，依法追究刑事责任。

常德市房地产中介市场和二手房屋交易资金监管办法

（常政办发〔2011〕29号）

常德市人民政府

第一章　总　则

第一条　为加强房地产市场管理，规范房地产中介服务和二手房屋交易行为，保障二手房屋交易资金安全，维护当事人的合法权益，根据《房地产经纪管理办法》（住房城乡建设部令第8号）和原建设部、中国人民银行《关于加强房地产经纪管理规范交易结算资金账户管理有关问题的通知》（建住房〔2006〕321号）的有关规定，结合我市实际，制定本办法。

第二条　本市城区（武陵区、柳叶湖旅游度假区、常德经济技术开发区及鼎城区武陵镇）范围内的房地产中介服务和国有土地上的二手房屋交易资金监管适用本办法。本办法所称房地产中介机构是指依法设立，从事房地产咨询、经纪、评估的中介服务机构。本办法所称二手房屋是房地产产权交易二级市场的俗称，是指已经在房产管理部门登记备案且产权明晰、再次上市进行交易的房产。本办法所称二手房屋交易资金是指二手房屋所有权人与买受人签订的二手房买卖合同中约定的房价款。本办法所称二手房屋交易资金监管是指在二手房屋交易过程中，买卖双方签订合同后，由买受人向监管银行专户存入应支付给出让人的全部房价款，待房屋转移登记办理完结后，再由监管银行将房价款划转给出让人的管理行为。

第三条 市房产管理部门是房地产中介市场和二手房屋交易资金监管的主管部门。财政、工商、税务、物价、人力资源和社会保障、人民银行等部门应按照职责分工，配合做好相关工作，并建立二手房屋交易协调工作机制，及时发现和解决工作中的问题。

第二章 中介市场的管理

第四条 市房产管理部门应当会同市工商部门建立相对集中的房地产中介市场和二手房屋交易市场，鼓励有执业资格的房地产经纪机构（以下简称经纪机构）和房地产估价机构（以下简称估价机构）入市服务，为市民提供公平、诚信的二手房屋交易平台。

第五条 房地产中介市场和二手房屋交易市场的管理应运用现代信息手段，畅通信息发布渠道，向社会公示法律法规的相关条款、收费标准、服务内容、办事程序、行业准则，为二手房屋交易当事人提供便捷、优质的服务。

第六条 市房产管理部门应按月向社会公布市城区二手房屋交易成交量、均价等信息，每半年分区域公布一次市城区二手房屋交易均价，作为二手房屋交易基准价。

第七条 市税务部门应规范二手房屋交易税收征管。将市房产管理部门公布的上个半年二手房屋交易基准价作为下个半年二手房屋交易计税的参考依据。市房产管理部门在办理产权登记过户手续时应严格把关，不得为有关税费未缴齐者办理产权过户登记手续。

第八条 经纪机构及其分支机构应当自领取营业执照之日起 30 日内，到市房产管理部门备案。市房产管理部门应当将经纪机构及其分支机构名称、住所、法定代表人（执行合伙人）或者负责人、注册资本、房地产经纪人员（以下简称经纪人员）等备案信息向社会公示。经纪机构及其分支机构变更或者终止的，应当在变更或者终止之日起 30 日内，办理备案变更或者注销手续。已经备案的经纪机构可以获取二手房屋交易网上签约等操作系统的技术支持。未经备案的经纪机构不得从事房地产中介业务。

第九条 房地产经纪服务实行明码标价制度，在经营场所醒目位置标明房地产经纪服务项目、服务内容、收费标准以及相关房地产价格和信息。房地产经纪服务不得收取任何未予标明的费用；不得利用虚假或者使人误解的标价内容和标价方式进行价格欺诈；一次服务可以分解为多个项目和标准的，应当明示每一个项目和标准，不得混合标价、捆绑标价。房地产经纪服务项目属于政府定价、政府指导价的，需到当地价格主管部门办理服务价格登记证，并严格执行相关管理规定。经纪机构未完成房地产经纪服务合同约定事项，或者服务未达到房地产经纪服务合同约定标准的，不得收取佣金。两家或者两家以上经纪机构合作开展同一宗房地产经纪服务的，只能按照一宗业务收取佣金，不得向委托人增加收费。

第十条 经纪机构与委托人签订房屋出售、出租经纪服务合同，应当查看委托出售、出租的房屋及房屋权属证书，委托人的身份证明等相关资料，并应当编制房屋状况说明书。经委托人书面同意后，方可对外发布相应的房源信息。经纪机构与委托人签订房屋承购、承租经纪服务合同的，应当查看委托人身份证明等有关资料。

第十一条　经纪机构和经纪人在中介服务过程中不得从事交易资金的代收代付服务。二手房屋交易资金必须经由市房产管理部门确定的银行进行托管和划转。

第十二条　经纪机构和经纪人员不得有下列行为：

（一）捏造散布涨价信息，或者与房地产开发经营单位串通捂盘惜售、炒卖房号，操纵市场价格；

（二）对交易当事人隐瞒真实的房屋交易信息，低价收进高价卖（租）出房屋赚取差价；

（三）以隐瞒、欺诈、胁迫、贿赂等不正当手段招揽业务，诱骗消费者交易或者强制交易；

（四）泄露或者不当使用委托人的个人信息或者商业秘密，谋取不正当利益；

（五）为交易当事人规避房屋交易税费等非法目的，就同一房屋签订不同交易价款的合同提供便利；

（六）改变房屋内部结构分割出租；

（七）侵占、挪用房地产交易资金；

（八）承购、承租自己提供经纪服务的房屋；

（九）为不符合交易条件的保障性住房和禁止交易的房屋提供经纪服务；

（十）法律、法规禁止的其他行为。

第十三条　估价机构从事房地产估价活动，应当坚持独立、客观、公正的原则，严格执行房地产估价规范和标准，不得以迎合高估或者低估要求、给予回扣、恶意压低收费等不正当方式承揽业务。工商注册地非本市城区的估价机构在市城区从事房地产估价业务的，完成估价业务后，应向市房产管理部门留存房地产估价报告备查。未取得执业资质（资格）的估价机构（个人）不得从事房地产估价活动。

第三章　交易签约的管理

第十四条　鼓励二手房屋交易通过二手房屋交易管理系统签订电子合同。二手房屋交易网上签约可以采取委托经纪机构签约或买卖双方自助签约两种方式。

第十五条　对从事二手房屋交易网上签约的经纪机构实行准入制度。经纪机构及经纪人员应经市房产管理部门登记备案并获得准入操作授权；经纪人员从事二手房屋网上交易的，应取得经纪人员执业资格。

第十六条　二手房屋交易双方委托经纪机构服务的，应当书面签订《常德市房地产经纪服务合同》，受托方要根据合同约定的委托服务事项，为委托人提供规范的服务，并将经交易双方当事人确认后的常德市二手房屋买卖合同电子文本通过二手房屋网上交易管理系统传送至市房产管理部门信息管理系统。委托人可随时变更或解除合同，但因变更或解除合同造成经纪机构损失的应当赔偿损失。变更或解除合同的，经纪机构通过二手房屋网上交易管理系统变更或撤销二手房屋交易委托信息。

第十七条　交易双方自行达成二手房屋买卖交易的，在自助交易窗口通过二手房屋网上交易管理系统签订二手房屋买卖电子合同，并将交易信息传送至市房产管理部门信息管理系统。

第十八条　二手房屋交易已进行网上签约且未撤销的，在未解除原签约记录之前，不得再行签约。

第四章　交易资金的管理

第十九条　二手房屋交易资金实行监管制度。交易双方为近亲属的，可以自行交割房价款，但应提供相关证明并在交易合同中约定房价款交付方式，承诺由此产生的经济纠纷自行处理。

第二十条　市房产管理部门确定的银行设立二手房屋交易资金监管专户，并根据约定对交易资金进行托管和划转。交易资金的划转应当经房地产交易资金支付方和房地产经纪机构的签字和盖章。为方便已抵押贷款的二手房屋交易和二手房屋买受人进行抵押贷款，由有资质的交易担保机构（以下简称担保机构）开展担保业务。协助法院执行或拍卖和行政机关处理的二手房屋交易可自行交付房价款，不纳入交易资金监管范围。二手房屋交易监管资金账户内的交易结算资金所有权属于交易当事人，独立于开户银行和担保机构的固有财产及其管理的其他财产，也不属于开户银行和担保机构的负债。有关机关对客户交易结算资金专用存款账户进行冻结和扣划的，开户银行和担保机构有义务出示证据以证明交易结算资金及其银行账户的性质。

第二十一条　二手房屋交易双方应当在指定的银行开立个人结算帐户，用于划转房价款。以代理人名义收取房价款的，应当提供经公证或经律师事务所鉴证的委托书。

第二十二条　监管银行收取二手房屋买受人缴存的房价款后，应依照协议向买受人出具缴款凭证，并将电子信息传至二手房屋交易资金监管系统。买受人应当妥善保管缴款凭证，并在申请办理房屋权属转移登记时向房屋权属登记部门出示。

第二十三条　二手房屋出让人出卖已经抵押但尚未还清抵押贷款和买受人需办理抵押贷款的，可以委托担保机构将贷款资金划转至监管账户，担保机构并向买受人出具缴款凭证。

第二十四条　二手房屋交易双方申请房屋权属转移登记时，实行交易资金监管的，房屋权属登记部门应当查验监管银行或担保机构出具的缴款凭证。房屋权属登记部门待房屋转移登记办结后，将登记信息传至托管银行，托管银行应当在收到房屋交易转移登记办结信息后，在规定时间内将托管房屋价款划转至出让人的个人结算账户。

第二十五条　二手房屋所有权转移登记事项在记载于《房屋登记簿》前，发生下列情形之一的，交易双方可以到房屋权属登记部门申请解除资金监管：

交易双方经协商终止交易，撤销转移登记申请的，由交易双方共同提出解除申请；

（二）经人民法院判决或者仲裁机构裁决终止交易的，可由买受人单方提出解除申请。房屋权属登记部门确认终止交易的，应告知监管银行和担保机构，监管银行和担保机构在收到终止交易信息后，将监管房价款退还买受人。

第二十六条　交易双方在申请解除资金监管时，应当向房屋权属登记部门提交下列材料：

申请书；

（二）买受人银行账号；

（三）申请人身份证明；

（四）房屋买卖合同；

（五）常德市二手房屋交易资金监管缴款凭证；

（六）其他所需的材料。

第五章　法律责任

第二十七条　违反本办法规定，依法应予行政处罚的，由有关行政主管部门依法查处并给予行政处罚。

第二十八条　监管银行和担保机构未按规定收付托管资金，造成托管资金损失的，应当先行赔付，并按相关规定对责任当事人进行追偿。

第二十九条　二手房屋交易资金监管工作人员在工作中玩忽职守、徇私舞弊、滥用职权的，由其所在单位或者上级主管部门依法给予行政处分；构成犯罪的，依法追究刑事责任。

第六章　附　则

第三十条　本市城区外房地产中介市场和二手房屋交易资金监管参照本办法规定执行。

第三十一条　本办法自 2011 年 8 月 1 日起施行。

二、重要文章

目 录

市场繁荣、秩序规范、品质优良
——房地产产业发展现阶段应追求的目标

张圣友

住有所居，是人类最基本的需求。在漫长的历史进程中，随着社会文明的进步，人类从树上走进山洞，再从山洞走出，逐渐学会搭棚建屋，一直在寻找更好的安身之所。如今，房屋的功能已经从最初单一的遮风挡雨，演变成追求舒适享受；从一种物质需要，转变成一种文化和精神层面的追求。房屋从自建自住，逐渐发展成为一个庞大的产业，并形成一个完整的产业链；从侧重居住使用功能，到与商贸、工业、旅游、养老、体育等产业相融合。

面对社会经济的不断发展和人们需求的不断提高，房地产业该如何发展？作为房地产管理者，笔者认为房地产业尤其是房地产开发市场的发展，现阶段应致力于三个方面，即“市场繁荣、秩序规范、品质优良”。

市场繁荣是产业发展的基础。

市场繁荣，是房地产业自身发展的要求，是产业进一步提升的基础，同时也是房地产业发挥国民经济支柱产业作用的前提。因此，发展房地产业首先要在市场繁荣上下功夫。

市场繁荣，首先是要保持一定的市场总量。无论是新建房屋建设及交易，还是存量房交易，都要达到一定规模。作为生产生活的必需品，我国房地产市场有庞大的市场容量和巨大的发展潜力。一方面，我国城镇化水平较低，全国城镇化率刚超过 50%，如按户籍人口计算仅 35% 左右，远低于发达国家 80% 左右的平均水平。差距就是动力，城镇化所带来的住房需求总量极其可观。另一方面，我国存量住房基数庞大，由于过去住房品质较低，更新换代的改善性需求将是一个循环的、持续稳定的需求之源。随着市场的发展，在未来，二手房交易市场份额将持续增长并逐步超过新建商品房交易。可以说，我国房地产市场还远没有达到最高峰，房地产市场的容量还将进一步扩大。

房地产业是国民经济的风向标和晴雨表。只有房地产市场的蛋糕做大了，才能更大地发挥房地产业支柱产业的作用，更好地为社会经济发展服务。据世界发达国家和地区的统计，若国内生产总值增长 10%，就有约 1.2 个百分点是由房地产投资和销售创造的需求带动的。从房地产在国民经济生产总值中所占比重看，日本占 10% 左右，香港则达到 18%。在我国，房地产业增加值占 GDP 的比重超过 5%，还有很大提升空间。同时，房地产业关联度高，对其他产业带动能力强。房地产可以拉动上下游如钢铁、水泥、建材、机械、陶瓷、纺织、家电等一系列产业的发展，据权威机构研究表明，房地产业每增加 1 亿元投资，将拉动上下游 1.7 亿—2.2 亿元的需求；每销售 1 亿元的房地产，将带动 1.3 亿—1.5 亿元的其他商品的销售。房地产市场的总量大了，对其他产业的拉动也就水涨船高。

其次是产品要丰富。从功能上看，单一的住宅产品已经不能适应产业发展的需要，房地产业与商业、旅游、医疗、养老、教育等业态相融合，形成复合型地产，是未来房地产业发展的重要方向。尤其是三四线城市，在房地产业和其他产业的融合上还大有潜力可挖。从住宅产业上看，要注重产品的差异性和多样性。在档次上要高、中、低结合，在规模上要大、中、小结合。现阶段我国三四线城市房地产市场产品同质化现象仍然比较严重，市场上中低端产品过多，有个性、有特色、有内涵的产品偏少，产品缺乏创新力，没有形成差异化的市场细分。在住宅产品细分上，还大有文章可做。

其三是产业链要长。房地产业涉及面广，除了房地产开发建设，与之相配套的还有物业管理、物业维修、规划设计、房地产评估、房地产经纪等行业，形成了一个系统的产业链。房地产市场的繁荣，要求这些与之配套的行业发展壮大，与房地产开发建设相辅相成，构建一个有活力的发展生态体系。

秩序规范是产业发展的保障。

房地产业既是经济问题，又是民生问题，同时还是政治问题，关系到每个人的切身利益，涉及社会稳定。基于房地产业的重要性和特殊性，房地产市场秩序的规范显得尤其重要。政府和有关部门有责任确保产业发展有序，市场运行规范。

第一，产业发展要有序。

在宏观上，政府要做好产业发展的导航员、裁判员和指导员，引导房地产业有序发展。

优化顶层设计，做好产业发展的导航员。可以说多年来我国房地产业定位不明、政策不清，政策更是缺乏连续性，导致房地产企业、投资者、消费者对市场的预期不明，社会舆论观点不一，消费者如雾里看花。因此，政府对房地产业的定位要更明确，政策要更清晰，更有连续性。通过明确产业定位和明晰政策导向，为房地产业的长远健康发展指明道路。

科学制定维护产业发展的制度规则，做好产业发展的裁判员。目前我国房地产的市场主体和需求主体在相当大的程度上还带有一定的盲目性，尤其是三四线城市房地产企业处于起步阶段，开发水平不高，规矩意识不强，这就要求政府完善和健全房地产市场的相关法律法规和政策制度，以确保房地产市场能够按照市场经济规律有序运行。

调节房地产市场的供给和需求，做好产业发展的指导员。在供应端，要引导市场按照以人为本的原则，提供多元化的产品，形成合理的梯级供房体系，满足消费者的不同需要。要跟踪房地产市场的动态变化，及时发布信息，以便企业能够准确掌握信息，作出决策。在需求端，要大力支持自住型和改善性刚性需求，鼓励投资性需求，抑制扰乱市场的投机性需求。在一般情况下，政府调控市场主要应运用经济手段，通过财政政策、土地政策、金融政策、税收政策等经济政策来促进房地产市场的平稳，避免房地产市场出现大起大落。

第二，市场运行要规范。

在房地产市场监管上，要抓好对市场主体、开发项目和开发行为的监管，规范市场秩序，维护买卖双方的合法权益。

要加强市场主体监管。任何一个产业，市场主体的素质和水平，决定了产业发展的快慢和产业发展层次的高低。规范房地产市场秩序必须从源头抓起。我国房地产开发企业资质门槛过低，注册资金最低门槛仅为 100 万元。以常德为例，全市共有房地产开发企业 299 家，其中一级资质企业占不到 1%、二级资质只占 6%、三级资质占 40%、四级及暂定资质占 53%。这样的企业资质结构，说明我们的企业准入门槛过低，存在一批专业水平不高，浑水摸鱼的企业，前些年开发的项目产生了很多遗留问题。对此，常德市所采取的做法，一是严格准入，疏通退出。坚持“标准从严、数量从紧”，对新进企业对照法定条件严格审查，把好准入关。同时加强企业资质年度审查，对企业的法定条件、开发业绩、诚信守法情况和企业管理情况四个方面进行严格审查。2012 年以来，常德共注销了 50 多家房地产开发企业，限期整改 60 多家，有力地促进了市场主体素质的提升。二是把好项目准入关。严格实行企业拿地与资质等级挂钩制度，对存在严重违规行为和信用等级低的开发企业，禁止其在一定时限内参加新的房地产开发用地竞买报名。

要加强开发项目管理。从房地产管理的经验看，房地产市场暴露出的众多突出问题，基本上可以通过对两个环节的严格把关来进行防范，一是预售环节，二是交房环节。应该说，目前我国商品房预售许可审批的条件是比较低的，因此在商品房预售许可环节，除了严格执行现有的法律规定之外，还可以结合实际，适当提高预售许可条件。比如常德从 2011 年起实行了封顶销售，同时通过预售许可环节把关，还实行了《房地产开发项目品质和交房标准承诺书》制度，开发企业在申请预售许可时，必须填写承诺书，在商品房交付时，对照承诺书进行验收，实行验收通过后的交房证明书制度，有效防止了因开发企业擅自变更规划设计、擅自变更容积率等损害业主利益的行为。

要加强巡查严肃处罚，规范房地产开发行为。对房地产市场中出现的如虚假宣传、合同欺诈、违规销售、违规交房等违法违规行为，要予以严厉打击，保护商品房交易当事人的合法权益，确保房地产交易市场的规范。

品质优良是产业发展的时代要求。

房屋最终是供人居住或使用，所以房地产开发的内涵，应当是“为人们提供一个能满足人们生活需求的房屋和环境”。随着时代的进步，人们越来越追求生活的品质和品位，对房地产品质的要求也越来越高。房地产业已经从建房造屋，转变成为打造城市美景、营造生活方式、创造精神家园。因此，作为开发企业，要有社会责任感和历史责任感。要加快转变房产开发理念，从经济利益主导型调整到城市效益和社会效益主导型，勇于挑起引领城市建设、社会发展的重任，提升房地产业发展的层次。要通过房地产开发带动周边区域的经济建设、公共设施配套和城市环境改善，达到改善市民生活、完善社会管理和提升生活品质的更高目标。要打造具有地域特色、时代特点的建筑精品，为历史、为社会留下固态的建筑文化。要有敢于创先的勇气。在发展战略上，要走联手组团、合力兴业的战略，要探索企业联合开发的模式，共同开发精品大楼盘。在开发策略上，要有创作意识，不能一味模仿，要避免千城一面。要加强产品开发的策划研究，多对接专业机构，多培育专业团队，每个企业都打特色牌、都端招牌菜。在结构调整上，要准确及时产品结构，坚持企业多元发展、产品多元出产，促进企业转型升级发展。

作为政府，相关部门要加强产业研究，科学制定产业发展规划；要创新管理方式，引导房地产品质提高。国土部门要坚持上规模供地，鼓励片区开发，只有通过开发大盘，才能打造出高品质、有特色的房地产产品。规划、住建、房管等部门在土地出让方案、设计图纸审批综合技术审查等环节，眼光要放长远，通过审批把关，促进房地产产品品质提升。同时，在验收环节，各个参与验收的部门要严格把关，确保交付到业主手中的产品质量合格，配套完善，各项承诺执行到位。只有企业自身努力和政府引导监管双管齐下，才能更好地促进房地产品质的综合提升。

（作者系常德市房地产管理局局长）

解放思想　创新思路
加快国有直管公房市场化步伐

——常德市国有直管公房管理的调查

雷志钦

国有直管公房是计划经济的产物，以低租金福利制为基本特征。国有直管公房曾在我国经济、社会、生活领域扮演过重要角色，发挥了重要作用。随着社会主义市场经济体制的建立和不断完善，公房管理出现了诸多难题。为振兴我市公房管理事业，提高经营和管理效益，实现国有资产保值增值，我们必须按照科学发展观的要求，转变管理理念，按照市场经济规律来经营和管理国有直管公房，加快推进国有直管公房市场化步伐。

一、国有直管公房市场化已迫在眉睫

国有直管公房是产权属国家所有，由房地产行政主管部门代表政府直接管理的房屋。长期以来肩负着福利分房和住房保障的社会职能，是计划经济时代行政配置体制下公共积累的一种产物。据不完全统计，1993 年常德市城区国有直管公房管理建筑面积达到 70 多万平方米，经过 1993 年以来的优惠出售以及大规模旧城改造、改制划转、无偿划拨等，现存国有直管公房建筑面积为 17.41 万平方米，464 栋。其中：住宅建筑面积 16.53 万平方米，非住宅建筑面积 8800 平方米，租户为 4009 户。在直管住宅中已鉴定为危房的建筑面积 12223 平方米。在上述国有直管公房中，20 世纪 50 年代—80 年代修建的占国有直管公房总量的 80%。

近年来，我市国有直管公房管理在市委、市政府的关心和市房管局直接领导下，通过市房地产经营公司全体员工的努力，在国有资产的保值增值、确保租住人居住安全上做了大量的工作，发挥了重要的作用。但随着常德市城市建设步伐的加快，市场经济体制的建立和完善，直管公房管理中存在的问题也随之暴露出来。现阶段比较突出的问题有：

（一）思想观念滞后

随着经济体制改革的不断深化，社会主义计划经济已经转变为市场经济，特别是住房制度的改革和住房保障制度的建立，国有直管公房的基本属性也发生变化，而我们的思想观念和管理观念没有随之变化，没有把国有直管公房融入市场进行商品经营，而是停留在计划经济的时代，把国有直管公房仍然当作一种社会福利，管理方式、管理手段还是沿用过去的一套，明显与市场经济的要求格格不入，与市场经济的新形势极不相适应。

（二）以租不能养房

国有公房经营管理的基本原则是“以租养房”。由于现存国有直管公房多为破、旧房屋，维修成本不断上升。我市国有直管公房租金水平近些年虽作过一些调整，但调租幅度不大，与市场租金的差距较远，只相当于市场租金的 30%（有的非住宅甚至更低）。因此，“以租养房”的缺口不断加大，企业生存难以为继。以 2006 年和 2007 年为例：2006 年全部租金收入为 443 万元，全年支出为 883 万元，年亏损达 440 万元；2007 年全部租金收入为 527 万元，全年支出为 1020 万元，年亏损达 493 万元，年亏损额呈明显上升趋势。

（三）危旧房屋增多

由于国有公房一直处于低租金水平，为保证人员工资和机构正常运转，每年只能投入非常有限的维修资金，导致现存国有公房破旧不堪，年久失修。特别是一些危房，严重威胁着租赁户生命财产的安全。市房地产经营公司采取“防患于未然”的方针，花费大量人力、物力、财力，只能力保不倒不塌，谈不上保值增值。目前，已鉴定为D级的危房共27栋，建筑面积12223平方米，涉及租赁户307户1000多人，国有直管公房面临着较大的安全隐患。

（四）国有资产流失

由于国有直管公房租金与市场租金存在较大差距，一些租户通过私自倒卖公房指标或转租来获取不当利益；公房使用权被有些租户作为有利可图的资源，私下甚至公开倒租倒卖，谋取私利。如一类地段住宅市场租金在6元/平方米以上，而国有公房最高租金只有2.2元/平方米，每平方米可获利200%，非住宅的转租获利更大一些，公房承租人当上了悠闲的“二房东”。作为一个完整的产权载体，国有直管公房管理部门已经失去了充分行使收益和处分的权利，国有资产流失严重。

（五）公房欠租严重

近些年来，市房地产经营公司虽加大租金收缴力度，但由于种种原因欠租率居高不下，截至2007年底，欠租户在3000户左右，欠租面达60%以上，欠租金额累计达到170多万元，相当于国有直管公房全部住宅8个月的租金总额。欠租时间最长的达10年以上，欠租最多的租户租金总额竟达6000多元。

（六）租赁关系不顺

由于国有直管公房一直处于低租金，加之租户对国有直管公房存在认识上的偏差，因此租赁双方不是处于平等的地位。从目前的现实情况来看，国有直管公房经营管理单位已基本上丧失了主动权，租金和租赁期限基本上由租户说了算。此外，有的租户把公房拆迁补偿安置的相关政策“转化”为租赁关系的概念，租户成了“业主”，租赁关系成为“终身制居住”，甚至代代相传。因此，多年来，租户租住国有直管公房就没有主动退租的，如果遇到拆迁还可以“获得”一大笔“补偿”，租住的国有直管公房变成增加收入的一个渠道，这就是一些租户宁愿住在危房中，也不肯轻易搬出来的重要原因。

综上所述，我市国有直管公房的管理面临着诸多矛盾和问题。出现这些问题的原因是多方面的，我认为，最根本的原因是思想观念的滞后，没有引入竞争机制，没有走向市场，没有从传统的管理模式中走出来所形成的。因此，加快国有直管公房市场化步伐具有十分深远的历史意义和现实意义。我认为，其必要性和紧迫性体现在：

一是深化住房制度改革的需要。住房制度改革的根本目的是实现住房的商品化、社会化。国有直管公房也是住房制度改革的范围，常德市国有直管公房在房改初期阶段进展是顺利的，优惠售房、提高租金的步子迈得较大，但到房改中期和后期，就基本上没有动作了。按照原定的改革目标，常德市国有直管公房租金标准早就应在成本租金标准以上。

二是完善社会主义市场经济体制的需要。国有直管公房市场化，就可以从根本上限制承租人转租谋利，有利于市场公平竞争。由于租金标准低，部分承租人利用公房的廉价租金，擅自将公房转租他人使用，从中收取高额利润，甚至有的承租人通过转包经营的方式，可获得的纯利润达 100%—400%。这样，承租人不是靠市场、靠经营来生存和发展，而是把国有资产当成“摇钱树”，当成生财获利的工具，严重妨碍了公平竞争，不利于市场的正常运转秩序。

三是实现国有公房保值增值的需要。只有把国有直管公房推向市场，其价值才能充分体现，资产才能真正盘活、增值。

四是国有直管公房经营管理单位生存与发展的需要。根据目前的经营情况来看，经营单位连年亏损，难以为继。而实际上常德市国有直管公房的经营潜力很大，如果按市场租金收租，年租金收入至少可增长 1.5 倍至 2 倍，不仅不会亏损，而且能确保正常支出后还有盈利，完全可以实现“以租养房”和保值增值的目标。

五是预防腐败等不正之风的需要。由于住房市场是一个整体的立体空间，国有直管公房的经营现状与整个住房市场形成了明显的双轨制。因此，这就客观上给有些人可乘之机，他们并不是自身居住的需要，而是想通过国有直管公房转租获利或等待拆迁获得等额补偿，这也容易在管理单位内部产生腐败等不正之风。国有直管公房市场化消除了租金标准的双轨制，能够有效地防止腐败问题发生。

二、国有直管公房市场化的基本要求

市场化是按价值规律的要求，以市场需求为导向，竞争的优胜劣汰为手段，实现资源充分合理配置，效率最大化目标的机制。

国有直管公房市场化要求对国有直管公房的租赁关系、租金标准、维修、服务等机制的形成由市场决定，把国有直管公房当作商品来经营。那么，怎样实施国有直管公房市场化呢？我认为，它的基本要求就是：

（一）要明确指导思想和原则

国有直管公房市场化的指导思想和原则是：以党的十七大精神和科学发展观为指导，坚持“以市场为导向、以制度为保障、以服务为手段、以效益为目的”的原则，稳步推进国有直管公房管理市场化。

（二）要加大公房租金改革力度，推进公房租金市场化

实现公房租金市场化是国有直管公房市场化的核心。在市场经济体制下，国有直管公房（除廉租房外）本质上就是商品性质，因此，其租金标准应顺应价值规律的要求，由市场来决定。怎样实施租金改革呢？

一是大幅提高住宅租金标准。根据常德市的实际情况，国有直管公房的租金标准可分两步达到市场租金水平。据测算，我市城区目前住宅的市场平均月租金每平方米为 6.9 元，国有直管公房住宅租金标准第一步由现行的月租金每平方米基准价 2.2 元提高到每平方米 3.3 元，达到或接近平均租金的 50%。第二步国有直管公房租金标准完全与市场接轨，实现真正的市场化。在具体实施过程中，对原租户可分两步进行，对腾空房的新租户和新建房的租户，其租金标准要按照市场化要求一步到位。

二是国有直管公房非住宅租金标准完全市场化。国有直管公房非住宅实行全面公开招租，以市场价为基准，实行协议租金。对那些地段好的旺铺，条件成熟的可实行公开拍租，通过竞价来获取租赁权。

（三）对原优惠出售部分产权的公房，通过补交房款完全出售给租户

房改过程中原优惠出售的国有公房，购房人拥有了部分产权。对于这部分房屋，经营管理单位既不便于公房的统一管理，实际上也丧失了名义上所拥有的部分产权。对这部分房屋，要求全部补交房款，购买人获得全部产权。对那些在一栋房屋中已“插花”优惠出售后剩下的国有公房，也可以以适当优惠的方式向承租人出售，优惠出售公房所得收入用于危房的改造和翻建。

（四）实施国有直管公房维修的市场化、社会化

做好国有直管公房的维修养护工作，是确保居住安全、达到保值增值的基本要求。经营管理单位每年都要视房屋情况制定年度大中小维修计划，对具体维修项目的实施则采取社会化、市场化方式来进行，只有通过专业的、市场的竞争，才能做到花较少的钱办较多的事。

（五）用市场运作的方式，加快危旧房屋的改造

对危旧房屋实施改造，是我们当前面临的十分艰巨的任务。加快危旧房屋的改造既能提高公房完好率，确保居住使用的安全，又能实现盘活资产的目的。在当前情况下，国有直管公房的危房改造完全由财政拿钱解危是不现实的。我认为，对那些具有一定开发价值的危房，可通过市场来进行开发建设；对那些没有多少开发价值的危房，则实施拆除，原住户通过多种形式进行妥善安置。

（六）经营管理单位要由管理型向服务型转变

国有直管公房推向市场，租赁双方就是双向选择的平等关系。因此，经营管理单位的服务就显得尤为重要。要视租户为朋友，想租户之所想，急租户之所急，解租户之所难。要在租金缴交方式和维修服务上实行大胆的改革和创新，通过热情周到的服务，达到管理单位和租户都满意的双赢效果。

三、国有直管公房市场化实施过程中应切实解决的几个问题

国有直管公房市场化是一项大的改革动作，实施过程中一定会遇到很多困难，既有认识上的偏差，思想观念上的障碍，社会稳定的要求，还有政策配套等问题。这就要求我们深入的调研，精心的组织，扎实的工作，全力以赴打好这场攻坚战。

（一）要高度统一思想。国有直管公房市场化是必然趋势和必然选择，也是国有直管公房经营管理单位生存与发展的必由之路。因此，全局上下，尤其是市房地产经营公司的全体干部职工要彻底转变思想观念、经营方式和服务手段，提高市场化管理水平，充分认识国有直管公房市场化的必要性和紧迫性，统一思想，创新思路，共同为实现国有直管公房市场化献计献策，这是做好这项工作的思想基础和根本保证。

（二）要广泛深入宣传。国有直管公房市场化涉及千家万户，是一次利益的大调整。目前，人们的思想观念还有较大的差异，改革将触动一部分人的既得利益，这就要求我们通过多种形式广泛深入的宣传，讲清道理，使租户理解并支持我们的工作。

（三）要利用法律武器。在广泛宣传，做好过细工作的同时，对那些长期不交租金、不签租赁协议和擅自转租转让的租户，要利用法律武器来解决。通过强有力的清理整顿，建立起规范有序的国有直管公房租赁秩序。

（四）要强化管理职责。经营管理单位要制定各个工作环节的工作标准，做到定岗定责，并将完成任务情况与工资福利挂钩，对因工作失职造成严重后果的要严肃处理，决不能引发新的遗留问题。特别是国有直管公房租金标准的确定，决不能讲人情价、看关系，要建立透明的市场化租金标准，逐步形成一套科学的具有可操作性的管理机制。

（五）要不断深化改革。根据国有直管公房的现实情况，要从根本上解决问题，必须不断探索，深入研究，进一步深化改革，就国有直管公房有没有必要继续保留等问题作为课题来专项研究，建立起诸如公房退出、公房改危、公房拆迁补偿、公房出售、公房经营管理等长效的良性管理机制，以便彻底消除国有直管公房管理上存在的种种弊端。

国有直管公房的管理，是新形势下面临的新课题，朝着市场化方向迈进是我们既定的目标。我相信，只要我们按照科学发展观的要求，解放思想，创新思路，精心组织，整体联动，扎实工作，我市国有直管公房市场化的目标就一定能实现。

（作者时任常德市房管局党组书记）

运用法治思维　加强房地产管理

胡振宇

房地产业是国民经济的支柱性产业，房地产市场的健康发展关系经济发展，影响人民群众生活和社会稳定。目前，我市的房地产市场已经渡过了大起大落时期，整体转入平稳发展的新常态。面对房地产市场运行中出现的新情况、新问题，以及人民群众日益增强的法律素质和维权意识，根据全面依法治国的要求，房地产行政管理部门必须准确把握，积极应对，运用法治思维，加强房地产管理，促进房地产市场平稳健康发展。

一、运用合法性思维。行为合法是一切行为的底线，所以法律思维首先表现为合法性思维。凡事要从“是否合法”作为思维的出发点。我局作为地方政府房地产行政管理部门在行使公权力进行房地产市场监管的过程中，无论是决策，还是执行；无论是出台一项规范性文件，还是作出一次行政处罚和处理决定，或者是调节矛盾、纠纷，化解信访积案，都应不断审视自身行为是否符合法律的规定和要求，包括行为的目的是否合法，行为的权限是否合法，行为的内容是否合法，行为的手段是否合法，行为的程序是否合法。要通过学法、普法，提升房地产市场管理者的法律素养，使其做到心中有法，行为合法，同时带动市场主体的尊法守法意识，引导各个市场主体依照法律与市场规律双轨运行。

二、运用规则性思维。法即规则，所以法律思维必然包含或派生出规则思维。规则思维的特点表现为对规则的尊重，从而更重视发挥规则在管理中的作用。规则思维具体表现为：凡事都要有规则；凡事都要先有规则；凡事都要遵守规则。2011 年以来，为解决当前房地产法律法规相对滞后，不适应房地产市场发展现状，以及开发、物业和房屋征收过程中矛盾纠纷较为集中的问题，在经过先期大量调查研究，并广泛听取相关部门和行政相对人意见的基础上，借鉴外地先进经验，从我市实际出发，依据现有的房地产法律法规，并根据我市立法权限，我局共牵头或单独制定了市本级规范性文件近 40 件。我们首先以市政府名义出台了行业纲领性文件《关于进一步加强房地产市场监管促进房地产业平稳健康发展的意见》，为规范全市房地产市场平稳健康发展打下了坚实基础。在房地产市场监管方面，出台了《常德市房地产开发项目资本金管理暂行办法》《常德市房地产开发项目手册管理暂行办法》等管理制度。在棚户区改造、国有土地上房屋征收方面，起草并以市政府名义出台了《关于推进城市和国有工矿棚户区改造工作的实施意见》《常德市国有土地上房屋征收与补偿暂行办法》，配套出台了《常德市江北城区棚户区改造实施方案》等政策，为我市棚户区改造工作的顺利推进建立了制度基础。同时在物业管理、控制违法建设、二手房市场管理等方面也出台了一系列政策制度。与此同时，我局还配套制定了相应的内部管理制度，建立健全了相应的内控机制，基本上已形成了一套严谨的法规制度体系，为全市房地产管理工作提供了系统的政策依据，为广大房地产企业提供了一个系统的政策执行规范。目前，我局为培育住房租赁市场，健全住房市场体系，正根据住房和城乡建设部《关于加快培育和发展住房租赁市场的指导意见》（建房〔2015〕4 号）的要求，对我市房屋租赁市场进行调研，以便尽早出台相应的实施细则或配套的支持措施。

遵守规则就是守法。如果法制定出来了，却不能在社会生活中得到遵守和执行，那必将失去立法的目的，也失去了法的权威和尊严。而政府的守法比公民的守法更重要，行政机关及其行政工作人员没有守法意识，没有规则思维，就会失信于民，久而久之酿成信任危机。为此我局将已出台的各项房地产管理的政策制度汇编成册，作为全市房地产管理人员特别是行政执法人员人手一册的工具书，各项行政许可、行政审批、行政处罚、监督检查等都严格按照法律、政策设定的规则、程序、权限依法办理。同时也加大了对市场主体行为的日常执法监督巡查，对存在严重不良经营行为，严重损害消费者利益的企业，严肃处理，除依法予以警告、罚款等行政处罚外，还针对其房地产开发企业资质作出降低资质等级或注销资质证书的处理。

三、运用平等性思维。法的核心是“平等”。法治思维必然包含平等性思维。不能坚持法律面前人人平等，就谈不上法治。中华民族历来讲究平等，中国古训有云：“不患寡而患不均，不患贫而患不安”。这种思想固然有其偏颇处，但毋庸讳言，其中的“公平”仍是我们的追求。如果在工作中不重视遵守平等原则，就可能导致社会的不稳定，？媒体报道的不少群体事件就是因为处理不公平造成的。平等思维要求每一个人都抛弃特权思想，自觉将自己置于法律的监督和制约之下；法律的实施更要落实平等原则，任何人不得凌驾于法律之上，不得有法外特权。作为房地产行政管理者，在面对行政相对人时，不应高高在上，颐指气使，应淡化管理者的角色，强化服务者意识，通过简化程序，畅通渠道，提高效率，不断提升服务水平。同时，在行政管理过程中要平等对待每一个市场主体，不因个人好恶、企业大小、亲疏远近而区别对待，特别是在作出行政处罚决定时，必须坚持案例指导原则，严格对照向社会公布的已结案案例，在相同的幅度范围内作出处罚，一把尺子量到底。

四、运用契约性思维。人们的权利与义务不是来自于“法定”，就是来自于“约定”，而后者就是指契约（合同）方式。因而法治思维还会包含契约性思维。西方发达国家中的人们，将契约关系置于人情关系之上。我们在现代行政管理中要更多地采用自愿性的合约而不是强制性的命令来实现行政目标。2013 年，我局联合市工商局，在认真调研，广泛征求社会各界意见的基础上，对《常德市商品房买合同》文本进行了较大篇幅的修订，此次修订就是本着契约精神，引导出卖人（开发商）和买受人（购房业主）在平等协商的基础上平衡双方的权利义务关系，不仅将近年来我市推行的一系列房地产市场监管制度通过合同条文的形式固化下来，而且对建筑物共有部分、物业用房、会所（业主基本公共活动用房）、架空层、露天停车位等部位的归属，装饰装修及相关设备标准，广告宣传资料等以前合同文本中约定不明或者没有约定的事项通过合同的方式予以明确，对于增强开发商诚信守约意识，维护买卖双方的合法权益具有重要作用。在规范物业服务行为，提升物业服务水平的过程中，我局也注重发挥业主自治和业主委员会的作用，引导业主与物业公司通过友好协商，签订业主行为公约等方式，通过契约来约束业主与物业公司双方的行为。在征收补偿这一难度较大的工作中，我局也正是通过宣传相关法律法规条文，引导被征收人依法提出补偿要求，最后签订补偿协议实行征收。

五、运用程序性思维。法律非常重视并强调程序的运用。程序性思维注重程序的优先性、程序的公正性和程序的终局性。程序正义又被称为“看得见的正义”，它的重要性可以用两句法律谚语来表述—“正义不仅应当实现，而且要以人们看得见的方式实现”，“看不见的正义非正义”。很多人往往认为，只要结果是好的、公正的，程序上、方式方法上有些瑕疵和问题无足轻重。其实不然。程序公正事实上构成了人们获得公平感的必要条件。正是由于程序公正能给人特别是利益攸关者以尊重感和参与感，给人以发言甚至发泄的机会，能够让人参与并影响最终的决策，才使它不仅保障了结果公正，也提升了结果的权威性和广泛认可度，有效吸纳了当事者和社会公众可能的不满情绪。相反，倘若程序不公，即便结果公正，也很有可能滋生各种不满和猜测。因此，应树立程序即法律的意识，要按规定程序办事，履行正确的程序得出结论；要强调程序的公正性，当回避的回避，当听证的听证，杜绝程序偏私；要重视程序的终局性，提倡任何纠纷都要服从最终裁决。在房地产管理过程中《房地产管理法》《行政许可法》《行政处罚法》《城市房地产开发经营管理条例》《湖南省行政程序规定》等法律法规对房地产市场管理程序性规定的内容很多，在行政许可、行政处罚、行政征收等过程中必须严格遵循。该履行的法定程序一个不能少、前后顺序不能乱，从而体现程序的公正性，应严格执行政策和标准，坚持平等、体现公平。同时要完善权力阳光运行机制，通过信息公开接受社会和群众的监督，建立权力阳光运行机制，提高工作质量与效率，提高房地产管理行政行为的透明度。

（作者系常德市房管局党组书记、副局长）

浅谈不动产登记工作的开展

付忠革

2007 年《物权法》的颁布，为不动产统一登记定下了基调。2013 年，随着国务院机构改革和职能转变方案的出台，拉开了不动产统一登记工作改革的序幕。我省长沙的浏阳市、常德的澧县、怀化的芷江县被列为不动产统一登记试点城市。但由于国家层面没有建立统一的不动产登记制度，各部门之间职责也没有完全理顺，地方探索取得的效果并不明显，社会各方面对此的意见也不统一。于此，笔者对如何建立不动产统一登记制度，推动不动产统一登记提出如下拙见。

一、以建立健全法律法规和合理设置部门机构为根本

目前，不动产登记工作分散在国土、房产、林业等行政管理部门进行，各部门依据不同的法律法规各自为政。因此，建立健全不动产统一登记的法律法规和合理设置部门机构是有效推动此项工作的根本。

《不动产统一登记条例》（讨论稿）已几易其稿，并两次向相关部门征求意见，但《条例》的规定比较空洞，对社会各方比较关注的敏感问题阐述不清，征求意见的范围也比较窄。笔者以为，不动产登记法律法规应在遵从《物权法》原则的基础上，以便民利民和维护交易安全的基本规则为立法宗旨，尊重实践与现行的其他不动产登记法律法规不冲突的原则立法。淡化行政管理色彩，突出不动产登记的基本功能，即代表国家公示力和公信力。新的法律法规要整合吸收现行各类登记法律法规的有关内容，对现行法律法规亟待完善的问题也要做出创造性规定，力求立法能够满足新形势下登记实践的新要求。以宏观架构为主，同时兼顾具体制度内容以及操作细节。以程序法为主，兼顾实体法。对登记程序和登记类型做出体系的规定，力求做到根据条例就能基本做到操作登记。以统一不动产登记为抓手，确保实现登记机构、登记簿册和登记信息管理平台的统一，达到不动产登记实质上的统一，避免登记“形式统一”。且此项工作宜从重从快，否则谈推进不动产统一登记，无异于架构空中楼阁。

在完善立法的同时，还要加快不动产统一登记机构的组建，由国土资源部负责指导监督不动产统一登记机构这一点已在国务院不动产统一登记方案中明确。那么地方不动产统一登记的机构如何设置呢？就笔者了解的情况，目前全国大多数城市房屋登记部门都建立了先进的登记系统，信息资料录入比较完善，管理比较规范，基础工作做得比较扎实，且相对其他的不动产登记部门，机构、人员更加庞大，承担的工作量也要大得多。因此，笔者认为，从减少组建难度和节约行政成本的角度看，不动产统一登记机构的组建应以房产登记部门为基础，整合各登记部门，并尽可能设置为不隶属于现今任何不动产管理部门的独立机构，这样可以减少行政干预和平衡各部门利益之争。当然，各地可以结合本地实际采取其他的模式。

二、以合理划分登记类型和提高从业人员素质为基础

如果说健全的法律和合理的机构设置是不动产登记改革的灵魂，那么划分合理的登记类型就是改革的骨架，高素质的从业人员就是改革的血肉。

不动产登记的统一不是笼统的“形式统一”，松散无序的组合只能是统而不一。根据不动产种类的不同，其表现出来的特征也有所差异。如房屋是典型的不动产，林木既是不动产又带有部分动产的特性；码头、道路、桥梁等，有私人或集体取得经营权的，甚或随着市场经济的不断发展，取得这些不动产的所有权的，群众要求对此类物权进行登记。我们必须着眼将来，抓到各项不动产登记的本质，把准脉络，根据登记主体的不同合理划分登记类型，求同存异是做到真正统一的基础。

随着市场经济的发展，登记主体的种类不断增多，登记类型的不断丰富，对不动产登记人员的综合素质要求也不断增高。从业人员除了要掌握不动产登记方面的法律法规，还要熟悉《民法》《物权法》《合同法》《担保法》《婚姻家庭法》《继承法》等。拥有精通各项登记业务的“多面手”，是实现不动产统一登记的基础。因此，要加大登记人员的培训力度，最好受理、审批人员实行登记官制度，使其以适应不动产统一登记的要求，未雨绸缪，早作准备。

三、以建立完善的信息共享系统和健全的档案管理体系为保障

不动产实行统一登记后，由于行业管理和监督仍由原相关部门承担，诸多信息仍分散在各部门。这就需要搭建一个统一的信息管理平台，以实现不动产审批、交易和登记信息在有关部门间依法依规相互共享，消除“信息孤岛”。推动不动产登记信息依法公开查询，保证不动产交易安全，保护群众合法权益，以期达到不动产登记信息利用“利益最大化”的目的。

要实现这个目的，笔者以为可以把信息共享工作可以分为纵向联网、横向联网和拓外联网三步走。

首先，要大力推进区县市的信息化建设，进而实现地市一级与各区县不动产统一登记部门的互联互通，达到本行政区域内的信息共享，即纵向联网。

其次，在完成纵向联网的基础上统一建立统一的信息共享平台，实现与区县市各级不动产管理部门的信息共享互通，即横向联网。

拓外联网，顾名思义就是在完成上述两项工作的基础上，再将本市范围内不动产登记信息整合完成后并入全国统一的不动产登记信息系统，实现全国不动产登记簿信息共享和异地查询，为决策层和广大消费者提供全面、准确、及时的不动产登记信息。

不动产登记档案不仅是业务办理的依据，还是权利人证明权益的法律凭证，而且在国土资源保护、地籍调查、住房保障、法院诉讼、国家税收、户籍管理、个人信用管理、征地拆迁等方面发挥着重要作用。因此，建立健全不动产登记档案管理体系，为保障和促进不动产登记工作的开展具有重要意义。

多年来，不动产登记分散在各个部门，机构编制、归档标准、管理机制不尽相同，地市、区县各级不动产登记档案管理工作发展也不均衡。普遍存在缺少档案管理专业人才、管库建设落后、历史数据资源整合困难、查询口径标准不一致等情况。不动产登记信息资源迟迟无法全面联通共享，制约着不动产登记工作的开展。

不动产登记档案管理工作由于各部门的重视程度和关注重点不一样，造成管理水平参差不齐。要应对不动产统一登记的复杂形势，首先，要依法制定不动产登记标准的格式、须记载的内容，按单元编制簿册页。其次，要充分发挥各部门中档案管理水平高者的优势，以该部门登记簿为主干，其他部门配合做好归集、整理、补充登记簿内容的工作，以免产生“木桶效应”。

不动产实行统一登记后，不动产登记档案管理应重点从理顺不动产档案管理机制，培养素质高、专业强的档案管理队伍等方面入手，科学统筹，长远规划，完善不动产登记档案管理顶层设计，全面梳理不动产登记档案工作流程，制定统一的工作规范，推行集约化管理模式，整合优化各类资源，实现标准化、规范化、信息化、自动化管理。丰富网络、自助查询手段，按需求类型依法、依规提供查询服务，全面提高不动产登记档案管理工作水平。

（作者系常德市房管局党组成员、产权管理处主任）

三、知名房地产企业（机构）

（一）开发企业

1. 天源住建

常德天源住房建设有限公司为常德市城市建设投资集团有限公司全资子公司，2011年1月以中房集团常德房地产开发公司为主体整体重组设立，国有中（一）型企业，房地产开发壹级资质。公司下设3家全资子公司（中房建筑公司、中房物业公司、中房拆迁事务所），一家参股公司（天城规划建筑设计公司）。公司具有从项目投资分析、产品研发到规划设计、房屋拆迁、建筑施工、营销策划、物业服务等产业链于一体化运营资质和能力。

董事长方际三历任常德市城市建设综合开发公司（中房集团常德房地产开发公司）经理、党支部书记，市天源住房建设有限公司董事长、党总支书记，现任市城市建设投资集团公司总经理、市天源住房建设有限公司董事长、党总支书记（兼）；曾连续七次获市政府记二等功、连续三次评为优秀共产党员、2002年评为全国优秀思想政治工作者、2006年评为常德房地产年度创新人物、2007年评为湖南省建设系统先进个人、2012年度全市重点建设工作先进个人。

天源住建前身中房集团常德房地产开发公司，2002年起，从年度经营收入几百万元，到2010年达到1.3亿元；近5年，公司经营收入累计实现6亿多元，上缴税金5000万元。中房集团常德房地产开发公司建设的“康桥尚都”、“康桥蓝湾”两个项目，2005年和2010年分别被常德市房地产协会和常德市建设局评为“优秀楼盘”。天源住建目前承担棚户区改造项目6个，总占地面积约362亩，涉及棚改户3519户，总建筑面积约48.9万平方米，计划投资总额约33亿元。本着建设“现代常德、幸福家园”宗旨，规划打造常德市文化旅游新街区老西门（葫芦口联片）项目、开放性活力居住公园天源·星城（灯泡厂）项目、城市区域商业综合体长胜桥项目、区域形象节点天源·鑫座项目等。在自营项目上，公司正在打造常德市首个绿色写字楼—芙蓉观邸项目。

天源星城园林

天源星城工地

2. 金恒房产

湖南金恒房地产有限公司由湖南金健米业股份有限公司控股与香港兆恒公司（港资），于2003年8月合资组建成立，2008年4月由湖南金健米业股份有限公司全资控股，2013年5月由湖南粮食集团有限责任公司全资控股，是具有独立法人资格的国有企业，现拥有注册资本5000万元，经营范围为房地产开发、城市基础设施投资建设，具有国家二级房地产开发资质。

公司领导班子名录：

姓　名	职　务	学　历	技术职称、执业资格
周昌明	董事长、总经理	本科	高级会计师
黄宙慧	副总经理	本科	经济师、房地产策划师
刘兆丰	副总经理、总工程师	本科	高级工程师、注册一级建造师 注册造价师、注册监理工程师
胡必清	财务总监	本科	会计师

金恒房产公司成功开发18万平方米湖湘首席亲水文化大盘——“紫金城·金色晓岛”，以一流风水宝地，一流建筑设计，一流建筑质量，一流园林景观，一流物业管理，荣获常德市、湘西北地区“优秀楼盘”“最受欢迎楼盘”“最佳户型设计”“最佳景观规划设计”“配套完善奖”和“省级园林式小区”等殊荣。公司成功开发“紫金城·金色世纪”商居楼盘，以浪漫唯美的地中海建筑风情，科学合理的人居规划，精益求精的建筑工艺，淳朴厚重的视觉观感，高标准的建筑配套，人性化的物业管理，荣获“2013年常德首届电视联展十佳品质楼盘”。

金恒房产始终坚持以“诚信打造和谐房产”为企业经营理念，以“勇于创新，超越自我”为企业精神，以“超越客户期望”为企业发展目标，获得常德市“优秀房地产开发企业”和“诚实守信开发企业”“三资企业税收十强”“建设工程质量管理工作先进单位”“城建档案工作先进单位”“建设工程造价工作先进单位”“房地产开发企业百分制考核先进单位”、湘西北地区“优秀房地产企业”、湖南省“房地产业诚实守信企业”“创建湖南省信用单位先进集体”“2007—2008年度中国房地产诚信企业”等多项荣誉称号。公司在诚信经营同时，心系社会，主动承担社会责任，积极组织和参加相关社会事业、公益慈善活动。如2008年7月为四川特大地震灾区一次性捐款20万元。

金恒金色晓岛小区

金色世纪夜景

3. 强劲房产

湖南强劲房地产开发有限公司2003年1月注册成立，注册资本2000万元，国家二级房地产开发资质等级，是具有独立法人资格的有限责任公司。

强劲房产公司始终遵循以社会效益为主，以“超越自我、务实创新、真诚守信、与时俱进”为经营理念，始终秉承“顾客至上、质量第一”宗旨，在开发设计上不拘一格，敢于创新。公司自成立以来，先后成功开发雅福园、鸿景公寓、雅梦园、鸿富佳苑、桂花园、雅馨园、雅香楼、津市雅梦苑、津市雅馨园、石门御龙湾、雅林春晓等十多个项目，共计开发用地13.33公顷，建筑面积约30万平方米，总产值逾6亿元。开发项目中，津市雅梦苑和石门御龙湾获得“省级园林式示范小区”称号，雅林春晓评为2012年设计方案最佳创作奖和2012年常德市优秀楼盘。

强劲房产公司依法守法，诚信经营，多次获得武陵区财政工作纳税大户称号；公司开发销售各个楼盘实现客户零投诉，荣获中国质量信誉之星、湖南省“守合同、重信用”单位、湖南信用单位“先进集体”、房地产企业百分制考核先进单位、市级诚信守法经营企业、市区二级消费者信得过单位、市级房地产开发经营先进企业、常德市优秀房地产企业、常德市十佳房地产企业、常德市建设领域“十佳诚信企业”等一系列荣誉称号；董事长陈永强评为常德市“十大杰出民营企业家”暨“优秀中国特色社会主义事业建设者”，多次被评为常德市优秀政协委员。

公司一直本着“诚信为本、顾客至上”的服务宗旨。始终从大局出发，坚持智能化、高效化的信念，以创新开拓作为企业的发展灵魂，在积极投身经济建设同时，努力承担各项社会责任，热心公益活动，多次参与慈善募捐和扶贫帮困活动，每年解决农民工就业问题数百人次，积极参与慈善事业，资助失学儿童和困难学生，多次参加慈善募捐，累计捐款几百万元。支持住保工作，为解决城市低收入家庭住房困难贡献爱心和力量。面对突发灾难，公司和全体员工积极向灾区人民伸出爱心援助之手。

强劲御龙湾小区

雅林春晓

4. 华东联实业

常德华东联实业 1997 年 10 月成立，国家二级房地产开发资质等级，总注册资金 13130 万元，其中房地产开发注册资金为 2580 万元，装饰公司注册资金为 500 万元，融资担保公司注册资金为 1 亿元，物业服务公司注册资金为 50 万元。公司拥有华东联房产、华东联添艺装饰、华东联物业服务、融聚融资担保四个具有独立法人资格的经济实体。产品涵盖房地产开发、装饰装修、物业服务、融资担保服务等多个领域。

华东联房产累计开发房屋面积 30 多万平方米，完成房地产开发投资额 6 亿多元，创利税近 1 亿元。公司成功开发雅园、紫华园、恒盛华园、芙蓉家园、恒福花苑、华信大厦、金华名苑、金华商业广场等十多个优质楼盘。其中“紫华园”小区被市政府授予“最受欢迎小区”“恒盛华园”被评为“优秀楼盘”。为政府代建完成平安、沙港、皇经阁三个廉租房小区。公司先后荣获“纳税大户”“先进企业”“开发用地守法先进单位”“优秀房地产企业”“信用等级 AAA 企业”“百佳诚信企业客户”等多项荣誉称号。公司董事长罗安华 2007 年至今连任武陵区、常德市两级人大代表；2007 年至今担任武陵区工商联副会长、常德市房地产协会副会长。

公司秉承“忠诚立质、长厚摄心、以礼待人、以义应事”经营理念，时刻不忘回报社会，积极参与“关心弱势群体，为弱势群体送关爱”“支援社区渡难关，帮助社区缓解资金压力”“帮助家乡建设新农村”等各项公益活动，还从 2003 年开始，公司筹集资金 30 万元，先后资助楠沙社区张仲琪、丹洲乡珊瑚村谢琴等 12 名大学生读书，其中张仲琪和谢琴两位同学在大学期间的学杂费均由公司全部承担。在 2008 年汶川大地震中，先后捐款 15 万多元，在 2010 年 6 月青海玉树地震时，向灾区捐款 3 万多元。

华东联恒盛花园

金华名苑

5. 和远置业

湖南和远置业投资有限公司为股份制企业，成立于2009年8月，注册资金2000万元，法人代表欧阳菊芝，房地产开发资质为暂定四级（经特批后视同三级开发资质），经营范围为房地产开发、经营。

和远置业开发项目和远·公园世家占地4.93公顷，总建筑面积19万平方米，包括亲水洋房、小高层、高层及国际风情商业街。项目采用大气、奢华、典雅的欧式简约风格，充分融合周边自然景观资源。和远置业与深圳国御物业强强联合，在和远·公园世家巨资引入国际“金钥匙”物业服务体系，提供全天候私人管家，“满意加惊喜”服务。总住宅1064套，销售率达99%；截至2012年12月，缴纳各税5700多万元。项目获得全市优秀房地产开发企业、全市建设工程质量安全管理先进单位、入选常德规划展示馆展示等各级多项殊荣，成为常德西城、白马湖文化公园周边靓丽风景。公司先后获得常德市银行业2009年度五十佳诚信客户、诚信纳税人、企业纳税大户、全市建设工程质量安全管理工作先进单位、全市优秀房地产开发企业、全市优秀诚信企业等荣誉称号。

和远置业讲究诚信，规范管理、塑造品牌，坚持“创见和谐 筑就梦想”开发理念，打造精品楼盘。一是不超容积率建设；二是不占用物业用房和业主空间；三是严格遵守预售管理规定，在未取得预售许可证前，不收取客户任何形式的资金；四是兑现交房标准承诺书的内容；五是须经竣工验收，综合验收后才将房屋交付给业主；六是认真履行纳税义务，按时申报，及时足额缴纳，建立与税务的诚信体系；七是及时归还银行贷款本息，建立与银行的诚信体系；八是及时支付合作方的工程款或货款，建立与合作方的诚信体系。

和远公园世家

公园世家远景

6. 中原房产

常德中原房地产开发有限公司由陈则姆等11位自然人股东发起组建，于2011年1月注册成立的有限责任公司，注册资金5000万元。

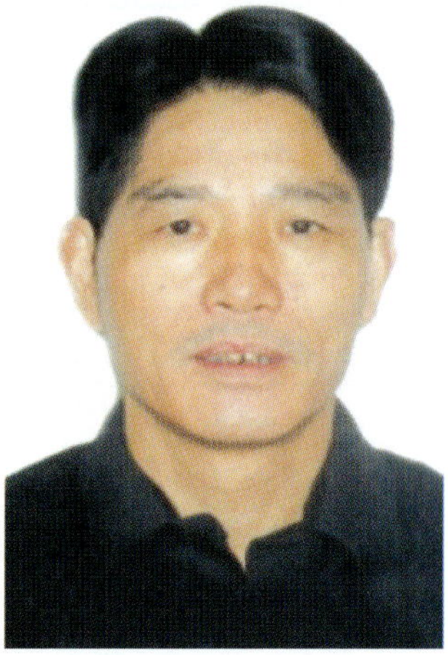

中原房产公司开发项目德景园小区，南临洞庭大道，接壤老城区；北抵滨湖路，毗邻白马湖公园；东临皂果路，西至龙港路，与湖南文理学院仅一路之隔，地理位置优越，城市公共设施配套完备，为目前常德城区最大商住小区，占地面积24.03公顷，容积率2.0，总建筑面积约62万平方米，小区内绿化面积在35%以上，并有3.34公顷水面与城市水系贯通，环境得天独厚。小区功能齐全，不仅有商业、休闲、娱乐等设施，还有高品质小学和幼儿园，适合投资立业和居住需求。

德景园小区第一期总建筑面积约13.7万平方米，计容面积9.2万平方米。其中1 #楼已经建成，作为营销中心已投入使用；第一期5栋18层楼房（8 #—12 #楼）及2 #楼（25层）共6栋495套住宅已于2012年10月开盘，当日售出90%，其销售量和销售业绩创常德楼盘开盘销售新高。第二期计划2014年1月开盘。第三期工程已于2012年9月动工，计划2014年8月开盘。

公司将在小区内建设一所高品质小学赠送给当地政府。小学占地面积15000平方米，建筑面积约5500平方米，计划于2014年下半年动工建设，预计在2016年下半年可投入使用。同时配套建设一所高品质幼儿园（占地面积3000平方米，建筑面积约2600平方米），以方便小区业主及附近居民。

中原德景园营销中心

德景园售楼大厅

7. 竹胜园房产

竹胜园房地产有限公司隶属三一集团，2010 年成立，注册资金 8863 万元，经营房地产、建筑、装潢。

三一集团是中国工程机械制造行业龙头企业，秉承“创建一流企业，造就一流人才，做出一流贡献”的企业宗旨，打造出海内外著名“三一”品牌。竹胜园房地产有限公司为三一集团下属专业从事房地产投资和开发全资子公司，公司继承三一企业文化精髓，弘扬“品质改变世界”的核心价值观，恪守“一切为了客户”的承诺。三一的奋斗历史承载了全体三一人“自强不息、产业报国”的企业精神。在此精神影响下，竹胜园地产秉承“打造现代高尚生活园区”经营理念，以全面提升和改善现代人居生活水平为己任，业务范围涉及房地产投资、房地产研发、房地产开发、房地产合作等诸多领域，正在开发建设位于长沙市经济开发区的三一・紫竹苑项目和位于沈阳铁西新区的三一・重装园项目，筹备开发建设“长、株、潭”一体化大型居住社区，并即将开始运作上海嘉定、临港新城、南汇新城、浙江湖州、江苏常熟、湖南娄底、益阳等开发项目。

三一・翡翠湾是竹胜园地产品牌在常德开发的首个精品巨作。三一・翡翠湾总用地面积为 16 万平方米，总建筑面积达 50 万平方米，规划容积率 2.4。小区内有 6 万平方米地中海风情的皇家园林，3000 余平方米幼儿园及 3 万平方米商业综合体。

三一・翡翠湾项目采用国际化的规划理念，将西班牙风情、地中海景观、ArtDeco 建筑完美融汇，呈现建筑经典。是三一集团倾心打造的常德首席中央湾区国际品质大盘。三一・翡翠湾项目位于湖南省常德市武陵区柳叶湖板块，地块位于紫缘路东侧、穿紫河畔。所属区域发展潜力巨大，占据城市级顶级稀缺资源，上风上水，穿紫河，姻缘河，国家 AAAA 级柳叶湖风景区三水交汇，沿河风光带风景怡人，并毗邻规划中常德国际会展中心、常德大剧院、常德接待中心。集聚城市级资源配置，三一・翡翠湾——将引领湾区时代的国际高品质生活！

三一·翡翠湾风情建筑

三一·翡翠湾小区

8. 泽云实业

常德泽云实业有限公司2004年由汤氏六兄弟组建，以房地产开发为主营业务，公司注册资本3500万元，流动资金5000万元，公司地址武陵大道北段鸿升小区，汤金林任董事长。泽云实业员工600人，其中高级工程师18人，经济师9人。近年来，公司经营形势蒸蒸日上，每年利税上千万元，截至2012年年底，公司资产达6.5亿元。泽云实业有限公司下辖多个经济实体：泽云建材公司、桥南桂林春、汤臣万豪酒店、泽云实验学校、常英实验学校、泽云物业管理公司、紫艺置业有限公司。

公司成立以来，恪守"质量、信誉、诚实、服务"的经营宗旨，以诚信、求真、务实的态度，秉承"品质才是硬道理"开发理念，以质量立市，以诚信立业，积极参加房地产开发和城市旧城改造，先后建设"泽云佳园"、"书香名邸"等高档小区，公司资信良好，是常德中国银行黄金客户，市政府纳税大户，2004—2006年，连续获市区两级"重合同信任单位""消费者信得过单位"等荣誉称号。

由泽云实业开发的泽云广场，总建筑面积21万平方米。地处火车站商圈板块，位于武陵大道和常德大道两大城市动脉交汇处，南北通达，东西贯通，交通便利。泽云广场一期泽云·幸福里总建筑面积14万平方米，以住宅为主，2010年10月完美收官。二期泽云·花样年总建筑面积近8万平方米，为复合型商业项目。整体规划有95—125平方米时尚自由Z公馆、五星级酒店、集中复合型商业以及国际风情步行街区。是常德市火车站商圈内首个集购物、休闲、餐饮、娱乐、居住为一体的高端综合性购物中心。

泽云广场二期目前已入驻商家有步步高Hyper—mart、金逸国际影城、好声音量贩KTV、至上中国餐馆、德鸿时尚餐厅、爱尚牛排主题餐厅、西班牙快时尚品牌ZARA、全国知名连锁餐饮德庄火锅、泽云酒店等众多国际国内一、二线品牌。同时街区将借助上述主力店的品牌影响力，引入先进的商业物业运营管理团队，利用品牌商家的磁石效应，科学合理的布局街区导视系统及街区氛围包装，力求打造常德市首条快时尚风情街区，树立常德商业街区新形象。

泽云·幸福里

泽云广场

9. 金钻置业

湖南金钻置业投资有限责任公司原名湖南金健置业投资有限责任公司，成立于2001年9月。公司总经理李星，注册资金5000万元，经营范围以房地产为主，兼营对外投资、科技开发、路桥经营管理，国家二级房产开发资质。

2001年公司承建旧城改造项目金钻广场商业步行城开发建设。该项目东临朗州路，南抵人民路步行街，西接武陵大道，北抵和平西街，总投资6亿多元，总建筑面积约20万平方米，集购物、休闲、餐饮、娱乐、文化、会展、办公等15种功能于一体，得到中央部委、省市领导和社会各界人士高度赞赏。金钻广场2004年被常德市政府评为“常德十景”。

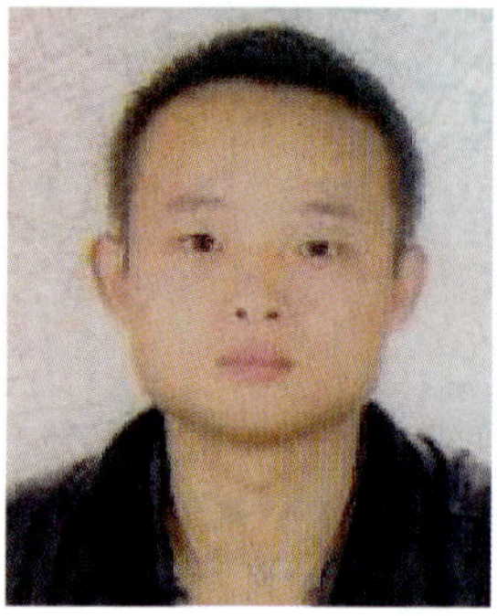

滨湖公园·水榭花城。项目位于滨湖公园周边，围绕城市中心33.33公顷生态公园与20公顷绿水而建，分南城、中城、东城、西城、北城五个组团。南城2006年竣工。中城一品总建筑面积近8万平方米，地处洞庭大道与朗州路交汇处，2009年投入使用，台湾大润发超市雄踞中城一品裙楼，于2007年7月营业；中城二期7号楼2009年投入使用。东城地处光荣路中段，总建筑面积近4万平方米，为九栋纯多层类别墅高尚住宅社区。西城1—6号楼为四栋高层、两栋多层，地处滨湖公园西边，已有国美家电、华融湘江银行、建设银行、金钻电脑城等大中型企业驻扎。北城位于光荣路与洞庭大道交汇处，竣工于2008年，总建筑面积超过18万平方米。正在开发西城18—20号楼、中城13、14、17号楼、北城9号楼，中城13号楼已与湖南奥百成功签约引进奥特莱斯百货。

金钻广场、水榭花城分别评为最受欢迎楼盘奖，2005年水榭花城荣获“中国国际花园社区”，2005年水榭花城被中国住交会评为“中国名盘50强”，2005年董事长李加祥被中国住交会评为“中国地产百杰”，2006年公司荣获常德市优秀房地产企业，2007年公司被评为“常德市私营企业100强”。2010年中城7号楼项目获市建设局《工程质量奖》。公司牢记社会责任，积极参加公益慈善活动，救助贫困血吸虫病患者，向汶川地震灾区捐款40万元，积极参加常德市慈善一日捐活动。

金钻水榭花城远景

金钻广场

10. 泰达置业

湖南泰达置业有限公司成立于2000年9月，为常德市经济建设投资集团有限公司全资控股子公司，国有房地产开发企业，国家二级房地产开发资质，注册资金1亿元。公司经营范围包括房产开发、水电安装、建筑材料、装饰材料销售、仓储，保障性住房建设，市政道路建设，公共设施建设。

湖南泰达置业有限公司董事长兼总经理熊卫宏，北京大学光华管理学院硕士研究生，高级工程师、一级建造师、注册造价师，多次荣获常德市经建投集团公司先进工作者、优秀共产党员称号。

湖南泰达置业公司下设综合部、工程部。泰达置业一直致力于“专业化、规模化、品牌化”的房地产运作，始终坚持务实、执着的泰达精神，开疆扩土，在激烈的市场竞争中发展壮大。泰达置业坚持关注市民安居需求，致力于打造精品，为加快城市建设和改善城市居民居住条件再做贡献。

湖南泰达置业有限公司主要承担市政府柳叶湖片区安置房建设任务，共开发建设了39个安置房小区，总建筑面积达190万平方米；此外公司还自主开发建设“泰达·润景园”1、2期、“章誉苑”3个商品房项目，总建筑面积21万平方米。

泰达·润景园

润景园

（二）物业管理企业

1. 常德市福吉物业服务有限责任公司

常德福吉物业服务有限责任公司2001年12月成立，国家物业服务二级资质等级。注册资金300万元，员工619人，共设有物业经营开发部、财务部、人事内管部、工程维修部、绿化保洁部、品质督查部、办公室、澧县分公司、安乡项目部。拥有物业管理师、财务、工程、计算机、物业管理等执业资格专业人才178人。

公司致力于创造最佳人居环境，为业主提供更现代生活方式，成功服务管理美吉华庭等55个住宅小区和服务单位。其中美吉华庭、江南明珠两个小区被评为省级园林式优秀小区，澧县梨园步行街等4家被评为市级优秀物业服务企业。2009年获得全市物业管理企业量化考核先进单位荣誉，2010年获得常德市物业企业综合实力考评获得第一名，2011年被常德市人民政府评为优秀物业服务企业，2011年在常德市百家物业企业知识竞赛获得冠军，在庆祝湖南省物业管理服务30周年时评为湖南省物业服务企业40强企业，年终被评为常德市人民政府物业企业综合考核第二名等光荣称号。

福吉物业服务：枫丹丽舍

2. 常德市诚信致远物业服务有限责任公司

常德市诚信致远物业服务有限责任公司前身为2003年6月在桃源县工商行政管理局注册成立的桃源县诚信物业服务部，是桃源本土第一家物业管理企业。因业务拓展和建立现代企业制度需要，2011年4月在常德市工商行政管理局注册成立有限责任公司，注册资本80万元，国家物业管理行业三级资质。

公司拥有中级职称管理人员10人，优秀员工200余人。服务居住性物业、商业物业和机关物业管理服务区19处，总服务面积100余万平方米。其中居住性物业9处：桃源诚信花园、诚信家苑、延溪花园、中天花园、文昌苑、运达家园、天成花园、中天世纪城、御景园；商业物业1处：桃花源商业步行街；机关物业10处：常德市武陵区地税局、桃源县人民政府大院、人民法院、房产局、国土局、农业局、卫生局、电信局、湖南移动桃源分公司、桃源县城市投资公司等机关单位。

诚信公司服务对象诚信花园评为省级“园林式单位”。2006年至2012年，公司连续七年评为桃源县“优秀物业服务企业”，2010年评为2009年度全市物业服务量化考核“先进单位”，2011年被市人民政府评为“优秀物业服务企业”，2012年被市房地产管理局评为全市“优秀物业服务企业”。公司法人代表周卫平2010年评为桃源县“十佳”政协委员。

3. 常德市阳光物业有限公司

常德市阳光物业服务有限公司 1999 年 5 月成立，注册资金 300 万元，国家二级物管企业，全市率先通过 ISO9001 国际质量管理体系认证。公司下设品质培训部、安全管理部、行政人事部、财务部，托管阳光鑫都、武陵区政府机关大院、武陵区检察院、常林小区、常德日报传媒集团、区国税局、市物价局、市工商局、博大·江山如画、三一·翡翠湾等多个住宅小区及办公楼宇。

公司秉承“服务业主、回报社会”企业宗旨，坚持“业主满意最重要”服务理念，规范运作，严格管理，致力于打造学习型企业，不断引进沿海优秀物管企业的先进管理模式，受到业主及社会各界一致好评。连续多年评为“省优秀物业管理企业”“市物业管理先进单位”“市消费者信得过单位”。托管小区连续多年实现“零投诉”，业主满意率在 95% 以上，服务对象阳光鑫都、武陵区机关大院等先后评为“湖南省优秀物业管理项目”“省园林示范小区”，公司注重企业文化建设，不断提升核心竞争力，企业自办报刊、全员统一工作服装，是常德市拥有“省优示范项目”最多的物业企业。

阳光物业服务：阳光鑫都

4. 常德市佳豪物业服务有限公司

常德市佳豪物业服务有限公司2004年成立，注册资金300万元，国家二级物业管理服务资质。公司实行董事会领导下总经理负责制，管理模式采用直线职能制，组织建制完善，设置总经理室、综合部、财务部、品管部、企业发展部、工程部，直接负责各管理处协调、服务、指导工作。同时，也为业主提供优质服务创建良好的组织保障。各管理处均设置客服中心、秩序维护队、工程班、保洁班，直接位业主提供优质服务，形成条块结合的管理网络。

公司管理服务各类住宅、商铺、办公楼宇面积80多万平方米，还承接施工工程、安装工程、绿化配套、监控对讲、强弱电、物业顾问、咨询业务；同时经营电梯、安装、维保等业务，下设电梯经营安装维保工作站，直接对服务项目电梯等特种设备提供全方位服务。公司秉承“用心服务、精益求精”服务理念，视业主为企业生命线、员工为企业生命力，把位业主提供高品质服务、让业主满意作为公司永恒目标，使业主居住舒心、生活开心。十年来，佳豪物业连续多年评为市县两级优秀物业服务企业、物业服务量化考核先进单位。服务对象德隆商业乐园、豪盛国际商业城等多个项目，连续多年评为市级物业服务优秀项目、优秀园林式小区。

佳豪物业服务：德隆商业乐园

5. 常德市中房物业服务有限公司

常德市中房物业服务有限公司 1995 年 6 月成立，注册资金 300 万元，为常德市天源住房建设有限公司全资子公司，国家二级物业管理资质，常德市物业管理协会副会长单位。公司员工 154 人。下设办公室、财务部、质量管理部、保安部、维修部、保洁中心等部门和 9 个管理处。目前，公司物业服务类型有多层住宅、小高层、高层、办公大楼、银行大楼、棚户区回迁安置小区、商业街坊等。接管物业总建筑面积达 70 余万平方米。

公司按照市场化、专业化、标准的管理模式，通过科学管理和优质服务，努力营造安全、文明、整洁、舒适、充满亲情的社区氛围，通过多年经营，公司形成以人为本、和谐共赢的文化理念，为企业健康发展打下良好基础。

近年来，公司管理的东方嘉园小区被评为“湖南省物业管理优秀住宅小区”，康桥尚都、康桥蓝湾等项目被评为“常德市物业管理优秀住宅小区”，康桥蓝湾还被授予节水型社区。公司多次被评为“市优秀物业管理先进单位”“消费者信得过单位”，2011 年、2012 年连续两年被评为“常德市优秀物业服务企业”。

中房物业服务：康桥蓝湾

6. 常德金健物业服务有限公司

常德金健物业服务有限公司2004年6月成立，是湖南金健米业股份有限公司金恒地产公司下属具有独立法人资格的企业。国家三级物业管理资质，主要从事物业管理，房屋租赁咨询、水电安装及维修、室内装饰等业务，常德市物业管理协会副会长单位。

公司现有员工90余人，前期聘请深圳万科物业公司担任企业物业管理顾问，吸取先进服务理念和管理经验，走专业化、规范化发展道路。公司秉承“客户至上，服务为先”服务宗旨，始终坚持“态度亲切、服务专业、规范细致、诚信创新”质量方针，以“微笑服务、亲情管理”为业主提供规范、便捷、优质的服务。公司先后服务紫金城·金色晓岛、朗峰·城市优品等住宅小区约30万平方米，服务常德市武陵区国税局、常德市地税局等机关单位，顾客满意率达到85%以上，机关单位满意率98%以上，公司多次被评为常德市优秀服务企业。

金健物业服务：金色晓岛

7. 常德市经房物业

常德市经济适用住房开发中心物业管理中心 1999 年 1 月成立，全民所有制单位，隶属常德市城市建设投资集团有限公司，国家二级物业服务资质，拥有资产逾 300 万元，下设办公室、财务部、人力资源部、品质考核部、维修部、家政部，现有财务、工程、计算机、物业服务等专业人员 250 余人。为常德市物业管理协会副会长单位。

经房物业管理中心自成立以来，坚持“以人为本，以情动人”服务宗旨，在常德市率先提出了“星级服务”这一物业服务理念，在引进高科技、智能化物管设备同时，要求员工为业主提供“真心、诚信”物业服务，赢得广大业主和社会各界肯定，为常德市乃至省内知名物业服务品牌。

经房物业管理中心专业提供全方位保安、保洁、维修、家政等物业服务，先后服务机关办公楼及社会住宅小区项目有市政府、市政协、市房管局、市国税局、市财政局、上东曼城、水岸春天、馨香东庭、健民花园、贾家湖、馨香庭院等十五个物业项目。经房物业多次荣获“省优秀物业管理企业”“省优秀物业管理小区”等称号，创立了具有“经房物业”特色的物业服务模式。

经房物业服务：馨香庭院

（三）中介机构

1. 湖南公信房地产评估经纪有限公司

湖南公信公司前身为市房管局下属常德公信房地产估价事务所，2000 年 12 月改制脱钩。2002 年、2004 年相继与桃源正达、津市鑫兴合并组建湖南公信房地产评估经纪有限公司。国家房地产估价二级资质，主营业务为房地产评估、房地产经纪、房地产咨询。

公信房地产评估经纪公司凭借专业估价信息数据平台和资深专业技术团队，为房管、国土、规划、财政、税务、法院、银行、资产管理公司、大中型企业等部门、单位及个人提供房地产价值评估、征收评估、司法鉴定评估、存量房纳税评估等多元化评估服务。

公信公司于 2012 年协助公信环宇拍卖公司，成功举办常德市第一、二届房地产拍卖会，影响广泛。拍卖会实施后，与公信经纪、公信环宇拍卖组建公信常德房地产超市平台，初步创建公信常德房地产网，平台业务涵盖房地产评估、房地产经纪、拍卖、融资贷款、项目整合等领域。公司坚持“质量第一、信誉至上”服务原则，诚信经营，得到主管部门和广大客户认可，获得常德市 2001 年度、2003 年度“常德市诚实守信单位”、“2012 年度常德市房地产市场红旗窗口”、“2012 年度常德市优秀房地产中介企业”等荣誉称号。

公信公司案例：常德市房地产拍卖会

2. 湖南鸿天房地产评估有限公司

湖南鸿天房地产评估有限公司 2000 年 12 月成立，注册资金 110 万元，国家二级房地产估价资质。主营土地评估、房地产项目咨询、投资管理、酒店管理等行业。2003 年至 2013 年连续四届选为省房协中介专业委副主任单位，2004 年选为常德市房协常务理事单位、市房协中介专业委主任单位。公司法定代表人洪家文为省房协专家组成员、市房地产价格评估专家委员会副主任专家、武陵区政协委员，2006 年荣获“全国首届优秀房地产经纪人”称号。

公司拥有注册房地产估价师 8 人、工程师 2 人、会计师 1 人、造价工程师 2 人、监理工程师 1 人、投资咨询工程师 1 名。成立 13 年来，年均评估业务近 2000 宗，建筑面积超 100 万平方米，标的 20 多亿元。公司 2004 年评为湖南省房地产中介企业诚实守信单位，2008 年、2009 年获全市诚实守信房地产中介机构，2010 年获 2005 至 2010 年房地产协会工作先进单位，2010 年 1 月被市政府评为 2009 年度常德市优秀房地产企业，2012 年获常德市优秀房地产企业、全省十佳房地产评估机构，2007 年至 2012 年在全省房地产评估机构年终信用评价排名均居全市第一。

鸿天公司案例：蓝湖郡在建评估

3. 常德市成邦房地产经纪有限公司

常德成邦公司2004年在深圳成立，是从事房地产项目全程策划、销售代理及二手房租售的专业房地产服务机构。2005年进入常德发展房地产经纪业务，2010年成立常德成邦公司。

常德市成邦房地产经纪公司经过八年创业磨砺，现拥有员工100多人，常德成邦公司策划代理项目有“水星楼”“水星香榭里”“香格里拉”“朗峰城市优品”“石门宏宇国际”“安乡现代城”“鸿鑫桃林”等。

在三级市场，常德成邦房地产经纪公司现有朗峰分行、育才分行、北正街分行、龙港分行、三间分行、荷塘月色分行、房管局分行、商业部等8家二手房买卖直营连锁门店。2009年被武陵区消费者委员会评选为“消费者信得过单位”，2010年被市工商行政管理局评为“守合同重信用”单位，2011年至2012年被常德市政府授予“优秀房地产中介企业”称号。

成邦公司案例：水星楼购物广场

4. 常德市荣泰置地房地产经纪有限公司

常德市荣泰置地房地产经纪有限公司2011年3月成立，专业开展房地产代理、营销策划、二手房租售、交易过户、按揭贷款、开发建设咨询等服务。为常德市房地产协会中介专业委员会副主任单位，常德市房协中介委经纪组组长单位，中国房地产经纪人与估价师学会会员单位。

荣泰置地经纪公司共有员工30余人，其中全国注册房地产经纪人5人。公司下设荣泰置地创元美景店、房管局店、烟厂三区店和火车站店共4家分店。公司开展房屋买卖、租赁、过户、按揭等咨询及服务，至今已为150户居民完成买卖交易，约6000万元交易总额，佣金收入约60万元；代办服务70余户；融资贷款约2000万元。公司在2011年牵头创建二手房专业网站1房网。

荣泰公司2012年被市房地产协会评为“优秀房地产中介机构”，被市房管局评为2012年“优秀房地产中介企业”。

荣泰公司部分荣誉

（四）其他服务机构

1. 常德市金桥担保有限责任公司

常德市金桥担保有限责任公司前身为常德市住房置业担保有限责任公司，2000 年 1 月成立，因公司业务发展需要，经省市有关部门批准，于 2013 年 5 月更为现名。公司注册资金壹亿元，是由常德市房地产管理局管理，常德市房地产交易中心控股的国有融资性担保公司。主要从事住房公积金个人住房抵押贷款担保，商业性个人住房抵押贷款担保，二手房抵押按揭贷款担保；融资性贷款担保，票据承兑担保，贸易融资担保，项目融资担保，信用证担保及经监管部门批准的其他融资性担保服务业务；诉讼保全担保，投标担保，预付款担保，工程履约担保，尾付款如约偿付担保等履约担保业务；以自有资金进行投资，与担保业务有关的融资咨询、财务顾问、房地产代办等中介服务。公司内设综合管理部、财务部、个人业务部、公司业务部、风险控制部等机构。

公司秉承“以诚信回报社会，以担保服务民生”服务宗旨，以最快的时间、最简便的手续、最低廉的收费，为企业、个人提供贷款担保服务，为银行和企业及个人之间搭建高效、快捷的融资桥梁。

2. 常德市万讯房地产信息中心

常德市万讯房地产信息中心是2003年9月在常德市工商行政管理局成立的全民所有制企业，经营范围为房地产网站制作及房地产信息咨询服务，企业成立时由徐庚担任企业法人代表，2010年企业法人代表变更为杨毅。

常德市万讯房地产信息受常德市房地产管理局的委托，负责常德市房地产信息网的研发、维护及运营；负责常德市房地产管理局政务网的研发及后期运行维护工作。依托常德市房地产市场信息系统资源搭建的网上业务办理与信息公开平台，为各房地产开发企业、中介代理机构及广大购房者提供各种服务，对全市房地产相关企业的资质信息、市城区商品房预售信息、物业招投标等信息进行网上公示，包括网上签约、网上备案、信息发布、会员服务及其他增值服务。

中心拥有一支年轻而富有激情的服务团队，以“用心服务”为核心理念，用真诚、专业、负责的态度，竭诚为各开发企业、中介代理机构及广大购房者提供优质、高效的房地产信息咨询服务。

3. 常德市金地测绘有限责任公司

常德市金地测绘有限责任公司前身为常德市房地产测绘队，于 1994 年 8 月注册成立，张明清、殷安术、刘武陵、林德元先后任队长；2003 年 12 月改制为常德市万泰房地产测绘有限责任公司，程友万任总经理；2010 年 6 月改组为金地测绘有限责任公司，向继甲任总经理。

金地测绘现为中国房地产产权产籍和测量委员会会员单位、湖南省测绘学会理事单位和常德市测绘学会常务理事单位，国家乙级测绘资质。公司员工 25 名，其中国家注册测绘师 2 名，高级工程师 3 名，工程师 8 名，助理工程师 14 名；拥有 GPS 接收机、全站仪、水准仪、手持测距仪、服务器、交换机、微机、大幅面彩色绘图仪、打印机、扫描仪等仪器设备和房产测绘、地形地籍测绘、GPS 数据处理等测绘应用软件，具备测绘生产工作人才和技术优势。

近年来，公司先后完成常德市江北城区约 40 平方公里、常德经济技术开发区约 20 平方公里、鼎城区武陵镇约 10 平方公里、西洞庭管理区约 6 平方公里、安乡县城关镇约 12 平方公里、澧县城关镇约 33 平方公里、石门县城北区约 12. 6 平方公里、临澧县城关镇约 22 平方公里、津市市城区约 14. 8 平方公里以及桃花源旅游管理区 8. 424 平方公里 1∶ 500 房产分幅平面图基础测绘（含修补测）工作；完成常德市江北城区、常德经济技术开发区、柳叶湖旅游度假区、西洞庭管理区和桃花源旅游管理区的房产项目测绘工作。

二、区县（市）知名房地产企业（机构）

（一）鼎城区知名房地产企业（机构）

1. 常德嘉美置业公司

常德市嘉美置业（房地产开发）有限公司2006年成立，注册资金5000万元，房地产开发三级备升二级资质，具有高级职称专业人员5人、中级职称28人，年开发能力10万平方米以上。公司先后开发“嘉美豪庭”“嘉美·江南大院”等项目，建设总面积18万平方米，总投资达5亿元。先后在2008年、2009年被省工商局及市工商局评选为重合同守信用单位，2010年、2011年、2012年又被市工商局评选为重合同守信用单位。2011年被省、市房协评选为优秀房地产开发企业。2008年“嘉美豪庭”评为园林示范小区、2011年公司选为市房协副会长单位。公司累计纳税超过7000万元。

“嘉美·江南大院”2012年9月竣工，占地面积62592.97平方米，总建筑面积125825.75平方米，由27栋多层和3栋高层组成，共1060套住宅和105套商铺。小区景观共有10个不同主题组团和一个中心广场，以中国文化和励志教育为思想内涵，匠心独运，意境高远，被住建部评为“优秀园林典范项目”和“品质人居典范项目”。

嘉美·江南大院

2. 湖南捌海投资公司

湖南省捌海投资有限公司成立于2011年10月，总注册资金10318万元，经营房地产开发、基础设施建设、旅游商业地产开发、高新技术投资、酒店管理以及矿产品、建材、汽车零配件销售等业务；有高级经济师、高级工程师8人，工程师、经济师、会计师和统计师等中级职称12人，初级职称25人。

湖南省捌海投资有限公司2011年起分别在长沙宁乡县、常德市筹备土地4.33公顷、6.97公顷，用于房地产开发建设，预计总投资将达到13.8亿元。其中捌海·常德公馆位于常德市鼎城区永安路与双潭路交汇处，总占地面积6.97公顷，总建筑面积24万平方米，容积率2.9，建筑密度22%，绿地率42%，总户数1812户。项目共分两期开发，一期6栋11层小高层建筑，二期14栋建筑均已全部竣工。无论是整体规模、开发速度还是建筑品质，捌海·常德公馆项目均已刷新江南城区楼市开发纪录。

捌海·常德公馆

（二）汉寿县知名房地产企业（机构）

湖南锦阳建设投资有限公司

湖南锦阳建设投资有限公司成立于2009年1月，公司注册资本4510万元。是一家集房地产开发、销售、租赁等资质于一体的多元化房地产企业。公司始终秉承责任成就品质，责任成就辉煌的价值观，以美化城市形象，提升居住品质为己任，依靠团结、诚信、担当、务实、创新企业精神，始终坚持打造区域内行业领先企业，实现社会效益和经济效益共赢经营目标。

锦阳建设“锦阳丰瑞”商住小区占地98亩，总建筑面积22万平方米，总户数1200户，南商业和住宅环200亩银水湖而建，是汉寿城中心唯一湖景房社区、城中心唯一纯住宅小区。锦阳·丰瑞国际商业中心位于银水湖南面，振兴路与建设路交汇处，商业中心计划分三期开发，其中11、12、13、14栋是纯首商业体，19栋为3层底商，8、9栋为1层底商。锦阳·丰瑞住宅小区住宅围绕三大主题——生态、文化、运动精心设计，精心施工建设，让业主居住每时每刻都如意，每时每刻都快乐。

锦阳丰瑞商住小区

（三）桃源县知名房地产企业（机构）

湖南省诚信创业房地产开发有限公司

诚信创业公司成立于2002年7月26日，注册资本2000万元，房地产开发二级资质。公司董事长陈文彬，总经理陈海平。公司先后在桃源县开发诚信花园、丽人街、丽景花园、延溪花园、天成花园、诚信家苑，在益阳市开发诚信家园、金山苑、栖凤华庭等一系列精品楼盘，完成房地产开发面积近100平方米，在建面积10万多平方米。经过近十年发展，诚信公司成长为资产过亿元民营房地产开发企业，公司先后获得常德市房地产开发先进企业、湖南省信贷诚信单位、常德市守合同重信用单位、常德市优秀房地产开发企业等荣誉称号。

诚信家苑项目西临桃花大道、南临理鸣路，北临刘炎路，近靠桃源一中新校区，紧临规划建设中县政务中心，占地55000平方米，总建筑面积12万多平方米，有多层住宅22栋、900余套。小区绿地率达36.18%，大型中心花园配有多种游乐设施，建筑生态环保、功能齐全。墙体全面采用节能、环保、保温设计；房屋全部经过防雷、抗震设计，保证质量更加安全可靠。

诚信家苑

（四）临澧县知名房地产企业（机构）

1. 临澧县安福房地产开发有限责任公司

临澧县安福房地产开发有限责任公司于1993年在临澧县工商行政管理局登记注册。公司法人代表郑家宏，注册资金人民币5200万元，房地产开发二级资质，公司技术力量雄厚，拥有高级、中级、初级和三级项目经理20多人，管理专业技术职称达80%以上，配有成套建筑工程设备28台座。

公司采取先进的管理模式开展经营，建立与国际惯例和市场运行相一致的市场营销体系、项目管理体系、质量保证体系和用户服务体系。公司成立以来，已开发朝阳广场、果品街、新百货大楼、凤鸣花园、合心家园、新安悦华园、河街公寓等多处房产，现在正在开发中的项目有新安冀东花苑、修梅南江花苑、湘福大道商住楼、顶春苑和文化街农贸市商住楼，累计建筑面积已达20万平方米以上。

安福·朝阳广场

2. 常德市长安房地产开发公司

常德市长安房地产开发有限责任公司成立于2011年9月，主要从事房地产开发、经营。注册资本2000万人民币，企业资质房地产开发四级。公司现有初、中、高级职称人员12人；公司建有完整的经营管理体系和务实的管理制度；形成了以总经理为首的房地产研发团队。立足于本县开发，向外拓展经营的战略发展观，致力于和谐市场关系；营造班子建设一流、队伍作风一流、工作效率一流、人文环境一流的企业新形象。

长安御景城由长安房地产开发有限责任公司全资投建，项目位于临澧县安福西路（新烟草公司）对面，由12栋18—28层高层建筑组成，政府重点项目。采用国际园林造景手法，建设2大主题户外运动场、5000平方米欧式水景园林，2000平方米商业配套生活超市，20000平方米独立产权商业街。配建超大型地下停车场、私属国际双语幼儿园、丁玲学校、临澧一中等全程精英教育体系。引进一线城市深圳物业管理，斥巨资配备国内一线品牌三菱电梯，标配双电梯，区位成熟生活配套，重新定义临澧物业服务和物业管理新标准。

长安·御景城

（五）石门县知名房地产企业（机构）

湖南天瑞佳宇置业有限公司

湖南天瑞佳宇置业有限公司于2011年11月在石门注册成立，四级房地产开发资质，法人代表唐熙铁，注册资本800万元，主营房地产开发。公司下设财务部、销售部、工程部等8个职能部门。公司员工15人，其中初级职称5人、中级职称5人，大专及以上学历者占比85%以上。

公司董事长2007年8月至2011年8月参与投资并负责开发建设石门东城明珠项目，总建筑面积110000平方米，总投资2.4亿元，先后被评为全市安全文明施工优秀项目、基础配套建设示范小区、省级园林式优秀小区，获得2010年度房产优秀项目奖。天瑞公司成立以来，始终坚持信誉第一、服务至上、开拓进取、回报社会、缔造人文美好生活经营理念，以严谨、创新精神不断提升城市开发品位，积极利用技术优势提高产品科技含量，不断提升公司品牌形象。天瑞公馆商住小区，建筑面积64823平方米，精心打造贴近生活的实用设计、原生态绿色庭院、功能齐全的配套设施，一期预售销售一空，预计2014年年底全面竣工验收交付使用。

天瑞佳宇·天瑞公馆商住小区

（六）澧县知名房地产企业（机构）

澧县瑞峰房地产开发有限责任公司

澧县瑞峰房地产开发有限责任公司2001年4月成立，2002年被省建行评定为信用二级企业、重合同守信用企业。曾获市建筑开发协会金杯奖，连续三年被市建设局评为建筑开发企业质量信得过单位，对外开拓先进单位、先进开发施工企业、先进安全生产单位，多次受到市、县政府的表彰和嘉奖。

2007年公司注册资本5000万元，叁级开发资质。公司有专业技术职称人数15人，其中高级职称已申报2人，中级职称20人，助理工程师15人。公司建筑施工队设备先进齐全，拥有大型设备100多台，小型机械800多台件，拥有固定资产1.2亿元，流动资金300多万元，形成开发、建筑、装潢、建材生产、销售一条龙。公司近几年完成开发项目产值8亿多元，创利税3000多万元，完成开发建筑面积90多万平方米，工程合格率达100%，工程安全率达100%，开发项目建筑工程优良率达38%，多次创市优质结构工程和市优良工程。先后开发项目津市东湖苑小区、澧县澧州医院综合楼、澧州商业广场、华厦名都、怡天阁、临澧一中广场、名城花满庭等。

瑞峰·名城花满庭

（七）安乡县知名房地产企业（机构）

1. 湖南东方嘉华房地产开发有限公司

湖南东方嘉华房地产开发有限公司在湖南安乡于2007年成立，房地产开发二级资质，注册资金5000万元。在职员工26人，其中具有中级以上职称18人。已建项目16万平方米，在建项曰2万平方米，年开发能力达5万平方米。

公司按照有限责任公司制度运作方式，下设综合部、企划营销部、工程部、财务部，在董事长郑文金领导下，通力合作，相互协调，始终坚持以市场为导向、开发为重点，经营为龙头，质量为根本的开发理念和经营方针，切实转变观念，解放思想，紧紧围绕市场狠抓经营，强化管理，树立责任感、认识危机感；不断留意和观察房地产市场行情，积极寻求探索与市场机制相适应的经营策略和经营方针，走品牌化之路。为了适应市场经济发展的需要，公司积极探索房地产发展的新思路，拓宽经营领域。公司荣获湖南省优秀企业称号，公司承建“江南水乡”居住小区荣获省级园林式小区、湖南省创新小区（楼盘）称号。

东方嘉华·江南水乡居住小区

2. 湖南鼎厦置业有限公司

湖南鼎厦置业有限公司于2010年5月在湖南安乡成立，房地产开发企业四级资质。在公司负责人刘玉松领导下，公司受到各级主管部门重视关怀，获得“2011年度优秀开发企业”称号，2013年当选为安乡县第二屑房地产协会长单位。

鼎厦置业2010年7月开发“东方名苑”住宅小区，总建筑面积33255平方米，共256户，总投资4800万元。小区建设为2栋高层、6栋多层，整体布局错落有致，小区物业恪尽职守，为业主生命财产安全保驾护航。

鼎厦置业2012年开发“鼎厦．广场茗苑”商居楼，小区总建筑面积15450.9平方米，共104户，商业门面23间，总投资3800万元，小区建设为2栋高层，小区位于现代城中段（林城广场西侧），商业地理位置优越，商业氛围浓厚；小区住宅视野开阔，空气清新，可供业主享受高品质健康生活；小区采用高档品质建材，如广州日立电梯、振升铝材、盼盼防盗门等国内一线知名品牌。

鼎厦·广场茗苑商居楼

（八）津市市知名房地产企业（机构）

1. 湖南星辰房地产开发有限公司

湖南星辰房地产开发有限公司是一家专业房地产开发与营销、混凝土预制构件生产与销售的综合性企业，公司注册资金 802 万元，

公司拥有一支技术力量雄厚，具有经验丰富的专业团队。该团队在董事长樊折炯先生的率领下，经过奋力拼搏，艰苦创业，在市场经济体制改革的浪潮中不断地完善、发展和壮大［公司现拥有各类技术专业人员 30 多人，其中大专以上文化程度的人员占 50% 以上，高中级专业技术人员占 30%，拥有固定资产约壹仟万元左右，建筑施工机械 50 多台（套）］。公司自成立以来，奉行“质量第一、信誉至上”的宗旨，坚持以“诚信为本、用户至上、创新求强”为动力，坚持“以质量求生存、以管理求效益、以诚信求信誉、以创新求发展”的方针；以营造和美人居环境与城市品格为从业观念、以品质、品位、品格、兼名为品牌基础；在房地产行业中积极拓展，不断创造新业绩。连续几年被常德市消费者委员会和上级业务主管部门评为先进单位。产品质量和售后服务，赢得广大消费者口碑，企业在市场竞争中发展壮大。

星辰·东湖林语

2. 湖南津市市金华房地产开发有限责任公司

湖南津市市金华房地产开发有限责任公司成立于2003年4月，三级资质，现有房地产专业人员30余名，其中大专以上文化程度的人员占95%，高中级专业技术人员占68%。

公司于2004年12月获得津市市城市主干道九澧大道与双济路交汇处13.33公顷土地开发权，打造津市首座24万平方米房产大盘。项目分为“森林水榭、金海岸·东”二期开发建设。一期社区拥有4万平方米景观园林、休闲园林、健身园林，2万平方米多功能社区商业配套、运动休闲生活配套。金海岸一期“森林水榭”占地5.33公顷，已打造84000平方米低密度欧陆板式宽景洋房，15000平方米景观园林和5000平方米大型商业配套，建有儿童游乐场、羽毛球场、篮球场、廊桥、亭榭，彰显成熟品质和优雅气质。2011年年底全面竣工交房，总住宅户数为650户，商业50户，业主入住率超过80%。金海岸·东（二期）2012年12月开工建设，总投资已超过2.5亿元，占地7.24公顷。规划总建筑面积约为14.9万平方米，共计24栋，其中17栋多层、7栋高层。预计2015年全部建设完成。

金华·森林水榭·金海岸

（九）西洞庭管理区知名房地产企业（机构）

常德市鑫湖缘房地产开发有限公司

常德市鑫湖缘房地产开发有限公司于2009年3月16日注册成立，法人代表苏永宏，注册资金5000万元，主要从事房地产项目开发、销售及租赁业务。公司下设工程部、审计部、营销策划部、客服部、财务部及行政部，拥有中高级职称或大学学历员工16人。

公司2009年成功开发多层电梯花园洋房项目—鑫湖·桂花园一期，总占地14000平方米，总建筑面积25000平方米。鑫湖·桂花园二期总建筑面积近35000平方米，也已交付使用。2009年至2012年，公司还承建近20000平方米拆迁安置房和廉租房，产品和质量获得客户高度好评。鑫湖缘房产公司顺应西洞庭城市发展需要，引入国际“城市综合体”都市建设理念，投资10亿元巨资打造60万平方米鑫湖缘·时代广场项目，其中商业12万平方米、住宅48万平方米，产品涵盖四星酒店、大型购物中心、情景步行街、国际公寓、央区豪宅等多类型产品，打造集“吃、住、游、购、娱”为一体复合城市空间。

鑫湖·桂花园

鑫湖缘·时代广场由常德市鑫湖缘房地产开发有限公司投资开发，项目南邻西洞庭管理区迎宾大道广益路，接鑫湖·桂花园二期，西邻规划路，东邻沅澧大道，占地22.47公顷。

鑫湖缘·时代广场项目一期商业面积近5万平方米，商业开发建设总投入约8500万元，拟引入国内一线大型品牌超市、国际院线、国际连锁快餐、连锁电器超市、连锁家居建材超市、大型餐饮品牌等主力店，并将3万平方米鑫湖缘步行街打造成集金银珠宝、国际国内一线服装、鞋帽品牌、咖啡厅、休闲娱乐、教育培训等业态于一体的时尚街区。

项目引入城市综合体先进开发理念，引入大型连锁超市、时尚步行街、地标建筑、优雅人居等典型的现代化都市符号，将引导西洞庭完成由城镇到城市再到都市的三级跳，并将改变洞庭湖西岸居民生活方式，成为名副其实的经济、商业、居住中心。

鑫湖缘·时代广场商业部分运营，可增加就业岗位3000个左右，为地方财政增加税收预计可达5000万元以上。

鑫湖缘·时代广场

索 引

说明：

1. 本索引的标目内容分为两类，一是志书中一个或几个自然段内容的概括，二是主题要素，包括志书所涉及的人物、机构、事件等。

2. 标引词后面的阿拉伯数字表示内容所在页面。

3. 为方便检索，书中机构按习惯称谓标引，如常德市房地产产权管理处，直接标为市产权管理处。

4. 本索引采用汉语拼音字母顺序排列。

A

B

C

D

E

F

G

H

J

K

L

T

W

X

Y

Z

后　记

2012年6月，根据常德市人民政府地方志办公室启动全市第二轮部门志书的编修工作安排，常德市房地产管理局成立《常德市房地产志》编纂委员会，局长张圣友任主编，党组书记副局长胡振宇、党组副书记副局长雷志钦任副主编，彭培南任总纂。2013年12月，完成《常德市房地产志》初稿，报送市房管局编委会审阅；根据市房管局编委会审阅意见修订后，2014年3月报送市方志办督导组审阅。经编委会研究并报市方志办督导组同意，本志记事以新中国常德市房地产建设管理事业开端为始，上起1949年，下至2013年。为保持历史连续性，对房屋建设管理重大事件，上溯至常德古代居住建筑文明发端之时。根据市方志办督导组、局编委会修订要求五易其稿后，形成《常德市房地产志（送审稿）》。

2014年7月，《常德市房地产志（送审稿）》送市房管局全体在职领导班子成员、已调出及已退休原任房管局领导班子成员审阅，送市房管局各科室、各直属单位及各相关单位、各区县市房管局主要领导审阅。2014年12月22日，市房管局召开专题会议，领导班子全体成员，各科室、各直属单位主要负责人集体审阅《常德市房地产志（送审稿）》。2015年1月23日，市方志办主持会议，组织各方专家对《常德市房地产志》进行评审。评审会后，综合上述各方提出的修改意见，再次修订后，由常德市房地产管理局局长、《常德市房地产志》主编张圣友终审定稿。

本志编写过程中，得到市政府方志办的高度重视，方志办主任刘李波、副主任周华辉、方志科科长周波多次就志书编纂方针、篇章结构、修订重点作出重要指导；得到市房管局历届领导、各科室、各直属单位、相关单位和各区县市房管局的大力支持；得到市档案馆、市城建档案馆、市产权处档案馆的大力支持，在此一并致谢。

由于编者水平有限，加之时间仓促，错讹之处难免，敬请不吝指教，谨致谢意。

编者

2015年3月